河北处于北方游牧民族与中原农耕民族的结合部，独特的地理位置使河北成为中国古代少数民族迁徙的走廊，中国历史上很多少数民族都曾在河北大地上交汇融合、繁衍生息，留下了丰厚的历史文化遗存，谱写了民族共处、相互交融的壮丽篇章。

鞠志强　主编

《河北少数民族史》丛书

河北省哲学社会科学基金项目

河北古代少数民族史

冯金忠　陈瑞青　著

民族出版社

图书在版编目(CIP)数据

河北古代少数民族史/冯金忠,陈瑞青著.—北京:民族出版社,2013.8
(河北少数民族史丛书/鞠志强主编)
ISBN 978-7-105-12874-7

Ⅰ.①河… Ⅱ.①冯… ②陈… Ⅲ.①古代民族—少数民族—民族历史—河北省 Ⅳ.①K289

中国版本图书馆CIP数据核字(2013)第182797号

策划编辑:杨　青
责任编辑:杨　青
封面设计:金　晔
出版发行:民族出版社出版发行
地　　址:北京市和平里北街14号
邮　　编:100013
网　　址:http://www.e56.com.cn
印　　刷:北京市迪鑫印刷厂
经　　销:各地新华书店经销
版　　次:2013年7月第1版　2014年4月北京第1次印刷
开　　本:787毫米×1092毫米　1/16　字数:500千字
印　　张:29.25
定　　价:86.00元
ISBN 978-7-105-12874-7/K·2249(汉1251)

该书如有印装质量问题,请与本社发行部联系退换
汉文编辑一室电话:010-64271909　发行部电话:010-64224782

战国时期河北平山中山王墓出土的铜方壶

战国时期河北平山中山王墓出土的山形器

战国时期河北平山中山王墓出土的错银双翼神兽

河北磁县东魏茹茹公主墓
出土的拜占庭金币

河北磁县东魏茹茹公
主墓出土的陶俑

河北磁县湾漳北朝墓
壁画局部

河北大名唐代
何进滔德政碑

河北宣化辽墓壁画中的茶道图

河北青龙满族自治县铁瓦乌龙殿遗址

河北沽源梳妆楼元代遗址

河北沧州北大寺，始建于明代

河北易县清西陵

序　一

民族问题是当今世界普遍存在的社会问题，在一些民族问题敏感地区，它往往又与宗教问题互相交织在一起，这就更增加了民族问题的复杂性。特别是冷战结束以来，世界上出现了新一轮的民族主义浪潮，民族冲突与宗教纷争明显加剧，强烈地震荡和冲击着世界政治格局。因此，民族问题已成为当今世界动荡不安的重要因素。其中东欧剧变与苏联解体，再一次雄辩地证明：在社会主义条件下，正确处理民族问题是一个带有根本性的问题，它关系民族的团结、国家的统一和社会的安定，关系社会主义事业的兴衰成败。

自古以来，我国就是一个统一的多民族国家。新中国成立后，在共产党和人民政府领导下，各族人民翻身解放，作了国家主人，建立起平等、团结、互助的社会主义新型民族关系。特别是改革开放以后，各级政府积极贯彻落实党的民族政策，大力支持少数民族发展社会经济，不断提高少数民族物质生活和精神生活水平，使我国的民族关系步入了历史上最稳定、最和谐的时期。

但是，也应该看到，一些少数民族在经济文化方面还比较落后，且这种落后状况在短期内不可能从根本上改变。因此，各民族之间事实上的不平等问题也就随之凸显出来。不消除这种不平等，社会主义时期的民族问题就不会很好地解决。特别是在当今经济转轨、社会转型期内，民族问题与其他社会问题相互交织，导致影响民族关系和民族问题的因素更加复杂，这就需要引起我们的足够重视。必须尽快地帮助少数民族脱贫致富，实现各民族之间事实上的平等，已经成为社会主义时期处理民族问题的根本任务。

认识当今我国的民族问题，一方面要有国际视野，看到我国民族关系所处的复杂的国际环境；同时，也要有历史眼光。众所周知，民族是一个历史范畴，是人类发展到一定历史阶段的产物，现今的民族格局与民族问题都有一定的历史根源。因此，要认识当前的任何民族问题，绝不能离开它的历史环境和社会发展过程。在我国现阶段，各民族之间事实上的不平等问题，并不是社会主义制度本身造成的，而是历史遗留问题。我们常说“以史为鉴”，就是要深入了解过去，察古知今，为当前民族工作做决策参考。

在中国历史上，河北地处中原农耕文化和少数民族游牧文化的结合部。由于这种独特的地理位置，很多少数民族都曾在河北大地上活动、生息和繁衍，如与战国“七雄”共同称王的北方少数民族狄族鲜虞部建立的中山国便出现在河北，著名的“胡服骑射”改革，也发生在河北，如此等等。

从历史上看，举凡盛世，都是民族关系处理较好，民族关系比较和谐的时期，西汉王朝“文景之治”如此，唐王朝“贞观之治”“开元盛世”如此，清代“康雍乾盛世”亦如此。无论是正面的成功经验，还是反面的失败教训，对于社会主义时期的民族工作，都是宝贵的精神财富，值得我们深入发掘与虚心借鉴。在这方面，《河北少数民族史》丛书做出了有益的尝试，填补了河北少数民族史研究的学术空白。

主编鞠志强同志曾在河北省民族宗教事务厅任领导职务二十余年，具有丰富的民族工作经验，对河北省少数民族的历史与现状比较熟悉。为了以史为鉴，更好地做好新时期的民族工作，在省委、省政府的领导下，在有关部门和同志的帮助下，从2010年起，他同几位专家、民族工作者一起全身心地投入《河北少数民族史》丛书的编写工作中。从立规划、筹资金，到调查研究、认真编写，克服种种困难，殚精竭虑，不辞劳苦。经过几年的努力，丛书终于陆续杀青付梓。

《河北少数民族史》丛书，包括《河北古代少数民族史》、《河北满族史》、《河北回族史》、《河北蒙古族史》、《河北朝鲜族史》、《河北少数民族简史》、《河北少数民族史图集》、《河北少数民族史编写纪实》，共计八部。这套丛书既有对整个河北古代少数民族发展史的纵观梳理，也有对世居少数民族的分卷研究，经纬交错，点面结合，深刻昭示了河北各族人民共同创造河北历史和灿烂文化的丰功伟绩。此外，还值得称道的是，为了适应不同读者的需求，该部著作除编有一卷图集外，还在其他各卷附有一些插图，做到了图文并茂，雅俗共赏，学术性和可读性的有机统一。

在全国各族人民为实现中华民族伟大复兴中国梦的进程中，《河北少数民族史》丛书的出版面世，恰逢其时，无论是对河北省的民族研究工作，还是对整个河北省的历史、政治、文化研究工作，乃至对以史为鉴做好新时期河北民族工作都具有重要的现实意义和深远的历史意义。

赵金铎

2013年7月于石家庄

（作者系原中共河北省委副书记、政协主席、第十一届全国政协民族和宗教委员会副主任）

序　二

鞠志强

一

民族是由早期民族血缘集团逐渐扩大形成的，它是以一定的文化传统为特征的社会人群。他们在长期的共同社会生活中，形成共同的信仰、习俗、心理、语言文字、行为模式和族群认同。因此，民族是一个历史范畴，是指经过长期历史发展而逐渐形成的一个拥有共同语言、共同地域、共同生活方式、共同意识与共同情感的共同体。其中，共同意识与共同情感，是民族最主要的特征。

中国自古以来就是一个统一的多民族国家。从远古时代起，各民族祖先便在中国这块辽阔富饶的土地上劳动、生息、繁衍，并以顽强卓绝的奋斗精神，披荆斩棘，历尽艰辛，共同创造了世界各国绝无仅有的灿烂辉煌的古代文化。因此，中华民族所有成员，都是历史的主人，都为中国的历史发展做出了伟大贡献。

按照一些民族学家的说法，中国远古文明的源头，可以分为六大区系，而河北位居其一。在河北张家口阳原县泥河湾遗址，考古学家发现了一组古人类餐食活动遗迹，表明早在距今200万—180万年前，原始人类便已在河北境内活动。长期以来，距今170万年的云南元谋人，被考古学界认为是中国境内最早的原始人类，而泥河湾遗址人类遗迹的发掘，又将中国原始人类历史提前了30万—10万年。

当中国历史进入传说时代以后，以黄帝、炎帝为首领的华夏族与蚩尤率领的东夷族，曾在河北涿鹿进行了一场大战，史称“涿鹿之战”。最后蚩尤战败被杀。涿鹿之战在中华民族形成史上，是一个具有划时代意义的重大事件。从此，华夏族与东夷族融为一体，迎来中华文明的第一缕曙光，既为中华民族的形成奠定了基础，也为河北古代少数民族的历史拉开了序幕。

在中华民族发展史上，河北具用非常独特的地理位置，特别春秋战国以来北方诸国陆续修筑的长城，横亘于河北北部，成为中原农耕文明和草原游牧文明的分界线，致使河北处于中原汉族与北方少数民族不断冲突和逐渐融合的前沿。

自春秋时起，到清朝覆灭时止，在两千六百多年的历史长河中，曾有白狄、匈奴、乌桓、羯、鲜卑、突厥、奚、回纥、沙陀、契丹、女真、蒙古、回、朝鲜、满等几十个少数民族在河北大地上生产与生活，有的少数民族还建立了政权，他们所倡导的社会风尚，对河北各族人民的社会心理和社会生活带来了巨大影响。

春秋时期，白狄建立了肥、鼓、中山等国。其中，中山国定都灵寿（今河北平山），国力强盛，是仅次于“战国七雄”的千乘之国。秦汉时期，匈奴、乌桓等少数民族曾纵横驰骋在河北大地，与汉族政权逐鹿中原。步入魏晋南北朝以后，由于大量少数民族迁居内地，河北少数民族也迎来了一个发展高峰期。在此期间，羯族石勒建立了后赵，定都襄国（今河北邢台），后迁都邺（今河北临漳）。鲜卑慕容氏建立了前燕和后燕，先后定都邺和中山（今河北定州）。东魏将都城从洛阳迁到邺城，大批鲜卑贵族迁往河北，被安置在邺城及其周边地区。承袭东魏的北齐，也定都邺城。北齐虽然是汉族大姓高氏建立的政权，但统治阶层的核心是鲜卑族。逮至唐代，由于突厥、奚、契丹、回纥、粟特等少数民族相继涌入河北，使河北成为当时受少数民族风俗习尚影响最为剧烈的地区。唐代后期，以魏博、成德、幽州为代表的河北藩镇，上至节度使，下至军将，许多都出自少数民族。辽、金两朝，分别由契丹族、女真族建立。辽与北宋南北对峙时，控制了河北中北部，金灭辽和北宋后，又统治了河北全境。至于蒙古族和满族，更是建立了大一统的元朝与清朝两个帝国。特别是随着金、元、明、清诸朝相继建都北京，河北一跃而为畿辅重地。政治地位的提升，吸引了全国各地少数民族迁居河北。其中，蒙古族、回族、满族、朝鲜族等少数民族在这个历史时期大量进入河北，初步奠定了延续至今的河北少数民族的分布格局。

自古以来，河北少数民族不仅长于骑射，骁勇善战，而且富有聪明才智，涌现出许多能工巧匠。他们在与汉族兄弟的长期文化交流中，既保留了本民族的文化特色，又积极汲取汉族文化之长，无论是在器物制造，还是在宫殿、陵寝建筑等方面，均以雄浑厚重、粗犷大气著称于世，为创造中华民族的璀璨文化作出了杰出贡献。如河北平山的战国中山王墓，出土器物数量之庞大，器物之奇瑰精美，令世人叹为观止。其中，一件铁足铜鼎，铭文多达469个字，是铭文字数最多的战国时期青铜器。现存河北大名的唐代魏博节度使粟特人何进滔德政碑，高12.3米，宽3米，重140.3吨，号称中国现存第一大古碑。清朝建筑的东、西两座陵寝，分别坐落在河北遵化和易县境内，无论是从整体设计，还是从建筑规模，乃至建筑美学诸方面，都可以说举世无双。因此，被联合国列入世界文化遗产。

鸦片战争以后，中国沦为半殖民地半封建社会。为反抗帝国主义侵略和封建专制统治，争取国家、民族独立和人民民主权利，河北少数民族与汉族兄弟肝胆相照，并肩战斗，在燕赵大地上，谱写了一曲曲可歌可泣的英雄赞歌，建立了永垂青史的不朽功绩。

新中国成立后，中国共产党和人民政府实行民族区域自治政策，在中国历史上第一次实现了民族之间的真正平等，河北少数民族也由此进入了一个崭新的发展时期。特别是改革开放以后，由于人口的频繁流动，河北成为当代中国拥有56个民族的省份之一，截至2013年少数民族总人口达到320多万，占全省常住人口的4.3%。生活在河北的55个少数民族，在党和政府的领导下，与汉族兄弟和睦相处，团结奋斗，为河北的社会和谐、经济发展、人民福祉作出了突出贡献，其模范人物与先进事迹，彰显当代，光耀千秋。

因此，无论是研究河北政治史、经济史，还是研究河北文化史、思想史，乃至研究河北宗教史、风俗史等等，都不能忽视少数民族在河北各个历史时期所发挥的重要作用。正是基于这种思想理念，我们编写了这套《河北少数民族史》丛书。

二

中国古代殷商时期，在甲骨文、金文中，就有对少数民族活动的记录。西汉时，伟大的历史学家司马迁在其所著《史记》中，首开为少数民族立传之先河，由此开创了中国正史记述少数民族历史的优良传统。此后，中国历代封建王朝修纂的“正史”，也都开辟专门章节，或多或少地记述了少数民族的历史。魏晋南北朝时期，还出现一大批叙述少数民族活动的专史。但是，由于受长期以来封建统治者推行的大汉族主义正统意识形态的影响，对世居中原汉族周边的少数民族，不仅采取诸如“东夷、南蛮、西戎、北狄”等带有鄙视性的称谓，而且对少数民族的记载也多是负面的，在整个封建社会充斥“华夷之辨”与民族歧视的思想倾向。

真正学术意义上的中国民族史研究，始于20世纪初的梁启超先生。他在倡导新史学时，专门提出了民族史科目。从此，中国民族史逐步从中国政治史中分离出来，成为一门独立的学科。此后，吕思勉、林惠祥、王桐龄、吕振羽等史学大家，相继涉足民族史研究领域。他们筚路蓝缕，勾稽史料，考镜源流，为后代学者开展中国民族史研究奠定了雄厚的学术基础。

新中国成立后，党和政府十分重视民族工作，中国民族史研究更是如火如荼。1958年，国家民族事务委员会直接领导和主持编纂《民族问题五种丛书》，陆续为55个少数民族编写了各自的简史，堪称是中国民族史研究事业上的创举。1988年冬，著名社会学家、民族学家费孝通先生提出了“中华民族多元一体格局”的观点，推动了中华民族整体综合性学术研究。此后，王锺翰先生主编的《中国民族史》、罗贤佑先生等撰写的《中国历代民族史》著作，都是这种整体综合性学术研究的重要成果。与此同时，区域民族史也硕果累累，如杨建新先生主编的《中国西北少数民族通史》、傅朗云、杨旸先生撰写的《东北民族史略》、安瓦尔·拜图尔先生撰写的《新疆民族史》、尤中先生撰写的《云南民族史》等。

在此期间，河北少数民族研究也取得了一定成绩，相继出版了《河北省志·民族志》和大厂、孟村、青龙、丰宁、宽城、围场六个民族自治县概况以及《沧州回族》、《邯郸地区民族志》、《廊坊地区民族志》等。但是，从总体上看，河北少数民族史的研究还相对薄弱，迄今为止尚未有一部省域性专著，专题论文也很少。因此，亟需进行整体规划，积极整合社会资源，以填补河北少数民族史研究的空白，为凝聚河北56个民族力量，全面建设小康社会奉献自己的聪明才智。我们组织编写的这套《河北少数民族史》丛书，正是这种时代呼唤的产物。

《河北少数民族史》丛书主要围绕着六个方面进行阐释：1. 河北少数民族的历史源流、形成发展过程和分布状况以及不同时期的历史作用；2. 河北少数民族的社会、政治、经济、文化诸方面演变发展的历史轨迹；3. 河北在不同朝代、不同历史时期的民族政策，突出中国共产党成立和中华人民共和国成立以来所采取的民族政策；4. 河北少数民族之间以及少数民族与汉族之间的关系变化；5. 少数民族与汉族共同为河北的经济、政治、文化发展作出的历史贡献；6. 新中国成立后，河北少数民族与其他各民族“共同团结进步、共同繁荣发展”等情况。力争全景式地展现河北历史上少数民族面貌，试图从河北少数民族史这个侧面，揭示中国自古以来就是一个统一的多民族国家，各民族都为中华民族做出了重大贡献的主题。

《河北少数民族史》丛书，共分八部。《河北古代少数民族史》记述中国古代众多少数民族在河北境内各自发展史。《河北满族史》、《河北回族史》、《河北蒙古族史》、《河北朝鲜族史》记述河北境内四个世居少数民族的历史。另外还编写了《河北少数民族简史》、《河北少数民族史图集》、《河北少数民族史编写纪实》。由于每部专史大都在50万字左右，字数较多，阅读比较费时费力。根据部分干部群众的要求，为节省时间，方便读者阅读，在《河北古代少数民族史》及河北满族、回族、蒙古族、朝鲜族史基础上，经过概括、综合、提炼而成《河北少数民族简史》，总字数为20多万字。在编写过程中，作者们搜集了大量的图片资料，有一部分用到了书上，但尚有相当一部分珍贵图片由于篇幅所限不得不忍痛割爱。为充分利用资源，抢救宝贵资料和适应读者喜欢图文并茂书籍的需要，编写组对数千张照片进行了认真挑选，编写了《河北少数民族史图集》。《河北少数民族史编写纪实》则主要反映领导重视、单位支持、专家帮助和编写者的艰辛劳动，从中可以看到丛书编写的艰苦历程。

诸位作者，既有从事史学研究的专家学者，也有资深民族工作者。撰写分工如下：《河北古代少数民族史》，由冯金忠、陈瑞青同志撰写；《河北满族史》，由任继远同志撰写；《河北回族史》，由吴丕清同志撰写；

《河北蒙古族史》，由冯金忠、伊利民同志撰写；《河北朝鲜族史》，由李印林同志撰写。《河北少数民族简史》、《河北少数民族史图集》、《河北少数民族史编写纪实》由编写专史的部分同志共同撰写。

从事地域史研究，首先应该在时空概念上，对所研究的对象加以界定。撰写《河北少数民族史》也概莫能外。河北的行政区划，在历史上几经变化，特别是与北京、天津有着不可分割的联系。1958 年，河北通州专区的通县、顺义等九个县划入北京市；天津曾隶属河北，又一度为河北省会驻地。河北与山东、河南、山西、内蒙古、辽宁等省区毗邻，相邻地县的行政区划，也曾多次变动。因此，《河北少数民族史》丛书在空间上，本着尊重历史的原则，大体以现河北省行政区域为主，并参酌历代政区和历史地理情况作适当伸缩。在时间上，《河北古代少数民族史》从传说时代起，至清道光二十年（1840 年）鸦片战争前止；《河北满族史》、《河北回族史》、《河北蒙古族史》、《河北朝鲜族史》则从满族、回族、蒙古族、朝鲜族四个少数民族进入河北始，并对其族源适当追溯，下限截至 2012 年。

撰写《河北少数民族史》丛书是一项政治性、政策性、学术性很强的科研工作。为此，我们力争做到：1. 坚持以历史唯物主义为指导，充分体现民族平等原则。2. 认真贯彻党中央关于“民族、宗教无小事”的思想精神，严格遵循实事求是的思想原则，正确地分析和阐释历史上的民族关系。既要清除历代封建王朝的正统观念和大汉族主义的影响，又要冲破历史上遗留的民族偏见以及狭隘民族主义的思想束缚，注意突出各民族共同创造祖国光辉历史和灿烂文化的客观事实。3. 在撰写过程中，点面结合，力求勾画出河北少数民族丰富多彩、生动活泼的历史面貌。4. 参考和吸取国内外最新学术研究成果，并将其融摄书中；凡有引文，必注明出处，以示尊重。5. 本书主要面向各族干部群众，在撰写过程中，力求学术性、知识性、趣味性相结合，并在行文中，插排一些历史图片，以增加直观性、可读性。为了使读者对少数民族史的历史有一种连续、清晰的了解，在每部专史之后，均附有大事记。

三

《河北少数民族史》丛书于 2009 年下半年开始酝酿准备；2010 年上

半年，研究工作正式启动。2010 年 5 月，被列入了河北省社会科学基金项目，2013 年下半年，书稿陆续完成，征求各界意见，认真修改，最终定稿。

在几年的时间里，为了将这项研究工作做好，我们首先成立了专门的撰写机构，由原中共河北省委副书记、河北省政协主席、全国政协民族与宗教委员会副主任赵金铎同志和河北省民族宗教事务厅厅长陈会新同志担任顾问；原河北省民族宗教事务厅厅长鞠志强同志担任主编，负责领导撰写工作；设有办公室，由原河北省民族宗教事务厅任继远处长负责日常具体工作。

这里需要说明的是：目前，河北除满族、回族、蒙古族、朝鲜族四个世居少数民族外，还有其他 51 个少数民族。他们主要是因历史、工作、婚姻和经商等多种原因而迁居河北的。从新中国成立以后全国六次人口普查结果，可以清楚地看到河北少数民族逐渐增多这一发展趋势。1953 年，全国第一次人口普查，河北少数民族为 11 个，人口为 35 万；1964 年，全国第二次人口普查，河北少数民族为 30 个，人口为 73 万；1982 年，全国第三次人口普查，河北少数民族为 41 个，人口为 85 万；1990 年，全国第四次人口普查，河北少数民族为 55 个，人口为 240 万；2000 年，全国第五次人口普查，河北少数民族为 55 个，人口为 290 万；2010 年，全国第六次人口普查，河北少数民族为 55 个，人口为 300 万。在 300 万少数民族人口中，满族、回族、蒙古族、朝鲜族占据少数民族人口大多数，河北其他少数民族的特点是人口较少，居住分散。尽管如此，他们与全省各族人民一道，艰苦奋斗，努力工作。他们当中，既有领导干部、专家教授、劳动模范，又有技术能手、个体工商户，同样为河北的经济发展与社会和谐做出了重要贡献。

最后，特别值得一提的是，《河北少数民族史》丛书从酝酿、启动到撰写、出版，一直得到中共河北省委、河北省人民政府的重视和关怀，中共河北省委常委、统战部长刘永瑞、田向利、范照兵同志非常关心编写工作，多次给予热忱帮助；河北省政府副省长孙士彬同志、许宁同志充分肯定编写工作的重要性，指示要保质保量地搞好编写工作，在经费上给予了有力支持。中共河北省委党史办公室、河北省财政厅、河北省文物局等单位，在工作上给予了积极支持。河北省民族宗教事务厅厅长陈会新同志对编写工作给予许多帮助，要求所属有关处室积极配合；河北省内各市民族事务部门和专家学者为编写工作，提供了不少珍贵资料和便利条件；民族出版社对该丛书的顺利出版，倾注了大量心血。在此，我们一并深表谢忱。

此外，由于我们为视野、能力所限，书中的缺漏、错谬之处，在所难免，敬请学界方家和各界人士不吝赐教，以待来日修正。

是为序。

2013 年 7 月于石家庄

前言

中国自古以来就是一个统一的多民族国家，少数民族是这个统一的多民族大家庭的重要组成部分。各民族与中华民族的关系是一体多元的关系。河北是少数民族比较多的散杂居省份，现有少数民族成分55个，全国所有少数民族在河北均有分布。世居少数民族有满族、回族、蒙古族、朝鲜族。少数民族总人口达320多万，有6个自治县，3个民族县，53个民族乡，1300多个民族村。民族是一个历史范畴，是历史发展到一定阶段的产物。河北现在的民族格局是在长期的历史过程中逐渐形成的。只有对河北古代少数民族的历史有所了解，才能对当今的民族问题有更深刻的认识。少数民族历史是河北历史不可分割的有机组成部分，离开了河北少数民族史，就不可能有完整的、科学的河北历史。

一、河北处于中原农耕文化与北方游牧文化的结合部

河北北接燕山，西倚太行山，分别与内蒙古草原和黄土高原为邻。内蒙古草原和黄土高原自古就是少数民族游牧栖息之地。从历史上看，河北境内的少数民族，大多从外地迁来，以外源性为主。总体来看主要来自两个方向：一是来自西部，东越太行进入河北。太行山南北绵延千里，有著名的太行八陉（军都陉、蒲阴陉、飞狐陉、井陉、滏口陉、白陉、太行陉、轵关陉），为穿越太行山的东西要道，其中滏口陉在河北磁县，井陉在河北井陉县，飞狐陉在河北蔚县，蒲阴陉在河北易县，军都陉在北京昌平。八陉中有五陉在河北或与河北相关。这些陉口成为古代少数民族进入河北的重要通道。例如，春秋时期的赤狄、白狄即是通过太行山的陉口，从今山西境内进入河北。唐代时突厥进犯河北，常常取道飞狐道。一是来自北部及东北部，越过燕山进入河北。例如，乌桓、奚族、契丹等。无论从数量上，还是从影响力来看，进入河北的少数民族都以此方向为主。

司马迁《史记·货殖列传》中言当时中国北部农耕区与游牧区的分

界线在碣石到龙门一线。这条线从东部起，由碣石（今河北昌黎）向西偏北，沿着今燕山南麓西行，再折向西南，经过恒山（今河北唐县大茂山）和汾水上游，循吕梁山而至龙门（在今山西河津、陕西韩城之间），正好穿过河北北部和东北部。河北地处中原农耕文化和少数民族游牧文化的接合部。这个特殊的地理区位，使河北自古以来就是少数民族入主中原的通道；就中原王朝而言，河北则是经略北方、开疆拓土的重要基地。

二、河北是中国古代民族融合的大熔炉

河北是中华文明起源的重要区域之一，位于张家口阳原县的泥河湾遗址是中国旧石器时代的著名遗址。在这里出土了一千余件石器和各种动物化石，特别是其中的马圈沟遗址，其年代应早于距今 180 万年，甚至很可能超过距今 200 万年。在第三文化层，发现了一组古人类餐食活动的遗迹，可以知道早在距今 200 万—180 万年前，原始人类已经在河北境内生息和繁衍。长期以来，距今 170 万年的云南元谋人被认为是中国境内最早的原始人类，而泥河湾遗址人类遗迹的发现，又将中国原始人类的历史大大提前，是东亚乃至全世界人类活动最早的地区之一。新石器时代末期，河北大地上就生活着众多的部族。中华民族人文始祖黄帝、炎帝和蚩尤是传说时代三个不同部落联盟的首领。炎帝、黄帝部落与九黎（属东夷）部族的蚩尤在河北涿鹿一带发生激战，击败了蚩尤，之后黄帝合符釜山，奠定了华夏族的基础。蚩尤可认为是河北古代少数民族史的源头。夏商周时期，河北境内少数民族主要有鬼方、土方、孤竹等。春秋战国时期，河北主要属于燕、赵两国，除此之外，还存在着一些少数民族建立的政权。例如白狄建立的肥、鼓、鲜虞等国，特别是中山国尤为强盛，是战国时期仅次于七雄的千乘之国，创造了璀璨瑰丽的中山文化。以鲜虞中山为标志，春秋战国时期，迎来了河北少数民族发展史上的第一个高峰。赵武灵王“胡服骑射”建立了第一支建制骑兵，开创了中国军制史上的新纪元，它所体现出的打破陈俗、勇于革新的精神，一直是鼓舞后人变革的动力源泉。而这次改革的直接诱因就是中山等少数民族的威胁。

秦汉时期，河北少数民族主要有匈奴、乌桓等。此时期少数民族与华夏族交错杂居，互通婚姻，至汉代时以华夏族为主干，最终形成了汉族。永嘉之乱（晋永嘉五年，311 年）后，战乱频仍，中原动荡，大量少数民族迁居内地，引发了中国历史上规模最大的一次民族迁徙浪潮。对于河北少数民族发展史而言，魏晋南北朝时期是继春秋战国后又一个重要阶段。其重要性主要表现在两个方面：一是许多少数民族迁居河北，改变了河北

民族构成；二是一些少数民族在河北建立政权。羯族石勒建立的后赵定都襄国（今河北邢台），后迁都邺（今河北临漳）。鲜卑慕容氏建立的前燕和后燕，分别定都邺和中山（今河北定州）。河北都为其统治的核心区。北朝时东魏都城是邺，承袭东魏的北齐也定都邺城。北齐虽然是汉族大姓高氏建立的政权，但统治阶级的核心是鲜卑族，表现出浓重的鲜卑化色彩。延至唐代，河北由于突厥、奚、契丹、回纥、粟特等少数民族的涌入，当时的社会风尚发生了巨大变化，陈寅恪先生称之为"胡化"。向来被视为"诸夏之冠冕"的河北，成为全国受少数民族影响最剧烈的地区。唐后期"安史之乱"后，河北的一大变化便是形成了藩镇割据的局面，出现了以魏博、成德、幽州为代表的河北藩镇。三镇中上至节度使，下至军将士卒，许多都出身于少数民族，并形成了一些职业军人家族。这些少数民族出身的职业军人家族取代了魏晋北朝以来的崔、卢、李等传统世家大族，成为在地方上最有势力和最有影响的力量。这是中古河北社会力量的一大变化。

北宋时期，宋与契丹人建立的辽中分河北，澶渊之盟后，宋辽两国大致以白沟为界，白沟相当于今大清河至海河一线，东西绵延千里。河北成为当时民族冲突和融合的前沿。与以前河北所建立的倏兴倏亡的少数民族政权不同，契丹族所建立的辽不再是一个松散的军政结合体，虽然仍实行蕃汉双轨制，但儒家文化和农耕经济日益占据统治地位，具有了较为巩固的经济基础和阶级基础。从公元 907 年建国，至 1125 年灭亡，统治了二百余年，开启了河北少数民族统治的新时代。金灭辽和北宋，河北完全处于女真族的统治之下。元代以后，元明清三朝定都北京（元称大都；明初原建都南京，明成祖朱棣时迁都北京），河北成为畿辅。元中都位于河北张北县馒头营乡，与当时的元大都（今北京）、元上都（今内蒙古正蓝旗东）齐名。由于政治地位的抬升，更是吸引了大量的少数民族迁居河北。蒙古族、回族、藏族、满族等主要在这个时期进入河北，并初步奠定了现在的分布格局。

从以上可以看出，自先秦至清代，有众多的少数民族都曾在河北大地上生息繁衍和活动。有学者统计，在曾存在过的一百余个少数民族中，河北地区有七十余个。各民族之间大量频繁的迁徙和流动，打破了彼此间的隔绝状态，加速了历史文化的认同，并一步步走向融合。进入内地的少数民族政权，在汉文化的强大影响下，都自觉不自觉地接受了儒家文化，采用汉族的政治、经济和礼仪等制度。虽然在融合过程中汉民族也吸收了少数民族的文化成果，但少数民族对汉族文化的认同是民族融合的最主要特征。主要表现为以儒学天命观争夺正统地位，认同自身是炎黄裔胄等等。秦汉、隋唐、元明清等统一王朝就是在民族大融合基础上出现的。河北堪称中国古代历史上民族融合的大熔炉。

三、河北少数民族历史文化遗产丰厚

河北古代少数民族在与汉族交往中，一方面吸收汉文化，同时又给予汉文化以影响，给汉文化注入了新鲜的血液。因此，河北少数民族所创造的辉煌灿烂的文化同样体现出民族融合的特征。例如战国时期的中山国，被郭沫若先生赞誉为“艺术王国”，为游牧文化和农耕文化完美结合的典范。构思拙朴、结体宏大的“山”字形礼器，显示出中山文化的粗犷线条。奇想巧变、设幻诡异的错金银四龙四凤方案、虎噬鹿屏风座、双翼神兽、犀牛器座等等炫目华美，无不显示着铸造工艺的高超。“中山三器”——铁足铜鼎、方壶、圆壶，上面刻满了铭文，让今人领略了严整规矩、悠长秀丽、刀法洗练的战国文字。特别是铁足铜鼎上铭文共469个字，是战国时期青铜器上铭文字数最多的。柔然（茹茹）可汗阿那瓌孙女邻和公主之墓，位于河北磁县大冢营村。以其规模大，出土器物多，艺术水平高，在国内外轰动一时。在墓道、墓门、甬道、墓室的墙壁上，都绘有精彩的壁画，这在北朝墓中是罕见的。唐代魏博节度使何进滔为粟特人，其德政碑通高12.3米，宽3米，重140.3吨。不仅是河北最大的古碑，而且全国罕见，号称中国现存第一大古碑。河北宣化下八里辽代壁画墓群，共有壁画98幅，总面积360多平方米。张世卿墓墓顶的天文图，将中国传统二十八宿记星法与西方古巴比伦黄道十二宫融合到一起，是我国迄今发现的最早一幅中西合璧天文图。前室东壁绘有“茶道”图，与西壁散乐图相对，另外，其中对弈等内容的壁画也是我国首次发现。清东陵、西陵分别坐落在河北遵化和易县境内，是清代诸帝及皇后的陵寝之地，规模宏大且体系完整，被列入世界文化遗产。清代承德“外八庙”，从建筑风格上看，有汉式寺院、藏式寺院、汉藏结合式寺院等三种形式。这些寺院规模宏大，建筑技术精湛，风格各异，是汉、蒙、藏文化交融的典范。从建造背景上看，这些寺院是“康乾盛世”时期特定历史条件下的产物，是清代兴盛发展时期的侧影。由于它们是在清王朝安定北部、西部边疆过程中陆续建造的，留下了许多清朝对蒙古准噶尔部分裂势力斗争以及怀柔蒙、藏部落的历史记录，是我国统一的多民族国家巩固和发展的历史见证。

河北还有许多历史文化遗迹是和少数民族有关的，它们同样构成了河北古代少数民族史的一部分。首先是长城。长城作为中国悠久历史的见证，长期以来被视为中国及中华民族的象征。然而就其产生的本源上看，主要是中原政权为了防御游牧民族进攻而修建的，并逐渐固化为中原农耕文化与北方游牧文化的分界线。故历史上的长城很自然地与少数民族联系在一起。长城沿线不仅是狼烟四起的战场，也是经济文化交流的中心。河北省是保存中国历史上各时期修筑的长城最全、建筑总长度最长的省份，不仅有战国时期赵、燕、中山的长城，也有秦汉时期的内外长城；既有北魏、东魏长城，更有北宋时期的水长城，还有明朝时期的长城及其配套建筑。著名的天下第一关——山海关、老龙头、滦平金山岭长城、张家口宣化明长城，太行山沿线飞狐关、紫荆关、龙泉关、井陉关等一系列长城关隘，成为中国古代长城建筑的重要标志。河北也是古代地道建筑遗存最丰富的省份。在雄县、任丘、定州、峰峰，保存着北宋时期规模宏大的军事地道，是当时宋辽对峙的历史见证。

四、本书的概念界定、内容、结构

需要首先说明的是，本书所谓“古代”，采用的是学界对中国历史一般的分期法，指清朝1840年鸦片战争之前的历史。另外，自唐朝设立河北道，河北开始作为地方政区出现于历史舞台。当时的河北，北起阴山南麓，南达黄河，西至太行山，东临大海。包括今河北、北京、天津以及河南、山西、辽宁、内蒙古等省区的一部分，比现在河北省的范围要大。本书的“河北”，以今河北省地域为核心，但由于特殊的历史原因，考虑到当时地理和行政区的完整性，有时也作了一些适当延伸，例如元代之前的今北京、天津等地也在本书涵及范围之内，但不作重点论述。

西汉史学家司马迁在《史记》中，专列了《东越列传》、《南越列传》、《西南夷列传》等，开创了正史中为周边少数民族立传的传统。从此以后，历代相沿，转相承袭。但在中国古代，汉族作为统治民族，其与诸少数民族的关系总体来看是不平等的，是统治与被统治、压迫与被压迫的关系。传统史书绝大多数是在大汉族主义指导下修成的，不仅在语言上充斥着对少数民族的偏见和污蔑，就是在历史进程中也是往往忽视少数民族的地位和作用，将少数民族视为汉族的附庸，这正是当时阶级压迫和阶级剥削在民族关系上的反映。另外，史籍中多是少数民族与中央王朝间征战和朝贡的记录，对各民族的经济、文化生活往往阙而不书，即使记载也是十分简略。这对我们全面认识历史上的诸少数民族，复原当时社会的实态，无疑困难重重。因此，本书积极挖掘利用少数民族撰著的文献，以与汉族史籍相互参证。

在对少数民族与中原王朝的关系上，传统史籍记载最多的是战争和冲突，以至给人造成一种冲突战争为主流的假象。事实上，尽管各民族间发生过战争和冲突，历史上也曾不断出现过民族歧视、民族压迫、民族对抗乃至割据和分裂的状况，但是各族劳动人民之间友好交往是历史上民族关系的主流。各民族间逐步接近、互相吸收、互相依存，共同开拓了祖国辽阔的疆土，共同创造了光辉灿烂的文化，共同促进了中国历史的不断进步。这是任何人为的力量所不能阻挡的。

本书是对河北古代历史上少数民族史的系统研究，以一个长的时段(从远古到清末)，考察曾经在河北境内活动的少数民族的历史。根据传统历史分期，将河北古代少数民族史分为先秦、秦汉、魏晋南北朝、隋唐五代、宋辽金、元明清六个阶段。共分六章，每一章又以族别为纬，叙述河北历史上各少数民族的族源、迁徙分布及其发展演变的历史轨迹，介绍各民族间交往活动以及政治经济制度、文化特征、生活习俗、社会风尚等，揭示各民族与汉族一起共同创造了中国灿烂的历史和文化的主题，力图从整体上展现河北历史上少数民族的面貌。

本书在兼顾全面的基础上，突出重点，对在河北活动长久，建立了政权，有重要历史文化遗存，对后世影响深远的少数民族，例如，商代的孤竹国，战国时期鲜虞建立的中山国，十六国时期羯族建立的后赵、鲜卑建立的后燕，南北朝时期具有强烈鲜卑化色彩的北齐，唐代的奚、突厥以及昭武九姓（粟特人)，北宋辽代的契丹等予以重点叙述介绍。由于河北境内四个世居少数民族蒙古族、朝鲜族、回族、满族立有专卷，为了避免重复，此书对这四个少数民族的历史及其族源研究中涉及的古代民族，如靺鞨、女真等一笔带过，不再详细介绍。在传统文献材料之外，本书尽可能地充分利用考古资料。考古资料的补史、证史、纠史作用日益为人们所认识，在文献资料相对不足的先秦、秦汉时期，其价值更为明显。

目　录

第一章　先秦时期河北少数民族

民族是一个历史范畴，按照马克思主义史学理论，民族是在血缘为纽带的氏族部落瓦解之后，在地缘基础上合并产生的新的人们集团。它是在原始社会末期，随着国家的出现而形成的。作为汉族前身的华夏族（或说夏族）形成于原始社会末期，即传说时代的“五帝”时期，夏朝的建立可以作为它形成的标志。[①] 当时在中国境内，除了华夏族之外，还有数量众多的其他部族。

中国古代有文献可考的历史是从商朝开始的。商代殷墟出土的甲骨文中已经有了夷（尸）、狄、戎、蛮等字，说明最晚至商代，已经出现了夷、狄、戎、蛮等相对于诸夏的少数民族。一些少数民族发展很快，势力强大并建立了国家，它们与华夏族交错杂居，联系日益密切。例如，西周畿内有申戎、犬戎、骊戎，与周人错居在一起；晋国初封之时也是居于深山中，与戎、狄为邻；邢国与燕国之间，亦有戎人出没。东方的齐、鲁、滕、纪等诸夏国家更是立国于夷人之间。春秋战国时期出现了中国历史上第一次民族融合的高潮。

河北是人类最早栖息繁衍的地区之一。位于张家口阳原县的泥河湾遗址是中国旧石器时代的著名遗址，证明早在距今200万—180万年前，原始人类已经在河北境内生息和繁衍。从历史上看，居住在我国大漠南北地区的北方各游牧民族与中原汉族之间属于两种互相区别而又互相依赖的生产和生活类型，或者叫两种文化。而河北横跨两种文化（或两种生产生活方式），地处中原农耕文化和少数民族游牧文化接合部，自古以来就是

---

① 翁独健主编：《中国民族史纲要》“绪论”，5页，北京，中国社会科学出版社，1990。而沈长云认为华夏的称呼是在春秋中期以后产生的。西周及春秋早期，文献中只有诸夏的称呼，它指的是以姬周族为首的政治联盟。春秋中期后，文献中开始用“诸华”代替“诸夏”，稍后，又出现了“华夏”的连称。作为与诸夏对立的蛮、夷、戎、狄的称呼，也是在西周建立后才始产生的。见沈长云：《先秦史》，152、290页，北京，人民出版社，2006。

少数民族的汇聚地和民族融合的核心地。远古时代的黄帝、炎帝和蚩尤三大部落联盟在河北大地上汇聚，经过阪泉之战和涿鹿之战，一步步走向融合。春秋战国时期，河北除了华夏族建立的燕、赵、邢等国外，还存在着一些少数民族建立的国家。例如，白狄建立的肥国、鼓国、鲜虞、中山等。特别是中山国，国势强盛，是战国时期仅次于七雄的千乘之国。即使在燕、赵这些传统华夏族国家中，也生活着大量的少数民族。少数民族与华夏族交错杂居，互通婚姻，互相影响，著名的赵武灵王“胡服骑射”就是在对北边少数民族文化学习和吸收的基础上进行的。

先秦时期河北少数民族主要分为两大系统，一是河北北部及东北部少数民族，如山戎、东胡等，是本地部族衍生发展来的，是源生性的；二是河北中部的少数民族，集中于太行山东麓，主要是从今山西和陕西一带迁徙而来的赤狄和白狄。春秋初，赤狄强盛，势力发展到河北南部。白狄建立了鲜虞、鼓、肥、中山等国，影响深远，构成了先秦时期河北少数民族的主干。

第一节　传说时代河北少数民族的萌芽

根据考古发掘，在新石器时代，不同的氏族、部落与部落集团在文化上已有区别，呈现出不同的面貌。在原始社会末期甚至更远，中国境内形成了几个文化中心或系统，而且也开始形成了几个部族集团，即华夏集团、东夷集团、南蛮集团、北狄集团、西戎集团。虽然不能简单地把这些集团与民族等同起来，但它们已经在某种程度上具有了共同地域、共同语言、共同经济、共同文化和心理素质，已经具有了一定程度上的民族特征，广义上也可以称为民族。①

新石器时代晚期，由父权制氏族部落向国家过渡时期是中国古史的传说时代，人们习称为三皇五帝时代，在这个时代流传着许多先民传说。例如，三皇时期的有巢氏、燧人氏、伏羲氏、神农氏、女娲等；五帝时期的黄帝、炎帝、蚩尤、太皞、少皞、颛顼、帝喾、共工、祝融、尧、舜、禹等等。此时已经出现了部落和部落联盟之间的联合和融合，形成了某些部落或联盟的中心。这些传说虽然经过了周代和秦汉时期人们的整理，掺入了许多后世的观念，但还是能在一定程度上反映当时社会的实态。其中黄

① 田继周：《中国历代民族史》（先秦卷），92页，北京，社会科学文献出版社，2007。

帝、炎帝、颛顼、帝喾、尧、舜、禹属于华夏集团；蚩尤、太皞、少皞属于东夷集团。

黄帝和炎帝被奉为华夏族的始祖，同出于少典氏。黄帝，姬姓，又称为轩辕氏。炎帝，姜姓，又称为神农氏。炎、黄二帝都起源于陕西中部渭河流域，后来，两个部落在东迁过程中，为争夺土地发生了阪泉（今河北怀来）之战，黄帝打败了炎帝，两个部落渐渐融合。之后，黄帝又与西进的蚩尤部发生了冲突，在今河北境内爆发了一场战争，史称“涿鹿之战”。

《史记·五帝本纪》记载：“蚩尤作乱，不用帝命。于是黄帝乃征师诸侯，与蚩尤战于涿鹿之野，遂禽杀蚩尤。”蚩尤是九黎族的首领，属于东夷集团，[①] 在中国古代被尊为战神。传说蚩尤发明了冶炼金属与制作兵器，即“五兵”（戈、殳、戟、酋矛、夷矛）。在传说中，他是半人半神的形象，另有兄弟八十一人，都是兽身人语，铜头铁额，食沙石子，形象凶恶。关于他与黄帝之间的战争，在先秦古籍《山海经·大荒北经》中也有记载：“蚩尤作兵伐黄帝，黄帝乃令应龙攻之冀州之野。应龙蓄水，蚩尤请风伯雨师，纵大风雨。黄帝乃下天女曰魃，雨止，遂杀蚩尤。”战争十分激烈，黄帝请天神相助，才得以取胜。这里提到蚩尤与黄帝作战的地点是“冀州之野”。冀州为九州之一，一般认为包括今山西和陕西间黄河以东、河南和山西间黄河以北及山东西部、河北东南部。涿鹿在其封域内。

西汉司马迁少时游历全国各地，曾亲至涿鹿，探访黄帝与蚩尤战争遗迹。关于涿鹿地点，学者有不同的认识，一般认为在今河北张家口涿鹿县。唐人张守节《史记正义》称：“涿鹿山在妫州东南五十里，山侧有涿鹿城，即黄帝、尧、舜之都也。”今河北涿鹿县境内现存有轩辕丘、蚩尤坟、黄帝泉（阪泉）、蚩尤三寨、蚩尤泉等遗址遗存。有的学者则认为在河北巨鹿。[②] 但不论哪种说法，都认为涿鹿在河北境内。黄帝部族与蚩尤部族在各自的迁徙过程中，在河北境内汇聚。蚩尤被杀后，九黎等部族融入了炎黄部族。

---

① 徐旭生：《中国古史的传说时代》，51～52页，北京，文物出版社，1985；或认为蚩尤属于南蛮民族集团。沈长云赞同徐旭生的观点，也认为蚩尤为东夷部族首领。见沈长云：《先秦史》，4页，北京，人民出版社，2006。

② 关于涿鹿地望，一说在河北涿鹿县，例如《太平御览》卷一五五所引《帝王世纪》；一说在河北涿县，例如《史记集解》、《文献通考》卷三一六和《太平寰宇记》卷七〇；一说在河北巨鹿，例如徐旭生认为涿鹿和涿县都偏北，应在河北巨鹿为宜。见徐旭生：《中国古史的传说时代》，95页，北京，文物出版社，1985。

《史记·五帝本纪》又说黄帝“北逐荤粥，合符釜山，而邑于涿鹿之阿”。“釜山”，《括地志》云在妫州怀戎县北三里，即今河北涿鹿县南桑干河南岸。“涿鹿之阿”，即涿鹿山较开阔处。其地处燕山山脉与太行山脉相接地带，自古控扼东向燕山以南的河北平原，越燕山向塞北辽西的要道。“荤粥”，相传为匈奴的先世，也是活动在今河北境内的部族。黄帝北逐荤粥，是黄帝代表的中原农耕民族与游牧民族之间冲突的反映。“合符”，据唐人司马贞《史记索隐》的解释，就是黄帝“合诸侯符契圭瑞，而朝之于釜山，犹禹会诸侯于涂山然也”。也就是涿鹿之战后，黄帝被各部族拥立为盟主，形成了以黄帝为首的大的部落联盟。通过阪泉之战、涿鹿之战，最后以合符釜山为标志，成就了以黄帝为首的众多部落的大联合，初步奠定了中华民族大一统的人文基础。

共工也属于与河北有关的传说。西汉东方朔所撰的《神异经》中提到了共工：“西北荒有人焉，人面，朱发，蛇身，人手足，而食五谷禽兽，顽愚，名曰共工。”刘宋裴骃《史记集解》则引郑玄的说法称“共工，水官名”。传说共工曾治洪水。但共工最著名的传说还是与颛顼争位的故事。《淮南子·天文训》言共工与颛顼争为帝，共工失败，怒而触不周之山，造成天柱折，地维绝。天倾西北，地不满东南。《史记·五帝本纪》则说共工是与尧争帝位，失败，尧“流共工于幽陵，以变北狄”。这也是不同部落或部落联盟间矛盾斗争在神话传说中的反映。所谓“幽陵”，即幽州。据唐人李泰所撰《括地志》记载，“故龚城在檀州燕乐县界。故老传云，舜流共工幽州，居此城”。

共工的传说历时很长，上起伏羲之时，下至虞夏，从延续这么长时间来看，共工最大可能不是一个人，而是一个族。这个族，最初可能是一个氏族、一个部落，后来大概发展为一个部落集团。[①] 共工的传说多与洪水相联系。据《左传》昭公十七年云：“共工氏以水纪，故为水师而水名。”《管子·揆度》云：“共工之王，水处什之七，陆处什之三，乘天势以隘制天下。”《淮南子·本经训》云：“舜之时，共工振滔洪水，以薄空桑。”《路史》卷十一云：“共工氏，羲氏之代诸侯也。……太昊氏没，俶乱天常，窃保冀方……振滔洪水，以薄空桑……自谓水德，故为水纪，官师制度皆以水名。”从“窃保冀方”一词看来，共工大概活动于黄河以北的冀州区域。其具体方位，徐旭生认为在今河南辉县境内。[②] 邹衡根据考古资

① 田继周：《中国历代民族史》（先秦卷），77页，北京，社会科学文献出版社，2007。

② 徐旭生：《中国古史的传说时代》，47～48页，北京，文物出版社，1985。

料和文献资料也作了一些考证，他认为共工氏的旧地在今河南辉县，被尧舜流放的幽州，在今北京市昌平、密云一带；并认为“共工氏的主要活动地区，几乎都是河北龙山文化的分布范围。从其所属年代来说，共工氏和河北龙山文化也是大致相当的。因此，共工氏所留下的遗址应该包括在河北龙山文化之内的，甚至在一定的范围内，两者有可能就是一回事。”①

尧舜禹时期，人类社会已从蒙昧朴质的原始社会开始向阶级社会过渡，文明社会乍露曙光。尧即始封于唐，在今河北唐县、望都一带。《尚书·尧典》云当时“百姓昭明，协和万邦”，所谓“万邦”，指当时存在众多的与尧部落或部落集团并列的部落和部落集团。

第二节　夏商西周时期河北少数民族

夏商西周是中国奴隶社会时期。禹去世后，其子启破坏了传统的禅让制，继承了禹之位，建立了夏朝。夏朝是中国历史上第一个奴隶制王朝。按照最近完成的夏商周断代工程的测年，夏朝的始年为公元前 2070 年，这也是中国正式进入文明社会、建立国家的起始之年。商是兴起于黄河中下游的一个古老部落。公元前 16 世纪，汤灭夏，建立了商朝。后来盘庚迁都于殷（今河南安阳），商王朝以殷为中心进入极盛时期。公元 11 世纪武王灭商，定都镐京（今陕西西安），史称西周。

由于夏没有文字传世，至今也尚未发现明确属于它的考古遗址和文物确证。但目前学界已多肯定夏朝的存在，认为河南龙山文化晚期和河南偃师二里头属于夏文化遗存。夏统治中心约当今河南北部和山西南部。在夏境内分布有诸多部族。《左传》哀公七年云：“禹合诸侯于涂山，执玉帛者万国。”《战国策·齐策四》亦云：“古大禹之时诸侯万国。”所谓的“万国”实即众多的部族或部族联盟，而非严格意义上的国家。“万”虽然是虚指，但也说明当时夏境内部族的数量是很可观的。

商朝统治范围比夏朝广大，《诗经·商颂·玄鸟》写道：“邦畿千里，维民所止，肇域彼四海。四海来假，来假祁祁，景员维河。”《诗经·商颂·殷武》追忆汤时商朝势力的强大，“昔有成汤，自彼氐羌，莫敢不来享，莫敢不来王，曰商是常”。连西方的氐和羌人也对商表示臣服，承认

① 邹衡：《夏商周考古学论集》，281～284 页，北京，科学出版社，2001。

商的王权，这在夏朝是没有的。商代的疆域，除中原王畿地区外，东到大海，东北至辽东半岛，北至河北、山西北部，西北至河套地区，西及西南达于陕西、甘肃、四川，南至长江流域。

商朝的主体民族是夏族，又随朝代名称而称为商人。商人和夏人虽然最初的来源不同，但却属于同一民族"诸夏"。商朝在夏族之外的其他部族，皆可称之为少数民族，它们在文献记载中称为"方"或"邦"。"逮汤受命，其能存者三千余国"。①《逸周书·殷祝》也称"汤放桀而复薄，三千诸侯大会，汤退再拜从诸侯之位"。这里所谓的"三千诸侯"、"三千余国"，即当时众多的族邦，有的穿插于商的邦畿之内，但主要分布于外服，即商的四周。

商朝建立初期，国都迁徙不定，自盘庚迁殷后，从此稳定下来，商王朝也进入了鼎盛时期。今河北中南部是商朝王畿之地，邯郸、沙丘（今广宗西北大平台）皆有商王的离宫别馆，《史记·殷本纪》就称商纣王"益广沙丘苑台，多取野兽蜚鸟置其中"。河北北部桑干河流域、滦河流域为商属的北土之地，从考古上看属于夏家店上层文化，它们所代表的部族文化并非单一，从出土文物看，应是冀北辽西间这一广大地域的多个部族方国的文化。这一带的不少方国部族，如北燕、孤竹、令支、屠何、貊、山戎、肃慎等，都或多或少渊源于夏家店上层文化。

夏家店上层文化是中国北方青铜时代的早期文化，因最初发现于内蒙古赤峰市夏家店遗址上层而得名。它从红山文化发展而来，主要分布在燕山南北和京津地区。河北张家口、唐山、承德市诸地区都处于这一范围内。其内涵相当复杂，从时代上说，夏家店上层文化晚于龙山文化而早于西周，相对于中原的夏商时期，而文化类型又有别于夏商文化。

商周时期北方活跃着荤粥、土方、鬼方、𢀛方、孤竹等族。土方、鬼方、孤竹等是很古老的部族方国，位于今河北北部，虽孤处北方，但又和商王朝及其他方国有着很密切的政治、经济联系。以下对其简单介绍。

一、土方

武丁（公元前1250年—前1192年在位），是商朝第二十三位王，庙号高宗。他在位五十余年，商王朝得以中兴，进入了鼎盛时期。《诗经》五篇商颂，其中《玄鸟》和《殷武》两篇都是为颂扬武丁而作。根据卜辞，武丁时期对异姓方国土方、𢀛方、羌方等大大小小战争不下五六十

① 《后汉书》志十九《郡国志一》引《帝王世纪》，北京，中华书局，1965。

次。其中主要活跃在河北境内的为土方。

(一) 土方族属及分布

土方位于今河北承德一带，东至今辽宁朝阳。[①] 追溯其源，大概是过去曾与商人先祖王亥为敌的有易（或称有狄）[②]。据史载，王亥是契的六世孙，他发明了驾驭牛作为运输工具。王亥将自己发明的服牛作为聘礼，去有易河伯族求亲，有易之君贪于服牛，杀死了王亥，从而与商族结下了世仇。如果再向上追溯，土方与诸夏族在禹时期关系即很密切。《诗经·商颂·长发》中说："洪水芒芒，禹敷下土方，外大国是疆。"即将土方与治理洪水的大禹联系在了一起。《楚辞·天问》中也写道："禹之力献功，降省下土方。"

(二) 土方与商的战争

商时与土方之间的关系更为密切。郭沫若曾根据甲骨文中有关土方的记载，认为土方在殷商时期是与商族发生关系最多、战争也最频繁的一个部族。当时土方是一个强大的游牧部族，经常侵扰商的北土及商西北一些同盟小国，武丁在位时数次对土方进行征讨。甲骨文卜辞中涉及商与土方发生冲突的词条就达上百条之多。如"土方征于我东啚"[③]、"土方侵我田"[④] 等。"啚"，即边邑。武丁及其妻妇好都曾亲自领兵征伐过土方。据卜辞记载，动员兵力多达数千人。其中有"供人呼，伐土方"，"登人三千伐土方"等辞，意思是征集和命令战士讨伐土方，军队人数有三千之众。除了以上多处战争记录外，同时还有"贞卜土方贝与不贝"的记述，也就是关于殷商与土方之间进行实物贸易的记载。这表明除了战争方式，土方与商也有和平交往及经济往来的一面。

1961 年 5 月，青龙县抄道沟发现了一批青铜器，年代为商代晚期或西周初年，包括曲柄羊首青铜短剑、鹿首弯刀、铃首弧背刀、环首刀、空銎戚、曲柄匕形器等，具有鲜明的游牧部族的文化特色，这些青铜器可能是商代居住在该地区的某游牧部族的遗物。[⑤] 从时代以及土方的活动范围来看，似乎这个游牧民族应是土方。

---

① 中国社会科学院考古研究所：《新中国的考古发现和研究》，240 页，北京，文物出版社，1984。

② 沈长云：《先秦史》，69 页，北京，人民出版社，2006。

③ 郭沫若主编：《卜辞通纂》，438 页，北京，科学出版社，1978。

④ 郭沫若主编：《甲骨文合集》，北京，中华书局，1978。

⑤ 河北省文化局文物工作队：《河北青龙县抄道沟发现一批青铜器》，载《考古》，1962（12）；河北省博物馆、文物管理处编：《河北出土文物选集》，29 页，北京，文物出版社，1980。

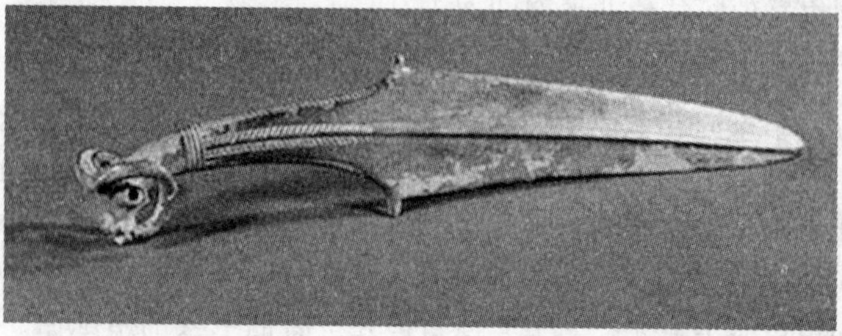

图1-1　曲柄羊首青铜短剑

二、鬼方

鬼方最早见于商代卜辞，其中提到“鬼方易”，即鬼方向远方逃走或迁移。鬼方在商代时十分兴盛，对商王朝造成了重大威胁。《周易·未济》中说：“震用伐鬼方，三年有赏于大国。”《既济》也说：“高宗伐鬼方，三年克之。”这里的高宗指武丁，被誉为商代中兴之主。武丁花费了三年的时间征伐鬼方，才打败了它，足以说明当时鬼方的力量是相当强大的。

鬼方主要活动于今陕北、内蒙古及其以北的辽阔地区。[①] 在被武丁击败后，鬼方一些部众开始迁徙，至晚在商末，鬼方已经进入河北南部地区。《史记·殷本纪》记载，纣时“以西伯昌、九侯、鄂侯为三公”。“九侯”即鬼侯，鬼侯与西伯姬昌、鄂侯一起被封为三公，说明商王对鬼侯已很倚重。纣王还同鬼侯联姻，娶了鬼侯之女。鬼侯的封地，刘宋裴骃《史记集解》引徐广曰：“邺县有九侯城。”唐人张守节《史记正义》引《括地志》云：“相州滏阳县西南五十里有九侯城，亦名鬼侯城，盖殷时九侯城也。”周灭商后，原属商统治的鬼方便属于周。周人不只一次征伐鬼方，在征伐后，鬼方部众不断地被迁至中原内地。周成王分给晋国始封者唐叔虞的怀姓九宗，史家一般认为即鬼方之隗姓，亦即鬼方的族人。从而鬼方进一步在包括河北在内的中原一带蔓延开来。

三、孤竹国

（一）孤竹族属及辖境

孤竹，亦作觚竹，是商代东北一个重要方国，疆域范围大约是“西

① 郭沫若主编：《中国史稿》第1册，北京，人民出版社，1977。

南起今河北迁安、卢龙；沿渤海北岸东抵辽宁兴城；北达辽宁北票和内蒙敖汉旗南部的广袤范围之内”。① 都城孤竹城，位于今河北卢龙县，为其政治文化中心。今河北卢龙、迁安一带和辽宁西部出土的商代青铜器，有的器身上铸有“孤竹”铭文。孤竹兴于殷商，衰于西周，亡于春秋。从立国到灭亡存在了近千年。

孤竹国君姓墨胎氏，也称为墨夷氏、目夷氏。《史记·殷本纪》载，“契为子姓，其后分封，以国为姓，有殷氏、来氏、宋氏、空桐氏、稚氏、北殷氏、目夷氏”。目夷氏既然出自子姓，孤竹当然也是子姓国，是商代的同姓诸侯国。自商初成汤初封至殷末仅传九世，第七世国君是竹猷，八世是亚微，第九世是亚凭。孤竹国历史上最著名的人物是伯夷和叔齐。伯夷即为亚微之子，亚凭之兄。

伯夷、叔齐为兄弟，都为孤竹国君之子，伯夷为长。初，孤竹国君喜爱次子叔齐，欲以叔齐为继承人。当时叔齐不敢违抗父命，但当父亲去世后，叔齐便让位于伯夷。伯夷认为这违逆父命，坚辞不受，遂出逃，而叔齐亦不肯越兄而为君，亦随之出逃。二人听说周文王姬昌礼遇尊敬老人，便前去投奔。不巧，文王去世，继立的武王出兵伐纣，伯夷、叔齐二人认为这是以下犯上之举，扣马而谏，极力反对武王出兵伐纣。后来武王克商后，天下宗周，而伯夷、叔齐耻食周粟，逃隐于首阳山（今河北迁安南之岚山），采薇（一种野菜）而食之，最后活活饿死。司马迁对伯夷和叔齐十分推崇，认为二人是为义而死，为他们专门立传，并冠于《史记》诸列传之首。

春秋初年，孤竹仍然存在，《史记·齐太公世家》记载，齐桓公救燕“遂伐山戎，至于孤竹而还”。《国语》卷六《齐语》亦记载，齐桓公救燕，“北伐山戎，刜令支，斩孤竹而南归”。当时孤竹为山戎之与国，故齐桓公北伐山戎中，将孤竹也列在讨伐之列。齐桓公这次北伐，给了孤竹以毁灭性打击，孤竹国君被斩首。时在齐桓公二十二年（公元前664年）。虽然国君被杀，但此次并未消灭孤竹。大约在四年之后（公元前660年），齐桓公又“北举事于孤竹、离枝（即令支——引者注）”②，彻底征服了孤竹，孤竹国灭亡。

（二）孤竹国的社会经济

由于史籍对孤竹语焉不详，长期以来人们对孤竹国知之甚少。近些年

① 陈平：《燕史纪事编年会按》，54页，北京，北京大学出版社，1995。

② 黎翔凤校注：《管子校注·轻重篇十二》，北京，中华书局，2004。

来，随着考古发掘的推进，孤竹国的神秘面纱也开始被揭开。

河北滦县响堂镇东法宝村后迁义遗址，占地约1.44万平方米。从地层看，下层为龙山文化，上层为商文化，为我们研究晚商时期孤竹国历史提供了珍贵的实物资料。

后迁义遗址发现于1990年3月，1999年10月对该遗址进行了考古发掘，清理出土坑竖穴墓9座、房址1座、灰坑40余处，出土青铜鼎、簋及金饰品、磨光陶器等文物200余件。其中金器有金耳环、金箔，玛瑙器有玛瑙环，青铜礼器有鼎、簋，兵器有斧、挂箭钩。该遗址所发现的器物几乎包含了当时人们生活的所有必需品，全面地反映了农耕、渔猎、手工艺、装饰、贸易等方面的发展状况。最具特征的是该遗址中特殊的陪葬形式，在所清理的墓葬中发现，依据不同的规格分别在墓室中间陪葬有五、七、九等不同数量的牛头，数量越多表示规格越高，在有九个牛头的墓葬中，陪葬有鼎、簋、斧、挂箭钩、彩绘陶罐等，墓主人用较大的金耳环和玉玦作为装饰，也显示出身份的高贵。

后迁义遗址反映当时孤竹国的经济、文化已经比较发达，除了农业外，还有畜牧、渔猎等业，在礼仪制度上受到中原商文化的深刻影响，基本上与内地是一致的，但也具有自己的地域特色。

1992年10月，河北迁安县夏官营镇马哨村小山子商代遗址出土一件铜鼎和一件铜簋，器物年代在商晚期至周初之际。铜簋器底有铭文“箕”字，铜鼎内壁有铭文“卜”字。这两件铜器，据学者推测均为箕子之物。[①] 箕子，名胥余，是文丁之子，纣王的叔父，官至太师，封于箕（今山西太谷、榆社一带）。他是商末著名贤臣，品行高尚，被孔子誉为商之“三仁”之一，因谏阻纣王不听，佯狂为奴，遭到纣王的囚禁。周武王克商后，将箕子释放，但箕子心怀故国，不愿仕于周，“不忍商之亡，走之朝鲜。武王闻之，因以朝鲜封之”。[②] 河北迁安，商时在孤竹国境内，箕子器物很可能是箕子嫁女于孤竹国所陪嫁之物，因此流传至孤竹国。[③] 表明孤竹国虽然僻处北方一隅，但与内地方国的联系还是很密切的。

① 尹小燕：《迁安县发现商代器物》，载《文物春秋》，1996（1），89页。

② （宋）李昉等：《太平御览》卷七八〇引《尚书大传》，北京，中华书局，1960。

③ 尹小燕：《迁安县发现商代器物》，载《文物春秋》，1996（1），89页。

第三节 春秋战国时期河北少数民族

春秋战国时期是中国历史上一个大变革时期，即由奴隶社会向封建社会过渡的时期。春秋初年，由于王室衰微，诸夏各国相互间不断进行战争，从而给了少数民族发展的机会，他们力量逐渐壮大，纷纷迁居内地。不仅华夏各小国受到较大威胁，就连晋、齐等大国也遭到少数民族的进攻，以至春秋初产生了“夷狄也，而亟病中国，南夷与北狄交，中国不绝若线”① 的说法。在此背景下，“夷夏之辨”的观念浸兴。春秋中后期后，华夏各国日益强大，在对诸少数民族的战争中占据了上风，开始将他们纳入华夏政权之下，如晋国对诸戎狄的兼并，齐国和鲁国对东夷小国的兼并，楚国对诸南方蛮夷的兼并，秦国对西戎的兼并等等。到春秋末期，大多数居住在中原或邻近中原的各少数民族逐渐地融合于华夏族。在冲突斗争中，加强了各族之间的联系，形成了中国历史上第一次民族大融合的高潮。

春秋战国时期，河北境内分属燕、赵、中山等国。其中中山就是少数民族白狄建立的政权。在中山之前，白狄在河北建立的国家有鲜虞、肥、鼓国。它们先后为晋所灭，部众融入晋。燕、赵等国境内也有众多的少数民族。以赵文化而论，其文化具有农耕文化与畜牧文化、华夏文化与胡族文化的二重性。它们的主流是华夏中原文化，支流则有不少异族的和草原部落的文化因素。也就是说，它们的文化层次的上层是华夏层，下层则为众多的异族部落层。②

春秋战国时期，河北境内少数民族主要有山戎、东胡、代戎、赤狄、白狄等。白狄建立的中山国，由于影响巨大，下节专门介绍，此不赘述。

一、山戎

山戎，从字面上讲，是指居于山区的戎人。春秋之前，中国北方民族的称谓有戎和狄，其后狄多专以称北方少数民族，戎专以称西方少数民族。春秋时期，山戎鼎盛，长期与燕、赵、齐、鲁、郑等国相角逐。自齐

① 《春秋公羊传注疏》僖公四年，北京，中华书局，1980。

② 孙继民、郝良真：《试论战国赵文化构成的二重性》，载《河北学刊》，1988（2）；唐嘉弘：《论赵文化及其历史地位》，载《河北学刊》，1988（1）。

桓公北伐山戎后，山戎逐渐衰落，战国末期销声匿迹，存在时间达二至三千年之久。

（一）河北山戎分布及政治活动

山戎主要分布于今张家口、北京北部、承德及内蒙古东南部、辽宁西部等山间盆地。其名称出现甚早，《史记·匈奴列传》记载，“唐虞以上有山戎、猃狁、荤粥，居于北蛮，随畜牧而转移”。还说：“燕北有东胡、山戎，各分散居溪谷，自有君长，往往而聚者百有余戎，然莫能相一。”这时他们多处于山地溪谷间，居无定所，仍处于部落或部落联盟阶段，内部没有统一，仍处于国家形成的前夜。

西周灭亡后，周平王迁都洛邑，国势式微，疆域日蹙，对周边各地少数民族控制大为削弱，少数民族开始向内地发展势力，并对中原诸国发动进攻。公元前8世纪初，山戎越过燕国，经今河北地区，进攻齐国，齐国震动，齐釐公向郑、卫等国求救。在诸侯联军的反击下，山戎失败后撤。春秋初年，山戎向南迁徙，进攻燕国。燕国力量虽强，但也抵挡不住山戎的进攻，燕宣侯死，国都蓟（在今北京房山琉璃河）也被攻陷。为了躲避山戎进攻，其子桓侯迁都临易（今河北容城或曰易县）。燕庄公二十七年（即周惠王十三年，公元前664年），山戎又伐燕，攻破燕城、蓟城，燕求援于当时的霸主齐桓公。齐桓公救燕，伐山戎，大破山戎于桑干河。今怀来县古有桓公城，即因齐桓公屯营而得名。燕庄公对齐桓公援手相救十分感激，送齐桓公旋师，难分难舍，一直送入了齐境。但按照古制，诸侯间相送不出国境，齐桓公为了不破坏礼制，于是割燕庄公所至齐地与燕。燕在此建“燕留城”以示纪念。《括地志》云：“燕留故城在沧州长芦县东北十七里”，即今沧县东北。而后齐桓公东出，“刜令支，斩孤竹而南归”。[①] 或言桓公“破屠何，而骑寇始服，北伐山戎，制泠支，斩孤竹，而九夷始听”。[②] 泠支（即令支）、孤竹、屠何皆山戎所辖部落。令支，或作离支，活动于今河北滦县、迁安间。孤竹，辖地约今河北山海关以西，包括秦皇岛市、卢龙、昌黎、抚宁、滦县、滦南、乐亭、迁安、迁西等县及长城以北青龙满族自治县一带。屠何，地望不可确知，当在春秋燕国的东北方向。

史籍中屡屡提到无终。《世本》又作陆终，“陆终娶鬼方氏之妹”。关于无终和山戎的关系，有的学者认为是同一民族部落，无终即指整个山

---

① 《国语》卷六《齐语》，上海，上海古籍出版社，2008。

② 黎翔凤校注：《管子校注》卷八《小匡》，北京，中华书局，2004。

戎；有的认为无终是“山戎之别种”，即为山戎之一，活动中心地在今玉田县，因县境内无终山而得名。《括地志》云：“幽州渔阳县，本北戎无终子国。”春秋时，少数民族的国君多为子爵，例如肥子、鼓子，无终子也属此类。河北玉田活动的山戎，乃是由代地迁徙而来。《左传·昭公元年》记载，“晋中行穆子败无终及群狄于大原”，白狄在被晋军击败后，发生了分裂，其中无终由代地东迁至今河北玉田。①

（二）河北山戎的社会经济状况

山戎的社会经济状况，古文献记载很少，大致而言以畜牧游猎为主，兼营农业。西周初年，燕北一带所进贡的物品中主要是狩猎产品。《逸周书·王会解》云：“孤竹距虚，不令支玄獏，不屠何青熊，东胡黄罴，山戎戎菽。”“不令支”，即令支；“不屠何”，即屠何。“不”在此为语气词，没有实际意义。孤竹、令支、屠何除了进贡距虚（兽名，似驴骡之类）、玄獏（即黑狐）、青熊（黑熊，即狗熊）、黄罴（棕熊）这些兽类外，还有戎菽等农作物。“戎菽”，即蚕豆，是山戎培育的农作物品种。这说明山戎已经开始有了比较粗放的农业经营。齐桓公伐山戎，戎菽也由此传到中原。《管子·戎篇》载，齐桓公“北伐山戎，出冬葱与戎菽，布之天下”。《穀梁传》庄公三十一年亦有齐桓公北伐山戎，献戎菽于鲁的记载。

河北是山戎活动的主要地区，近年来，今河北张家口、承德等地发现多处春秋战国之际的山戎文化遗存。河北怀来北辛堡乡甘子堡春秋墓群是山戎少数民族墓葬群，包括21座墓葬，年代为春秋晚期或春秋战国之际，下限不会晚到战国早期。② 它们均为长方形土坑竖穴式。墓向为东西向，南北排列，多数为单人仰身直肢葬，少数为仰身屈肢葬，头东脚西，并用木椁作为葬具，也有无葬具的。大墓殉祭牛、马，小墓殉祭羊、狗。出土器物有陶器、铜器、金器和石串珠，其中青铜器数量相当可观，形式多样的直刃匕首式青铜短剑和青铜削刀最具特色。直刃青铜短剑是山戎有代表性的佩戴兵器。还出土了大量的铜马具、铜带钩、铜带饰、铜牌饰等以及具有典型北方少数游牧民族特点的炊具铜镀和盛水器扁方形铜壶，表明山戎的经济生活以游牧狩猎为主。山戎的葬制和随葬器物还显示，他们男女有别，男性皆腰系直刃匕首式青铜短剑，女性则带铜锥、铜针等；其内部

---

① （明）顾炎武著，黄汝成集释：《日知录集释》卷三一，上海，上海古籍出版社，2006。

② 贺勇、刘建中：《河北怀来甘子堡发现的春秋墓群》，载《文物春秋》，1993（2），23～40页。

已有阶级分化，高贵者墓葬有木椁、青铜马具、金质牌饰、金丝耳环等，一般人仅佩戴项链、铜牌饰、铜耳环。

近年来，滦平全县22个乡镇均发现山戎古墓群，少则十几座、多则数百座。目前已发掘清理山戎古墓五百余座，出土山戎文物一万多件。苘子沟山戎墓群中，一座山戎酋长墓所出骨架十分高大，头部所戴皮帽在帽沿处镶嵌一周铜泡，耳饰为大铜耳环，颈下挂有四圈由青玉管、玛瑙、绿松石、白骨珠组成的项饰，铜珠组成的联珠曲尺形饰件由肩部垂到膝前，腰部佩有青铜匕首。山戎文化特征十分明显。1990年4月，滦平县虎什哈镇营房村发现一座大型山戎墓地，出土文物一千多件，其中的蛙面石人引起了世人广泛关注。该石人用石灰岩雕刻，蛙面长5厘米、宽4.5厘米，肩宽5.5厘米，腰宽3.5厘米，整体高9厘米，头部成三角形，面部上仰，双目圆瞪，鼻子旁有两条形鼻孔，大嘴宽阔，牙齿清晰，脸部有人字形纹，并刻出短直竖立的毛发，头后有一穿系孔用于系绳悬挂。躯身为人体，呈裸体蹲坐式，双手托下颚，胸部腹部刻有斜纹，臀部明显，背部刻有深沟，肢体自然匀称。

图1-2　蛙面石人

考古工作者又相继在滦平县山戎墓地发现了几件青铜蛙形牌饰。蛙形牌饰大小不一，大者直径10厘米，小者5~7厘米。通体圆形，半浮雕式，中间为一写实的俯视蛙像。蛙四足外出，做跳跃状，活灵活现，内外圆形边框，装饰水波纹，象征蛙跳入水里时，水面上形成的涟漪，生动自然。牌饰背面有一鼻纽，用于系绳佩戴。蛙形牌饰佩戴于人体最显要的地方，很显然，不仅仅是为了审美的需求。有学者认为，蛙面石人与蛙形牌饰都和山戎人的蛙崇拜有关，是他们的图腾的标志，直到今天，滦平县依然流传着一个关于蛙的古老传说，这个传说也证实滦平县一带曾经流行过蛙崇拜。人们在很早以前就发现青蛙与雨水有着密切的关系，不少民族都把青蛙视为雷神或雨神。蛙形牌饰是青蛙在水面的造型，可见，山戎人也把蛙视为雨神来进行崇拜。蛙形牌饰多发现于早期的山戎墓葬，春秋中期，数量减少，到了春秋末期，蛙形牌饰逐渐被半人半兽的蛙面石人所取代。蛙面石人的出现体现了山戎图腾制的发展关系，最早人们是崇拜大自然、动物或者植物本身，到后来随着社会生产力、思想意识的发展，崇拜的意识就逐渐从动物或植物等的原始形态向人开始过渡。蛙面石人，人蛙合一，正是原始自然崇拜向祖先人类崇拜的过渡，蛙面石人的发现就是那段历史的生动见证。① 另外，蛙面石人是中国图腾艺术史考古中的首次发现。《山海经》中记载了很多半人半神的图腾崇拜偶像，但始终没有相同时期的实物发现，蛙面石人填补了这一考古空白，也为研究中国图腾民族的存在与发展提供了重要依据。

山戎已经有了原始的宗教活动，蛙面石人作为氏族的保护神，又是权力的象征。它被安放在图腾柱上或者垂挂于首领房屋的某个地方，或系于首领身上，在祭祀或者其他重大场合上使用。在滦平县古城村葫芦沟墓地发现一处石祭坛，当是山戎后人祭祀先祖的地方。② 他们埋葬方向都是头朝东，脚朝西，显示了向日的习俗。这和乌桓习俗“以穹庐为舍，东开向日”③ 是一致的。除了用马、牛、羊牲殉外，还大量用犬殉葬。

图 1-3　三角云纹孟姬匜（现藏河北省博物馆）

河北怀来县北辛堡乡甘子堡春秋墓群出土了一件有铭文的盘子，盘底中央刻有铭文 5 行，共 27 个字。盘子锈蚀严重，大部分字模糊不清，难以识读。由于铭文不详，这个盘是本地产品，还是外地流入的，难以确知。在同一墓地中，1957 年出土了一批青铜器，年代为春秋晚期。其中

① 佚名：《蛙面石人：山戎族蛙形图腾崇拜标志》，载《收藏快报》，2011 年 6 月 9 日。

② 河北省文物管理处：《滦平发现山戎氏族墓葬》，载《光明日报》，1977 年 12 月 9 日；河北省文物研究所等：《滦平县虎什哈炮台山山戎墓葬群发现》，载《文物资料丛刊》第七期；沈军山：《试谈山戎的人体装饰品》，载《文物春秋》，1995（1）；贺勇、刘建中：《河北怀来甘子堡发现的春秋墓群》，载《文物春秋》，1993（2）。

③ 《后汉书》卷九〇《乌桓传》，北京，中华书局，1965。

一个铜匜（即孟姬匜），高15厘米，深腹，敞口流，兽形柄，蹄形矮足。器身阴刻三角纹，上饰卷云纹。内铸铭文7行32字，铭文曰："佳正月初吉丁亥，蔡叔季之孙，员媵孟姬有之妇盘。用祈寿，万年无疆，子子孙孙永宝用之。"[①] 孟姬远嫁燕国，这铜匜是蔡国（今河南上蔡）的蔡叔季陪送孙女孟姬的嫁妆。不知何故，此铜匜流入山戎，这从一个侧面反映山戎与燕国、中原地区交往是十分密切的。

二、东胡

战国时期，东胡十分强盛，与林胡、楼烦合称"三胡"，因居匈奴（胡）以东而得名。东胡位于燕、赵两国之北，对燕、赵等国都构成了一定的威胁。

《史记·匈奴列传》记载："燕有贤将秦开，为质于胡，胡甚信之。归而袭破走东胡，东胡却千余里。"当时东胡与燕毗邻，为了笼络东胡，以示友好，燕常常派宗亲或一些贵族为质于东胡。秦开就曾在东胡担任人质，对东胡的情况了如指掌，并赢取了东胡国君的信任。归国后，他趁东胡不备，采取了突袭的战术，大败东胡，东胡北退千余里。此次战役时间不详，有的学者推测认为"秦开却胡"在乐毅伐齐之后，当在燕昭王三十年至三十二年间（公元前282—前280年），因为这一期间乐毅伐齐已取得了决定性胜利，燕昭王有力量，并且敢于向东胡进军。[②] 燕夺取东胡地，置上谷（治今河北怀来）、渔阳（治今北京密云）、右北平（治今河北承德）、辽西（治今河北卢龙）、辽东五郡。

在破东胡后，燕国开始修筑北长城，以御东胡。北长城西起造阳（今怀来），东达襄平（今辽宁辽阳北），千余里。遗址至今犹存，位于今宣化、怀来以北的张北和赤峰间，东西走向，西入内蒙古自治区的兴和县，与赵长城相接；东北经丰宁、围场至辽宁西部，经赤峰以南进入今北票。

战国时，东胡与赵国也曾屡屡发生冲突。赵武灵王实行胡服骑射的改革之后，赵国国势日盛，先后击破了林胡、东胡和楼烦，使之臣服于赵。赵还在西北部边境设置了云中（治今内蒙古托克托东北）、雁门（治今山西大同一带）、代（治今蔚县东北代王城）三郡。为防御东胡，赵国也曾修筑长城，自代并阴山下，至高阙为塞。战国末，赵将李牧又"灭襜褴，

① 河北省博物馆：《河北省博物馆文物精品集》，25页，北京，文物出版社，1999。
② 陈平：《燕史纪事编年会按》，212~214页，北京，北京大学出版社，1995。

破东胡，降林胡”。[①]

秦末，东胡复盛，其首领曾向匈奴索求名马、阏氏和土地，后为匈奴冒顿单于击败，部众离散。退居乌桓山的一支称为乌桓，退居鲜卑山的一支称为鲜卑。

三、代戎

战国时期，代戎位于今山西东北与河北西北部交界一带，处于赵国的正北方，建立了代国。代国是春秋时的古国，国都在今河北蔚县。《汉书·地理志下》“代郡代县”条颜师古注引应劭语称：“故代国”，认为汉朝的代县城即春秋时期的代国国都所在。汉朝的代县城在今河北蔚县东北代王城。

（一）代戎的族属及社会经济情况

代国的族姓，据《后汉书·西羌传》称春秋时期，“赵亦灭代戎，即北戎也”，认为源出北戎。《史记·赵世家》记有赵简子梦游上天的故事，也涉及了代国的族姓问题，认为代国是翟（狄）族建立的。沈长云先生进一步指出代国源出白狄。[②]

战国初期，代国辖境包括今山西代县、繁峙、大同以及河北易县、宣化一带，地理环境决定了其经济结构是牧猎和农耕并存。《管子·轻重篇》记齐人载金前往代地，请求交换白狐皮。代王为此驱民弃农而入山林求狐，正反映了代地农牧兼营的经济状况。贾谊《新书·退让篇》称代国，“无国无处所，俗逐水草，无城郭宫室”。代王居所，“翟王（即代王——引者注）之自为室也，堂高三尺，壤陛三垒，茅茨弗剪，采椽弗刮”。宫室的简陋，说明代国刚刚进入阶级社会不久，尚处于初期阶段。1996年，河北蔚县代王城古城址，根据考古探测为汉代所建。[③] 这与代“无城郭宫室”的记载是一致的。

（二）代灭于赵

《战国策·赵策二》记载赵武灵王之语：“昔者先君襄主与代交地，城境封之，名曰无穷之门”。“襄主”即赵襄子，“无穷之门”在今河北张北县南。赵氏早对代地抱有野心，觊觎已久。赵简子时已经开始了对代戎的经略。《史记·赵世家》称赵简子早年曾大病一场，连续七日不省人

① 《史记》卷八一《李牧列传》，北京，中华书局，1982。
② 沈长云：《先秦史》，287页，北京，人民出版社，2006。
③ 蔚县博物馆：《代王城城址调查》，载《文物春秋》，1997（3）。

事。醒来后，他称梦中遇到五帝，五帝非常喜欢他，赐他两个笥（竹质容器），皆有副。但他百思不得其解，参不透梦的含义。一次出行，遇到一位挡道人，驱之不去，赵简子知其不是常人，请他圆梦。挡道人说，“主君之子将克二国于翟，皆子姓也”。张守节《史记正义》解释“二国”是指代及智氏。智氏即晋国六卿之一的智氏，而代及代国，二者均为子姓。拨开这个故事荒诞不经的外衣，我们不难发现这不过是赵简子在为灭代国作舆论宣传，他早已萌生了灭代之心。为了麻痹代王，赵简子先把女儿嫁给他。但未及将灭代的计划付诸实施，晋出公十七年（公元前458年），赵简子就去世了。其子赵襄子继立，继续执行了灭代的北进战略。史称赵襄子北登夏屋（今山西代县草垛山），请代王入见，在宴席上，他指使厨师拿着铜枓（即铜勺），借给代王添加饭菜的机会，趁其不备将其杀死。遂兴兵平代地，封其兄伯鲁之子为代成君。从此，代地入于赵。赵襄子害死代王后，迎其姐代王夫人返国，其姐对于代王被害，痛不欲生，磨笄自刺而死。

赵灭代后，代地成为赵经略林胡、楼烦、东胡等少数民族的基地。《史记·赵世家》记载，赵武灵王在宣布胡服骑射的第二年，即公元前306年，命“代相赵固主胡，致其兵”，也就是招募、收编代地及其邻近的少数民族部众参加赵国的骑兵部队。代戎也由此成为赵国骑兵部队的重要成分之一。赵惠文王元年（公元前298年），赵武灵王又亲自“行新地，遂出代，西遇楼烦王于西河而致其兵”。

四、赤狄

太行山区的晋中、晋南一带，春秋时是少数民族北狄的聚居区，北狄族包括赤狄、白狄和长狄等。[①] “狄”，史书中或作“翟”。故赤狄、白狄、长狄亦作赤翟、白翟、长翟。当时华夏族与狄族交错杂居，关系很密切，通婚现象屡见不鲜。例如，晋献公娶白狄狐氏女，生重耳与夷吾。重耳后出亡白狄，在白狄居住了十二年，也娶狄女为妻。就连作为天下共主的周襄王也娶赤狄女为后，称隗后。在诸狄中，赤狄人数最多，实力最强，影响也最大。

（一）晋驱戎与狄人之东进

赤狄，媿姓，就是商周时期的鬼方，两周之际开始在文献中被称为

---

① 《左传》注疏，认为长狄以身高体大而得名。沈长云认为长狄不过是北狄族中个别个子大者，而非与赤狄、白狄独立之类别，见沈长云：《“长狄”解》，载《中国史研究》，2004(4)。

狄。尽管如此，在春秋初年的《春秋》经、传中，赤狄还常常被统称为北戎（或单称为戎）。[①]《魏书·高车传》称："高车，盖古赤狄之余种也，初号为狄历，北方以为敕勒，诸夏以为高车、丁零。"赤狄是以后的丁零、高车的先民。

赤狄之所以得名，盖其俗尚赤衣。[②] 主要分布在山西东南部和与河南、河北交界地区。它分有许多支，包括潞氏、甲氏、留吁、铎辰等诸部。

周初分封叔虞于唐（今山西翼城），后改称晋。晋起始不过是地方百里的弹丸小国，与戎狄杂处，周围都是戎狄。《左传》昭公十五年记载，晋居深山之中，"戎狄之与邻，而远于王室，王灵不及，拜戎不暇"。《国语·晋语二》也云晋国，"景霍以为城，而汾河涑浍以为渊，戎翟之民实环之"。在与狄人关系中，处于弱势。为了拓展生存空间，晋与狄人之间的冲突不可避免，晋初的发展史一定程度上就是一部与狄人的斗争史。晋景公六年（公元前 594 年），灭潞氏，次年灭甲氏及留吁，晋厉公元年（公元前 580 年），伐廧咎如，取得了上党。晋平公十七年（公元前 541 年），败无终及群狄于大卤，取得了太原，势力向西一直推进到太行山。正是晋对狄人大力讨伐，以赤狄为代表的狄人在晋的军事压力下，开始由山西东出太行山，大量涌入今河北境内。

（二）赤狄与邢国之间的战争

春秋初年，赤狄凭借长于骑射的本领，倏往忽来，攻城略地，几乎无坚不摧。侵郑，伐齐，伐鲁，入周，灭邢，灭卫，给诸夏造成了极大的威胁。

鲁庄公三十二年（公元前 662 年），狄人向邢国发动了进攻。邢国是周王室分封的同姓诸侯，初封在周康王时，受封者是周公的第四子姬苴，都城位于今河北邢台。《春秋》载其事曰："狄伐邢"。齐桓公闻讯连忙率齐、曹、宋三国军队救邢。但前进到邢国南境聂北（今河南清丰北）一带，即慑于狄人锋芒而不敢前进。狄人为了分散齐国等军的救邢力量，鲁闵公三年（公元前 660 年），突然又分兵南下，进攻卫国，并包围了卫的都城（今河南濮阳）。卫军溃败，全军覆没，卫懿公被杀，都城也被攻破，卫国灭亡。在灭卫之后，狄人又迅速北上，合军攻邢，鲁僖公元年（公元前 659 年）邢国城破，邢人溃围南奔。在齐、宋等国军队的帮助

① 沈长云：《先秦史》，282 页，北京，人民出版社，2006。

② 杜预注，孔颖达正义：《春秋左传正义》卷二四，北京，北京大学出版社，2000。

下，邢国迁都于夷仪（今山东聊城西南）以避狄人。在狄人进攻中，邢国宗庙礼器有的被狄人所掠。1975年，在内蒙古出土了一件《邢姜太宰巳簋》，铭文称："邢姜太宰巳，铸其宝簋，子子孙孙永宝用享。""邢姜"当为邢侯之妻。邢簋在内蒙古出土，应是狄人伐邢所掠之物，作为战利品携带到北地的。[①] 这里提到的狄人即赤狄。

1978年，在河北元氏县西张村西周墓葬遗址出土青铜器34件，其中多件有铭文，最重要的是《臣谏簋》。其内容如下：

佳（唯）戎大出［于］軧，井（邢）侯厚（搏）

戎，延（诞）令臣谏㠯（以）□□亚

旅出入軧，［从］王□□。［臣］

谏曰："拜手韻（稽）首，臣谏□

亡，母弟引𩫖（庸）又（有）长子□，

余弅（併）皇辟侯，令肄服。"［作］

朕皇文考宝障。佳（唯）用□

康令于皇辟侯，匄□□[②]

《臣谏簋》根据李学勤等学者的观点，为西周成康之际的器物。文中说，戎人（即赤狄）大举出入軧地，邢侯命臣谏率领一支军队驻扎于軧对戎作战。軧国，是今石家庄地区周的一个主要方国，其国都在今西张村附近。軧国南邻邢国，处于少数民族经常出没的要冲。从铭文来看，它与邢国的关系甚深，似乎是受邢侯保护的仆从国。鲁僖公元年（公元前659年），邢国迁都夷仪，以避赤狄，軧国失去保护，也当为赤狄被灭。[③]

（三）赤狄为晋所灭

春秋中叶以后，赤狄势力渐衰，晋开始了对其兼并的步伐。晋景公六年（公元前594年），晋景公兵分两路伐赤狄。东路军由荀林父率领，沿太行山东侧北上，进击河北之赤狄；西路军由晋景公亲自率领，由稷（今山西闻喜）东下，进击太行山腹地赤狄诸部老巢。东路军先发，将赤狄主力军吸引至曲梁（今河北鸡泽），击之，赤狄战败。晋军杀酆舒，俘

① 夏自正、孙继民：《河北通史》（先秦卷），90页，石家庄，河北人民出版社，2000。

② 录文见李学勤、唐云明：《元氏铜器与西周的邢国》，载《考古》，1979（1）。

③ 夏自正、孙继民：《河北通史》（先秦卷），83页、84页，石家庄，河北人民出版社，2000。

潞子婴儿。晋景公所率西路军，趁虚进入太行山脉内，迅速平定了赤狄余部的叛乱，灭潞氏。过了一年，又灭掉了赤狄甲氏、留吁氏和铎辰氏。晋景公十二年（公元前588年），晋国又同卫国一起灭掉了赤狄最后一支力量——廧咎如氏。至此，赤狄部落集团终于被晋国全部消灭。

赤狄虽然与华夏诸族不断地接触，但仍较多地保留了本民族的习俗风尚。晋景公六年（公元前594年），晋景公君臣在讨伐赤狄问题上发生了分歧，大夫伯宗坚持用兵，列举了赤狄五罪，其中第一条是“不祀”，第二条是“耆酒”。① 华夏诸族十分重视祭祀，认为“国之大事，在祀与戎”，② 将祭祀祖先与战争列为国家最重要的两件大事，而赤狄不祭祀祖先，显见与华夏诸族差别仍是十分明显的。

五、白狄（鲜虞）

（一）鲜虞的族属及迁徙分布

白狄为狄人一种，姮姓，③ 之所以得名白狄，唐人孔颖达推测可能与其俗尚白衣有关。④ 白狄之称，出现于史籍较赤狄为晚，《左传》僖公三十三年记载，晋“郤缺获白狄子”，是白狄始见于史书。

白狄亦有许多部，春秋前期主要分布于今陕西东北部近黄河一带，黄河以东的山西西部及北部地区，也有分布。由于处于晋和秦两大国间，在晋和秦争霸的背景下，白狄成为两国极力拉拢的对象。春秋后期，晋献公大举进攻境内群狄。白狄在军事压力下，开始向东迁徙至太行山东麓，分布于今河北新乐、藁城、晋州一带。

白狄的支属有鲜虞、肥、鼓、仇由等。鲜虞一名最早出现于史乘的时间是周幽王八年（公元前774年）。《国语·郑语》记载史伯对郑桓公说：

> 王室将卑，戎狄必昌，不可逼也。当成周者，南有荆蛮、申、

---

① 杨伯峻注：《左传》宣公十五年，北京，中华书局，1982。

② 杨伯峻注：《左传》成公十三年，北京，中华书局，1982。

③ 鲜虞的族姓问题众说纷纭，《世本》云鲜虞，姬姓，白狄也。后来学者多踵其说。东汉应劭《风俗通义·姓氏篇》以鲜虞为殷箕子之后，为子姓。吴荣曾即持此说［见《中山国史试探》，载《历史学》，1979（1）］。东汉王符《潜夫论·志氏姓》则云白狄，姮姓，认为鲜虞为姮姓。段连勤即持此说，否定了鲜虞的姬姓和子姓说。他认为《世本》所说的鲜虞姬姓，当不是指鲜虞氏的族姓，而是指鲜虞氏统治集团中当时执掌政权者的姓氏。鲜虞氏的姬姓当是从华夏族所输入，姬姓进入鲜虞的时间在西周时期（见氏著《北狄族与中山国》，24～28页，桂林，广西师范大学出版社，2007）。

④ 杜预注，孔颖达正义：《春秋左传正义》卷二四疏，北京，北京大学出版社，2000。

吕、应、邓、陈、蔡、随、唐；北有卫、燕、狄、鲜虞、潞、洛、泉、徐蒲；西有虞、虢、晋、隗、霍、杨、魏、芮；东有齐、鲁、曹、宋、滕、薛、邹、莒。是非王之支子母弟甥舅也，则皆蛮夷、戎狄之人也。非亲则顽，不可入也。

史伯提到成周洛邑四周，有十六个与周同姓的姬姓封国和六个虽然是异姓，但与姬姓之国有婚姻关系的诸侯国，另外就是“非王之支子母弟甥舅”的少数民族建立的国家及部族集团。其中就包括鲜虞，国都在新市，今河北正定新城铺一带。① 东迁后的白狄诸部中，由于鲜虞力量最大，形成了以鲜虞为核心的部落联盟。故有时史书中称鲜虞包括肥、鼓、仇由等部。例如，《左传》昭公十二年记载“晋伐鲜虞”，实际情况是晋军进攻肥。鲁昭公十五年（公元前527年），晋国大夫荀吴率晋军围攻鼓，《春秋》中也不说晋师围鼓，而记为“伐鲜虞”。

仇由，或作仇繇、夙繇，分布于今山西盂县境内，当为陕北晋西北的白狄东迁华北大平原时滞留在晋冀交界区的一支。由于仇由与本书无涉，以下主要介绍在今河北境内的肥国、鼓国和鲜虞。

关于肥国，杜预《春秋左传集解》云：“昔阳，肥国都，乐平沾县东有昔阳城。”顾祖禹《读史方舆纪要》卷四〇云：昔阳城在乐平县东五十里，“此肥子所都之昔阳也，俗误为夕阳城”。杜预所说的沾县，汉置，在今山西昔阳县西南，与顾祖禹所说的平乐州乐平县东昔阳城，实为一地。以此知肥氏在白狄大规模东迁后的最初分布地当在今山西昔阳县境。② 后迁至今河北藁城市西南，其都城仍称昔阳。藁城市城南2.5公里处的城子村一带有肥子国遗址，20世纪50年代城子村北尚有残存垣墙一段。③

鼓国，其分布地，应劭和杜预均认为在巨鹿下曲阳县。《左传》记载：“晋荀吴围鼓”。杜预注曰：“巨鹿下曲阳县有鼓聚”。《太平寰宇记》卷六一“鼓城县”条云：“本春秋鼓子之国，盖白狄别种也”。顾祖禹《读史方舆纪要》卷一四则云“鼓城废县，今州治（即清代晋州治——引者注），春秋时为鼓子国”。其地当今河北晋州以西。

（二）晋灭肥、鼓

春秋中后期，鲜虞族的主要敌人是毗邻的晋国。晋国采取了先吃掉

---

① 学界亦有人认为此鲜虞为子姓，非春秋时的白狄鲜虞。

② 段连勤：《北狄族与中山国》，66页，桂林，广西师范大学出版社，2007。

③ 藁城市地方志编委会编：《藁城县志》，476页，北京，中国大百科全书出版社，1994。

鼓、肥、仇由，最后再消灭鲜虞的战略。

鲜虞和肥虽然源出同族，但彼此间也有许多矛盾，而这一矛盾为晋国所利用。面对共同的外敌晋国，它们不仅不能同仇敌忾，相反与邻为壑，希望借助晋国来消灭对方，结果都难逃亡国的厄运。

鲁昭公十二年（公元前530年）六月，晋国统帅荀吴为了麻痹鲜虞诸国，伪称与齐国军队相会，并借道鲜虞，在肥国毫无戒备的情况下，发动突然袭击，攻入国都昔阳（今河北藁城西南），俘获肥国国君绵皋而归。灭肥仅仅持续了两个月。肥国的灭亡，使鲜虞族的联盟被打开了一个缺口。

绵皋最终归宿，史传不详。《史记》卷一八《高祖功臣侯者年表》“肥如”条下，唐人司马贞《史记索隐》云：县名，属辽西，并引应劭云：“肥子奔燕，燕封于此。肥，国也；如，往也；因以为县也。”少数民族在进入中原后，受到华夏文化的熏陶，一些首领接受了中原华夏的公、侯、伯、子、男等爵号。文中的“肥子”即肥国的国君爵位为子。然此“肥子”是否即绵皋，实难遽断。肥国灭后，肥国民众逃奔依附于鼓。鲁昭公二十二年（公元前520年），晋灭鼓，依附鼓氏的肥氏又复奔逃，一部向东北逃至今河北卢龙西北一带，一部分向东逃至今山东肥城县，大部分逃依鲜虞。①

鲁昭公十五年（公元前527年），荀吴率晋军进攻鼓国，以重兵将鼓国都团团包围。鼓国有人见大势已去，欲为内应，叛鼓降晋。荀吴认为这些人不忠不义，拒绝了他们的纳降，并将出城投降的人交还鼓国国君处置，还留出时间让鼓人修缮城防。三个月之后，鼓人又请降，荀吴认为他们还有守城战斗的能力而再度拒绝。直到鼓国食尽力竭，荀吴才接受了鼓君苑支（或作鸢鞮）的投降。荀吴采取了围而不打的战术，以极少的伤亡灭了鼓国。为了安抚鼓国民众，不使其逃归鲜虞，以达到孤立鲜虞的目的，荀吴下令“令鼓人各复其所，非僚勿从”。② 不久，又遣返了鸢鞮，使其重回鼓为君。但鼓国并没有因晋的安抚政策而放弃抵抗，鲁昭公二十三年（公元前521年），鸢鞮又率鼓叛晋，附于鲜虞。次年，晋复使荀吴征之，荀吴率晋军由今邯郸、广平一带北上，命手下乔装成买粮的商人，乘鼓人不备，一举进入到鼓都，又擒获了鸢鞮。鼓至此被彻底消灭。之

---

① 肥国灭亡后的去向，引自段连勤：《北狄族与中山国》，66页，桂林，广西师范大学出版社，2007。

② 《国语》卷一五《晋语九》，上海，上海古籍出版社，2008。

后，晋派大夫涉陀镇守鼓地，统治鼓地遗民。

（三）鲜虞与晋的争衡及改名中山

在灭肥之后，鲁昭公十三年（公元前529年），晋昭公仍令荀吴为将，进攻鲜虞。此次晋军也是利用了鲜虞边境空虚，疏于防备之机，进行突然袭击。晋军势如破竹，迅速攻占了鲜虞的中人城（今河北唐县境内）。中人之战后，晋国因忙于参与平定周王室之乱和对付北上的楚国，无暇顾及鲜虞，故不得已停止了对鲜虞本土的攻伐，双方息战二十余年。鲜虞也借以得到喘息之机。

鲁定公三年（公元前507年），晋与齐、宋、卫等国在召陵会盟，图谋伐楚，鲜虞趁晋军南调，举兵攻晋，大败晋军于平中（即平邑，今山西大同东），俘虏了晋大夫观虎，报了晋灭肥、鼓，占领中人城的一箭之仇。败讯传至，晋国举国震动。参与召陵盟会的晋大夫荀寅（荀吴之子）对范献子说："国家方危，诸侯方贰，将以袭敌，不亦难乎？水潦方降，疾疟方起，中山不服。弃盟取怨，无损于楚，而失中山，不如辞蔡侯。"[①]这是"中山"之名始见于史乘。这一年是公元前506年。由于鲜虞的进攻，晋国不得不退出了召陵会盟。

关于中山之得名，张曜《中山记》云："城中有山，故曰中山"。[②]中山故城，《括地志》认为即中人亭，为鲜虞治下的邑名，在今河北唐县西北。[③] 中山之名虽然出现，但鲜虞和中山往往互称，或称鲜虞，或称中山。

春秋后期，晋国权力转移至诸卿手中。鲁昭公二十八年（公元前514年）后，晋国形成了韩、赵、魏、范、中行、知六卿专政的局面。晋公室与诸卿，以及诸卿间斗争十分激烈。鲁定公十三年（公元前497年），赵简子因讨伐不听命的侧室邯郸午（亦称赵午），引起了范氏和中行氏的武装干涉，晋国陷入内乱。其时，知、韩、魏诸卿支持赵氏，齐、郑、宋、鲁诸国为了削弱晋国，公开支持范氏和中行氏，并出兵干涉。中山也参与了诸国干涉晋国的活动。

范氏从士会到士鞅，中行氏从荀林父到荀吴几乎世代都是镇压狄人特别是白狄的主要刽子手。中山统治者之所以抛却宿怨，选择参战的目的与

---

① 杨伯峻注：《左传》定公四年，北京，中华书局，1982。

② 《后汉书》卷一《光武帝纪》注引，北京，中华书局，1965。

③ （清）顾祖禹：《读史方舆纪要》卷一二《保定府唐县》："中山城在县西北十三里峭岭上"。

齐、郑等国一样，都是不希望出现一个强大统一的晋国。因此，采取了抑强扶弱、支持范氏和中行氏的政策。

鲁哀公元年（公元前494年），韩、赵、魏、知四家联军消灭了范氏和中行氏主力，范氏和中行氏逃至朝歌（今河南淇县），仍负隅顽抗。齐、卫两国一面出兵救朝歌，一面求援于中山。中山出军攻占了晋国的棘蒲（今河北赵县境内）。哀公三年（公元前492年），朝歌被攻陷后，范氏和中行氏又突围逃至邯郸。齐、卫两国又求援于中山，以解邯郸之围。次年，邯郸降晋，范氏和中行氏逃亡中山。中山安置中行氏荀寅于新占领的晋国属地柏人（今河北隆尧西）。次年（公元前490年），齐景公死，齐国发生内乱，齐军内撤。由于齐军的撤离，柏人陷入孤立，被赵简子攻陷。范、中行二氏又奔齐国。延续八年之久的所谓范氏、中行氏之乱，至此结束。

（四）晋灭中山

为了报复中山党从范氏和中行氏，鲁哀公六年（公元前489年），晋大夫赵简子率军讨伐中山。在灭掉仇由，外围被肃清后，晋开始进攻中山本土，据《竹书纪年》，公元前459—前457年，荀瑶（即智伯、智瑶）伐中山，取穷鱼之丘。穷鱼在今河北易县境内。周贞定王十二年（公元前457年），赵襄子派新稚穆子伐中山，直插中山腹地，占领左人（在今唐县境）、中人（在今河北唐县境内），一日下两城，中山国受到了致命的打击。自此之后，直至周威烈王十二年（公元前414年）中山武公初立，鲜虞中山国不再见诸史籍记载。

由于晋的连续进攻，鲜虞中山国从公元前5世纪50年代起发生了严重的社会危机。《说苑·辨物》记载赵简子询问一个新近投奔他的中山人封荼曰：

> “吾闻翟雨谷三日，信乎?”曰：“信。”“又闻雨血三日，信乎?”曰：“信。”“又闻马生牛，牛生马，信乎?”曰：“信。”简子曰：“大哉，妖亦足以亡国矣!”对曰：“雨谷三日，虻风之所飘也。雨血三日，鸷鸟击于上也。马生牛，牛生马，杂牧也。此非翟之妖也。”简子曰：“然则翟之妖奚也?”对曰：“其国数散，其君幼弱，其诸卿货，其大夫比党以求禄爵，其百官肆断而无告，其政令不竟而数化，其士巧贪而有怨：此其妖也。”

按，赵简子，据《史记·六国年表》和《赵世家》，公元前517—前

458年在位。翟，即狄，中山源出白狄，故史书常以翟（狄）称之。当时中山国内出现了“雨谷三日”、“雨血三日”以及马生牛、牛生马等奇异之事，赵简子认为是乱世之兆，预示着中山行将灭亡。但封荼不以为然，认为以上所说都不是大问题，中山国致命的问题在于国力耗散，国君幼弱，官员贪贿盛行，政令不畅，朝令夕改等。

另外，《吕氏春秋·先识览》亦提到了中山国的社会危机。

> 晋太史屠黍见晋之乱也，见晋公之骄而无德义也，以其图法归周。周威公见而问焉，曰：“天下之国孰先亡？”对曰：“晋先亡。”……居三年，晋果亡。威公又见屠黍而问焉，曰：“孰次之？”对曰：“中山次之。”威公问其故，对曰：“天生民而令有别，有别，人之义也，所异于禽兽麋鹿也，君臣上下之所以立也。中山之俗，以昼为夜，以夜继日，男女切倚，固无休息，淫昏康乐，歌谣好悲。其主弗知恶。此亡国之风也。臣故曰中山次之。”居二年，中山果亡。

这表明中山国内政治腐败，乱象丛生，当时有识之士无不认为其行将灭亡。晋国的军事打击不过加速了其灭亡而已。

（五）鲜虞的社会文化

先秦时期，黄河中下游一带居民流行土葬，而周边少数部族尚有火葬、石棺葬之类的葬俗。鲜虞所处地区属中原文化区，他们身处其中不可能不受到中原文化的影响，但从当时鲜虞的墓葬盛行土坑竖穴积石葬来看，仍保存有显著的北方游牧民族的文化特点。

这些墓葬一般为长方形墓穴，中间置棺后，四周及棺盖上填以大小不等的石块。在今河北保定、石家庄西部的太行山区这种墓葬有较广泛的分布，已知的有平山三汲故城，行唐李家庄，新乐中同村，唐县北城子、钓鱼台，曲阳大赵邱等处。

从出土器物来看，铜器有鼎、甗、豆、壶、匜、勺、斧、凿等，有的墓还出土有豆形釜、盘、簠、敦、洗、戈、剑、匕、削、锥、锛、镞、马衔、铃等。这些铜器造型古朴浑厚，花纹精细优美，除有成组的花纹外，钮、柄、流部还有兽面、鸟首、虎头等动物形象，并于眼、鼻、口部镶嵌绿松石。其中豆形釜，双直耳、口微敛、腹部稍鼓、圆底、喇叭状座，器表附有烟炱，是北方民族特有的一种炊具。其他出土物如虎形镶松石金牌饰、弹簧状金环饰、松石串饰等，均系北方民族饰物。此外，唐县北城子墓的一座马坑，埋有解肢的马骨，这种葬俗也与北方民族墓的情况相同。

鲜虞器物中一个很有代表性的器物是杕氏壶，很富有北方少数民族文化色彩。直口长颈，圆腹圈足，颈两侧有一对小钮，连接提链，盖上有小钮，以链条与提链相连，腹部有三道箍棱，壶壁有铭文。前半部分写道：“杕氏福□，岁贤鲜于，可是金契，吾台为弄壶。”“鲜于”即鲜虞。根据郭沫若的解释，杕氏是一个燕人，他岁时贡献于鲜虞，得此鲜虞金属之瓶，并在上面刻上铭文。

图1-4 杕氏壶
（现藏德国柏林博物馆）

行唐县李家庄出土的络绳纹双环耳壶和提梁匏壶，形似葫芦，造型古朴。唐县北城子出土环耳蟠虺四兽纹双环耳壶和环耳络绳纹扁方壶，不仅双肩有环耳，而且在盖的两边和下腹部均有立环或铺首衔环，以便绳索网络，盖上二环可贯穿络绳提链以免壶盖脱落。它们与杕氏壶一样，都保持了游牧民族用器适于流动携带的特点。

另以顺平县齐各庄乡坛山墓为例，该墓地处太行山东麓的丘陵地带，属于战国早期的鲜虞墓葬，于1958年发现。东西长约3米，南北宽约1.8米，深约2米，墓室四周填以大小石块。出土有铜镬、铜锛、铜凿、带柄小铜镜、金质虎形牌饰、陶鬲、绿松石串珠等物。金质虎形牌饰，采用半浮雕手法，形象强健逼真，应为部族首领所佩之物。①

第四节　战国时期的鲜虞（中山）

战国时期，河北少数民族主要是鲜虞，主要活动在河北中南部一带，建立了强大的中山国。春秋末期，鲜虞始称中山，后为晋所灭。战国初，中山开始复国，号称千乘之国，“遂建国备诸侯之制，与中夏伉欤”，② 是

① 保定市文物管理所：《河北顺平县坛山战国墓》，载《文物春秋》，2002（4），43～45页。

② 刘向辑录：《战国策》卷三三《中山策》，北京，中华书局，1990。

当时少数民族在中原建立的唯一国家。[①]

中山国，史籍记载很少，集中反映中山国的史籍只有刘向编定的《战国策》，专门列有《中山策》九章，近四万字。由于材料的阙略，长期以来，人们对中山国知之甚少，以致中山国被称为“神秘的王国”。1974 年 11 月至 1980 年底，河北省文物管理处对平山三汲乡一带的古遗址和墓葬进行了调查和发掘，发现了战国时期中山国的都城灵寿城址，并发掘了其中两座王陵，长期笼罩在中山国的神秘面纱才被逐渐揭去。

一、武公初立及中山灭于魏

《史记·赵世家》记载，赵献侯十年，“中山武公初立”，《世本》云“中山武公居顾”，时在公元前 414 年。武公是中山国第一位有文献记载的国君，中山国经过几十年沉寂后又开始复兴。中山武公率领民众离开了贫瘠的太行山区，向东部平原迁徙，在顾（今河北定州市）建立了新都。[②] 武公还仿效华夏诸国，建立政治军事制度，为中山的兴盛奠定了基础。

战国时期，周天子名义上的“天下共主”的身份也失去了，群雄并起，迭相吞噬，战争比春秋时更为激烈和频繁，规模也更大。西汉刘向在《书录》中对战国时期的社会乱象有很形象的描述：

> 篡盗之人，列为侯王；诈谲之国，兴立为强。是以转相放效，后嗣师之，遂相吞灭，并大兼小，暴师经岁，流血满野，父子不相亲，兄弟不相安，夫妇离散，莫保其命，湣然道德绝矣。晚世益甚，万乘之国七，千乘之国五，敌侔争权，尽为战国。

中山就处于这样一种弱肉强食的环境中，是当时五个千乘之国之一。中山与赵毗邻，中山武公复国后首先对赵国发动迅猛攻势。赵烈侯不得不向魏文侯求救，魏文侯同意出兵支援，但是却趁火打劫，要求赵烈侯割让智地（今山西永济西北、蒲州古城东南、临猗县南部一带）作为回报。赵烈侯被迫应允。武公去世后，桓公年幼即位，“不恤国政”，魏文侯认为灭中山的时机成熟了。

---

① 李学勤、李零、段连勤等认为战国中山国既非周之同姓，亦非魏所别封，而是春秋时期白狄所建的鲜虞国的继续。而黄盛璋、何直刚、田卫平等认为战国中山国与春秋狄族所建立的鲜虞既非一国，亦非一姓，战国中山国的历史与春秋鲜虞不相连续。

② 一说顾即鼓，在河北晋州。

魏文侯在战国初期，任用李悝首先进行变法，使魏国成为当时最强盛的国家。从公元前413年到公元前408年，魏文侯开始不断地向西邻秦国发动进攻，并最后取得河西地。在取得秦河西地之后，中山成为魏国下一个目标。在大规模用兵之前，魏文侯就同熟悉中山内情的白狄人翟璜、翟角精心谋划消灭中山和治理中山的方略，并根据翟璜的推荐，任命乐羊为帅。

中山与魏并不接壤，中间隔着赵国。魏若进攻中山，势必借道于赵。在魏攻取中山一事上，赵、魏两国各有如意算盘，常庄谈对赵襄子说："魏并中山，必无赵矣。公何不请公子倾以为正妻，因封之中山，是中山复立也。"[①] 公子倾为魏文侯之女。赵欲阻止魏兼并中山，试图娶魏文侯之女，封之于中山以为邑，不战而取中山。但计划落空。魏文侯为伐取中山向赵借道，赵襄子认为魏伐中山，必不能越赵地而长期占有之，赵可以趁机得利，于是同意借道。

魏文侯三十八年（公元前408年），乐羊率军北上进攻中山。乐羊之子时在中山，中山桓公将其囚禁作为人质，欲胁迫乐羊退军，但乐羊丝毫不为所动。于是桓公一怒之下，烹杀乐羊之子，并派人送肉羹于乐羊，让其品尝。乐羊似乎并没有桓公预想得那样肝肠寸断、痛不欲生，反而将自己儿子的肉做成的肉羹吃得干干净净，令众人看得瞠目结舌。[②] 桓公的攻心之术没有奏效。乐羊继续进攻，但进攻并不顺利，遇到中山人的殊死抵抗。《韩非子·外储说左》记载，吴起为魏将而攻中山，为了鼓励士气，士兵有病疽者，吴起跪下身子，亲自为其吮脓。受伤士兵的母亲，站在一旁泣不成声。有人很惊诧地问道："将军对您的儿子这样好，您为什么还要伤心哭泣呢？"士兵母亲回答道："吴起曾为我的丈夫吮脓，我的丈夫出于感激，在战场上不顾一切，奋力向前，最后战死了。现在他又为我的儿子吮脓，我的儿子也会感恩力战而死的。我因此而哭泣。"另外，刘向《说苑》也记载此事。当时魏军攻中山的主将是乐羊，不是吴起，《韩非子》和《说苑》记载不是很确切，但吴起作为乐羊手下将领，参与了攻伐中山之役应是没有问题的。历来人们多津津乐道于吴起的爱兵及善于延揽人心，另外，它从一个侧面也说明当时攻伐中山之战是很残酷的。

经过三年苦战，魏文侯四十年（公元前406年），魏终于灭掉中山

---

① （汉）刘向辑录：《战国策》卷三三《中山策》，北京，中华书局，1990。按赵襄子卒于公元前425年，与魏伐中山时间不合，疑《战国策》中赵襄子当为赵烈侯。

② （汉）刘向辑录：《战国策》卷三三《中山策》，北京，中华书局，1990。

国。中山武公于顾立国，仅传两世，到桓公时，前后短短九年就灭亡了。魏文侯派太子击（后改以少子挚）为中山君，同时派名士赵仓唐为傅，李克（即李悝）为相，协助他治理中山。为了表彰乐羊之功，封乐羊于中山故邑灵寿（今河北灵寿），负责军事镇守。这个时期的中山国，史家称为“魏属中山”。魏国在中山统治了二十余年，使先进的中原文化传到了中山，对促进中山经济、文化的发展起到了一定的作用。

二、中山复国定都灵寿及称王

中山被灭后，中山余部转移到了太行山区。在国破家亡的震动之下，桓公一扫原来的萎靡奢侈习气，开始励精图治，积极积蓄力量，以图复国。魏武侯十六年（公元前380年）左右，把魏国势力赶了出去，成功复国[①]，并迁都于灵寿（今河北平山三汲乡）。

中山（鲜虞）前期国都屡次迁移，曾先后定都新市、中人、顾等地，最后在灵寿稳定下来，一直至其灭亡。在这里共传立五代。中山国历史也进入了一个新的阶段。

公元前340年，桓公去世，成公即位。成公之后，公元前327年前后，中山国史上著名的国君譽登上了历史舞台。

魏惠王后元十二年（公元前323年），由魏国公孙衍（犀首）倡议，中山与韩、赵、魏、燕结盟，共同称王，史称“五国相王”，以与秦、齐、楚等抗争。原来只有周天子才有资格称王，各诸侯国称王后，周王室作为天下共主的地位，就是在形式上也不复存在了。

在诸国中，韩、赵、魏、燕均为万乘之国，而中山只是千乘之国，力量最为弱小。中山的称王引起齐国的强烈不满，齐威王闭关不纳中山之使，并对赵、魏表示羞与中山并为王，情愿割地与赵、魏两国，联合共同讨伐中山，以迫使中山王放弃王位。[②] 中山王譽情急之下派辩士张登使齐。

张登对齐王说，大王割地以赂魏、赵两国，使其出兵以攻中山，目的不外是迫使中山王退位。但这样代价高昂，且十分危险。割地于魏、赵，只会增强他们的力量；出兵中山，也未必取胜，这对大王您有什么好处呢？您如果听我一言，既不用割地和出兵，又可以使中山王退位，一举而两得。齐王急问什么办法？张登说，大王派遣一位使者，告诉中山王说：

---

① 中山复国时间，史籍无载。段连勤则认为在公元前381年或稍前，其背景是赵楚联军击败了魏国（《北狄族与中山国》，84页，桂林，广西师范大学出版社，2007）。而杨宽的《战国史》认为在公元前380年左右。今采杨说。

② （汉）刘向辑录：《战国策》卷三三《中山策》，北京，中华书局，1990年。

"齐国之所以与中山断绝关系，只是因为中山擅自与魏、赵联合称王，竟然不知会齐国，根本不把齐王放在眼里。如果中山王能入觐齐王，齐王挽回了颜面，一定会鼎立协助中山的。这样一来，中山王便会断绝与魏、赵的关系，而依附齐国。魏、赵两国听到消息，一定会与中山绝交。大王也与之绝交，不愁中山王不放弃王位。"齐王听后大喜，悉如张登所言。

同时，张登又将齐王所言告诉魏、赵两国，说齐之所以愿意屈尊割地，攻伐中山者，并非是为了迫使中山王放弃王位，其真实用心在于拆散魏、赵与中山的联盟，而自己转与中山联合。魏赵两国闻言，拒绝了齐国的割地与联兵的主张，极力支持中山。中山王也托辞不去朝见齐王，齐王也无可奈何。

张登驰骋辩词，即使齐同意了中山的称王，在形式上中山取得了与诸国平等的地位，也挫败了齐联合魏、赵两国，用兵中山的图谋，使中山避免了四面受敌的窘境，转危为安，对中山是一次不小的外交胜利。中山巧妙利用诸国之间的矛盾，"错处六国之间，纵横捭阖，交相控引，争衡天下"①，达到了历史的鼎盛时期。

三、中山败盟伐燕

中山国的东北部是燕国。中山与燕国原是盟国。"五国相王"时曾共同称王，联手抗击齐、秦、楚等国。燕王哙晚年，欲效法尧舜禅让故事，禅位于大臣子之。太子平聚众攻子之，引起燕国内乱。燕王哙六年（公元前315年），齐宣王趁机派兵攻燕，五十天时间，便占领了燕都，毁其宗庙，迁其重器，燕王哙也死于战乱。中山王䀊也利用这个机会，派相邦司马赒率军北略燕国，占领燕国领土"方数百里，列城数十"，并攻克燕下都（今河北易县）。这是中山一次重要的军事胜利，使得北部边境推进到了今河北易水两岸，还掠取了财物不计其数，周天子及诸侯也遣使祝贺。司马赒因功被封为仲父，并赐予"死罪三世无不赦"的特权。同年，用伐燕时取得的吉金，重新铸造了重达60公斤的铁足大鼎和高达63厘米的夔龙纹方壶，上刻长篇铭文歌颂王䀊和司马赒的功绩。②

司马赒，即《战国策·燕策》和《战国策·中山策》中的司马熹

---

① （清）王先谦撰，吕苏生补释：《鲜虞中山国事表·疆域图说补释》，上海，上海古籍出版社，1993。

② 见中山王墓出土的中山王䀊方壶和铁足铜鼎铭文。

(喜)。[1]《史记·太史公自序》在追述司马迁先祖世系时曾说:“自司马氏去周适晋,分散,或在卫,或在赵,或在秦。其在卫者,相中山。”刘宋裴骃《史记集解》引徐广说:“名喜也。”由此可见,出任中山相邦的司马喜,乃司马迁之先祖。在为相中山前,他曾在宋国,并被髌了脚,后来来到了中山。

中山败盟伐燕,从表面来看,扩张了领土,充实了国库,提升了中山在诸国的地位,是一次重大的军事胜利。但从长期来看,中山却得不偿失,破坏了与燕的同盟,失去了仅有的盟友之一,使外交上更趋以孤立。当以后中山被赵攻伐时,根本得不到其他国家的支援,处于孤军奋战的境地。燕国甚至也趁火打劫,也参与了灭中山之役。《史记·六国年表》即云赵、燕“共灭中山”。燕国此举,不能不说是以牙还牙之举。

四、中山与赵争衡及灭于赵

三家分晋后,赵国的领土包括两部分:一部分在今河北省的南部和西北部,一部分在今山西省中部和北部。中山位于赵之“腹心”,[2]控制着太行山要隘井陉塞和鸱之塞,阻断了赵国太行山以东邯郸地区同太行山以西晋阳、代地之间的联系。赵国仅靠通过壶关和沿漳水的崎岖山路维系这两部分的联系。由于特殊的地理位置,中山成为赵国发展的首要障碍和心腹大患。中山与赵之间的矛盾冲突是不可避免的,也是不可调和的。中山桓公复国不久,即遭到赵国的进攻。《史记·赵世家》记载,赵敬侯十年(公元前377年)与中山战于房子(今河北高邑东南)。次年,赵又伐中山,战于中人(今河北唐县)。房子和中人分别是中山的南北军事重镇,赵军从邯郸和西北的代地两路进兵,南北夹击,企图趁中山复国之初立足未稳之际,将其消灭。

筑长城是中山复国后的一项重大国防工程,主要是为了防御赵国。《史记·赵世家》记载,赵成侯六年(公元前369年),“中山筑长城”。中山所筑长城的位置,及起止地点,史书没有记载。近年来,河北省文物研究所和保定市文物管理处的考古工作者经过考察,在顺平、唐县等地发现了土石混筑的战国中山长城遗址。其高处约有3米,宽0.5~2.5米。据学者研究,中山长城地处太行山东麓,中山国与赵国分界线附近。其走

① 参看河北省文物管理处:《河北省平山县战国时期中山国墓葬发掘简报》;段连勤:《北狄族与中山国》,123页,桂林,广西师范大学出版社,2007。

② 《史记·赵世家》记载,赵武灵王召楼缓谋曰:“今中山在我腹心”。

向，北起今涞源县的黄土岭，西南经唐县的周家堡，东南入顺平县的神北、富有、柏山，转西南复入唐县境，经马耳山、上庄、山南庄、坡上，西南入曲阳县的河东、党城一带，大抵沿唐河东岸蜿蜒曲折，整体呈弧形，全长约 89 公里。①

赵肃侯十八年（公元前 332 年），齐、魏联合伐赵，中山成公也趁机出兵，并决槐水围鄗邑（今河北柏乡县固城店村鄗城遗址）。鄗邑位于古槐水北岸，地当南北要冲，是兵家必争之地。春秋末年鄗邑曾属中山，魏灭中山后属魏，后被赵占领。中山决槐水围城，鄗邑岌岌可危，几于不守。但随着齐、魏撤军，中山军队才不得已撤围。引水围鄗，中山力挫强敌赵国，提升了中山国在列国中的地位，是中山跃入强国之列的重要一役。但另一方面，更加剧了中山与赵之间的矛盾，并成为以后赵武灵王实行胡服骑射，立誓消灭中山的导火索。

赵武灵王决定实行胡服骑射，以骑代车，以靴代履，以胡服代裘裳，以左衽代右衽，所有这些都是从周边游牧民族，包括白狄中山处学来的，颇有点“师夷长技以制夷”的意味。但此举遭到以公子成为代表的大臣的反对。赵武灵王在向公子成陈述胡服骑射的必要性时即提到了中山引水围鄗之役。“先时中山负齐之强兵，侵暴吾地，系累吾民，引水围鄗，微社稷之神灵，则鄗几于不守也。先王丑之，而怨未能报也。今骑射之备，近可以便上党之形，而远可以报中山之怨”。②

赵武灵王十九年（公元前 307 年）正月，赵武灵王即“大朝信宫。召肥义与议天下，五日而毕”。③ 这是赵国君臣在进攻中山国之前举行的一次重大的军事会议。会后赵武灵王“北略中山之地，至于房子”，④ 开始了长达十余年对中山的战争。据《吕氏春秋·贵卒》记载，中山将士“衣铁甲操铁杖以战，而所击无不碎，所冲无不陷，以车投车，以人投人也。几至将所而后死”。在这两年的战斗中，中山不仅击退了赵国的进攻，保住了房子，而且攻入了赵地，重新占领了赵的战略重地鄗邑，给赵国以沉重打击，又挥师北上打败了入侵的燕军。

中山尽管在战争初期取得了一些胜利，但毕竟国力弱小，以小抗大，加之政治腐败，内部权力斗争尖锐，在外交上又孤立无援，特别是面对胡

① 李文龙：《保定境内战国中山长城调查记》，载《文物春秋》，2001（1）；中国长城学会编：《长城百科全书》，长春，吉林人民出版社，1994。

② 《史记》卷四三《赵世家》，北京，中华书局，1982。

③ 《史记》卷四三《赵世家》，北京，中华书局，1982。

④ 《史记》卷四三《赵世家》，北京，中华书局，1982。

服骑射迅速崛起的赵国的凌厉攻势，只有灭亡一途了。

赵武灵王二十一年（公元前305年），赵武灵王兵分三路，向中山国发动了大规模进攻。赵武灵王亲率主力为一路，从鄗邑北上正面进攻。另外两路，分别由牛翦与赵希率领，从井陉塞攻击中山国腹地，骚扰其后方。这次战役，使中山国失去了三分之一以上的领土，丹丘、华阳、鸱之塞、鄗、石邑、封龙、东垣诸邑尽入赵国之手。鸱之塞，一作鸿上关，在今唐县东北六十里。中山只好献四邑求和。赵武灵王才罢兵回国。此后几年，赵国又曾多次进攻中山国，每次战争都以中山割地求和而告终。《战国策·魏策》即说，“宋中山数伐数割，而随以亡”。《吕氏春秋·先识》也说，中山“五割而与赵”。中山数次的割地求和，换来的不过是暂时的偷安，无异于饮鸩止渴，更加刺激了赵的贪欲。

赵武灵王二十六年（公元前300年），赵武灵王又出动二十万大军大举进攻中山。公元前296年，赵军攻破中山国都灵寿，中山灭亡。《史记·赵世家》云，“灭中山，迁其王于肤施”。而《史记·秦本纪》则云，“赵破中山，其君亡，竟死齐”。《战国策·齐策》亦有中山王在国亡后，臣于齐的记载。诸书记载不尽一致，实际情况是，中山灭亡后，中山王𪧘蚉出奔于齐，最后客死齐国。同时，赵国扶植傀儡尚为中山王，第二年，赵又将尚迁到肤施（今陕西榆林）。中山都城灵寿城也被捣毁。

中山国先都新市、中人、顾，后都灵寿，方圆五百里，极盛时期的疆域包括今河北保定地区南部、石家庄地区大部，邢台地区北部及衡水地区西部。正如《说苑·辩物》所云“其国数散”，先灭于晋，后亡于魏，最后又亡于赵，亡而复兴，几起几落，在诸强的夹缝中，存在了百年之久，成为战国时期仅次于七雄的大国，堪称一个奇迹。清人王先谦《鲜虞中山国事表·疆域图说》所称“中山国历二百余年，晋屡伐而不服，魏灭之而复兴，厥后七雄并驱，五国相王，兵力抗燕赵而胜之，可谓能用兵矣”。

根据中山王墓出土铜器铭文及传世材料，中山王世系如下：

文公：约终于公元前415年

武公：约公元前414年—前407年

桓公：约公元前406年—前340年

成公：约公元前339年—前328年

王嚳：约公元前327年—前313年

王𪧘蚉：约公元前312年—前296年

王尚[1]：公元前296年—前295年

王譽时中山才称王，铭文中所谓的文王、武王、桓王、成王均为追谥。

《战国策·中山策》记载有楚灭中山之事。据该书记载，中山王大飨臣下，大夫司马子期也在坐。中山王分赐群臣羊羹，但不知何故，惟独没有赐给司马子期。司马子期感觉受辱，惭愤交加，出走楚国，并劝说楚国进攻中山。最后，中山国都被攻破，中山王流亡在外，叹息道“吾以一杯羊羹亡国”。由于《战国策》本是记载战国游士言词之著，没有明确系年，所以对楚灭中山一事的真伪，学界争议颇多，或认为实有其事，[2] 或否定其事，认为楚伐中山为传写之讹，实为赵伐中山。[3] 现在学界多倾向于否定楚灭中山之事。[4] 由于此事是中山国历史上一大悬案，故在此附记之。

中山国为赵所灭，白狄等少数民族留在中原进一步与华夏族杂居，并走向融合。直到两汉甚至金元之际，在今河北涿州、乐亭等地，仍然有白狄的后裔。例如西汉之鲜于文宗，东汉之鲜于辅、鲜于璜、鲜于裒、鲜于银，北齐之鲜于世荣，元之鲜于枢等。“鲜于”与“鲜虞”同音，鲜于即鲜虞。他们虽然已经与汉族等融合，但在姓氏上仍保留了白狄鲜虞的痕迹。

五、中山国都城和王陵

中山后期都城灵寿，是中山国政治经济中心，位于今河北平山三汲乡东南。它地处太行山东麓南北通衢大道旁，依地理形势背山面水而建。北倚东灵、牛山，南临滹沱河，城址南北长八里，东西宽四里以上，南部狭窄，北部宽阔，略呈葫芦状。中间一道南北走向的墙把城分为东西两部分。

城内发现夯土遗迹、王陵、作坊遗址及居住遗址等，但不见有宫殿建筑的高大台基。这与周边大国国都，如易县燕下都、邯郸赵王城、临淄齐

① 《战国策·赵策》记载了中山的亡国之君胜，《吕氏春秋·当染》记载了一个使中山国“宗庙不血食”的尚。段连勤认为胜、尚音谐，当系一人。

② 程如峰：《从山字镜谈楚伐中山》，载《江淮论坛》，1981（6）；天平等：《试论楚伐中山与司马子期》，载《河北学刊》，1988（1）。

③ 何浩：《司马子期的国别与“楚伐中山”的真伪——兼与天平、王晋同志商榷》，载《河北学刊》，1990（6）。

④ 详见何艳杰：《中山国社会生活研究》，25～28页，北京，中国社会科学出版社，2009。

都城遗址等都有一些高大的夯土台基有所不同。当时宫殿一般建在这些高大的夯土台上，台的下部修有一层层回廊，顶部建有殿堂，形成高楼一般的高台建筑。灵寿城址中未发现高台遗迹，可能如《新书》卷七《退让》中所说："翟，窭国也，恶见此台也？翟王之自为室也，堂高三尺，壤陛三垒，茅茨弗剪，采椽弗刮，且翟王犹以作之者大苦，居之者大佚，翟国恶见此台也！"说明中山国虽然极力吸收中原文化，但在宫殿建筑方面仍保留有自己民族的习惯。

中山王墓位于城区的西南部，在陵台上出土了许多战国时期的筒瓦、板瓦和柱石，表明这里应有建筑遗迹。瓦形之大，与战国燕下都宫殿遗址所出的大筒瓦、板瓦相似。瓦当为圆形乳钉地阴云纹，纹饰不同于燕、赵两地所出。战国时期陵墓上建有建筑物，除见于文献记载外，其实迹此前只发现于河南辉县固围村战国魏侯墓。中山王墓陵台上建筑遗迹的发现，在河北考古史上具有填补空白的重要意义。

中山王譽和成王墓是具有鲜虞少数民族特色的积石墓。墓室呈"中"字形，中字形，是战国时期代表国王身份的墓室形制。墓室内用大量石块和卵石填充。墓室设计十分特殊，建有称作"库"的结构。库为中山国墓所特有的，珍贵的陪葬品都置于库中。这也是中山王墓历史上虽然屡经盗掘，但珍贵的葬品却保存下来，没有被盗墓贼发现的主要原因。王譽墓室有三个库——东库、西库和东北库，成王墓室有两个库。中山都城灵寿及中山王墓的发掘，使我们得以了解中山国的经济和文化。

六、中山国的经济

中山位于太行山东麓，疆域包括今河北省保定南部、石家庄大部、邢台北部和衡水西部。境内有山地、丘陵和平原等多种地形地貌，山地、丘陵地带适于放牧，不宜于农耕，这种生态地理环境决定了中山国的经济不会是单一模式。

中山南部，即今石家庄及其以南地区，土壤肥沃，气候适宜，雨量丰沛，历来就是农业比较发达的地区。干宝《搜神记》卷一九记载，中山人好饮善酿，"能造千日酒，饮之千日醉"。中山王譽墓中发现了用粮食酿造的两种酒，颜色浓如墨玉，淡似翡翠。这是世界上迄今发现的最古老的实物酒。酒具不仅数量种类众多，有方壶、圆壶、扁壶、提链壶等，而且制作精美绝伦。赵武灵王灭中山前，李疵到中山刺探军情，回来说可以进攻中山国了，理由就是中山国“农夫惰于田”①。这从一个方面说明，农业是中山国经济的主要部分。

战国时期的中山国和中原地区一样，已经普遍使用铁器，国都灵寿有专门制造铁农具的作坊。1955 年，石家庄市市庄村战国遗址出土了铁农具、工具四十七件，还出土了釉陶等建筑材料，牛、羊、猪、狗、鸡等家畜、家禽骨骼，还有两堆已经炭化了的高粱。这个遗址属于赵国中期或晚期遗址。② 此地曾属中山，入赵时间并不长，基本上可以反映中山国时期的情况。

在中山王城的手工业区内，发现了颇具规模的铸铜、铸铁、制陶及制作玉器、骨器、石器的作坊。这些作坊是王室控制的官营手工业机构。出土的铜钺、戈、剑、箭、弩机和铁杖等兵器和金、银、铜、铁、玉器等，不仅数量庞大，而且铸造、焊铆及镶嵌工艺也很精湛。《史记·货殖列传》记载，中山“丈夫……作奸巧治，多美物”，正是对中山国手工业发达，匠人工艺高超的反映。

在农业和手工业发展的基础上，中山国商业也有一定的发展。《史记·货殖列传》称中山人“仰机利而食”。都城灵寿是中山国商业最繁荣的城市，也是最大的商业中心。以灵寿为中心，水陆交通比较发达。陆路交通主要有太行山东麓的南北主干道，还可以穿越太行山，西联秦、赵，东接齐、鲁。水路交通则主要依靠东西走向的河流。

中山商业发达的另一个表现是脱离了以物易物的阶段，开始使用货币。早期主要使用晋国早期货币空首布和燕国的尖首刀。这两种货币在灵寿遗址和中山境内都有出土。后来，中山国开始铸造自己的货币“成白刀”。成白刀长 13.5 厘米左右，重约 15 克，形状像一把小长刀。刀首钝圆，刀刃微凹，刀身趋于平直，正面有竖行阴文“成白”二字，背面光素无纹。刀柄细长，柄中间有一道纵纹。它的形状明显地受到赵国邯郸刀币的影响。20 世纪 70—80 年代，在灵寿城遗址发现的两个钱币窖藏中，成白刀占总量的 78%。这些成白刀币表面粗糙，留有毛边，显然还未使用。尤其值得一提的是，在遗址中还发现了成白刀范。

春秋时期的白狄人，是一个以游牧业为主，兼营狩猎的民族，逐水草而居，居无定所。他们迁徙到太行山以东，建立中山国后，长期以来仍保

---

① （战国）韩非子著，陈奇猷集释：《韩非子集释》卷十一《外储说左上》，上海，上海人民出版社，1974。

② 河北省文物管理处：《河北省石家庄市市庄村战国遗址的发掘》，载《考古学报》，1957(1)。

持着游牧狩猎民族的习尚，游牧狩猎经济仍占有一定的比重。这种经济形式主要分布于中山国北部。今石家庄以北，包括平山、行唐、唐县、曲阳、满城等地出土了许多富有游牧民族特色的器物，说明这里的居民仍保持着游牧习俗。如络绳纹铜器，是仿照游牧民族用绳子在马背上捆绑盛水用的皮囊制成的。虎形金饰片，是游牧民族贵族镶嵌在衣服上的一种特殊饰物，在唐县和满城等地均有发现。这类器物在中山国都城灵寿遗址也有大量发现。狩猎纹铜盖豆和狩猎纹铜鉴，刻画了大量动物、人物和山林景色，是中山贵族狩猎生活场景的再现。成王墓出土的皮帐和帐内取暖用具，更是中山国游牧狩猎生活的直接证据。中山王使用的铜扁壶和提链壶也具有浓郁的游牧民族风格。铜扁壶系模仿游牧民族骑马时所用盛水盛酒的皮囊式样。提链壶根据外出狩猎需要设计，腹部半圆，形似葫芦，壶肩两侧穿连的铜环与中间的龙首璜形提手组成提链，便于外出背携。壶盖上也有铜链，套连在一侧提链上，既便于开启，又可保证骑马活动时壶盖不脱离壶体，避免壶盖跌落和遗失。

七、中山国的文化

中山国存在的历史时期恰逢华夏族粗具雏形的时期，中山国社会生活史充分体现了先秦时期戎狄民族与华夏民族的融合过程。[①] 春秋到战国初期，中山仍保留着北方少数民族的习俗，如《公羊传·襄公》云：“（襄公）十有八年春，白狄来。白狄者何？夷狄之君也。何以不言朝？不能朝也。”这时它虽开始与邻近各国进行交往，但仍不习中原礼仪。又如《吕氏春秋·先识览》云：“中山之俗，以昼为夜，以夜继日，男女切倚，固无休息，淫昏康乐，歌谣好悲。其主弗知恶。此亡国之风也。”反映了与中原迥然不同的生活习俗。

中山复兴之时，由于与内地汉文化接触日久，特别是经过魏国二十多年的统治，在中原文化的熏染之下，中山贵族已经服膺儒家文化，史书称中山武公，“专行仁义，贵儒学，贱壮士，不教人战”[②]，“上尊学者”[③]等等。中山王墓出土的铜器铭文中，大谈天命、忠、孝、仁、礼、义、信等，也是儒家思想的体现。儒家思想已经在中山上层阶级广为传播。由于

---

① 何艳杰：《中山国社会生活研究》，北京，中国社会科学出版社，2009。

② （宋）乐史：《太平寰宇记》卷六二《河北道·定州》引《战国策》。而今本《战国策》不载。

③ （战国）韩非子著，陈奇猷集释：《韩非子·外储说左上》，上海，上海人民出版社，1974。

中山国深受中原文化影响，在住宅装饰方面努力模仿周文化的风格，使用了仿东周王朝的乳钉卷云纹半瓦当；吸收中原的礼制，在王墓上亦建有享堂一类的建筑；灵寿城址的布局与燕下都有某些相似之处；中山国平民和奴仆等普通劳动者身穿便于劳动的具有鲜明的戎狄特色服装，而统治者及侍从则一般流行具有华夏风范的深衣广袖。①

在葬俗方面，中山前后的变化也是很明显的。春秋中晚期至战国早期，鲜虞墓葬盛行积石葬和积沙葬，墓向均为东西向，具有鲜明的北方少数民族色彩。中山定都灵寿后，从考古发掘来看，用于随葬的鼎、豆、壶等成组陶明器开始出现，而积石、积沙葬已基本消失。一般墓葬盛行土圹竖穴木椁木棺葬，后填土夯实，墓向已改为南北向。墓葬中除个别鲜虞贵族墓尚保留部分民族用器作随葬外，其他墓葬已与中原民族的墓葬基本相同。

鼎在先秦时期是标志贵族身份等级的最重要一种礼器。在已发掘的两个中山王墓中，各出土了一套九件的升鼎。升鼎，又称牢鼎，是当时祭祀、丧葬、礼聘时所使用的礼器。其中，中山王譽墓中的列鼎尤为重要。这九个鼎形状相同，依次变小。按照当时礼制规定，天子用九鼎，诸侯王用七鼎，卿大夫用五鼎，士用三鼎或一鼎，一般平民和奴隶不许用鼎。但从全国各地考古发掘情况来看，到春秋战国时期，诸侯国君也都使用九鼎，是当时礼坏乐崩的时代反映。中山王使用九鼎，反映出中山国政治制度已经汉化，采用了中原礼制。

中山鼎的用途除了专门烹饪的镬鼎外，还有供席间陈设牲肉的升鼎和加餐用的羞鼎。不同社会等级，使用升鼎的数目和鼎内所盛食物都有严格的规定。天子所用九鼎分别盛放牛、羊、豖、鱼、腊、肠、胃、肤、鲜腊等肉食。但从中山王墓考古发掘来看，中山国的九鼎与华夏诸国有所不同。根据鼎中残剩的腐朽肉泥分析，鼎内盛放的不是最常用的牛肉，而是史书不曾记载的马肉和狗肉。另外，按照礼书记载，升鼎仅用于陈设牲肉，并不用于烹煮，可是王譽的九鼎中却有两件有烟熏烹煮的痕迹。② 虽然有悖于中原礼制，这说明尽管中山已经逐渐向华夏族靠拢，但并没有完全照搬中原礼制，仍保留有一些游牧民族的遗迹。尤其是升鼎内放置马肉和狗肉，更直接反映出游牧民族的饮食习俗。

中山王族墓中，出土了一些造型简洁的薄片状玉人佩。这些玉人有的

① 何艳杰：《中山国社会生活研究》，北京，中国社会科学出版社，2009。
② 河北省文物研究所：《譽墓——战国中山国国王之墓》，北京，文物出版社，1995。

是妇女形象，有的是儿童形象。女俑们梳着牛角形的发髻，身穿圆领窄袖方格纹长袍，与中原的发式、服装迥异，显然是鲜虞人的形象。说明尽管上层贵族已经与华夏人无异，但下层人民仍保留着鲜虞族的生活习俗。这种人物形象在以往的考古发掘中和文字资料中从未发现过，为研究战国中山民众服饰提供了重要的实物资料。

更为重要的是，中山墓中出土了大量的青铜器，造型奇特，工艺细腻，装饰华美，奇巧瑰丽，既不同于燕，又不同于赵，呈现出独特的中山风格，是游牧鲜虞文化与中原农耕文化融合的产物。发达繁荣的青铜文化是中山国文化的一个重要特色。

青铜纹饰的产生在夏商之际，但其发展的高峰却在商末周初。战国时期，在冶铁业日益成为主要的手工行业的同时，传统的青铜制造业仍占有重要的地位，其技术水平亦有相应的提高。在工艺技术方面，人们在春秋中后期发明异色金属镶嵌（包括所谓“金银错”）技术的基础上，又发明了鎏金、包金、线刻等装饰技术。这些都标志着战国时期青铜器制造业达到了一个新的高峰。

另外，战国时期是中国由奴隶社会向封建社会转变的大变革时代。社会的进步、思想的活跃开放，在青铜器制作上也有反映，它一反商周以来神秘厚重、典雅端庄的艺术风格，代之以活泼多变、精秀灵巧、璀璨华丽的器形和花纹。这些在中山国青铜器上同样也有反映。以下我们对中山国有代表性的青铜器加以介绍。

（一）中山三器

中山国墓葬1号墓出土了具有长篇铭文的三件青铜器：铁足铜鼎、铜方壶和铜圆壶。学界称之为“中山三器”，这里重点介绍铜方壶和铁足铜鼎。

壶是中国古代最常见的盛酒器。中山王■方壶，1977年于王■墓出土。高63厘米，重28.72公斤，器形为直口、短颈、溜肩、鼓腹。腹下向内收缩，方形高圈足又渐渐放出。壶身周正，棱角分明，造型简练，收放自如。壶盖是上小下大的坡状盝顶形，盖耳树立着四个修长的镂空云形盖钮。壶腹两侧各有一浮雕兽耳衔环铺首。壶肩四个折角处，各铸造了一条立体神龙，张牙舞爪，神采飞扬。

最为珍贵的是方壶四面刻有铭文，共450字。字体修长优美，笔画圆润流畅，刀法洗练自如。此壶是中山伐燕后，选用燕国“吉金”精心制作。内容歌颂了相邦司马赒伐燕的功绩，并讲述了安国立邦的道理。尤其是铭文中提到“皇祖文武、桓祖成考”等中山国先王，从中了解到中山文公、武公、桓公、成公、王■、王■■、王尚的世系情况，填补了历史的空白。

图 1－5　中山王嚳墓铜方壶

铁足铜鼎，1977 年中山王嚳墓出土，通高 51.5 厘米，最大直径 65.8 厘米，重 60 公斤，是采用分铸法制造的。刻有铭文 77 行，共 469 字，是战国时期青铜器上铭文字数最多的。金文的兴盛期是在西周，延续至春秋战国。西周时的毛公鼎铭文达 497 字，是现存金文中最长的一篇。中山铁足铜鼎铭文字数仅次于毛公鼎，铭文大致包含三层意思：斥责燕国国君哙，受其相邦子之的迷惑，把王位让给子之而国破身亡；颂扬相邦司马赒，辅佐少君谦恭忠信，率师征燕，扩大疆土数百里，占领城池数十座；告诫嗣子记取吴国吞并越国，越国又覆灭吴国的教训，不要忘记周边诸国时刻威胁着本国的安全。

（二）山形器

中山国之所以称“中山”，即是因为初时城中有山。后来鲜虞族虽然迁离大山，但仍保留了对山的崇拜。山形器即是山崇拜的反映。

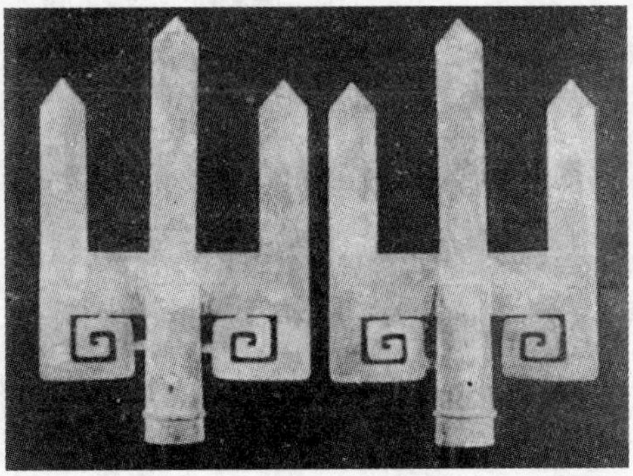

图 1－6　中山山形器

两个中山王墓葬中均出土了一套大型山字形铜器。王嚳墓出土 5 件，每件高 119 厘米、宽 74 厘米、重 50 余公斤。成王墓出土 6 件，每件高 143 厘米。器物上部呈“山”字形，两侧向下回转成镂空雷纹，下部中间有安插木柱的圆筒状銎，出土时銎内还残留有朽木。

山字形器形体高大，造型庄重，在以往的考古发掘中从未出现过。这种器物为中山国特有，属于一种仪仗礼器。平时置立于木柱之上排列于帐前，国君出行时则竖于战车或轩车之上，象征着国王的权威。

（三）错银双翼神兽

1977 年，中山王譽墓出土一种两两相对的错银双翼神兽。通长 40 厘米，高 24 厘米，重 11.45 公斤。神兽外形类似东汉以后的辟邪，造型矫健敏捷，动感极强。雄狮样的兽头向一侧高高昂起，怒目圆睁，张口咆哮，长舌挺起，利齿交错。四肢弓曲，利爪外撇，平稳有力地撑住躯体。前胸宽阔低沉，后臀隆起，两肋间斜伸的长翼直指天空，似乎随时准备腾空跃起。兽身外表用粗细不同的银片、银丝错出变化多样的斑纹，背上还有两只蟠蜷在云中的小鸟，使威武凶猛的神兽显得更加生动和神秘。

图 1－7　中山错银双翼神兽

据学者研究，这种神兽是传说中的风神飞廉的形象。[①] 目前，国内其他地区尚未发现，为中山国所独有。

（四）虎噬鹿铜器

虎噬鹿铜器为中山王墓出土的屏风底座。一只勇猛威武的老虎，色彩斑斓，身躯浑圆，弓身右曲，有力的尾巴似铜鞭般甩起。它三足着地，一爪腾起，正将捕捉到的小鹿送入张开的巨口之中。柔弱的小鹿在虎口中无力地挣扎着。老虎的凶猛强悍与小鹿的弱小无助形成鲜明的对比，构成了一幅大自然中弱肉强食的生动画面。

---

① 河北省文物研究所：《譽墓——战国中山国国王之墓》，北京，文物出版社，1995。

图 1-8　虎噬鹿铜器

（五）错金银四龙四凤方案座

战国时错金银器大为流行，即用红铜或金、银在铜器上镶嵌出文字或花纹，是一种精细的工艺技巧。

错金银四龙四凤方案座，1977 年平山三汲一号墓出土。案是古代人席地而坐时使用的一种小桌。案面原为漆板，已腐朽不存。案高 37.4 厘米，案框作正方形，长宽各 48 厘米。通体饰错金银花纹，造型以龙凤为主体，四龙分处四角，前爪支撑，头颈各自伸向一方，与四只展翅欲飞的凤纠缠在一起，左右盘绕成半球形。四龙首高昂，托举案框，底座是一圆圈，由四只栩栩如生的梅花鹿承托。整体造型结构复杂，内收外敞，动静结合，疏密得当，一幅特殊的龙飞凤舞图跃然眼前。四龙四凤案的造型，突破了商周以来青铜器动物造型的传统表现手法，新奇细腻，是一件极其罕见的艺术瑰宝。

图 1-9　错金银四龙四凤方案座

（六）中山王×《兆域图》铜版

兆域，即墓穴陵堂的区域，中国古代称墓穴陵堂建筑规划图为“兆域图”。《周礼》一书中记载了周代有七种以上的图，其中就包括兆域图，其中提到冢人“掌公墓之地，辨兆域而为之图”。

中山王×《兆域图》铜版，长 96 厘米，宽 48 厘米，厚 0.8 厘米，重 32.1 公斤，1977 年在中山王×墓出土。铜版用金银镶嵌，背面中部有一对铺首，正面为中山王、后陵园的平面设计图。陵园包括三座大墓、两座中墓的名称、大小以及四座宫室、内宫垣、中宫垣的尺寸、距离。图中宫垣和宫室均用银宽实线表示，墓丘底边用银细线表示，堂用金宽实线等表示。铜版上还记述了中山王颁布修建陵园的诏令。大意是说：中山王命令相邦赒进行王、后陵园规划设计，并由有关官员测绘成图。营建时要依图样长宽大小施工，有违背者处死不赦，凡不执行命令者，治罪要株及子孙。设计图版一式两份，一份随陵入葬，另一份府库存档。

图 1－10　《兆域图》铜版

中山王譻兆域图铜版是迄今为止世界现存最早的建筑设计平面图。大约春秋晚期成书的《考工记》是今天传世先秦文献中记述西周初期城邑建设规划制度的历史文献，但它不是有关建设的设计蓝图，仅依据此书复原先秦建筑遗迹时仍感到困难。《兆域图》提供的陵墓建筑设计十分具体，从总体规划到单体建筑都可以与宫廷建筑相印证，对我们研究先秦宫廷建筑形制无疑有很大的帮助。

（七）十五连盏铜灯

十五连盏铜灯，高 82.9 厘米，重 13.85 公斤，1977 年在中山王譻墓出土。主干竖立在由三只独头双身猛虎托起的镂空夔龙纹圆形灯座上，树干四周伸出七节树枝，枝上托起十五盏灯盘。高低有序，错落有致。每节树枝均可拆卸。树枝上装饰着游动的夔龙、鸣叫的小鸟和一群顽皮戏耍的小猴。小猴有的在枝间游荡，有的蹲踞在枝条上，还有的四肢并用向上攀爬，顽皮活泼的姿态令人忍俊不禁。两个上身赤裸、下着短裙，显然是鲜虞人的家奴站立在树下，仰面向上，一手托果，一手正向树上抛食物戏逗群猴，充满浓郁的生活气息。战国两汉的连枝形铜灯比较常见，但多数只有树干和灯盏，在一盏灯上装饰这么多人物和动物，并且塑造得如此各具情态，配置有度，妙趣横生，实不多见。

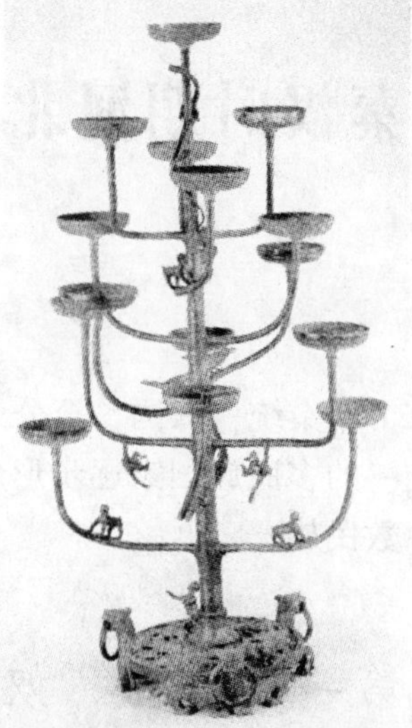

图1－11　十五连盏铜灯

综上所述，中国古史的传说时代，是河北古代少数民族史的萌芽期。共工及东夷族的蚩尤都曾在河北境内活动，特别是蚩尤与黄帝、炎帝涿鹿之战后，蚩尤所在的东夷族逐渐融入了炎黄部族，从而拉开了河北古代少数民族史的序幕。夏商西周时期，河北境内的少数民族山戎、东胡、代戎等主要分布在河北北部和东北部，是来源于本地并在本地发展起来的。而在春秋时期，原居于今陕西、山西的赤狄、白狄越过太行山，向东发展，并聚集于河北中部腹地，反映出先秦时期河北少数民族来源的多源性。在发展势头上，西来的赤狄、白狄远胜于北部、东北部的山戎、东胡、代戎等族，白狄建立了鲜虞、肥、鼓等国，特别是中山国，几起几落并在战国时期盛极一时，成为当时与战国七雄并立的千乘之国，创造了辉煌灿烂的文化，著名的赵武灵王“胡服骑射”就是为了抗衡中山而引发的。春秋战国时期，迎来了河北古代少数民族发展史上的第一次高潮，也是河北古代民族融合的第一个重要时期。

第二章　秦汉时期河北少数民族

秦汉时期自公元前221年秦统一六国，至公元220年东汉灭亡，历时四百四十余年，是中国统一的多民族国家逐步形成的时期。这一时期，北方活跃着匈奴和乌桓等少数民族。

第一节　匈　奴

匈奴是活动在我国北方的一个强大的游牧民族。它在族属上属于北狄系统，相传先祖是夏后氏之苗裔，曰淳维①，在殷商时期迁居北边。先秦时期，匈奴先后被称为荤粥（或曰薰鬻）、鬼方、猃狁。"匈奴"之名出现是在公元前4世纪末，约当战国后期。秦惠文王更元七年（公元前318年），韩、赵、魏、燕、齐诸国联军与匈奴共攻秦国，大战于修鱼（今河南原阳西南）。② 此为正史中"匈奴"之名的第一次出现。战国时期，匈奴已处在从原始社会向阶级社会的过渡阶段，对财富和奴隶的贪欲，促使匈奴多次南下。从战国晚期至南北朝初期（公元5世纪初），匈奴在中国北方活动了约7个世纪。其中以秦汉时期最为强盛。

秦汉之际，匈奴冒顿单于统一了北方各族，"诸引弓之民，并为一家"，③ 建立了一个空前强大的游牧帝国，东尽辽河，西至天山南北，北抵贝加尔湖、叶尼塞河流域，南达今河北、山西及陕西北部。西汉建立伊始，无力反击匈奴，被迫对匈奴采取和亲政策，以换取北疆的暂时安宁。汉武帝时期，由于长期休养生息，国力大为增强，展开了对匈奴的大规模

---

① 《史记》卷一一○《匈奴列传》，北京，中华书局，1982。

② 《史记》卷五《秦本纪》，而《史记》韩、赵、魏、楚元王、荆燕诸《世家》在此役中，均未提及匈奴。

③ 《史记》卷一一○《匈奴列传》，北京，中华书局，1982。

进攻，收复了漠南之地，匈奴受到沉重打击。汉昭帝时期，匈奴统治集团内部分裂，发生五单于争立事件，呼韩邪单于附汉，在西汉王朝支持下重新统一了匈奴各部，维持了与汉王朝较长时期的友好局面。东汉初，匈奴分裂为南北两部，北匈奴在南匈奴与汉王朝的联合打击下远遁他乡。南匈奴内附，被迁居内地，逐渐与汉族和其他民族融合在一起。匈奴这个族称于南北朝时消失之后，这一族体一部分又以稽胡、部落稽、吐京胡、山胡、卢水胡等族称存在于南北朝以至隋唐时期。

匈奴“地南接燕赵”[①]，河北之地分属秦汉和匈奴。大致来说，今张家口、承德北部为匈奴的牧区或为匈奴与秦汉王朝的缓冲部（史书称之为“瓯脱”[②]）。西汉时，“上谷至辽东，地踔远，人民希，数被寇”[③]。在强盛时匈奴的兵骑一度曾达到河北中部。东汉后，随着南匈奴的内附，大量的匈奴人进入了以邺地为中心的河北南部，并在当时的政治派别角逐中发挥了重要的作用。

一、战国时匈奴的兴起及燕赵两国对匈奴的防御

匈奴兴起于蒙古高原，其始主要活跃在阴山河套一带。这里水草肥美，林木繁茂，自古以来，就是游牧民族放牧和射猎的天然苑囿。在匈奴迅速崛起的同时，中原内地却是七雄并立，诸国间忙于互相攻伐，根本无暇北顾。匈奴趁虚南下，占领了黄河以南的“河南地”（今内蒙古鄂尔多斯一带）。

在战国七雄中，燕、赵、秦三国与匈奴接壤，其中与河北有关的是燕、赵两国。据刘向《说苑》卷一记载，燕昭王元年（公元前311年）昭王问政于郭隗时，郭隗提到“匈奴驱驰楼烦之下”，赵孝成王初年（公元前265年），李牧居代、雁门以备匈奴，破杀匈奴十余万骑。另外，燕王喜二十七年（公元前228年）秦将军樊於期得罪于秦王，逃亡至燕国，太子丹将他收容。太傅鞠武谏言道，应将樊於期送入匈奴以灭口，并西约韩、赵、魏，南连齐、楚，北约于匈奴以图秦国。从这些材料可以看出，早在公元前4世纪末，匈奴骑兵已经常常深入到当时的晋北一带，开

① 《晋书》卷九七《四夷传·匈奴》，北京，中华书局，1974。

② 关于瓯脱的性质，学界认识并不一致。一般认为瓯脱是两个政权间的隙地或缓冲区。例如林幹先生即认为是匈奴与东胡或汉朝边界上的“中立地带”。除了史书较明确记载的云中、朔方外，林幹先生推断匈奴与汉朝缘边各地可能都有瓯脱。见氏著《匈奴史》，139页，呼和浩特，内蒙古人民出版社，2007。但近年来，不少学者对此提出了新的解释，认为瓯脱可能即是辽、元时的“斡鲁朵”、“斡耳朵”。

③ 《史记》卷一二九《货殖列传》，北京，中华书局，1982。

始与燕、赵两国发生接触，成为雄踞燕、赵两国北部的强大势力，并对两国构成了很大的威胁。

为防御匈奴，燕、赵两国都修筑了长城。就其本意来说，长城的修建是为了防御北方游牧民族的进犯。具体到战国时期，是为了把中原农耕区与以匈奴为代表的游牧民族地区分割开来。大致而言，长城以北为匈奴的势力范围，长城以南则是中原政权的势力范围。燕、赵两国的长城都经过河北境内。赵之长城，主要筑于赵武灵王时期，自代（治今河北蔚县东北）经阴山至高阙（今内蒙古杭锦后旗一带），东止于今河北张北狼窝沟。燕之长城有南北两道，其国境之南者称南长城，国境之北者为北长城。南长城主要是为了防御位于南部的赵、中山等国，与防御匈奴有关的为北长城。史籍记载，燕北长城自造阳至襄平①。造阳，裴骃《史记集解》引韦昭的说法在上谷。上谷郡，始置于燕国，为秦汉所承袭，据《汉书·地理志》，汉上谷郡，治于沮阳县。燕国的造阳即汉代的沮阳，城址在河北怀来县大古城。② 也有的学者认为，造阳在今宣化北及张家口附近。③ 谭其骧先生主编的《中国历史地图集》即采此说，将燕长城起始地点标注在张家口以西，修水（今东洋河）之南，今怀安县境内，由此向东北，进入张北县、沽源县境内。尽管学界对燕北长城的西段位置存在不同意见，但都认为在今河北张家口地区。燕北长城的修筑是在燕昭王时期，是在秦开击破东胡，"东胡却千余里"以后，其目的是为了防御东胡的南侵，收复其故地。④ 战国末期，匈奴吞灭东胡后，长城的防御重点自然便由东胡改为更为强大的匈奴了。

长城横亘于河北北部，将河北境内分为南北两部分，今张家口、承德北部地区为匈奴的牧区及汉民族与匈奴之间的缓冲区。为了防御匈奴，燕于缘边设置了上谷、渔阳、右北平、辽西、辽东等郡。

上谷郡，前已介绍。渔阳郡，治渔阳（治今北京密云西南），今河北香河、大厂回族自治县、三河、滦平、丰宁满族自治县，当时均为渔阳郡辖地。右北平郡，治无终，在今天津蓟县（一说在今玉田县），今河北之丰润、遵化、兴隆、承德县、承德市、平泉、隆化、围场满族蒙古族自治县，均属于右北平郡。辽西郡，治阳乐（今辽宁义县西南），在今河北境内可以确考有令支县（治今河北迁安县西）。也就是说，燕在长城缘边设

---

① 《汉书》卷九四上《匈奴传上》；《史记》卷一一〇《匈奴列传》。

② 景爱：《中国长城史》，137、138 页，上海，上海人民出版社，2006。

③ 张维华：《中国长城建置考》（上），125、124 页，北京，中华书局，1979。

④ 景爱：《中国长城史》，142、143 页，上海，上海人民出版社，2006。

置的五郡中，与河北有关的有四郡。

尽管燕、赵两国为修筑长城，投入了大量人力物力，并在长城沿线部署重兵，但也难以阻挡匈奴的铁骑。长城沿线成为中原王朝与匈奴争夺的焦点。在抵御匈奴的战斗中，涌现出了众多的名臣良将，产生了许多可歌可泣的历史故事，最著名的当属赵国之李牧。

李牧，赵国名将，赵王使李牧屯兵代、雁门一带以防御匈奴。代郡，赵武灵王时所置，治代县，在今河北蔚县东北。在抗击匈奴的斗争中，李牧表现出了杰出的军事才能和高超的指挥艺术。面对敌强我弱的态势，李牧首先使赵王同意自己有权根据需要署置官吏，而且当地的田赋税收也全部划归军府支配。他还修缮了边防沿线的烽火台，并派精兵严加守卫，同时增加情报侦察人员，完善情报网，及早预警。为了鼓舞士气，提高部队战斗力，李牧厚飨士卒，让军士苦练骑射技术。经过一番整顿，全军士气高昂，纷纷请战，但都为李牧拒绝。针对匈奴骑兵机动灵活、战斗力很强，但不携带辎重，全靠掠夺的特点，李牧命令赵军固守城池，坚壁清野，并下令匈奴进犯时有胆敢出击捕获匈奴者，杀。几年下来，匈奴以为李牧胆小怯战，因此心存轻视。赵国边军上下也窃窃私议，以为李牧畏敌如虎，消极避战，并状告到赵孝成王那里。赵王派使者严令李牧出击。李牧拒不奉诏。赵王愤然将李牧罢免，改派他将。新帅到任后，每逢匈奴入侵，即下令出战，但都大败而归，损失惨重，以此边境不安，沿边百姓根本无法耕种和放牧。赵王无奈之下，只好又召回李牧。复任后，李牧仍然下令坚守，几年内匈奴多次入侵，都一无所获，但总以为李牧胆小避战，放松了戒备。而赵军经过数年积聚训练，兵骁将勇，人人思战。李牧看到与匈奴决战的时机已经成熟，于是挑选战车 1300 辆，战马 1.3 万匹，士卒 5 万人，射手 10 万人，准备出击匈奴。赵悼襄王元年（公元前 244 年）春，先以小股部队与匈奴接触，佯败，以诱敌深入。匈奴果然中计，单于率十余万骑亲自追击赵军。李牧张左右翼击之，大败匈奴，匈奴几乎全军覆没，单于仅带了少量亲随仓皇逃遁。此役赵国取得了决定性胜利，其后十余年，匈奴不敢靠近赵国边城。李牧乘此余威，又灭襜褴，破东胡，降林胡。上海博物馆藏有一方“匈奴相邦印”，为战国晚期赵国所刻。[①] 有学者认为很可能与李牧大破匈奴有关。[②]

虽然李牧反击匈奴取得了辉煌的战果，但只是一个局部的胜利，未能

---

① 黄盛璋：《“匈奴相邦”印之国别、年代及相关问题》，载《文物》，1983（8）。

② 沈长云：《赵国史稿》，337 页，北京，人民出版社，2006。

根本改变当时匈奴与赵双方的力量对比，未能遏制匈奴大举扩张的势头，燕赵两国仍处于被动防御。另外，战国后期在秦国凌厉的攻势下，燕、赵两国的军事力量主要用来抵御秦国，在防御匈奴上明显军力不足，左支右绌，捉襟见肘。李牧被杀后，更是无力抗御匈奴。随着燕、赵次第为秦所灭，匈奴开始面对秦这个强大的敌人。

二、秦朝时期的匈奴及在河北的活动

战国时期，匈奴虽然开始兴起，但史书长期以来未记载单于之姓名。秦朝时对匈奴的记载逐渐增多。史书记载的第一位匈奴首领是头曼[1]，活动时间大约相当于秦始皇时期。秦始皇三十二年（公元前215年），秦始皇派将军蒙恬将兵三十万北击胡，略取“河南地”（今内蒙古河套鄂尔多斯）。三十三年（公元前214年）“自榆中并河以东，属之阴山，以为四十四县，城河上为塞”。又使蒙恬渡过黄河，夺取高阙、阳山、北假中，筑亭障，并迁民以实之，名曰“新秦”。[2] 匈奴在秦军的压力下，逐渐北徙。

自匈奴始祖淳维到头曼，在近两千年的时间里，世系情况史籍尽付阙如，其部众迁徙分合情况也不详，表明匈奴仍处于较低的社会发展阶段，对中原内地的影响还不是很大。秦二世元年（公元前209年），头曼之子冒顿，杀父自立为单于，大破东胡王，虏其部众及畜产。西击走月氏，南并楼烦、白羊河南王，悉复河南地，北服浑庾、屈射、丁零、鬲昆、薪犁之国。[3] 势力远至漠北，控弦之士三十万，匈奴进入了鼎盛时期，“南与中国为敌国，其世传国官号乃可得而记云”[4]。匈奴的历史也进入了一个有信史可征的新时期。

（一）匈奴灭东胡

前已经提到，战国时期，东胡位于燕、赵两国之北，为当时“三胡”之一，而且在三胡中最为强大。燕昭王时修筑长城主要就是为了防御东胡。匈奴之崛起不可避免地与东胡产生了冲突。东胡王得知冒顿杀父自立，利用匈奴单于嬗代交替人心思乱，统治未稳之际，派使者到匈奴索取

① 关于头曼，学界有不同认识，传统观点认为头曼是人名，并认为自他开始始有单于之号。但亦有学者（如李桂芝教授）认为头曼一词与蒙古时的“土绵”应是同一词语和同一含义，即“万户”。也就是说，头曼不是人名，而是官号。

② 《史记》卷六《秦始皇本纪》，北京，中华书局，1982。

③ 《史记》卷一一〇《匈奴列传》，北京，中华书局，1982。

④ 《史记》卷一一〇《匈奴列传》，北京，中华书局，1982。

头曼所乘的千里马。匈奴群臣认为千里马是匈奴的宝马，且是先王所乘，不可给。冒顿却说，怎能因为一匹千里马而影响两个国家的关系呢？不顾大臣反对，把千里马送给了东胡。东胡王认为冒顿畏己，不久又向冒顿提出更苛刻的要求，要求将冒顿一位阏氏（音 yanzhi，单于妻子）送与东胡王。匈奴群臣闻此无不怒不可遏，纷纷要求讨伐东胡。冒顿却说，怎能因为一名女子而破坏两国关系呢？又一次满足了东胡的要求。东胡王得寸进尺，又向冒顿提出了土地的要求，要求将两国之间的千余里荒地割让给东胡。匈奴群臣认为这些土地乃弃地，对匈奴而言无足轻重，割给东胡亦可，不给亦可。不料冒顿闻言却勃然大怒，愤然表示土地者，国之本也，怎能送于他人？立即召集部众讨伐东胡。东胡在前两次索取得逞后，以为冒顿软弱可欺，根本没有做战争准备。面对匈奴的突然袭击，东胡一败涂地，溃不成军，史称“大破灭东胡王，而虏其民人及畜产”①。

冒顿在灭东胡一役中，显示出了高超的政治策略和军事才能。首先，在统治未稳之际韬光养晦，对东胡一再退让，以骄其心，并为自己积蓄力量赢得了时间。在东胡意志松懈、麻痹大意时发动突然袭击，从而一举消灭了东胡，铲除了自己东部最强大的敌人。匈奴灭东胡，是统一北方诸族进程中的关键一环，而对于河北历史而言，意义尤其重大，从此匈奴取代东胡，控制了河北北部。

（二）左贤王庭与河北

冒顿统一匈奴各部，完成了由氏族社会向奴隶制的过渡，建立起了一个强大的奴隶主军事政权。最高首领称为单于，统治中心称为龙庭，又名单于庭。为了统治广大地域，将匈奴国土分为三部分：单于直接统治中部领土，左贤王管辖东部，右贤王管辖西部。建立了一套比较严密的职官制度，如左右贤王、左右谷蠡王、左右大将、左右大都尉、左右大当户、左右骨都侯等，多由单于子弟或本部落贵族担任。这些官职一般世袭，父死子继。匈奴人尚左，左在右先。单于以下，即以左贤王地位最为尊贵，权力和地位在右贤王之上，常以太子任之，作为单于继承人。匈奴军政合一，而以军事为主，凡成年男子都编入军队，平时游牧射猎，战时出征。所有官吏都是统兵官，单于是最高军事统帅，自左右贤王以下至大当户，统领万骑者有二十四人，称为万骑长。万骑长以下，又设千骑长、百骑长、什长等等。

---

① 《史记》卷一一〇《匈奴列传》，北京，中华书局，1982。

匈奴左、右方之分，大致以位于今河北境内的上谷郡（治今河北怀来）为界。左贤王庭所管辖之地在匈奴东部，其南面对汉地的上谷郡，东接秽貉、朝鲜。右贤王庭，居西方，其南面对着汉地的上郡（治今陕西榆林），西面接连月氏、氐、羌。单于庭位于匈奴的中部，其南面对汉地的代郡（治今河北蔚县）和云中郡（治今内蒙古托克托）。

河北与左贤王庭关系最为密切，今张家口、承德北部地区，即在匈奴左贤王庭控制之下。秦朝所设代、上谷、渔阳、右北平诸郡，与左贤王辖区毗邻，处于其直接威胁之下。

（三）秦王朝时河北境内的长城与匈奴

前面已经提到，早在战国时期，为防止匈奴骑兵南下，燕、赵两国就曾在北部边境修筑长城。秦始皇统一六国后将燕、赵、秦三国长城连接起来，同时又依地势险要补修了若干段，“因地形，用制险塞，起临洮，至辽东，延袤万余里”①。这就是著名的万里长城，西起临洮（今甘肃岷县），东至辽东，延袤五千余里。战国时赵、燕北长城在秦代被沿用，成为秦长城的一个组成部分。

据考古工作者考察，在今河北北部，沿坝上草原的东南部边缘曾发现三道古长城。其中，最北面的一道长城存高一至三米，当地群众称之为“土龙”，学者认为这就是蒙恬所督修的秦长城。②

由于秦王朝建都咸阳，出于障卫京畿的需要，西北地区是秦防御匈奴的重点。但河北地区也是防御匈奴的重要地区。秦始皇死后，其幼子胡亥即位，为了铲除异己，将驻守北边防御匈奴的大将蒙恬赐死，使北边防御力量大为削弱。秦末农民起义爆发后，长城沿线戍卒逃亡甚众。为了镇压起义，甚至还抽调王离率领的防御匈奴的精兵南下镇压起义军。在这种情况下，匈奴“复稍度河南，与中国界于故塞”③，又重新占领了河南地。楚汉相争时，刘邦、项羽等势力忙于内争，迭相吞噬，根本无暇顾及匈奴，匈奴在毫无威胁的情况下迅速发展，控弦之士达到三十余万。

三、西汉时期的河北匈奴

汉代实行郡国并行制，郡为一级政区，以郡统县。在河北北部缘边与

① 《史记》卷八八《蒙恬列传》，北京，中华书局，1982。

② 郑绍宗：《河北省战国、秦汉时期古长城和城障遗址》，见《中国长城遗迹报告集》，35页，北京，文物出版社，1981，转引自吕苏生《河北通史》（秦汉卷），30页，石家庄，河北人民出版社，2000。

③ 《史记》卷一一〇《匈奴列传》，北京，中华书局，1982。

匈奴接壤地区，除了郡县外，还有一些王国。汉初，在分封的七个异姓王中，今河北地区有燕王臧荼和赵王张耳。其中燕国与匈奴封壤相接，关系最为密切。

燕国之封，始自项羽。秦子婴元年（公元前206年）灭秦后，项羽分封燕将臧荼为燕王，都于蓟（今北京）。后臧荼逐杀辽东王韩广，尽有燕地。西汉建立后，仍以臧荼为燕王，封域如故。西汉初，汉高祖刘邦为了铲除异己，大力削夺诸异姓王之权，汉高祖五年（公元前202年）十月，燕王臧荼举兵反，攻下代地（今河北蔚县），高祖自将击之，俘臧荼。高祖又以故人卢绾为燕王，封域如臧荼之时。十二年二月，卢绾谋反，兵败后退居塞下，不久亡入匈奴。在平定卢绾叛乱后，汉始以同姓宗王为燕王。汉昭帝元凤元年（公元前80年）国除，终西汉之世，再未复置。

汉初燕国之范围，据《史记·汉兴以来诸侯王年表序》云：高祖末年，“自雁门、太原以东至辽阳为燕、代国”，时代国辖有太原、云中、雁门、代、定襄诸郡，则可知臧荼、卢绾之燕国当有故秦上谷、渔阳、右北平、辽西、辽东、广阳六郡，大致与战国时燕地相当。除辽东郡外，其余五郡大部或部分辖地在今河北境内。在燕国被废后，今河北地区与匈奴临接的主要是上谷、渔阳、右北平、辽西诸郡。

（一）西汉前期的匈奴与河北

西汉初，由于秦末长期战乱，民生凋敝，百废待兴，国家财政十分困难，史籍中对此有很形象的描述，称当时“作业剧而财匮，自天子不能具钧驷，而将相或乘牛车，齐民无藏盖”[①]。即使是贵为九五之尊的皇帝出行，也找不到颜色一致的四匹马拉车，将相大臣出行竟然乘坐牛车。社会之贫困可见一斑。即使到了汉文帝时期，经过近四十年的休养生息，经济仍没有大的改观。贾谊在文帝前二年（公元前178年）上书指出：“汉之为汉，几四十年矣，公私之积，犹可哀痛。”[②] 经济上的困难、财政匮乏是导致西汉王朝长期以来对匈奴一再妥协退让的根本原因。贾谊在文帝时上书，痛陈当时严重的内外形势，有“可为痛哭者一，可为流涕者二，可为长太息者六”[③]，其中“可为流涕者二”中就包括对匈奴的屈辱政策。

与西汉情况形成对比的是，当时匈奴正处于上升期。匈奴最鼎盛的时

① 《史记》卷三〇《平准书》，北京，中华书局，1982。

② （宋）司马光：《资治通鉴》卷一三，文帝前二年十一月条，北京，中华书局，1956。

③ 《汉书》卷四八《贾谊传》，北京，中华书局，1962。

期是在秦末至汉武帝初年，即冒顿、老上、军臣单于统治时期。汉文帝前六年（公元前174年），冒顿单于死，其子稽粥即位，是为老上单于（公元前174—前160年在位）。他继承了冒顿以来扩张政策，向西征服了楼兰、乌孙等西域二十六国，国势日盛。匈奴的辖区至此西包西域，东却夫余、朝鲜，南至长城，北至北海（今贝加尔湖）及其以北地区，雄踞于汉之北境，不断进攻今河北、山西、陕西及河套一带，给新生的西汉政权以极大的威胁。西汉经济上的窘迫，面对匈奴凌厉的攻势，只能处于被动防御，忍辱负重，委曲求全。

1. 汉初匈奴对陈豨、卢绾之乱的策应和支持

西汉时天下初定，分封诸异姓王，以韩王信为韩王，都阳翟（今河南禹州）。汉六年（公元前201年）十二月，徙韩王信于代，都马邑（今山西朔县）。次年（公元前200年），匈奴大举进攻，包围了马邑，韩王信投降。匈奴与韩王信合军，引兵南逾句注（今山西代县西北），直至晋阳城下。汉高祖自将大军三十万反击，被匈奴诱至平城（今山西大同东）白登山，被包围七日之久，内外隔绝，几陷入绝境。最后，采用陈平之计策，贿赂单于阏氏，才得以脱险。这就是历史上著名的白登之围。它反映了即使是号称一代之杰，铲平群雄、威加海内的开国之君刘邦以三十多万众亦难抵御匈奴之攻势。

由于汉初匈奴"数苦北边"①，特别是经过平城之役，汉高祖自知难以与匈奴争衡，采纳了娄敬（即刘敬）与匈奴和亲的建议，"约结和亲，赂遗单于，冀以救安边境"②，也就是汉把公主嫁于单于为阏氏，每年送给匈奴大量金帛、缯絮等财物，约为兄弟之国。但即使在汉与匈奴缔结和亲之后，匈奴仍不断骚扰汉之边境，接纳汉之叛将。例如，韩王信引匈奴屡次进攻代（治今河北蔚县）、云中。十一年（公元前196年），代相陈豨谋反，又与韩王信合谋击代。汉高祖使樊哙往击之，复拔代、雁门、云中郡县，不出塞而归。"是时匈奴以汉将众往降，故冒顿常往来侵盗代地。"③ 为了加强北部边境抵御力量，汉高祖以自己的兄长刘仲为代王。而刘仲面对匈奴的攻势，毫无抵抗之力，弃国逃走，从小路逃归洛阳。但汉初匈奴对汉王朝的武装干涉，最主要的还是策应代相陈豨和燕王卢绾叛乱。

---

① 《史记》卷九九《刘敬列传》，北京，中华书局，1982。

② 《汉书》卷九四下《匈奴传》赞文。

③ 《史记》卷一一〇《匈奴列传》，北京，中华书局，1982。

陈豨，宛朐（今山东曹县西北）人，汉王元年以特将率卒五百人从起宛朐，追随刘邦入关，后因军功封为阳夏侯。汉高祖七年（公元前200年），陈豨“以赵相国将监赵、代边兵，边兵皆属焉”[①]。十一年（公元前196年）秋，陈豨自立为代王，发动叛乱。汉高祖亲率大军至邯郸（今河北邯郸），自南面进讨，燕王卢绾率军自东北进攻。陈豨在腹背受敌的窘境下，派遣王黄求救于匈奴。十二年（公元前195年）十月，陈豨兵败。

卢绾，沛郡丰邑（今江苏丰县）人，与刘邦为同乡，关系莫逆。刘邦起兵于沛，卢绾以宾客的身份相随。刘邦为汉王，卢绾被任命为将军，常常担任侍中。在楚汉战争中，卢绾官至太尉，封长安侯。虽然萧何、曹参等人以才能过人、忠于职事、功勋卓著而得到刘邦的礼遇重用，但若论关系之亲密和被宠信的程度，都无法与卢绾相比。高祖五年（公元前202年）八月，在平定燕王臧荼之乱后，高祖立卢绾继为燕王。史称“诸侯王得幸莫如燕王”。[②] 在陈豨叛乱中，卢绾与陈豨暗中相勾结，并借匈奴以自重。消息败露后，高祖使樊哙率军击燕。卢绾悉将其宫人家属、骑数千居长城下，观望候伺，希望高祖病愈，入朝请罪。汉高祖十二年（公元前195年）四月，高祖去世，卢绾最后一丝希望破灭，自知难以为刻薄寡恩的吕后所容，遂将其部众亡入匈奴，匈奴以之为东胡卢王。

燕王卢绾投降匈奴，使汉东北防御匈奴的藩篱尽失。燕国所统今河北境内的上谷、渔阳、右北平、辽西诸郡，均为匈奴不战而得，匈奴兵不血刃迅速推进到长城以南。匈奴也许被凭空降下的胜利冲昏了头脑，没有及时调动兵骑南下，给予卢绾部众以支援。而汉军却在危机面前，行动果敢迅速，改以相国周勃代樊哙为将，击下蓟，俘虏卢绾大将抵、丞相偃、守陉太尉弱、御史大夫施、屠浑都。连破卢绾军于上兰、沮阳，追至长城。戡定上谷十二县，右北平十六县，辽西、辽东二十九县，渔阳二十二县。[③] 收复了失地，重新稳定了局势。

卢绾率其残部数千人入匈奴后，多次引领匈奴进攻汉之边境，“往来苦上谷以东”[④]。但由于部众损失殆尽，在匈奴看来已经没有多少利用价值，因此不为匈奴所礼，郁郁不得志，常思复归。居岁余，死于匈奴。高

---

① 《史记》卷九三《韩信卢绾列传》，《高祖本纪》、《高祖功臣侯表》亦谓陈豨以赵相国守代。《淮阴侯列传》则谓“陈豨拜为钜鹿守”，《汉书·韩信传》又称“陈豨为代相监边”。

② 《史记》卷九三《韩信卢绾列传》，北京，中华书局，1982。

③ 《史记》卷五七《绛侯周勃世家》，北京，中华书局，1982。

④ 《史记》卷一一〇《匈奴列传》，北京，中华书局，1982。

后时，卢绾妻子从匈奴逃归。汉孝景中元六年（公元前144年），卢绾之孙他之，以东胡王降汉，被封为亚谷侯。①

2. 文景时期匈奴对河北的侵扰与入附

汉高祖之后，继立的惠帝、文帝、景帝等继承了汉初与匈奴的和亲政策。汉惠帝三年（公元前192年）、文帝前六年（公元前174年）、景帝前五年（公元前152年），三次以宗室女为公主嫁于单于。汉武帝初年，也曾言“朕饰子女以配单于”。② 虽然如此，匈奴仍不断侵扰汉之边境。“数处转牧行猎于塞下，或当燕代，或当上郡、北地、陇西”。③ 从匈奴对汉进攻的方向来看，为了威胁长安，仍以陇西以及雁门、上郡、定襄、云中等方向为主。但河北沿边也是匈奴进军的重要方向，特别是上谷、代郡一带。

汉文帝前元三年（公元前177年）五月，“匈奴右贤王入居河南地，侵盗上郡葆塞蛮夷，杀略人民”。④ 文帝命丞相灌婴发车骑八万五千还击，右贤王被击退。

文帝前元十四年（公元前166年），单于发十四万骑攻入朝那、萧关，杀北地都尉，甚至候骑至雍甘泉，长安为之震动。此后，“匈奴日已骄，岁入边，杀略人民畜产甚多，云中、辽东最甚，至代郡万余人”⑤。

文帝后元六年（公元前158年），匈奴复绝和亲，大入上郡、云中各三万骑，所杀略甚众而去。于是汉使三将军军屯北地，代屯句注（今山西原平北），赵屯飞狐口（今河北涞源北蔚县南），缘边亦各坚守以备匈奴。

汉景帝中元二年（公元前148年）二月，“匈奴入燕”⑥。

汉景帝时，李广为上谷太守，“匈奴日以合战”。典属国公孙昆邪忧心忡忡，担心李广战死，哭着对景帝说：“李广才气，天下无双，自负其能，数与虏敌战，恐亡之。”⑦ 景帝于是改任李广为上郡太守。不难看出，上谷作为战略要地与匈奴的战斗十分频繁，而且是空前惨烈的。

汉景帝时，以吴王刘濞为首的“七国之乱”中，赵王刘遂也参与了

① 《史记》卷九三《韩信卢绾列传》，北京，中华书局，1982。
② 《汉书》卷五二《韩安国传》，北京，中华书局，1962。
③ 《汉书》卷四九《晁错传》，北京，中华书局，1962。
④ 《史记》卷一一〇《匈奴列传》，北京，中华书局，1982。
⑤ 《史记》卷一一〇《匈奴列传》，北京，中华书局，1982。
⑥ 《史记》卷一一《孝景本纪》，北京，中华书局，1982。
⑦ 《史记》卷一〇九《李将军列传》，北京，中华书局，1982。《册府元龟》卷四四七言为武帝。

叛乱。刘遂为赵幽王刘友之子，汉文帝前元元年（公元前179年）受封。由于景帝屡次削夺其封地，赵王遂心怀怏怏，故吴楚等国叛乱时，他也起兵响应，并“北使匈奴，与连和攻汉”。[①] 匈奴亦欲与赵合谋入边，但还未及出兵，汉便破赵，刘遂兵败自杀，匈奴闻之亦止。

汉初惠、文、景诸帝时期与匈奴虽然不时有些摩擦，但汉匈之间六十余年基本上没有发生大的战事，正如史书所云：“终孝景时，时小入盗边，无大寇。”[②] 汉匈之间获得了比较和平安定的社会环境。对汉朝而言，使“天下晏然”，“民务稼穑，衣食滋殖”[③]，“海内殷富，兴于礼义”[④]，出现了甚负盛誉的“文景之治”。对匈奴来讲，通过和亲政策，不仅每年从汉王朝得到大量的衣食、金银财物，也因社会比较安定，发展了社会生产，加强了与汉朝的经济文化交流。汉与匈奴之间除了边境沿线的私人贸易外，汉文帝时还出现了大规模的由朝廷主办的关市。所以班固说，“逮至孝文，与通关市”。[⑤] 关市的出现，标志着汉匈之间经济交流进入了一个比较高的层次。

文帝后元六年（公元前158年），由于匈奴大举侵扰，汉与匈奴关系一度紧张。不仅汉王朝每年送与匈奴的财物中止，就是汉匈之间的关市也一度中断。景帝即位后，着手修复出现裂痕的汉匈关系。景帝元年（公元前156年），派御史大夫陶青至代郡（治今河北蔚县）与匈奴谈判，恢复了和亲，继续每年付给匈奴财帛，直到元光二年（公元前133年），汉武帝对匈奴发动战争，才告终止。

汉景帝时河北历史上的一个重要事件是匈奴王徐卢等人的入附。

汉景帝中元三年（公元前147年）春，匈奴王二人率其徒众来降，皆封为列侯。[⑥] 此匈奴入附事件，史籍记载含混，颇易产生歧义，考诸书记载，实际上在受封的匈奴七人中，分两次受封：十一月庚子，先封于军为安陵侯；十二月丁丑，悉封徐卢等六人为列侯。[⑦] 匈奴王的入附，是当时汉匈关系史上的一件大事。特别是对于长期以屈辱和亲来笼络匈奴的汉王朝来说，此次匈奴王内附无疑是值得欢欣鼓舞的。朝野上下也将此举视

---

① 《史记》卷五〇《楚元王世家》，北京，中华书局，1982。

② 《史记》卷一一〇《匈奴列传》，北京，中华书局，1982。

③ 《史记》卷九《吕太后本纪》，北京，中华书局，1982。

④ 《史记》卷一〇《文帝本纪》，北京，中华书局，1982。

⑤ 《汉书》卷九四下《匈奴传》北京，中华书局，1962。

⑥ 《史记》卷一一《孝景本纪》，北京，中华书局，1982。

⑦ （宋）司马光：《资治通鉴考异》引《西汉年纪》卷九。《汉书》卷四〇《周亚夫传》作五人，误。

为王朝声威远播的结果。但对于如何封赏诸匈奴降臣，汉景帝与丞相周亚夫发生了分歧，意见尖锐对立。汉景帝欲封诸人为侯，以鼓励更多的内附者。周亚夫则认为这些人背叛其主来降，如果将他们封侯，则怎么能要求臣下为朝廷尽忠守节呢？但景帝并没有采纳周亚夫的意见，悉封诸人为侯。周亚夫因此谢病免相。

汉初对封侯的标准很高，均是功臣和皇室宗亲。汉景帝封降附的匈奴七人为侯，无疑是很大的礼遇。其中于军，汉景帝中元三年（公元前147年）十一月受封安陵侯。安陵在今河南鄢陵西，与河北无关。与河北有关的有徐卢、陆强、仆黜、范代、邯郸等。据《汉书·景武昭宣元成功臣表》，其受封、子嗣情况如下表：

姓名	封爵	封地今地	户数	子嗣情况
陆强	遒侯	河北涞水	一千五百七十户	子则袭封，武帝后元年被杀
徐卢	容城侯	河北容城	七百户	子康侯缠、孙光先后袭封，武帝后元二年被杀
仆黜	易侯	河北易县	一千一百十户	无后
范代	范阳侯	河北定兴	六千二百户	子怀侯德嗣，元光四年死，无后
邯郸	翕侯			
赐	桓侯	河北肃宁		

汉代的列侯是一种不亲政事的爵位，食封之地（食邑）由中央王朝派遣官吏治理，列侯只能坐食封户之税。附汉的匈奴徐卢等人所封列侯同样如此。他们居住在封邑中，如果没有汉廷的特许，是不准擅自迁移的。

北魏郦道元《水经注》对河流所经古迹、城镇等多有记述，此书对以上匈奴诸王在河北封地亦有记载。

卷一一《易水》云："易水迳范阳县故城北……汉景帝中三年，封匈奴降王代为侯国，王莽之通顺也。"相当于今河北定兴县固城镇。

"易水又东迳容城县故城南……景帝中三年，以封匈奴降王唯徐卢于容城，皆为侯国，王莽更名深泽。"即今河北容城县。

"易水又东，迳易县故城南……汉景帝中三年，封匈奴降王仆黜为侯国也。"即今河北易县。

卷一二《圣水》云："（圣水）东，迳垣县故城北。《史记音义》曰：河间有武垣县，涿有垣县。汉景帝中三年，封匈奴降王赐为侯国，王莽之垣翰亭矣。"相当于今河北肃宁。

卷一二《巨马水》云：“（涞水）东南流迳遒县故城东。汉景帝中三年，以封匈奴降王隆疆为侯国，王莽更名遒屏也。”相当于今河北涞水。

成于清代雍正时期的《畿辅通志》对这几个侯国也有记载。《畿辅通志》卷五八记载：“容城攜侯徐卢、景帝时以降王，侯七百户。传纆、光，光坐法死，国除。今保定府容城县西北有容城故城。遒侯陆强，以匈奴王降，侯千五百七十户，景帝时封，子则，嗣以罪诛。今保定府涞水县北有遒城。”

同书卷五八记载，范阳靖侯范代，“景帝时以归降，侯六千二百户，传德政。范阳今保定府定兴县。”易侯仆黥“景帝时以降王，侯千一百十户，无后。”亚谷简侯卢它之“景帝时以故燕王绾子复降归汉，侯千户，传种、漏、贺。今保定府雄县有亚谷城”。

附汉的匈奴王、将、相的食邑多在今河南、山西、山东、河北一带。① 河北是西汉安置入附匈奴的重要地区。上述景帝时入附的徐卢等人所封的涞水、容城、易县、定兴、肃宁等位于今河北保定，在汉属于上谷郡。上谷郡为边郡。汉之所以处匈奴降王及部众于上谷，很可能是利用他们熟稔匈奴情况，以有利于边境防御，含有以夷制夷的考虑。这六王受封河北，其所带匈奴部众也随之进入河北侯国。此为有史籍记载以来第一次匈奴部众较大规模的以和平方式进入河北，在河北少数民族史上写下了一笔。

正因为上谷郡匈奴部众的大量存在，汉景帝时已经在此设置了典属国等官职，以控制监视匈奴部众。前揭材料中，汉景帝时李广为上谷太守，数与匈奴作战。典属国公孙昆邪为避免李广为匈奴所伤，建议徙之他郡。此典属国无疑当为上谷郡之典属国。汉朝在少数民族聚居之地设置“属国”，级别相当于郡，存其国号而隶属汉朝，但又“因其故俗”，仍保存他们原来的职官和部落组织，不改变他们本族之习俗。

典属国，始置于秦，西汉因之，“掌蛮夷降者”②，属官有九译令等。史籍记载的西汉最著名的属国有五个。汉武帝元狩元年（公元前121年），霍去病大败匈奴后，浑邪王率领四万余众归汉，汉廷将他们安置在陇西、北地、上郡、朔方、云中五郡黄河以南故塞以外，因其俗为“五属国”以统之。而上谷属国的设置，远在此之前，就目前史籍来看为西汉所置最早的属国。属国最早在河北的设置，从一个侧面反映了河北在当

① 林幹：《匈奴史》，95页，呼和浩特，内蒙古人民出版社，1977。

② 《汉书》卷一九上《百官公卿表上》。《汉书》和《后汉书》卷四引《十三州志》将汉代典属国复置，系于汉武帝时期，恐误。

时民族关系中的重要地位。

（二）汉武帝时期的匈奴与河北

经过长期的休养生息政策，到汉武帝即位时西汉经济已经有了大大改观。“至今上（即汉武帝——引者注）即位数岁，汉兴七十余年之间，国家无事，非遇水旱之灾，民则人给家足，都鄙廪庾皆满，而府库余货财。京师之钱累巨万，贯朽而不可校。太仓之粟陈陈相因，充溢露积于外，至腐败不可食。众庶街巷有马，阡陌之间成群，而乘字牝者傧而不得聚会。”① 正因为有了强大的经济后盾，汉武帝时期一改以前对匈奴的软弱政策。在此之前，汉处于绝对的守势，边衅争夺多由匈奴挑起，战事多在汉境进行。对于来犯之匈奴，汉不过击退即可，从不出塞深入讨伐。汉武帝元光二年（公元前133年），汉出动三十万大军在马邑诱击匈奴，汉匈奴关系破裂，结束了长期以来的和亲政策，大规模的战争拉开了序幕。“匈奴绝和亲，攻当路塞，往往入盗于汉边，不可胜数。”②

汉景帝时“七王之乱”后，随着中央集权的强化，王国的权力一步步被削弱，特别是汉武帝推行推恩令，王国疆域日蹙，大多不过相当于汉之一郡，实力大损，根本无力再与中央抗衡。同时，封国实力的弱化，也削弱了其在防御外患的作用。就河北沿边而言，虽然仍有燕、赵等封国，郡国也有材官、骑士等军队。但在抵御匈奴和出击匈奴时，都是汉廷命将出师，很少动用封国之军队，封国从未发挥重要作用。这一点是需要注意的。

1. 匈奴对河北的侵扰与汉军的征讨

汉武帝与匈奴之战，若从元光二年（公元前133年）马邑之役算起，至征和四年（公元前89年）武帝下诏罪己，不复出兵，前后共经历了45年。汉与匈奴之间的战争以汉取得决定性胜利而结束，但大的战役和战绩主要是在汉王朝西部和西北部取得的。“浮西河，绝大幕，破寘颜，袭王庭，穷极其地，追奔逐北，封狼居胥山，禅于姑衍，以临翰海。”③ 一举收复了河南地，并渡河攻占阴山地区，建立了朔方郡（治今内蒙古乌拉特前旗地）；向西夺取河西地区，设置酒泉、张掖、武威、敦煌四郡，即著名的河西四郡，打通了与西域诸国联系的孔道。

河北虽然不是汉匈战争的主战场，但由于毗邻匈奴，处于战争前沿，

---

① 《史记》卷三〇《平准书》，北京，中华书局，1982。
② 《史记》卷一一〇《匈奴列传》，北京，中华书局，1982。
③ 《汉书》卷九四下《匈奴传》，北京，中华书局，1962。

不仅匈奴铁骑常常由此入塞，掠夺人口，汉王朝也往往由此出兵讨伐匈奴。正因为河北重要的战略地位，汉王朝在河北北边五郡均派驻重兵，有不少名将良臣被派遣至当地任职。汉武帝时，材官将军韩安国任渔阳、右北平太守，李广任右北平太守；汉昭帝时，中郎将赵充国率军驻扎上谷；汉宣帝时，赵充国又以后将军率四万骑驻北边缘边九郡（五原、朔方、云中、雁门、定襄、代郡、上谷、渔阳、右北平）。

匈奴对河北沿边的进攻及西汉对匈奴的反击，主要有以下几次：

汉武帝建元六年（公元前135年）春，“匈奴入上谷，杀略吏民”。①

汉武帝元光六年（公元前129年），匈奴入上谷，杀掠吏民。汉武帝遣车骑将军卫青出上谷，骑将军公孙敖出代，轻车将军公孙贺出云中，骁骑将军李广出雁门，各率万骑出击。是年秋，匈奴数入北边，渔阳遭受侵扰尤甚。汉武帝以卫尉韩安国为材官将军，屯卫渔阳。

元朔元年（公元前128年）秋，匈奴二万骑复入辽西，杀郡太守，虏掠二千余人。一个多月之后，匈奴复大入上谷、渔阳，败渔阳太守军千余人，进围韩安国军营。韩安国身边仅剩千余骑，形势岌岌可危，会燕救兵至，匈奴才撤走。韩安国因兵败左迁右北平太守，数月病死。汉武帝改派李广为右北平太守。李广英勇善战，素有威名，“匈奴闻之，号曰‘汉之飞将军’，避之数岁，不敢入右北平”。②

汉武帝元朔二年（公元前127年）正月，“匈奴入上谷、渔阳，杀略吏民千余人”③。

元朔三年（公元前126年），匈奴数万骑入代郡，杀太守，杀掠千余人。明年夏，匈奴复入代郡、定襄、上郡，各三万骑，杀略数千人。

元朔五年（公元前124年）春，汉武帝复命车骑将军卫青率苏建等四将军出高阙，大行李息等俱出右北平，凡几十万人，进击匈奴，大败匈奴右贤王。是年秋，匈奴万骑复入代郡，杀都尉朱英，略千余人。

汉武帝元狩元年（公元前122年）五月，匈奴入上谷，杀数百人。次年，汉武帝命博望侯张骞率万骑、郎中令李广率四千骑俱出右北平，分路进击匈奴。

元狩二年（公元前121年），匈奴浑邪王率领部众四万余人降汉，匈奴在西线陇西、北地、河西一带遭到空前严重的挫折。汉王朝迁徙关东贫

---

① 《汉书》卷六《武帝纪》，北京，中华书局，1962。
② 《史记》卷一〇九《李将军列传》，北京，中华书局，1982。
③ 《汉书》卷六《武帝纪》，北京，中华书局，1962。

民于河南、新秦中，而减北地以西戍卒之半。在西线受挫后，匈奴开始把进攻重心转移到东线。其明年秋，匈奴入右北平、定襄各数万骑，杀略数千人。元狩四年（公元前119年），汉武帝命大将军卫青出定襄，骠骑将军霍去病出代，各率骑兵五万人，随从步骑数十万人，分道深入漠北，深入两千余里，寻求与匈奴主力决战，汉最后取得决定性胜利，史称，“是后匈奴远遁，而幕南无王庭”。[①] 至此基本上解除了匈奴对汉北境的威胁。

元封六年（公元前105年），匈奴乌维单于死，其子乌师庐继立，年少，号儿单于。“自此之后，单于益西北”[②]，与原直代、云中的单于庭西北移相适应，左贤王庭由本直上谷以东，改直云中。右贤王庭由原直上郡以西，改直酒泉、敦煌郡。由于河北周边匈奴的西迁，河北之地也暂时获得了安宁。

由于军事上屡屡受挫，加之严重旱蝗疾疫等自然灾害的打击，匈奴国力大为削弱，再也无力对汉发动大规模侵扰。自单于以下，都想与汉缓和关系，重新恢复和亲。“匈奴自卫、霍度幕以来，希复为寇，远徙北方，休养士马，习射猎，数使使于汉，好辞甘言求请和亲。”[③] 同时，对匈奴作战，汉也付出了极大的代价，汉军士卒死者数万，军马死者十余万。不仅军队、马匹损失惨重，难以为继，而且由于征发烦数，导致“海内虚耗，户口减半”。[④] 庞大的军费开支，使财政捉襟见肘，为了解决财政困难，汉统治者巧立名目，筹措经费，算缗、告缗、入粟拜官等由此而兴，加剧了国内的阶级矛盾，统治阶级内部也弥漫着厌战的气氛。汉匈关系酝酿着新一轮的调整。

2. 乌桓的叛离与匈奴夺取造阳

元朔二年（公元前127年），汉武帝遣将军卫青出云中以西，迂回至陇西，击败匈奴的楼烦王和白羊王，收复河南地，设置朔方郡和五原郡，迫使匈奴将单于王庭迁至大漠以北。西线战场取得辉煌战绩的同时，东线乌桓在汉胜利的影响下，徙居于上谷、渔阳、右北平、辽西、辽东五郡塞外，脱离了匈奴的控制，而改属于汉，为汉侦查匈奴动静。乌桓的叛离，切断了匈奴的左臂，是匈奴遭受的又一沉重打击。但匈奴在东线河北战场，也并非一败涂地，而是有失有得，喜忧参半。其表现就是元朔二年（公元前127年），汉在匈奴的进逼之下有所退却，放弃了上谷郡临近匈

① 《汉书》卷九四上《匈奴传》，北京，中华书局，1962。
② 《史记》卷一一〇《匈奴列传》，北京，中华书局，1982。
③ （宋）司马光：《资治通鉴》卷二一汉武帝元封四年夏，北京，中华书局，1956。
④ 《汉书》卷七《昭帝纪》“赞曰”，北京，中华书局，1962。

奴的造阳以北九百余里的土地。

关于造阳之失，诸书均有记载。

《史记》卷一一〇《匈奴列传》云：“汉亦弃上谷之什辟县造阳地以予胡。是岁，汉之元朔二年也。”

《汉书》卷九四上《匈奴传》记载：元朔二年，“汉亦弃上谷之斗辟县造阳地以予胡”。

《汉书》卷九四下《匈奴传》“赞曰”：“当孝武时，虽征伐克获，而士马物故亦略相当；虽开河南之野，建朔方之郡，亦弃造阳之北九百余里。”

《前汉纪》卷一五云：“虽开河南之野，建朔方之郡，亦弃造阳之北九百余里。”

《资治通鉴》卷一八：“汉武帝元朔二年（公元前127年）正月条”记载：“上竟用偃（指主父偃——引者注）计，立朔方郡，使苏建兴十余万人筑朔方城，复缮故秦时蒙恬所为塞，因河为固。转漕甚远，自山东咸被其劳，费数十百巨万，府库并虚；汉亦弃上谷之斗辟县造阳地以予胡。”

诸书记载都十分简略，但几乎无一例外使用了“弃”字，似乎是西汉政权主动放弃了造阳以北九百余里之地。史籍中也未提及在造阳发生过战役或战斗，似乎匈奴不战而得造阳。

造阳，位于上谷郡，毗邻匈奴，处在匈奴的直接攻击范围之下。诸书或强调造阳为“什辟县”，或“斗僻县”，似乎造阳根本无足重轻。特别是在西线取得辉煌战绩的情况下，东北战区造阳的失守，更是似乎不值一提。但情况却并非如此。

造阳地处怀来盆地，怀来盆地四周环山，北为阴山，南为太行山和燕山，只有妫水河谷和桑干河谷是交通孔道。从古至今，这里都是从燕蓟通往北方草原的必经之地，具有重要的军事地位。燕昭王时所筑北长城即起于此，为长城沿线防御匈奴的战略重地。燕之上谷郡设于此，秦汉上谷郡治沿而不改，都与这里的地理环境和战略地位有关。

匈奴夺取了长城要塞造阳，一定程度上弥补了西线的失利，使匈奴获得了一个南进的踏板。另外也应看到，河北不过是汉匈战争的侧翼，并非主战场。西汉王朝建基于关陇，西北地区是其防御的重点，而东北处于相对被忽视的地位。从马邑之役到元朔二年（公元前127年），战争已经持续了七年。连兵积年，旷日持久的战争，给汉王朝造成了极大的物资和兵员损耗，根本不可能在漫长的战线上，顾及到每一个战区。因此，放弃造阳是汉王朝为了保卫京师和保障西北的主战场，而不得不做出的战略退却。自此后，造阳以北的大片土地落入匈奴之手。匈奴在西线大溃败，而在东线略挽回了一点儿颜面，可谓“失之东隅，收之桑榆”了。

3. 匈奴与汉在河北的经济文化交流

匈奴以游牧经济为主，以狩猎和农业经济为辅，同中原农耕文明具有很大的互补性。这种关系决定了匈奴与中原王朝既冲突又依赖的双重关系。因此，既要看到匈奴与汉王朝之间的战争，更要看到两者之间的经济文化交流。汉匈友好的时间远远多于战争的时期，即使在战争时期，汉匈之间的经济文化交流仍没有断绝。和平相处才是它们之间关系的主流。

汉匈之间的经济交流，主要通过和亲、贡纳和赏赐、关市等。关市或称合市、互市，既有官方的，亦有民间的。汉之铁器、铜器、陶器、金银、缯絮、谷类以及生产工具等通过关市大量流入匈奴。而匈奴的马匹、乳酪和毛革制品等也通过关市进入了内地。《汉书·匈奴传》记载：“逮至孝文，与通关市。”“景帝复与匈奴和亲，通关市。”“武帝即位，明和亲约束，厚遇关市，饶给之。”即使是在马邑之役后，匈奴断绝与汉和亲，攻当路要塞，汉匈关系跌于谷底时，仍“尚乐关市，耆汉财物，汉亦通关市不绝以中之”[①]。

匈奴与河北境内汉民的流动是双向的，一方面匈奴族众进入河北内地。除了我们前面提到的汉景帝时期徐卢等匈奴七王及所带部众外，还有汉武帝时期的翕侯赵信。赵信本为匈奴小王，降汉后汉元光四年（公元前131年）十月被封为翕侯。据《汉书·景武昭宣元成功臣表》，翕侯国，在魏郡内黄界；另一方面则是河北民众通过各种途径进入匈奴。匈奴通过战争掳掠了大量民众，在数年战争中，不少汉军为匈奴军所俘，由此进入了匈奴。“往者从军多没不还者”[②]，而且一些民众采取偷渡等途径进入匈奴境内，“时有亡出塞者”[③]。《史记》卷一一〇《匈奴列传》云：“今帝（即汉武帝——引者注）即位，明和亲约束，厚遇，通关市，饶给之。匈奴自单于以下皆亲汉，往来长城下。”《盐铁论·和亲》亦云：“往者通关梁，交有无，自单于以下皆亲汉内附，往来长城之下。”河北长城沿线成为汉匈之间经济文化交流的重要舞台。

（三）汉昭宣以后的匈奴与河北

汉昭帝始元二年（公元前85年），匈奴狐鹿姑单于死，统治集团内

① 《汉书》卷九四上《匈奴传》，北京，中华书局，1962。
② 《汉书》卷九四下《匈奴传》，北京，中华书局，1962。
③ 《汉书》卷九四下《匈奴传》，北京，中华书局，1962。

部为争夺单于之位，形成了五单于争立的局面，陷入了分裂和内乱，力量大为削弱。汉宣帝本始三年（公元前71年）匈奴被丁令、乌桓、乌孙联合夹击，“凡三国所杀数万级，马数万匹，牛羊甚众。又重以饿死，人民死者什三，畜产什五，匈奴大虚弱，诸国羁属者皆瓦解，攻盗不能理。其后汉出三千余骑，为三道，并入匈奴，捕虏得数千人还。匈奴终不敢取当，兹欲乡和亲，而边境少事矣。”① 正是在此背景下，发生了呼韩邪单于朝汉的事件。

呼韩邪单于，本名稽侯珊，为虚闾权渠单于之子。其父死后，呼韩邪单于未能继立，逃至岳父乌禅幕处。汉宣帝神爵四年（公元前58年），被乌禅幕及左地贵人等拥立为单于，发兵击败握衍朐鞮单于。五凤二年（公元前56年）秋，击败右地屠耆单于。四年（公元前54年）夏，被其兄郅支单于击败，甘露元年（公元前53年），他携率部落，向汉称臣，并遣子入侍，汉割并州北界以安之。于是匈奴五千余落入居朔方诸郡，与汉人杂处。甘露三年（公元前51年），呼韩邪单于亲至长安，赞谒称臣，汉宣帝宠以殊礼，赐以印玺，使其地位在诸侯王上。郅支单于见呼韩邪单于得到西汉王朝支持，自知难以抗衡，引众西去，先至乌孙附近，后更西达康居。

汉元帝永光元年（公元前43年），呼韩邪单于率部重归漠北单于庭。他曾上书元帝表示愿为汉守卫上谷（今河北怀来）以西至敦煌一带地方，请求汉撤去边备及塞卒，以便汉节省民力和休养生息。河北北部也在此助防范围之内。但汉婉言谢绝了呼韩邪单于的要求。

呼韩邪单于朝汉，正式确立了匈奴对汉的臣属关系，促成了塞北与中原的团结统一，加强了汉匈之间的民族融合和经济文化交流，加速了匈奴社会生产力的发展。特别是汉元帝时，王昭君远嫁呼韩邪单于，更是中国民族关系史上的佳话。直至汉末的六十余年间，出现了“边城晏闭，牛马布野，三世无犬吠之警，黎庶亡干戈之役”② 的美好景象。

西汉末年，王莽当政，不久他废汉帝自立，建立新莽政权。王莽即位伊始，为了宣扬新朝的声威，故意贬低诸少数民族的地位，皆降一等。“其定诸侯王之号皆称公，及四夷僭号称王者皆更为侯”，③ 所赐匈奴单于的印，由汉代的“匈奴单于玺”改为“新匈奴单于章”，使单于等同于诸

① 《汉书》卷九四上《匈奴传》，北京，中华书局，1962。
② 《汉书》卷九四下《匈奴传》，北京，中华书局，1962。
③ 《汉书》卷九九中《王莽传中》，北京，中华书局，1962。

侯王的地位，并改匈奴单于之号为“降奴服于”。此贬抑之举激起了匈奴等少数民族的强烈不满，匈奴屡屡出兵入塞侵扰，多者万余，少者数百，虏掠吏民和牲畜，“空其边境”。[①] 河北沿边也概莫能外。王莽计划募兵三十万人，遣十二大将并出，转天下谷帛至西河、五原、朔方、渔阳，欲讨伐匈奴。匈奴与新莽王朝关系破裂，摆脱了对中原王朝的臣服关系。史称：“初，北边自宣帝以来，数世不见烟火之警，人民炽盛，牛马布野。及莽（即王莽——引者注）挠乱匈奴，与之构难，边民死亡系获，又十二部兵久屯而不出，吏士罢弊，数年之间，北边虚空，野有暴骨矣。”[②] 但未及出兵，新莽政权就在农民起义的大风暴中覆灭了，王莽本人也被起义军杀死。

（四）西汉境内的河北长城与对匈奴的防御

汉初虽然奉行与匈奴和亲的政策，但匈奴威胁仍在，特别是匈奴河南白羊、楼烦王，去长安近者不过七百里，轻骑一日一夜便可至秦中，威胁国都长安。为了防御匈奴，西汉王朝积极加强西北边境防御，主要采取了移民实边的政策。“募民之欲往者。皆赐高爵，复其家。予冬夏衣，廪食，能自给而止。”[③] 还令百姓入粟于边，拜爵各以多少级数为差。除此之外，整修长城也是一项防御匈奴的重要举措。

汉代新筑的长城，主要是在西北方。汉武帝太初三年（公元前 102 年），遣光禄勋徐自为在阴山南北旧长城以外数百里，远者千里的地方修筑城障列亭。这些城障列亭连成一线，构成了南北两道平行的长城。而在北方和东北方，则以沿用前代长城为主。

汉代河北境内的长城在阴山北麓向东北走向，经今怀安、尚义、张北、沽源、丰宁满族自治县（以下简称丰宁县）、多伦进入围场满族蒙古族自治县（以下简称围场县）境内。在西汉时期，围场东部属右北平郡，西部属渔阳郡。汉代的遗物不断在围场县发现，其中以“楼船将军”印最为重要。楼船将军即杨仆，宜阳人。元封二年（公元前 109 年），朝鲜王右渠攻杀辽东都尉涉何，汉武帝派遣楼船将军杨仆、左将军荀彘，率领应募罪犯讨伐朝鲜。次年夏，朝鲜斩其王右渠降，汉以其地为乐浪、临屯、玄菟、真番郡。杨仆在从朝鲜归国途中，可能是沿长城巡边，将其官印遗失在围场县。在围场县还发现了“别部司马”印。别部司马为汉代

---

① 《汉书》卷九四下《匈奴传》，北京，中华书局，1962。
② 《汉书》卷九四下《匈奴传》，北京，中华书局，1962。
③ 《汉书》卷四九《晁错传》，北京，中华书局，1962。

将军属吏，也因到此征战而遗失在围场。这些官印的发现，证明汉代领有围场之地。[1] 在围场县长城附近有许多古城，有的是燕、秦古城，有的是汉代古城，同样也证明了汉代沿用了燕、秦长城。1943 年，李文信先生曾考察赤峰北部燕长城，发现了许多秦、汉时期的陶片等遗物，表明赵、燕、秦、汉的北部长城是相沿使用的。[2] 汉代在河北张家口坝上和承德地区，除沿用战国和秦代长城以外，还修建了若干段新长城。这些长城遗址有三段，分别在赤城、丰宁和承德三县境内。

无论是沿用旧的长城，还是新修的长城，其目的都很明确，就是为了防御匈奴。西汉之世，汉与匈奴虽然互有攻守，北部地区汉与匈奴之间的分界线基本上是稳定的，主要以长城为分界线。长城以北，匈奴有之；长城以南，则汉有之。汉文帝后元二年（公元前162 年），在致匈奴单于书信中称："先帝制：长城以北引弓之国，受命单于；长城以内冠带之室，朕亦制之。"[3] 汉文帝乃汉高祖刘邦之子，诏书中所谓的"先帝"即指汉高祖。表明自汉高祖起，即形成了汉匈之间以长城为界的规则。汉宣、元帝后，汉与匈奴保持了长期的和平关系，长城分界线进一步得以固化。《汉书》卷九四下匈奴乌珠留单于言："孝宣、孝元皇帝哀怜，为作约束，自长城以南天子有之，长城以北单于有之。有犯塞，辄以状闻；有降者，不得受。"

应该指出的是，东汉时，由于南匈奴的内附，大量的匈奴部众越过长城，散布于今陕西、山西、河北等省境内，长城作为界隔匈奴的功能已不复存在。

四、东汉时期的河北匈奴

（一）东汉初匈奴扶植卢芳、彭宠等地方势力以及对河北的侵扰

两汉之际，由于政权更迭以及农民起义风起云涌，中原内地陷于严重的动荡混乱。匈奴呼都单于（又名舆，公元18—48 年在位）抓住这一有利时机，不仅摆脱了对汉王朝的附庸关系，获得了独立，还积极扩张势力，恢复了对西域诸国和乌桓的控治。对于中原内地，匈奴一方面不时派军侵扰，同时又积极勾结和支持东汉地方叛乱势力，直接参与中原的分裂

① 转见景爱：《中国长城史》，184 页，上海，上海人民出版社，2006。
② 李文信：《中国北部长城沿革考》，载《社会科学辑刊》，1979（1 ~2）。
③ 《史记》卷一一〇《匈奴列传》，北京，中华书局，1982。

活动。

淮阳王更始二年（24 年），代（治今河北蔚县东北）令张晔据城叛更始政权，招引匈奴、乌桓以为援助。[①] 同年，匈奴于林顿王为刘秀手下大将冯异所破，因从平河北。[②]

东汉建武三年（27 年），彭宠于渔阳（治今北京密云西南）反叛，自称燕王，攻拔右北平、上谷数县。遣使以美女、缯彩赂遗匈奴，邀结和亲。单于使左南将军七八千骑，往来为游兵以助彭宠。[③] 刘秀派祭遵讨伐彭宠，彭宠命其弟彭纯率领匈奴援兵二千余骑，亲自率渔阳精骑数万，分兵两路，截击祭遵于良乡（今北京房山良乡）、刘喜于阳乡（今河北霸县西北）。当匈奴军进至军都（今北京昌平南）之际，上谷太守耿况及其子耿舒率领上谷兵突袭匈奴轻骑，斩匈奴二王。彭宠闻讯，只好引兵撤退。[④]

卢芳，字君期，安定三水（今宁夏固原北）人。王莽末年，卢芳利用当时“天下咸思汉德”[⑤] 的心理，自称是汉武帝曾孙刘文伯，利用三水羌胡势力起兵反对王莽。更始政权失败后，卢芳又被三水地方豪强拥立为上将军、平西王。他自感势单力薄，遣使与匈奴结亲，被匈奴立为傀儡皇帝，据有五原、朔方、雁门、云中、定襄数郡之地，成为匈奴南下侵扰的工具。建武六年（30 年），卢芳联合匈奴，击杀代郡太守刘兴。后来因为内部矛盾激化，在众叛亲离的情况下，卢芳带着亲随十余骑，亡命匈奴。在多次出击不胜的情况下，刘秀被迫立卢芳为代王，令其和集匈奴。并允许他在明年（31 年）正月回京觐见。但是卢芳却在冬天就擅自拥兵入朝，当南行到昌平（今北京昌平东南）时，被朝廷及时发现，并立即派使臣阻止，重申前诏。卢芳不得已原途返回。在此情况下，卢芳又叛汉，攻打诸边郡。失败后，又率领残兵败卒逃入匈奴，在大漠中度过十余年残生，病死于异乡。

东汉建立后，由于长期的战乱，经济凋敝，百废待兴，“方平诸夏，未遑外事”，[⑥] 光武帝将重点放在消灭内地割据势力上，而对匈奴在西域的扩张采取了容忍的政策，甚至西域诸国请求汉王朝重建西域都护的要求也被光武帝拒绝。对于匈奴对边塞的侵扰，光武帝主要采取修筑亭障烽

① 《后汉书》卷一九《耿弇传》，北京，中华书局，1965。
② 《后汉书》卷一七《冯异传》，北京，中华书局，1965。
③ 《后汉书》卷一二《彭宠传》，北京，中华书局，1965。
④ 《后汉书》卷一九《耿弇传》，北京，中华书局，1965。
⑤ 《后汉书》卷一二《卢芳传》，北京，中华书局，1965。
⑥ 《后汉书》卷八九《南匈奴传》，北京，中华书局，1965。

燧，增加守备，以防守为主的方针，击退即可，很少出塞作战。

建武元年（25 年），拜苏竟为代郡太守，使固塞以拒匈奴。①

建武五年（29 年）二月，郭伋为渔阳太守，其时匈奴数抄郡界，边境苦之。郭伋整勒士马，设攻守之略，匈奴畏惮远迹，不敢复入塞，民得安业。郭伋在职五年，渔阳郡户口增倍。②

为了加强北边防务，建武九年（33 年），光武帝以开国元勋富波侯王霸为上谷太守，以备匈奴。王霸在上谷二十余年，凡与匈奴、乌桓大小数十战。③ 光武帝还命上谷太守王霸和骠骑大将军杜茂等修治飞狐道。飞狐道在今河北涞源县北、蔚县南，自古即为河北平原与北方边郡间的交通咽喉。两岸峭立，一线微通，迤逦蜿蜒，百有余里。王霸、杜茂率领军士，堆石布土，筑起亭障，自代至平城三百余里，以通赵、魏之兵。④

建武十三年（37 年），光武帝以建义大将军朱祐屯常山（治今河北元氏西北），横野大将军王常屯涿郡（治今河北涿州），捕虏将军马武屯下曲阳（今河北晋州），伏波将军马援屯襄国（今河北邢台），以备匈奴、乌桓。次年（38 年），又以扬武将军马成屯常山、中山（治今河北定州）以备匈奴。马成所缮治的障塞，在今河北境内的主要有太原至井陉和中山至邺这两段，皆筑保壁，起烽燧，十里一候。⑤

建武十五年（39 年）二月，光武帝遣大司马吴汉率领马成、马武等北击匈奴。因匈奴屡屡犯边，光武帝被迫下诏迁徙雁门、代郡、上谷三郡民六万余口，置于常山关（即倒马关，在今河北唐县西北）、居庸关以东，以避匈奴。⑥ 匈奴左部遂复转居塞内，汉廷加强沿边兵备，每郡各数千人，修筑亭候烽燧。同年，以张堪为渔阳太守，匈奴曾以万骑入渔阳，张堪以数千骑破之。⑦ 张堪视事八年，匈奴不敢犯塞。

建武二十一年（45 年），匈奴与乌桓、鲜卑连年掳掠代郡、上谷、渔阳、右北平、辽西五郡，使百姓流亡，边陲萧条，无复人迹。是年冬，匈奴“复寇上谷、中山（治今河北定州——引者注），杀略钞掠甚众，北边无复宁岁”⑧。

---

① 《后汉书》卷三〇《苏竟传》，北京，中华书局，1965。

② 《后汉书》卷三一《郭伋传》，北京，中华书局，1965。

③ 《后汉书》卷二〇《王霸传》，北京，中华书局，1965。

④ 《后汉书》卷二〇《王霸传》，北京，中华书局，1965。

⑤ 《后汉书》卷二二《马成传》，北京，中华书局，1965。

⑥ 《后汉书》卷一《光武帝纪下》，北京，中华书局，1965。

⑦ （汉）刘珍撰，吴树平校注：《东观汉记校注》卷一五《张堪传》，北京，中华书局，2008。

⑧ 《后汉书》卷八九《南匈奴传》，北京，中华书局，1965。

从以上例子可以看出，匈奴不仅活跃在河北北部边境地区，而且一度深入到定州、晋州等中部地区，甚至南部的邺（今河北临漳）一带也遭受到威胁。东汉定鼎于洛阳，政治中心东移。而洛阳毗邻河北，为了威胁京师洛阳，与西汉时期相比，匈奴进犯河北似乎更为频繁。而为了保卫京师的安全，东汉王朝对河北的防务显得更为重视。从这个意义上讲，河北的匈奴问题已经上升到更高的国家战略安全的高度。

（二）南匈奴的内附及散布河北

正当匈奴不断侵犯汉边境时，匈奴国内发生了严重自然灾害。“匈奴中连年旱蝗，赤地数千里，草木尽枯，人畜饥疫，死耗太半。”① 在这种情况下，统治阶级内部又发生了单于位之争。建武二十二年（46 年），匈奴呼都单于死，统治集团内部为争夺单于之位发生分裂。呼韩邪单于之孙、右薁鞬日逐王比，驻牧于匈奴之南，管理南边八部及乌桓之众。这八部分布在北地、朔方、五原、云中、定襄、雁门、代、上谷各郡，临近塞内，即包括今河北北部一带。建武二十四年（48 年），八部大人共立右薁鞬日逐王比为单于，仍号呼韩邪单于。呼韩邪单于率南边八部之众降汉，奉藩称臣，重新接受中原王朝的领导，被安置于五原（今内蒙古包头），后迁至云中（治今内蒙古托克托），史称南匈奴。留在漠北者，即为北匈奴。至此匈奴正式分裂为南北两部。北匈奴在东汉和南匈奴的夹击下，一部西迁，其余留居鄂尔浑河流域，后被鲜卑所并。

建武二十六年（50 年）冬，由于北匈奴的压力，南匈奴呼韩邪单于受命徙治于西河美稷（今内蒙古准格尔），散列诸部于沿边北地、朔方、五原、云中、定襄、雁门、代、上谷八郡，相当于今河北、内蒙古、山西、陕西长城内外地区，为汉助守边塞。匈奴与汉的关系也进入了一个新的阶段。对于南匈奴，汉廷因俗而治，除设使匈奴中郎将，监督护卫南匈奴外，仍保留匈奴原有的政治社会组织，首领仍称单于，仍有左右贤王、谷蠡王、骨都侯等设置。② 经济上，东汉王朝每年赐给南匈奴大量财物，当南匈奴遭受自然灾害时，东汉亦多次接济赈贷，南匈奴几乎完全依赖汉朝的援助。正如章和二年（88 年）休兰尸逐侯鞮单于屯屠何向汉章帝上书所说的，“臣伏念先父归汉以来，被蒙覆载，严塞明候，大兵拥护，积

---

① 《后汉书》卷八九《南匈奴传》，北京，中华书局，1965。

② 建武二十六年（50 年），始置使匈奴中郎将。《后汉书》志二八《百官志》云：“使匈奴中郎将一人，比二千石。本注曰：主护南单于。置从事二人，有事随事增之，掾随事为员。”

四十年。臣等生长汉地，开口仰食，岁时赏赐，动辄亿万”①。

由于匈奴分裂和内乱，再无力量对河北进行骚扰。南匈奴内附后，为汉保塞，并多次与汉军组成联军进击北匈奴、鲜卑和乌桓等。例如，汉安帝元初六年（119 年）七月，鲜卑侵马城塞（今河北怀安东），度辽将军邓遵及中郎将马续率南单于击破之。但汉边塞戍军的后撤，改由匈奴保塞也带来了一些问题，最直接的就是防御力量的削弱，特别是东汉末随着鲜卑的崛起，这种情况愈益严重。汉顺帝时由于鲜卑侵扰，杀匈奴渐将王。南单于忧恐，上疏要求修复朔方以西障塞，顺帝从之。但汉廷对匈奴怀有戒心，恐其入侵扰乱，乃遣黎阳营兵出屯中山（今河北定州）北界，令增置缘边诸郡兵，列屯塞下，教习战射。②

南匈奴自建武二十四年（48 年）归汉后，便居于汉北边诸郡，成为汉朝统治下的少数民族。内附后至汉顺帝永建五年（131 年）的八十余年间，南匈奴与东汉王朝维持了比较稳定的臣属关系。其间虽有反叛离析者，例如汉安帝永初三年（109 年）六月，右北平匈奴千余人与渔阳乌桓侵代郡、上谷。永初四年（110 年）春，南单于檀遣千余骑攻常山（治今河北元氏）、中山。③ 但总体来看，两者基本上还是能够和平相处、相安无事。和平、安定的环境，有利于南匈奴社会生产的发展。汉和匈奴在政治、经济、文化方面相互影响，促进了汉匈民族的交流和融合，也维护了北部边境地区的稳定。

由于南匈奴入附者众，东汉王朝利用匈奴人长于骑射的特点，吸收骁勇壮健者，编入军队中。驻扎在三辅（京兆尹、左冯翊、右扶风）的禁兵长水胡骑和宣曲胡骑就主要是由匈奴人组成的。《汉书·百官公卿表》记载，长水校尉，掌管长水、宣曲胡骑；又有胡骑校尉，掌管池阳胡骑，但不常置。河北封国诸侯王的亲身侍卫中也有不少匈奴军士。中山简王刘焉为光武帝之子，建武三十年（54 年）受封为中山王，明帝永平二年（59 年）就国，明帝赐以官骑百人，“皆北军胡骑，便兵善射，弓不空发，中必决眦”④。所谓“北军胡骑”，即长水校尉所属的长水胡骑，即由匈奴军士组成。

（三）东汉末匈奴参与河北诸势力争夺及在邺的聚集

南匈奴入附后虽然形式上保持了独立地位，但受护匈奴中郎将等监

① 《后汉书》卷八九《南匈奴传》，北京，中华书局，1965。
② 《后汉书》卷八九《南匈奴传》，北京，中华书局，1965。
③ 《后汉书》卷八九《南匈奴传》，北京，中华书局，1965。
④ 《后汉书》卷四二《光武十王·中山简王焉传》，北京，中华书局，1965。

临，护匈奴中郎将权力很大，有时甚至能够拘持和擅杀单于，改立他人。另外，汉朝对南匈奴虽然不征贡赋，但为了加强防御力量，经常征调匈奴兵骑以镇压反叛者。

当匈奴分裂为南北两部时，南匈奴人数较少，约四五万人，而到了汉和帝永元二年（90 年），南匈奴“领户三万四千，口二十三万七千三百，胜兵五万一百七十”①。随着部众日盛，南匈奴开始不安于附庸的地位。东汉的民族歧视政策和不当措施，如征发烦剧、横征暴敛、挑拨离间等也激化了南匈奴部众对汉的不满情绪。汉顺帝永和五年（140 年）九月，南匈奴发生内乱，左部句龙王吾斯、车纽等立车钮为单于，率三千余骑进犯西河（治今内蒙古鄂尔多斯境），复招诱右贤王，合七八千骑围攻美稷，杀朔方、代郡长史。东引乌桓，西收羌胡等数万人，攻破京兆虎牙营，杀上郡都尉及军司马，遂攻略并、凉、幽、冀四州。东汉王朝一方面调兵遣将协助匈奴单于平叛，一方面为避免其他匈奴部众卷入叛乱，又把原来散布在西河、上郡和朔方等地的匈奴人进一步南迁至并州中部的汾河流域一带，与汉民族及其他各族杂居错住，以加强控制。

汉灵帝中平四年（187 年），前中山太守张纯反叛，勾结鲜卑进攻边郡。汉王朝征发南匈奴军，配合幽州牧刘虞讨之。南匈奴单于羌渠遣左贤王率骑兵赴幽州。匈奴部众不愿出征，担心亲汉的羌渠单于发兵不止，次年，部众十余万人叛乱，攻杀羌渠单于。其子右贤王于扶罗继位，但南匈奴叛乱部众担心于扶罗报复，又另立须卜骨都侯为单于。于扶罗在失位后，拟亲至京师洛阳，寻求汉王朝的支持。但时值汉灵帝死，天下大乱，汉廷自顾尚且未暇，哪有心力处理南匈奴内部的纷争。于扶罗在气愤之下，率领数千骑与黄巾白波部合军，转而进攻河内、太原诸郡县。接连受挫后，于扶罗打算退兵南庭，但匈奴部众拒绝接纳。在进退失据的情况下，只得暂时留屯于河东之平阳（今山西临汾）。汉献帝初平元年（190 年）正月，关东州郡起兵讨伐董卓，推袁绍为盟主，于扶罗率匈奴军也参与了此役，袁绍与于扶罗屯于漳水。后于扶罗背叛袁绍，在邺城（今河北临漳）南为袁军所败，退屯于黎阳。初平四年（193 年）六月，又联合黑山军张燕和雁门乌桓，与袁绍战于常山。于扶罗死后，呼厨泉继立，仍居平阳。

东汉末，河北诸势力主要有公孙瓒、袁绍等。由于公孙瓒之子公孙续为匈奴所杀，双方结下了仇怨。在公孙瓒和袁绍争夺河北的斗争中，匈奴

① 《后汉书》卷八九《南匈奴传》，北京，中华书局，1965。

主要支持袁氏。后袁绍为曹操所败，匈奴又转而依附曹操。建安十八年（213 年），曹操为魏王后定都于邺。由于曹操权臣的地位，邺成为汉末实际政治中心。建安二十一年（216 年）七月，匈奴呼厨泉单于来朝，魏王曹操“恐其户口滋蔓，浸难禁制”[①]，因留之于邺，岁给绵、绢、钱、谷等物，待遇如列侯，而遣右贤王去卑回平阳监其国。曹操又将南匈奴分为左、右、南、北、中五部，少者千余落，多者数万落。每部置帅，后改为都尉，以汉人司马监临。为了进一步控制匈奴部众，曹操把匈奴的上层人物吸收到地方官府中任职，使他们与部众完全脱离关系。还征调匈奴壮丁，编为“义从胡”和“勇力吏兵”，分遣到各地驻防或打仗，他们的家属则集中到邺城居住，作为人质。“前后送邺，凡数万口”。[②] 对于不从命者，则兴兵征讨，迫使“单于恭顺，名王稽颡，部曲服事供职，同于编户”。[③] 这样匈奴以邺为中心，在河北南部蔓延开来。

匈奴自东汉初内附以来，当时北部边郡，如今甘肃东部、陕西、山西等省北部及内蒙古呼和浩特至包头一带，都布满了南匈奴及北匈奴的新附之众。此后，匈奴不断内迁，大多深入集中到今山西省汾水流域一带。由于河北和山西毗邻，河北境内亦有匈奴。特别是在东汉末年，以邺城为中心的河北南部成为匈奴聚集地。匈奴人以作为人质的形式在以邺地为中心的河北南部的聚集，改变了此前匈奴主要分布在河北北部的局面，此为汉代匈奴人分布的一大变化。

西晋时，针对匈奴等少数民族充斥于内地的局面，侍御史郭钦提出：“出北地、西河、安定，复上郡，实冯翊，于平阳以北诸县募取死罪，徙三河、三魏见士四万家以充之。”同时，“渐徙平阳、弘农、魏郡、京兆、上党杂胡，峻四夷出入之防，明先王荒服之制，万世之长策也”。[④] 在诸分布地域中提到了魏郡的“杂胡”，显然魏郡存在匈奴部众，而且人数相当可观，故引起了郭钦的关注。魏郡的匈奴实际上就是汉末被曹操迁到邺的匈奴部众及其后裔。

魏晋时期，鲜卑兴起，尽据匈奴故地，北方广大地区为鲜卑占据，匈奴部众逐渐融入汉族、鲜卑等族中。到南北朝后期，匈奴之名逐渐消失。它的名称为稽胡、部落稽、京西胡、山胡等所代替。

---

① （宋）司马光：《资治通鉴》卷六七建安二十一年五月条，北京，中华书局，1956。

② 《三国志》卷一五《魏书·梁习传》，北京，中华书局，1982。

③ 《三国志》卷一五《魏书·梁习传》，北京，中华书局，1982。

④ 《晋书》卷九七《四夷·北狄匈奴传》，北京，中华书局，1974。

五、河北匈奴的社会经济文化

匈奴作为一个游牧民族，以畜牧业为主，主要饲养马、羊、牛、驴、骆驼等牲畜。食畜肉，衣皮革，被旃裘，以穹庐为家室，迁徙不定、居无定所，过着“逐水草迁徙，毋城郭常处耕田之业”① 的生活。除放牧外，狩猎也是匈奴人经济生活的重要内容，《汉书》卷九四下《匈奴传》云匈奴“辟居北垂寒露之野，逐草随畜，射猎为生”。② 匈奴人在儿时能骑羊，就开始引弓射飞鸟、田鼠，稍稍长大则射狐、兔之类，把猎获物充作食品。畜牧和狩猎生活方式培养了匈奴人的尚武精神和精于骑射的技艺，“士力能弯弓，尽为甲骑”③。但是，随着畜牧业的发展，狩猎逐渐退居匈奴人经济生活的次要地位。农业生产是匈奴人在与中原各族长期交往中逐步发展起来的。根据出土文物和文献资料表明，公元前3世纪以后，在大漠南北以及匈奴统治的西域等地，都出现了农业生产，说明农业在匈奴社会经济中也占有一定的比重。

匈奴的手工业是与日常生产、生活相联系的，主要是弓弩、皮革、车马具、陶器等的制造和加工。陶器中最具特色和出土最多的是小口细颈瘦腹罐。匈奴人曾长期使用青铜器，从春秋战国时期起，逐渐开始使用铁器，出现了冶铁业。《史记·匈奴列传》中有匈奴人使用铁器的记载，说匈奴人的兵器，“其长兵则弓矢，短兵则刀铤”。“铤”，形似矛，铁柄。《汉书·匈奴传》记载匈奴人有铁制宝刀，名曰“径路刀”。铁器不仅用于制造兵器，而且应用于生产、生活等领域。铁器的出现和推广，既推动了匈奴畜牧业和农业发展，也推动了手工业的发展。在入匈奴汉人的影响下，匈奴人还掌握了穿井筑城的技术。④

匈奴社会经济的主体是畜牧业，但远不能满足匈奴人的生产、生活需要，他们还必须以畜产品和手工业品同外界进行交换，这就促进了匈奴商业的发展。匈奴人十分重视与周边汉、乌桓等族互通关市。关市上交换的商品种类很多，有粮食、铜器、铁器、陶器、木器、黄金及丝织品等，包括了军事、生产、生活方面的各类用品。

匈奴人实行土葬，但不堆土起坟，也没有汉人的服丧之制。死后用棺椁成殓，根据葬者的等级地位和经济状况，以金银、衣裘和日常生活用品

① 《史记》卷一一〇《匈奴列传》，北京，中华书局，1982。
② 《汉书》卷九四下《匈奴传》，北京，中华书局，1962。
③ 《史记》卷一一〇《匈奴列传》，北京，中华书局，1982。
④ 《汉书》卷九四上《匈奴传》，北京，中华书局，1962。

等物陪葬。匈奴还盛行以人殉葬。单于死，近幸臣妾从死者多至数千百人，反映了葬制的残酷性的一面。

秦汉时期，河北境内的匈奴主要分布在今张家口、承德之北。除了这些在匈奴直接统治下外，河北北部的一些地区地处汉匈边境，也在匈奴的影响范围之下。虽然汉匈的影响是相互的，但由于汉族处于较高的社会发展阶段，经济文化比较发达，汉人对匈奴的影响是主要的。临近汉地和内附的匈奴人在中原汉文化的强烈影响下，在经济方式、社会组织和葬俗等方面都发生了很大的变化。

阳原地处河北西北部，西汉时期隶属代郡，当时这里是匈奴人经常活动的地区。阳原三汾沟汉墓群，在年代上属于西汉晚期，出土了一件陶壶，口径 12 厘米、高 29.2 厘米。口略呈盘形，短颈，溜肩，圆腹，平底。器身施彩绘，以白色粉状物涂地，黑色描绘花纹，花纹以铺首衔环为主体，两侧围绕猛虎，颈部饰一组锯齿纹。

匈奴的陶器中有一种称作“服匿”的器具。《汉书·苏武传》记载，且鞮侯单于之弟于靬王在北海（今贝加尔湖）射猎时，在送给苏武的物品中就有服匿。服匿，形如罂，小口，大腹，方底，是用来装酒和乳浆的。《南齐书·陆澄传》记载，竟陵王萧子良就曾得到这样一个服匿，容量可达七八升。他不知是何物，拿去问陆澄，陆澄一眼就认出了是服匿。这说明服匿已经流传到内地，并为汉人所熟知。近些年，服匿在内蒙古匈奴墓葬中出土甚多。阳原三汾沟所出陶壶可能就是类似于服匿之类的东西。另外三汾沟汉墓 M2 葬制十分特殊，将椁室用木板分隔为上下两层，上层放置双棺和部分随葬品，下层放置部分随葬品。这也是与史籍记载的匈奴“有棺椁金银衣裘”① 的葬制相一致的。

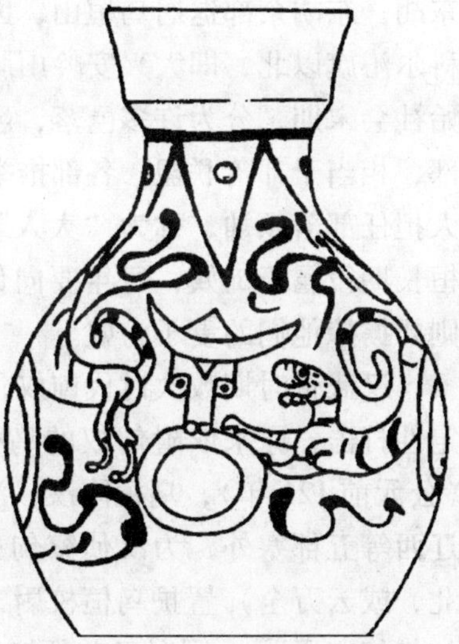

图 2－1　三汾沟陶壶剖面图

作为游牧民族，匈奴在艺术题材上自然多取材于他们日常生活熟悉的游牧生活和狩猎生活，故在他们的艺术品上，动物形或动物画最为普遍。

① 《史记》卷一一〇《匈奴列传》，北京，中华书局，1982。

根据史书记载以及考古资料的对比研究，阳原三汾沟汉墓 M2 的分层埋葬以及彩绘壶上的双虎图案，都为北方匈奴文化因素。[①]

第二节 乌桓

东胡是一些游牧民族建立的部落联盟，包括乌桓和鲜卑。[②] 从战国末期到汉朝初期，乌桓与鲜卑共同以东胡一名为人所知。因他们原来位于匈奴（胡）之东而得名。乌桓处于鲜卑之南，很早就迁徙到中原内地，受汉文化影响较早也较深，语言风俗与鲜卑大体相同。

一、乌桓的族属及早期分布

乌桓，或称乌丸，为东胡的一支。公元前 3 世纪末，匈奴冒顿单于灭东胡，东胡余部退居乌桓山，因此得名乌桓。乌桓山在今内蒙古赤峰阿鲁科尔沁旗以北，即大兴安岭山脉南端。西汉时，乌桓部落分散，仍处于原始社会末期，分为许多邑落，邑落各有小帅。数百个或上千个邑落组成一部，相当于部落联盟，各部推举勇敢健壮、能理决斗讼、为大家所信服的人担任部落领袖，称为“大人”。大人由部落成员民主推选，不世袭。乌桓长期役属于匈奴，每年要向匈奴缴纳牛、马、羊皮毛等物。过时不交，则要掳掠他们的妻子为奴。

汉武帝时期数次讨伐匈奴，特别是霍去病击破匈奴左地，给予匈奴决定性打击，原来依附匈奴的乌桓也得以摆脱匈奴控制。汉武帝元狩二年（公元前 121 年），乌桓附汉，汉因徙乌桓至渔阳、上谷、右北平、辽东、辽西等五郡塞外，为汉侦察匈奴动静。并于上谷的宁城（今河北宣化西北，或云万全）置护乌桓校尉，秩二千石，拥节监领乌桓诸部，“使不得与匈奴交通”[③]，同时又兼领鲜卑事务。

护乌桓校尉，是西汉设置的管理乌桓的最高机构。校尉府作为一种新的机构设置首先应用于乌桓。护乌桓校尉所属的上谷宁城为重要胡市，并修筑南北两部质馆，收留乌桓与鲜卑人质，以保证互市的正常进行。（光绪）《畿辅通志》卷五四“宣化府”条记载，宁县故城在府城西北，汉宁

① 仇凤琴：《河北阳原三汾沟汉墓中的匈奴文化因素》，载《文物春秋》，2000（6）。

② ［英］崔瑞德、鲁惟一著：《剑桥中国秦汉史》，470 页，北京，中国社会科学出版社，1994。

③ 《后汉书》卷九〇《乌桓传》，北京，中华书局，1965。

县为西部都尉治。后汉曰宁，置乌桓校尉，领乌桓鲜卑内附者。同卷又云，乌桓校尉府在延庆州，汉时建。

汉昭帝时，乌桓势力渐强，为了报复冒顿灭国之恨，发掘了匈奴单于之墓。匈奴大怒，东击乌桓，大破之。大将军霍光闻之，遣度辽将军范明友将二万骑出辽东邀击匈奴，而匈奴已引去。范明友拦截匈奴一无所获，为了补偿，乘乌桓新败，遂进击之，斩首六千余级，获其三王首而还。由是乌桓与汉王朝关系恶化，复犯幽州，范明友辄破之。昭帝元凤三年（公元前78年）冬，辽东乌桓又反，屡次进攻汉之边境。汉宣帝时，乌桓又保塞降附。

二、东汉初乌桓内附与护乌桓校尉之复置

王莽代汉后，穷兵黩武，为征伐匈奴，征发十二部兵，并抽调乌桓兵屯于代郡（治今河北蔚县），质其妻子于郡县。乌桓不服水土，又担心久屯不得返家，纷纷逃亡，而郡县尽杀人质。因此，乌桓对王莽政权怨恨日增，而匈奴借机进行拉拢，招诱其豪帅为官，其余人员也尽行笼络。乌桓遂又脱离新莽政权，附于匈奴。

东汉建立伊始，乌桓与匈奴、鲜卑联合进攻汉之北境，代郡以东，即今河北北部一带受害最烈。由于乌桓驻牧地与汉地封壤相接，距离很近，早晨乌桓人从帐篷出发，日暮便可抵达汉朝边境城郭进行掳掠杀戮。北边五郡的百姓，几乎无一家可以幸免，以至于郡县残破，百姓流亡。汉军与乌桓大小数百战，均不能取胜。乌桓诸部中，以在上谷塞外白山者最为强盛。

建武二十二年（46年），匈奴统治阶级由于权位之争，陷入内乱，又连遭蝗旱等自然灾害，国力大为衰弱。乌桓利用匈奴内乱之际，大举进攻匈奴，迫使匈奴北迁数千里，以至“漠南地空”。[①] 乌桓与匈奴关系破裂后，东汉趁机派使者到乌桓，以币帛厚利进行招降。建武二十五年（49年）与汉最为接近的辽西乌桓大人郝旦等九百余人，首先率众降汉，并到京城洛阳进献奴婢、牛、马等。东汉朝廷封其首领为侯、王、君长者八十一人，并许乌桓内迁居住塞内。此后，大量乌桓人向塞内迁徙，汉将他们安置于上谷、渔阳、右北平、辽西、辽东属国、广阳、代郡、雁门、太原、朔方等缘边各地，给其衣食，与汉民杂居。其中上谷、渔阳、右北平、辽西、广阳、代郡诸郡或全部或部分地区位于今河北境内。乌桓南徙后，原居地为鲜卑所据，留居塞外者多归属于鲜卑，南徙者则逐渐与汉族融合。

---

① 《后汉书》卷九〇《乌桓传》，北京，中华书局，1965。

为了加强对降附乌桓的管理，东汉在上谷宁城（今河北怀来）重新建立乌桓校尉府以领护之。护乌桓校尉，比二千石，职掌对乌桓、鲜卑的“赏赐质子、岁时互市”等事。[①] 护乌桓校尉之下，置从事二人，有事随事增之。掾，人数不定，随事为员。

1972年，在内蒙古和林格尔新店子公社小板申村发掘了一座东汉壁画墓。该墓的年代在145年至200年之间，属于东汉后期。墓主人曾担任过护乌桓校尉。墓内壁画及榜题记录了墓主人的升迁过程以及当时乌桓校尉府所在地宁城的情况，为研究东汉宁城护乌桓校尉提供了具体的实物材料，弥足珍贵。画面中许多身着赭色胡服，免冠髡头的乌桓、鲜卑人躬身进入幕府。还有头戴黑帻、身穿红袍的汉族执事官员欢迎和恭候乌桓、鲜卑族头领，以及他们鱼贯而行进入幕府广场观看乐舞百戏的情景。当时北方各族进行贸易的宁城互市在壁画中也有反映。壁画宁城图中，在县衙和幕府之前、县城东门和南门之间的一片空地上，有一类似市肆的市场，榜题“宁市中”三字，这就是史籍中记载的“上谷胡市”。[②]

图2-2　和林格尔壁画（局部）

①《后汉书》卷九〇《乌桓鲜卑传》，北京，中华书局，1965。

②《后汉书》卷七三《刘虞传》谓刘虞为幽州牧，务存宽政，劝督农植，开上谷胡市之利。《后汉书》卷九〇《乌桓传》则记载“始复置校尉于上谷宁城”，开营府，并领鲜卑，岁时互市。清人惠栋注曰：上谷，宁县之城也。参考内蒙古文物工作队、内蒙古博物馆：《和林格尔发现一座重要的东胡壁画墓》，载《文物》，1974（1）；内蒙古自治区博物馆文物工作队编：《和林格尔汉墓壁画》，北京，文物出版社，1978。

东汉前期最大敌人是匈奴。东汉采取以夷制夷的政策，利用乌桓、鲜卑与匈奴之间的矛盾，使乌桓、鲜卑诸部攻击匈奴，持匈奴人首级于辽东受赏。乌桓周旋于汉与匈奴两大势力之间。史称："及明、章、和三世，皆保塞无事。"① 但这不过是总体而言，虽然没有大的战事，但局部小规模冲突仍然不断。汉明帝永平中，渔阳乌丸大人钦志贲率部众反叛，辽东太守祭肜募杀钦志贲，遂破其众。安帝时，渔阳、右北平、雁门乌桓复与鲜卑、匈奴联合，抄略代郡、上谷、涿郡、五原，汉廷乃以大司农何熙行车骑将军，率领左右羽林五营士，发缘边七郡黎阳营兵，合二万人击之。匈奴降，鲜卑、乌桓各还塞外。是后，乌桓稍复亲附，拜其大人戎末廆为都尉。至顺帝时，戎末廆率将王侯咄归、去廷等从乌丸校尉耿晔出塞击鲜卑有功，还皆拜为率众王，赐以束帛。② 汉安帝永初三年（109 年）六月，右北平匈奴千余人与渔阳乌桓侵代郡、上谷。③ 虽然东汉时乌桓叛附不常，但总的来说，乌桓同汉的关系，好于鲜卑同汉的关系。

三、东汉末年河北的乌桓

（一）东汉末年河北乌桓的分布

乌桓兴起后，在北方各地分布甚广，有朔方乌桓、雁门乌桓之类。但势力最大的还是东北沿边的乌桓。东汉末年，乌桓分为四部，"灵帝初，乌桓大人上谷有难楼者，众九千余落，辽西有丘力居者，众五千余落，皆自称王；又辽东苏仆延，众千余落，自称峭王；右北平乌延，众八百余落，自称汗鲁王：并勇健而多计策。"④

以此来看，东汉末今河北境内分布着众多的乌桓部众，主要分布于汉之上谷、辽西、右北平等郡。上谷郡，治沮阳（今河北怀来沙城镇东南），领八县，其中有七县在今河北境内。辽西郡，治阳乐（今辽宁义县），领五县，其中有四县在今河北境内。右北平，治土垠（今唐山市银城铺），领四县，其中有三县在今河北境内。上揭材料中记载，上谷乌桓有众九千余落，辽西五千余落，右北平八百余落。按照各县平均分布来计，则今上谷郡内乌桓，在河北境内有七千八百七十五落，辽西有四千余落，右北平六百余落。以此合计，上谷、辽西、右北平三郡，在今河北境

---

① 《后汉书》卷九〇《乌桓传》，北京，中华书局，1965。
② 《三国志》卷三〇《魏书·乌丸传》引《魏书》，北京，中华书局，1982。
③ 《后汉书》卷九〇《乌桓传》，北京，中华书局，1965。
④ 《后汉书》卷九〇《乌桓传》，北京，中华书局，1965。

内合计达一万二千四百七十五落。落，即户。如果按照一户五人计算，河北境内乌桓至少有六万二千余人。马长寿先生认为“落”不是邑落，是指由若干个帐户所组成的帐落群而言。一落约有二十余口。[①] 以此来算，河北境内乌桓部众竟接近25万之众。

（二）东汉末河北乌桓的反汉斗争

乌桓与汉毗邻，很早就深受汉族的影响，在与汉文化长期接触中，乌桓开始向阶级社会转变，首领也由民主推举变为世袭。另外，内附的乌桓在进入内地后，开始从事农业生产，成为汉之编户，不得不承受沉重的赋税和徭役压迫。另外，乌桓作为一个传统的游牧民族，长于骑射，骁勇善战，战斗力很强，他们还大批地被征调进汉朝军队。例如，东汉桓帝延熹八年（165年），二万六千名幽州和冀州的乌桓骑兵被调往南方去平息零陵（在今湖南永州）和苍梧（在今广西）的蛮人叛乱。[②]

东汉末年，外戚和宦官专权，统治十分黑暗，国内阶级矛盾激化，各地起义风起云涌。为了镇压各地起义军，对乌桓的征发更是有增无已。乌桓乘天下大乱，中原各地军阀割据混战之际，也参与到反汉的斗争中来。

汉灵帝中平元年（184年），黄巾起义爆发，天下纷起响应。同时凉州也爆发了以湟中义从胡北宫伯玉为首，联合先零羌和金城汉人的起义。起义军以边章、韩遂为首，攻杀护羌校尉伶徵和金城太守陈懿。第二年，北宫伯玉等进军关中，灵帝遣左车骑将军皇甫嵩迎战，不利。乃以司空张温为车骑将军，强征幽州乌桓三千突骑至关内与凉州起义军作战。[③] 乌桓因屡被征发，疲于奔命，人心思乱。在此背景下，张纯之乱点燃了乌桓不满情绪的导火线。

丘力居，生卒年不详，东汉末年为辽西乌桓大人，有众五千余落。张纯，渔阳人，曾任中山相（或曰中山太守）。张举与张纯同乡，曾任泰山太守。中平四年（187年），张纯、张举与丘力居联合，围攻蓟下，燔烧城郭，杀死东汉护乌桓校尉公綦稠、右北平太守刘政、辽东太守杨终等，拥众十余万，屯兵肥如（今河北迁安东北），公开叛汉。张举自称天子，张纯号弥天将军、安定王，为诸郡乌桓元帅。是年十一月，张纯又与丘力居等率军南下渔阳、河间、勃海，屡败公孙瓒，多所杀掠，给腐朽东汉王朝以沉重打击。

---

① 马长寿：《乌桓与鲜卑》第二章《乌桓》，上海，上海人民出版社，1962。

② 《后汉书》卷七《孝桓帝纪》和《后汉书》卷三八《度尚传》，北京，中华书局，1965。

③ 《后汉书》卷七三《刘虞传》，北京，中华书局，1965。

由于公孙瓒征讨乌桓一直未能取胜，反而使丘力居的乌桓势力不断扩大蔓延，波及幽、冀、青、徐诸州，天下震动。中平五年（188 年），灵帝以刘虞为幽州牧。刘虞此前曾任幽州刺史，对乌桓、鲜卑等少数民族一向采取羁縻和安抚的政策，取得了良好的效果，在汉、乌桓等民众中素有威信。故汉王朝在公孙瓒屡遭败绩的情况下，仍任命刘虞镇幽州，以镇压乌桓的反叛。刘虞到幽州后，采取恩威并重、剿抚结合的方针，一方面"罢省屯兵，务广恩信"，[①] 对乌桓上层"开许善路"[②]，派使者到乌桓，晓之以理，告以利害，争取他们的归附，并要求送上张纯等人的首级以赎罪立功。另一方面而对张纯、张举等则绝不容贷，武力剿杀，还悬以重赏捉拿张纯。这分化瓦解的策略取得了成效，乌桓丘力居等率众降附。张纯部众也四分五裂，张纯逃出塞，后为部下所杀，北州乃定。[③]

刘虞在任上十分注意同乌桓、鲜卑、匈奴等少数民族发展贸易，史称其"务存宽政，劝督农植，开上谷胡市之利，通渔阳盐铁之饶"。[④] 对维护北境安全，促进乌桓等族经济发展以及维护汉与乌桓等族友好关系作出了重要贡献。

（三）河北乌桓介入公孙瓒与袁绍之间的斗争

汉献帝初平中，丘力居去世，其子楼班年少，从子蹋顿骁勇有武略，代立为乌桓大人，总摄辽西、辽东、右北平三郡，众皆从其号令。时值中原纷扰，各派政治势力迭相吞噬，争战不休，割据混战。蹋顿所在的三郡乌桓利用这个有利时机，"承天下乱，破幽州，略有汉民合十余万户"[⑤]。同时，幽、冀诸州吏民自动投奔乌桓者，亦有十余万户。[⑥] 这些汉人的投附，壮大了乌桓的力量，对乌桓地区农业、手工业和商业的发展起了积极作用。

初平四年（193 年）冬，幽州刺史刘虞被部将公孙瓒所杀。刘虞被杀后，刘虞手下的渔阳人鲜于辅等推举阎柔为乌桓司马，率领州兵和所募乌桓、汉民数万人，为刘虞报仇，与公孙瓒所置渔阳太守邹丹大战于潞

---

① 《后汉书》卷七三《刘虞传》，北京，中华书局，1965。

② 《后汉书》卷七三《刘虞传》，北京，中华书局，1965。

③ 《后汉书》卷九〇《乌桓传》，而《三国志》卷三〇《魏书·乌丸传》言张纯自号为三郡乌丸元帅。

④ 《后汉书》卷七三《刘虞传》，北京，中华书局，1965。

⑤ 《三国志》卷一《魏书·武帝纪》，北京，中华书局，1982。

⑥ 《后汉书》卷九〇《乌桓传》，北京，中华书局，1965。

（今北京通州北）北，斩首四千余级。[①] 此后，鲜于辅又联合乌桓峭王，派人南下迎还刘虞之子刘和，联合袁绍共攻公孙瓒。与袁绍将麴义合兵十万，共攻公孙瓒。兴平二年（195年），又破公孙瓒于鲍丘，斩首二万余级。

袁绍在东汉末初起兵时，制定的发展战略就是："南据河，北阻燕、代，兼戎狄之众，南向以争天下。"[②] 所谓的"戎狄之众"主要就是指乌桓，是袁绍主要联合的对象。袁绍与公孙瓒相持不决，蹋顿遣使诣袁绍求和亲，袁绍以家人女为己女，妻焉。蹋顿于是遣兵助击公孙瓒，大破之。袁绍"乃抚有三郡（即辽西、辽东、右北平——引者注）乌丸，宠其名王而收其精骑"[③]，矫制赐蹋顿、难楼、苏仆延、乌延等单于印绶。后难楼、苏仆延率其部众奉楼班为单于，蹋顿为王。虽然如此，蹋顿仍居中用事，实际上为乌桓最高统治者。

四、曹操取河北及征乌桓

建安四年（199年），袁绍消灭公孙瓒，取得幽州之地，辖境开始与乌桓接壤。由于辽西蹋顿曾助袁绍消灭公孙瓒，故袁绍对乌桓一直采取笼络的政策。此时袁绍以邺（今河北临漳）为中心，据有冀、青、幽、并四州之地，是当时北方最为强大的军事集团，而曹操据有兖、豫、徐三州。但经过官渡之战，曹操以少胜多，袁绍的主力基本上被消灭，再无力与曹操抗衡。建安七年（202年），袁绍病死，诸子袁尚、袁谭等为争位发生内讧，这为曹操吞并河北创造了机会。建安九年（204年）八月，曹操攻克邺城，至建安十一年（206年）完全占领了冀、青、幽、并四州。

在东汉末乌桓历史上，阎柔是一个不能不提的重要的人物。无论是袁绍，还是曹操都得利用他，借助他的力量来安抚和统治乌桓。阎柔，广阳（今北京房山东北）人，少没乌桓、鲜卑中，深得乌桓和鲜卑部众信服，后杀乌桓校尉邢举而代之。袁绍对阎柔极力笼络，以安北边。曹操消灭袁绍势力，平定河北后，阎柔率鲜卑、乌桓归附，曹操即以阎柔为护乌桓校尉，仍持汉使节，治广宁（今河北张家口）如故。[④]

曹操取冀州后，袁尚偕同胞兄幽州刺史袁熙投奔蹋顿。东汉末年以

---

① 《后汉书》卷七三《公孙瓒传》，北京，中华书局，1965。

② 《三国志》卷一《魏书·武帝纪》，北京，中华书局，1982。

③ 《三国志》卷三〇《魏书·乌桓鲜卑东夷传序》，北京，中华书局，1982。

④ 《后汉书》卷九〇《乌桓传》，北京，中华书局，1965。然据《三国志·魏书·公孙瓒传》云曹操与袁绍相拒于官渡时，阎柔遣使诣太祖受事，迁护乌丸校尉。

来，乌桓长期以来与袁氏关系密切，加之曹操势力北上也直接威胁到乌桓利益，故蹋顿收留了袁氏兄弟，并欲助其收复故地。在共同反对曹操的基础上两者结成了同盟，蹋顿数与袁尚兄弟犯塞。

建安十二年（207 年），曹操为扫荡袁氏残余势力，亲自率军北征乌桓。为运输军粮，开凿平虏渠（由今河北饶阳至沧州）、泉州渠（在今天津宝坻、武清境内）以通海。曹操率军行至易县，道路崎岖难行，曹操舍弃辎重，轻兵简从，昼夜兼行。七月，至无终（今天津蓟县），适遇大雨，滨海地带地势低洼，道路泥泞难行，而乌桓在前面扼守要隘，曹军根本不得前进。在曹操一筹莫展之时，当地土豪田畴率部投奔曹操，并请为向导，引曹军出卢龙塞（今河北喜峰口），堑山堙谷五百余里，经白檀（今承德西南古北口东北），历平冈（今内蒙古喀喇沁左翼），涉鲜卑庭，直指乌桓老巢柳城（今辽宁朝阳）。由于此路湮废二百余年，少有人知，故曹军行将二百里，乌桓才察觉。蹋顿、辽西单于楼班、右北平单于能臣抵之与袁尚、袁熙等率数万骑迎战。八月，曹操登白狼山（在平冈东），猝与乌桓遭遇，乌桓军容甚盛。曹军辎重在后，士兵少，左右皆惧。曹操登高，见乌桓军阵不整，有隙可乘，乃使张辽为先锋，纵兵击之，乌桓军大乱，纷纷溃逃，临阵斩蹋顿，乌桓、汉降者二十余万口[①]。辽东单于速仆丸及辽西、北平乌桓诸酋豪弃其部众，与袁尚、袁熙奔辽东，投奔辽东太守公孙康。九月，曹操自柳城还军，行至易水时，代郡乌桓行单于普富卢、上郡乌桓行单于那楼来向曹操庆贺，表示愿意降附。在曹操胜利的威慑下，公孙康杀袁尚等人，送首级于曹操。至此，乌桓势力彻底被曹操平定，曹操基本上统一了北方。

征讨乌桓是曹操统一北方的最后一役，曹操的千古名篇《观沧海》和《龟虽寿》即写于东征乌桓之后。曹操平定乌桓，不仅消除了以后南进的后顾之忧，而且将大量乌桓部众迁入了中原内地，充实了兵源，“其余众万余落，悉徙居中国”。[②] 质其妻子儿女，精壮者被编入曹操军队。这些乌桓骑兵精于骑射，骁勇善战，《三国志》卷三〇《乌丸传》即言曹操率乌丸“侯王大人种众与征伐，由是三郡乌丸为天下名骑”[③]，大大壮大了曹操的军事力量。

---

① 《三国志》卷一《魏书·武帝纪》，北京，中华书局，1982。
② 《后汉书》卷九〇《乌桓传》，北京，中华书局，1965。
③ 《后汉书》卷九〇《乌桓传》，北京，中华书局，1965。

五、魏晋之后的河北乌桓

乌桓部众移居塞内后的情况，据《三国志》卷二三《魏书·裴潜传》记载："时代郡大乱，以潜为代郡太守。乌丸王及其大人，凡三人，各自称单于，专制郡事。前太守莫能治正，太祖欲授潜精兵以镇讨之。"裴潜到任后，抚之以静，乌桓部众上下畏服，悉还前后所掠妇女、器械、财物等。裴潜去任后，乌桓三单于复叛。迁居塞内后，乌桓仍因其故俗，保留了部落组织，大人、单于等名号也得以保留，仍统辖部众，在内地势力不容小觑。

魏文帝曹丕即位，由于鲜卑势力日盛，以田豫为护乌丸校尉，持节并护鲜卑，屯昌平（今属北京）。[①] 景初元年（237年）秋，遣幽州刺史毌丘俭率众军讨辽东公孙渊。右北平乌丸单于寇娄敦、辽西乌丸都督率众王护留叶，以前曾随袁尚奔辽西，闻毌丘俭军至，率众五千余人降。寇娄敦遣弟阿罗槃等诣阙朝贡，文帝封其渠帅三十余人为王，赐舆马缯采各有差。[②]

总的来说，经过东汉三国时期，残留故地的乌桓，不久即为鲜卑所征服，成为鲜卑部落联盟的组成部分；内徙者则逐渐与汉人融合。但这过程不是一蹴而就的，而是经历了一个较长的过程。直至十六国乃至北朝时，河北地区仍有乌桓后裔存在。十六国时，后燕安远将军刘大，乌桓人，家于易阳。建威将军鲁利亦是乌桓人，家于列人。《资治通鉴》卷一〇五晋太元九年（384年）正月条曰：

> 慕容农之奔列人也，止于乌桓鲁利家，利为之置馔，农笑而不食。利谓其妻曰："恶奴，郎贵人，家贫无以馔之，奈何？"妻曰："郎有雄才大志，今无故而至，必将有异，非为饮食来也。君亟出，远望以备非常。"利从之。农谓利曰："吾欲集兵列人以图兴复，卿能从我乎？"利曰："死生唯郎是从。"农乃诣乌桓张骧，说之曰：……易阳乌桓刘大各帅部众数千赴之。农假张骧辅国将军，刘大安远将军，鲁利建威将军。

列人县，西汉置，属广平国，东汉属巨鹿郡，治于今河北肥乡县东

① 《三国志》卷三〇《魏书·乌丸传》，北京，中华书局，1982。

② 《三国志》卷三〇《魏书·乌丸传》注引《魏略》，北京，中华书局，1982。

北。易阳县，西汉置，属赵国，治所在今河北永年东南。建安十七年(212 年)，属魏郡。三国魏属广平郡，北魏初废，孝文帝复置。隋开皇六年（586 年)，改为邯郸县。从慕容农争取鲁利投附以及刘大率领部众数千以响应慕容农来看，似乎乌桓当时仍还保留部落组织，而且势力不容小觑。晋孝武帝太元九年（384 年)，慕容垂引丁零、乌桓之众二十余万以攻邺，鲜卑、乌桓及坞民降者数十万口。虽然史书中，将乌桓与丁零、鲜卑等族统而言之，没有具体说及乌桓数量，但河北乌桓之众应是很庞大的。还比如，后赵石勒定都襄国（今河北邢台)，曾徙平原乌丸展广、刘哆等部落三万余户于襄国。[①] 以一户五口计算，三万余户达十五万人。石勒一次就将十五万乌桓迁于今邢台地区，这对当地的民族构成不能不产生影响。

六、河北乌桓的经济生活及社会风尚

乌桓是一个传统的游牧民族，“俗善骑射，弋猎禽兽为事。随水草放牧，居无常处。以穹庐为舍”[②]。他们以畜牧业为主，兼营狩猎，食肉饮酪，以毛毳为衣。但由于邻接内地，在汉文化及生产方式的影响下，已经开始有了比较粗放的农业生产。由于没有文字历法，他们根据布谷鸟的叫声来掌握耕种时令。主要种植青穄、东穑等耐寒谷物。穄，形似黍但没有黏性。东穑似蓬草，实如葵子，十月成熟。乌桓手工业也有一定发展，能酿造白酒，制作弓、矢、鞍、勒等，还掌握了冶炼技术，能够锻铁，制造兵器。女子能够刺绣，织皮革毛毯。乌桓人悉髡头，即剃去头顶一圈头发。妇人到出嫁时才开始蓄发，分为髻，头戴句决（一种饰品)，饰以金碧，类似于内地汉人的簪步摇。

乌桓风俗贵少贱老，妇女具有较高的社会地位，仍保留了母系氏族的一些残余，例如发怒时有人操刀杀死父兄，但却不敢杀害母亲。他们崇尚战斗，认为战死是很荣耀的事情。下葬时将尸体盛于棺材中，亲属载歌载舞，以与死者送别。同时将一只狗用彩绳拴系，连同死者所乘马、衣物等一起烧掉，意思是让狗将这些东西带给死者，使其死后在阴间继续享用。赤山在辽东西北数千里，乌桓人认为是人死后灵魂栖息之地，乌桓人敬奉鬼神，仍保留了万物有灵的观念，崇拜天地日月星辰等自然神。他们也有祖先、英雄崇拜，崇拜先大人有健名者，用牛羊等祭祀。

---

① 《晋书》卷一〇四《石勒载记上》，北京，中华书局，1974。
② 《后汉书》卷九〇《乌桓传》，北京，中华书局，1965。

乌桓由于邻近中原地区，受汉文化影响甚深。新中国成立后，在辽宁西丰西岔沟发现了一些古墓群，出土了上万件器物。此地在汉代为乌桓活动地区，从族属上看，应为乌桓墓群。① 从器物来看，有汉代中原地区常见的货币、服饰、铜镜、马具、兵器、陶器、铁工具等，有的上面还有文字。②

近年来，河北境内乌桓墓葬也有发现。1990 年在河北滦县塔陀村发现的东汉墓葬，学界倾向认为属于乌桓墓葬，年代大致在东汉晚期至曹魏时期，此时期滦县一带约当辽西郡西部，正是乌桓活动区域内。出土有罐和把杯两类，A 型罐侈口、鼓腹，B 型罐侈口、弧腹。I 式、II 式把杯敛口、鼓腹、四棱柄斜上伸，III 式把杯堆敛口、弧腹、扁扳柄平伸。其中 A 型罐、B 型罐、III 式把杯与东部鲜卑相似。但是有的 A 型、B 型罐上有堆塑的小耳，而 I 式、II 式把杯则不见于东部鲜卑。乌桓和东部鲜卑源出东胡，二者在时代和地域上有很大的重合，关系十分密切。从器物上看，与东部鲜卑既有共性，又有差别，似正是文献记载乌桓与东部鲜卑同源同俗、异流分支的写照。③

图 2－3　II 式把杯

① 辽宁西丰岔沟文化，有的说是匈奴文化，有的认为属于乌桓文化。见中国北方民族关系史编写组：《中国北方民族关系史》，105 页，北京，中国社会科学出版社，1987。

② 孙守道：《“匈奴西岔沟文化”古墓群的发现》，载《文物》，1960（Z1）。

③ 唐山市文物管理处等《滦县塔坨鲜卑墓群清理简报》，载《文物春秋》，1994（3）一文认为是东汉末年的鲜卑墓地，而郑君雷：《乌桓遗存的新线索》则认为属于乌桓墓地，载《文物春秋》，1999（2）。

玉田县大李庄汉墓，年代与塔坨墓地基本相当，是座砖室墓，由墓道、甬道、前室、后室组成，结构布局与一般汉墓无异。随葬器物有壶、盆、盘、灶、甑等陶器和铜灯，在形制、种类与一般汉墓亦无差别。值得注意的是两件侈口舌唇的陶壶，其形制比较特殊，可能受到乌桓文化因素的影响。①

从本章可以看到，秦汉时期是中国历史上君主专制主义中央集权的形成时期，而在中国北部，匈奴统一了大漠南北，雄峙于秦汉帝国的北部，并不时对中原进行侵扰。由于秦汉王朝分别定都咸阳和长安，河北僻居一隅，远离国都，虽然不是汉王朝与匈奴之间作战的主战场，但匈奴铁骑常常由此入塞，汉王朝也常常由此出击匈奴，战略地位也很重要。当时，河北境内另一少数民族乌桓，游离于汉王朝与匈奴之间，对汉王朝时叛时附。乌桓与匈奴势力虽有强弱、主从之分，但随着匈奴的分裂，南匈奴也像乌桓一样大量内附，进入河北北部，为汉王朝保塞守边，并介入了当时的军阀混战。东汉末，匈奴更是进入了邺地为代表的河北南部，逐步融合于其他诸族。

① 郑君雷：《乌桓遗存的新线索》，载《文物春秋》，1999（2），11页。

第三章　魏晋南北朝时期河北少数民族

两汉以来，自今甘肃、青海沿边以至辽宁的北部边境，散布着匈奴、鲜卑、乌桓等少数民族。魏晋时期，这些少数民族开始向内地迁徙。西晋末年，当西晋的封建统治趋于崩溃之际，这些少数民族纷纷揭竿而起，反抗封建王朝的统治，少数民族贵族也趁机起兵，向黄河流域侵扰，于是开始了对中国历史影响深远的民族大迁徙。魏晋十六国南北朝时期，幽冀诸州境内民族杂居，其名号可考者，有匈奴、鲜卑段氏、宇文氏、慕容氏、拓跋氏、羯、氐、羌、东胡、乌桓（乌丸）、丁零、索头、鲁阳蛮、高丽徒何、北部民、陇西屠各、沃野统万二镇敕勒、柔然、库莫奚、契丹、山胡等二十多种。少数民族人口数量在一百万以上。这二十多个少数民族在河北建立政权的有后赵、前燕、后燕、东魏等，对河北政治、经济、文化产生深远的影响。这些生活在河北境内的少数民族在魏晋南北朝时期绝大多数已经融合到汉族之中。

第一节　屠　各

屠各，又称休著屠各、休屠各。休著与屠各联称，即休著屠各、休屠各等名称只在《后汉书》中使用过，魏晋南北朝其他史籍中均未见使用。休著屠各、休屠各等名称出现的时间均早于屠各，唐长孺先生认为“休屠”系“休屠各”之省称，又猜测休屠各在汉末已省去首字。[①] 马长寿先生认为“屠各”是“休屠各”（xiutsuga）的简译，但在文献内，或者省词头“xiu -”音，译为“屠各”，或者省词尾“- ga”音，译为“休

① 唐长孺：《魏晋杂胡考》，见《魏晋南北朝史论丛》，北京，生活·读书·新知三联书店，1955。

屠”，所以“屠各”和“休屠”都由同一语源变化而来。[1] 休屠部是匈奴中一较为特殊的部落。休屠部是否为匈奴本族，这一问题早在东汉以来就开始混乱，建武十三年（37 年）任延为武威太守时，“郡北当匈奴，南接种羌，民畏寇抄，多废田业。延到，选集武略之士千人，明其赏罚，令将杂种胡骑休屠黄石屯据要害。”[2]《后汉书》卷八《孝灵帝纪》称中平五年三月：“休屠各胡攻杀并州刺史张懿，遂与南匈奴左部胡合，杀其单于”。

上述材料中的南匈奴与休屠并称，显然休屠不属于匈奴本族，但与南匈奴有着密切关系。今人王宗维先生从三个方面论证了休屠部与匈奴的不同：第一，休屠与匈奴的信仰不同；第二，休屠王部失败后，除少数人随浑邪王到长安外，其余留在原地者直到十六国时始终保持休屠的名号，不与北邻的匈奴人融合；第三，河西匈奴休屠人与卢水胡关系甚密。[3] 有学者在此基础之上，进一步论证休屠的族源是月氏。[4] 但也有学者依据《后汉书》卷七〇《郑太传》：“天下强勇，百姓所畏者，有并、凉之人，及匈奴屠各、湟中义从、西羌八种，而明公拥之，以为爪牙，譬驱虎兕以赴犬羊”。认为郑太所谓“匈奴屠各”，并不是指“匈奴与屠各”或“匈奴、屠各”，而是指“匈奴之屠各”，即匈奴族的屠各种。[5] 这一观点揭示了屠各与南匈奴之间的关系，颇有见地。黄烈先生认为，屠各原本与休屠为同指，是内附匈奴之一部，“可是到了西晋，屠各一词与南匈奴就混用而无所区别了。……西晋以后屠各已泛指内迁匈奴，与早先仅指源于休屠王的一支，内涵已有所不同”。究其原因“绝不仅仅是休屠王余众的繁衍和延续而形成的，只有屠各概念由专而泛才能得到解释”[6]。

一、刘渊建立汉赵政权

屠各足迹所至的武威、北地、五原、朔方、西河诸郡，相当于并、凉两州北部边防的前沿。北匈奴部落的频繁入塞，则几乎与两汉时代相始终，处在南北匈奴交汇点上的屠各部落，势必与之接触甚至发生冲突。

---

① 马长寿：《北狄与匈奴》，北京，生活·读书·新知三联书店，1962。

② 《后汉书》卷七六《任延传》，北京，中华书局，1982。

③ 王宗维：《秦汉之际河西地区的民族及其分布》，载《兰州大学学报》，1985（3）。

④ 武沐：《匈奴史研究》，77 页，北京，民族出版社，2005。

⑤ 陈勇：《“匈奴屠各”考》，见《历史与民族——中国边疆的政治、社会和文化》，385 页，北京，社会科学文献出版社，2005。

⑥ 黄烈：《中国古代民族研究》，212～213 页，北京，人民出版社，1987。

西晋一朝，北狄部落的入塞也是络绎不绝。他们入塞后所处的区域，又多与五部匈奴的聚居地重合。并州屠各在北狄部落相互兼并的过程中，处在一个非常关键的位置上。该部落历经近两个世纪仍保留其称号，可能是长期担当了主要兼并者的角色。而且，正是由于其他部落的不断加入，并州屠各最终成为南匈奴故地的强大统治者。①

魏晋时期，并州左部南匈奴的权力一直掌握在刘氏手中。刘氏本南匈奴单于于扶罗一脉，晋武帝时，南匈奴自称其先人乃汉氏外孙，因此改姓刘氏。建安二十一年（216年），曹操分匈奴为五部，以刘豹为左部师居于新兴（今山西忻州北），刘豹死后，其子刘渊代为左部帅。刘渊，字元海，年轻时曾在洛阳为质子。太康年间（280—289年），武帝以刘渊为匈奴北部都尉，由于他“轻财好施，推诚接物，五部俊杰无不至者。幽冀名儒，后门秀士，不远千里，亦皆游焉”②。惠帝时杨骏辅政，又以刘渊为建威将军、匈奴五部大都督。长沙王司马乂执政时，成都王司马颖以刘渊为冠军将军监五部军事，收为己用，使其将兵镇守邺都，署刘渊为宁朔将军，监五部军事。其时由于中原战乱，并州境内的汉族居民大都流徙江南，在并州胡汉势力的分布和力量对比发生了重大变化，匈奴刘氏贵族见有机可乘，开始策划“兴邦复业”，起兵反晋。不久，并州刺史司马腾与安北将军王浚联合进攻司马颖。司马颖想以匈奴为外援，遂拜刘渊为北单于、参丞相事。刘渊托称要回并州招募五部匈奴，于是返回左国城（今山西离石）。刘渊回到离石后，被诸部匈奴共推为大单于，二旬之间，拥众五万。西晋永兴元年（304年）自称汉王，改年号为元熙，追尊刘禅为孝怀皇帝，立汉高祖以下三祖五宗为神主以祭之，立妻呼廷氏为王后。署置百官，以从祖父刘宣

图3-1 魏屠各率善邑长印

图3-2 魏屠各率善邑长印文

① 陈勇：《汉赵史论稿——匈奴屠各建国的政治史考察》，77页，北京，商务印书馆，2009。

② 《晋书》卷一〇一《刘元海载记》，北京，中华书局，1974。

为丞相，经师崔游为御史大夫，宗室刘宏为太尉，建立汉国。并州刺史司马腾闻讯，忙率兵前往镇压，部将聂玄与刘渊战于大陵（今山西文水），聂玄大败，司马腾大为恐惧，遂率并州三万余户下山东。刘渊乘胜进军，接连攻下法氏（今山西高平）、屯留（今山西长子）、中都（今山西太原）等地。

西晋永兴二年（305 年），司马腾再次出兵讨伐刘渊，部将司马瑜、周良等驻军汾阳，刘渊派武牙将军刘钦等前往阻击，前后四战四捷，刘钦大胜而还。这年离石发生大饥荒，刘渊派太尉刘宏、护军马景等驻守离石，自率大军开赴上党壶关（今山西壶关）。光熙元年（306 年），司马越为太傅，进表原并州刺史司马腾为东燕王，以刘琨为并州刺史。刘琨到并州后，由于饥荒与战争，此地百姓难以自存，吏民万余人由李恽等率领，随司马腾流亡冀州，组成“乞活军”。留居并州的汉族居民不足两万。刘琨只好到上党组织军队，得三百余人，受到刘渊部将刘景的攻击，在上党无法立足，遂转战至晋阳（今山西太原南）。其时，侍中刘殷、王育等向刘渊进言说：“殿下自起兵以来，已历数载，但仍偏守一方，王威未震。如能集四方兵力，并力一战，拿下河东，建立帝号，再挥师西南，攻克长安，然后以此为都城，征发关中之兵，取洛阳，灭西晋则易知翻掌了。这也正是高祖皇帝创立基业的方略。”① 刘渊遂发兵攻克了蒲阪（今山西永济）、平阳（今山西临汾），据有河东全境。这时，中原起义的汲桑、王弥、石勒及鲜卑陆逐延等纷纷归降刘渊，迅速在并州形成了各族人民共同反晋的巨大浪潮。永嘉二年（308 年），刘渊正式称帝，迁都平阳，国号为汉。

晋怀帝永嘉三年（309 年）四月，刘渊派晋降将朱诞为前锋都督，以灭晋大将军刘景为大将军，率军首先攻打黎阳（治今河南浚县），命安东大将军石勒率兵攻巨鹿（治今河北宁晋西南）、常山（治今河北石家庄东古城），以掩护刘景，使其免受北面之敌。刘景顺利攻占黎阳后，又在延津打败了晋车骑将军王堪。石勒攻打巨鹿、常山，并州民吏、羯、胡人归顺者达十多万人。此年夏，刘渊以王弥为征东大将军、青州牧，都督青、徐、兖、豫、荆、扬六州一切军务，以石勒为前锋都督，与楚王刘聪共同攻击壶关，以打通直下洛阳的进军道路。西晋并州刺史刘琨命护军黄肃军前往救援壶关守将韩述。石勒、刘聪联军分别在封田、西涧（今壶关东南）击败黄肃、韩述二将。晋太傅司马越急令淮南内史王旷率将军施融、曹超带领数万大军渡河北进，以抵御刘聪大军的南进。王旷打算大军渡河

① 《晋书》卷一〇一《刘元海载记》，北京，中华书局，1974。

后，长驱直进壶关，施融建议道：今敌人乘胜据险出兵，我军虽有数万之众，但仍然是孤军临敌，应暂时于河北先巩固阵势，观察形势，然后再做进兵之计。王旷不从，结果，晋汉双方在长平（今山西高平西北）交战，王旷大败，施融、曹超二将被杀，晋军一万九千余人被杀，晋上党太守庞淳举壶关降汉。

刘渊在黎阳上党连战连胜，遂于八月派刘聪自上党转兵攻太阳，袭破晋平北将军曹武等，并迅速渡河，长驱直入，进至宜阳（今河南宜阳西），切断了长安与洛阳的联系。九月，晋弘农（今河南灵宝东北）太守垣延诈降于刘聪，刘聪不备，垣延趁夜间偷袭刘聪军营，刘聪大败而回。同时，幽州刺史王浚，派将军祁弘与鲜卑首领段务勿尘于飞龙山（今河北石家庄西南）攻击石勒部，大败石勒，石勒兵败退守黎阳。十月，刘渊又派楚王刘聪、始安王刘曜、汝阳王刘景、大将王弥等统率五万精锐骑兵，进攻洛阳，并派大司空呼延翼率领步兵为后援。十月二十一日，刘聪等便又兵至宜阳，攻到洛阳西阳门下。晋将军北宫纯率领一千多敢死队战士，于夜间突击刘聪军营。汉军立营未稳，又遭夜袭，大败撤军。十一月，石勒率兵攻信都（今河北冀州）杀冀州刺史王斌。幽州刺史王浚自领冀州刺史。晋廷诏车骑将军王堪、北中郎将裴宪率军讨伐石勒，石勒引兵退回黎阳，以城拒之。此时，魏郡太守刘矩举郡降于石勒，石勒兵力猛增。石勒回到黎阳，北中郎将裴宪弃军奔往淮南。王堪只得退守仓垣（今开封北）。至此，汉军攻打洛阳及其东部地区的战役基本告一段落。在进攻洛阳的过程中，河北州郡尽数为汉军占领。

永嘉四年（310 年），匈奴人汉王刘渊死后由太子刘和继位，刘聪杀刘和自立，改元光兴。刘聪在位期间，是匈奴汉国最强盛的时期，他在政治，军事等方面都有一些建树。永嘉五年（311 年），刘聪命前军大将军呼延晏将兵二万七千人进攻西晋都城洛阳，前后十二战，晋兵皆败，死三万余人。接着刘曜、王弥、石勒合兵攻破洛阳，杀西晋诸王公及百官以下三万人，俘晋怀帝司马炽，押送汉国都城平阳（今山西临汾）。刘聪封怀帝为会稽郡公。洛阳被攻破后，西晋部分臣属奉原秦王司马业为太子，建行台于长安。当时，中原的衣冠士族大多南下江南，司马睿在江南建立政权，唯并州刺史刘琨和幽州刺史王浚继续留在中原与匈奴汉国政权对垒。其时北方各州大部分地区被沦入刘聪统治之下，刘聪命石勒主持冀、幽、并、营四州军事，封石勒为上党（今山西长治）公。不久，刘聪就首先对晋阳（今山西太原南）的刘琨发起了进攻，结果刘琨战败，刘聪取得了晋阳重镇。此后不久，刘聪以石勒为并州刺史，在并州形成石勒与刘琨二刺史对峙、割据的局面。石勒通过分化瓦解、各个击破的策略先后击败了幽州刺史王浚和晋并州刺史刘琨。王浚被杀刘琨兵败后投奔鲜卑段匹磾，至此，幽、冀、并的西晋势力基本上被肃清了。建兴四年（316 年），刘聪派刘曜最后攻陷长安，西晋愍帝投降，被迁往平阳，西晋灭亡。匈奴汉国达到鼎盛，但是匈奴汉国内部也存在极大的不稳定性，“虽复石勒称藩，王弥效款，终为夷狄之邦，未辩君臣之位”①。刘聪虽攻克洛阳、长安，灭了西晋，但他实际所能控制的地方，东不逾太行、南不越嵩、洛，西不过陇坂，北不出汾晋。在中原地区曹嶷据青、齐，石勒据河北，鲜卑拓跋部据代北，皆各据一方，刘聪所辖区域已很有限。

太兴元年（318 年）刘聪病死，其子刘粲继立，不久为匈奴贵族靳准所杀。镇守长安的刘聪族弟刘曜闻变，发兵攻靳准。同年十月，刘曜自立为皇帝。与此同时，石勒亦以讨伐靳准为名，率军攻破汉都平阳，于是，自平阳、洛阳以东之地尽入石勒之手。太兴二年（319 年），刘曜徙都长安，改国号为赵，史称前赵。此后刘曜、石勒常相攻伐。咸和三年（328 年），两军大战于洛阳城西，刘曜饮酒过量，兵败被擒，前赵主力被消灭。石勒军乘胜西进，曜太子刘熙弃长安，逃奔上都（今甘肃天水）。次年九月，石勒的部队攻占上都，杀死刘熙，前赵灭亡。

汉赵的疆域在刘渊、刘聪时期，其范围控有今河北、山东、河南、山西、陕西一带，然而实际控制范围不大，刘聪时期，只局限在山西的一角（其余部分在刘琨手中）和由刘曜坐镇的关中一部分地区。河北一带由石勒所有，王弥的部将曹嶷控有青州、兖州、徐州一带，鲜卑的势力更是向南推进，布满燕、代一带。刘曜时期，史称“东不逾太行，南不越嵩、洛，西不逾陇坻，北不出汾、晋”，疆域范围包括陕西的渭水流域以及山西、河南、甘肃黄河以东一带。

二、屠各在河北的分布

屠各一名出现于史籍约在东汉末年。《后汉书》卷七四《袁绍传》载，初平四年（193 年）六月“遂与黑山贼张燕及四营屠各、雁门乌桓战于常山”。《文选》卷四四陈孔璋《檄豫州文》载此事云：“尔乃大军过荡西山，屠各左校皆束手奉质，争为前登。”“常山”，东汉时治今河北元氏西北故城村。所谓“西山”即是太行山东支诸山。这是由并州内迁的屠各。这表明屠各迁入河北自汉末已经开始。

---

① 《晋书》卷一〇三《刘曜载记》，北京，中华书局，1974。

此后屠各屡见于河北地区。《资治通鉴》卷一〇五晋孝武帝太元九年(384年)正月:"于是(慕容)农驱列人居民为士卒……使赵秋说屠各毕聪。聪与屠各卜胜、张延、李白、郭超及东夷余和敕勃、易阳乌桓刘大各帅部众数千赴之。"列人在今肥乡北。这里的屠各与东夷、乌丸杂居,汉化开始的时间较早。直到北魏中叶,这里还有不少屠各。后赵建武二年(336年),索头郁鞠率众三万降后赵,石虎散其众于冀、青等六州。郁鞠为匈奴首领,其投降后赵的三万部众中,当包含屠各在内。《太平御览》卷四二八引《十六国春秋·后赵录》称:"张进,元城屠各人也,为刺奸外部都督。"元城在今大名东南,属于河北邯郸地区,与前引居住在肥乡的屠各地区相近。

北魏时期,在河北中南部也分布着一定数量的屠各。《魏书》卷三一《于栗磾附子洛拔传》:"会陇西屠各王景文等恃险窃命,私署王侯,高宗诏洛拔与南阳王惠寿督四州之众讨平之,徙其恶党三千余家于赵魏。"这批屠各应是从陇西地区迁至今河北中南部的。又《魏书》卷五一《韩茂附子韩均传》称:"广阿泽在定、冀、相三州之界,土广民稀,多有寇盗,乃置镇以静之。……于是赵郡屠各、西山丁零聚党山泽以劫害为业者,均皆诱慰追捕,远近震跼。"广阿泽在肥乡北。赵郡屠各与元城、列人之屠各应自为一支。匈奴屠各从后汉末期始见到北魏中期,其名号前后历时三百年之久。

北魏时,为了防御北方的柔然,修筑了长城,东起赤城(今河北赤城),西至今包头市西,绵延二千余里。魏太武帝时,又在北方地区设立了六个军事重镇,以拱卫首都平城(今山西大同)。从西至东,这六镇分别是沃野镇、怀朔镇、武川镇、抚冥镇、柔玄镇和怀荒镇。其中,前五个军镇均在今内蒙古境内,怀荒镇在今河北张家口张北县境内。随后又在河北赤城县建立御夷镇。这些军镇实行军政合一的管理体制,长官一般由鲜卑贵族担任。由于军镇内部贪腐严重,最终导致六镇起义,其中匈奴后裔破六韩拔陵是这次起义的领导者。在北魏的镇压下,起义军民二十万降投降北魏,被分别迁到冀州(今河北冀州)、定州(今河北定州)、诚州(今河北献县)。这表明在上述三个地区应当应当有一部分匈奴居住。

自魏以后,河北地区的屠各才不再见于史籍,2005年河北省邯郸市西北丛台区插箭岭小城南侧出土隋朝《平远将军成洪显墓铭》,志主成洪显为燕州上谷郡上谷县安平乡人,骠骑大将军,益州刺史,东海公成普定玄孙。大业元年五月二十五日卒于邯郸城内,享年七十八岁。姚薇元《北朝胡姓考》外篇第三匈奴诸姓"成氏"条云:"姑藏成氏,出自匈奴介和王成婉之后，以名为氏，屠各族也。……又卢水胡亦有成氏，见常璩《华阳国志》。刘宋世宗时有酉阳蛮成邪财等起义攻郢州。是南蛮亦有成氏。”①

史籍中，有关成氏家族的人物也不乏记载。例如：《汉书》有开陵侯成婉；《晋书》有屠各胡成七儿，又有成粲；《魏书》有成轨、成淹、成霄、成仲庆，则属上谷居庸一支。西安碑林博物馆编《碑林集刊》第十三辑提到：“隋志所见成姓者还有开皇十八年（598 年）《成肆虎志》，属匈奴屠各胡后裔；大业三年《成恶仁墓志》，属幽州涿县一支。大业三年《成洪显墓志》，属上谷郡一支。”② 成洪显夫人曹氏，赵州巨鹿郡巨鹿县善信乡。平东将军、新安县令曹建之孙女。《北朝胡姓考》外篇第九西域诸姓“曹氏”条云：“河南曹氏，本曹国胡，以国为氏。”③ 志文称曹氏“母仪外族，三从减于礼教”一句，可知成洪显夫人曹氏当为成氏以外部族的姓氏，成洪显夫人曹氏的祖父曹建官至“平东将军、新安县令”，据史书记载，新安置县于秦时，取新治安宁之意，今河南省西北部，与《北朝胡姓考》一书中记载的西域诸姓“河南曹氏”正相符。由上可知，墓志中所见曹氏当属西域诸姓中河南曹氏一支④。

第二节　羯　族

羯族入塞之前，为“匈奴别落”。《晋书》卷一〇四《石勒载记上》载：“石勒字世龙……其先匈奴别部羌渠之胄。”《魏书》卷九五《羯胡石勒传》则称：“其先匈奴别部，分散居于上党武乡羯室，因号羯胡。”谭其骧先生认为“羌渠”即康居之异译，羯族是康居人后裔。⑤ 童超先生亦认为羯人是中亚康居人，但羯人不是被康居人所征服的南部农业居民——索格底亚那人，而是康居（羌渠）游牧人。两汉时期，康居羁属匈奴，因而可能有一部分人随匈奴东来，转战于蒙古草原，其后又随之南迁，逐渐内徙于上党武乡一带，因为他们既是康居人，又是匈奴的附庸，故称：

---

① 姚薇元：《北朝胡姓考》，283 页，北京，科学出版社，1958。

② 西安碑林博物馆编：《碑林集刊（十三）》，194 页，西安，陕西师范大学出版社，2005。

③ 姚薇元：《北朝胡姓考》，392 页，北京，科学出版社，1958。

④ 毛永娟：《隋〈平远将军成洪显墓铭〉考释》，“千年古郡——巨鹿历史文化研讨会”会议论文，2011 年 6 月（未刊）。

⑤ 谭其骧：《羯考》，载《东南日报》副刊，1947 年 1 月 9 日。

"匈奴别部，羌渠之胄"①。目前学术界大部分学者认为，羯族的族源是月氏。姚薇元先生则从羯族状貌、姓氏、葬俗等方面论述，羯族与月氏胡的共同点。② 唐长孺先生指出羯族与月氏在宗教信仰方面有共同之处，并指出羯族中有许多月氏姓氏。同时进一步认为当时称羯族为别部，意为与匈奴本非一族。被称为羯，也并不完全是因为居于羯室，晋朝之杂胡皆可称为羯。③

东汉时羯族开始迁徙到中原地区定居，主要集中在今山西省北部和中部。《三国志·魏志·乌丸鲜卑东夷传》裴松之注引《魏略》："赀虏，本匈奴也，匈奴名奴婢为赀。始建武时，匈奴衰，分去其奴婢，亡匿在金城、武威、酒泉北黑水、西河东西，畜牧逐水草，钞盗凉州，部落稍多，有数万，不与东部鲜卑同也。其种非一，有大胡，有丁令，或颇有羌杂处，由本亡奴婢故也"④。赀虏即为匈奴奴婢，种族复杂，其中有丁零，有羌，也有大胡。大胡就是西域胡，而羯族又是西域胡的一支，这表明早在东汉初年，已经有羯族迁徙到今甘肃河西走廊一带⑤。《后汉书》卷一八《臧宫传》论曰："至于山西既定，威临天下，戎羯丧其精胆，群帅贾其余壮。"唐人李贤注称："羯本匈奴别部，分散居于上党、武乡、羯室，因号羯胡。"虽然此处的"羯"是戎夷的总称，不单指羯族，但必定包含一部分羯族在内。其后，东汉"悉复缘边八郡"，允许南匈奴部入居，"亦列置诸部王，助为扞戍。使韩氏骨都侯屯北地，右贤王屯朔方，当于骨都侯屯五原，呼衍骨都侯屯云中，郎氏骨都侯屯定襄，左南将军屯雁门，栗籍骨都侯屯代郡，皆领部众为郡县侦罗耳目"⑥。这一时期匈奴部众主要分布在今内蒙古和山西北部地区为主。东汉永和五年（140 年）南匈奴内部再次发生变乱，"句龙吾斯等立句龙王车纽为单于。东引乌桓，西收羌戎及诸胡等数万人，攻破京兆虎牙营，杀上郡都尉及军司马，遂寇掠并、凉、幽、冀四州。乃徙西河治离石，上郡治夏阳，朔方治五原"⑦。这次匈奴变乱的结果，使大批南匈奴部众由沿边八郡逐渐深入到并州诸郡。东汉末年，由于东汉境内农民起义及军阀混战，南匈奴的一支以河东

① 童超：《关于五胡内迁的几个考证》，载《山西大学学报》，1978（4）。
② 姚薇元：《北朝胡姓考》，143 页，北京，科学出版社，1958。
③ 唐长孺：《魏晋南北朝史论丛》，416 页，北京，三联书店，1955。
④ 《三国志》卷三〇《乌丸传》，北京，中华书局，1982。
⑤ 林幹：《魏晋时期的匈奴族和羯族》，载《历史教学》，1980（10）。
⑥ 《后汉书》卷八九《南匈奴传》，北京，中华书局，1965。
⑦ 《后汉书》卷八九《南匈奴传》，北京，中华书局，1965。

郡的平阳（今山西临汾）为中心，转战各地，致使数万南匈奴部众散居于并州太原、上党、西河、雁门、新兴五郡及司隶的河东、凉州的安定等郡，与汉民杂处，形成一支较为强大的势力。建安二十一年（216年），曹操又分南匈奴为五部，共计约三万落，一落按七口计，有二十余万人。[①] 每部择立其贵族为帅，另选汉人为司马对他们实行监督。从此单于虽有虚号，单于之庭虽仍在平阳，五部帅也分驻五部，其统治权转移到曹魏政权及其所派遣的各部司马的手中。

一、后赵政权的建立与覆灭

后赵（319—351年），羯族石勒所建。都襄国（今河北邢台），后迁邺。盛时疆域有今河北、山西、陕西、河南、山东及江苏、安徽、甘肃、辽宁的一部分。后赵最强大的时候统一了中国大部，仅有淮南的东晋、河西的前凉、辽东的慕容燕等地方小政权。历七主，共三十二年。

（一）石勒建立后赵

石勒，字世龙，上党武乡（今山西榆社）人，羯族。石勒的祖父，根据《晋书》记载，名字是耶奕于，与石勒的父亲“并为部落小率”。石勒青年时期曾从事耕田、沤麻等农业活动，又在荒年被并州刺史司马腾枷押山东出卖。被主人放免后，因善于相马，结识马牧帅汲桑。永兴二年（305年），他和汲桑率领牧人，乘苑马数百骑，投奔起兵于赵魏的公师藩。公师藩失败，汲桑释放郡县系囚，招聚山泽亡命，自号大将军。石勒原有一小队胡族为主的部下，号称“十八骑”。这时胡汉各族归附他的日益增多。不久，公师藩战败被杀，石勒和汲桑逃回牧苑，两年后再度起兵。他们攻打郡县，释放囚徒，河北地区的人民纷纷响应。队伍壮大后，汲桑自称大将军，石勒称扫虏将军。汲桑“以石勒为前驱，所向辄克”[②]。永嘉元年（307年），起义军攻下邺城，接着渡过黄河，南击兖州。朝廷急派将军苟晞、王瓒进击义军，两军相持于平原、阳平（治今河北馆陶）间，数月内打了三十多场仗，互有胜负。同年七月，太傅、东海王司马越亲自出马，增援苟晞和王瓒。义军寡不敌众，汲桑被杀。石勒率残部投奔刘渊，被封为辅汉将军。永嘉二年（308年），汉王刘渊在平阳（今山西临汾）称帝，并派兵攻打洛阳。石勒虽然投靠刘渊，但并不是真正臣服，他表面上奉刘渊为主，实际上利用与刘渊联合反晋的有利条件，南征北

① 《晋书》卷九七《匈奴传》，北京，中华书局，1974。
② （宋）司马光：《资治通鉴》卷八六永嘉元年三月，北京，中华书局，1956。

战，扩充自己的实力。永嘉二年（308 年）正月，刘渊命令他的儿子抚军将军刘聪等十将，南据太行山，石勒则受命东进，攻打魏郡（今河北临漳西南）、汲郡（今河南汲县西南）、顿丘（今河南清丰西南）等处，这里的垒壁望风而降者五十多所。石勒即假予这些垒主以将军、都尉的名号，给予印绶，而从这些垒壁中挑选强壮者五万人为军士，“老弱安堵如故，军无私掠，百姓怀之”[①]。石勒帮助汉刘氏严重打击了西晋，故在永嘉三年（309 年），刘渊封石勒为安东大将军，开府置左右长史、司马、从事中郎等僚属。石勒继续进攻巨鹿（治今河北宁晋西南）、常山（治今河北石家庄东古城）二郡，攻克冀州郡县的堡壁百余所，部队增加到十多万人。就在这时，石勒将在这一带所罗致的“衣冠人物集为君子营。乃引张宾为谋主，始署军功曹，以刁膺、张敬为股肱，夔安、孔苌为爪牙，支雄、呼延莫、王阳、桃豹、逯明、吴豫等为将率”[②]。由于吸收汉族地主中的才智之士为其出谋划策，从此，石勒这支军队才真正成为多谋善战的军事力量。

当石勒进军常山郡后，西晋安北将军王浚，命其大将祁弘，带领鲜卑段务勿尘等十余万骑兵来攻打石勒。由于步、骑的不敌，石勒大败于常山的飞龙山，死者万余人，石勒只得退据黎阳（今河南浚县东）。但随即转而进攻信都（今河北冀州），杀晋冀州刺史王斌，并连败晋将。刘渊因授勒为镇东大将军。至永嘉四年（310 年），匈奴汉帝刘渊死，刘聪称帝，加封石勒为征东大将军，勒辞而不受。这时，石勒还转战于黄河南北的兖州、冀州一带。到这年冬十月，汉刘聪命刘粲、刘曜、王弥等率众四万进攻西晋都城洛阳，命石勒率领骑兵两万与粲等会师，大败晋军于渑池，石勒进至成皋关（今河南荥阳汜水镇），被晋将王赞所败。于是，石勒转而南攻襄城（今河南襄城），进驻于宛（今河南南阳）的北山。

永嘉五年（311 年）石勒军全歼西晋主力，并会同刘曜、王弥之众攻破洛阳。王弥私下谋划联合曹嶷先灭石勒，不料为之送信的刘暾被石勒的游骑抓获，石勒始生图王弥之心。在刘瑞攻打王弥时，石勒率军解救，麻痹王弥的猜忌之心。然后于这年十月宴请王弥，在酒酣之际斩王弥尽并其众。同时向汉王刘聪上报王弥叛汉证据。刘聪任命石勒为镇东大将军、督并幽二州诸军事、领并州刺史、持节、幽州牧等职。为石勒此后以河北为根据地、建立霸业打下雄踞一方的基础。

---

① 《晋书》卷一〇四《石勒载记上》，北京，中华书局，1974。
② 《晋书》卷一〇四《石勒载记上》，北京，中华书局，1974。

永嘉六年（312 年）二月，石勒屯兵葛陂（今河南新蔡北）准备南攻建业，流露出他对司马氏的刻骨仇恨。时逢下雨三月不止，张宾为他陈述天下形势，建议以旧都邺城为根据地经营河北，“河北既定，天下无处将军之右者矣”①。石勒欣赏张宾的深谋远虑，决定回军河北。在兵威强盛、一心南下之时能虚心听取谋士的意见，更正战略计划，在这一点上更显示了他的明智，是后来的前秦苻坚、魏孝文帝等不可同日而语的。石勒军达邺城时，正巧邺城已被王浚的族弟王演抢先拥兵据守，于是石勒就于六月进据襄国（今河北邢台），一面征得汉主刘聪的同意，得到都督冀幽并营四州诸军事、冀州牧、上党公的封赏；一面以襄国为根据地，在军事上固城堑、扩兵力，经济上广储粮。由于预先在政治、军事、经济诸方面做好了准备，并粉碎了王浚联合鲜卑攻打襄国的军事行动。建兴元年（313 年）四月，石勒派石虎攻克邺城，三台的许多流民都归附于石勒，勒以桃豹为魏郡太守，镇守于邺，不久，改用石虎代替了桃豹。

石勒既取襄国，又占邺城，在河北的据点日益稳固，势力日益发展，就和晋大司马幽州刺史王浚发生正面冲突。时广平人张豺、游纶拥众数万，占据苑乡（今河北邢台东北），受命于晋幽州刺史王浚。石勒采用了张宾之计，派使者携带大量珍宝财物，并送表文，推尊王浚为天子，自愿为藩臣，以骗取王浚的信任。同时，利用王浚和刘琨之间的矛盾，张宾又建议石勒派使者送信与刘琨，说明过去得罪于晋朝，现在王浚有不臣之心，故要讨伐王浚来赎罪，使刘琨不但不助王浚，且给予石勒以进军的便利。一切准备就绪，建兴二年（314 年）三月，石勒亲率轻骑袭取幽州，表面上却伪装亲来幽州奉戴王浚称帝。于是迅速进入幽州，活捉了王浚，斩于襄国。王浚既灭，石勒在北方的对手就数刘琨了。刘琨为晋大将军都督并州诸军事并州刺史，自东瀛公司马腾离开并州后即由刘琨继任刺史，他虽有一定的声望和影响，但力量有限，曾几次求援于鲜卑拓跋猗卢。建兴四年（316 年）冬，石勒进攻晋乐平太守韩据于沾城（今山西昔阳西南），刘琨新得猗卢之众姬澹等，即命姬澹率军拒勒，琨自为后援，结果姬澹大败，奔于代郡（山西大同东）；刘琨部下长史李弘以并州降于石勒，刘琨只得奔投于段匹磾，后为匹磾所杀。石勒在消灭了王浚和刘琨之后，逐渐形成以襄国为基地，发展成为今河北、山东地区的割据势力。东晋太兴元年（318 年），汉内乱，石勒率军攻破汉都平阳（今山西临汾西）。次年，刘曜自立为帝，建前赵，迁都长安。石勒脱离前赵，自称大

① （宋）司马光：《资治通鉴》卷八八永嘉六年二月，北京，中华书局，1956。

单于、赵王，定都襄国，史称后赵。

（二）后赵统一北方的军事行动

石勒在建立后赵后，依然不断地进行军事活动，以期统一北方。后赵王三年（321 年），石勒命石虎、孔苌等攻打鲜卑段匹磾等于厌次（今山东阳信东南），俘虏了段匹磾及其弟文鸯等，消灭了段氏鲜卑的势力。后赵王四年（322 年），石勒又命石虎率众四万，攻晋泰山太守徐龛，俘至襄国后斩之。东晋兖州刺史郗鉴，被石虎所逼，只得退至合肥。至是，徐、兖二州地方，多归于石勒。五年（323 年），石勒命石虎率领步骑四万，进讨曹嶷于广固（今山东青州西北），嶷部下东莱太守刘巴、长广太守吕披相继投降，曹嶷也只得投降，被石勒杀死于襄国。于是，青州郡县也尽归于石勒。六年（324 年、东晋大宁二年），石勒派将兵都尉石瞻，攻取东晋的下邳（江苏睢宁西北）、彭城（今江苏徐州）、东莞（今山东沂水）、东海（今山东郯城北）等郡。又派司州刺史石生，攻杀前赵河南太守尹平于新安（今河南新安），破垒壁十余所，掠五千户而还。从此，“二赵构隙，日相攻掠，河东、弘农之间，民不聊生矣”①。此时，石勒在北方的主要对手就是前赵刘曜。

后赵王七年（325 年）石生据守洛阳，前赵中山王刘岳来攻，石虎率军救石生，大败刘岳于洛西，俘岳送于襄国。刘曜自长安来援刘岳，军队在夜中一再惊溃，无法作战，只好退还。后赵太和元年（东晋咸和三年、328 年），石虎进攻前赵的蒲坂（今山西永济蒲州镇），赵主刘曜亲自来救，大败石虎于高候（今山西闻喜境内），进围石生于洛阳。后赵荥阳太守尹矩、野王太守张进等，皆降于刘曜，“襄国大震”。于是，石勒拟亲自带兵援救洛阳。程遐等还劝石勒“不可亲动，动无万全”②。石勒大怒，斥逐程遐，而召徐光计议。徐光力主石勒亲自出马，认为“定天下之计，在今一举”③。石勒所崇信的和尚佛图澄，也认为大军若出，必擒刘曜④。在这两赵决战的关头，石勒决心亲征，率领四万人马，进援洛阳。途中石勒还对徐光谈道，如果刘曜陈重兵于成皋关（今河南荥阳汜水镇），这是上策；如果阻洛水为阵，这是中策；如果坐守洛阳，则必为我所擒。及勒至成皋，各路军队集合，共有步兵六万，骑兵二万七千，而这里却没有刘

---

① （宋）司马光：《资治通鉴》卷九三大宁二年正月，北京，中华书局，1956。

② 《晋书》卷一〇五《石勒载记下》，北京，中华书局，1974。

③ 《晋书》卷一〇五《石勒载记下》，北京，中华书局，1974。

④ 《晋书》卷一〇五《石勒载记下》，北京，中华书局，1974。

曜的军队防守，石勒大喜，迳趋洛阳，大战于洛阳的西阳门。刘曜酗酒，战前还喝得酩酊大醉，结果大败落马，被石勒所俘处死。次年即太和二年（329 年）石虎攻入关中，俘虏了刘曜的太子刘熙，前赵势力被消灭。至此，中国北方除凉州张氏、代北鲜卑拓跋氏、辽西鲜卑慕容氏外，绝大部分均为石勒所统一。

（三）石虎篡位

后赵建平四年（333 年）六月，石勒病卧，召中山王石虎、太子石弘、中常侍严震等待疾宫中。而石虎伪造诏命，隔绝群臣亲戚，不许进宫探望病情。七月，勒病死，年六十。太子弘继位，年号延熙，立刘氏为皇太后。石虎强迫石弘杀了程遐、徐光，石虎子石邃带兵入宫宿卫，原来的卫士皆被撤换。此后，石虎被拜为丞相、魏王、大单于，加九锡，以魏郡等十三郡为邑。石弘恐惧丞相石虎，欲让位于石虎，遭到石虎的拒绝。石勒妻刘氏与子彭城王石堪谋除石虎，拥南阳王石恢为盟主。石堪单骑出逃，直奔兖州。到达廪丘（今山东郓城）时，因事机不密，被逮送至襄国，活活烤死。刘太后亦被杀死。河东王石生在关中起兵，石朗在洛阳起兵，声言灭石虎。石虎擒下石朗，他先砍掉石朗的双脚，再斩首。长安一战，石虎大败，“枕尸三百余里”[①]，此时石生同盟的鲜卑人竟然反叛，石虎重振军势，石生被部下斩首，献给石虎。咸康元年（335 年）十月石弘持玺绶向石虎表明愿意禅位。石虎说：“天下人自当有议，何为自论此也！”[②] 不久，石弘被废为海阳王，同年被石虎所杀。以后，石虎诛杀石弘及石勒诸子，迁都于邺。咸康三年（337 年）改称大赵天王。永和五年（349 年）称帝。

石虎即位后，首先出兵北线进攻辽西鲜卑段辽。他封王华为渡海将军、桃豹为横海将军从海路率十万军队，陆路由龙骧大将军支雄、冠军将军姚弋统步兵十万做前锋，海陆两路进攻段辽，石虎本人领军作后援。陆路支雄军长驱入蓟，段辽的渔阳（今天津蓟县西南）太守马鲍，代（今河北蔚县）相张牧、北平（今河北遵化）相阳裕、上谷（今河北怀来）相侯龛等四十余城首领相率投降石虎，段辽逃奔密云山。其左右长史刘群等封府库投降石虎。石虎军乘胜追杀，抓获段辽母妻，斩辽军千人，段辽单骑逃走。后派子乞特真上表及名马表示臣服。石虎获胜后，将段辽的二万余户迁到内地的雍、司、兖、豫四州，从中选拔了一些有才能的人为官，充实了石赵政权实力。派抚军李农为使持节监督辽西北平军事、守卫

① 《晋书》卷一〇五《石勒载记下》，北京，中华书局，1974。
② 《晋书》卷一〇五《石勒载记下》，北京，中华书局，1974。

东北门户。在南线，石虎派夔安为征讨大都督，领兵七万进攻东晋的荆扬。其中石闵军和朱保军分别击败晋军。张贺度军攻陷邾城（今湖北黄冈），晋将黄冲、历阳太守郑进领兵投降，夔安掠东晋民户七万而还。经过南征北战，石虎的势力不断加强，后赵国的疆界也不断扩大，鼎盛时有“十州之地”。

石虎是十六国时期有名的暴君。在其统治期间，军旅不息，众役繁兴，征调频仍，刑罚严酷。迁都邺城后石虎大造宫室，昼夜荒淫，穷奢极侈。石虎营建新都不忘旧都，襄国照旧大兴土木，建造太武殿。殿基高二丈八尺，东西七十五步，南北六十五步，全殿饰以漆瓦、金铛、银楹、金柱、珠帘、玉璧，极尽华丽之能事。又营建长安、洛阳的宫殿，两地服役的人有四十多万。为修建各地的宫室，有许多人被活活累死、饿死。石虎好猎，为满足打猎需要，石虎派人率车工匠四千人，在东平的罔山造猎车千乘。这种猎车辕长三丈，高一丈八尺，置高一丈七尺；同时造格兽车四十乘，车上又加建二层楼。猎场南起荥阳、东到阳都（今山东沂南），派有御史管理，不允许百姓打猎场内的禽兽，如有违者，罪至大辟。御史又仗势欺人，擅弄威权。百姓人家有美女、好的牛马，如果求之不得，就诬陷其犯猎兽罪而遭大辟，百姓死者无数。

石虎在朝廷中设置女官，“增置女官二十四等，东宫十有二等，诸公侯七十余国皆为置女官九等”①。民间二十岁以下、十三岁以上的三万多女子被征，分为三等发送到府第配给官吏。“郡县要媚其旨，务于美淑，夺人妇者九千余人。百姓妻有美色，豪势因而胁之，率多自杀”②。拆散穷苦人的家庭，强夺人妻，导致妻离子散，许多年轻女子自杀。

石虎虽然崇尚儒学，但他率先破坏儒道，引起老百姓思想上的混乱，怨毒之气弥漫后赵国。石虎喜欢排场，“常以女骑一千为卤簿，皆著紫纶巾、熟锦袴、金银镂带、五文织成靴，游于戏马观”③。

石虎设置龙腾军，皆冠绛帻，作为他的近卫武装和中央军，取代过去的禁军和中军。他说过一句话，“盖政以均平为首，化以仁惠为本”，足以证明他对国家长治久安的浅显见识。太子石宣祈于山川，因而游猎，乘大辂，羽葆、华盖，建天子旌旗，十有六军，戎卒十八万，出自金明门。同时他还有意“苦役晋人”④，严重地破坏了农业生产，使阶级矛盾和民

① 《晋书》卷一〇六《石季龙载记上》，北京，中华书局，1974。
② 《晋书》卷一〇六《石季龙载记上》，北京，中华书局，1974。
③ 《晋书》卷一〇六《石季龙载记上》，北京，中华书局，1974。
④ 《晋书》卷一〇七《石季龙载记下》，北京，中华书局，1974。

族矛盾日益激化，起义不断发生。其中，梁犊起义规模最大。永和四年（348 年）石虎杀太子石宣，把无辜的东宫卫士十余万人谪戍凉州，其中万余人于次年到达雍城（今陕西凤翔南）时，在高力督（石宣挑选身强力壮者守卫东宫，号“高力”，设置督将率领，称“高力督”）梁犊领导下发动起义，各族人民纷纷参加。义军所向披靡，及至长安，众已十万，击败石苞，东出潼关，两次大败大司马李农。石虎继续派兵镇压，又利用氐族贵族苻洪和羌族贵族姚弋仲的武装力量合兵进攻，梁犊兵败牺牲。这次起义虽然失败，但动摇了后赵统治的根基。

东晋永和五年（349 年）石虎病死，后赵内乱，诸子争立，互相残杀。次年，石虎养孙汉人冉闵（即石闵）乘政局混乱，杀石鉴，灭后赵，政权落入冉闵之手。永和七年（351 年），称帝于襄国的石祗也被冉闵消灭。冉闵登基后，大杀“胡”人，激起了各少数民族人民的强烈反抗。永和八年（352 年），从幽州南下的前燕慕容儁，与冉闵大战于魏昌城（今河北无极），俘冉闵，冉魏政权灭亡。

（四）后赵时期的民族政策

石勒定都襄国，创立后赵政权后，称羯人为“国人”，视为其政权的政治基础，对他们施行与汉人不同的法律。又置大单于一职，统辖汉人以外的各少数民族，“镇抚百蛮”，以他们为后赵政权的军事基础，实行胡、汉分治办法，营建东西官署，分管汉族和少数民族事宜。石勒竭力提高羯人的地位，不准汉人称他们为“胡”；稍有犯讳，则可能招致杀身之祸。石勒、石虎在攻陷汉族坞堡和少数民族部落之后，往往采取长途迁徙的办法，将他们迁到襄国周围或军镇要地。这种徙移往往是数万户（落），甚至是十数万户（落）进行的。对于反复迁徙与汉民杂处的少数民族，后赵并没有让他们隶属于当地编户，而是保留其部落组织。部落首领大者被任为将军，小者被任为都尉、都督，总隶属于单于台。单于台沿袭匈奴刘汉和前赵的单于台制度而来，是专门统治“六夷”亦即少数民族的政治机构。单于台的最高长官为“大单于”，此名也是沿袭匈奴旧制而来的。所不同的是，刘汉和前赵的大单于一般是由太子担任，而后赵则是太子之外的其他儿子担任。大单于之下，设单于元辅、单于左右辅，专门管理“六夷”部众。六夷部众是后赵基本的军事力量。

两晋时期北方少数民族与汉族杂居，胡汉风俗各异。石勒整饬风俗，革除陋习。对促进民族的和睦共处起了积极的作用。首先革除自己民族的陋习。胡人有酗酒之风，对后赵初期经济恢复不利，酗酒又容易滋事伤人，他就下令禁酒。他接受儒家伦理观念，下书禁止胡人娶亡兄之妻和在办丧事中办婚娶的习俗，保留了胡人的火葬习俗。

石勒统治时期，十分注意调整汉族与统治民族之间的关系，早在他依附刘渊的匈奴汉政权袭击河北时，他虽对西晋政权的官吏肆意残杀，却注意笼络河北土著豪族。他攻占坞壁堡垒等民间自卫组织后，任命坞壁堡垒主为地方长官，借以征调军队和财物，力图进行一种有秩序的统治，还将其中的士族集中在一起，号称“君子营”，致使“衣冠之士靡不变节”①。他在襄国正式创立政权后，又将朝臣中掾、属以上出身魏、晋士族者三百多家迁到襄国崇仁里，置公族大夫加以掌管，并严令少数族人“不得侮易衣冠华族”②。他还置左、右执法郎，“典定士族，副选举之任”③，恢复魏晋以来的九品官人制度，使士族取得了特权。石勒两次清定九品，又设立太学、小学和郡国学，培养将佐和豪族子弟。石虎即位后，也肯定士族特权，并将对关东士族的优待扩大到关中的望族。

（五）后赵时期的经济

石勒在任刘渊部将时，攻下河北诸坞堡，便任坞主为将军、都尉，选强壮者为兵，“老弱安堵如故，军无私掠”④。同时他还十分重视农业生产，建兴四年（316年），河东平阳（今山西中南部）一带发生蝗灾，农民四出流亡，石勒派人前往招抚，“民归之者二十万户”⑤。同年底，在辽西的数万户流民“迭相招引，民不安业”，石勒派武遂令李回为易北都督，前往招抚，“流民归之者相继于道”⑥。石勒安置流民的措施，赢得了民心，为后赵的建立奠定了基础。

后赵建立之后，在经济上，石勒效法西汉，在占领的州郡查明户口实行田租户调的征收。建兴二年（314年）规定户出帛二匹，谷二斛，比西晋、曹魏时还要轻。在农业遭受破坏的情况下轻租税有利于农业生产的恢复。石勒实行鼓励农业的措施，派官吏循行郡县，劝课农桑。设置劝课大夫、典农使者、典农都尉等专官，使督课农桑制度化。对经营农业成绩突出者赐爵五大夫，可免役或为官，亲自接见并奖励“力田”者。经过石勒实施一系列政治、经济政策，使河北一带生产有所恢复，“司冀渐宁，

① 《晋书》卷一〇四《石勒载记上》，北京，中华书局，1974。
② 《晋书》卷一〇四《石勒载记上》，北京，中华书局，1974。
③ 《晋书》卷一〇五《石勒载记下》，北京，中华书局，1974。
④ 《晋书》卷一〇四《石勒载记上》，北京，中华书局，1974。
⑤ （宋）司马光：《资治通鉴》卷八九建兴四年七月，北京，中华书局，1956。
⑥ （宋）司马光：《资治通鉴》卷八九建兴四年十二月，北京，中华书局，1956。

人始租赋”[1]。在平定幽冀二州以后，乃下令“州郡阅实户口，户赀二匹，租二斛”[2]。征租税有了制度，而且较轻，有利于农业发展。他还因耗费粮食而严禁酿酒，“行之数年，无复酿者”[3]。石勒曾下令铸造“丰货钱”，令公私用钱币交易，试图扭转北方由于战乱而形成的自然经济状态。石勒这些活动在一定程度上缓和了激烈的胡汉冲突，有利于社会经济发展，使后赵政权基本上控制了除河西张氏、塞北鲜卑代国及辽西慕容鲜卑燕政权以外的整个黄河流域地区。石勒的后继者也继承了他发展农业的政策，如石虎就对田畴不辟、桑业不修的地方官员严加贬抑。在上下的一齐努力下，羯族石氏统治区内农业生产出现了繁荣的局面，国仓丰盈，石虎就曾经“以租入殷广，转输劳烦，令中仓岁入百万斛，余皆储之水次”[4]。农业生产的发达可见一斑。

但这一良好局面，很快就被石虎的穷兵黩武消耗殆尽。石虎多次征发士卒进攻辽西慕容燕政权及凉州张氏，又欲进攻东晋。“敕河南四州具南师之备，并、朔、秦、雍严西讨之资，青、冀、幽州三五发卒，诸州造甲者五十万人。兼公侯牧宰竞兴私利，百姓失业，十室而七。船夫十七万人为水所没、猛兽所害，三分而一”[5]。他又大修洛阳、邺城宫殿，长年服苦役者达四十万人。石虎又耽于射猎，禁止黄河南边广大地区的百姓捕猎禽兽，他派遣的禁猎御史又因而作奸，剥夺百姓。结果后赵境内“海岱、河济间人无宁志”[6]，社会矛盾迅速激化。为了镇压不断出现的反抗，石虎施行严刑峻法，“立私论之条，偶语之律，听吏告其君，奴告其主，威刑日滥，公卿已下，朝会以目，吉凶之间，自

图3-3 后赵“丰货”币

① 《晋书》卷一〇四《石勒载记上》，北京，中华书局，1974。
② 《晋书》卷一〇四《石勒载记上》，北京，中华书局，1974。
③ 《晋书》卷一〇五《石勒载记下》，北京，中华书局，1974。
④ 《晋书》卷一〇六《石季龙载记上》，北京，中华书局，1974。
⑤ 《晋书》卷一〇六《石季龙载记上》，北京，中华书局，1974。
⑥ 《晋书》卷一〇六《石季龙载记上》，北京，中华书局，1974。

此而绝”[①]。他又认为汉族群众不可信，将会反抗，特地征发邺城周围汉族男女十六万人，在邺城北修建华林苑及筑长墙，以“苦役晋人”，更加剧了羯族与汉族之间的民族矛盾。

（六）后赵时期的文化

石勒十分重视文化教育，他在占领河北之后，即在襄国“立太学，简明经善书吏署为文学掾，选将佐子弟三百人教之”[②]。同时下令“郡国立学官，每郡置博士祭曾酒一人，弟子百五十人”。并且他“亲临大小学，考诸学生经义，尤高者赏帛有差。勒雅好文学，虽在军旅，常令儒生读史书而听之，每以其意论古帝王善恶，朝贤儒士听者莫不归美焉”[③]。据史载，后赵统治者石虎“虽昏虐无道，而颇慕经学，遣国子博士诣洛阳写石经，校中经于秘书。国子祭酒聂熊注《穀梁春秋》，列于学官”[④]。即位后，便诏令加强中央和地方的经学教育。石勒一贯重视历史，曾在襄国设置史学祭酒。

后赵沿袭魏晋著作官制，置著作郎、佐著作郎。后赵石勒时期的著作官似乎多选用羯人。据《晋书》卷一〇五《石勒载记》，石勒曾“擢拜太学生五人为佐著作郎，录述时事”。太学生均为羯人将佐子弟。由“擢太学生五人”看，后赵佐郎员额五人，正郎当为一人。由于羯人汉文化水平较低，石虎时开始任用汉人王度仕后赵为著作郎。此外，后赵还置有“史学祭酒。”《晋书·石勒载记》称：“太兴二年，勒伪称赵王……任播、崔濬为史学祭酒”。史学祭酒的职责似是宫禁帝王的历史教学。石勒尝使儒生为之读史书，并使刘征、任播教授石弘兵书。建平元年（330 年），石勒称赵天王，行皇帝事。侍中任播等参议，以赵承金为水德。后赵还有起居注官，多取自内侍官，有撰事则设，不常置。中大夫傅彪等人撰有《大将军起居注》，参军石泰等人撰有《大单于志》，以记述后赵历史。据《史通·外篇·古今正史第二》记载：“后赵石勒命其臣徐光、宗历、傅畅、郑愔等撰《上党国记》、《起居注》、《赵书》。其后又令王兰、陈宴、程阴、徐机等相次撰述。至石虎，并令刊削，使勒功业不传。”这说明在后赵立国之后，石勒就十分重视国史的修纂，既有记载羯胡石勒起家的

---

① 《晋书》卷一〇六《石季龙载记上》，北京，中华书局，1974。

② 《晋书》卷一〇四《石勒载记上》，北京，中华书局，1974。

③ 《晋书》卷一〇五《石勒载记下》，北京，中华书局，1974。

④ 《晋书》卷一〇六《石季龙载记上》，北京，中华书局，1974。

《上党国记》，也有记载石勒日常处理公务的《起居注》，更有系统记载后赵历史的《赵书》传世。但是这些史书被后起的石虎禁毁，以致石勒事迹近乎湮灭。石虎时，著作郎王度掌修后赵史。《隋书·经籍志》收录有《二石传》二卷，晋北中郎将参军王度撰。又有《二石伪治时事》二卷，王度撰。王度可能在后赵灭亡之后入东晋。《旧唐书·经籍志》有《二石伪事》，注云："王度、隋翙等撰"。隋翙当为陆翙，从其所撰《邺中记》看，可能在后赵为官撰史，后入东晋。后赵亡后，史官、士人多亡归东晋，石赵史书及起居注亦多被带入建康。

石勒还十分重视天文学，他在灭前赵之后，首先"徙浑仪、乐器于襄国"[①]，后又命"徙洛阳晷影于襄国，列之单于庭"[②]。石勒建国之后，特别注意天文仪器的制造和天文学的研究。据历史记载，石勒政权不仅建立了天文历法研究机构，同时也修建了明堂、学校和天文台，"起明堂、辟雍、灵台于襄国城西"[③]。明堂是我国传统的天文厅式的建筑。石勒在修建明堂的同时，又修筑了辟雍，明堂、辟雍具有大学的功能。除此之外，石勒还修建了天文台。在后赵政权的天文研究机构和天文台中工作的不仅有男性，而且还有女子。在宫内"置女宫十有八等，教宫人星占及马步射。置女太史于灵台，仰观灾祥"[④]。石虎时期曾召集大批女子，教授她们学习天文、占星学，并且在宫内设立女子太史，上天文台观察天象。这在我国天文学史上是一种独一无二的开创性的工作。

二、羯族在河北地区的分布

《资治通鉴》卷八一晋武帝太康元年（280年）记侍御使西河郭钦上疏称："魏初民少，西北诸郡，皆为戎居，内及京兆、魏郡、弘农，往往有之。今虽服从，若百年之后有风尘之警，胡骑自平阳、上党不三日而至孟津，北地、西河、太原、冯翊、安定、上郡尽为狄庭矣"。这说明在曹魏时期已经有大批的西北地区少数民族内迁，主要集中在今陕西、山西、河南等地。《晋书》卷九七《匈奴传》称："武帝践阼后，塞外匈奴大水，塞泥、黑难等二万余落归化，帝复纳之，使居河西故宜阳城下。后复与晋人杂居，由是平阳、西河、太原、新兴、上党、乐平诸郡靡不有焉。"晋武帝时内迁的二万匈奴中，其中应包含羯族。西晋后期，并州发生饥荒，

① 《晋书》卷一〇四《石勒载记上》，北京，中华书局，1974。
② 《晋书》卷一〇五《石勒载记下》，北京，中华书局，1974。
③ 《晋书》卷一〇五《石勒载记下》，北京，中华书局，1974。
④ 《晋书》卷一〇五《石勒载记下》，北京，中华书局，1974。

造成大量胡族逃亡，西晋官吏公然捉拿贩卖，并州刺史司马腾“执诸胡于山东卖充军实，腾使将军郭阳、张隆虏群胡将诣冀州，两胡一枷”[①]。石勒就在其中，这说明西晋后期流入河北的羯族当不在少数。《文选》卷五九沈休文《齐故安陆昭王碑文》李善注引朱凤《晋书》：“前后徙河北诸郡县，居山间，谓之羯胡”。“河北诸郡县”指黄河以北的冀州及司州东北部一带。严格意义上讲羯胡应限于河北区域内亦即山西、河北间的新徙诸胡。石勒曾与汲桑“佣于武安临水”[②]，武安即今河北邯郸武安市。

羯族的大量内迁是在西晋后期。石勒起兵时，招集王阳、夔安、支雄、冀保、吴豫、刘膺、桃豹、逯明八骑为群盗。后郭敖、刘征、刘宝、张噎仆、呼延莫、郭黑略、张越、孔豚、赵鹿、支屈六又赴之，号为十八骑。在这十八个人中的三个刘氏“假使不是南匈奴，也是屠各，西域人的可能性较小……这些与石勒同起的胡人假使不是牧人，就是与石勒一样被掠卖的并州胡”[③]。马长寿先生也认为：“十八骑”中“恐有很多人和石勒一样，原系并州胡而以奴隶的身份被掠卖到太行以东黄河以北大平原一带的”[④]。石勒攻陷魏郡、汲郡、顿丘诸垒壁，“假垒主将军、都尉，简强壮五万为军士”[⑤]。冀、并诸州“杂夷”的主要成分就是“杂胡”，其中并州“杂胡”是包括石勒本部的上党武乡羯胡以及石勒从并州招集的“胡羯”在内的；冀州“杂胡”则包括“河北诸郡县”的羯族在内[⑥]。汲桑起兵后，冀州刺史丁绍“率州兵讨破汲桑有功，加宁北将军、假节、监冀州诸军事。时境内羯贼为患，绍捕而诛之，号为严肃，河北人畏而爱之”[⑦]。这说明当时冀州境内羯族起义的人数众多、规模很大。石勒在进攻平阳时，命张敬率骑五千为前锋以讨靳准，石勒统精锐五万继之，据襄陵北原，羌羯降者四万余落。接着，“勒攻准于平阳小城，平阳大尹周置等率杂户六千降于勒。巴帅及诸羌羯降者十余万落，徙之司州诸县”[⑧]。其中今属河北的广平郡、魏郡属司州。刘汉建元元年（315 年），石勒徙平原乌桓展广、刘哆等部落三万余户于襄国。石勒迁徙的各少数民族除一部分集中在邺城、襄国外，还有相当一部分聚集在冀州及其附近地区，刘

① 《晋书》卷一〇四《石勒载记上》，北京，中华书局，1974。
② 《晋书》卷一〇四《石勒载记上》，北京，中华书局，1974。
③ 唐长孺：《魏晋南北朝史论丛》，427 页，北京，三联书店，1955。
④ 马长寿：《北狄与匈奴》，109 页，北京，三联书店，1962。
⑤ 《晋书》卷一〇四《石勒载记上》，北京，中华书局，1974。
⑥ 陈勇：《后赵羯胡为流寓河北并州杂胡说》，载《民族研究》，2008（1）。
⑦ 《晋书》卷九〇《丁绍传》，北京，中华书局，1974。
⑧ 《晋书》卷一〇四《石勒载记上》，北京，中华书局，1974。

汉光初元年（318 年），石勒攻靳准，徙羌、羯降者十多万落于冀州。

后赵建国以后，河北地区的羯族日益增多。建元元年（343 年）六月，石季龙攻打慕容皝大败，秋七月晋康帝曾下诏说："慕容皝摧殄羯寇，乃云死没八万余人，将是其天亡之始也"[①]。晋康帝此诏以"羯寇"泛指后赵，所谓"死没八万余人"，不一定都是羯族，但应当包括部分羯族士兵在内应无疑问。《晋书·石季龙载记下》：石闵杀孙伏都，"宣令内外六夷敢称兵杖者斩之。胡人或斩关，或逾城而出者，不可胜数。……令城内曰：'与官同心者住，不同心者各任所之。'敕城门不复相禁。于是赵人百里内悉入城，胡羯去者填门。闵知胡之不为己用也，班令内外赵人，斩一胡首送凤阳门者，文官进位三等，武职悉拜牙门。一日之中，斩首数万。闵躬率赵人诛诸胡羯，无贵贱男女少长皆斩之，死者二十余万……屯据四方者，所在承闵书诛之，于时高鼻多须至有滥死者半"。《太平御览》卷一二〇《偏霸部四》"后赵石虎"条引崔鸿《十六国春秋·后赵录》作"诸胡羯无少长皆斩之，死者二十余万人，于时高鼻多须至有滥死者"。尽管石闵所诛"胡羯"二十余万多有误杀，但其主体应是羯族，这说明后赵时期仅在邺城一地就聚集有二十万羯族。

前燕慕容氏占据蓟和邺以后，徙军中兵民家属于河北，又徙青齐、河南等地鲜卑、胡羯及晋民一万三千多户于幽冀。前燕元玺元年（352 年），慕容儁徙部分军中兵民家属于蓟。元玺五年（356 年），慕容恪定齐地，徙鲜卑、胡、羯三千余户于蓟。

另外，在北魏早期，也有迁徙羯族入河北的记载。禄官元年（晋太康六年，285 年），"穆帝始出并州，迁杂胡北徙云中、五原、朔方。又西渡河击匈奴、乌桓诸部"[②]。周一良先生认为这条材料中的"杂胡"就是"匈奴杂胡"[③]。另外，猗卢七年（314 年），"帝复与刘琨约期，会于平阳。会石勒擒王浚，国有匈奴杂胡万余家，多勒种类，闻勒破幽州，乃谋为乱，欲以应勒"[④]。有学者认为这里的在猗卢国内的"匈奴杂胡万余家"，显然就是不久前猗卢"出并州，迁杂胡北徙云中、五原、朔方"的"杂胡"[⑤]。《晋书》卷一〇四《石勒载记上》称：石勒在冀州众至十余万

---

① 《晋书》卷七《康帝纪》，北京，中华书局，1974。

② 《魏书》卷一《序纪》，北京，中华书局，1974。

③ 周一良：《北朝的民族问题与民族政策》，见周一良：《魏晋南北朝史论集》，164 页，北京，北京大学出版社，1997。

④ 《魏书》卷一《序纪》，北京，中华书局，1974。

⑤ 高敏：《十六国时期的军镇制度》，载《史学月刊》，1998（1）。

人，遂“使其将张斯率骑诣并州山北诸郡县，说诸胡羯，晓以安危。诸胡惧勒威名，多有附者”。《资治通鉴》卷八七此事系于晋怀帝永嘉三年(309年)，又改作“并州诸胡羯多从之”。“并州山北诸郡县”，指并州境内陉岭以北的区域，禄官元年猗卢北迁并州杂胡，所徙之地应距此不远。

北魏后期山西的朔州、临汾一带，仍有羯族聚居。如《魏书》卷七四《尔朱荣传》载：“尔朱荣，字天宝，北秀容人也。其先居于尔朱川，因为氏焉。常领部落，世为酋帅。”据姚薇元先生考证尔朱氏为羯族①。北魏末年，六镇起义，河北的葛荣兼并其他义军，声势浩大，正围攻邺城。尔朱荣亲率精骑七千前往镇压，击败葛荣。

近年出土的《尔朱世邕墓志》记述了羯族尔朱氏在河北的一些情况，志文称志主为梁郡人，梁郡为“秀容梁郡”。梁郡为汉梁时置，北魏恢复汉代的梁郡，大致在北秀容一带，其治所在今山西省朔县，北南秀容城在今山西省岚县南。尔朱氏“其先居于尔朱川，因为氏焉。常领部落，世为酋帅”②。尔朱氏为秀容部酋长，即居于秀容梁郡。尔朱荣的祖父代勤曾被赐爵梁郡公，尔朱荣亦袭此爵。志文称志主的祖父尔朱汗为使持节、车骑大将军、肆州刺史、鱼阳郡开国公。鱼阳郡即渔阳郡，在今北京一带，领雍奴、潞、无终、渔阳、土垠、徐无六县。志主的父亲尔朱育为右卫将军，仪同三司，云州、朔州、零州总管五州诸军，南北秀庸第一领民酋长，北道大行台。志文中的“南北秀庸第一领民酋长”，应为“南北秀容第一领民酋长”。

关于北朝的酋长制，周一良先生曾做过精辟的论述，他认为北朝时期由于北方胡族内迁，零散地分布于北魏境内，同时又没有成为北魏的编户齐民，为了进一步统治散落诸胡，北魏政权采取了酋长领民制。民即指部落之民众。领民酋长皆鲜卑或附属于鲜卑之敕勒、匈奴、契胡族等为之，“领民酋长者实为此类部落之酋帅也”。随着州郡制和三长制的推行，北方地区的大部分领民酋长跟着消失，但也有少数像尔朱氏一样经营有方、势力强大的领民酋长不仅没有消失，北魏末年反而势力膨胀起来。“逮魏之末年，领民酋长见于史者渐多。然此辈固非太祖以来世袭此职，十九系六镇乱后之北边雄豪。新立战功，朝廷欲以此传统之美称羁縻之，冀得其用。昔者部落性质固定，酋长之入朝从征及领方镇皆属暂时。今则酋长征讨出守而部落随之迁徙，甚者徒有酋长虚号，而无部民，与昔之拥部落而

① 姚薇元：《北朝胡姓考》，361页，北京，科学出版社，1958。
② 《魏书》卷七四《尔朱荣传》，北京，中华书局，1974。

定居，世有其地者迥异”[1]。秀容第一领民酋长北魏时期多为尔朱氏担任。尔朱荣的高祖羽健，登国初为领民酋长。曾祖郁德，祖代勤，继为领民酋长。其后，尔朱荣为秀容第一领民酋长。魏齐之际，尔朱天光又为秀容第一领民酋长。但也有例外，如高市贵“及尔朱荣立魏庄帝，市贵预翼戴之勋。迁卫将军、光禄大夫、秀容大都督、第一领民酋长，赐爵上洛县伯”[2]。志文中称尔朱育为北道大行台。志主曾任征虏将军、都督、永安县开国男、历城县开国男。由于《北齐书》没有职官志，而《隋书·百官志》又缺载，因此北齐时期征虏将军具体武阶比较难确定，我们可以大致比照北魏时期征虏将军的官阶，《魏书·百官志》称征虏将军的官阶为正三品中。志主于天保六年（555 年）正月下葬，春秋四十，当大致生于公元 515 年左右，即北魏延昌四年。

志主的葬地在邺城的紫陌北，这里“紫陌”即指通往紫山的道路。紫山，自北朝以来已有其名。《魏书》卷一〇六《地形志》广平郡条称邯郸“有紫山”，《太平寰宇记》卷五六磁州邯郸县条称唐玄宗天宝六年（747 年）改紫山为朱衣山。紫山，又称马服山，大致在今永年县西南。（光绪）《畿辅通志》卷四八《广平府赵奢墓》条曰：“赵奢墓，在邯郸县西北。《名胜志》邯郸赵奢冢在县西山，本名紫山，因奢冢在上，故又名马服山”。同书《广平府紫山条》称：“紫山，邯郸县西北三十里”。志文中的“紫陌”确切地表明，北魏时期出现的紫山一名，在北齐时期仍然得到沿用。[3]

尔朱氏是北魏末年政治舞台上最具影响力的羯族部落。通过志文我们知道志主叔祖三人，分别为天柱将军、天柱王尔朱荣，常山王尔朱度律，彭城王尔朱仲远。族叔两人，为陇西王尔朱天光和颍川王尔朱吐万仁。志主尔朱世邕一生的活动时间大部分是在河北，死后葬在邺城紫山。志文中关于志主同族叔祖的记述，说明北齐时的尔朱氏尽管不如北魏后期具有政治影响力，但仍不失为当朝权贵。

国家图书馆藏有三帧尔朱氏墓志铭拓片，其中《魏故使持节骠骑大将军都督云朔恒定燕州诸军事恒定二州刺史尚书左仆射叱列延庆妻子尔朱元静墓志铭》称，尔朱元静为北秀容人，其二弟为彭城太宰、三弟为尚书令、四弟为御史中丞、五弟为朝阳王。东魏时期，尔朱氏异军突起，多

① 周一良：《领民酋长和六州都督》，见周一良：《魏晋南北朝史论集》，191 ~ 196 页，北京，北京大学出版社，1997。

② 《北齐书》卷一九《高市贵传》，北京，中华书局，1971。

③ 陈瑞青、吴玉梅：《北齐尔朱世邕墓志考释》，载《文物春秋》，2010（1）。

人封王，其中“颍川王尔朱兆，彭城王尔朱仲远，陇西王尔朱天光，乐平王尔朱世隆，常山王尔朱度律”，建义元年（528年）三月，“骠骑大将军、开府仪同三司、徐州刺史、彭城王尔朱仲远，骠骑大将军、仪同三司、雍州刺史、陇西王尔朱天光，并为大将军；柱国大将军、并州刺史、颍川王尔朱兆为天柱大将军；骠骑大将军、仪同三司、左卫将军、大都督、晋州刺史、平阳郡开国公、齐献武王封勃海王，增邑五百户；特进、车骑大将军、清河王亶为仪同三司；侍中、太傅、骠骑大将军、开府仪同三司、尚书令、乐平王尔朱世隆为太保；开府、前司徒公长孙稚为太尉公、录尚书事”①。尔朱元静的二弟彭城太宰，就是彭城王尔朱仲远。据《魏书·前废帝广陵王纪》记载，建义元年九月己卯，“以使持节、都督东道诸军事、兼尚书令、东道大行台、彭城王尔朱仲远为太宰”。尔朱元静作为尔朱仲远的姐姐，可能是在尔朱氏占据河北时来到邺城，并在此定居，死后葬在邺城的。

《魏故使持节侍中骠骑大将军司徒公都督冀州诸军事冀州刺史赵郡开国公尔朱公之墓志铭》记述了志主尔朱绍的一生经历，尔朱绍“起家为宁朔将军步兵校尉，俄迁抚军将军金紫光禄大夫，即除散骑常侍左卫将军，后授侍中栾城县开国伯，食邑五百户”。这里的栾城就是今河北石家庄栾城，这说明尔朱氏在北魏后期的势力已经分布在今河北中南部地区。不过尔朱绍生于乱世，28岁死于位，追赠使持节骠骑大将军司徒公都督冀州诸军事冀州刺史②。《魏故使持节车骑大将军仪同三司都督定州诸军事定州刺史万年县开国伯尔朱君之墓志铭》的志主尔朱袭是尔朱绍的弟弟，死时只有18岁。志文称“粤以永安二年六月廿三日薨于京师”③。永安为东魏年号，此时的京师应当就是邺城。尔朱袭死后被追赠为定州刺史、万年县开国伯，食邑三百户。

北魏永安三年（530年）九月，北魏孝庄帝元子攸诱杀太原王尔朱荣后，尔朱氏家族四处起兵，围攻魏都洛阳。魏帝即命河北大族高乾为河北大使，与其弟、直合将军高敖曹一起回冀州招集乡曲，积极准备。普泰元年（531年）二月，颍川王尔朱兆派监军孙白鹞前往冀州，借口征收民间马匹，欲待高乾兄弟送马时，将其逮捕。高乾得知之后，即与前河内太守封隆之等商议，秘密派部众袭击信都，将孙白鹞斩杀。是月，尔朱氏将

① 《魏书》卷一一《前废帝广陵王纪》，北京，中华书局，1974。
② 赵超：《汉魏南北朝墓志汇编》，263页，天津，天津古籍出版社，1990。
③ 赵超：《汉魏南北朝墓志汇编》，264页，天津，天津古籍出版社，1990。

领、殷州刺史尔朱羽生率军5000人袭击信都，为高敖曹所败。不久，高乾又联络晋州刺史高欢一起反对尔朱氏军。六月，高欢联络各地反尔朱氏军的力量，于信都起兵，进逼殷州（治今河北隆尧东），擒斩尔朱羽生。七月，彭城王尔朱仲远、常山王尔朱度律等得到高欢起兵的消息，自认为兵力强大，均不在意。唯乐平正尔朱世隆深为忧虑。八月，尔朱仲远等诸将率军讨伐高欢等。“（尔朱）兆与仲远、度律约共讨之。仲远、度律次于阳平，兆出井陉，屯于广阿，众号十万”①。这说明尔朱氏当时在河北的兵力不下十万。十月，高欢在信都拥立勃海太守、安定王元朗为帝，与尔朱氏拥立的魏帝元恭相抗衡，改年号中兴。元朗以高欢为丞相、都督中外诸军事；高乾为侍中、司空；高敖曹为骠骑大将军、仪同三司，与尔朱氏形成对峙局面。东魏时期，高欢才将河北境内的尔朱氏势力基本肃清。

三、羯族的社会状况

入塞后的羯人保留着部落组织，部有大、小酋帅。部分羯族与汉族杂居，主要从事农业生产，但生活并无保障，以致遇到灾荒之年，或沦为奴仆，或被晋军捕去充军。羯族较善于经商，一部分羯族也从事商业活动。同时，也有部分羯族从事游牧。羯族推崇火葬，据《晋书》卷一〇五《石勒载记下》载：石勒建国之后，便“下书禁国人不听报嫂及在丧婚娶，其烧葬令如本俗”，但帝王贵族的丧葬已经开始实行土葬。

《晋书》记载，前赵刘曜进攻洛阳，石勒对于是否出兵与战有所犹豫，问计于能预测未来的佛图澄，佛图澄曰：“相轮铃音云：‘秀支替戾冈，仆谷劬秃当。’此羯语也。秀支，军也。替戾冈，出也。仆谷，刘曜胡位也。劬秃当，捉也。此言军出捉得曜也”②。这段文字保留了十分重要的羯族语言材料。日本学者白鸟库吉先生曾运用语音学的方法进行过研究。白氏认为，“替戾冈”三字现代的读音是ti-11-kang，而古音则应该读做面-lei-kang，他曾经尝试用Cagatai语中的t。-lanInak和tolgun-mak二词与之对音比定，其意为“回转”，但随后又否定了这一推断，而认为“替戾冈”，应该是与蒙古语daila－khu有对音关系，其意为“出兵”、“击战”、“追敌”、“战胜”等。白鸟库吉又用满语dall，mbi、d动an和“替戾冈”取得了较为合适的读音比对，而满语中此二词意为“征伐”。至于

① 《魏书》卷七五《尔朱荣传附兆传》，北京，中华书局，1974。
② 《晋书》卷九五《佛图澄传》，北京，中华书局，1974。

“替戾冈”，之“冈”，白氏以为乃是蒙古语 Cerundium 一词的语尾音。①陶涛先生认为羯语“替戾冈”一词的语源就是中亚的索格底亚那语，或名粟特语。② 张昌圣先生利用《切韵》对上述羯语进行重构，认为这一语言接近阿尔泰语系，但在元音方面不像一般的突厥语言，倒像蒙古语的喀尔喀方言或通古斯·满语族的语言。不过，既然突厥语族的西匈语支拨忽语组在辅音方面和蒙古语族有共同之处，它们的元音系统的相似并不足为奇③。

羯族的民族宗教，表现在仪式上乃是“祀胡天”。石虎死后，汉人冉闵欲有不利欲诛于羯胡之举动，“龙骧孙伏都、刘铢等结羯士三千伏于胡天，亦欲诛闵等”④。很显然，在这决定民族生死存亡的关键时刻，羯人躬率赵人诸胡羯，无贵贱男女集结于族人的神圣之地，祈祷保佑、激发民族情绪，以便团结一致，同仇敌忾。同时，羯族似也崇拜火。石虎上台后，特意在宫中设置大型庭燎，《艺文类聚》卷八〇“庭燎部”引《邺中记》曰：“石虎正会，殿庭中、端门外、闾阖前设庭燎，皆二，合六处，皆六丈”。《晋书》卷一〇六《石季龙载记上》载：“左校令成公段造庭燎于崇杠之末，高十余丈，上盘置燎，下盘置人，絙缴上下。”这种设备，显非普通的庭燎，而更接近于祭圣火的祭坛。另据《晋书》卷八六《张轨附子张寔传》：“京兆人刘弘者，挟左道，客居天梯第五山，然灯悬镜于山穴中为光明，以惑百姓，受道者千余人，寔左右皆事之。帐下阎沙、牙门赵仰皆弘乡人，弘谓之曰：‘天与我神玺，应王凉州。’沙、仰信之，密与实左右十余人谋杀寔，奉弘为主。寔潜知其谋，收弘杀之。沙等不知之，以其夜害寔。在位六年。私谥曰昭公，元帝赐谥曰元。”关于刘弘所组织的教派，王素先生认为是祆教⑤。尽管这则材料是反映汉族祆教信仰的，但上述材料中阎沙、赵仰皆为弘乡人，而弘乡又是羯族聚集区，这表明应有羯族信仰祆教⑥。

除了胡天、拜火以外，羯族也信仰佛教。永嘉六年（312 年）二月石勒屯兵葛陂，西域高僧佛图澄由石勒大将郭黑略引见石勒。后石勒建立后

① ［日］白鸟库吉著，方壮猷译：《东胡民族考》下编，62 页，北京，商务印书馆，1944。

② 陶涛：《羯语“替戾冈”之语源杂考》，载《时代文学》，2006（4）。

③ 张昌圣：《〈晋书·佛图澄传〉之羯语探源》，载《四川大学学报》，1995（3）。

④ 《晋书》卷一〇七《石季龙载记下》，北京，中华书局，1974。

⑤ 王素：《南朝火祆教钩沉》，载《中华文史论丛》，1985（2）。

⑥ 王青：《魏晋南北朝时期的佛教信仰与神话》，225 页，北京，中国社会科学出版社，2001。

赵政权事佛图澄甚笃，军政大事必咨而后行，并尊称为“大和上”。佛图澄常用佛教教义劝导石氏施行“德化”、“不为暴虐”、“不害无辜”，并大力向民间传播佛教。石勒卒，石虎对其更加敬奉。佛图澄学识渊博，天竺、康居名僧竺佛调、须菩提等均不远万里前来从其受学，汉地名僧如道安、法雅等也远道前来听讲。三国和西晋时，佛寺不满二百，僧尼不过三千，还不成气候。佛图澄在石勒、石虎的大力支持下，极力弘扬佛法。加上佛图澄精通医道，在民众中有很高的威望，“百姓因澄故多奉佛，皆营造寺庙，相竞出家”①，极大地促进了佛教在北方的传播。佛图澄既在赵推行道化，所经州郡，建立佛寺，凡八百九十三所。

石勒去世后，其子弘即位，但不久石勒之侄杀弘自立，改元建武。建武元年（335年）石虎即位后即自襄国（今河北邢台）迁都于邺。经过佛图澄的大力宣扬，襄国、邺城迅速成为北方佛教的中心。据唐代封演《封氏闻见记》卷八云：“邢州内丘县西古中丘城寺有碑，后赵石勒光初五年所立也。”这说明佛图澄在襄国曾经修建过中邱城寺。迁邺以后，佛教得到进一步发展，邺城及其周边地区佛寺林立，高僧云集。邺城地区著名的寺院有白马寺、邺城中寺、邺宫寺、昭德寺等。

第三节　氐　族

氐族原在中国北部和西部的广大地区游牧，其在历史上出现的时间较早，《诗经·商颂》言：“昔有成汤，自彼氐羌，莫敢不来享，莫敢不来王”。《竹书纪年》亦言成汤及武丁时，曾两次有“氐羌来宾”的事实。说明早在商初氐羌即被迫向商称臣纳贡。古书常以氐羌连在一起称述，说明二族关系至为密切。关于氐族的起源，主要有两说：一说氐、羌同源而异流；另一说氐、羌虽自古关系密切，然而从来都是两个不同民族。②一般认为从春秋战国至秦汉，氐人活动在西起陇西、东至略阳、南达岷山以北的地区，约相当于魏晋的陇西、南安、天水、略阳、武都、阴平六郡及其南邻。汉代在氐族聚居区设有武都郡、陇西郡、阴平郡等，并置十三氐道。西汉时期，氐族开始大规模迁徙。元鼎六年（公元前111年），汉武帝刘彻开拓西南境，遣中郎将郭昌等攻灭氐王，置武都郡。创郡立县后，

---

① 《晋书》卷九五《佛图澄传》，北京，中华书局，1974。
② 马长寿：《氐与羌》，9页，上海，上海人民出版社，1980。

氐人受排挤，便向境外的山谷间移动。汉武帝元封三年（公元前108年），氐人反叛，汉遣兵破之，分徙酒泉郡。《三国志》卷三注引《魏略·西戎传》曰："氐人有王，所从来久矣。自汉开益州，置武都郡，排其种人，分窜山谷间，或在福禄，或在汧、陇左右"。一部分移至河西禄福，一部分迁至关中水、陇山之间。汉武帝出兵镇压氐人反抗，迁徙一部分氐人于酒泉郡，即酒泉禄福之氐。汉代氐人分布的区域，主要是在今甘肃的武都、西和、成县、文县，四川的松播、平武、江油，以及陕西的略阳等地。①

一、前秦的建立与统一河北

（一）魏晋时期氐族的东迁

建安二十四年（219年），曹操至汉中，以夏侯渊已被刘备所杀，武都孤远，恐氐部为刘备军所用，遂令雍州刺史张既至武都，"徙氐五万余落出居扶风、天水界"②。未几，刘备占领汉中，进逼下辩，魏武都太守杨阜又前后徙武都汉民、氐、傁（或作氐傁）万余户于京兆、雍、天水、南安、广魏等郡县之内。从东汉建安二十五年（220年）至曹魏正始元年（240年），武都郡的氐人被强制迁徙或归附曹魏者又有三千余落及六千余人，被安置于关中。在魏蜀争夺中，也有一些氐人徙居蜀汉。因而，至魏晋，氐人除原在武都、阴平二郡外，又在关中、陇右一些郡县形成与汉人及其他各族交错杂处的聚居区，史称："建武中，以马援领陇西太守，讨叛羌，徙其余种于关中，居冯翊、河东空地，而与华人杂处。数岁之后，族类蕃息，既恃其肥强，且苦汉人侵之"③。通过上述材料可以看出，西晋时期氐人被安置在关中冯翊和河东等处空地，尤其值得注意的是，河东地区泛指今山西省境。

三国时期，氐族主要分布在关中、陇右一带，一少部分散居在四川、山西、湖北等地。十六国时期，氐族开始逐渐向东扩散，遍布关东、河北等地。"时汲桑起兵赵魏，上郡四部鲜卑陆逐延、氐酋大单于徵、东莱王弥及石勒等并相次降之，元海悉署其官爵"④。汲桑起义使当时内迁的鲜卑族、氐族、羯族迅速活跃起来。匈奴汉国时期，山西平阳地区是氐族重

① 杨铭：《汉魏时期氐族的分布、迁徙及其社会状况》，载《民族研究》，1991（2）。
② 《三国志》卷一五《魏书·张既传》，北京，中华书局，1982。
③ 《晋书》卷五六《江统传》，北京，中华书局，1974。
④ 《晋书》卷一〇一《刘元海载记》，北京，中华书局，1974。

要的聚集地。早在永嘉五年（311 年），刘曜攻陷长安，安定太守贾疋及诸氐羌皆送质任。关中诸氐豪也归附于汉国政权下。后刘曜撤出长安，乃驱掠士女八万口退还平阳。这八万口之众，应有一部分是氐羌。麟嘉二年（317 年），刘粲联合靳准诬陷皇太子刘乂谋反，杀死刘乂，并且坑杀士众一万五千余人，平阳街巷为之空。刘粲的倒行逆施遭到境内各族群众的反抗，“氐羌叛者十余万落，以靳准行车骑大将军以讨之”①。并州魏晋时期并无氐羌，而这些氐羌均为汉国遣军侵扰关中时逼迁而来的。靳准占据平阳后，石勒率众“攻准于平阳小城，平阳大尹周置等率杂户六千降于勒。巴帅及诸羌羯降者十余万落，徙之司州诸县”②。尽管文中没有提到氐族，但由于平阳是前赵单于台所在地，应有大量氐人居住，因此此次石勒迁往司州的六千“杂”户中，当有部分氐人裹挟其中。关于十余万落的羌、羯，马长寿先生认为是前赵单于台控制下的“十万落六夷”③。十万落六夷中氐族的成员当不在少数。石勒利用十万落六夷组建军队，氐族是这支军队的重要组成部分。前赵光初九年（326 年），石勒派侄石虎攻洛阳，执刘暇亲族刘岳等，并“氐羌三千余人，送于襄国”④，他们后被编入后赵单于台统辖的六夷部落内。后赵太和元年（328 年），刘曜率领军队出关，与石勒战于洛西，结果大败。史书中没有明确记载刘曜部队的去向，其中大部分应当成为石勒的俘虏。同年，石虎在打败河西诸羌之后，“徙氐羌十五万落于司、冀州”⑤。

建平四年（333 年），石虎徙秦、雍民及氐、羌十余万户于关东，以氐帅苻洪为龙骧将军、流民都督，使居枋头（今河南淇县东南）。倘若以当时每落（户）五人计，此次石虎所徙氐、羌，约在五十余万口。咸和九年（334 年）十月，石虎又“徙秦州三万余户于青、并二州诸郡”，他们中亦应有不少氐人。后赵大量徙氐、羌之民以实关东，结果在司、冀等州充斥了“羌胡杂夷”，特别是襄国、邺城等地，更为集中。虽然苻洪所率氐族部队的驻扎地是在枋头，但其居住地则在邺城，苻洪“从石季龙徙邺，家于永贵里”⑥。经过几次大规模的迁徙，使河北迅速成为前赵时期氐族重要的聚居区。“自季龙末年而闵尽散仓库以树私恩。与羌胡相

① 《晋书》卷一〇二《刘聪载记》，北京，中华书局，1974。
② 《晋书》卷一〇四《石勒载记上》，北京，中华书局，1974。
③ 马长寿：《氐与羌》，39 页，上海，上海人民出版社，1984。
④ 《晋书》卷一〇三《刘曜载记》，北京，中华书局，1974。
⑤ 《晋书》卷一〇五《石勒载记下》，北京，中华书局，1974。
⑥ 《晋书》卷一一三《苻坚载记上》，北京，中华书局，1974。

攻，无月不战。青、雍、幽、荆州徙户及诸氐、羌、胡、蛮数百余万”①。这说明在后赵时期，内迁到北方的少数民族至少在百万以上，其中氐族位列诸族之首，说明当时内迁到北方的氐族数量相当巨大。内迁后的氐族势力在黄河以北地区盘踞，成为各个政权争取的对象。永和六年（350 年）春闰正月，原来归顺后赵的苻洪，又降晋，史称：“氐帅苻洪遣使来降，以为氐王，封广川郡公。假洪子健节。监河北诸军事、右将军，封襄国县公”②。从苻洪“监河北诸军事”的职官看，苻洪所率氐族势力已经遍布河北。时冉闵杀胡羯、关陇流民相率西归，路经枋头，大多归之，洪拥众至十余万，自称大将军、大单于、三秦王，改姓苻氏。旋为石虎旧将麻秋毒死。子苻健继统其众。苻健根据“民心思晋”的情况，在从枋头向关中进军的过程中，打着晋征西大将军、都督关中诸军事、雍州刺史的旗号。是年冬抵达关中后，又遣使向晋称臣，直至其称帝建号后，才正式和东晋断绝关系。苻洪是前秦建立者苻健的父亲，内迁到河南、河北一带的十万氐人，为前秦政权的建立奠定了坚实的基础。

（二）前秦的建立与统一河北

东晋永和六年（350 年），苻洪之子苻健继领其众，称晋征西大将军，自枋头西入潼关。关中氐人纷起响应，苻健遂攻占长安，据有关陇。次年，苻健自称大秦天王，国号大秦，史称前秦。永和八年（352 年）改称皇帝，都长安。永和十年（354 年），东晋桓温率军攻秦，苻健坚壁清野，晋军攻入潼关后，因粮食不继而退兵。次年苻健死，其子苻生继位。升平元年（357 年），苻生堂兄苻坚杀苻生自立。苻坚即位后的十几年内，前秦国内相对安定，在十六国云扰时代，呈现一派“小康”气象。在此基础上，前秦势力渐强大，他集中氐族武装力量，开始了统一黄河流域的征战。后赵分崩后，慕容鲜卑自辽东入据河北，建立前燕，与前秦在北方对峙。前秦在苻坚、王猛的领导下，国势蒸蒸日上，而前燕在太宰慕容恪死后朝政日坏。面对前秦的压力，前燕朝中有识之士曾提醒燕主加强山西、河南方向的守备。慕容垂投奔前秦后，前燕形势更趋不利，但仍未采取措施加强山西、河南方面的守备。王猛统兵伐燕，先于东晋太和四年（369 年）攻拔洛阳。次年，王猛再率大军伐前燕。大军临发，苻坚面授机宜说：“当先破壶关，平上党，长驱取邺，所谓‘疾雷不及掩耳’。”③ 王猛

① 《晋书》卷一〇七《石季龙载记下》，北京，中华书局，1974。

② 《晋书》卷八《孝宗穆帝纪》，北京，中华书局，1974。

③ （宋）司马光：《资治通鉴》卷一〇二海西公太和五年六月，北京，中华书局，1956。

长驱直入，一战而克壶关（今山西潞城西），再战而破晋阳（今山西太原），尽夺前燕在太行山以西的军事据点。然后，出潞川东下太行，在潞川击破前燕太傅慕容评所率燕军主力，乘势进围燕都邺城。苻坚也亲自率军经河内从南翼直趋邺城，与王猛合力攻破邺城，前燕灭亡。消灭前燕后，前秦实力大增，咸安元年（371 年）灭仇池（今甘肃威县西北）氐族杨氏，宁康元年（373 年）攻取东晋的梁、益二州，太元元年（376 年）灭前凉，同年乘鲜卑拓跋氏衰乱灭代，太元七年（382 年）苻坚命吕光率军进驻西域。至此，前秦统一整个北方，与东晋形成南北对峙局面。

前秦时期，氐族向内地的迁徙掀起高潮，造成这一局面的主要原因是前秦政权控制了北方广袤的土地，其疆域范围“南至邓楚，东抵淮泗，西极西域，北尽大碛”。前秦建立以后，“分氐户于诸镇”①，其政权所及之处，氐族也随之而至。晋太元五年（380 年），为前秦屡建战功的苻坚从弟苻洛，因未获重用而于和龙（今辽宁朝阳）举兵反叛。事件平息后，苻坚以为“凡我族类，支胤弥繁”，而“关东地广人殷，思所以镇静之”②。乃为了分化氐人贵族势力，亦为便于依靠本族人控制前秦国内其他各族民众，“分三原、九嵕、武都、汧、雍氐十五万户，使诸宗亲各领之，散居方镇，如古诸侯。长乐公丕领氐三千户，以仇池氐酋射声校尉杨膺为征东左司马，九嵕氐酋长水校尉齐午为右司马，各领一千五百户，为长乐世卿。长乐郎中令略阳垣敞为录事参军，侍讲扶风韦幹为参军事，申绍为别驾。……八月，分幽州置平州，以石越为平州刺史，镇龙城。中书令梁谠为幽州刺史，镇蓟城。抚军将军毛兴为都督河、秦二州诸军事、河州刺史，镇枹罕。长水校尉王腾为并州刺史，镇晋阳。河、并二州各配氐户三千。兴、腾并苻氏婚姻，氐之崇望也。平原公晖为都督豫、洛、荆、南兖、东豫、扬六州诸军事、镇东大将军、豫州牧，镇洛阳，移洛州刺史治丰阳，巨鹿公叡为雍州刺史，各配氐户三千二百”③。苻坚曾分出聚居在关中的氐族十五万户，使苻姓人和亲戚各领若干户散驻关外各州镇，加强了氐族在各地的统治力量。在这些散居诸方镇十五万户氐人中，幽、冀二州各三千户④。同时，前秦时期氐族贵族被分封到各地居官，蒋福亚先生曾对苻坚统治时期州牧刺史进行过统计，“若以人数计，氐人在州牧刺

① 《晋书》卷一一四《苻坚载记下》，北京，中华书局，1974。

② 《晋书》卷一一三《苻坚载记上》，北京，中华书局，1974。

③ （宋）司马光：《资治通鉴》卷一〇四太元五年七月，北京，中华书局，1956。

④ 《晋书》卷一一三《苻坚载记上》，北京，中华书局，1974。

史中的比重为59%，以人次计，则上升为64%"①。《十六国春秋·王兖传》称："王兖，本新平氐也，仕（苻）坚为中山太守。"此为氐族官员到河北任职的例证。

二、苻丕盘踞邺城及与慕容氏的战争

苻坚在建元十九年（383年）的淝水之战中大败给晋军后，率败军返回长安，并在洛阳答允让冠军将军慕容垂出抚河北地区。当时镇守邺城的是长乐公苻丕，苻丕对慕容垂北来谋乱意图十分清楚，但听从侍郎姜让的谏言，放弃袭杀慕容垂的计划。苻丕让慕容垂住在邺西，慕容垂与前燕旧臣暗中联系，准备重建燕国。这时，在新安的丁零人翟斌起兵叛变，准备攻豫州牧、平原公苻晖于洛阳。苻坚命慕容垂讨伐，消耗慕容垂的力量，并以苻飞龙领一千氐族骑兵作为其副手，作提防监视之用。不久慕容垂想入邺城参拜宗庙，苻丕不许，慕容垂便潜服入城，但被亭吏阻拦。慕容垂大怒，杀吏烧亭而去。石越对苻丕说："垂之在燕，破国乱家，及投命圣朝，蒙超常之遇，忽敢轻侮方镇，杀吏焚亭，反形已露，终为乱阶。将老兵疲，可袭而取之矣。"② 但苻丕优柔寡断认为慕容垂蒙前秦恩遇，未必谋反，因此未对慕容垂加以防范。慕容垂留慕容农、慕容楷、慕容绍于邺城，行至安阳汤池。闵亮、李毗自邺城赶来，得知苻丕欲用苻飞龙除掉自己，慕容垂乘机以此激怒其众决意叛秦，并杀死苻飞龙。同时以兵少为由，于河内募兵，几天时间便达至八千人，更密召留邺的慕容农、慕容楷等出城起兵响应自己。同时，慕容绍先出邺至蒲池，盗苻丕骏马数百匹，等候慕容农与慕容楷。月末，二人率数十骑微服出邺城与慕容绍会合，逃往列人（今河北邯郸东）。

建元二十年（384年）春，苻丕大宴宾客却请不来慕容农等，调查三天才知他们已在列人起兵。太元九年（384年）正月，慕容凤、王腾、段延皆劝翟斌奉慕容垂为盟主，翟斌从之。故扶余王余蔚为荥阳太守，率众投降慕容垂。慕容垂军至荥阳，称燕王。慕容垂称燕王后，亲自率兵二十余万进攻邺城。同时，慕容农到河北列人后，召集鲜卑、乌桓等部众，举兵反叛。慕容农号令严整，沿途招兵买马，攻城略地，兵至数万。苻丕派石越率步骑兵万余讨伐慕容农，石越率军到达列人西面，被燕将赵秋及参军綦毋滕击败，石越设围自守。慕容农乘夜派四百名壮士突破敌阵，大军

① 蒋福亚：《前秦史》，221页，北京，北京师范学院出版社，1993。
② 《晋书》卷一二三《慕容垂载记》，北京，中华书局，1974。

随后冲击，秦兵大败，石越被杀。不久之后，慕容垂的军队到达邺城附近，与慕容农的军队会合。

慕容垂遂招集前燕旧将与各路大军会攻邺城。慕容垂指挥大军攻城，克外城。苻丕退守中城。二月，慕容垂又率领包括丁零、乌桓等各少数民族部众共二十多万人用云梯、挖地道攻城，均未攻下。遂修筑长围，与秦军相持，并把老弱转移到肥乡（今河北肥乡西南），又修筑新兴城，用来放置辎重。四月，燕军久攻邺城不下，慕容垂召集群臣商议对策，右司马封衡建议引漳水灌城，慕容垂赞同。时慕容垂打猎，于华林园饮酒，前秦知道后，派兵偕袭，矢下如雨，慕容垂几乎不得而出，多亏冠军大将军慕容隆率骑兵打退秦军，慕容垂才得以幸免。

后来，慕容垂集团内部出现矛盾，丁零首领翟斌恃功骄纵，渐有叛心，阴与邺城内的苻丕联系，欲联合反抗慕容垂。结果事情泄露，慕容垂杀翟斌兄弟，余者皆免，翟斌侄翟真乘夜逃往邯郸。时前秦邺城守军长期被围，粮草渐尽。苻丕势穷粮竭，急忙向东晋谢玄求援。谢玄派刘牢之、滕恬之等率领两万人马救援邺城，并从水陆运米两千斛接济苻丕。太元十年（385 年），二月，刘牢之进至枋头（今河南淇县东南）。苻丕发觉部将杨膺、姜让曾上表晋廷，许诺若晋军来援，当称臣于晋，遂杀杨膺、姜让。刘牢之获悉，徘徊不进。此时慕容垂亦因邺城久久未下而想先取冀州，于是调了慕容农到邺城。后因应刘牢之进攻黎阳，苻丕趁慕容垂出兵，留慕容农守邺围的机会试图突围但失败，慕容垂亦在击退刘牢之后回军邺城。四月，刘牢之在邺击败慕容垂，终解了邺城之围，令慕容垂北走。虽然刘牢之追击燕军失败还须苻丕救援，但苻丕最终率众到枋头获得了晋军粮食，解决了部众缺粮问题。然而苻丕并非真心与晋合作，亦不曾想放弃邺城，于是在重返邺城时就与晋将檀玄发生了战斗，终由苻丕取胜并重夺邺城。

燕、秦两军至此时已经相持整整一年，造成幽、冀地区发生饥荒，而且当时长安亦受到西燕军队的攻击，苻丕于是在当地收兵并要西赴长安。幽州刺史王永因为抵抗不了燕军进攻而率兵退至壶关，并派使者招请苻丕，苻丕于是率邺城中六万多人西赴潞川，并获张蚝和王腾迎至晋阳。苻丕到了晋阳才知苻坚已经被姚苌所杀，于是发丧并于晋阳南即位为帝，改年号为太安。经过一年的战争，原来繁华的邺城亦残破不堪。随着苻丕将前秦军马的调离，原留居在邺城的大量氐族士兵离开邺城，调往山西。前秦政权覆灭之后，这些分散在关外的氐族，多数就地居住生活。前燕元玺三年（354 年），前秦刘宁率户三千至蓟归燕。蓟在今天天津蓟县，与河北毗邻。

近年发现的《北齐赵炽墓志》，反映了氐族在河北的活动情况。该墓志1998年8月在河北磁县县城南申庄乡西陈村（俗名温家冢）出土，现藏磁县文物保管所。志文称赵炽为高陆人，曾担任“直荡正都督”与“六州都督”，这两个职位从北魏建立开始便多是少数民族担任，因此赵炽为少数族后裔的可能性很大。查姚薇元先生《北朝胡姓考》，匈奴的姓氏有赵氏。[①] 陈连庆先生《中国古代少数民族姓氏研究》中匈奴下也有赵氏，在氐族下也有略阳赵氏。[②] 北魏略阳郡在今甘肃天水东北。匈奴族在十六国北朝时赵姓人物已经难觅踪影，所以赵炽为匈奴族的可能性不大。十六国时期，关中地区氐族频频内迁，大量氐族从陇右迁徙到关中，比如前秦临渭氐苻健还在高陆县驻扎过。苻健“本出略阳临渭。祖怀归，为部落小帅。父洪，字广世。洪之生也，陇右霖雨，百姓苦之。时有谣曰：‘雨若不止，洪水必起。’故名之曰洪。年十二而父死，为部帅。群氐推以为盟主。刘曜拜洪为宁西将军、率义侯，徙之高陆，进为氐王”[③]。因之关中地区高陆等县会有大量氐族成员，赵炽为氐族后裔的可能性最大[④]。

三、氐族的社会状况

战国以前，氐族大致经历了原始社会和奴隶制社会。战国以后出现的氐族社会，其基本单位仍是以部落为基础的。属于氐人系统的衙戎、源戎、冀戎之中，就有“獂王”等名称，可视为部落集团的酋长之一。《三国志》卷三〇注引《魏略·西戎传》说：“氐人有王，所从来久矣。”进入汉魏以来，氐人以王侯为首的部落集团仍然存在。《魏略·西戎传》称：“近去建安中，兴国氐王阿贵、白项氐王千万各有部落万余”；“又故武都地阴平街左右，亦有万余落”。所谓“部落”或“落”，似为氐族解体后分化出来的小聚落。魏晋时期，氐族组织尚有残余，如《魏略·西戎传》所说：“其种非一，称盘瓠之后，或号青氐，或号白氐，或号蚺氐，此盖虫之类而处中国，人即其服色而名之也。其自相号曰盍稚，各有王侯，多受中国封拜”。氐人以虫作为部族的名称，反映了氐人图腾崇拜的痕迹。

---

① 姚薇元：《北朝胡姓考》，182页，北京，科学出版社，1958。
② 陈连庆：《中国古代少数民族姓氏研究》，15、303页，长春，吉林文史出版社，1993。
③ 《魏书》卷九五《临渭氐苻健传》，北京，中华书局，1974。
④ 宋燕鹏：《北齐赵炽墓志试释》，载《文物春秋》，2009（5）。

氐族是一个以定居农业为主的民族，其定居农耕生活可追溯到东周。东汉班固撰《汉书·地理志》有云："天水、陇西，山多林木，民以板为室屋。"天水、陇西二郡，尤其是天水以南武都郡春秋以降为氐族聚居区，"民以板为室屋"，当然包括氐人在内。而北魏郦道元《水经注·渭水》条提及氐人传统分布区上邽一带"其乡居悉以板盖屋"。《南齐书·氐传》也说："氐于上平地立宫室果园仓库，无贵贱皆为板屋土墙，所治处名洛谷。"与羌族"俗皆土著，居有屋宇。其屋织犛牛尾及羖羊毛覆之"[①] 截然不同。由此可知，氐族的居住习惯和汉族十分接近。在汉代，氐人已有较为发达的农业经济。《后汉书·西南夷传》云："土地险阻，有麻田，出名马、牛、羊、漆、蜜。"鱼豢《魏略》亦云：氐"俗能织布，善田种，畜养豕、牛、马、驴、骡"。《华阳国志》卷二谈到武都郡的情况时又云："土地险阻，有麻田，氐傁，多羌戎之民。其人半秦，多勇戆。出名马、牛、羊、漆、蜜。有瞿堆百顷险势，氐傁常依之为叛"。瞿堆百顷即指仇池山，在今甘肃陇南市西和县南，"其上有丰水泉，煮土成盐"[②]。仇池山上土地丰饶，聚集人口达数万户，为氐人重要农业区。这一时期，氐族的农业生产和畜牧业都比较发达，手工业多以农副产品加工为主。南北朝时，除了外徙的氐人逐渐被汉化外，秦岭以西、宕昌以东的氐族农业也有发展。《梁书·诸夷传》云：武兴国"地植九谷……种桑麻。出绸、绢、精布、漆、蜡、椒等。山出铜铁"。随着农业的发展，纺织工艺水平也有很大提高。早在东汉时，氐人的纺织品已输往内地。《说文》云："絣，氐人殊缕布也"；"纰，氐人也"。氐人利用麻缕，织为异色相间的"殊缕布"，畅销内地。漆、蜡的生产，亦说明氐人的手工艺达到一定水平。前秦时泾水渠的开凿及区种法的推行，均有助于氐、汉等民族农业的发展。

关于氐人早期社会组织情况，西汉初，氐人各部已"自有君长"，有众多分支，各有称号，作为统治阶级中代表人物的"王"、"侯"已经形成。《魏略·西戎传》提及："氐人有王，所从来久矣"。诸部"各有王侯，多受中国封拜"，"今虽都统于郡国，然故自有王侯在其虚落间"。即氐人虽大量移入关中或留居原地，受郡县统辖，但仍保留了自己的部落组织，形成大分散小聚居的局面，受豪帅或小帅的支配。氐人有自己的语言，由于与汉族等杂居共处，又兼通汉语。《魏略·西戎传》云："其自

① 《魏书》卷一〇一《宕昌传》，北京，中华书局，1974。
② 《魏书》卷一〇一《氐传》，北京，中华书局，1974。

还种落间，则自氐语”。又云：“其俗，语不与中国同，及羌杂胡同，各自有姓，姓如中国之姓矣”。姓氏保留为旧氐人姓氏的仅苻、啖、强三姓，其余姓氏多改为汉姓。如姜、赵、杨、吕为天水汉人大姓，董、张为武威大姓，焦、徐、樊、彭为巴中大姓，梁、雷为安定大姓，还有齐、窦、仇、苟、李、毛、王、隗、单、费、盖、石、卫等均为汉族，其中当有由汉人融入氐族中者。①《通典》称：“其俗、语不与中国及羌、胡同”，似较确切，说明氐语虽属汉藏语系，但与汉语及羌语等还有不同。现在分布于四川省平武县、甘肃省汶县境内的白马藏人或即氐人的遗裔。这部分人由于长期受汉、羌、藏等民族的影响，语言已十分混杂，但仍保留了本民族一些语言的特点，如野兽、皮子、房子、菜、大、小、粗、细、看、说、给、砸、逃跑、身体、屁股、尿等基本词汇，与藏、羌语有所不同，可能沿袭了古氐语的某些因素。氐人的服饰也有自己的特点，尚青、绛及白色。善织殊缕布，喜穿麻布衣。《魏略·西戎传》云：“其妇人嫁时著衽露，其缘饰之制有似羌，衽露有似中国袍。皆编发。”《南史·武兴国传》亦提及氐人“著乌皂突骑帽，长身小袖袍，小口袴，皮靴”。与羌人“皆衣裘褐”、“披毡为上饰”，“被披发覆面”有所不同。

《魏略·西戎传》说，氐人“嫁娶有似于羌”。载有羌族婚俗的史书，较早的要数《后汉书》，《后汉书·西羌传》称：“其俗氏族无定，或以父名母姓为种号。十二世后，相与婚姻，父没则妻后母，兄亡则纳釐嫂”。这是指同姓亲属不通婚、纳后母寡嫂为妻。后一种为“收继婚”，在我国古代北方民族中较为普遍，如匈奴、乌桓、鲜卑、突厥等民族皆有流行。《太平寰宇记》卷一八一引郭义恭《广志》说，羌人“嫁得高资者，聘至百犊。女披大华毡以为盛服”。由此可知，汉魏之间氐人的婚俗还较为简略。氐族最初的婚俗与羌族相类，不过到北朝时期，氐人婚俗“婚姻备六礼，知书疏”②。魏晋南北朝的氐族，主要实行族内婚。内婚制是起源于史前社会的一种婚姻形式。它以氏族外婚和集团内部通婚为特征，这种集团通常是指部落，即部落内若干氏族互相通婚，而不与部落以外的人通婚。但是，由于在实际生活中与汉族及其他民族的杂居互处，汉族文化的巨大影响，魏晋南北朝氐族的婚姻形态已经不是纯粹的内婚制。如上所引，自十六国初期起，氐人酋长就因为投附匈奴汉国，而把女子嫁给匈奴贵族。而前秦苻坚在统一北方之后，已不把自己仅视为“夷狄之君”，意

① 何光岳：《氐族的来源和迁徙》，载《天水师范专科学校学报》，1998（1）。
② 《南史》卷七九《夷貊下·武兴国传》，北京，中华书局，1975。

在一统华夏，所以他带头破坏了氐族的内婚制，而正式立汉族的张氏为“夫人”。另一方面，由于历史和地理的原因，魏晋南北朝氐族与羌族之间的通婚已开始变得十分频繁，十六国以后的南北朝时期，关中渭北及武都地区的许多氐人，都是与羌族通婚的。① 魏晋南北朝时期的民族大迁徙和大融合，使氐族的内婚制受到挑战，并逐渐崩溃。而通过与汉、羌等族的通婚与融合，氐族已经走上了最终消亡的道路。②

氐羌民族与原始道教——五斗米教有着密切的联系。王家佑先生在《道教论稿》中指出：“所谓‘五斗米道’既不是蜀道，也不是巴道，是巴蜀族的合道……巴蜀的五斗米道是与彝族、藏族、氐族、羌族有共同渊源的。天师道在西南兴起时已经是西南民族巫术的大杂烩。”③ 氐、羌民族本普信巫术，尤其是甘陇西羌，信仰鬼神之风盛行，在这种宗教观念的影响下，氐、羌民族较早接受了早期道教——五斗米教。到了十六国时期，氐、羌民族先后在长安建立政权，佛教此时在关中地区已经形成了一股强大的势力，氐、羌统治阶层积极信奉佛教并利用政权力量大力扶持佛教。前秦苻坚对高僧道安礼遇有加，将其安置在五重寺里，任由他招收门徒。其后，更多的高僧来到长安，如西域昙摩持、鸠摩罗佛提，罽宾僧伽跋澄、僧伽提婆，吐火罗昙摩难提等人。这些高僧与道安一起形成以道安为首的长安佛教译经传法集团。氐、羌民族内迁之后，在统治阶层和人文环境的影响下，很多人信奉了佛教，但对其民族文化有深远影响的道教信仰在他们意识中还是有所保留。④

第四节　鲜　卑

鲜卑族是我国北方阿尔泰语系游牧民族，兴起于大兴安岭山脉。鲜卑先世似与九夷中的白夷有关，属于东夷北支系统。从拓跋鲜卑称东部鲜卑为白部，氐人称慕容鲜卑为白虏，均可印证此点。《晋书·慕容廆载记》提到慕容氏的祖先“世居北夷，邑于紫蒙之野，号曰东胡”。《十六国春秋·前燕录》指出：“以君北夷，遂世居辽左，邑于紫濛之野，号曰东胡。……秦汉之际为匈奴所败，分保鲜卑山，因以为号。”都说明东部鲜

① 马长寿：《碑铭所见前秦至隋初的关中部族》，78页，北京，中华书局，1985。
② 杨铭：《氐族的姓氏与婚姻》，载《西北民族研究》，1992（1）。
③ 王家佑：《道教论稿》，161页，成都，巴蜀书社，1987。
④ 郑文：《魏晋北朝内迁氐羌民众的道教信仰》，载《西南民族大学学报》，2010（2）。

卑是北夷（或东夷、东北夷）的一支，很可能是《竹书纪年》所记九夷中的白夷，留下了尚白的习俗，故被沿称为白部或白虏。从上述可知，最初的鲜卑部落可能是源于山戎和东夷北支的白夷等。

东胡强盛在战国中叶，频繁与赵、燕等国互相攻掠。《史记》记载：赵国李牧曾"大破杀匈奴十余万骑。灭襜褴，破东胡，降林胡，单于奔走"①。战国后期，东胡屡屡劫掠燕国，燕昭王不堪其扰，派大将秦开到东胡做人质，伺机窥探军事与地理机密。秦开回国献策，燕昭王当即兴师讨伐，大败东胡拓地千里；东胡王北遁。始皇帝统一华夏后，继续对北方诸胡用兵，然而强悍的秦军并没有打垮"逐水草而居，往来飘忽不定"的东胡部落，倒是与东胡先后崛起的匈奴一举终结了东胡的历史。绝世枭雄冒顿单于用骄兵之计歼灭了毫无防备的东胡，于是匈奴尽占东胡的土地、人口和畜产，雄霸朔方傲视大漠；而东胡余部逃散。秦汉时从大兴安岭一带南迁至西拉木伦河流域。西汉时期，汉武帝大败匈奴，徙乌桓于上谷、渔阳、右北平、辽西、辽东五郡塞外，鲜卑人随之南迁乌桓故地饶乐水（今西拉木伦河）流域，一部分（拓跋部）则南迁至大泽（今呼伦贝尔草原）。

东汉初，乌桓内迁，鲜卑又因之迁到五郡塞外。北匈奴西迁，鲜卑进至匈奴故地，并其余众，势力渐盛。建武二十一年（45年），汉辽东太守祭彤大败鲜卑人，收其地，其首领偏何率部降汉。不久，鲜卑族另一部落首领仇贲到洛阳朝见汉皇，刘秀封其为王，与宁城护乌桓校尉同辖鲜卑人。及至北匈奴被汉击溃，鲜卑人乘机进入匈奴故地，将当地遗留的匈奴人同化为鲜卑族人。汉桓帝时，首领檀石槐建庭于高柳北弹汗山（今山西阳高西北），组成诸部军政联合体，东、中、西三部各置大人率领。自分其地为三：右北平以东为东部；右北平以西为中部；上谷以西为西部。今河北承德地区南境为乌桓之地，其中部和北部概属鲜卑所辖。檀石槐任用汉人，制法律，由汉地输入铁器，促进了鲜卑社会的发展。其势力"东西万四千余里，南北七千余里"②，尽有匈奴故地。檀石槐死后，诸部联合瓦解，有步度根、轲比能等首领，各拥所部，附属汉魏。魏晋时期，北方草原上活动的主要是鲜卑各部。晋南北朝时期，内迁鲜卑慕容氏曾建立前燕、后燕、西燕、南燕；乞伏氏曾建立西秦；秃发氏曾建立南凉；拓跋氏先建代国，后改魏，终于统一北部中国。北魏分裂为东魏、西魏后，

① 《史记》卷八一《廉颇蔺相如列传》，北京，中华书局，1982。
② 《后汉书》卷九〇《鲜卑传》，北京，中华书局，1982。

鲜卑化汉人高氏与鲜卑化匈奴人宇文氏分别建立北齐、北周。

一、段氏鲜卑

段氏鲜卑，也称段部、段国，是中国晋朝至五胡十六国时期的鲜卑部族的一个支系，其根据地约在今中国河北省北部、辽西走廊一带，与同时期存在的鲜卑慕容部、宇文部相同，皆属东部鲜卑的一支，而段部在其中被认为是最强悍的一部。①

（一）段氏鲜卑在河北的活动

据马长寿先生考证，段氏鲜卑可能是在东汉中叶迁入辽西的。②《后汉书·鲜卑传》称："（永元）九年，辽东鲜卑攻肥如县，太守祭参坐沮败，下狱死。十三年，辽东鲜卑寇右北平，因入渔阳，渔阳太守击破之。延平元年，鲜卑复寇渔阳，太守张显率数百人出塞追之。"③ 辽西郡治阳乐，在今抚宁县西；肥如县属辽西郡，在今河北迁安县西。而右北平、渔阳也属辽西郡，在今北京市附近。段氏鲜卑应当是在此时进入河北北部地区的。

根据《魏书》记载，段部第一位首领姓名为段日陆眷。段氏祖先最初的社会地位很低，段日陆眷曾被卖为渔阳乌桓大人家里的奴隶。《北史·徒何段就六眷传》称："徒何段就六眷，出于辽西。其伯祖日陆眷，因乱被卖为渔阳乌丸大人库辱官家奴。诸大人集会幽州，皆持唾壶，唯库辱官独无，乃唾日陆眷口中。日陆眷因咽之，西向拜天曰：'愿使主君之智慧禄相，尽移入我腹中'。"因此，库辱官很是满意，逐渐对他另眼相待。后来渔阳地区发生了大饥荒，库辱官派日陆眷带领一队人马，到辽西郡一带寻找粮草补给。一日，来到一座被废弃的城池，原来这里曾是汉朝的令支县（今河北迁安西）。日陆眷以此为根据地，"招诱亡叛，遂至强盛"④，成为与慕容氏、宇文氏齐名的三大东部鲜卑之一。

日陆眷死后，其弟段乞珍接管段氏鲜卑的权力。乞珍死，子务勿尘代立，据辽西之地而臣于晋。务勿尘以义县、迁安县为中心，统胡汉之众三

---

① 但也有学者认为段部不是由以血缘为纽带的原始部落组织自然发展而来，它是鲜卑段氏家族招集多个少数民族，以辽西为统治中心，按地域原则组成的政治集团。这一集团可以被称作段部、段国，却不是段氏鲜卑族。参见辛迪：《段氏鲜卑起源考》，载《内蒙古大学学报》，2005（1）。

② 马长寿：《乌桓与鲜卑》，201页，上海，上海人民出版社，1962。

③ 《后汉书》卷九〇《鲜卑传》，北京，中华书局，1982。

④ 《魏书》卷一〇三《徒何段就六眷传》，北京，中华书局，1974。

万余家，控弦可五万骑。太安二年（303年），以遣军助东海王司马越征讨有功，被幽州刺史王浚表荐封为辽西公。次年，幽州刺史王浚联合段务勿尘，率胡晋合二万人，进军讨司马颖，“乘胜遂克邺城，士众暴掠，死者甚多。鲜卑大略妇女，浚命敢有挟藏者斩，于是沉于易水者八千人。黔庶荼毒，自此始也”。① 当时段氏鲜卑掠获妇女甚多，与王浚分赃不均，王浚责之，导致数千妇女被屠杀。永嘉四年（310年），段务勿尘被晋为大单于，子段匹磾为左贤王。次年卒，由弟涉复辰扶立子疾陆眷嗣位。永嘉六年（312年），汉赵镇东大将军石勒攻占襄国，王浚派兵前往讨伐。疾陆眷和段匹磾、段文鸯、从弟段末柸等率领部众五万助攻，就在襄国城北的渚水之阳驻军布阵。石勒几次遣将出战，都被打败。段疾陆眷大造攻具，正准备一鼓作气攻下城池，不料段末柸轻敌擅进，被石勒设计生擒。段疾陆眷得知段末柸被擒，率军来救，被石虎打败。段疾陆眷退守渚阳，遣使向石勒请和，情愿退兵，请求放还段末柸。段文鸯谏道：“今以末柸一人之故而纵垂亡之虏，得无为王彭祖所怨，招后患乎！”② 段疾陆眷道：“兄弟至亲，末柸有难，岂能不顾？”于是不听段文鸯的进谏，遣使请和，又多赠石勒铠马金银，请还段末柸。而石勒也没有听从众将的进言杀掉段末柸，反而招段末柸一起饮酒，收为义子，署为使持节、安北将军、北平公。“末柸感勒厚恩，在途日南面而拜者三，段氏遂专心归附，自是，王浚威势渐衰”③。石勒还派石虎亲自送段末柸回渚阳，并送给他大量的金银衣物。石虎到了渚阳后又与段疾陆眷结盟，约为兄弟。于是段疾陆眷引大军返回住防地令支，由此与晋军统率生隙。次年，王浚又召集军队，命令疾陆眷一同攻打石勒，段疾陆眷拒不出兵。王浚大怒，唆使鲜卑拓跋部、慕容部夹击段氏辽西郡。疾陆眷虽然击退了拓跋部，但北部边境被慕容部得手，丧失了部分领土。从此，疾陆眷、段末柸等背晋附汉，段匹磾、段文鸯等则一心向晋，造成段氏鲜卑内部的分裂。

段匹磾与段疾陆眷分道扬镳之后，占据蓟城（今北京城西南一带），被西晋封为幽州都督。开始与盘踞并州的刘琨互通声气，建兴三年（315年），“幽州刺史鲜卑段匹磾数遣信要琨，欲与同奖王室。琨由是率众赴之，从飞狐入蓟。匹磾见之，甚相崇重，与琨结婚，约为兄弟”④。建兴四年（316年）石勒出兵进攻并州，刘琨不听箕澹劝阻全军尽出，中了埋

① 《晋书》卷三九《王沈附王浚传》，北京，中华书局，1974。

② （宋）司马光：《资治通鉴》卷八八永嘉六年十二月，北京，中华书局，1956。

③ 《晋书》卷一〇四《石勒载记上》，北京，中华书局，1974。

④ 《晋书》卷六二《刘琨传》，北京，中华书局，1974。

伏大败，丢了并州，只身投奔鲜卑首领、晋朝幽州刺史段匹磾。建武元年(317年)，段匹磾推刘琨为大都督，率段部鲜卑的军队讨伐石勒，当时段匹磾与刘琨歃血为盟，“并檄涉复辰、疾陆眷、末杯等三面俱集襄国”①。当段匹磾与刘琨的军队到达固安时，石勒派人贿赂段匹磾堂弟段末柸，造成段部鲜卑内部不和，这次讨伐行动被迫流产，“琨、匹磾亦退如蓟城”②。

不久，疾陆眷去世，段末柸拥段务勿尘之弟段涉复辰据令支。段匹磾由蓟城去令支奔丧，刘琨令世子刘群护卫同往。这时段末柸阴图谋取辽西，唆使其党羽四处散布谣言说段匹磾并非奔丧，必为篡位而来。段涉复辰大惊，于是即发精兵去右北平，以阻截段匹磾。他的军队一走，段末柸“遂害涉复辰及其子弟党与二百余人，自立为单于”③。随即来战段匹磾。段匹磾寡不敌众，大败逃回蓟城。刘群奔逃不及，遂为段末柸所擒，优礼相待，许以刘琨为幽州刺史，密遣使者带了刘群书信回蓟城，请刘琨为内应，同袭段匹磾，却为段匹磾逻骑所获。之后，段匹磾在与刘琨已然冰释前嫌的情况下，听信了他的另一个弟弟段叔军的谗言，杀死了刘琨。结果段匹磾失掉民心，“匹磾既杀刘琨，夷晋多怨叛，遂率其徒依（邵）续”④。刘琨的将佐“相继降勒”⑤，其势力日渐衰败。

不久，段末柸引兵来犯，将段匹磾层层围困，奋力冲突不出。幸得守城的段文鸯出城，救得段匹磾出重围。但返城时城中将士已经哗变，拥戴刘群。段匹磾“部众饥散，弃其妻子”⑥，段氏兄弟只好率残军投奔厌次(今山东惠民）邵续。段匹磾见到邵续后，与之结盟，请共击段末柸。邵续慨然许之，留子邵缉守城，亲自率其众随段匹磾找段末柸交战，段末柸大败回城，并急忙向石勒求救。石勒派石虎以五万大军，攻匹磾于厌次，又派孔长以三万军队，攻其统内诸城，诸城悉拔之。石虎兵至厌次围之，段匹磾使弟文鸯领兵出战，与石虎交锋，自旦至夜，连战一百回合，文鸯力尽，被石虎执之。次日，又攻城，段匹磾见弟文鸯被执，已去右臂，心下大惧，集诸将商议，打算自己单骑归晋。邵续之弟邵洎主降，匹磾不听。邵洎与缉、竺等派人立降旗，开城门让石虎之军进入，段匹磾拒绝向

① 《晋书》卷六三《段匹磾传》，北京，中华书局，1974。
② 《晋书》卷一〇四《石勒载记上》，北京，中华书局，1974。
③ 《晋书》卷六三《段匹磾传》，北京，中华书局，1974。
④ 《晋书》卷六三《邵续传》，北京，中华书局，1974。
⑤ 《晋书》卷一〇四《石勒载记上》，北京，中华书局，1974。
⑥ 《晋书》卷一〇四《石勒载记上》，北京，中华书局，1974。

石勒、石虎行礼。石勒授段匹磾为冠军将军，段文鸯为左中郎将。但段匹磾、段文鸯皆不受职，“匹磾到襄国，又不为勒礼，常著朝服，持晋节”[①]。后他们又与邵续密谋起事，不幸事泄，都被石勒杀害。

（二）段氏鲜卑的覆亡

段末柸自立为单于之后，辽西形势发生变化，慕容鲜卑开始崛起，“段末波初统其国，而不修备，廆遣皝袭之，入令支，收其名马宝物而还”[②]。刘琨被段匹磾杀害以后，其表弟卢谌投奔段末波，“元帝之初，末波通使于江左，谌因其使抗表理琨，文旨甚切，于是即加吊祭。累征谌为散骑中书侍郎，而为末波所留，遂不得南渡”[③]。由此可见，段末波曾和江左的东晋政权有联系。太宁三年（325年）三月，幽州刺史段末柸去世，其弟段牙继立。段牙因亲近慕容部，被国人所杀，立始祖日陆眷孙子段辽为主，屡与宇文部、慕容部、后赵征战。咸康四年（338年），慕容皝与后赵石虎结盟，东西夹攻段部。季龙将“募有勇力者三万人，皆拜龙腾中郎。辽遣从弟屈云袭幽州，刺史李孟退奔易京。季龙以桃豹为横海将军，王华为渡辽将军，统舟师十万出漂渝津，支雄为龙骧大将军，姚弋仲为冠军将军，统步骑十万为前锋，以伐段辽。季龙众次金台，支雄长驱入蓟，辽渔阳太守马鲍、代相张牧、北平相阳裕、上谷相侯龛等四十余城并率众降于季龙。支雄攻安次，斩其部大夫那楼奇。辽惧，弃令支，奔于密云山。辽左右长史刘群、卢谌、司马崔悦等封其府库，遣使请降。季龙遣将军郭太、麻秋等轻骑二万追辽，及之，战于密云，获其母妻，斩级三千。辽单马窜险，遣子乞特真送表及名马，季龙纳之。乃迁其户二万余于雍、司、兖、豫四州之地，诸有才行者皆擢叙之”[④]。后来段辽于密云山遣使诈降，石季龙信之，使征东麻秋百里郊迎，段辽又遣使降于慕容皝。后因“段辽谋叛，皝诛之”[⑤]，段氏鲜卑余众后来被燕所吞并。段部原在辽西三部鲜卑中势力最强，段部最强大时居地“西尽幽州，东界辽水”[⑥]。大体上说，今辽宁省的朝阳市以南至幽州一带都是段部的领地。后来之所以不敌慕容部，史学家总结经验时，认为最主要的原因是“段氏兄弟专

① 《晋书》卷六三《段匹磾传》，北京，中华书局，1974。
② 《晋书》卷一〇八《慕容廆载记》，北京，中华书局，1974。
③ 《晋书》卷四四《卢谌传》，北京，中华书局，1974。
④ 《晋书》卷一〇六《石季龙载记上》，北京，中华书局，1974。
⑤ 《晋书》卷一〇九《慕容皝载记》，北京，中华书局，1974。
⑥ 《晋书》卷六三《段匹磾传》，北京，中华书局，1974。

尚勇武，不礼士大夫”①。即过分相信和使用武力，而不重用知识分子。

段辽弟段兰，初奔宇文部，后为宇文归执送于石虎，石虎“以所徙鲜卑五千人配之，使屯令支”②。段兰卒，子龛继领其众。永和六年（350年），龛乘石氏内乱，率部落南徙，先至陈留（今河南开封东南陈留城），后南迁广固（今山东青州西北），自称齐王。次年，降东晋，被封为镇北将军、齐公。段部另一支末波子勤，原降后赵，被封为建义将军，亦乘石氏之亡，纠集鲜卑、胡羯得万余人，退保枉人山（在今山东平原），自称赵王，附于慕容儁。寻为冉闵所败，徙于绎幕（今山东平原西北），称尊号。永和八年（352年），慕容儁遣慕容恪击之，遂降前燕。十二年（356年），慕容恪进围广固，段龛出降，次年，被杀，恪徙居其地的鲜卑、胡羯三千多户于蓟城。至此，段部作为古代民族、政治之实体不复存在。段部自日陆眷兴起于辽西，至段龛为前燕所灭，共历四代，大约持续106年。其后裔在诸燕和北朝任官职者为数不少。1994年在河北省曲周县北油村出土了《段荣墓志》，志主段荣，字子茂，姑臧武威人。祖信，仕沮渠氏，后入魏，以豪族徙北边，仍家于五原郡。段荣少时爱好历术，对天象进行过刻意研究。在孝明帝时跟随杜洛周参加过六镇起义，后又投靠尔朱荣麾下。高欢在山东起兵时，他积极出谋划策，予以赞助，因其妻娄氏是高欢之妻的长姐，是连襟之亲，故深得高欢信任。段荣曾任故臧县侯，相、济、秦三州刺史，西北大行台，山东大行台，大都督，太尉等职，政声尚好。段荣在任相、济、秦三州刺史时，“始则群童策行，悦我来频；末则众老攀车，恨我去数”③。段荣卒于东魏孝静帝元象元年（538年），享年61岁，谥昭景。其子段韶是北齐重要的将领。北齐天保三年（552年），为冀州刺史，六州大都督。北齐天统三年（567年），除左丞相，永昌郡公，食沧州幹。④ 近年，在河北临漳县还出土了《段渊墓志铭》，志主为“武威之苗裔”，祖父为征南将军，父亲为代郡太守，志主为镇东将军，卒于天平二年（535年）二月⑤。1978年在临漳西郊出土汉白玉单躯菩萨造像一尊，其底座后面铭文为：“天保六年十二月廿四日，佛弟子段神树为亡女敬造白玉像一躯，普为六道众生一时成佛”⑥。颇疑铭文中的

① （宋）司马光：《资治通鉴》卷八八晋愍帝建兴元年（313年）四月，北京，中华书局，1974。

② 《魏书》卷一〇三《徒何段就六眷传》，北京，中华书局，1974。

③ 李伟科：《北齐武威王墓志》，载《文物春秋》，1997（2）。

④ 《北齐书》卷一六《段荣传附子韶传》，北京，中华书局，1971。

⑤ 李亚平主编：《金石拓本题跋集萃》，53页，石家庄，河北美术出版社，2012。

⑥ 参见王福生编著：《邺都佛教遗珍》，96页，北京，中国文史出版社，2008。

施主段神树为段氏鲜卑。如果此推测成立，则不仅提供了段氏鲜卑北齐时期生活在邺城的实例，而且可以看出这时的段氏鲜卑已经开始信仰佛教。

二、慕容鲜卑

鲜卑族以部为氏，东汉桓帝时，檀石槐把鲜卑分为东、中、西三部，以右北平（今河北平泉）以西至上谷（今河北怀来）为中部，慕容氏世为中部大人。魏初，首领莫护跋被封为“率义王”，率部迁居辽西。西晋太康十年（289 年）慕容廆投降西晋，又迁徙河青山（今辽宁义县附近）。收容大量汉人，侨置郡县，吸收汉族先进技术和文化，西晋末年，先后河北地区建有前燕、后燕两个政权。

（一）慕容鲜卑割据辽西及河北北部

“慕容”之名最早出现在东汉桓帝时期（147—168 年）。这时期，鲜卑除了自身人口的增长之外，还吸纳了周边各族人民，队伍不断扩大。为了便于管理，鲜卑首领檀石槐将鲜卑分为三大部。《三国志·魏书》载：“（檀石槐）乃分其地为中东西三部。从右北平以东至辽，（辽）[东] 接夫余、[濊] 貊为东部，二十余邑，其大人曰弥加、阙机、素利、槐头。从右北平以西至上谷为中部，十余邑，其大人曰柯最、阙居、慕容等，为大帅。从上谷以西至敦煌，西接乌孙为西部，二十余邑，其大人曰置鞬落罗、日律推演、宴荔游等，皆为大帅，而制属檀石槐。”① “慕容”之名最初是鲜卑大人之名，后演化为部族之名。《资治通鉴》卷八一《晋纪三》胡三省也注引《魏书》，称此为“慕容部之始也”。

曹魏时期，由于乌桓人大部分被迁往中原，北部的鲜卑部落开始迁入塞内。大约在曹魏初年，慕容部的首领莫护跋率部迁居辽西，莫护跋是慕容廆的曾祖，他因为协助司马懿平定公孙氏割据政权，有功于魏，故被封为率义王，定居于大棘城之北（大约在今辽宁阜新一带）。莫护跋之子木延，正始中追随毋丘俭东征高句丽，因功得赐鲜卑大都督、左贤王之号。木延子涉归，“以全柳城之功，进拜鲜卑单于，迁邑于辽东北，于是渐慕诸夏之风矣”。② 慕容涉归死，其家族成员发生了权力之争。涉归之弟慕容耐自立为首领，欲杀涉归之子廆，慕容廆逃亡辽东，匿汉人徐郁家避祸。晋太康五年（284 年），部人杀慕容耐，迎慕容廆回以继父位。晋朝

① 《三国志》卷三〇《魏书·鲜卑传》，北京，中华书局，1974。

② 《晋书》卷一〇八《慕容廆载记》，北京，中华书局，1974。

对东北地区的少数民族实行怀柔政策，一方面是设东夷校尉管理各部朝贡、封赏、贸易等事宜；另一方面又给予各部充分自治的权力，由其部落首领负责管理部内事务，册封各部酋长，授予晋朝官爵，上至王侯，下至邑长、百长。慕容涉归在世时，曾与辽西的鲜卑宇文部有私怨，慕容廆替父报仇，上表朝廷，请讨宇文部，晋武帝不准其奏。慕容廆怒而发兵进攻晋辽西郡（治今河北卢龙东南），杀掠甚众。晋武帝遣幽州军迎击，大败慕容廆军于肥如（今河北迁安东北）。慕容廆转而东击扶余国，扶余王依虑兵败自杀，其子依罗逃往沃沮（今朝鲜咸兴）。慕容廆毁扶余国城，俘虏万余人而返。此后，慕容廆每年都扰掠西晋边境。太康七年（286 年）五月，慕容廆再次进攻辽东。依罗向晋东夷校尉何龛求援，并欲乘机率余部兴复扶余国。何龛命督护贾沈率军护送依罗回扶余，慕容廆派部将孙丁率骑兵于途中截击，但遭到贾沈军的奋力迎战，大破鲜卑骑兵，孙丁被斩。依罗遂复扶余国。太康十年（289 年），慕容廆率部由辽东北迁往辽西的青山。元康四年（294 年），他又移居至所谓颛顼之墟的大棘城。在这里，慕容廆对部众“教以农桑，法制同于上国”①，慕容部开始了定居的农业生活，逐渐接受汉文化。这些措施都有力地推进了慕容鲜卑的封建化。

太安元年（302 年），慕容部与宇文部又发生摩擦。宇文部单于宇文莫圭恃其部众强盛，遂遣其弟宇文屈云进攻慕容廆，宇文屈云派副帅素廷攻掠诸郡。慕容廆率军主动出击，奋勇力战，大败素延军，追击百里，俘斩万余人。平定辽东后，慕容廆声望大增，成为幽州地区举足轻重的实力人物。他奉行勤王和不受制于他人的政策，积极发展个人势力。洛阳陷落后，冀州刺史王浚承制任命慕容廆为散骑常侍、冠军将军、前锋大都督、大单于，企图将廆纳入自己的势力范围，但被慕容廆拒绝。建兴元年（313 年）四月，王浚命部将枣嵩督诸军屯易水县（今河北雄县西北），召鲜卑段疾陆眷部准备共同进攻汉镇东大将军石勒。段疾陆眷因与石勒有盟约，不来会兵。王浚愤怒，遂以重金贿赂代公拓跋猗卢，并传檄邀请慕容廆出兵，共攻段氏。慕容廆遣慕容翰部进攻段氏，连克徒河（今辽宁锦州）、新城（今沈阳东北），兵至阳乐（今河北卢龙东南），闻拓跋六修失败撤退，遂留守徒河，于青山（今辽宁义县东）筑垒壁防御。大兴二年（319 年）十二月，高句丽、段氏、宇文氏三方合攻棘城。慕容廆闭门坚守，并用离间计瓦解了三方联盟。高句丽、段氏分别带兵撤退，只有宇

① 《晋书》卷一〇八《慕容廆载记》，北京，中华书局，1974。

文氏部数十万人，连营四十里包围慕容廆。当时，慕容廆长子慕容翰据守徒河（今辽宁锦州），与慕容廆构成内外支援之势。宇文氏大人悉独官先遣数千骑兵袭击慕容翰，企图切断慕容部的内外联系，却被慕容翰军诱伏，全部被俘。慕容廆采用慕容翰之策，乘悉独官不备，发兵出击。令慕容皝与长史裴嶷率精锐为前锋，自率大兵继之。宇文氏军大败，悉独官遁走。建兴中，慕容廆接受了晋愍帝的任命，为镇军将军，昌黎辽东二国公。愍帝被俘后，晋元帝又遣使拜慕容廆假节、散骑常侍、都督辽左杂夷流人诸军事、龙骧将军、大单于，昌黎公。东晋成帝咸和八年（333 年），慕容廆去世，谥襄公。

（二）建立前燕与迁都邺城

慕容廆去世，其嫡子慕容皝继立。慕容皝庶兄建威将军慕容翰有才略，慕容皝忌之。弟慕容仁、慕容昭受宠于慕容廆，慕容皝也心中不平。慕容翰恐遭祸，背叛慕容皝，于咸和八年（333 年）十月投奔辽西段氏鲜卑。守备东部边境的慕容仁从边城平郭赶回奔丧，也与慕容昭定计谋反。结果事情泄露，慕容昭被杀。咸和九年（334 年）二月，段氏鲜卑首领段辽派兵袭鲜卑属地徒河（今辽宁锦州），不克；又派其弟段兰和慕容翰攻打柳城（今辽宁朝阳西南），数日不克。慕容皝派宁远将军慕容汗与司马封奕率援军救柳城。结果，慕容汗轻兵冒进，率千余骑兵与段兰在柳城北的牛尾谷相遇，大败，死伤过半。咸康二年（336 年）六月，占据辽西的鲜卑首领段辽派中军将军李咏袭击慕容皝。李咏统兵向武兴（今河北迁安东）进击，被慕容皝属下都尉张萌击败擒获。段辽又派将军段兰统步骑数万屯于柳城西曲水，鲜卑宇文部首领逸豆归攻安晋（今辽宁辽阳西）策援段兰。慕容皝率步骑五万往柳城，迎击段辽军，段兰不战而退。慕容皝率军北攻安晋，宇文逸豆归弃辎重逃走，慕容皝派司马封奕率轻骑追击，大破之。慕容皝对诸将说："二虏耻无功而归，必复重至，宜于柳城左右设伏以待之。"① 乃遣封弈率数千骑兵于马兜山设伏。三月，段辽果然率数千骑兵来攻，封奕伏兵跃起纵击，大败段军，斩段辽部将荣伯保。咸康三年（337 年）三月，慕容皝派人在段辽东境的乙连城东筑好城，命折冲将军兰勃率兵驻守；又筑曲水城，与好城相呼应，借以逼迫段辽。四月，兰勃率兵袭取段辽供乙连城之粮。六月，段辽派扬威将军屈云率精骑夜袭慕容皝之子慕容遵于兴国城（约今辽宁大陵河上游一带），两军大战

① 《晋书》卷一〇九《慕容皝载记》，北京，中华书局，1974。

于五官水上，屈云战败被杀，余众被俘。在对段辽的战争中取得一系列胜利之后，这年十月慕容皝即燕王位。

十一月，慕容皝因边境屡遭段辽袭扰，遂遣使称藩于后赵，并以其弟慕容汗为人质，请后赵发兵共讨段辽。后赵王石虎辞退其人质，约定明年发兵。咸康四年（338 年）正月，石虎募三万勇士，均封为龙腾中郎，以桃豹为横海将军、王华为渡辽将军，率舟师十万出漂渝津（今天津东）；以支雄为龙骧大将军、姚弋仲为冠军将军，率步骑七万为前锋，水陆两路攻段辽。段辽被击败，段辽遣使向后赵请降，中途反悔，又遣使请降于燕，并与燕合谋设伏，欲消灭赵军。时赵王石虎已派征东将军麻秋、司马阳裕等率兵三万前去受降。慕容皝自统大军前往迎段辽，派其子慕容恪带精骑七千埋伏于密云山，大败麻秋于三藏口（今河北承德北高寺台附近），赵军死亡大半，麻秋步行逃脱，司马阳裕被俘。咸康五年（339 年）九月，后赵征东将军李农与征北大将军张举统兵三万攻前燕凡城（今河北平泉南）。慕容皝以城主悦绾为御难将军，率兵一千守凡城。悦绾身先士卒，冒死坚守。赵军攻城近十日不下，遂退兵。石虎因辽西靠近燕境，屡遭侵袭，只得将辽西居民尽迁于冀州（今河北中部一带）南部。同年，慕容皝击高句丽，兵及新城，高句丽王钊乞盟，乃还。慕容皝又使慕容恪与慕容霸（慕容皝五子，后改名慕容垂）击宇文别部。

咸康六年（340 年）九月，后赵天王石虎征兵造船，在边城乐安（今河北昌黎西南）积草屯粮，准备击前燕。十月，慕容皝自率军自西道入蠮螉塞（今北京西北居庸关）袭赵。后赵守将均被擒获，燕军直抵蓟城（今北京城西南一带）。后赵幽州（治蓟城）刺史石光拥兵数万不敢出战。燕军进克武遂津（今河北徐水附近），入高阳（今河北蠡县南），所到之处焚烧后赵积聚，掠三万余户而还。咸康七年（341 年）正月，慕容皝使唐国内史阳裕等筑城于柳城之北、龙山之西，命名为龙城（今辽宁朝阳）。此后，慕容皝又发动了多次对高句丽的战争。建元元年（343 年）二月，高钊遣其弟向前燕称臣，慕容皝乃还其父尸，但仍留其母为人质。至此，慕容鲜卑基本上控制了辽西。永和四年（348 年）八月，慕容皝病重去世。

慕容皝去世后，慕容儁继袭燕王爵位。次年（349 年）称元年，仍不用东晋年号。同年后赵皇帝石虎去世，诸子争位令国内大乱，慕容儁图谋夺取中原土地，于是以慕容垂为前锋都督、建锋将军，另以慕容恪、慕容评和阳骛分别为辅国、辅弼、辅义将军，挑选了二十多万精兵以待时机。而同年东晋朝廷亦任命慕容儁为使持节、侍中、大都督、都督河北诸军事、幽冀并平四州牧、大将军、大单于、燕王，并依慕容廆和慕容皝的先例能承制封拜官员，在东晋授命下正式继承了对辽东的管治。永和六年（350 年），后赵大将军冉闵在邺城称帝，慕容儁亦乘机兵分三路南攻，自己亲自率中军出兵卢龙，攻下了蓟城，并迁都至蓟。因慕容儁听从慕容垂不要坑杀蓟城士卒的劝言，故得中原士民归附。其他幽州郡县多亦夺取，慕容儁于是设置幽州诸郡县的官员。后慕容儁意图进攻后赵幽州刺史王午和征东将军邓恒所守的鲁口，不过被其将鹿勃早夜袭，虽然最终成功击退对方，不过军队锋锐已因这次突袭而受挫，只得暂缓战事，返回蓟城。不久，代郡人赵榼率三百余家叛归后赵，慕容儁于是迁广宁、上谷二郡人到徐无，代郡人到凡城，以防诸郡人再次叛归后赵。不过，慕容儁亦南攻冀州，攻下了章武、河间二郡。为摆脱东晋的控制，永和八年（352 年），慕容儁于蓟宫即帝位，史称前燕。永和八年（352 年），冉闵攻陷襄国，将杀后赵皇帝石祗的将领刘显势力消灭。同年四月甲子日，慕容儁命慕容恪等攻伐冉魏，最终击败冉闵并将其俘虏。慕容鲜卑占据邺城之后，该政权成为地跨幽、冀、并、平四州的政权。

前燕建立之后，开始了一系列开拓疆域的军事行动。永和九年（353 年）常山李犊聚众数千人叛燕，慕容儁派遣慕容恪讨伐李犊，等到李犊投降，慕容恪顺便东击鲁口的吕护。永和十年（354 年）燕卫将军恪围鲁口，三月，攻克。吕护奔逃，派遣弟奉表谢罪于燕，燕以吕护为河内太守。从永和六年（350 年）开始打到永和十年（354 年），鲁口（今河北饶阳南）终于在燕国的统治下了。同年，被东晋逼迫得无奈的名将姚襄，投奔前燕。同时，段氏所据广固（今山东青州西北），势力渐强，已威胁前燕的统治，慕容儁遂决意发兵攻广固。元玺四年（355 年）十一月，慕容儁任命太原王慕容恪为大都督、抚军将军，尚书令阳骛为副将，率军进攻广固。段龛悉众出战，被慕容恪击败，段龛单骑逃回城中。段龛出降，前燕据有青州。升平元年（357 年）燕主慕容儁派遣慕容垂、中军将军虔帅步骑八万攻敕勒于塞北，大破之，“俘斩十余万级，获马十三万匹，牛羊亿余万”①。同时，匈奴单于贺赖头帅部落三万五千口降燕，慕容儁把他们安置在代郡平舒城。同年，慕容儁杀掉段龛，坑其徒三千余人。

在对外战争取得胜利之后，升平元年（357 年）十一月，慕容儁“自蓟城迁于邺，赦其境内，缮修宫殿，复铜雀台”②。成为十六国时期，第

① 《晋书》卷一一〇《慕容儁载记》，北京，中华书局，1974。
② 《晋书》卷一一〇《慕容儁载记》，北京，中华书局，1974。

二个定都邺城的少数民族政权。定都邺城之后，“朝廷铨谟，亦多因循魏晋”[①]。升平二年（358 年），东晋泰山太守诸葛攸进攻东郡，被慕容恪等击败，慕容恪更乘机掠夺河南土地。不久东晋北中郎将荀羡攻陷山茌，亦被前燕军队击败并收复失地。升平三年（359 年）诸葛攸再攻前燕，在东阿被慕容评等人击败。同年十月，东晋西中郎将谢万与北中郎将郗昙北伐，但因郗昙因病退兵以及谢万统率失误而令军队惊溃败退，前燕得以乘机夺取许昌、颍川、谯及沛诸郡各城。慕容儁因于扩张领土的战争中屡次获胜，于是更图谋消灭东晋以及前秦。为此下令州郡核实男丁数目，每户只留下一个男丁，其余都被征为士兵，务求令全国步兵达至一百五十万人。慕容儁更命士兵于明年就要集合，并攻取洛阳。武邑刘贵上书极谏，“陈百姓凋敝，召兵非法，恐人不堪命，有土崩之祸”[②]。慕容儁与官员议论，最终改为“三五占兵”，并将集合期限宽贷至一年后，定于下一年冬季于邺城集合。慕容儁曾梦见石虎咬他的手臂，令慕容儁十分厌恶，于是下令挖开石虎的墓穴，骂道：“死胡安敢梦生天子！”于是命御史中尉阳约数其残酷之罪，鞭尸后丢到漳水去。升平四年（360 年）正月，慕容儁在邺城检阅军队，不久病逝。其子慕容暐即位，改元建熙，此后宫廷里发生了一次内讧。

慕容儁死时命弟慕容恪辅政，后慕容恪阻止了宫廷的内讧。从升平四年（360 年）慕容恪辅政到太和二年（367 年）病死其间，为前燕政治较为稳定的时期。自前燕建熙二年（361 年），以前燕河内太守吕护倒戈反覆为导火索，前燕与东晋在中原展开了连绵的战事。建熙四年（363 年），前燕全面的攻势开始发动，四月，慕容忠攻荥阳（今河南荥阳东北），东晋荥阳太守逃到鲁阳（今河南鲁山）。建熙五年（东晋兴宁二年、364 年）二月，前燕李洪开始略地河南。四月，前燕攻许昌、汝南、陈郡，徙上述三地万余户于幽州，遣镇南将军慕容尘屯许昌。七月，太宰慕容恪亲自领兵攻打洛阳，东晋洛阳守军战败逃离。建熙六年（东晋兴宁三年、365 年）三月，前燕攻克洛阳。这一系列的战役后，前燕从东晋手中获得了中原的控制权。但东晋仍然不放弃收复失地的计划。东晋太和四年（369 年）东晋大将桓温北伐，前燕一度陷入危机。不久，东晋军中绝粮，桓温被迫撤退，途中遭前燕军队伏击，损失三万余人，大败而归。自此，前燕在北方的统治稳定下来。

---

① 《晋书》卷一一〇《慕容儁载记》，北京，中华书局，1974。

② 《晋书》卷一一〇《慕容儁载记》，北京，中华书局，1974。

慕容皝的儿子、少帝慕容暐之叔吴王慕容垂在击败桓温的战役中立下大功，然而他却被掌权者慕容评所猜忌。慕容垂被逼无奈，出走前秦，被苻坚收留。苻坚早就想消灭前燕，一直忌惮慕容垂，如今最大劲敌已经投诚，苻坚遂开始讨伐前燕的计划。前燕军团起初并未处于下风，但由于当权的慕容评为人贪鄙，致使军心离散，结果前燕十五万主力部队被王猛所率领的前秦军歼灭。苻坚趁势率十万军队包围前燕的首都邺城。东晋太和五年（370 年）十一月，慕容暐逃出邺城，试图返回辽东的根据地龙城，中途被前秦军抓获，前燕灭亡。

（三）慕容垂建立后燕、定都中山

淝水败后，秦军溃败，唯慕容垂军三万人保持完整。苻坚带着败兵一千多骑，投奔慕容垂。垂子慕容宝和弟慕容德都劝他杀掉苻坚，恢复燕国，慕容垂不肯。他说："我昔为太傅所不容，置身无所，逃死于秦，秦主以国士遇我，恩礼备至。后复为王猛所卖，无以自明，秦主独能明之，此恩何可忘也！若氐运必穷，吾当怀集关东，以复先业耳，关西会非吾有也。"① 慕容垂把军队交给苻坚。军行至渑池，慕容垂对苻坚说："北鄙之民，闻王师不利，轻相扇动，臣请奉诏书以镇慰安集之，因过谒陵庙。"②慕容垂到邺城拜谒先人陵墓的请求得到苻坚的允许，但苻坚对慕容垂并不放心，派其子苻丕镇守邺城。

慕容垂到邺后，苻丕将石越劝苻丕杀慕容垂。但苻丕念及慕容垂在淝水之战中扈从之功，没有听从石越的建议。时丁零族翟斌于河南起兵反秦，镇守邺城的苻丕命慕容垂及宗室苻飞龙前往镇压。途中慕容垂袭杀苻飞龙，正式与前秦决裂。东晋太元九年（384 年），慕容垂自称大将军、大都督、燕王，建元立国，史称后燕。有众二十余万，进围邺城。次年苻丕自邺城撤往晋阳（今山西太原西南），河北之地尽属后燕。慕容垂到了河北如鱼得水，遂谋独立发展。他围攻邺城一年，最后苻丕放弃邺城，奔往晋阳，慕容垂进入邺城。河北大部分地区，都归于慕容垂统治。太元十一年（386 年），慕容垂自立为皇帝，定都中山（今河北定州）。

太元十七年（392 年），慕容垂攻占滑台（今河南滑县），尽取丁零族翟钊所统治七郡三万余户。太元十九年（394 年），慕容垂取长子和晋阳，杀慕容永，灭西燕，得西燕所统八郡七万余户。后燕全盛时，疆域南

---

①（宋）司马光：《资治通鉴》卷一〇五晋孝武帝太元八年十月，北京，中华书局，1956。

②（宋）司马光：《资治通鉴》卷一〇五晋孝武帝太元八年十一月，北京，中华书局，1974。

到琅邪，东到辽海，西到河汾，北到燕代，是十六国后期中原最强盛的一国。

后燕灭西燕后，乘东晋的衰乱，渡黄河而东，略地青、兖，把后燕疆域向南扩展到今山东临沂、枣庄一带。慕容垂还想征服北魏。但他对北魏用兵的结果是遭到很大的失败。这时，鲜卑拓跋氏的势力已经在长城以北发展起来。太元十一年（386 年），拓跋珪建立了北魏，都盛乐（今内蒙古和林格尔）。后燕和北魏的关系本来是友好的，后因后燕求北魏帮助解决其战马缺乏的困难没有达成协议，以致两国失和。太元十九年（394 年）西燕危急时，拓跋珪派骑兵五万，进至今山西忻县附近，遥为西燕声援。394 年，后燕灭西燕。次年五月，后燕太子慕容宝、赵王慕容麟等率兵八万伐魏，范阳王慕容德率步骑一万八千为后继。拓跋珪把所率二十多万大军转移到黄河以南（今内蒙古鄂尔多斯）。后燕出兵五个月，一直找不到与北魏军主力决战的机会，士气渐为衰落。加上塞外严寒，后燕军不能坚持，决定撤退。拓跋珪派拓跋遵率骑兵七万，堵塞后燕军南归之路。十一月，黄河结冰。拓跋珪引兵渡河、留辎重，选精锐二万余骑，急追燕军。十一月九日，燕军宿营参合陂（今内蒙古凉城西北五十里石匣子沟），轻敌不设备。当日黄昏，拓跋珪的骑兵追到参合陂西，乘夜部署诸将，使士卒衔枚，束马口，潜进。第二天，日出，魏军登山，下临燕营。燕军将东引，忽见山上敌军，士卒惊乱。拓跋珪纵兵奋击。“燕兵走赴水，人马相腾蹑压溺，死者以万数。”拓跋遵在前邀击，燕兵四五万人纷纷放下武器，敛手就擒，逃脱的只不过几千人。拓跋珪还俘虏了后燕文武将吏数千人，兵甲粮货以万计。拓跋珪坑杀全部俘虏。慕容宝等单骑逃回。

慕容宝不甘心于参合陂失败，要求再次伐魏。隆安二年（398 年）三月，慕容垂留慕容德守中山，亲自引兵密发，越过险峻的山路，直抵平城。这时，北魏陈留公拓跋虔，帅部落三万余家镇平城，素不设备，后燕军到了平城，他才发觉，仓促应战，战败而亡。燕军尽收北魏在这里的部落。史称这一战役，拓跋珪“震怖欲走。诸部闻虔死，皆有贰心，珪不知所适”[①]。但后燕军到平城后，慕容垂病重，全军改前进为后退。四月间，在归途中，慕容垂死于沮阳（今河北怀来南），太子宝继位。

慕容宝即位后，遵父遗令，校阅户口，罢除鲜卑贵族因军功所取的封

① （宋）司马光：《资治通鉴》卷一〇八晋孝武帝太元二十一年三月，北京，中华书局，1974。

户，归属郡县；重定士族旧籍，明其官仪。然法峻政严，思乱者众。在慕容垂时曾经制造内乱的征东将军平规，又纠合余党，重行作乱，但历时不久，就平定下来。太元二十一年（396 年）八、九月间，拓跋珪率领步骑四十余万大举攻燕，轻易地攻占晋阳。十一月，兵锋转向河北，攻下常山（今河北正定南）、信都（今河北冀州）。河北许多郡县的守宰，不逃即降。慕容宝在中山有步卒十二万，骑兵三万七千，悉数迎战魏军，被打得大败。魏军进围中山。一直到隆安元年（397 年）三月，慕容宝率领一万余骑，突围退往龙城。十月，北魏攻下中山，后燕公卿将吏及士卒降者二万余人。隆安二年（398 年），慕容宝在龙城为鲜卑贵族兰汗所杀。慕容宝的儿子慕容盛杀兰汗，慕容盛又为其臣下所杀。后来，鲜卑贵族拥立了慕容垂的少子慕容熙。慕容熙时，后燕据有辽西地区，境域狭隘，民户不多，但他却是个贪图享乐、不理朝政的人。义熙三年（407 年），慕容熙为冯跋和高云等所杀，后燕亡。

（四）北燕的建立与灭亡

慕容熙被杀死后，后燕灭亡，鲜卑化汉人冯跋建立北燕政权。冯跋（？~430 年），字文起，小字乞直伐，长乐信都（今河北冀州）人。从冯跋的父亲冯安开始，冯氏家族开始迁居北方，史称“既家昌黎，遂同夷俗”①。冯跋原为西燕大将，后投奔后燕。西燕亡，冯跋东迁后燕，于后燕帝慕容宝在位时被任命为中卫将军。冯跋与其弟冯素弗先前曾因事获罪于后燕帝慕容熙，因此慕容熙有杀冯跋兄弟之意，冯跋兄弟遂逃匿深山。后燕建始元年（407 年）冯跋兄弟乘车，由妇人驾驭，潜入都城龙城（今辽宁朝阳），匿于北部司马孙护家。趁慕容熙送葬苻后之际起事，推高云（慕容云）为燕王，改元正始，不久擒杀慕容熙。高云登位后以冯跋为侍中、征北大将军、开府仪同三司，封武邑公，政事皆决于冯跋兄弟。正始三年（409 年），高云为宠臣离班、桃仁所杀，乱事平定后，众人推冯跋为主。

冯跋即位后，继续沿用后燕制度，同时汲取后燕败亡教训，“属意农桑，勤于政事”，多次下书令百姓“人植桑一百根，柘二十根”，发展农业生产；他“省徭薄赋”，明言对“堕农者戮之，力田者褒赏”，② 努力减轻人民负担；为了节省财力物力，他还积极改革殡葬习俗，提倡丧事从俭。

---

① 《魏书》卷九七《海夷冯跋传》，北京，中华书局，1974。

② 《晋书》卷一二五《冯跋载记》，北京，中华书局，1974。

冯跋在位二十二年，为使处于乱世之中的北燕保持稳定与发展可谓历尽艰辛。太平二十二年（430年），冯跋病亡，谥文成，庙号太祖。冯跋死后，其弟冯弘杀跋子冯翼自立，改元太兴。在北魏统一北方的战争中，北魏军连克北燕诸军镇。延和元年五月，北魏太武帝拓跋焘于平城（今山西大同东北）南郊整训兵马，准备进攻北燕。六月，魏太武帝发兵伐燕，同时遣左仆射安原、建宁王拓跋崇等屯兵漠南（今蒙古高原大沙漠以南地区），以防柔然袭其后。七月，魏太武帝至濡水（今河北东北部滦河），遣安东将军奚斤征发幽州（治今北京城西南）民众及密云（今属北京）丁零族万余人，运攻具，出南道，会师于燕都和龙（今辽宁朝阳）。魏帝经辽西至和龙，北燕石城太守李崇等十郡降于魏。魏太武帝以其民三万人挖围堑以困和龙。八月，北燕主冯弘派数万人出城挑战，为魏昌黎公拓跋丘、河间公拓跋齐所击破，死万余人。北燕尚书高绍率万余家保羌胡固，魏主攻之，斩绍。魏平东将军贺多罗攻带方（今辽宁义县北），抚军大将军永昌王拓跋健攻建德（今辽宁建昌西北），骠骑大将军乐平王拓跋丕攻冀阳（今辽宁凌源境），皆拔之。九月，魏太武帝引兵西还，徙营丘、成周、辽东、乐浪、带方、玄菟六郡民众三万家于幽州。太兴六年（436年），北燕为北魏所灭。

图3-4　北燕冯素弗墓出土的鎏金马镫

（五）北朝时期河北的慕容鲜卑

北魏登国十年（395年），燕魏双方战于参合陂，后燕遭受了前所未有的惨败，“有马者皆蹶倒冰上，自相镇压，死伤者万数。宝及诸父兄弟，单马迸散，仅以身免。于是宝军四五万人，一时放仗，敛手就羁矣。其遗迸去者不过千余人。生擒其王公文武将吏数千，获宝宠妻及宫人，器甲、辎重、军资杂财十余万计”[①]。这些擒获的慕容鲜卑被北魏作为俘虏带到平城（今山西大同）。慕容垂死后，北魏开始征讨后燕，柏肆之役，后燕军又败，慕容宝率万余骑奔蓟，后燕内乱，陷入战乱纷争之境，加速了灭亡。又《魏书·太祖纪》栢肆坞之役，“宝众大败，斩首万余级，擒其将军高长等四千余人……宝尚书闵亮、秘书监崔逞……并降。降者相属，赐拜职爵各有差”。投降北魏者为慕容宝从军部下，慕容琚为慕容宝从弟，若在宝军中被俘，《魏书》当有记载，故慕容琚不在此时降魏。又三月“壬子夜，（宝）遂将其妻子及兄弟宗族数千计北遁”[②]。第二年兰汗杀慕容宝，“又杀其太子策及王公卿士百余人”[③]。可确定慕容据并未随宝北遁，仍在中山。皇始二年（397 年）冬十月中山平，“其所署公卿、尚书、将吏、士卒降者二万余人”，并“获其所传皇帝玺绶、图书、府库、珍宝，簿列数万”[④]。慕容琚降魏后，即被拜赐高都侯，卒于冠军将军、尚书左丞、赠安南将军、并州刺史，高都公。

后燕被灭以后，北魏“分徙吏民及徒何种人、工伎巧十万余家以充京都，各给耕牛，计口授田”[⑤]。原来居住在河北地区的慕容鲜卑被大批迁到洛阳，北魏将慕容腾这支前燕支庶安置于中山，招抚后燕民众及其他民众。数年后留居河北的慕容鲜卑数量增加，“初，慕容破后，种族仍繁。天赐末，颇忌而诛之。时有遗免，不敢复姓，皆以‘舆’为氏。延昌末，诏复旧姓，而其子女先入掖庭者，犹号慕容，特多于他族”[⑥]。面对北魏的诛杀，一部分慕容鲜卑被迫改姓，有的改姓舆，有的改姓豆卢。《北史·豆卢宁传》称：“豆卢宁字永安，昌黎徒何人。其先本姓慕容氏，燕北地王精之后也。高祖胜，以燕。皇始初归魏，授长乐郡守，赐姓豆卢氏。或云北人谓归义为‘豆卢’因氏焉，又云避难改焉，未详孰是。”[⑦]长乐郡属冀州，这说明豆卢宁是北魏时期在河北境内居住的慕容鲜卑。

东魏将都城从洛阳迁到邺城以后，大批的慕容鲜卑又回到邺城。2007

① 《魏书》卷九五《徒何慕容廆传》，北京，中华书局，1974。
② 《魏书》卷二《太祖道武帝纪》，北京，中华书局，1974。
③ 《晋书》卷一二四《慕容宝载记》，北京，中华书局，1974。
④ 《魏书》卷二《太祖道武帝纪》，北京，中华书局，1974。
⑤ 《魏书》卷一一〇《食货志》，北京，中华书局，1974。
⑥ 《魏书》卷五〇《慕容白曜传》，北京，中华书局，1974。
⑦ 《北史》卷六八《豆卢宁传》，北京，中华书局，1974。

年，在临漳古邺城遗址出土了《慕容鉴墓志》。志主慕容鉴字罗察，河南洛阳人也。志文称其“曾祖勃海郡王，燕平二州牧，镇静龙城，殊□归□。祖北平公，奉身达节，深识兆机，以燕祚倾颓，归诚圣化，荣授□□□幽州刺史”。志文中的“勃海郡王”是指慕容亮，他是慕容儁之子，前燕时曾任镇东将军、勃海王。志主的祖父史籍缺载。大致在后燕被北魏平定之后，志主的祖父归顺北魏，迁居洛阳，因此志文才称志主为“河南洛阳人”。志主慕容鉴一直生活在洛阳，并在朝廷中担任武职。东魏迁都时，志主可能是作为随从官员从洛阳迁往邺城的，并最终死在邺城，葬在西门豹祠西南。北齐时期最著名的慕容鲜卑是慕容绍宗，他的父亲慕容远北魏时曾担任定州刺史。慕容绍宗承袭祖、父而任职于北魏，封索卢侯，任北魏后期权臣尔朱兆的长史，尔朱兆失败后转投北齐高氏。先后掌管府库、图籍诸事，任青州刺史、御史中丞、徐州刺史、尚书左仆射、东南道行台、南道行台等职，东魏武定六年（548 年），东魏派太尉高岳、慕容绍宗等与西魏王思政交战于长社，围西魏军于该城，绍宗与部下视察时所乘船被风刮向敌城，自度不免，溺水而亡，赠太尉。[①]

（六）前燕、后燕时期经济的恢复和发展

在慕容廆统治时期，就开始“教以农桑法，制同于上国”[②]。“先是，辽川无桑，及廆通于晋，求种江南，平州桑悉由吴来”[③]。使鲜卑慕容氏摆脱了逐水草而居游牧渔猎的生活方式，开始了定居农耕的自然经济模式，为慕容氏封建化提供了基础。永宁中，燕垂大水，慕容廆开仓赈济，幽州等地灾民得以救助，慕容廆的这一举动受到晋廷的褒奖。两晋之际，中原大乱，大批汉人逃往辽河流域，慕容廆“乃立郡以统流人，冀州人为冀阳郡，豫州人为成周郡，青州人为营丘郡，并州人为唐国郡”[④]。此后，流人不断增加，甚至出现流人比旧有人口多出十倍有余、人多地狭的情况。慕容皝除为燕国开疆扩土外，十分重视招徕流民、开荒垦殖。当时慕容皝开地千余里，徙其部人五万余落于昌黎，改涉奕于城为威德城，“以牧牛给贫家，田于苑中，公收其八，二分入私。有牛而无地者，亦田苑中，公收其七，三分入私”[⑤]。对此，大臣封裕以为禁苑应全部开放，让农民耕种；流民刚来没有资产的，赐给耕牛。租税不宜过重，应依曹魏

① 《北齐书》卷二〇《慕容绍宗传》，北京，中华书局，1971。
② 《晋书》卷一〇八《慕容廆载记》，北京，中华书局，1974。
③ 《晋书》卷一二四《慕容宝载记》，北京，中华书局，1974。
④ 《晋书》卷一〇八《慕容廆载记》，北京，中华书局，1974。
⑤ 《晋书》卷一〇九《慕容皝载记》，北京，中华书局，1974。

屯田租制：耕官田、用官牛，官得六分，民得四分；用私牛者，官民中分。同时，建议兴修水利。慕容皝采纳了他的建议，下诏强调农为国本，提出对垦辟土地最差的地方官要给予惩罚。

慕容鲜卑原来的部落制中部民是没有户籍的，前燕时期，开始编造户籍。慕容儁时期为扩充兵源，曾校实州郡户口，“（慕容）儁于是复图入寇，兼欲经略关西，乃令州郡校阅见丁，精覆隐漏，率户留一丁，余悉发之，欲使步卒满一百五十万，期明年大集，将进临洛阳，为三方节度”①。前燕被苻坚所灭时，存于邺都的户籍档案还保存得很完整，“坚入邺宫，阅其图籍，凡郡百五十七，县一千五百七十九，户二百四十五万八千九百六十九，口九百九十八万七千九百三十五”②。可见前燕的户籍统计是较为详尽的。

后燕时期，慕容垂在得到冀州之后，以慕容楷为冀州牧，治理该地，成效显著，冀州经济得到初步恢复。乐浪王慕容温经营中山（今河北定州），也颇可以称道。当慕容垂正久攻邺城不下时，“乐浪王温在中山，兵力甚弱，丁零四布，分据诸诚；温谓诸将曰：以吾之众，攻则不足，守则有余。骠骑、抚军，首尾连兵，会须灭贼，但应聚粮厉兵以俟时耳，于是抚旧招新，劝课农桑，民归附者相继，郡县壁垒争送军粮，仓库充溢。……温乃遣兵一万运粮以饷垂，且营中山宫室”。燕王慕容垂北入中山，谓诸将曰：“乐浪王招流离，实仓廪，外给军粮，内营宫室，虽萧何之功，何以加之！”③。因鉴于前燕旧都邺城当时尚被苻丕控制，且又遭到长期战争摧残，于是慕容垂始定都中山。

慕容农、慕容隆治理幽、平也政绩卓著。慕容垂以慕容农为使持节、都督幽平二州北狄诸军事、幽州牧，镇龙城。慕容农“于是创立法制，事从宽简，清刑狱，省赋役，劝课农桑，居民富赡，四方流民前后至者数万口。先是幽、冀流民多入高句丽，农以骠骑司马范阳庞渊为辽东太守，招抚之”。④“辽西王农在龙城五年，庶务修举”。后来他主动要求回中山以对青、徐、荆、雍用兵，于是慕容垂召还他为侍中、司隶校尉，而以高阳王隆代他为幽州牧。当时后燕“建留台于龙城，以隆录留台尚书事。……隆因农旧规，修而广之，辽、碣遂安”⑤。

---

① 《晋书》卷一一〇《慕容儁载记》，北京，中华书局，1974。

② （清）汤球：《十六国春秋辑补》，265 页，北京，中华书局，1985。

③ （宋）司马光：《资治通鉴》卷一〇六晋太元十年十二月，北京，中华书局，1956。

④ （宋）司马光：《资治通鉴》卷一〇六晋太元十年十二月，北京，中华书局，1956。

⑤ （宋）司马光：《资治通鉴》卷一〇七晋太元十四年正月，北京，中华书局，1956。

后燕统治地区从前燕以来，就存在着胡汉贵族地主大量占夺土地人口问题。当时“燕王公、贵戚多占民为荫户”，更为所谓“军营封荫之户”，即诸将以其以部营户荫为庇私人部曲。前燕末已经严重到“国之户口，少于私家，仓库空竭，用度不足。……而国家政法不立，豪贵恣横，至使民户殚尽，委输无入，吏断常俸，战士绝廪，官贷粟帛以自赡给”[①]的地步。为此，尚书左仆射悦绾提出了“宜悉罢军封，以实天府之饶”的主张。他虽然搜出大量隐户，但自己也被杀害，搜户措施因之中断。慕容垂建后燕后，企图继续解决这个问题，他自己当政时由于戎马倥偬，虽没有来得及进行，却将此事交给了儿子慕容宝。慕容宝即位后“遵垂遗令，校阅户口，罢诸军营分属郡县”[②]。当然，也遭到了豪贵的反对。尽管实行得不彻底，但毕竟证明慕容垂父子是要求限制荫户的。由于慕容垂实行了一些较开明的政策，因此其统治下的东方经济情况也较好，后燕也成为十六国后期东方最强之国。后燕时虽然国祚不长，却为北魏初年的强盛提供了经济条件。

（七）前燕、后燕时期的文化

慕容廆时期，出于对中原儒家文化的喜好，慕容廆建立了培养鲜卑及汉族贵族子弟的学校——东庠，以“儒学该通”的刘赞为东庠祭酒，进行教授活动，让他的世子慕容皝带领贵族子弟一起入学接受教育，这也是十六国时期少数民族政权太子入国学接受教育的首例。慕容廆也经常在政务闲暇之时亲临听讲，既为自己增加学识，也表现出对国学教育的重视，在这种重教风气的影响下，前燕一度出现了“路有颂声，礼让兴矣”[③]的局面。到了慕容皝时期，因其本人一直接受汉文化的学校教育，成为“雄毅多权略，善经学，善天文”[④]的优异统治者，所以他也十分注重学校的发展，将学校作为培养政治人才的地方，扩大了学校规模，增加了学生数量，达到了辽东历史上史无前例的数千之数。他本人因学术修养达到一定水准，更是亲临学校授课，“雅好文籍，勤于讲授”[⑤]，同时，又以其大臣子弟为官学生者称高门生，“立东庠于旧宫，以行乡射之礼，每月临

① （宋）司马光：《资治通鉴》卷一〇一太和三年九月，北京，中华书局，1956。
② 《晋书》卷一二四《慕容宝载记》，北京，中华书局，1974。
③ 《晋书》卷一〇八《慕容廆载记》，北京，中华书局，1974。
④ 《晋书》卷一〇九《慕容皝载记》，北京，中华书局，1974。
⑤ 《晋书》卷一〇九《慕容皝载记》，北京，中华书局，1974。

观，考试优劣”。[①]“皝亲临东庠考试学生，其经通秀异者，擢充近侍”[②]。另外，他还亲自编撰教材，供学校教习之用，以他撰写的汉文教材《太上章》及《典诫》十五篇，取代汉文帝时期的课本《急就篇》。慕容儁时期，继续重教风气，“立小学于显贤里以教胄子”，对贵族子弟进行教育，与太学构成相对完善的教育建制。这一时期的燕政权的儒家文化教育已经达到最高水平，几乎可与以儒家文化教育自诩的东晋王朝分庭抗礼了。慕容暐时期，前燕政治开始衰退，但慕容暐仍然立国子博士和国子祭酒来专门管理学校教育。

十六国时期的文学创作，在《北史·文苑传》中有如下概括：“既而中州板荡，戎狄交侵，僭伪相属，生灵涂炭，故文章黜焉。其能潜思于战争之间，挥翰于锋镝之下，亦有时而间出矣……然皆迫于仓卒，牵于战阵，章奏符檄，则粲然可观；体物缘情，则寂寥于世。非其才有优劣，时运然也。”这样的评价应该说是中肯的，说明当时的文学创作较为落后。但慕容鲜卑作为接受汉文化较深的少数民族，其文学成就也有可圈点之处。在严可均收集整理的《全上古三代秦汉三国六朝文》中收录有慕容廆的《与陶侃笺》，慕容皝的《上晋成帝表》、《上言征慕容仁》、《下令赐封裕》、《下令罪宋该》、《与庾冰书》、《与顾和书》等。《晋书》称慕容儁“雅好文籍，自初即位至末年，讲论不倦，览政之暇，唯与侍臣错综义理，凡所著述四十余篇。宴群臣于蒲池，酒酣，赋诗，因谈经史”可见慕容儁本人及其大臣的文学修养都是非常高的。其文有《手令敕常炜》、《下令追崇祖考》、《下书定冠冕制》等；慕容暐有《答慕容恪慕容评》、《下书祈雨》等；慕容翰有《上言宜讨素连木津》等；慕容恪有《因水旱表请逊位》。后燕时期慕容垂有《上苻坚表》、《上书请伐》、《济河下令》、《报丁零及西人令》、《与僧朗书》等；慕容盛有《告成太庙令》、《下令公侯赎罪不得以金帛》等；慕容农有《在龙城上表》。这些书表笺令等文体因其实用性得以在诸燕政权中发挥主要作用。它们也常常写得较有文采，文字虽不多，却因这些应用文体多切实就事，针砭时政，分析细腻，体察入微，又兼用排偶，骈散结合，引典设喻，虽行文颇具藻丽之风，但内质充沛，论说有实，故叙事流畅而意蕴昭然，文质并茂。叙述、议论、描写、抒情等功能兼容并蓄，与南朝的淫丽之风迥然不同。

前燕时期，曾在邺城设有乐府，除了有民间的歌唱，又有采于民间或

① 《晋书》卷一〇九《慕容皝载记》，北京，中华书局，1974。

② 《晋书》卷一〇九《慕容皝载记》，北京，中华书局，1974。

文人加工创作的乐府歌。慕容氏歌因战乱、政权更替、岁月变迁而不断流失。燕魏乐府有个别传到南方，保留于南朝梁乐府中。《乐府诗集》引《古今乐录》曰："梁鼓角横吹曲，有《企喻》、《琅琊王》、《巨鹿公主》、《紫骝马》、《黄淡思》、《地驱乐歌》、《雀劳利》、《慕容垂》、《陇头流水》等歌三十六曲。"① 其中可以确定为十六国时期的作品有《企喻歌》、《琅琊王歌辞》、《巨鹿公主歌》、《紫骝马歌辞》第一二首、《慕容垂歌辞》、《折杨柳枝歌》、《幽州马客吟歌辞》、《慕容家自鲁企由谷歌》、《陇头歌辞》等。《企喻歌辞四首》是表现战争与尚武主题的歌。四首歌辞当非作于一时一地。《旧唐书·乐志》曰："北狄乐，其可知者鲜卑、吐谷浑、部落稽三国，皆马上乐也。……后魏乐府始有北歌，即《魏史》所谓《真人代歌》是也。代都时，令掖庭宫女晨夕歌之。周、隋世，与西凉乐杂奏，今存者五十三章，其名目可解者六章：《慕容可汗》、《吐谷浑》、《部落稽》、《巨鹿公主》、《白净王太子》、《企喻》也。其不可解者，咸多可汗之辞。……北虏之俗，呼主为可汗。吐谷浑又慕容别种，知此歌是燕、魏之际鲜卑歌。歌辞虏音，竟不可晓"。《慕容垂歌辞》，是直接从正面叙述战争的民歌，是歌颂慕容垂战胜并消灭西燕的歌辞。在一般文学史著作中，都将此歌辞解释为东晋与慕容垂的战争，这是不恰当的。"慕容攀墙视，吴军无边岸。我身分自当，枉杀墙外汉"。这里的"慕容"应指慕容永；"吴军"当是慕容垂率领的军队。一些文学史解释《慕容垂歌辞》是苻坚前秦时民歌，为前秦人嘲笑慕容垂打败仗的歌，当误。此诗的背景和叙述的事情是慕容垂攻打西燕的事，是鲜卑慕容歌，而非前秦人所作。《乐府诗集》同时保留了《陇头流水歌辞》和《陇头歌辞》，是主要描述行役之苦的歌辞。《陇头流水歌辞》："陇头流水，流离西下。念吾一身，飘然旷野。西上陇阪，羊肠九回。山高谷深，不觉脚酸。手攀弱枝，足逾弱泥。"《慕容家自鲁企由谷歌》是热恋女子歌唱的情歌，《捉搦歌》四首可能是男女捉搦调情相戏时的歌唱，也从不同侧面反映了当时待嫁女子的心理。这些鲜卑民歌，在感情上直率粗犷，虽言辞简单，却又蕴含了深刻的意味以及鲜卑民族的生活体验。由于其游牧民族的性格和生活习俗与中原大异，不曾受中原封建礼教的束缚，因此许多地方表现得大胆泼辣，毫不遮掩扭捏，痛快淋漓，自然亲切。

前燕著作官制较后赵完善，因为慕容氏汉化程度较羯族石氏高。著作官多为汉族士人，如崔逞，出身清河望族。他少好学，有文才。慕容晧

① （宋）郭茂倩：《乐府诗集》卷二五《横吹曲辞》，上海，上海古籍出版社，1998。

时，“郡举上计掾，补著作郎，撰《燕记》”①。前燕著作官制似始置于灭石赵之后。除著作官制外，前燕还有记注制度。慕容廆时，魏郡斥丘人黄泓为参军，“及皝嗣位，迁左常侍，领史官”②。为慕容氏身边顾问、谋士，亦掌录记时事。刘知幾说：“前燕有起居注。”③ 还有典书令，掌宫禁图籍文书。慕容儁时，皇甫真“入为典书令。后从慕容评攻拔邺都，珍货充溢，真无一所取，唯存恤人物，收图籍而已”④。

后燕著作官似置于建兴元年（386年）。此年，董统为史官，受诏撰《燕后书》。到北魏灭后燕时，许多士人归附了拓跋珪。拓跋珪在后燕朝士中选拔史官，如邓渊、崔简，这些汉族士人在后燕时担任过著作官。后燕有董统、申秀、范亨等。建兴元年（386年），董统受诏草创后燕史，“著本纪并佐命功臣、王公列传，合三十卷。慕容垂称其叙事富赡，足成一家之言。但褒述过美，有惭董、史之直。其后申秀、范亨各取前后二燕，合成一史”⑤。可见，董统的《燕史》为迎合后燕统治者的口味，肆意曲笔，有谄媚之嫌。《隋书·经籍志》、《旧唐书·经籍志》均著录有《燕书》二十卷。《隋志》注曰：“记慕容儁事，伪燕尚书范亨撰。”范亨《燕书》有高祖武皇帝纪、太祖文明皇帝纪、列祖景昭皇帝纪、少帝纪，是为前燕；世祖武成皇帝纪、献庄皇帝纪、烈宗惠愍皇帝纪、中宗昭武皇帝纪、昭文皇帝纪，是为后燕。据此，则范亨《燕书》是合前后燕为一史。后燕亡后，范亨入魏。唐宋时仍然存世的范亨《燕书》，实是包括了前、后燕史事，并非后燕专史。

三、拓跋鲜卑

（一）拓跋鲜卑的兴起与北魏的建立

拓跋氏初是鲜卑地处最东北的一支，亦称别部鲜卑。原居于额尔古纳河和大兴安岭北段，“统幽都之北，广漠之野，畜牧迁徙，射猎为业”⑥，过着游牧生活。东汉以前，北匈奴被打败西迁后，拓跋部在酋长拓跋诘芬的率领下，逐步向西迁移，进入原来北匈奴驻地，即漠北地区。到酋长拓跋力微时期，拓跋部又南下游牧于云中（今内蒙古托克托）一带，后又

① 《魏书》卷三二《崔逞传》，北京，中华书局，1974。
② 《晋书》卷九五《艺术·黄泓传》，北京，中华书局，1974。
③ （唐）刘知幾：《史通》卷一二《古今正史》，上海，上海古籍出版社，2008。
④ 《晋书》卷一一一《慕容暐载记附皇甫真传》，北京，中华书局，1974。
⑤ （唐）刘知幾：《史通》卷一二《古今正史》，上海，上海古籍出版社，2008。
⑥ 《魏书》卷一《序记》，北京，中华书局，1974。

迁居到盛乐（今内蒙古和林格尔），与曹魏、西晋发生往来，但这时拓跋部仍处于氏族部落联盟阶段。338 年，首领什翼犍建立代政权，都于盛乐（今内蒙古和林格尔），逐渐强大起来。

东晋太元元年（376 年），前秦苻坚攻代，什翼犍战死，代灭。淝水之战后，前秦统治瓦解。北魏登国元年（386 年），鲜卑拓跋珪（什翼犍之孙）恢复代政权，后改国号为魏，史称北魏。登国十年（395 年），后燕攻北魏，拓跋珪在参合陂（今山西大同东南）大败后燕军，并乘胜南下，夺取中山（今河北定州）、邺（今河北临漳西南）等重要城镇，拥有黄河以北地区，成为北方的强大势力之一。天兴元年（398 年），北魏迁都平城（今山西大同），拓跋珪称帝，即北魏道武帝。拓跋珪击败后燕进入中原后，奖励农业生产，其奴隶主贵族也逐渐汉化，转化为封建地主。拓跋珪招纳汉族大地主参加统治集团，加快了鲜卑拓跋部的汉化进程。

拓跋珪死后，其子拓跋嗣、孙魏太武帝拓跋焘，承其前业，擢用汉族大地主范阳卢玄、博陵崔绰、赵郡李灵、河间邢颖、渤海高允、广平游雅、太原张伟等数百人担任官职，形成了拓跋贵族与汉人世家豪族的联合封建政权，国势大盛。拓跋嗣死后，拓跋焘即位，即位之初就以少胜多，顶住了当时北方大漠政权——柔然的大规模入侵。拓跋焘开始主动反击柔然，先后十三次出兵柔然，以北魏神麢二年（429 年）战果最为辉煌，征服了漠北一带，柔然臣服，为日后统一北方又迈出重要一步。另外，在对柔然的作战中，俘获的牛羊骆驼等牲畜也为北魏缓解了后来的饥荒。始光四年（427 年），用三万骑兵攻破了号称坚不可摧的夏国统万城，从此北魏统一北方的形势已经不可逆转。神麢四年（431 年）灭夏，平山胡，西逐吐谷浑，又于太延二年（436 年）灭北燕，太延五年（439 年）灭北凉，使北方长期的分裂割据局面复归于统一，南北朝对峙局面正式形成。拓跋焘统一北方是中国历史上的一次民族大融合，同时为社会经济的发展创造了较为安定的环境。

北魏孝文帝拓跋宏是一位很有作为的帝王，在位期间，进行了许多政治、经济和文化上的改革，最重要的是实行均田制和改革鲜卑旧俗，实行汉化政策。太和十六年至十七年（492—493 年）迁都洛阳。北魏统治下的中原，以汉族为主，具有较高的封建文化，魏孝文帝在政治和社会风俗方面进行了大胆改革，消除鲜卑与汉族之间的隔阂与矛盾，加速了鲜卑族的汉化，在服饰、语言、丧葬、通婚、吏治、门阀等制度方面都有相关的汉化规定。这些改革促进了北方各少数民族进入封建社会，适应了各族人民间的自然融合趋势，对当时社会经济发展和民族的大融合起了积极推动作用。

孝文帝改革后，北魏社会经济有了较大发展。然而经济繁荣的结果并没有使广大劳动人民从中获益。这一时期，人民的生活仍很困苦。相反，汉化的鲜卑贵族很快坠入锦衣玉食之中，迅速走向腐化，并直接导致了北魏末年的农民大起义。北魏末年的农民大起义动摇了统治者的基础，内部发生变乱。建明元年（530 年），魏孝庄帝杀死了专权的尔朱荣，尔朱荣之弟尔朱兆又杀死孝庄帝，改立元恭为帝，政权又为尔朱氏所握。后来尔朱氏又为其部将鲜卑化的汉人高欢所灭，高欢杀元恭，另立元脩为帝（魏孝武帝）。元脩为摆脱高欢所控，从洛阳出逃，投奔镇守关中的将领宇文泰。此后，北魏分裂为东魏和西魏。

（二）孝文帝改革与鲜卑族的汉化

北魏孝文帝拓拔宏迁都洛阳以后，即开始着手进行改革，其改革的重点是社会习俗领域，即在服饰、语言、姓氏、婚姻习俗诸方面展开移风易俗的社会大变革，促使鲜卑族的生活方式全面融入汉民族。改革的主要内容有以下几方面：

在服饰方面：禁鲜卑服，改穿汉服。太和十八年（494 年）十一月孝文帝初驾临洛阳，十二月即诏令“变易旧风”，“禁士民胡服”[①]，并要求从“营国之本，礼教为先”[②] 的封建礼教高度对待服饰汉化。就是说，在他看来，只有同汉民族服饰文化融为一体，才可以全面适应封建礼教的服饰等级制度；否则，“若仍旧俗，恐数世之后，伊洛之下复成披发之人”[③]，鲜卑民族将重新回到原始野蛮的“披发之人”状态，北魏王朝的命运将不堪设想。

在语言方面：禁鲜卑语，改说汉语。太和十九年（495 年）六月诏令“不得以北俗之语言于朝廷，若有违者，免所居官”[④]，并把语言汉化作为推行封建礼教的先决条件。他以孔子“为政必先正名”和名正而言顺、而事成、而礼乐兴、而刑罚中的言论为经典依据指出：“焉有不先正名，而得行礼乎！”于是决意“断诸北语，一从正音”[⑤]，以汉语为国家通行语言。

在姓氏方面：取消鲜卑姓氏，改姓汉族姓氏。太和二十年（496 年）

---

① （宋）司马光：《资治通鉴》卷一三九齐纪建武元年十一月，北京，中华书局，1956。
② 《魏书》卷一九中《任城王澄传》，北京，中华书局，1974。
③ 《魏书》卷二一上《咸阳王禧传》，北京，中华书局，1974。
④ 《魏书》卷七下《高祖纪下》，北京，中华书局，1974。
⑤ 《魏书》卷二一上《咸阳王禧传》，北京，中华书局，1974。

正月，诏令“改姓为元氏”[1]，即北魏皇室由鲜卑拓跋氏改为汉姓元氏，进而凡鲜卑贵族一律改姓：“改拔拔氏为长孙氏，达奚氏为奚氏，乙旃氏为叔孙氏，丘穆陵氏为穆氏，步六孤氏为陆氏，贺赖氏为贺氏，独孤氏为刘氏，贺楼氏为楼氏，勿忸于氏为于氏，尉迟氏为尉氏；其余所改，不可胜纪”[2]。

在婚姻方面：“绝同姓之娶”，“结他族之亲”。早在迁都之前的太和八年（484年），孝文帝即诏令“绝同姓之娶”[3]，禁绝鲜卑同姓结亲，进而大力推行鲜卑贵族与汉族高门联姻，叫作“合二姓之好，结他族之亲”，把这看做是“上以事宗庙，下以继后世”[4] 的攸关祖宗大业传承的大事。如孝文帝的六位弟弟即“献文六王”中，除河南王幹娶鲜卑贵族女外，其余皆娶汉族高门之女。

以上服饰、语言、姓氏、婚姻等社会习俗领域的汉化改制，有力地促进了鲜卑民族与汉民族生活方式的全面融合或趋同。北魏孝文帝改革促进了民族大融合，各民族的交流由此大增，各种农业和畜牧业新技术在北魏时期得到了充分运用，均田制促进了农民生产积极性的增强，人口的大迁徙也带来了商业、手工业的繁荣，北魏因此国力大增。孝文帝时期的各项制度深入人心，对后世的影响极大，为隋唐的鼎盛局面奠定了基础。

（三）北魏时期河北境内的鲜卑王公列侯

北魏道武帝皇始元年（396年），始封五等爵；天赐元年（404年），减五等爵为四等：王、公、侯、子，王封大郡，公封小郡，侯封大县，子封小县。后又复添伯、男二等。皇子和异姓元功上勋皆可封王。孝文帝行“亲疏世减之法”[5]，规定亲王二千户、始蕃一千户、二蕃五百户、三蕃三百户。王国官有师、友、文学及中尉、大农、上中下将军、常侍、侍郎等。宣武帝景明元年（500年）定制有王、开国郡公、散公、侯、散侯、伯、散伯、子、散子、男、散男，凡十一等，王食半，公三分食一，侯伯四分食一，子男五分食一。各爵品级为：除王外，开国郡公正一品，开国县公、散公从一品，开国县侯正二品，散侯从二品，开国县伯正三品，散伯从三品，开国县子正四品上阶，散子从四品下阶，开国县男正五品上阶，散男从五品下阶。北魏时期在河北境内的鲜卑诸王有真定侯、望都

---

① 《魏书》卷七下《高祖纪下》，北京，中华书局，1974。
② （宋）司马光：《资治通鉴》卷一四〇齐纪六建武三年正月，北京，中华书局，1956。
③ 《魏书》卷七上《高祖纪上》，北京，中华书局，1974。
④ 《魏书》卷二一上《咸阳王禧传》，北京，中华书局，1974。
⑤ 《魏书》卷七八《张惠普传》，北京，中华书局，1974。

公、曲阳侯、昌黎公、河间公（王）、中山公、常山王、清河王、广平王、赵郡王、高阳王等。

真定侯初封于太祖时期，初期多为武将。北魏大将邓渊之父邓翼在慕容垂围邺之时，被任命为后将军、冀州刺史、真定侯。北魏大将长孙肥之子长孙翰曾被任命为北部诸军事、平北将军、真定侯。其后，真定侯多封鲜卑宗室，魏世祖时宗室元陆，“以武功颇蒙恩遇，拜散骑常侍，赐爵真定侯”①。后改封宗室元六状为真定侯。北魏中后期，真定侯的封爵开始下移。中山人李惠为文明太后所忌，被杀。后被平反，其族人多封侯爵。如其族人李道念，即被封为真定侯，这显然是对李惠族人的一种安慰。

望都公，初封于世祖时期，以昭帝之后元颓为之。

曲阳侯，初封于太祖时期。桓帝之后元素延因在与后燕的柏肆之战中立有战功，被魏太祖拓跋珪拜为幽州刺史，后赐爵曲阳侯。元素延后因奢靡过度，被魏太祖拓跋珪杀害。

昌黎公，始封于世祖时期。北魏延和元年（432年）八月，“文通使数万人出城挑战，昌黎公元丘与河间公元齐击破之，死者万余人”②。北魏正平二年（452年）九月，司空高平公儿乌干屯潼关，平南将军、昌黎公元辽屯驻河内。

河间公，也是在世祖时期初封，曾以大将安同为河间公。北魏延和元年（432年），以烈帝玄孙元齐为河间公。元齐死后，其长子元陵袭爵。另外，常山王元忠之弟元德也曾被封为河间公。

河间王，初封于太祖时期。北魏天赐四年（407年）二月，“封皇子修为河间王，处文为长乐王，连为广平王，黎为京兆王”③。河间王修死后无子。北魏太平真君元年（440年），以河南王曜子羯儿为河间王。北魏兴安二年（453年）三月，安丰公闾虎皮进爵为河间王。后闾虎皮因坐赃被贬。北魏封宗室元若为河间王，未封而薨，以京兆康王之子元太安为后嗣。后来，元太安因事被废。北魏太和二十一年（497年）十一月“以齐郡王子琛绍河间王若后”④。

中山公，始封于世祖时期。北魏始光三年（426年）五月辛卯，“中山公元纂进爵为王，南安公元素复先爵常山王”⑤。太平真君六年（445

① 《魏书》卷一四《神元平文诸帝子孙·真定侯陆传》，北京，中华书局，1974。
② 《魏书》卷四上《世祖纪上》，北京，中华书局，1974。
③ 《魏书》卷二《太祖纪》，北京，中华书局，1974。
④ 《魏书》卷七下《高祖纪下》，北京，中华书局，1974。
⑤ 《魏书》卷四上《世祖纪上》，北京，中华书局，1974。

年）八月，中山公杜丰曾生擒被囊、什归及炽磐子成龙，送于京师。永安中，无极人张纂以功赐中山公。

常山王，初封于太祖时期。北魏天兴元年（398 年）四月壬戌，宗室元遵晋封常山王。天赐四年（407 年）五月，常山王元遵被赐死。世祖时，封南安公元素为常山王。和平三年（462 年）九月，常山王元素去世。孝昌二年（526 年）八月，“进封广川县开国公元邵为常山王”①。建义元年（528 年），北魏封尔朱度律为常山王。其后又封尔朱绍宗为常山王。

清河王，初封于太祖时期。北魏太祖天兴六年（403 年）十月，封元绍为清河王。天赐六年（409 年）冬十月，清河王元绍作逆被杀。长子元他，袭爵。其后，元他之子元显，袭祖爵。元显之子元世遵，元世遵之子元敬先，元敬先之子元宣洪，元宣洪之子元长渊，先后袭爵。太和二十一年（497 年）八月壬戌，封元怿为清河王。正光四年（523 年），元怿去世。建义元年（528 年）三月，魏廷以清河王元亶，为仪同三司。东魏兴和二年（540 年）闰三月，封元威为清河王。

广平王，初封于太祖时期。北魏天赐四年（407 年）二月，封元连为广平王。始光四年（427 年）三月，广平王元连去世，无子。魏世祖以阳平王熙之子元浑为南平王，以继后嗣。兴安二年（453 年）正月，广平王杜遗去世。和平二年（461 年）七月，封元洛侯为广平王。十月，广平王元洛侯去世。元洛侯无子，以阳平幽王第五子元匡袭爵。太和二十一年（497 年）八月，立皇子元怀为广平王。熙平二年（517 年）二月，广平王元怀去世。武泰元年春，尔朱荣发动河阴之变，广平王悌在被害之列。中兴二年（532 年）十二月，以广平王元赞为骠骑大将军、开府仪同三司。

赵郡王，初封于孝文帝时期。孝文帝延兴元年（471 年）十二月，以驸马都尉穆亮为赵郡王。太和七年（483 年）七月，济南王罗拔改封赵郡王。太和二十二年（498 年）四月，赵郡王干去世。其子元谧，世宗初，袭封。正光四年（523 年）十一月，赵郡王元谧去世。其子元毓袭爵。尔朱荣发动河阴之变，赵郡王毓在被害之列。庄帝初，封元谧弟元谌魏郡王。后以魏郡王元谌，徙封赵郡王。东魏孝静帝天平三年（536 年）六月，赵郡王元谌去世。

高阳王，初封于太武帝时期。北魏正平元年（451 年）十二月，太武

---

① 《魏书》卷九《肃宗纪》，北京，中华书局，1974。

帝封皇孙元讳浚为高阳王。正始元年（504 年）闰十二月，以高阳王元雍为司空。高阳王雍在河阴之变时被害。东魏武定五年（547 年）四月，高阳王斌为右仆射。

燕王，初封于太武帝时期。太平真君三年（442 年）十月己卯，封皇子元谭为燕王。正平元年（451 年）十二月，改封燕王元谭为临淮王。永熙中，贺可泥封燕郡王。太昌二年（533 年）七月，以燕郡王贺拔允为太尉公。东魏武定元年（543 年）十二月，燕郡王贺拔允去世。

赵郡公，始封于孝文帝时期。太和三年（479 年）九月，侍中、尚书右仆射、赵郡公陈建为司徒，进爵魏郡王。九月辛酉，魏郡王陈建去世。建义元年（528 年）四月，宗室元谌为魏郡王。其后，魏郡王元谌徙封赵郡王。宗室元禧曾被“封为魏郡王，后改封鄚王”①。

长乐王，初封于太祖时期。天赐四年（407 年）二月，封皇子元处文为长乐王。泰常元年（416 年）三月，长乐王元处文去世。无子，爵除。泰常七年（422 年）四月，献怀长公主之子嵇敬，封长乐王。太延五年（439 年）六月，长乐王嵇敬与建宁王元崇，率领二万人屯漠南，以备蠕蠕。延兴元年（471 年）十二月，赵郡王穆亮徙封长乐王。孝昌二年（526 年）八月，元攸为长乐王。

乐陵王，初封于高宗时期。魏高宗兴安元年（452 年）十一月，“平南将军、宋子侯周忸进爵乐陵王”②。十二月甲子，乐陵王周忸因罪被赐死。和平四年（463 年）三月，皇子胡仁薨，追封乐陵王。无子。朝廷下诏，以其侄元永全袭封。元永全，后改名为思誉。太和二十年（496 年）十二月，乐陵王元思誉坐事被削爵为庶人。二十三年二月，复乐陵王元思誉本封。元思誉之子元景略，世宗时袭封。

武邑王，封授较晚，大致在孝庄帝永安年间。永安中，追封元桢为义兴燕郡王，“寻改封巨鹿王，又改封武邑王”③。东魏武定元年（543 年）二月，高欢讨黑獭，战于邙山，擒巨鹿王元阐等④。

北魏时期，一共封同姓王 55 人，其中有 17 王的食邑在幽、冀诸州，几乎占三分之一。虽然北魏时期的封王有“王封大郡，公封小郡”的规定，实际上有的只是虚封，仅仅是挂名而已，但以幽冀诸州郡的名称所封的 17 王，是其他诸州所不能比拟的。在这 17 王中，其中 8 王为道武帝所

---

① 《魏书》卷二一上《咸阳王禧传》，北京，中华书局，1974。

② 《魏书》卷五《高宗纪》，北京，中华书局，1974。

③ 《魏书》卷一九下《南安王桢传》，北京，中华书局，1974。

④ 《魏书》卷一二《孝静帝纪》，北京，中华书局，1974。

封、4 王为景穆帝所封、1 王为文成帝所封、2 王为献文帝所封、2 王为孝文帝所封。北魏初期在河北的封王最多，由此可见北魏对河北地区的重视程度。

（四）北魏时期鲜卑人在河北的分布

拓跋鲜卑早在立国之前已经在河北北部活动，1990 年在河北滦县塔坨发现了 17 座鲜卑墓葬，出土了大量陶器、铁器、铜器和金银饰件①，专家初步断定为东汉晚期，这说明拓跋鲜卑在东汉晚期时已经在河北北部生活。晋元康五年（295 年），拓跋力微少子禄官统部时，仿匈奴旧制，分国人为中、东、西三部。禄官自为大酋，居上谷之北，濡源（今河北东北部滦河上源）之西，东接宇文部，为东部；以力微长子沙漠汗之子猗㐌统领一部，居代郡参合陂（今内蒙古凉城东北）北，为中部；以猗㐌弟猗卢统领一部，居定襄之盛乐故城，为西部。禄官继承父业，与晋通好，社会较为安定，“财畜富实，控弦骑士四十余万”②，牧地有所扩展。

建兴三年（315 年），猗卢受晋封为代王，置官署，食代、常山二郡。石勒在与刘琨的争战中，曾俘获大批平城、晋阳一带的士兵，这些士兵中就包括大量的鲜卑人。石勒伐代国时，代国求和，曾派遣鲜卑人什翼犍到襄国作为人质，“从者五千余家”③。十年后，什翼犍返回代国时，这些同来的鲜卑人并没有一同返回。后赵建武元年（335 年），曾迁鲜卑索头郁鞠部众三万余于冀、青等六州。后赵攻辽西西北段氏，迁其户二万于雍、司、兖、豫四州，其中司州在今河北省南部地区。建武六年（340 年），后赵又迁徙辽西、北平、渔阳等地万户于兖、豫、雍、洛四州。

登国十年（395 年），拓跋珪与慕容宝会战于参合陂，大破后燕军，俘获士卒四五万，皆坑杀之。皇始二年（397 年），乘慕容垂新死，亲率六军四十余万，进兵中原，先后攻取晋阳、中山、邺等名城重镇，拥有黄河以北之地，隔河与东晋相峙。河北之地，尽为拓跋魏所有。拓跋珪卒后，拓跋嗣继位，仍沿袭封建化的方针，注意简贤任能，劝课农桑。永兴五年（413 年），奚斤等破越勤信尼部落，徙二万余家而归，后将新降人置于大宁川（今河北宣化一带），给农器，计口受田。

河北是北魏政权所倚重的地区，因而北魏时期迁往河北人口不在少数。太武帝延和元年（432 年）“九月乙卯，车驾西还。徙营丘、成周、

---

① 唐山市文物管理处：《滦县塔坨鲜卑墓群清理简报》，载《文物春秋》，1994（3）。
② 《魏书》卷一《序纪》，北京，中华书局，1974。
③ 《魏书》卷一《序纪》，北京，中华书局，1974。

辽东、乐浪、带方、玄菟六郡民三万家于幽州”①。东北地区是魏晋北朝时期鲜卑族的重要聚集地之一，在这些迁往幽州的营丘、成周、辽东、乐浪、带方、玄菟六郡民户中，当有不少鲜卑族在内。太平真君五年（444年）“六月，北部民杀立义将军、衡阳公莫孤，率五千余落北走。追击于漠南，杀其渠帅，余徙居冀、相、定三州为营户”②。六年（445年）十一月辛未，“南略淮泗以北，徙青徐之民以实河北”③。七年（446年）二月，“永昌王仁至高平（今山东济宁东南），擒刘义隆将王章，略金乡（今山东章丘西北）、方与，迁其民五千家于河北”④。从以上材料，以最保守估计，徙往河北的人口至少在二十万以上。这些从外地迁入河北的居民中，既有汉族，也有很多少数民族在内。

北魏初都平城，为了拱卫京都，以抵御北方游牧民族柔然的威胁，太武帝拓跋焘时，“发司、幽、定、冀四州十万人筑畿上塞围，起上谷，西至于河，广袤皆千里”⑤，并沿平城北边陆续设镇防守，自西向东有沃野（今内蒙古五原东）、怀朔（今内蒙古固阳西南）、武川（今内蒙古武川西南）、抚冥（今内蒙古四子王旗东南）、柔玄（今内蒙古兴和西北）、怀荒（今河北张北北）六镇。此外，还有御夷镇（今河北赤城北）及远在河套之西的高平（今宁夏固原）、薄骨律（今宁夏灵武西南）等军事重镇。在北魏设置的六镇中，河北独占其二，一方面反映了河北军事地位的重要，一方面也反映出河北北部地区是当时少数民族重要的聚居区。六镇镇民来源，大都是鲜卑拓跋部族成员，被迁徙的汉族及其他各民族（如敕勒、吐谷浑、杂胡、江淮诸蛮等）和徙边的罪犯。北魏孝昌二年（526年）正月，原怀朔镇兵鲜于修礼在定州左人城（今河北唐县西北）领导起义。怀朔镇将葛荣参与起义。六镇起义失败后，他投靠鲜于修礼，孝昌二年（526年）八月，叛将元洪业杀鲜于修礼，请降于魏，葛荣杀元洪业自立，接着领导起义部众。当年九月，北趋瀛州（治今河北河间），于博野（今河北蠡县）白牛逻一战，斩杀魏章武王元融，自称天子，国号齐。后乘胜进军，年号广安。不久，擒斩魏广阳王、骠骑大将军元渊，杀魏军最高统帅元琛，次年正月，攻陷殷州（今河北隆尧东），杀刺史崔楷，进围冀州（今属河北）。十一月陷冀州，俘刺史元孚。魏以都督源子邕为冀州刺

① 《魏书》卷四上《世祖纪上》，北京，中华书局，1974。
② 《魏书》卷四下《世祖纪下》，北京，中华书局，1974。
③ 《魏书》卷四下《世祖纪下》，北京，中华书局，1974。
④ 《魏书》卷四下《世祖纪下》，北京，中华书局，1974。
⑤ 《魏书》卷四下《世祖纪下》，北京，中华书局，1974。

史，率兵进讨葛荣。十二月，葛荣率十万起义军在阳平（今山东莘县）东北漳水曲大败魏军，击杀魏将源子邕、裴衍等人。占据河北数个州县，拥兵数十万。起义过程中，他欺凌汉族的民众，拉拢豪强地主，武泰元年(528 年）二月，又偷袭杀死另一支起义军首领杜洛周，并其众，导致起义部队的分裂。三月，克魏沧州（今河北盐山西南），擒刺史薛庆之。八月，引兵围邺城（今临漳西南），众号百万，游兵已过汲郡（今河南卫辉西南）。九月，魏柱国大将军尔朱荣率精骑七千攻义军于滏口（今河北磁县西北），相州（今河北磁县）一战中，葛荣恃众轻敌，兵力分散，被尔朱荣出奇兵击败，俘获遇害，起义失败。

（五）北魏时期河北地区的民族融合

北魏拓跋珪灭后燕，在政治、经济等方面接受汉族文化，其律令仪礼大多由幽冀士人制定。同时又离散部落，分土定居，计口授田，极大地促进了鲜卑族和当地汉族的融合速度。太武帝拓跋焘继续推行汉化政策，下诏征用范阳卢玄、博陵崔绰、赵郡李灵、勃海高允等河北士族，及州郡所遣，至者数百人。孝文帝元宏以幼年即位，其祖母冯太后执政。冯太后为汉族人，祖籍长乐（今衡水冀州）。她推行汉化，改定礼仪。孝文帝继承冯太后汉化政策，推行改革，讲汉语，着汉服，改鲜卑姓为汉姓，礼仪官制皆效仿魏晋汉制，又迁都洛阳，实行均田制，将北魏汉化运动推向高潮。

从地域上看，河北地区是北魏时期北方诸族汉化及其政权封建化的重要地区。北魏在占据河北以后，许多帝王都娶河北士族之女为妻，《魏书·后妃传》中北魏后妃中，有 10 人为河北士族之女或汉化胡人。如明元密皇后杜氏，魏郡邺人，阳平王超之妹。文成文明皇后冯氏，长乐信都人。献文思皇后李氏，中山安喜人，南郡王惠之女。孝文废皇后冯氏，太师熙之女。孝文幽皇后，亦冯熙女。孝文昭皇后高氏，司徒公肇之妹。孝明皇后胡氏，灵太后从兄冀州刺史盛之女。孝静皇后高氏，齐献武王高欢之第二女。至于北魏宗王娶汉族士族为妻的例子更是不胜枚举。胡汉联姻，不仅在血统上促使拓跋氏汉化，而且在文化上对其汉化也起到了重要作用。许多帝王在饮食起居、婚丧嫁娶等方面，效仿汉人习俗。

民族融合为幽冀诸州社会和经济带来了深刻变化。对社会的影响，从居民姓氏上说更加复杂多样，除本地崔、卢、李、封、邢、刁、祖等大姓外，徙来的关中大姓有皇甫、胡、梁、韦、杜、牛、辛等，还有慕容氏及改用汉姓的鲜卑元、陆、穆等，这些姓氏都是从魏晋南北朝以后，在河北地区多起来的。从宗教上看，促进了佛教在河北地区的广泛传播，佛教思想文化被汉人接受，产生了许多有影响的佛学思想家，如释道安等。从建筑艺术上看，吸收了西域的建筑风格，佛塔建筑开始在河北出现。北齐在邺城华林园仿龟兹国雀离佛院建雀离佛寺，还在邺西鼓山、凤凰山上建南、北响堂寺和娲皇宫，将西域、北魏石窟艺术同中原寺庙建筑风格相结合，窟、殿、楼、台、阁、榭等浑然一体，既有宗教建筑特色，又有中原园林风光。在衣食住行上，许多汉人食肉、衣皮、着毡，生活方式和服装样式都融汇了胡人风俗。在语言方面，《颜氏家训》反映出邺下有汉人教小儿鲜卑语的风尚。在家庭内部男女地位上，受到少数民族的影响更大。汉族受儒家礼教的约束，男尊女卑，男主外，女主内。女子不能参加社会政治活动，后赵、前燕、北魏、北齐统治者虽曾几度禁止皇妃干预朝政，但在民间的习俗中，女子地位仍较高。《颜氏家训·治家篇》说："邺下风俗，专以妇持门户，争讼曲直，造请逢迎，车乘填街衢，绮罗盈府寺，代子求官，为夫诉屈。此乃恒代之遗风乎。"所谓"恒代遗风"实即鲜卑旧习，反映了少数民族习俗对汉族的影响。

民族间并不总是和平的交往，还常常伴随着不同种族之间歧视、冲突甚至仇杀，特别是在少数民族政权建立之初或实行民族歧视和民族压迫政策的时候。北魏太武帝拓跋焘诛杀汉族士人崔浩，实际上是一次民族仇视的发泄。孝文帝推行汉化改革，同时遭到鲜卑贵族的反对，太子恂不愿意迁都洛阳，最终谋反逃奔平城，孝文帝将其赐死。穆泰、陆睿等阴谋拥立平阳王元颐，占据平城称帝，也被孝文帝镇压。还有一些不愿迁居洛阳的部落大人，最后迁往渔阳、上谷等地。

北魏时期，幽冀诸州民族融合的态势，基本上是由北向南，呈现定向涡流状。民族融合的主要形式是大迁徙。其路线主要有两条：一条是由东北的辽东经辽西、幽蓟、中山至邺城，然后到洛阳，诸如慕容鲜卑和段氏鲜卑就是沿着这条路线进入中原的。一条是由西北穿越太行山脉经中山、常山至邺城，然后再到洛阳，如北魏拓跋氏就是走的这条路线征服并占据河北的。由于北方诸族政权分立，发展并不均衡，同时加上相互混战，战争又多以掠夺人口为目的，形成了人口伴随各自都城兴衰而聚散，构成民族迁徙的涡流。由于这一时期北方诸族争夺的重点是在幽冀诸州，因此蓟、中山、邺城也就成为各民族人口聚散的涡流中心。①

从幽冀诸州民族融合的总体情况看，其主流是汉化，但也存在汉人的鲜卑化。如勃海冯氏原为汉族士族，后燕时，冯跋移居辽东，以后又建立

① 牛润珍：《河北通史·魏晋北朝卷》，313页，石家庄，河北人民出版社，2000。

北燕政权，将家族亲党尽数迁往辽东，承袭鲜卑旧制，渐染鲜卑习俗，成为鲜卑化的汉人。高欢原为渤海蓨人，“既累世北边，故习其俗，遂同鲜卑”①。北魏末年，六镇及河北流民起义军中，相当一部分人是由中原迁居代地、渐习胡俗的汉人。

（六）北魏时期河北地区经济的恢复和发展

北魏在恢复了河北地区的封建统治秩序之后，鉴于河北地区早已是汉文化和封建经济较发达地区之一，为了吸收汉文化和适应先进的生产方式，在政治上置行台，修直道，建行宫，广封王，采取了一系列加强封建统治的政治措施。

北魏中期以后，开始大量迁徙人口，充实河北，计口授田。魏明元帝永兴五年（413 年），奚斤等攻破越勤倍泥部落，“获马五万匹，牛二十万头，徙二万余家于大宁（今河北张家口宣化一带），计口授田”②。同年，河西胡曹龙等部被镇压，同样被徙“于大宁川，给农器，计口授田”。不难看出，这些被徙者是从事农业生产的。延和元年（432 年），北魏击灭北燕，徙营丘、成周、辽东、乐浪、带方、玄菟六郡“民三万家于幽州”③。太平真君五年（444 年），北部民反抗被镇压，将近“五千余落”被“徙冀、相、定三州为营户”。六年（445 年），魏师“南略淮泗以北，徙青徐之民以实河北”④。这次数字不明，估计规模不小。七年（446 年），北魏“略金乡、方与，迁其民五千家于河北”⑤。十二年（451 年），拓跋焘兴师南下，兵锋直达长江北岸，“降者不可胜数”，“以降民五万余家分置近畿”⑥。似乎这次没有被安置于河北者，但为时不久，便发生“南来降民五千余家于中山谋叛”，证实被安置在河北的不少，最低限度也有“五千余家”。延兴元年（471 年），沃野和统万两镇敕勒反抗，遭镇压后被徙“于冀、定、相三州为营户”⑦。同时北魏还通过救助灾荒的形式来增加人口，恢复生产。因连年旱涝，冀、定二州饥荒严重，太和七年（483 年）魏孝文帝下令开仓赈济，沿路施粥。六月，“定州上言，为粥给饥人，所活九十四万七千余口”；冀州上言，“所活七十五万一千七

---

① 《北齐书》卷一《神武纪》，北京，中华书局，1971。
② 《魏书》卷三《太宗纪》，北京，中华书局，1974。
③ 《魏书》卷四上《世祖纪》，北京，中华书局，1974。
④ 《魏书》卷四下《世祖纪下》，北京，中华书局，1974。
⑤ 《魏书》卷四下《世祖纪下》，北京，中华书局，1974。
⑥ 《魏书》卷四下《世祖纪下》，北京，中华书局，1974。
⑦ 《魏书》卷七上《高祖纪》，北京，中华书局，1974。

百余口”①。《魏书·张彝传》载，魏孝文帝校比天下户口，冀州“最为大州”。既然冀州人户已为天下之冠，其口数超过定州，远在百万以上。魏孝明帝元诩时，冀州刺史元晖“检括丁户，听其归首，出调绢五万匹”②。五万匹相当于五万户的户调。“听其归首”，便得五万，冀州户口之多，可见一斑。人口的增加带来经济上的恢复和发展。延和二年（433年），张昭出刺幽州，“时幽州年谷不登，州廪虚罄，民多菜色……乃使富人通济贫乏，车马之家籴运外境，贫弱者劝以农桑。岁乃大熟”③。北镇起义失败后，“时北镇饥民二十余万，诏（杨）昱为使，分散于冀、定、瀛三州就食”④。足见当时冀、定、瀛三州粮食充足。

同时，北魏还在河北地区兴修水利。魏宣武帝元恪时，杨椿曾受命监修白沟堤堰。枋头大堰自曹操修成以后，曾一度废弃，北魏熙平年间（516—518年）进行重新修造，其堰悉铁柱，木石参用，并开凿了新的渠道，将水流一分为二，一入清水，一入淇水，上下灌注，互相调节水量。“沟水南北夹道，枝流引灌，所在通溉”⑤。

除此之外，北魏还在河北地区实行军屯。皇始二年（397年），拓跋珪“以军粮未继，乃诏征东大将军东平公元仪罢邺围，徙屯巨鹿，积租杨城”⑥。其后，河北军屯不断扩大，“自太祖平中山，多置军府，以相威慑。凡有八军，军各配兵五千，食禄主帅军各四十六人。自中原稍定，八军之兵，渐割南戍，一军兵才千余，然主帅如故，费禄不少。（杨）椿表罢四军，减其帅百八十四人。（定）州有宗子稻田，屯兵八百户，年常发夫三千，草三百车，修补畦堰”⑦。魏孝文帝迁都洛阳后，不断兴兵南下，为确保粮食供应，“发河北数州田兵二万五千人，通缘淮戍兵合五万余人，广开屯田”⑧。

经过上述努力，北魏时期河北地区的社会经济得到了一定程度的恢复和发展。

① 《魏书》卷七《高祖纪》，北京，中华书局，1974。

② 《北史》卷一五《魏诸宗室·元晖传》，北京，中华书局，1974。

③ 《魏书》卷三三《张蒲传》，北京，中华书局，1974。

④ 《魏书》卷五八《杨播附子昱传》，北京，中华书局，1974。

⑤ （北魏）郦道元著，陈桥驿点校：《水经注》卷一〇《淇水》，上海，上海古籍出版社，1990。

⑥ 《魏书》卷二《太祖纪》，北京，中华书局，1974。

⑦ 《魏书》卷五八《杨播附弟椿传》，北京，中华书局，1974。

⑧ 《魏书》卷七九《范绍传》，北京，中华书局，1974。

（七）建立东魏与迁都邺城

北魏永熙三年（534 年），（孝武帝）元脩投奔宇文泰之后，高欢随即立元善见为帝（孝静帝），史称东魏。次年，宇文泰在长安立元宝炬为西魏文帝。至此，北魏正式分裂为东、西魏。

东魏建立之后，高欢“以为洛阳久经丧乱，王气衰尽，虽有山河之固，土地褊狭”，建议将都城由洛阳迁往邺城，“诏下三日，车驾便发，户四十万狼狈就道”①。迁都之初，由于邺城宫室毁坏，城市残破，孝静帝只能暂时住在相州的廨舍中。同时高欢将邺城原有的居民西迁到百里之外，以其宅舍来安置洛阳新迁人员居住。迁都时，拆毁洛阳宫殿，编其材木为筏，水运到邺城，准备兴建新都。天平二年（535 年），在邺城之南选定基址，兴建新都，命仆射高隆之、司空胄曹参军辛术共同主持新都的规划和建设。据《魏书》记载，当时修建新都的原则是“上则宪章前代，下则模写洛京”②。即综合前代都城和北魏洛阳的优点。由于当时邺城“基址毁灭，又图记参差”，辛术上书请当时名儒李兴业“披图案记，考定是非，参古杂今，折中为制，召画工并所须调度，具造新图，申奏取定”③。据此可知，具体规划设计邺城新都的是李兴业。他先考察史籍和古图，再根据古代传统，结合当代需要，进行规划，绘成图纸，经皇帝审阅批准后加以实施。

邺城最先建成的是宫室宗庙，然后筑城。天平二年（535 年）八月，东魏发七万六千人建造新宫，天平四年（537 年）建成太庙，随后又建成宫城正门阊阖门。到兴和元年（539 年）九月，又“发畿内民夫十万人城邺城，四十日罢”④。十月，新宫建成。兴和二年（540 年）正月，孝静帝入居新宫。邺城的兴建，前后经历五年方成，“自聿来迁邺，率由旧章。而百辟士民，届都之始，城外新城，并皆给宅”⑤，用以安置洛阳迁来的各级官吏。

在迁都邺城后，孝静帝下令“百司悉依旧章，从容雅服，不得以矛钐从事”。⑥ 这说明在迁邺以后，东魏保留了以往的政治模式和文物制度。这次迁都，不仅使邺城成为当时的政治中心，更重要的是作为保管国家图

① 《北齐书》卷二《神武纪下》，北京，中华书局，1971。
② 《魏书》卷八四《李兴业传》，北京，中华书局，1974。
③ 《魏书》卷八四《李兴业传》，北京，中华书局，1974。
④ 《魏书》卷一二《孝静纪》，北京，中华书局，1974。
⑤ 《魏书》卷一一四《释老志》，北京，中华书局，1974。
⑥ 《魏书》卷一二《孝静纪》，北京，中华书局，1974。

书的东观和兰台也迁往邺城，《北齐书·慕容绍宗传》云：“天平初，迁都邺，庶事未周，乃令绍宗与高隆之共知府库图籍诸事”。可见，当时迁都邺城时，当有大批书籍一同迁入邺城。武定四年（546 年）八月，东魏又移洛阳汉、魏《石经》于邺城。大批图书资料的转移和具有较高文化水平的官员的到来，为邺城增添了文化气息，使邺城从东魏到北齐一直是文化中心。《北齐书·文苑传序》：“有齐自霸图云启，广延髦俊，开四门以纳之，举八纮以掩之，邺京之下，烟霏雾集，河间邢子才、巨鹿魏伯起、范阳卢元明、巨鹿魏季景、清河崔长儒、河间邢子明、范阳祖孝徵、乐安孙彦举、中山杜辅玄、北平阳子烈并其流也。复有范阳祖鸿勋亦参文士之列。天保中，李愔、陆邛、崔瞻、陆元规并在中书，参掌纶诰。其李广、樊逊、李德林、卢询祖、卢思道始以文章著名。皇建之朝，常侍王晞独擅其美。河清、天统之辰，杜台卿、刘逖、魏骞亦参知诏敕。自愔以下，在省唯撰述除官诏旨，其关涉军国文翰，多是魏收作之。及在武平，李若、荀士逊、李德林、薛道衡为中书侍郎，诸军国文书及大诏诰俱是德林之笔，道衡诸人皆不预也。”在北齐都城邺城形成了一个专为统治集团服务的文人集团，这个集团的形成对于促进邺城文化的发展起到了积极的作用。

高欢以原六镇流民为主，建立强大武装，自己住在晋阳（今山西太原西南），使之成为东魏政治中心。高欢所控制的东魏政权，实质上是北魏将领和河北大族相结合的产物。他为了获得鲜卑贵族的支持，竭力推行鲜卑化的政策；为了得到汉族豪强地主的拥护，听任他们贪污聚敛，为非作歹，吏治日趋腐化。东魏与西魏相较，东魏地域广、人口多，经济发达。高欢屡次发兵进攻西魏，企图吞并对方。天平四年（537 年），东魏军西征，在潼关左边的小关遭西魏军袭击大败，大都督窦泰自杀，高欢被迫撤军。此后，双方互有胜负。武定四年（546 年），高欢亲率大军十余万人围攻西魏据守的玉壁（今山西稷山西南），苦战五十余天，他病倒军中被迫退兵，次年年初，死在晋阳。其子高澄、高洋相继掌握东魏政权。武定八年（550 年），高洋废东魏孝静帝，代东魏自立为帝，改元“天保”，定国号为大齐，史称“北齐”。东魏亡。

（八）北齐贵族的鲜卑化

北齐政权虽然为汉人所建立，但是他的建立者高欢是自从其祖父高谧起其家族就发配北边，高氏家族在怀朔镇与当地的鲜卑原住民聚居，双方之间在生活习惯方面不可避免地发生了各种联系，因而高氏家族染上一些鲜卑习俗也是不可避免的。高欢的母亲韩氏就是鲜卑出大汗氏。因此高欢出现一些鲜卑化倾向也在情理之中。根据《北齐书》等史料记载，高欢“长头高颧”，这与北齐东安王娄叡墓中的壁画所描绘的鲜卑人的相貌十分相似，另外高欢不喜欢站着吃饭，这与鲜卑人喜欢蹲踞也有着密不可分的联系，而且高欢有一个鲜卑名字“贺六浑”，因此史书称“神武既累世北边，故习其俗，遂同鲜卑”①，也就是说高欢是鲜卑化的汉人。就连当时的人也认为高齐是鲜卑政权，“侯景素轻世子，尝谓司马子如曰：‘王（指高欢——引者注）在，吾不敢有异，王无，吾不能与鲜卑小儿共事。’子如掩其口”②。可见，侯景认为世子高澄是鲜卑人。北齐显祖高洋曾问大臣杜弼治理国家当用何人，杜弼回答说：“鲜卑车马客，会须用中国人。”③ 高洋以为杜弼讥讽自己是鲜卑人。可见，高氏也是以鲜卑人自居的。高澄、高洋的母亲娄昭君（武明皇后）是鲜卑人，因此他们都有鲜卑人血统。

最早明确提出“北齐鲜卑化”这个观点的是陈寅恪先生，他明确指出“北齐最高统治者皇室高氏为汉人而鲜卑化者”，“高欢在血统上虽是汉人，在‘化’上因为累世北边，已经是鲜卑化的人了”，北齐鲜卑化的风气很盛，“是对孝文帝汉化政策的反动”④。北齐统治集团在执政期间，的确存在诸多鲜卑化的例证，如在语言方面，北齐汉语与鲜卑语共存。自从北魏孝文帝太和改制，推行汉化政策以来，由于“诏不得以北俗之语言于朝廷。若有违者，免所居官”⑤。因此，在中原地区鲜卑语的生存空间大为缩小。北齐鲜卑语又一度盛行，连高欢有时都说鲜卑语，这是高氏鲜卑化的重要依据。《北齐书·高昂传》记载：“高祖每申令三军，常鲜卑语，昂若在列，则为华言。”鲜卑语在北齐的流行，也得到一些汉族士大夫的迎合，据《颜氏家训》记载：“齐朝有一士大夫，尝谓吾曰：‘我有一儿，年已十七，颇晓书疏，教其鲜卑语及弹琵琶，稍欲通解，以此伏事公卿，无不宠爱，亦要事也’。”⑥ 可见当时已经有士大夫逐渐“鲜卑化”。在用人政策上，也采取了一些排挤汉族士大夫的措施，北齐统治者反对汉人的最大事件，是齐后主因韩长鸾之言，对“汉儿文官”崔季舒

① 《北齐书》卷一《神武纪上》，北京，中华书局，1971。

② 《北齐书》卷二《神武纪下》，北京，中华书局，1971。

③ 《北齐书》卷二四《杜弼传》，北京，中华书局，1971。

④ 万绳楠整理：《陈寅恪魏晋南北朝史讲演录》之《北齐的鲜卑化及西胡化》，250页，贵阳，贵州人民出版社，2007。

⑤ 《魏书》卷七下《高祖纪》，北京，中华书局，1974。

⑥ （北齐）颜之推撰，王利器集解：《颜氏家训集解》卷一《教子第二》，上海，上海古籍出版社，1982。

等人的屠杀。韩凤字长鸾，是昌黎人，父韩永兴，做过青州刺史。韩凤自己做过都督，血统为汉人，可是已经鲜卑化了，自己以为是鲜卑人。对朝士十分仇视，经常骂“狗汉大不可耐！唯须杀却”①。此外，在皇后、皇妃服饰上也保留了鲜卑特色。据《隋书》记载，北齐后妃还佩戴一种在当时别国没有的头饰“步摇冠”。《隋书·礼仪志》称：“皇后玺、绶、佩同乘舆，假髻，步摇，十二钿，八雀九华”。“皇太子妃玺、绶、佩同皇太子，假髻，步摇，九钿，服褕翟”②。拥有佩戴步摇冠待遇的人仅有皇后和皇太子妃，内外命妇、诸公主、王妃、太妃均无权佩戴步摇冠。步摇冠早在三国时期就已经流行于东部的慕容鲜卑之中。据《晋书·慕容廆载纪》记载，早在慕容廆的曾祖父慕容莫护跋在世时“时燕代多冠步摇冠”③。

图3－5　鲜卑族金步摇冠饰

但从总体上看，不应对高齐政权的鲜卑化估计过高。这一时期，高齐政权采取的汉化措施远远多于鲜卑化措施。如在文化领域，高齐政权重视儒学，北齐文宣帝天保元年（550年）八月移汉石经，“诏郡国修立黉序，广延髦俊，敦述儒风。其国子学生亦仰依旧诠补，服膺师说，研习《礼经》。往者文襄皇帝（即高澄，高欢长子。庙号世宗，系追谥——引者注）所运蔡邕石经五十二枚，即宜移置学馆，依次修立”④。文宣帝还命令樊逊等人校勘经史，樊逊则模仿西汉刘向之法，集众本共校。此段史料有宋摹本《北齐校书图》为证，原作者为北齐直阁将军杨子华，该画现藏于美国波士顿博物馆。天保七年，高洋“诏令校定群书，供皇太子。逊与冀州秀才高乾和、瀛州秀才马敬德、许散愁、韩同宝、洛州秀才傅怀德、怀州秀才古道子、广平郡孝廉李汉子、渤海郡孝廉鲍长暄、阳平郡孝廉景孙、前梁州府主簿王九元、前开府水曹参军周子深等十一人同被尚书召共刊定。时秘府书籍纰缪者多，逊乃议曰：‘按汉中垒校尉刘向受诏校书，每一书竟，表上，辄言：臣向书、长水校尉臣参书，太史公、太常博士书、中外书合若干本以相比校，然后杀青。今所雠校，供拟极重，出自

① 《北史》卷九二《恩幸·韩凤传》，北京，中华书局，1974。

② 《隋书》卷一一《礼仪志六》，北京，中华书局，1982。

③ 《晋书》卷一〇八《慕容廆载纪》，北京，中华书局，1974。

④ 《北齐书》卷四《文宣纪》，北京，中华书局，1971。

兰台，御诸甲馆。向之故事，见存府阁，即欲刊定，必藉众本。太常卿邢子才、太子少傅魏收、吏部尚书辛术、司农少卿穆子容、前黄门郎司马子瑞、故国子祭酒李业兴并是多书之家，请牒借本参校得失。’秘书监尉瑾移尚书都坐，凡得别本三千余卷，《五经》诸史，殆无遗阙”①。同时在政治、经济、法律、军事、礼仪等领域也多采用汉制，这些制度在隋唐时期得到继承和发扬，对隋唐时期中国的繁荣和强盛起到了重要的作用。

（九）鲜卑的习俗与信仰

鲜卑与乌桓相似，当时社会已逐渐分化，部落豪帅、大人等是统治阶级，一般部落成员是被统治、被剥削阶级，奴隶处于最下层。随着部落大人权势的增强及部落联盟进一步形成，部落君长往往自尊为单于，后其臣民又称之为可汗。可汗，一作可罕，原为“神灵”、“上天”之意，初为尊崇神祇上天之称，其后假借为臣民对君主之尊称。拓跋部、乞伏部、慕容部、吐谷浑等首领都有被尊称为可汗的。但作为最高统治者的称号，则始于东晋时期，柔然首领社统一漠北自称丘豆伐可汗。其意逐渐演化为“皇帝”、“君主”。两晋时，鲜卑入居中原，则称主为帝，封臣赐爵，成为封建统治阶级，而鲜卑一般部众也成为封建制度下的臣民。

鲜卑的社会组织也与乌桓相同，即由落、邑落、部构成。邑有小帅，部有大人。到檀石槐时，其军事、政治结合体中的邑，虽与乌桓、鲜卑早期的邑有承袭关系，但性质发生了变化。檀石槐将用武力合并起来的，东起辽东、西至敦煌、南接汉边、北邻敕勒的广大领域，划分为三部六十余邑，各邑辖地广阔，与乌桓、鲜卑早期自然形成的邑落有很大区别。檀石槐死后，其三部六十余邑的体制随之瓦解，大人世袭制也逐渐代替了大人选举制，它标志着鲜卑阶级分化加深和私有制的进一步确立。豪帅虽受汉魏政权封赏，但仍一直保持着部、邑落结构。鲜卑的武装未从邑落结构中分化出来，虽与汉魏军队联合作战，但不受汉魏控制。直至西晋始有“晋鲜卑率善邑长”的出现，而逐渐从邑落结构中分离出来。不过氏族制的遗风至公元3世纪轲比能时依然存在。如史称轲比能“每钞略得财物，均平分付，一决目前，终无所私，故得众死力，余部大人皆敬惮之”②。鲜卑诸部进入中原建立政权后，逐渐汉化，依照汉魏典章制度设官置守，统治机构渐趋完备，封建等级制度日益森严。

婚姻制度方面，慕容氏早期应与乌桓习俗类似：“其嫁娶皆先私通，

---

① 《北齐书》卷四五《文苑传》，北京，中华书局，1971。

② 《三国志》卷三〇《魏书·鲜卑传》，北京，中华书局，1982。

略将女去，或半岁百日，然后遣媒人送马牛羊以为聘娶之礼。婿随妻归，见妻家，无尊卑，旦起皆拜，而不自拜其父母。为妻家仆役二年，妻家乃更厚遣送女，居处财物，一出妻家。故其俗从妇人计，至战斗时，乃自决之。”① 此外，还有收继婚的习俗，“父兄死，妻后母执嫂；若无执嫂者，则己子以亲之次妻伯叔焉，死则归其故夫”②。这种烝母、报嫂的习俗在进入中原后仍有残留。慕容廆后，强化了与汉族的通婚制度，鼓励皇族与汉族通婚。如《晋书·慕容熙载记》：“慕容隆妻张氏，熙之嫂也，美姿容，有巧思。”《晋书·慕容德载记》：“母公孙氏梦日入脐中，昼寝而生德。”这些都是皇族与汉族通婚的例子。婚姻方面，虽然鲜卑统治者鼓励贵族与汉人通婚，但事实上仍以族内的通婚或与其他少数民族的通婚为主，如《晋书·慕容皝载记附阳裕传》记载，段辽与慕容皝相攻，阳裕劝谏曰：“慕容与国世为婚姻……不宜连兵构怨，凋残百姓。”《晋书·慕容垂载记》曰：“迁皝后段氏，以兰氏配飨。”夫人段氏为皇后。《晋书·慕容宝载记》：“立策母段氏为皇后，策为皇太子。”③ 可见慕容鲜卑贵族仍是习惯与其他胡族联姻。拓跋鲜卑的婚俗与慕容鲜卑大体相似，史载：“以季春月大会于饶乐水上，饮宴毕，然后配合”④。

髡头是鲜卑发式的一个特点，男子娶妇、女子出嫁都要髡发。可能是剃发去周围，留顶发之大部分，垂辫于后。拓跋鲜卑的索头，可能为辫发。《史记·匈奴列传》《索隐》引服虔云：“东胡，乌丸之先，后为鲜卑。在匈奴东，故曰东胡。”《后汉书·乌桓传》曰：“汉初，匈奴冒顿灭其国，余类保乌桓山，因以为号焉。俗善骑射，戈猎禽兽为事。随水草放牧，居无常处。……父子男女相对踞蹲。以髡头为轻便”。《三国志·乌丸传》裴松之注引王沈《魏书》载：“乌丸……父子男女，相对蹲踞，悉髡头以为轻便”。“鲜卑亦东胡之余也，别保鲜卑山，因号焉。其言语习俗与乌丸同。其地东接辽水，西当西域。常以季春大会，作乐水上，嫁女娶妇，髡头饮宴”。髡，《说文解字》曰：“髡，剔也。”即剃、剪之义。髡发即剃发，但不是剃成光头，而是根据某种习俗或审美原则剃去部分头发，使头发整齐美观。在滦县塔坨发现的鲜卑墓群中出土了马形嵌件两件：一件，马形呈卧姿，头部有马冠，耳、眼清晰，颈短粗，鬃直立，背部有马鞍，上有一走兽，马体雄壮有力。另一件，马体秀长，呈卧姿，头

① 《三国志》卷三〇《乌桓传》注引《魏书》，北京，中华书局，1982。

② 《三国志》卷三〇《乌桓传》注引《魏书》，北京，中华书局，1982。

③ 《晋书》卷一二四《慕容宝载记》，北京，中华书局，1974。

④ 《后汉书》卷九〇《鲜卑传》，北京，中华书局，1982。

部有冠，颈较长，颈背部鬃直立，腹下有垂花，背部附一走兽。同时还出土了耳环、金花、金泡和石珠等，这些显然是妇女使用的头饰。

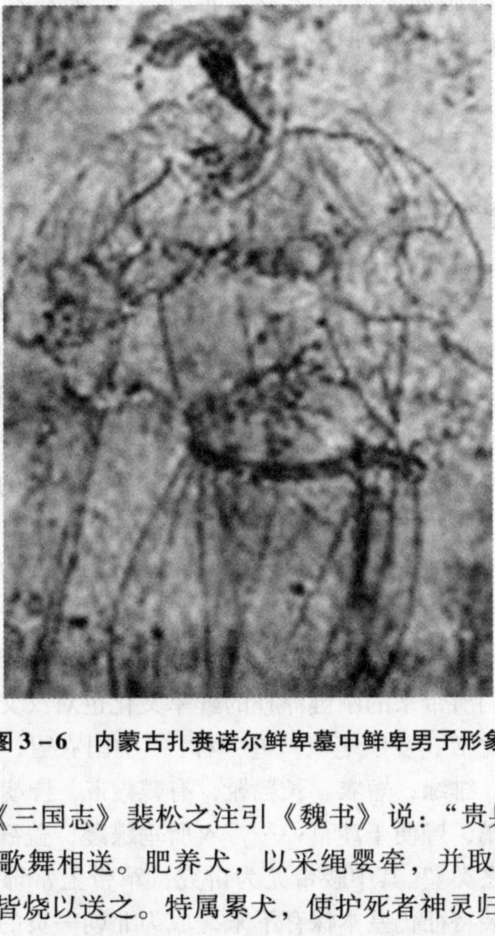

图 3-6　内蒙古扎赉诺尔鲜卑墓中鲜卑男子形象

丧葬方面，《三国志》裴松之注引《魏书》说："贵兵死，敛尸有棺，始死则哭，葬则歌舞相送。肥养犬，以采绳婴牵，并取亡者所乘马、衣物、生时服饰，皆烧以送之。特属累犬，使护死者神灵归乎赤山。赤山在辽东西北数千里，如中国人以死之魂神归泰山也。至葬日，夜聚亲旧员坐，牵犬马历位，或歌哭者，掷肉与之。使二人口颂咒文，使死者魂神径至，历险阻，勿令横鬼遮护，达其赤山，然后杀犬马、衣物烧之"。《宋书·索虏传》记载拓跋鲜卑的葬俗说："死则潜埋，无坟垄处所，至于葬送，皆虚设棺柩，立冢椁，生时车马器用皆烧之，以送亡者"①。慕容鲜卑进入辽西与汉人杂居后，丧葬制度也受到了影响，发生了很大变化，和汉族制度日近，下葬时刻碑立坟，并陪葬大量的陪葬品。从早期的墓葬来看，陪葬物品并无贫富差距，而迁徙至辽西后，贫富差距明显扩大，可见

① 《宋书》卷九五《索虏传》，北京，中华书局，1974。

其产生了阶级分化。其后慕容高层也有过厚葬之风，后燕慕容熙妃苻氏死，慕容熙“制公卿已下至于百姓，率户营墓，费殚府藏。下锢三泉，周轮数里，内则图画尚书八坐之象。熙曰：‘善为之，朕将随后入此陵。’”送葬时，因“輀车高大，毁北门而出”。[1] 这样无疑是对国力的巨大损耗。

史书记载的这种厚葬之风，在考古发现中也有印证。如在辽宁北票县西官营子发掘了冯素弗的墓，共有两墓，仅一号墓葬器物就有四百余件，且多贵重精美之物品。慕容熙“下锢三泉，周轮数里”的厚葬方式，正是汉族封建帝王传统的方式，慕容鲜卑和诸燕国家的厚葬无疑是受到中原汉族王朝的政治、文化影响的结果，也是他们汉化、封建化在随葬习俗上的一种表现。从滦县塔坨发现的鲜卑墓群可以看出，早期鲜卑族已经开始实行土葬，并有一定数量的随葬品，在这些随葬品中，除了生活器具陶罐、陶杯、铜杯、铜灯外，还有一些铁质兵器，如有刀、矛、斧等。同时，在金银饰件中有一副包金剑鞘。这些兵器及其饰件的发现，展现了鲜卑族尚武的风俗。2010 年 11 月在河北遵化清东陵工地又发现一处魏晋时期鲜卑墓葬，出土了铜带扣、子母口陶盒、弦纹陶罐、双耳小陶罐、齿沿小陶釜等随葬冥器，陶制均为泥质磨光黑陶。

鲜卑民族大量涌入中原之后，自觉或不自觉地接受着汉文化的熏陶，但与此同时，他们所带来的刚健淳朴的鲜卑文化也对汉文化的发展产生了相当大的影响，沈括《梦溪笔谈》卷一称：“中国衣冠，自北齐以来，乃全用胡服，窄袖，绯绿，短衣，长靿靴，有鞢韄带，皆胡服也。窄袖利于驰射，短衣，长鞘，皆便于涉草……带衣所垂蹀躞，盖欲以佩带弓箭、帉帨、算囊、刀砺之类。”其中腰带尤为讲究，革带上常饰以金玉。鲜卑入主中原，这一服装特征仍基本保存下来，成为北朝一贯的传统。鲜卑服是上衣下裤，鲜卑平民女服袍服较窄，腰身苗条；鲜卑族平民男子多穿圆领或交领的褊衣，着长裤、长靴，腰系装带扣的革带，头戴后垂披幅的鲜卑帽。各民族长期杂处之后，这种装束也在汉族平民中普及开来。秦汉以前，汉族的服装样式是“上衣下裙”，裙子里面穿开裆套裤，给腿保暖，不仅女子，连男人们的服装都是这个样式。可到了南北朝时期，由于鲜卑等北方少数民族胡服的流行和影响，北方男子的日常服饰变成了“长帽、短靴、合袴、袄子”，其主流演变成了上衣下裤，男人们不一定非要穿宽大累赘的裙子，但南朝的服装主流依旧是“上衣下裙”。后来在南北朝

① 《晋书》卷一二四《慕容熙载记》，北京，中华书局，1974。

胡、汉服装相互影响而又各成系统的基础上产生的唐代服制，出现了“法服”与“常服”并行的局面。慕容鲜卑在接受汉文化的同时，也保留了鲜卑族特有的民族风格。慕容氏汉化后仍有大量人穿着其传统服饰靴子，《魏书·徒何慕容永传》记载了前燕为苻坚所吞并后，慕容永迁徙至长安，“家贫，夫妻常卖靴于市”。可见他们仍保留着制作靴子的技能，并能售之于市，可见当时还是有很多人是穿着靴子这种鲜卑传统服饰的。《晋书·慕容熙传》中也有类似记载：“慕容隆妻张氏，熙之嫂也……熙将以为苻氏之殉，欲以罪杀之，乃毁其襚靴，中有弊毡，遂赐死。”可见当时的后燕贵族穿着靴子也是普遍的事情。

鲜卑族初期信仰萨满教。慕容鲜卑人也祭祀山川，入主中原后，又接受了汉族的祭岳传统，祭祀五岳和东、南、西、北、中五方神。他们还崇拜土地神、社神。《魏书·序纪》中记录拓跋鲜卑南迁时讲：“圣武皇帝讳诘汾。献帝命南移，山谷高深，九难八阻，于是欲止。有神兽，其形似马，其声类牛，先行导引，历年乃出。始居匈奴之故地”。在《魏书·礼志》记载：“遣中书侍郎李敞诣石室，告祭天地，以皇祖先妣配……敞等既祭，斩桦木立之，以置牲体而还，后所立桦木生长成林，其民益神奉之。咸谓魏国感灵祇之应也。”由于当时生产力低下，人们对与生存有关的自然现象不理解，因此把桦木的自然生长看成是神灵所赐予。这也就是鲜卑部落中原始宗教信仰的表现。《南齐书》卷五七记述鲜卑人的祭天礼仪时说：“（平）城西有祠天坛，立四十九木人，长丈许，白帻、练裙、马尾被，立坛上，常以四月四日杀牛马祭祀”。这条记载中反映的祭祀礼仪正与原始宗教一种的萨满教的表现形式一致。

早在统治辽西时期，慕容鲜卑已经开始接触到佛教。入主中原以后，尤其在占据邺城之后，邺城地区经过石赵的多年经营成为十六国时期重要的佛教中心之一。慕容鲜卑迁都邺城后接受了佛教，并在其辖区内修造佛寺。据崔鸿《十六国春秋·前燕录》记载：慕容儁寿光二年三月，“常山寺大树自拔，根出，得璧二十七，圭七十三，光色精奇，有异常玉，儁以为岳神之命，遣尚书郎段勤以太牢祀之”。常山即恒山，这里处于前燕统治地区。这一地区原是后赵统治区，早在后赵时这里就盛行佛教，前燕占领这里后，佛教继续有所发展。后燕统治区也有佛寺遗迹可寻。在河北定县发现的宋代静志寺舍利塔塔基石函上刻有“修燕魏废塔”的铭文①。今河北定县为十六国时期的中山，是当时后燕的国都所在地。由此可见这里

① 定县博物馆：《河北定县发现两座宋代塔基》，载《文物》，1972（8）。

曾有后燕时期所建造的佛塔，表明后燕曾在都城中山建造佛寺。后燕建始元年（407 年），慕容熙之妃苻氏死，“制百僚于宫内哭临，令沙门素服”[①]。表明在宫廷举行丧礼时有佛教僧侣参与其事，举行超度之类的法事。在后燕时期这类佛教法事可能已经比较经常和普遍。《乐府诗集》所载《慕容垂》歌辞有“慕容愁愦愦，烧香作佛会”之句，表明在遇到困难和挫折时，慕容鲜卑人已习惯于举行佛教仪式，进行祈祷、拜忏之类的法会活动。在鲜卑族拓跋部建立起来的少数民族政权中，除北魏太武帝拓跋焘灭佛外，其余多奉佛。道武帝是北魏的开国皇帝，鲜卑族本来对佛教不大了解，“与西域殊绝，莫能往来。故浮图之教，未之得闻，或闻而未信也”[②]。道武帝在征战过程中，接触到诸地的佛寺和僧侣，他本人好黄老，但也读过一些佛典，对于佛教，当时还没有来得及兴建寺庙，延请僧侣，只听说过泰山僧朗的名声，他派人给僧朗送去一封信以及一些礼品，称僧朗“德同海岳，神算遐长”，希望他“助威谋”，使自己能够平定天下。天兴元年（398 年）道武帝下诏在京城建寺，使信众有所居止，于是，“始作五级佛图、耆阇山及须弥山殿，加以缋饰，别构讲堂、禅堂及沙门座，莫不严具焉”[③]。皇始中，他诏沙门道果进京，令其担任僧官道人统，绾摄僧徒。文成帝所面对的，是太武帝毁佛的残局，他在太武帝废佛之后大力兴佛，下诏说：“释迦如来功济大千，惠流尘境，等生死者叹其达观，览文义者，贵其妙明，助王政之禁律，益仁智之善性，排斥群邪，开演正觉。”[④] 文成帝下令，各州、郡、县都建造佛寺一所，凡是想出家的人，不论其年龄大小，一律听任出家。他想用佛教来化恶就善，于是，以往所毁的佛寺又都恢复起来了，佛像经论又得以流传，著名的云冈石窟也在文成帝时开凿。次年，他就下诏整肃僧尼，严格限制无籍游僧的活动，至于有教籍的僧人的活动，必须持有各级维那的公文，也禁止那些不顾财力、大兴豪华大寺的做法，把佛教的发展纳入法制和秩序的规范之下。这样做，可以纯化佛教，防止那些“无知之徒”败坏佛教的声誉，对佛教来说是有益的。实际上孝文帝本人是不反对佛教的，他常在寺庙设供，承明元年（476 年）八月，他在永宁寺设供度僧百余人；太和元年（477 年）二月，他又在永宁寺设斋赦死刑囚犯，同年三月在该寺设会听讲，命中书省、秘书省和僧人讨论佛教事宜。他经常诏立寺院，承明元年

① 《晋书》卷一二四《慕容熙载记》，北京，中华书局，1974。
② 《魏书》卷一一四《释老志》，北京，中华书局，1974。
③ 《魏书》卷一一四《释老志》，北京，中华书局，1974。
④ 《魏书》卷一一四《释老志》，北京，中华书局，1974。

八月，他下诏建造建明寺；太和元年，建思远寺；太和四年（480年），诏立报德寺；太和二十年（496年），诏立少林寺，供西域沙门所居。他还下令，高僧大德可以一月三次入殿，以便使他能够“进可餐禀道味，退可饰光朝廷”①。

第五节　丁　零

丁零即敕勒，又称高车、狄历、铁勒，中国古代民族，属于原始游牧部落。敕勒人最早生活在贝加尔湖附近，鲜卑人因北方的敕勒人使用车轮高大的车子，称之为高车。秦汉时期，游牧于北海（今贝加尔湖一带）。公元前200年左右，被匈奴征服。丁零和其他几个民族因不堪匈奴的掳掠和残酷压迫，曾联合起来对付匈奴。汉宣帝本始二年（公元前72年）冬，丁零、乌桓、乌孙向匈奴进攻，沉重地打击了匈奴。神爵元年（公元前61年）前后，丁零又几次袭击匈奴。公元1世纪中叶以后，匈奴分裂为南北两部，势力日趋衰微。东汉章帝元和二年（85年），丁零和鲜卑、西域各族，与南匈奴一起，打败北匈奴，迫使其西迁。三国时，丁零有一部分仍在今贝加尔湖以南游牧，称北丁零。一部分迁徙至今新疆阿尔泰山和塔城一带，南与乌孙、车师，西南与康居为邻，称西丁零。西丁零胜兵六万，随水草游牧。还有一部分从东汉建武时就到了今甘肃河西走廊、宁夏一带游牧。两晋南北朝时，丁零有一部分南迁，逐渐与当地民族融合。

一、十六国时期迁居河北的丁零

魏晋时期丁零分布在三个主要的聚居地区：一是黄河河套经阴山直到代郡（今山西大同东北）之北的长城以北广大地区；二是陇西、秦、凉一带；三是最大聚居地区，在今河北、山西、河南一带。内迁丁零的氏族部落，主要有翟氏、鲜于氏、洛氏、严氏。此外还有不著姓氏的朔方丁零、密云丁零等。其中内迁到河北地区的主要是翟氏丁零。

（一）十六国时期丁零在河北的分布

据《十六国春秋·前燕录》记载，前燕慕容儁光寿元年（357年）

① （唐）道宣：《广弘明集》卷二四，上海，上海古籍出版社，1991。

燕军步骑八万“讨丁零、敕勒于塞北”。此后，建熙三年（362年），燕军北袭敕勒。建熙八年（367年），前燕军北过代地（今山西大同）破敕勒。由此，可以看出前燕几次讨伐敕勒主要地区在阴山以北和蒙古草原南部附近。东晋兴宁元年（363年）、太和五年（370年），什翼犍代国两次北讨高车。太元元年（376年），苻氏前秦击代，什翼犍率残部北逃阴山之北，遇高车四面寇抄，什翼犍不得不复渡漠南。元兴元年（402年），柔然部帅社仑在漠南被拓跋魏击败，“转徙广漠之北，侵入高车之地”①。以上说明，漠北地区，已尽为高车属地。据《魏书·高车传》，在公元5世纪初以前，蒙古草原上的高车部落有“高车六部”，即狄氏、袁纥氏、斛律氏、解批氏、护骨氏、异奇斤氏。此外，还有高车副伏罗部，一共七部。

图3－7　魏率丁零率善佰长铜印印文

魏晋时期，内迁代河北地区的丁零族主要有儿禅部、翟氏、鲜于氏、洛氏和密云丁零等。魏晋时期第一批迁入漠南地区的丁零人是丁零儿禅部。魏明帝太和五年四月，“鲜卑附义王轲比能率其种人及丁零大人儿禅诣幽州贡名马”②。丁零儿禅部的居地，当在大漠以南、代郡上谷郡以北塞外某地。

翟氏丁零主要分布于定州的常山、中山、赵郡和并州的上党郡。丁零酋长翟鼠、翟斌所统部众主要活动于常山郡、中山郡和赵郡一带，亦即今

① 《魏书》卷一三〇《高车传》，北京，中华书局，1974。
② 《三国志》卷三《魏书·明帝纪》，北京，中华书局，1982。

石家庄南北数百里地区。曾多次提到“西山丁零”和“北山丁零”，常山、赵郡、中山的西山，当指耸峙在三郡之境西侧的太行山支脉狼山、常山（亦称恒山）、陉山、房山及相邻诸山。丁零所居之北山，或即指曲阳北山。胡三省在“西山丁零”下注曰：“中山西北二百里有狼山，自狼山而西，南连常山，山谷深险，汉末黑山张燕、五代孙方简兄弟皆依阻其地。”① 翟氏丁零居住在这些“山谷深险”而不便于生产的地方，显然是被迫迁到那里的。《资治通鉴》卷九四晋成帝咸和五年三月条载：“初，丁零翟斌，世居康居，后徙中国，至是入朝于赵，赵以斌为句町王。”由此可知，翟氏丁零是由康居迁徙而来。晋简文帝咸安元年（371 年）前秦灭前燕，次年苻坚迁翟斌所部丁零于新安（今河南渑池东）。《晋书·石民传》称：“时苻坚子丕僭号于河北，谋袭洛阳。石民遣将军冯该讨之，临阵斩丕，及其左仆射王孚、吏部尚书苟操等，传首京都。而丁零翟辽复侵逼山陵，石民使河南太守冯遵讨之。时乞活黄淮自称并州刺史，与辽共攻长社，众数千人。石民复遣南平太守郭铨、松滋太守王遐之击淮，斩之，辽走河北。”② 前秦瓦解后，这部分丁零人在翟斌后人率领下又辗转回到了常山、中山和赵郡故土。晋太元十一年（386 年），“井陉人贾鲍，招引北山丁零翟遥等五千余人，夜袭中山，陷其外郛。章武王宙以奇兵出其外，太子宝鼓噪于内。合击，大破之，尽俘其众，惟遥、鲍单马走免”③。北山丁零翟遥主要居住在今石家庄井陉一带。

晋太元八年（383 年），翟斌率部众起义反苻秦时，有“子母军”四千，以五口之家出一人计，翟斌所率之翟氏部众，约二十二万人，这大概就是翟斌所率丁零氏族的人数。次年慕容垂攻邺，史载“垂引丁零、乌丸之众二十余万，为飞梯地道以攻邺城”④。此时聚集在翟斌兄弟下的翟氏丁零至少有十万人。这当是太行山其他翟氏丁零氏族响应的结果，非翟斌原统氏族人数。晋太元十三年（388 年），翟斌后人翟辽建丁零“大魏国”时，史称有众三万余户，计约十数万人。这十数万人应主要是翟氏丁零，是太行山区所有翟氏丁零氏族联合的结果。

鲜于氏为内迁丁零中仅次于翟氏的丁零大姓。主要分布在定州。晋太元十年（385 年），翟斌为慕容垂所杀。翟斌后人翟真率丁零部众由邺（今河北临漳）经邯郸北走屯于行唐。史载“真司马鲜于乞杀真及诸翟，

① （宋）司马光：《资治通鉴》卷一〇九晋安帝隆安元年三月，北京，中华书局，1956。
② 《晋书》卷七四《石民传》，北京，中华书局，1974。
③ （清）汤球：《十六国春秋辑补》卷四五《后燕录三》，北京，中华书局，1985。
④ 《晋书》卷一一四《苻坚载记下》，北京，中华书局，1974。

自立为赵王"①。此为十六国时期丁零鲜于氏之首见。翟真死后，翟氏部众杀鲜于乞，立翟成为主（翟成为翟真兄弟）。有名鲜于得者，为翟成长史，复杀翟成，并向日益进逼的慕容垂后燕军投降。鲜于乞、鲜于得的活动地盘均在行唐（今河北行唐）。次年（386 年），复有名鲜于乞保者，率众保"曲阳西山"，闻慕容垂南伐，出营望都，被后燕慕容麟生擒。望都属中山郡，南与常山之行唐邻接。从活动地区上看，此鲜于乞保与上述鲜于乞、鲜于得应为同族。由上观之，十六国时期的丁零鲜于氏，其活动区始终局限在定州之常山和中山郡。丁零鲜于氏仍主要分布于定州，而且比较集中的分布于中山郡的望都、常山郡的曲阳、行唐及其以西的山脉内，不像翟氏丁零那样散布得广大而分散。

洛氏丁零，洛氏仅见于《魏书·太宗纪》称：泰常二年（417 年）"十有一月，司徒长孙嵩等诸军至乐平。诏嵩遣娥清、周幾等与叔孙建讨西山丁零翟蜀、洛支等，悉灭余党而还"。乐平属并州乐平郡，其地在今山西昔阳县西南，娥清等所讨零洛氏，当在距魏军所至之乐平不远的定州常山郡或中山郡境，即与散布在这两郡的翟氏丁零为同地。

（二）翟魏政权的建立

晋建兴四年（316 年），聚居于中山的丁零人，以翟鼠为首，掀起了反抗后赵统治的武装斗争。《晋书·石勒载记》云："时大蝗，中山、常山尤甚。中山丁零翟鼠叛勒，攻中山、常山，勒率骑讨之，获其母妻而还。鼠保于胥关，遂奔代郡。"② 翟鼠等降石勒当在永嘉三年（309 年）。此时，石勒攻掠并州山北诸郡，"说诸胡羯，晓以安危。诸胡惧勒威名，多有附者。进军常山，分遣诸将攻中山、博陵、高阳诸县，降之者数万人"③。中山（今河北定州）、博陵（今河北安平）、高阳（今河北安平北）翟鼠即此时降石勒。后因发生蝗灾，不堪忍受后赵统治者压迫和剥削的丁零人，在翟鼠的率领下，反抗后赵统治。失败后，退至代郡。后赵建平元年（330 年），居住在中山一带的另一支以翟斌为首的丁零，投归了石赵，石勒封翟斌为"句町王"。以翟鼠为首的一部分丁零军至永和七年（351 年）投归了前燕，慕容儁封翟鼠为"归义王"。此后，翟鼠所率的这一支丁零军，再未见记载。目前在河北省定州市仍有"翟城"这一

① （宋）司马光：《资治通鉴》卷一〇六晋武帝太元十年四月，北京，中华书局，1974。
② 《晋书》卷一〇四《石勒载记》，北京，中华书局，1974。
③ 《晋书》卷一〇四《石勒载记》，北京，中华书局，1974。

地名，据当地传说，“翟城”是翟鼠叛乱时修建的防御工程和城堡①。

前秦苻坚于东晋咸安元年（371 年）攻灭前燕后，将中山一带的以翟斌为首的一部分丁零人强迁到河南的新安，并以翟斌为中郎将。太元八年(383 年)，苻坚率大军南下攻晋，淝水一战，大败而还。“苻坚虽败，关、河未一，丁零、鲜卑，侵略司、兖”②，翟斌于同年底在新安首举反抗前秦的义旗，立即得到各族人民的响应，旬日之中，众已数千。一些原前燕的宗室贵族和汉族士大夫也抱着不同的目的，投归翟斌。如原前燕宗室慕容凤及燕故臣之子燕郡王腾、辽西段延，汉族士大夫郝晷、崔逞及清河崔宏、新兴张卓、辽东夔腾、阳平路纂等。这样一来，翟斌势力更加壮大，积极准备攻取前秦重镇洛阳。

当时，前秦苻丕坐镇邺城（今河北临漳），遣慕容垂和苻飞龙率军围剿翟斌。苻丕之意，是企图使慕容垂与翟斌相斗，“两虎相毙”。可是，抱着恢复前燕政权野心的慕容垂没有上圈套。他杀了监视他的苻飞龙，屯聚河内（今河南沁阳），招兵买马，企图乘机攻占洛阳。

前秦镇守洛阳的是苻晖，他遣毛当率军镇压翟斌所率之军。毛当后被翟斌部将慕容凤击溃，被杀。翟斌乘胜攻下陵云台（今洛阳西），取得了很大的胜利。这时，慕容凤、王腾、段延等极力劝诱翟斌推慕容垂为盟主，共同反秦。翟斌受了这些妄图复燕的野心家的诱惑，多次派人与慕容垂联络。最后，竟率其部众与慕容垂军队会合。至此，以翟斌为首的反抗前秦统治的起义军，逐渐变成了鲜卑贵族慕容垂恢复燕国政权的工具。

次年初，慕容垂放弃攻占洛阳，企图北上取邺城为根据地。行至荥阳时，慕容垂正式称“燕王”。以翟斌为“建义大将军，封河南王”，其弟翟檀为“柱国大将军、弘农王”。然后，率领二十余万大军围邺城，但久攻不下。这时，慕容垂与翟斌发生裂痕，“翟斌潜讽丁零及西人，请斌为尚书令”。慕容垂部将封衡向垂说：“斌戎狄小人，遭时际会，兄弟封王，自驩兜已来，未有此福。忽履盈忘止，复有斯求，魂爽错乱，必死不出年也。”③ 封衡这番话表明，尽管翟斌兄弟封王，但是地位仍然十分低下，说明丁零人当时是受他族歧视。翟斌在遭到拒绝之后，密与邺城苻丕相接，欲遣丁零军决漳河水灌慕容垂军营。后被慕容垂侦之，翟斌及其弟翟檀、翟敏被杀。翟斌侄翟真率部走邯郸，后又南下邺城，欲与苻丕联合，

① 定州市地方志编纂委员会编：《定州简史》（内部资料），21 页。

② 《宋书》卷三〇《五行志一》，北京，中华书局，1974。

③ 《晋书》卷一二三《慕容垂载记》，北京，中华书局，1974。

但被慕容垂击败，又逃向邯郸北，打退了慕容垂的追兵，屯兵驻于承营（今河北定州东南）。另一部分丁零军由翟嵩率领屯兵于黄泥。

慕容垂久围邺城，苻丕死守。于是，慕容垂企图解邺城之围，北上击溃丁零军，以中山作都城。他对部下说："苻丕穷寇，必守死不降。丁零叛扰，乃我腹心之患。"① 他首先派遣慕容农击溃了在黄泥的丁零翟嵩，又回攻邺城，开西门一路引苻丕出围，然后北上。同年底，慕容农向驻守鲁口（今河北饶阳南）的丁零翟辽（翟真从兄）发动进攻。翟辽败屯无极（今河北无极），慕容农驻嵩城（今河北定州西南）。后慕容农与慕容麟合军攻翟辽，翟辽大败，单骑走归翟真。

太元十年（385 年）春，慕容垂等围中山。翟真大败，由承营徙屯行唐（今河北行唐）。这时，翟真内部发生内讧。翟真司马鲜于乞杀翟真及诸翟氏，自立为"赵王"。接着，翟真余部又杀鲜于乞，大部分降慕容垂。另一部分丁零军队在行唐拥立翟真之子翟成为首领。翟辽则南逃至黎阳（今河南汲县东北、黄河北岸），投奔东晋黎阳太守滕恬之。不久，慕容垂引兵围行唐，长史鲜于得杀翟成，并降燕。慕容垂攻占行唐后，将丁零军民全部坑杀。

翟辽于晋孝武帝太元十一年（386 年）正月，逐黎阳太守滕恬之，据黎阳。同年三月，因晋泰山太守张愿叛晋，以郡降翟辽，而使翟辽的势力发展到今山东泰山一带。次年，翟辽遣其子翟钊南掠东晋的陈（今河南淮阳）、颍（今河南许昌附近）等郡。此时，高平（今山东菏泽东）人翟畅执太守徐含远，降于翟辽。翟辽势力的急剧扩展，甚至使慕容垂发出了这样的惊呼："辽以一城（指黎阳）之众，反复三国之间，不可不讨。"② 同年，慕容垂先击败张愿，然后由中山南下攻翟辽。当时，翟辽的部下多是原燕、赵人，闻慕容垂、慕容楷南下，多叛归慕容垂。翟辽于是投降，慕容垂以翟辽为徐州牧，封河南公。此时，井陉人贾鲍引北山丁零翟遥等五千余人，夜袭中山，被慕容垂太子慕容宝等击走。同年冬，翟辽重新反燕，并派军队攻燕之清河（今属河北）、平原（今山东平原南）两郡。又南攻东晋河上（今湖北襄樊）。

太元十三年（388 年）初，翟辽遣司马眭琼到中山谢罪，慕容垂以翟辽反复无常，加以拒绝，并斩眭琼。于是翟辽自称魏天王，改元建光，置百官，正式建立起王朝政权，史称"翟魏王朝"。为了防御燕的进攻，翟

---

① 《晋书》卷一二三《慕容垂载记》，北京，中华书局，1974。

② （宋）司马光：《资治通鉴》卷一〇七晋太元十二年四月，北京，中华书局，1956。

辽由黎阳徙屯黄河南岸的滑台（今河南滑县），以河为固。次年，翟辽又攻占了东晋的荥阳，执太守张卓，侵入陈、项。并遣丁零故堤袭占燕之冀州（今河北冀州），旋被燕收复，故堤遁走。到晋孝武帝太元十五年（390 年），翟辽又攻掠东晋司（今河南洛阳）、兖（今山东鄄城北）两州。东晋龙骧将军刘牢之与翟辽、张愿大战于太行山，被翟辽击败。直到八月，东晋朱序在滑台击败了翟辽，张愿降东晋，才暂时遏止了翟魏政权的进攻。

太元十六年（391 年），翟辽病死，其子翟钊被立为君主，改元定鼎，并进攻邺城，被慕容农击走。次年二月，翟钊又遣部将翟都攻占馆陶（今河北馆陶），屯苏康垒。三月，慕容垂率军进逼苏康垒，翟都南退至滑台。此时，翟钊求救于在山西长治一带建立西燕的慕容永，遭拒绝。六月，后燕军队占领黎阳后，准备渡河攻滑台。翟钊列兵南岸，严阵以待。慕容垂不从黎阳津渡河，却引兵屯驻黎阳西四十里的西津，准备了牛皮船百余艘，伪列兵仗，装出一副要从这里渡河的样子。翟钊中计，率军趋西津。这时，慕容垂却密遣部将王镇等自黎阳津夜渡，过河扎营。翟钊闻讯后，急返黎阳津，猛攻王镇营，王镇坚守不出。而此时，慕容农又由西津渡河，同王镇两面夹击疲于奔命的翟魏军队。翟钊大败，还走滑台，收余部北渡河，据守白鹿山（在今河南修武北）。后终因困守山中，缺粮少援，被迫下山决战，为慕容垂击败，损失殆尽。翟钊仅单骑投奔西燕。慕容永以翟钊为车骑将军、兖州牧，封东郡王。过了一年，在慕容永处的翟钊还曾攻东晋之河南，但不久即为慕容永所杀，翟魏王朝从此灭亡。

丁零翟氏建立的翟魏政权，从太元八年（383 年）翟斌起兵反抗前秦起，太元十三年（388 年）正式建国，至太元十七年（392 年）灭亡，前后约九年。《晋书·慕容垂载记》在叙述了翟魏亡后，说："钊所统七郡户三万八千皆安堵如故。"翟魏统治的七郡应即荥阳、顿丘、贵乡的一部分，黎阳、陈留、济阴、濮阳的西半部，人口约三万八千户，其中绝大部分应是汉族和他族人民，丁零族可能只占一小部分。翟魏坐后燕与东晋两强之间，为了扩展势力，从北面进攻后燕，向南又伐东晋，两面树敌，自然是不能支持长久的。但是，从所占的地区之广、人口之众，翟魏无疑在十六国之外，要算是一个比较大的政权了。

二、北朝时期河北境内的丁零

（一）北魏时期的河北丁零

登国十年（395 年）开始，拓跋代国连年与后燕大战。燕军两度攻入代国进行掳掠破坏。次年，拓跋珪集兵四十余万与后燕国主慕容宝大战河北。军粮不济，兵马饥疫，“在者才十四五”。皇始二年（397年），代国虽攻占后燕国都中山，但河北一带已经是赤地千里。从连年大战中，拓跋鲜卑并没有得到任何补充与实惠。这年七月，“普邻遣乌丸张骧率五千余人出城求食，寇常山之灵寿，杀害吏民。贺麟自丁零中入于骧军，因其众，复入中山，杀普邻而自立。帝还幸鲁口，遣将军长孙肥一千骑袭中山，入其郛而还”①。后燕时期，河北地区是丁零族重要的聚集区，拓跋魏灭后燕后，这些原来居住在河北的丁零族归属拓跋魏。

拓跋魏占领中山之后，河北境内的慕容鲜卑以及其下辖的各族民众成为战俘，大批被迁徙到平城。当时中山太守仇儒不乐内徙，亡匿赵郡，当地人推赵准为主，并开始制造舆论称“燕东倾，赵当续，欲知其名，淮水不足”②。“淮水不足”即为“准”字，暗指当时留居河北的赵准。这条谣言在社会上散布之后，赵准开始响应仇儒的行动，自号使持节、征西大将军、青冀二州牧、巨鹿公，“聚党二千余人，据关城，连引丁零，杀害长吏，扇动常山、巨鹿、广平诸郡”③。拓跋魏派长孙肥率领三千人马进行讨伐，破赵准于九门（今河北藁城九门镇），仇儒被杀，生擒赵准。尽管这次起义是汉族官僚领导的，但常山地区的丁零族也参与其中。

天兴五年（402年），就在北魏派常山王拓跋遵进攻姚兴取得胜利之时，河北地区的丁零族乘河北空虚之机，在沙门张翘的率领下与丁零鲜于次保在常山之行唐聚众起义，张翘自号无上王。但这次起义的规模不是很大，两个月后被常山太守楼伏连镇压。但由于河北地区刚刚经历战乱，社会局势一直不很稳定。这年十一月，“车驾征姚兴，次于晋阳，而上党群盗秦颇、丁零翟都等聚众于壶关，诏题帅众三千以讨之。上党太守捕颇，斩之。都走林虑。诏题搜山穷讨，尽平之”④。这说明北魏在初得河北之时，在河北的统治基础并不牢固。

北魏政权建立以后，采取了一系列恢复经济、稳定政局的措施，河北地区的经济形势和社会治安得到明显的改观。永兴三年（411年）二月，明元帝下诏“北新侯安同等持节循行并、定二州及诸山居杂胡、丁零，问其疾苦，察举守宰不法；其冤穷失职、强弱相陵、孤寒不能自存者，各

① 《魏书》卷二《太祖纪》，北京，中华书局，1974。
② 《魏书》卷二六《长孙肥传》，北京，中华书局，1974。
③ 《魏书》卷二六《长孙肥传》，北京，中华书局，1974。
④ 《魏书》卷二八《莫题传》，北京，中华书局，1974。

以事闻”[①]。开始对河北境内包括丁零族在内的各族进行抚恤，对于缓和阶级矛盾、改善民族关系有一定的积极作用。

魏泰常二年（417年）四月，“榆山丁零翟蜀率营部遣使通刘裕”[②]。榆山丁零翟蜀的活动地盘在常山、中山和赵郡。北魏对翟蜀通刘裕的做法大为光火，“诏嵩遣娥清、周幾等，与叔孙建讨西山丁零翟蜀、洛支等，悉灭余党而还”[③]。神瑞元年（414年）闰十月，“定州丁零鲜于台阳、翟乔等二千余家叛入西山，劫掠郡县，州军讨之，失利。诏镇南将军、寿光侯叔孙建击之”[④]。直到次年正月，丁零鲜于台阳等的起义才被镇压下去。晋义熙十二年（416年），司州白涧山丁零翟猛雀起兵反魏，失败后逃到林虑山，魏军追杀猛雀于林虑山。猛雀余众“窜于行唐及襄国”[⑤]。行唐属常山郡；襄国（今河北邢台）属司州广平郡，北与定州赵郡相接，均为定州丁零分布区。

但由于北魏实行民族歧视政策，对河北地区的丁零征收沉重的赋税，同时河北地区的丁零除承担沉重的赋税外，还要承担繁重的劳役。延和元年（432年）七月，为讨伐冯文通，“遣安东将军、宜城公奚斤发幽州民及密云丁零万余人，运攻具，出南道，俱会和龙”[⑥]。为进一步稳固河北局势，北魏政权还大规模地迁徙生活在河北地区的丁零，太平真君八年（447年）三月，“徙定州丁零三千家于京师”[⑦]。这种强迫迁徙的做法遭到河北丁零的坚决反抗，太安二年（456年）二月，“丁零数千家亡匿井陉山，聚为寇盗。诏定州刺史许宗之、并州刺史乞佛成龙讨平之”[⑧]。关于这次军事行动，《魏书·陆真传》称：“时丁零数千家寇窃并、定，真与并州刺史乞伏成龙自乐平东入，与定州刺史许崇之并力讨灭”[⑨]。这批逃亡代井陉山的丁零应当属于翟氏丁零。“孝昌初，恒州内部敕勒刘仑等聚众反，市贵为都督，率众讨仑，一战破之”[⑩]。恒州北魏太和十七年（493年）以司州改置，治平城（今山西大同东北）。辖境约当今山西省

---

① 《魏书》卷三《太宗纪》，北京，中华书局，1974。
② 《魏书》卷三《太宗纪》，北京，中华书局，1974。
③ 《魏书》卷三《太宗纪》，北京，中华书局，1974。
④ 《魏书》卷四上《世祖纪上》，北京，中华书局，1974。
⑤ 《魏书》卷三〇《周幾传》，北京，中华书局，1974。
⑥ 《魏书》卷四上《世祖纪上》，北京，中华书局，1974。
⑦ 《魏书》卷四下《世祖纪下》，北京，中华书局，1974。
⑧ 《魏书》卷五《高宗纪》，北京，中华书局，1974。
⑨ 《魏书》卷三〇《陆真传》，北京，中华书局，1974。
⑩ 《北齐书》卷一九《高市贵传》，北京，中华书局，1971。

北部内长城以北，河北省蔚县、阳原和内蒙古自治区与山西省邻近的南部地区。

正平元年（451 年），魏太武帝拓跋焘率军进攻南朝刘宋盱眙城，他在致刘宋盱眙守将臧质的信中说："吾今所遣斗兵，尽非我国人，城东北是丁零与胡，南是三秦氐、羌。设使丁零死者，正可减常山、赵郡贼；胡死，正减并州贼；氐、羌死，正减关中贼。卿若杀丁零、胡，无不利"[①]。拓跋焘遣来攻城的"斗兵"，有从常山、赵郡征来的丁零人，这说明北魏时期河北丁零还承担兵役。

随着生产的发展和鲜卑贵族汉化的加深，明帝末年，政治腐化，权贵奢侈，守宰暴敛；赋役、兵役繁重，百姓纷纷逃亡或依附豪强。而长期戍守北边的沃野等六镇的将卒（多为拓跋部贵族及其成员或中原强宗子弟）因待遇骤降而不满。正光四年（523 年），北魏将被俘义军和六镇居民二十万人分徙于河北冀、定、瀛三州就食。而河北频遭水旱，无法就食，终于又爆发了河北大起义。关陇、河北各族纷纷起兵响应，北魏统治濒临崩溃。

北魏孝昌元年（525 年），北魏柔玄镇（今内蒙古兴和西北）人杜洛周聚众反对北魏统治。杜洛周，又称吐斤洛周，高车人。是年八月，杜洛周于上谷（今河北怀来），改年号真王。义军攻陷附近郡县。当时，怀朔镇（今内蒙古固阳西南）人高欢、尉景等都响应杜洛周。杜洛周率义军围攻燕州（治今河北涿鹿）刺史崔秉。九月，魏帝元诩遣幽州（治今北京）刺史常景为行台，与幽州都督元谭同领官军征讨起义军。当时，官军自卢龙塞（今河北迁安北喜峰口至冷口间）至军都关（今北京居庸关北），沿途置兵，占领险要，阻止义军南攻。二年（526 年）正月，北魏驻扎安州（治今河北隆化）的官军约二万人叛魏，响应杜洛周，加入起义军。杜洛周领义军与之会合。魏将军常景派兵于军都关拦截，被义军打败。四月，杜洛周率领义军自上谷南下，进攻蓟城（今北京大兴），遭官军阻击，退回。十一月，杜洛周领义军围攻范阳（今河北涿州）。十二月，范阳城内居民暴动，擒魏将军常景和幽州刺史王延年。随即，杜洛周等义军入城。武泰元年（528 年）二月，杜洛周被另支义军首领葛荣所杀，部众归入葛荣麾下。

鲜于修礼（？—526 年），丁零族。曾任怀朔镇（今内蒙古固阳西）兵。六镇之叛失败后，余众被置于冀、定、瀛三州就食，称降户。北魏孝昌二年（526 年）于定州左城（今河北省唐县西北）起义，很快发展至

---

① 《宋书》卷七四《臧质传》，北京，中华书局，1974。

十万人。他和柔玄镇人杜洛周起义军互相配合，协同作战。北魏命扬州刺史长孙稚为大都督北讨诸军事，与河间王元琛率军讨伐鲜于修礼。四月，起义军在五鹿（今河北大名东）大败官军。八月，义军叛将元洪业杀鲜于修礼，投降北魏。不久，加入鲜于修礼起义军的葛荣杀元洪业自立。九月，葛荣带领义军北趋瀛州（治今河北省河间），于白牛逻（今河北蠡县境）袭杀北魏章武王元融，自称天子，号为齐国，年号广安。不久，又擒斩北魏广阳王元深。三年（527）正月，葛荣义军攻陷殷州（治今河北隆尧东），杀刺史崔楷，进围冀州（治今河北冀县）。十一月，拔冀州，俘刺史元孚。魏以都督源子邕为冀州刺史，率官军讨伐葛荣。十二月，葛荣领十万义军在阳平（今山东莘县）东北漳水曲大败官军，击斩源子邕、裴衍等人。武泰元年（528 年）三月，义军克魏沧州（治今河北盐山西南），擒刺史薛庆之。八月，义军围邺城（今河北临漳西南），号称百万之众。九月，北魏柱国大将军尔朱荣率精锐骑兵七千征讨义军。葛荣因轻敌，兵力分散，败于滏口（今河北磁县西北）。葛荣被俘杀，起义失败。

（二）东魏北齐时期的丁零

经过北魏末年的动荡，东魏北齐时期，关于丁零族的记载已经很少了，但随着东魏迁都邺城，一部分丁零贵族随之迁到邺城居住，这一时期最为著名的是斛律金家族。北齐时期著名的将领斛律金为高车人，斛律金的高祖倍侯利是当时敕勒有名的部落首领。《魏书》记载：“倍侯利质直，勇健过人，奋戈陷阵，有异于众。北方之人畏婴儿啼者，语曰‘倍侯利来’，便止。”敕勒民间有这样的歌谣：“求良夫，当如倍侯”，说明倍侯利在敕勒人民中间成了英雄的典范。倍侯利后来率部落投奔北魏。斛律金的祖父、父亲都在北魏政权中任很高的官职，屡立战功。斛律金曾被北魏政权任命为“第二领民酋长”，秋天到京城朝见，春天又回到部落，号称“雁臣”。史载：斛律金“性敦直，善骑射，行兵用匈奴法，望尘知马步多少，嗅地知军度远近”。元象元年（538 年），西魏与东魏战于洛阳邙山，东魏不敌，高欢临场大乱。斛律金用马鞭狠狠抽高欢的坐骑，使部队得以迅速撤退。武定四年（546 年）九月高欢率军为攻西魏的玉壁（今山西稷山西南）五十余日，士卒战死病死者七万人，被迫退军。斛律金在玉壁之战大败后，为安慰高欢用鲜卑语唱出《敕勒歌》：“敕勒川，阴山下，天似穹庐，笼盖四野。天苍苍，野茫茫，风吹草低见牛羊”，高欢当时涕泪横流，军心始稳。隔年高欢临死时，叮嘱儿子高澄一定要信任斛律金。斛律金被封为咸阳郡王，加封太师。柔然进攻北齐，斛律金亲自领兵抵御，取得胜利。天统三年（567 年）斛律金病卒。

图 3-8　邺城北齐墓葬壁画（此墓疑为斛律金墓）

斛律金之子斛律光也是北齐名将，初任都督，善骑射，号称“落雕都督”。北齐天保三年（552 年），斛律光随文宣帝出塞，讨库莫奚于代郡。斛律光率先破敌，多斩敌军首领，同时还缴获大批杂畜。回军后，斛律光任晋州刺史。河清二年（563 年）三月，斛律光率步骑二万于轵关西筑勋掌城，并筑长城二百里，置十二戍。九月，周武帝宇文邕派柱国杨忠率领一万步骑兵与突厥联军自北道南下攻北齐；派大将军达奚武率三万步骑兵自南道出平阳（今山西临汾），成南北夹击之势，约定于晋阳（今山西太原西南）会师，合攻北齐。十二月，杨忠部进入北齐境，连克二十余城，并于陉岭（今山西代县西北）山口突破北齐防线，旋与突厥木杆、地头、步离三可汗所率十万骑兵会合，自恒州（今山西大同东北）分三路继续进攻。时值大雪，北齐武成帝高湛冒雪由邺城（今河北临漳西南）兼程赶至晋阳，斛律光也奉命率领三万步骑兵驻守平阳，以御达奚武军。天统元年（565 年）四月，后主高纬即位，斛律光转大将军。天统三年（567 年）六月，其父斛律金去世，斛律光与其弟斛律羡一起辞官。是月，后主下诏将斛律光兄弟复职。闰六月，后主以斛律光为太保，袭爵咸阳王，并袭第一领民酋长，另封武德郡公，徙食赵州干。武平二年（571 年）六月，斛律光与北周军在宜阳城下交战，取北周建安等四戍，俘千余人而还。北周名将韦孝宽屡与斛律光交战皆不能获胜，他知道高纬昏庸，又听说斛律光与祖珽等权臣有隙，便制造了斛律光篡位的谣言，编成儿歌，在邺城歌唱，歌曰：“百升飞上天，明月照长安。”百升为一斛，明月是斛律光的字，谣言暗喻斛律光有篡位野心。祖珽等乘机向高纬进谗言，又指使人诬告斛律光谋反。武平三年（572年）七月，斛律光被后主诱至凉风堂，刘桃枝与三名勇士用弓弦将斛律光勒死，时年58岁。然后后主下诏称其谋反，将其弟斛律羡及子侄15岁以上同时杀害。唯幼子斛律钟只有几年岁，才得以幸免。斛律光死后，祖珽派祖信去抄没他的家产，然后问其抄得何物。祖信说："得弓十五张，宴射箭一百，贝刀七口，赐矟二张。"祖珽又厉声问："更得何物?"祖信说："得枣子枝二十束，拟奴仆与人斗者，不问曲直，即以杖之一百。"[①] 祖珽闻后大为惭愧。

斛律光一个女儿作了皇后，两个女儿是太子妃，子弟皆封侯作将，还娶了三位公主。他的弟弟斛律羡都督幽州刺史，在边境筑城设险，养马练兵，修水利、劝农耕，威震突厥。全家功高位显，门第极盛。随着斛律光被杀，生活在邺城的斛律消亡殆尽。

三、丁零的社会习俗

丁零人在南北朝时处在氏族部落时代，部落与部落之间"无都统大帅"[②]，即使同一氏族部落内，其酋长对部落内族人似亦无指挥权，"上不制下，下不奉上"[③]。据魏书记载，曾任北魏怀荒镇大将的陆俟说："夫高车上下无礼，无礼之人，难为其上"[④]。这表明，在其人口已达数十万落时，仍停留在氏族部落时代。丁零人的内部，无尊、卑、大、小、男、女之别，它是一个相当平等的社会。氏族部落内与氏族部落间关系的维系靠的是高车人高尚的品格与频繁的祭祀活动。

丁零人的婚姻系由双方家长决定，男方以牛马作为聘金，数量依双方约定，以多为荣。马匹的交付方法为"结言既定，男党营车阑马，令女党恣取，上马袒乘出阑，马主立于阑外，振手惊马，不坠者则取之，坠者更取，数满乃止"。婚宴由女方负责，"迎妇之日，男女相将，持马酪熟肉节解。主人延宾亦无行位，穹庐前丛坐，饮宴终日，复留其宿。明日，将妇归"[⑤]。妻随夫居；丁零人婚后，夫居妻家，等到分娩后始回夫家，可见他们尚保留有母系社会的残俗。高车人死后，"掘地作坎，坐尸于中，张臂引弓，佩刀挟矟，无异于生，而露坎不掩"[⑥]。

① 《北史》卷五三《斛律光传》，北京，中华书局，1974。
② 《魏书》卷一〇三《高车传》，北京，中华书局，1974。
③ 《魏书》卷六九《袁翻传》，北京，中华书局，1974。
④ 《魏书》卷四〇《陆俟传》，北京，中华书局，1974。
⑤ 《魏书》卷一〇三《高车传》，北京，中华书局，1974。
⑥ 《魏书》卷一〇三《高车传》，北京，中华书局，1974。

《北史·高车传》记载，高车人的祭祀活动主要以自然神为主。每逢重大活动，都要祭天神，“文成时，五部高车合聚祭天，众至数万，大会走马，杀牲游绕，歌吟忻忻”。同时也祭祀雷神：“每震，则叫呼射天而弃之移去。来岁秋，马肥，复相率候于震所，埋羖羊，燃火拔刀，女巫祝说，似如中国祓除，而群队驰马旋绕，百匝乃止。人持一束柳桋回，竖之，以乳酪灌焉。妇人以皮裹羊骸，戴之首上，萦屈发鬓而缀之，有似轩冕”①。如遇到天灾或疾病，则举行祈福会，“为之祈福”。“若安全无他，则为报赛。多杀杂畜。烧骨以燎，走马绕旋，多者数百匝，男女无小大皆集会。平吉之人，则歌舞作乐，死丧之家，则悲吟哭泣”，② 举行盛大的谢神仪式。

第六节 柔 然

柔然是4世纪末、5世纪初在蒙古草原上兴起的一个民族。《魏书》称其为蠕蠕；唐修《晋书》仍称为蠕蠕；南朝则称为芮芮；齐、周、隋史书中称茹茹。《魏书·蠕蠕传》称柔然系“东胡之苗裔”，认为柔然和鲜卑同源。但《宋书》和《梁书》认为柔然是“匈奴之裔”、“匈奴别种”。还有一种说法，认为柔然“塞外杂胡”③。目前学术界一般认同《魏书》的说法，认为柔然是东胡中鲜卑的后裔。柔然与拓跋鲜卑有着共同的族源，是从拓跋鲜卑中分出的一支。以后，柔然活动在大漠南北，与进入中原地区的拓跋鲜卑分道扬镳，在不同的地区，吸收了不同民族的文化，两者才出现了差异。④

一、北魏时期柔然在北方的崛起

柔然主要游牧在鄂尔浑河与土拉河流域。拓跋部的一部分南迁中原后，留下的部分进居阴山一带。其始祖木骨闾在拓跋力微时，原为鲜卑奴隶，后免为奴，成为骑卒。木骨闾的儿子车鹿会，雄健勇武，开始拥有部众，自号柔然，冬季迁徙漠南，夏则还居漠北。车鹿会死后，经过四代，到4世纪中叶，柔然发展为东、西两部：匹候跋居东部（今内蒙古河套

① 《北史》卷九八《高车传》，北京，中华书局，1974。
② 《北史》卷九八《高车传》，北京，中华书局，1974。
③ 《南齐书》卷五九《芮芮虏传》，北京，中华书局，1972。
④ 周伟洲：《敕勒与柔然》，79页，上海，上海人民出版社，1983。

东北、阴山以北一带），缊纥堤居西部（今内蒙古河套以西到额济纳旗一带）。代国被苻坚灭亡后，柔然曾一度依附于朔方塞外的铁弗匈奴刘卫辰部。北魏登国六年（391 年），拓跋珪发兵征讨柔然，匹侯跋降；缊纥堤举部西遁，将归刘卫辰，被魏追迫及，被迫请降。登国九年（394 年），缊纥堤之子曷多汗与社仑率部众西走，北魏长孙肥追至上郡（今陕西榆林）跋那山，斩曷多汗，尽灭其众。社仑投奔匹侯跋。不久，社仑又袭杀匹侯跋，掠五原以西诸部，北渡大漠，侵高车，深入其地，势力大振，建庭于弱洛水畔。接着，在頞根河（今鄂尔浑河）打败了匈奴部帅拔也稽，兼并诸部，其他弱小部落也被柔然羁縻附之。北魏天兴五年（402 年），社仑统一漠北。西至焉耆以北，东到朝鲜故地以西，北渡沙漠、穷瀚海，南临大碛。社仑自号豆代可汗，建立柔然汗国。其他弱小部族和国家"皆苦其寇抄，羁縻附之"①。

柔然占据漠北后，不断进犯北魏，成为北魏进攻中原的主要障碍。所以北魏自拓跋珪道武帝开始，一面集结军队北伐，一面屯田戍边。如明元帝曾两次车驾西行，攻至云中；泰常八年（423 年）二月，"筑长城于长川之南，起自赤城，西至五原，延袤二千余里，备置戍卫"②。这条长城的起点在今河北赤城，沿内蒙古南部，一直向西修到包头，广袤二千余里，屯兵六镇防守。北魏六镇中的怀荒镇，就在今张家口市张北县境。泰常八年（423 年），拓跋焘继立，史称太武帝。柔然大檀借机率六万骑攻入云中，陷旧都盛乐宫。太武帝亲率大军迎战，结果被大檀骑兵重重包围。神麚二年（429 年），拓跋焘为雪云中被围之耻，亲率六军分东西两路征讨柔然，大檀战败，俘降者三十余万落，马一百余万匹。高车诸部趁机归附北魏，使柔然势力骤减。在北魏对大檀的战争中，柔然贵族闾大肥出力不小，"世祖初，复与奚斤出云中白道讨大檀，破之。还为内都大官。出除使持节、冀青二州刺史，假荥阳公。寻征还，位特进。复出为冀青二州刺史"。闾大肥死后被追赠为中山王，他的弟弟闾凤袭爵。"高宗时为内都大官，出为镇南将军、肆州刺史"③。大檀死，其子吴提继立，自号敕连可汗。

吴提继位后，开始与北朝和亲联姻，朝贡马匹等。事隔十年之后，即太延五年（439 年），吴提乘太武帝西征北凉之际，进袭平城，前锋至七

---

① 《魏书》卷一〇三《蠕蠕传》，北京，中华书局，1974。
② 《魏书》卷三《太宗明纪》，北京，中华书局，1974。
③ 《魏书》卷三〇《闾大肥传》，北京，中华书局，1974。

介山（今山西平鲁西北）。此时，北魏已灭北凉，吴提只好退兵北返。太平真君四年（443 年），太武帝率军进至鹿浑谷与吴提相遇，柔然军卒仓惶北遁。吴提死后，其子吐贺真继立，号处可汗。北魏拓跋焘借吐贺真新立，于太平真君十年（449 年）亲率大军北伐，收其人户畜产百余万。北魏在对柔然战争中确立优势地位，此后大批柔然人不断归降北魏，北魏将这些柔然部众安置在内蒙古、陕西、山西以及河北北部地区，柔然贵族也得到优渥，史称“蠕蠕子弟来降，贵者尚公主，贱者将军、大夫，居满朝列”①。这些柔然贵族多集中在河南洛阳一带，当然也有一些在地方为官的柔然贵族。其中河东王闾毗的妹妹郁久闾氏，“少以选入东宫，有宠。真君元年，生高宗”②。高宗拓跋濬即位之后，闾毗家族“自余子弟赐爵为王者二人，公五人，侯六人，子三人，同时受拜。所以隆崇舅氏，当世荣之”③。其中，安丰公闾虎皮被进爵为河间王④。后来，这位河间王闾虎皮由于贪赃枉法被朝廷杀死。闾毗的弟弟闾染位居外都大官、冀州刺史、江夏公。目前发现的《魏元恭墓志》中，志主元恭曾任晋州刺史，其妻子“茹茹主之曾孙，景穆皇帝女乐平公主孙，父安固伯闾世颖”⑤。

尽管拓跋濬的母亲是柔然人，但这并没有阻挡北魏征讨柔然步伐。太安四年（458 年），北魏以十万骑、十五万辆车的军卒直渡大漠，吐贺真因寡不敌众，被迫远遁，部众数千落降服北魏。皇兴四年（470 年），拓跋弘又率军北伐，杀柔然兵众五万，收降万余，缴战马、兵器不计其数。至此，柔然再无力南下骚扰，又派使与北魏和亲，但遭拒绝。

柔然欲联合南朝进攻北魏未能成功，便转向西部扩张。和平元年（460 年）兼并高昌，以阚伯周为孔昌王。随之，西域诸国焉耆、鄯善、龟兹、姑墨等东道诸国先后役属于柔然。皇兴元年（467 年），柔然进攻南道，威胁于阗国。延兴二年（472 年），进攻敦煌，企图切断北魏与西域间的商道。太和十一年（487 年），原役属柔然的高车副伏罗部酋长阿伏至罗与弟穷奇率部众十余万落，向西迁移，自立为王。柔然可汗豆仑与其叔父那盖出兵追击，豆仑屡败，被贵族所杀，立那盖为可汗，自号伏伐

---

① 《魏书》卷三五《崔浩传》，北京，中华书局，1974。

② 《魏书》卷一三《景穆恭皇后郁久闾氏传》，北京，中华书局，1974。

③ 《魏书》卷八三《闾毗传》，北京，中华书局，1974。

④ 《魏书》卷五《高宗文成帝纪》，北京，中华书局，1974。

⑤ 《魏故使持节假车骑将军都督晋建南汾三州诸军事镇西将军晋州刺史大都督节度诸军事兼尚书左仆射西北道大行台平阳县开国子元君墓志》，见赵超：《汉魏南北朝墓志汇编》，297 页，天津，天津古籍出版社，1990。

库者可汗。高车独立后，伊吾归附北魏，焉耆、龟兹诸国改附高车。从此，柔然国力转衰，无力发动较大规模的军事行动。此时，北魏因边朔遥远，加上连年旱灾，百姓困弊，也无力北伐，双方又恢复了通使与和亲。但双方在边境也有一些零星的摩擦，如正始元年（504 年）九月，“有告蠕蠕率十二万骑六道并进，欲直趋沃野、怀朔，南寇恒代。诏怀以本官，加使持节、侍中，出据北蕃，指授规略，随须征发，诸所处分皆以便宜从事。又诏怀子直寝徽随怀北行”①。这次柔然进攻的目标是北魏恒代地区，也就是在今河北、山西北部一带。

那盖死后，其子伏图继立。永平元年（508 年），在西征高车过程中伏图被高车主弥俄突所杀，其子丑奴继立。熙平元年（516 年），丑奴继续攻打高车，擒杀了弥俄突。正光元年（520 年），高车副伏罗部酋长阿伏至罗再次与柔然交战，结果丑奴兵败，被其母与大臣谋杀，立其弟阿那瓌为主。十日之后，被族兄示发所败，阿那瓌逃奔北魏，孝明帝遣使远畿迎接，封为蠕蠕王。第二年，北魏遣使护送阿那瓌复藩。在阿那瓌归奔北魏的时候，其从父兄婆罗门发兵入讨示发。示发死，共立婆罗门为汗，称弥偶可社句可汗。正光二年（521 年）被高车所逐，退往漠南，归附北魏。为此，北魏安置阿那瓌在怀朔镇，婆罗门在故西海郡。正光三年（522 年），婆罗门叛魏，被北魏所擒。次年，北魏派遣元孚“持白虎幡劳阿那瓌于柔玄、怀荒二镇间。阿那瓌众号三十万，阴有异意，遂拘留孚，载以辒车，日给酪一升，肉一段。每集其众，坐孚东厢，称为行台，甚加礼敬。阿那瓌遂南过至旧京，后遣孚等还，因上表谢罪”②。北魏使者被扣押是柔然进攻北魏的第一步，随后阿那瓌聚兵三十万，入魏境大掠。在这次柔然剽掠北境的战斗中，北魏大将于景“谋废元叉，叉黜为征虏将军、怀荒镇将。及蠕蠕主阿那瓌叛乱，镇民固请粮廪，而景不给。镇民不胜其忿，遂反叛。执缚景及其妻，拘守别室，皆去其衣服，令景著皮裘，妻著故绛袄”③。怀荒镇的失守，为柔然军队的大肆掠夺打开了一个缺口，柔然的军队一直杀到平城（今山西大同）而退。北魏“诏尚书令李崇讨之，庆宾别将隶崇，出塞而返”④。也就是在这一年，北魏六镇起义爆发。孝昌元年（525 年），北魏召请阿那瓌出兵协助镇压起义，使阿那瓌一度占领了长城以北的北魏领土。这时，柔然部落既和，士马稍盛，阿那瓌自

① 《魏书》卷四一《源贺传》，北京，中华书局，1974。
② 《魏书》卷一八《临淮王传》，北京，中华书局，1974。
③ 《魏书》卷三一《于栗磾传》，北京，中华书局，1974。
④ 《魏书》卷二六《尉古真传》，北京，中华书局，1974。

称敕连头兵豆伐可汗。

二、东魏、北齐时期柔然的衰落

永熙三年（534 年），北魏分裂为东、西两魏，竞相与阿那瓌联姻和好。阿那瓌遣使朝贡，求婚。权臣、丞相高欢以常山王妹乐安公主许之，改为兰陵公主。阿那瓌遣奉马千匹为聘礼，迎娶公主，自是柔然朝贡相寻。尽管通过与柔然的联姻，东魏北部边境得到暂时的安宁。除东魏和柔然联姻外，西魏也和柔然展开强大的联姻外交，大统元年（535 年），柔然请与西魏和亲，“文帝遣（杨）荐与杨宽使，并结婚而还……又使荐纳币于蠕蠕”①。魏文帝在迎娶了阿那瓌之女以后，西魏与柔然的关系日益密切，“欲连兵东伐”。元象元年（538 年）五月，柔然开始在北部边疆对北齐发起猛烈进攻，阿那瓌“掠幽州范阳，南至易水”。九月，又掠“肆州秀容，至于三推。又杀元整，转谋侵害”②。柔然这次进攻的地区包括河北北部、中部以及山西北部，并且取得军事上的优势地位。面对这种情况，东魏政权无力还击，只是在邺城扣押了柔然使臣温豆拔等人。东魏权臣高欢为缓和与柔然的关系，将温豆拔等一干使臣放回，东魏与柔然的关系才稍有改善。

在此之后，西魏文帝皇皇郁元闾氏，也就是阿那瓌的女儿病死，高欢乘机派使臣到柔然实行离间，说闾氏为宇文泰所还，由此西魏与柔然的关系出现嫌隙，转而与东魏的关系走得比较近。阿那瓌派遣其俟利、莫何莫缘游大力等向东魏朝贡，并为其子菴罗辰请婚。东魏静帝派遣罗念、穆景相等使于阿那瓌。元象二年（539 年）八月，阿那瓌遣莫何去折豆浑十升等朝贡，再次为其子求婚。十二月，阿那瓌又派遣折豆浑十升到东魏请婚。元象四年（541 年），阿那瓌将其孙女“邻和公主”嫁给高欢的儿子高湛，尽管通过和亲，东魏北部边境得到暂时的宁静，但东魏政权一直对柔然采取防范措施。

武定三年（545 年）十月，高欢上言：“幽、安、定三州北接奚、蠕蠕，请于险要，修立城戍以防之。”③ 这说明当时柔然的势力已经越过长城，发展到河北北部和中部地区。在这种情况下，高欢派遣杜弼出使柔然，为世子高澄求婚。阿那瓌“以齐献武王威德日盛，请致爱女于王”④。

---

① 《周书》卷三三《杨荐传》，北京，中华书局，1971。
② 《北史》卷九八《蠕蠕传》，北京，中华书局，1974。
③ 《北齐书》卷二《神武纪下》，北京，中华书局，1971。
④ 《魏书》卷一〇三《蠕蠕传》，北京，中华书局，1974。

这使高欢十分为难，在大臣尉景及其妻子娄氏等的劝说之下，高欢才勉强答应这门婚事。武定三年（545 年），东魏派遣慕容俨前往柔然迎娶柔然公主。“八月，神武迎于下馆，阿那瓌使其弟秃突佳来送女，且报聘”①。当时阿那瓌对公主的约定是，如果她和高欢生下儿子，就要回到柔然。但当时高欢年老有病，很少到公主的寝宫，这引起了公主叔叔秃突佳的不满。高欢的妻子娄氏比较顾全大局，“及茹茹公主至，后避正室处之”②。当时东魏的都城在邺城，这位柔然公主应当就生活在这里。后来高欢死后，按照柔然习俗，柔然公主又嫁给了高欢的儿子高澄，并生下一女。通过一系列的和亲活动，东魏与柔然的关系进入蜜月期，“自此东魏边塞无事，至于武定末，使贡相寻”③。这一时期，生活在邺城的柔然公主、使臣、奴仆不在少数。

图 3－9　河北磁县茹茹公主墓出土的武士俑

1978 年，在河北磁县大冢营村发现茹茹公主闾氏墓，出土了大量珍贵的文物，其中《魏开府仪同长广郡开国高公妻茹茹公主闾氏铭》的发现，为研究柔然与北齐的关系提供了珍贵的材料。志文称：“魏骠骑大将军开府仪同三司长广郡开国公高公妻茹茹公主闾氏……讳叱地连，茹茹主之孙、谙罗臣可汗之女也。……皇魏道映寰中……茹主钦挹风猷，思结姻好，乃归女请和，作嫔公子。……以武定八年四月七日薨于晋阳，时年十

① 《北史》卷一四《后妃下·蠕蠕公主郁久闾氏传》，北京，中华书局，1974。
② 《北齐书》卷九《神武娄后传》，北京，中华书局，1971。
③ 《北史》卷九八《蠕蠕传》，北京，中华书局，1974。

三。即其年岁次庚午五月己酉朔十三日辛酉，葬于滏水之阴、齐献武王之茔内。天子下诏曰：‘长广郡开国公妻茹茹邻和公主，奄至丧逝，良用嗟伤。……送终之礼，宜优常数’”。这位茹茹公主是阿那瓌的孙女，高欢第九子高湛的妻子“邻和公主”①。从志文可以看出，这位邻和公主卒于武定八年（550 年），年仅十三；那么，她当生于元象元年（538 年）。兴和四年（542 年），茹茹公主嫁给高湛为妻时，年方五岁；高湛当时也仅八岁。

到北齐时，由于突厥在北方的崛起，不断攻击柔然，柔然国开始逐渐衰落。天保三年（552 年）二月，突厥在怀荒镇（今张北）大败柔然。阿那瓌兵败自杀，其子菴罗辰及弟登注俟利率余部投奔北齐。留在漠北的柔然余众立登注俟利子铁伐为主。天保四年（553 年），铁伐被契丹部众所杀。北齐送登注父子北归，柔然部众立登注为主，又为国内大人阿富提等所杀。这年十二月，突厥再次攻破柔然，“蠕蠕举国来奔”，北齐文宣帝高洋从晋阳（今山西太原）出发，“北讨突厥，迎纳蠕蠕，乃废其主库提，立阿那瓌之子菴罗辰为主，置之马邑川，追突厥于朔方，突厥请降，许之而还”②。这次柔然被突厥攻破后，柔然部众举国南奔，散落于北齐境内。北齐文宣帝高洋扶持菴罗辰为蠕蠕主，置之马邑川（今山西朔县南）。天保五年（554 年），菴罗辰背叛北齐，拥兵逃回漠北。这年四月，柔然寇肆州（今山西忻州）。文宣帝高洋自晋阳讨之，“时大军已还，帝率麾下千余骑，遇茹茹别部数万，四面围逼。帝神色自若，指画形势，虏众披靡，遂纵兵溃围而出。虏乃退走，追击之，伏尸二十里，获菴罗辰妻子及生口三万余人”③。北齐乘势多次追击柔然，均取得军事上的胜利。这一时期，由于柔然衰落，在与北齐的战争中处于不利地位，很多柔然战俘被裹挟至中原地区，如《北齐书·斛律金传》称：“后以茹茹为突厥所破，种落分散，虑其犯塞，惊挠边民，乃诏金率骑二万屯白道以备之。而虏帅豆婆吐久备将三千余户密欲西过，候骑还告，金勒所部追击，尽俘其众。茹茹但钵将举国西徙，金获其候骑送之，并表陈虏可击取之势。显祖于是率众与金共讨之于吐赖，获二万余户而还”④。尽管我们不知道北齐对这几万柔然战俘如何处置的，但有一部分战俘被押往邺城是肯定的。《北齐书·王峻传》称：“初茹茹主菴罗辰率其余党东徙，峻度其必来，

① 朱全升、汤池：《河北磁县东魏茹茹公主墓发掘简报》，载《文物》，1984（4）。
② 《北史》卷七《文宣帝纪》，北京，中华书局，1974。
③ 《北齐书》卷四《文宣纪》，北京，中华书局，1971。
④ 《北齐书》卷一七《斛律金传》，北京，中华书局，1971。

预为之备。未几，菴罗辰到，顿军城西。峻乃设奇伏大破之，获其名王郁久闾豆拔提等数十人，送于京师。”① 所谓的京师就是邺城。

天保六年（555年），柔然再为突厥所破，其首领率部众千余家逃奔西魏。时值突厥强盛，又与西魏和好，多次遣使要求尽杀柔然残部。西魏“遂收缚蠕蠕主已下三千余人付突厥使，于青门外斩之。中男以下免，并配王公家”②。在北方草原上驰骋了一个半世纪的柔然汗国从此覆灭。

三、柔然的语言文字、宗教信仰和风俗习惯

语言文字：柔然语言基本上同于鲜卑语，后人认为属阿尔泰语系蒙古语族。但由于建立政权后，氏族、部落庞杂，也不免受到属突厥语族的敕勒语等影响。柔然早期无文字，不识书契。《宋书·索虏传》云：柔然“国政疏简，不识文书，刻木以记事，其后渐知书契，至今颇有学者”。但后期有些大臣可能会使用汉文书写来往信件。如据《南齐书·芮芮虏传》载，柔然国相邢基祇罗回曾遣使奉表南齐，表大概是用汉文书写，其格式与所引典故，似均出汉族士大夫之手。有两种可能：一是邢基祇罗回精通汉文；二是由在柔然的汉族士大夫执笔。说明汉文化已对柔然产生一定影响。《南齐书·芮芮虏传》还提到刘宋时，国相希利垔“解星算数术，通胡、汉语”。由于南北朝期间，无论是北魏或北齐、北周均通行汉语，从阿那瓌任命南齐人淳于覃为秘书监黄门郎、专掌文墨亦可略见一斑。

宗教信仰：柔然除了保存匈奴以降蒙古草原所盛行的萨满教外，还兼奉佛教。柔然人崇拜自然，盛行巫术、巫医。巫一般由妇女担任，用以祈求天地鬼神。《梁书·芮芮传》提及：“其国能以术祭天而致风雪。”《魏书·蠕蠕传》更是详细地记载了女巫、巫医是豆浑地万的故事。地万年二十许，设计将柔然可汗丑奴弟祖惠劫去。然后对丑奴云：“此儿今在天上，我能呼得。”丑奴母子欣悦，后岁仲秋，在大泽中设帐，斋洁七日，祈请上天。经过一夜，祖惠忽在帐内出现。丑奴受惑，称地万为圣母，纳为可贺敦。后地万为丑奴母侯吕邻氏所杀。说明在柔然，巫常假托神鬼进行祭天求神活动，巫为人治病，故又称巫医。在磁县茹茹公主墓中出土有萨满巫师俑一件。俑高29.8厘米，头戴红色浑脱帽（毡帽），身穿圆领广袖红色曳地长袍，左手持锯齿状法器，右手向前抬起，作婆娑起舞状。

---

① 《北齐书》卷二五《王峻传》，北京，中华书局，1971。

② 《北史》卷九八《蠕蠕传》，北京，中华书局，1974。

这位老者形象，长须飘洒，笑容可掬，神态生动自然。有学者认为这就是柔然族的萨满巫师形象。柔然人后来受西域及中原的影响也逐渐信仰佛教。史载，北魏永平四年（511 年），柔然可汗丑奴遣沙门洪宣奉献珠像。僧人法爱曾在柔然政权中任国师。一些外地的僧人也陆续前往柔然，如南朝僧人法献，曾于刘宋元徽三年（475 年），从金陵，西游巴蜀，历吐谷浑，道经柔然，至于阗。此外，从具有浓厚的印度佛教色彩的郁文间婆罗门之名，也可看出当时柔然佛教已颇为流行。

婚姻习俗：与匈奴、鲜卑略同。实行族外婚，如豆娶俟吕邻氏（也作候吕陵、俟吕邻氏）为妻。同时盛行收继婚，子娶非生母及弟纳寡嫂（或兄娶寡弟媳）之事时有发生。如高欢死后，子高澄“从蠕蠕国法，烝公主[1]”，纳高欢所娶蠕蠕公主为妻。又郁久闾豆死，从弟伏图“纳豆之妻候吕陵氏，生丑奴、阿那瓌等六人”。在磁县发现的茹茹公主陵墓陪葬品中的一队送亲仪仗队陶俑。仪仗队陶俑包括“风帽击鼓俑”、“负剑箙铁索两裆俑”、“风帽仪仗俑”、“短风帽仪仗俑”、“札巾翻领侍从武士俑”、“小冠剑囊武士俑”、“负剑箙皮两裆武士俑”，以后是骑马俑。可窃见柔然人结婚的场面。此外，还发掘出了大量的武士俑、执箙箕俑、舂米俑、女侍俑、奴仆俑等。

在磁县茹茹公主墓出土有陶牲畜 31 件，其中包括陶骆驼、陶狗、陶马、陶驴、陶羊、陶牛、陶虎、陶鸡、陶猪等，反映出鲜明的游牧民族特点。同墓出土的陶仓、陶碓、陶磨、陶灶、陶厕、陶井等，则显示出柔然社会生活中有农业文明的迹象。柔然其他习俗，多与游牧生活密切相关。如以东面为贵，“盖敬日之所出也”。据《北史·后妃传》载，阿那瓌长女嫁与西魏文帝元宝炬时，因“蠕蠕俗以东为贵，后之来，营幕户席，一皆东向”[2]。柔然尚保存杀仇敌之头，以作为酒器的陋俗。如丑奴擒高车王弥俄突后，“系其两脚于驽马之上，顿曳杀之，漆其头为饮器”[3]。衣食住行大致与匈奴相似。柔然人“编发左衽”，衣袖袍，穿裤，着靴，即《梁书·芮芮传》所记：“辫发，衣锦，小袖袍，小口袴，深雍靴”。“衣锦”，疑指柔然贵族所着，一般牧民大多以皮毛制品为衣，如毛裘、皮袴等。

---

① 《北史》卷一四《后妃下·蠕蠕公主郁久闾氏传》，北京，中华书局，1974。

② 《北史》卷一四《文帝悼皇后郁久闾氏传》，北京，中华书局，1974。

③ 《魏书》卷一〇三《高车传》，北京，中华书局，1974。

综上所述，魏晋南北朝时期，是中国历史上民族迁徙和民族融合的重要时期。“八王之乱”后，由于西晋的衰落，原来居住在中国北方的游牧民族大批涌入中原。作为连接北方游牧文明与中原农耕文明的河北，自然而然地成为北方各少数民族进入中原的大通道。这一时期，在中国历史舞台上扮演过重要角色的北方少数民族几乎都在河北大地上留下了深刻印迹。羯族石勒建立的后赵政权，鲜卑慕容氏建立的前燕、后燕政权，鲜卑拓跋氏建立的东魏政权，鲜卑化汉族建立的北齐政权均以河北地区作为统治中心。这一时期，河北少数民族达二十多个，人口至少在一百万以上。而如此数量庞大的少数民族，到隋唐时期，已经湮没在历史的长河之中。河北地区民族融合速度之所以如此迅速，主要归结于内迁诸族改变了游牧生活方式，不同程度地发展了农业经济，表现出自觉学习中原文明的态度。而在长期与汉族杂居的过程中，各民族之间的界限逐渐缩小，无论是语言、生活方式、心理素质等都趋于一致，最终完成了对中国历史进程具有深远意义的民族大融合。魏晋南北朝时期的民族大融合，使质朴刚健的草原文化与儒雅守成的中原汉族农耕文化经过反复的碰撞、熔炼和汇合，形成了华戎兼备、空前宏伟的文化新格局。

第四章 隋唐五代时期河北少数民族

隋唐是在魏晋南北朝以来民族大融合的基础上建立起来的空前强大、统一的封建王朝，同时也是中国历史上民族融合的重要时期。杨隋、李唐王朝统治者都有鲜卑族血统，五代中后唐、后晋、后汉建立者都出身沙陀。由于特殊的历史背景，这个时期的民族政策比较开明，对少数民族少有歧视，许多少数民族出身的人入朝为官，甚至位至将相。唐太宗称："自古皆贵中华，贱夷、狄，朕独爱之如一。"① 唐太宗不仅是中原王朝的皇帝，而且被诸番君长尊为"天可汗"，以玺书赐西域和北边诸君长，皆自称"皇帝天可汗"，成为各民族的共主，这在以往的历朝历代是不可想象的。对于入附者，唐王朝根据入附时间的长短，将他们区分为"熟户"（或称"旧户"）和"新降"。开元九年（721 年）下诏："诸道军城，例管夷落。旧户久应淳熟，新降更伫绥怀……熟户既是王人，章程须依国法。"②《唐六典》中也明确规定："凡内附后所生子，即同百姓，不得为蕃户也。"③ 当然，"内附后所生子"，也就属于"旧户"、"熟户"了。

唐代在汉地推行州县制度，而在民族地区建立了羁縻府州制度，对周边少数民族加强了管理，即其部落，列置州县，其大者为都督府，以其首领为都督、刺史，皆得世袭，而以汉官监领或押领，具有为唐捍边、受唐遣发、助唐征讨等义务。唐朝先后在沿边设置羁縻府州达八百五十余个。对河北道而言，设立了十七个羁縻州，分布于在幽州（治今北京）和营州（治今辽宁朝阳）境内。《新唐书·地理志序》则称，"突厥之别部及奚、契丹、靺鞨、降胡、高丽隶河北者，为府十四，州四十六"。武则天万岁通天中，契丹攻陷营州，原为营州所领突厥、奚、契丹十一州曾徙置

① （宋）司马光：《资治通鉴》卷一九八唐贞观二十一年五月条，北京，中华书局，1956。

② （宋）王钦若：《册府元龟》卷九九二《外臣部·备御五》，北京，中华书局，1960。

③ （唐）李林甫等撰，陈仲夫点校：《唐六典》卷三《尚书户部郎中条》注文，北京，中华书局，2008。

于河南道的宋、徐、淄、青等州。神龙初又北迁侨寄于幽州境内。河北道其余诸州，虽然没有设置羁縻府州，但少数民族数量也是很大的。

天宝十四载（755 年），唐范阳节度使安禄山发动叛乱，“发所部兵及同罗、奚、契丹、室韦凡十五万众，号二十万，反于范阳”①。安史乱军中的主力和精锐是少数民族部众，手下的骁将孙孝哲、安守忠、李宝臣等也多出身少数民族。安史之乱中，幽州和营州境内的内附少数民族部落随叛军南下，“一切驱之为寇，遂扰中原”。② 散居于河北各地，使河北民族关系进一步复杂化。

自魏晋以来，河北就是世家大族集中之地，全国最著名的大士族山东士族以崔、卢、李、郑为首，合称“四姓”，有时加上王氏称为“五姓”，其中崔、卢、李都在河北。士族本来具有血缘性和地域性两大特征，是一种地方性的社会力量。自唐初以来，这些本籍士族虽然许多已经外迁，但留在河北的仍有相当数量。除了本籍士族外，还有许多外籍士族。唐安史之乱后，河北社会的一大变化便是形成了割据的局面，出现了以河北三镇为代表的河北藩镇。在河北三镇中，上至节度使，下至军将乃至普通士卒，许多都出身于少数民族，形成了一些职业军人家族。这些少数民族出身的职业军人家族取代了传统世家大族，成为在地方上最有势力和影响的力量。

大率而言，隋唐五代时期河北的少数民族主要有突厥、奚、契丹、回纥、粟特、沙陀、吐谷浑等。契丹将在第五章中介绍，至于粟末靺鞨等族由于在《河北满族史》一书中将有专门介绍，此不具述。

第一节 突　厥

“唐兴，蛮夷更盛衰，尝与中国亢衡者有四：突厥、吐蕃、回鹘、云南是也。”③ 隋唐时期，周边少数民族政权中第一个能同中原王朝相抗衡的就是突厥。突厥为匈奴之别种，姓阿史那氏。6 世纪中叶兴起前臣服于柔然，为柔然锻工，居于金山（即阿尔泰山）一带。由于金山形似兜鍪，

① （宋）司马光：《资治通鉴》卷二一七天宝十四载十一月条，北京，中华书局，1956。
② 《旧唐书》卷三九《地理志二》，北京，中华书局，1975。
③ 《新唐书》卷二一五《突厥传上》，北京，中华书局，1975。

当地俗称兜鍪为突厥，故其族因地而得名突厥。[①] 北齐天保三年（552年），阿史那土门建立突厥汗国，建牙于都斤山（今蒙古国境内杭爱山）。隋开皇三年（583年），突厥分裂为东西两部。唐贞观四年（630年），东突厥为唐所灭，存在了近五十年。唐高宗武后时期，东突厥又开始复兴，到默啜时势力达到了顶峰，史称后突厥汗国。无论是前突厥汗国，还是后突厥汗国的历史都与河北有密切关系。

一、北朝时期突厥的兴起及在河北的早期活动

突厥在首领土门时，部落渐强，并于西魏大统年间开始与中原王朝建立经济联系。大统十一年（545年），宇文泰遣酒泉胡安诺槃陁使于突厥。翌年，土门遣使贡方物。十七年（551年）六月，以魏长乐公主妻之。当时柔然是北方草原地区最强大的政权，突厥臣属于柔然，曾为柔然镇压了铁勒诸部的叛乱。土门恃功向柔然可汗阿那瓌求婚。阿那瓌认为突厥不过是其手下的锻奴，身份卑微，不但不允求婚，还破口大骂。土门恼羞成怒杀死了柔然使臣，正式脱离了与柔然的臣属关系。西魏废帝元年（552年），土门发兵击柔然，大破之于怀荒（今河北张北）北，阿那瓌兵败自杀，其子菴罗辰逃奔北齐，余众复立阿那瓌叔父邓叔子为可汗。土门在击败柔然后，模仿柔然之制，自号伊利可汗，犹古之单于也，号妻为可敦，正式建立了突厥汗国。

突厥木杆可汗时，消灭了柔然残余势力，又西破嚈（又作哌）哒，东走契丹，北并契骨，“其地东自辽海以西，西至西海万里，南自沙漠以北，北至北海五六千里，皆属焉”[②]。势力向南发展到了今山西、河北北部一带。

在突厥势力蓬勃发展之时，中原内地却处于东魏北齐与西魏北周的东西分裂对峙局面。这为突厥势力的东进和南下提供了有利的外部环境。其始，突厥支持西魏以与东魏进行对抗。进入北周后，突厥木杆可汗改变了初期与西魏单方面和好的方针，开始转而采取“中立”方针，更加圆熟地使用外交手段周旋于北周、北齐之间，在三方的关系中占据了主导地位。[③] 突厥周旋于两者之间，从中渔利。北周与之和亲，岁给缯絮锦彩十万段。齐人担心突厥寇掠，亦倾府藏以给之。北齐武平三年（572年），

---

① 《周书》卷五〇《异域下·突厥传》，北京，中华书局，1971。或云突厥之先出于索国（鲜卑），而《隋书》卷八四《突厥传》则云突厥之先，平凉杂胡也。

② 《周书》卷五〇《异域下·突厥传》，北京，中华书局，1971。

③ 吴玉贵：《突厥汗国与隋唐关系史研究》，65页，北京，中国社会科学出版社，2007。

木杆可汗去世，佗钵可汗继位。此后，突厥与北齐的关系继续得到改善。在与北周和亲的同时，突厥于北齐后主武平四年（573 年），遣使诣邺（今河北临漳）求婚。从佗钵可汗即位到北齐幼主承光元年（577 年）北周灭北齐，六年之间突厥与北齐没有发生过一次战争，与突厥接壤的今河北北部也赢得了难得的和平。

尽管突厥与北齐之间的直接军事对抗减少，但是突厥雄踞北方，虎视眈眈，在北齐看来总是一个巨大的威胁。为了防御突厥，北齐极力加强军事防御，曾发民夫一百八十万，在幽州北夏口至恒州（今山西大同）之间修筑长城九百余里。[①] 实际上，北齐曾数次修筑长城，远非这一次这一段，史称："自西河总秦戍筑长城东至于海，前后所筑东西凡三千余里，率十里一戍，其要害置州镇，凡二十五所。"[②]

北周建德六年（577 年）灭齐，打破了东北亚地区突厥、北周、北齐三方鼎立的格局。这也宣告了突厥周旋于北周、北齐之间以牟利的局面结束。为了遏制北周势力的进一步扩展，突厥扶植北齐残余势力，助其复国。北齐营州刺史高宝宁拥重兵镇守辽东，拒不降周。文宣帝高洋第三子、定州刺史、范阳王高绍义在齐亡后率兵逃入突厥。佗钵可汗立高绍义为齐帝，建元武平，并以高宝宁为丞相，凡齐人在北者，悉隶之。宣政元年（578 年）四月，佗钵进攻幽州，北周幽州守将李雄出城迎战，为突厥所围，战死。同时，高绍义遣高宝宁由营州南下，攻克平州（今河北卢龙北），与之呼应。幽州人卢昌期、祖伯英等起兵占据范阳（今北京），策应高绍义的南下。高绍义一方面遣高宝宁率"夷、夏数万骑"[③] 径趋范阳，与卢昌期等会合，同时又联合突厥，乘虚突袭幽州，一时形成了席卷河北之势。但北周宇文神举击败了范阳的叛军，高绍义、高宝宁等只好又退入突厥。突厥在河北北部攻城破地，推进十分迅速，北周举国震动，周武帝为之亲征。由于周武帝暴病而亡，反击突厥的事业也戛然而止。

二、隋代突厥与河北

隋朝建立后，新生政权面临的外敌主要有南方的陈和北方的突厥。陈朝偏安江南一隅，自保尚且不暇，对隋构成威胁的主要就是突厥。至隋时，突厥与中原王朝的力量对比逐渐发生了变化。中原内地由分裂走向统

① 《北齐书》卷四《文宣纪》及《北齐书》卷四二《阳斐传》。

② 《北齐书》卷四《文宣纪》，北京，中华书局，1971。

③ （宋）司马光：《资治通鉴》卷一七三陈太建十年五月条，北京，中华书局，1956。

一，国力日盛。相反突厥则从统一、强盛走向分裂和内乱。在这种背景下，隋在与突厥的关系中逐渐取得了主动，占据了主导地位。

隋朝建立后，隋文帝一改北齐、北周对突厥的屈辱政策，待之甚薄，引起突厥沙钵略可汗的极大不满。加之，沙钵略之妻为北周宇文氏之千金公主，隋代周后，千金公主伤于宗祀绝灭，极力鼓动沙钵略攻隋为周报仇。沙钵略联合高宝宁，攻陷平州临渝镇。文帝敕令缘边修保鄣，峻长城，以备之，仍命大将出镇幽、并，加强防御。①

开皇二年（582年），沙钵略悉众四十万，大举攻隋，文帝遣将备御，其中使上柱国李崇屯幽州，但为突厥所败。于是以河间王弘、上柱国豆卢勣、窦荣定、左仆射高颎、右仆射虞庆则并为元帅，出塞击之。沙钵略率阿波、贪汗二可汗等来拒战，皆败走遁去。时突厥粮秣难以供应，甚至粉骨为粮，军中又发生灾疫，死者极众。翌年四月，幽州总管阴寿率步骑十万出卢龙塞，击高宝宁，高宝宁兵败，逃奔突厥，为部下所杀。长期以来，高宝宁据有营州，联合突厥，时常入塞骚扰北部边境，至此高宝宁被杀，消除了隋的一个心腹大患。为了报复，六月，突厥侵掠幽州，幽州总管李崇率步骑三千抵抗，转战十余日，伤亡惨重，李崇也阵亡。隋文帝改以周摇为幽州都督，周摇修障塞，谨斥候，边民以安。

为了防御突厥，隋文帝至炀帝，在河北境内数次大规模修筑长城。开皇六年（586年）二月，文帝发丁男十一万因古址修筑长城，二旬而罢。次年二月，又发丁十万修筑长城，二旬而罢。炀帝时，对长城也有修缮，史称，大业三年（607年）七月，发丁男百余万筑长城，西距榆林（今内蒙古托克托西南），东至紫河（今内蒙古南部、山西西北长城外的浑河），一旬而罢。翌年秋十月，发丁男十二万筑长城，自榆谷（今青海贵德东河曲一带）而东。②《隋书·地理志》也记载，涿郡昌平，安乐郡燕乐、密云，渔阳郡无终，北平郡卢龙皆有长城。20世纪80年代，在河北滦平县金山岭明长城砖垛口一侧发现一块隋代残碑。碑中有幽州大都督、都主帅、领丁主帅、燕乐县等字样，年代系于开皇十七年（597年）九月，为隋代为防御突厥，修筑长城的珍贵实物见证。③

突厥在可汗之下，还设置数个小可汗，由可汗子弟或宗族担任，分统所部。为了区别这些小可汗，突厥可汗又称大可汗。当时沙钵略可汗虽为

① 《隋书》卷八四《北狄传·突厥传》，北京，中华书局，1982。
② 《隋书》卷一《高祖纪上》；《隋书》卷三《炀帝纪上》，北京，中华书局，1982。
③ 参见郑立新：《金山岭长城砖垛口发现的古残碑》，载《文物春秋》，2011（1）。

大可汗，但与西部达头可汗和阿波可汗矛盾重重，征战不已，并由此导致了开皇三年（583），突厥分裂为东西两部。与河北有关的主要是沙钵略可汗所在的东部。为对付突厥的威胁，隋文帝采纳了长孙晟提出的“远交近攻，离强合弱”的方针，利用突厥内部沙钵略可汗与达头可汗、阿波可汗之间的矛盾，联合距离隋较远的达头和阿波诸部，集中主要力量对付沙钵略可汗。这一战略取得了很好的效果。沙钵略趋以孤立，力量大为削弱，形势进一步向有利于隋的方向发展。开皇四年（584年），沙钵略向隋请婚，次年又向隋称臣，并请求率领部众迁至漠南，寄居白道川（今内蒙古呼和浩特市、土默特左旗等处之土默特平原）。

开皇七年（587年），沙钵略可汗死后，叶护可汗、都蓝可汗（雍虞闾）相继继立，与隋保持了友好关系。沙钵略之子染干，号突利可汗，遣使求婚。开皇十七年（597年），隋文帝以宗女安义公主妻之。隋文帝欲离间突利和都蓝之间的关系，故意将礼仪弄得隆重异常。都蓝可汗闻讯感到自己身为大可汗，而在隋廷眼里反而不如突利，于是朝贡遂绝，并数为边患。十九年（599年），隋分兵数道以击突厥，其中东道以上柱国燕荣出幽州。都蓝可汗与玷厥举兵攻突利，尽杀其兄弟子侄，遂渡河，入蔚州（今河北蔚县）。突利夜以五骑与隋使长孙晟归朝，被隋封以启民可汗，于朔州筑大利城以居之。是时安义公主已死，文帝又以宗女义成公主妻之。由于突厥部落归者甚众，文帝迁其众于黄河南的夏、胜二州之间。启民可汗在走投无路的情况下投隋，并在隋的卵翼之下得位，故在政治上完全臣服于隋。至此，突厥对隋北方边境的威胁已基本解除。在和平安宁的环境下，突厥与内地的经济文化、人员往来都很频繁。启民可汗在写给隋文帝的表文中说，突厥部众“或南入长城，或住白道，人民羊马，遍满山谷”①。随着突厥部众，南入长城，今河北境内的突厥当不在少数。

大业七年（611年），启民可汗死后，其子始毕可汗继立。由于隋炀帝好大喜功及国内内乱加剧，突厥与隋之间关系趋以恶化。大业十一年（615年）八月，始毕可汗围炀帝于雁门（今山西代县）。炀帝诏诸郡发兵赴行在勤王，援军方至，始毕引去。由是朝贡遂绝。

隋末，各地起义风起云涌，隋王朝统治分崩离析。在此背景下，更为突厥的发展及南下创造了条件。突厥重新成为东北亚的霸主，“其族强盛，东自契丹、室韦，西尽吐谷浑、高昌诸国，皆臣属焉。控弦百余万，

① 《隋书》卷八四《北狄传·突厥传》，北京，中华书局，1982。

北狄之盛，未之有也。”[①] 当时群雄并起，诸势力多向突厥俯首称臣，招引突厥为外援。大业十一年（615 年），上谷郡（治今河北易县）王须拔自称漫天王，建国号燕，魏刀儿自称历山飞，起兵反隋，“众各十余万，北连突厥，南寇赵”。[②] 河北起义领袖窦建德定都洺州（今河北永年），国号夏，“然犹依倚突厥”[③]，使者往来，相望于道。处罗可汗遣使至窦建德处，迎隋萧皇后及齐王暕之子政道，窦建德勒兵千余骑送之，又传宇文化及首级以献突厥。“既与突厥相连，兵锋益盛。”[④] 当唐军在洛阳与王世充进行决战时，突厥通过窦建德辖区，对王世充进行增援。武德三年（620年）五月，突厥派遣阿史那揭多献马五千匹于王世充，请求与王世充联姻，王世充以宗女妻之，并与突厥互市。七月，唐秦王李世民率大军东征王世充，突厥潜使从窦建德控制的河北南下，经滏口（今邯郸西）诣王世充，至潞州（治今山西长治）时，潞州总管李袭誉邀击，败之，获牛羊万计。[⑤]

三、唐代的突厥与河北

（一）唐初突厥与河北诸势力

李渊初起兵太原时，只是当时众群雄中的一支。为了取得突厥的支持，他也像刘武周、薛举、窦建德等割据势力一样，对突厥卑辞厚礼，称臣借兵。始毕可汗遣其特勤康稍利等献马千匹，又派二千骑兵帮助李渊平定关中。武德二年（619 年）二月，始毕可汗死，其弟处罗可汗即位。处罗以始毕可汗之子什钵苾（即以后的突利）为泥步设，使居东偏，直幽州之北，管辖奚、霫等数十部。[⑥] 次年，处罗可汗派人迎接萧后及杨政道至突厥，立杨政道为隋王，以继隋之正朔，并把东突厥境内的中原汉人交给杨政道管治，“有众万人，置百官，皆依隋制，居于定襄”[⑦]，试图利用隋氏后裔的影响力作为北方割据势力的共主，并以此来抵制唐势力的

---

① 《旧唐书》卷一九四《突厥传》，北京，中华书局，1975。

② 《北史》卷十二《隋本纪下》，北京，中华书局，1974；司马光：《资治通鉴》卷一八二大业十一年二月条，北京，中华书局，1956。

③ 《旧唐书》卷五四《窦建德传》，北京，中华书局，1975。

④ 《旧唐书》卷五四《窦建德传》，北京，中华书局，1975；《新唐书》卷二一五《突厥传》，北京，中华书局，1975。

⑤ （宋）司马光：《资治通鉴》卷一八八武德三年五月条，北京，中华书局，1956。

⑥ 《旧唐书》卷一九四《突厥传上》。而《新唐书》卷二一五《突厥传》云突利主契丹、靺鞨等部，与《旧唐书》不同。

⑦ （宋）司马光：《资治通鉴》卷一八八武德三年二月条，北京，中华书局，1974。

发展。

武德三年（620 年）六月，处罗可汗死，其弟颉利可汗继立。颉利为启民可汗第三子，他承父兄之资，兵马强盛，有凭陵中原之志，与唐开始走向全面的军事对抗。唐高祖以中原初定，不遑外略，对突厥每每优容之，采取和亲政策，另辅以经济上的笼络，但突厥还是依仗军事上的优势经常侵扰唐的边境。河东和关内道作为唐王朝的根本之地，牵一发而动全身，无疑是突厥进攻的重点。突厥主要是从河东道的雁门、太原以及关内道的原州等地南下。河北在突厥的军事战略中处于从属的地位，对河北的侵扰一方面在于河北富庶，富甲天下，可以获得大量的物资给养和人口；另一方面更在于从河北迂回，西进河东，从而对河东形成两面夹攻之势。

武德五年（622 年），颉利可汗分兵三路，大举攻唐，东路由幽州南下，其意图在于欲经井陉，西进河东。八月，进攻廉州（治今河北藁城），由廉州西出即可入井陉。九月，唐定州总管双士洛、骠骑将军魏道仁败突厥军队于恒山之阳，斩首数百级。此时定州总管府领定、恒、井、满、廉五州诸军事，主要职责就是守卫战略要地井陉。由于在井陉失利受阻，突厥西进合围河东的计划被粉碎。武德八年（625 年）六月，突厥又侵定州，七月侵相州。[①] 其进军路线是从河北道南下，再由相州转而向西进攻河东的潞、韩、沁等州。

突厥除了直接出兵外，还扶植支持其他割据势力，以牵制唐王朝。隋末唐初，河北义军主要有窦建德、刘黑闼、高开道等，他们都借助突厥以壮声势。窦建德与突厥交结的状况，前节已经有所介绍。下面主要介绍一下高开道和刘黑闼的情况。

高开道，沧州阳信人，隋末起兵，唐初占据北平（治卢龙，今河北卢龙）、渔阳（治无终，即蓟县）二郡，自称燕王。武德三年（620 年），通过幽州总管罗艺降唐，唐封以北平郡王，赐姓李氏，授蔚州总管。时幽州大饥，高开道许给之粟，罗艺遣老弱就食，高开道皆厚遇之。罗艺甚悦，不以为虞，乃发兵三千人、车数百乘、驴马千余匹，请粟于高开道。高开道悉留之，于是北连突厥，告绝于罗艺，复称燕王。在刘黑闼起兵后，高开道与之呼应，“北恃突厥之众”，引突厥频来为寇，恒、定、幽、易等州皆罹其患。[②] 高开道追随突厥，来往于河北和河东诸道，武德七年

① （宋）《资治通鉴》卷一九一武德八年七月条。胡三省注曰“相州”疑当作“恒州”，认为突厥兵不能至相州。而岑仲勉在《隋唐史》上册认为相州是朔州之误。吴玉贵则认为相州不误。

② 《旧唐书》卷五五《高开道传》，北京，中华书局，1975。

（624 年），被部将张金树所杀。

刘黑闼，贝州（治清河，今河北清河西）漳南人，隋末先后从李密、王世充，后归窦建德。窦建德失败被杀后，唐捕杀义军余党，武德四年（621 年）七月，刘黑闼设坛于漳南，自称大将军，起兵反唐。他遣使北连突厥，颉利可汗遣俟斤宋耶率胡骑从之。进陷相州，半年中悉复窦建德故地，定都于洺州（治今河北永年）。[①] 次年（622 年）正月，为秦王李世民所败，刘黑闼以千余人奔于突厥。六月，又引突厥万余骑入抄河北。六年（623 年），又引突厥攻定州。武德六年正月，刘黑闼被俘被杀。

武德三年（620 年）四月，唐消灭了刘武周政权。在刘武周败没后，突厥留兵太原，名义上助唐镇守，"自石岭以北，皆留兵戍之"[②]。石岭关在今山西阳曲县界内，成为唐与突厥的分界线。既云"自石岭以北"，自然今河北西北部也在突厥直接统辖范围之内。另外，突厥通过对河北农民军窦建德、高开道、刘黑闼等势力的扶植，势力范围南移，兵锋所及深入到河北长城以南的定州，乃至相州。这些地区虽然不是其直接控制区，但由于窦建德、刘黑闼等的臣属，突厥往往借道于此，在河北中南部影响日大。

（二）东突厥的灭亡及唐在河北之羁縻府州

武德六年（623 年），随着诸割据势力被次第消灭，唐王朝统治逐渐巩固，开始腾出手来对付突厥。而东突厥却在内忧外患中日益走下坡路，国内孕育着严重的危机。自颉利可汗即位以来，他与始毕可汗嫡子突利可汗、处罗可汗长子郁射设等汗位继承人，以及阿史那思摩等王室成员相互猜忌，矛盾重重。另外，突厥以北的薛延陀、回纥等部相继叛离，严重削弱了突厥的力量。颉利可汗又宠信委任西域诸胡，疏远突厥同族人，造成国内诸部携贰。加之频年大雪，六畜多死，发生严重饥荒，颉利用度不给，复重敛诸部，由是下不堪命，内外多叛之。贞观三年（629 年），太宗命李靖、李勣等数道出兵讨伐突厥，大军十余万，以李靖为统帅。次年三月，生擒颉利可汗，东突厥灭亡。颉利可汗被授以右卫大将军，贞观八年（634 年）死。东突厥的灭亡主要是其内部的分裂造成的，唐朝军队的征伐在此过程中并没有起到关键的作用。[③]

---

① 《旧唐书》卷五五《刘黑闼传》，北京，中华书局，1975。

② （宋）司马光：《资治通鉴》卷一八八武德三年六月条，北京，中华书局，1956。

③ 吴玉贵：《突厥汗国与隋唐关系史研究》，163～168 页，北京，中国社会科学出版社，2007。

东突厥瓦解后，以车鼻可汗为首的一支突厥人，先是依附薛延陀，后自立于金山，拒绝降唐。唐高宗永徽二年（651 年），唐俘虏车鼻可汗，至此原东突厥部众几乎都归附唐朝。在消灭车鼻可汗后，唐始置单于都护府，领狼山、云中、桑乾三都督、苏农等二十四州，以原突厥酋长为都督、刺史。其中与河北有关的为桑乾都督府，今河北张家口地区即在桑乾都督府辖内。

关于如何处置降附的十余万突厥部众，唐廷内部争论很大。大多数主张分散部众，散置于兖、豫等内地州郡，使习耕织，从而变为唐朝编户。而中书令温彦博主张应仿照汉武帝置匈奴于五原塞之成例，对突厥部众全其部落，置于河南地，不革其俗，因而抚之，以为唐之捍蔽。太宗最后采纳了温彦博之策，自幽州至灵州置顺、祐、化、长四州都督府，又分颉利之地六州，左置定襄都督府，右置云中都督府，以统其部众。突厥首领入朝者皆拜为将军、中郎将等官，布列朝廷，五品以上百余人，入居长安者数千家。

为了管理内附的突厥部众，唐王朝设立了许多羁縻府州，其中设立在河北道有二州：顺州、瑞州，均属营州都督府。

顺州（顺义郡），贞观四年（630 年）置。突厥突利可汗降唐后，赐爵北平郡王，拜顺州都督，食邑七百户，“令率其下就部”[①]。贞观六年（632 年），顺州侨治营州南之五柳戍。又分思农部置燕然县，侨治阳曲；分思结部置怀化县，侨治秀容，隶顺州。后皆省。万岁通天中，契丹李尽忠叛乱，攻陷营州，顺州改隶幽州都督府，侨治幽州城中。天宝元年（742 年），改为顺义郡，乾元元年（758 年），复为顺州。岁贡麝香。旧领县一，户八十一，口二百一十九。天宝，户一千六十四，口五千一百五十七。辖县一：宾义，在幽州城内。

瑞州，本威州，在营州之境，贞观十年（636 年）以突厥乌突汗达干部落置。咸亨中更名瑞州。万岁通天二年（697 年），由于契丹叛乱，迁于宋州之境，神龙初北还，改隶幽州都督府。旧领县一，户六十五，口三百六十五。天宝，户一百九十五，口六百二十四。辖县一：来远。旧县在营州界，州陷契丹，移治于良乡之广阳城（今北京房山区良乡镇）。[②]

需要指出的是，《旧唐书·地理志》各州列有“旧领县”和“旧领

---

① 《新唐书》卷二一五《突厥传上》，北京，中华书局，1975。

② 《新唐书》卷四三下《地理志七》，北京，中华书局，1975；《旧唐书》卷三九《地理志二》，北京，中华书局，1975。

户”，岑仲勉先生认为“旧领”为贞观十三年（639年）。① 唐长孺先生亦持此论，认为旧唐志十道旧领户口数系根据贞观十三年大簿而来。② 据此，贞观十三年时，河北境内突厥羁縻州部众共有146户，584口。而到了唐玄宗天宝年间（742—755年）迅速增长到1259户，5781口。短短二十多年间户数增长了7.6倍，口数增加了8.9倍，反映出在河北境内突厥内附人口繁衍增殖是很迅速的。

（三）突厥复国及在河北的活动

唐高宗时，东突厥开始复国运动。调露元年（679年）十月，单于大都护府管内突厥首领阿史德温傅、奉职二部落始相率反叛，立泥孰匐为可汗，二十四州并叛应之。突厥数十万南进，大败唐军，兵锋直指定州，定州刺史霍王元轨情急之下，命大开城门，放倒旗帜，突厥不知虚实，疑有伏兵，连夜退走。唐遣左金吾卫将军曹怀舜屯井陉，以备突厥。③ 该年十一月，唐以裴行俭为定襄道行军大总管，统兵三十万以讨突厥。

调露年间突厥侵犯河北的史实，在碑铭中也有体现。欧阳修《集古录》收录有一方《恒岳岭路铭》。南宋赵明诚《金石录》和陈思《宝刻丛编》对此碑铭亦有收录，为突厥在河北活动的宝贵实物见证。此碑是调露二年（680年）二月，恒州长史为北击突厥的唐军刻立的引路铭。正书，无书撰人姓名，由深泽县处士张克镌刻。由于原碑已佚，赖后世地志得见片羽只鳞，其中提到恒州长史“披山刊木，构桥梁以通运路，路由北岳”。④ 北岳，即恒山，在河北曲阳县境内。唐军从恒州（治今河北正定）去定州之恒岳，应向北经曲阳、唐县赴倒马关。以此言之，此碑铭应在正定县以北的新乐、行唐或曲阳县境内。从当时交通和行政区划情况分析，在行唐县的可能性最大。⑤

永隆元年（680年），突厥又迎颉利从兄之子阿史那伏念于夏州，将渡河立为可汗，诸部落复响应从之。阿史那骨咄禄为颉利可汗之疏属，其祖父是云中都督舍利元英手下首领，世袭吐屯之位。在伏念被唐军击败

---

① 岑仲勉：《〈旧唐书·地理志〉“旧领县”之表解》，见《岑仲勉史学论文集》，563～588页，北京，中华书局，1990。

② 唐长孺：《魏晋南北朝隋唐史三论》，242页，武汉，武汉大学出版社，1992。

③ （宋）司马光：《资治通鉴》卷二〇二调露元年十月条，北京，中华书局，1956。

④ 《恒岳岭路铭》，转引自民国《井陉县志料·金石》第一四编。

⑤ 梁勇、杨俊科：《〈恒岳岭路铭〉地望辩误》，见梁勇、杨俊科：《石家庄史志论稿》，296页，石家庄，河北教育出版社，1988；《畿辅通志·金石志》和民国《井陉县志料》称在井陉县境内，梁勇先生文中已证其非。

后，骨咄禄纠集亡散，逃入总材山（今内蒙古鄂尔多斯境内），有众五千余人。又抄掠九姓，得羊马甚多，逐渐强盛起来，乃自立为可汗，史称后突厥汗国。建牙于乌德鞬山（今蒙古国杭爱山北），以其弟默啜为杀（即设），咄悉匐为叶护，以阿史德元珍为阿波达干，专统兵马。在后突厥汗国建立后，便遭遇到连年大旱，大漠南北，赤地千里，少有青草，以此羊马死者十之八九，突厥诸部靠掘野鼠、食草根，以维持生计。为了摆脱困境，突厥人大举南下，对包括河北北部的唐边境袭扰也随之加剧。弘道元年（683 年）二月，突厥侵定州，刺史霍王元轨击却之，复犯妫州（今河北怀来）、蔚州（今河北蔚县），丰州都督崔智辩击之，反为突厥所杀。垂拱三年（687 年），骨咄禄及元珍又犯昌平，诏左鹰扬卫大将军黑齿常之击却之。

天授二年（691 年），骨咄禄病卒，其弟默啜自立为可汗。默啜即位早期，深知难以与中原王朝抗衡，试图缓和与武周政权长期以来的紧张关系。万岁通天元年（696 年），契丹首领李尽忠、孙万荣反叛，攻陷营州，默啜请击契丹以自效。武则天授默啜为左卫大将军、归国公。默啜引兵攻讨契丹，会李尽忠死，默啜趁契丹后方空虚之际袭击松漠部落，契丹部众大溃，尽获孙万荣家口。诏册默啜为颉跌利施大单于、立功报国可汗。默啜又请为武则天之子，并为其女求婚。初，咸亨中，突厥诸部落降附唐者，大多被处以丰、胜、灵、夏、朔、代六州，谓之降户。默啜索要此六州降户及单于都护府之地，兼请赐以农器和种子。武则天起初不许，默啜怨怒之下，对唐使者司宾卿田归道出言不逊，拘囚将害之。时朝野上下惧怕默啜兵势，担心其大举入侵，故纳言姚琦、鸾台侍郎杨再思力主和亲，满足默啜的要求。武则天只好妥协，遂尽驱六州降户数千帐，并给谷种四万斛、杂彩五万段、农器三千事、铁四万斤。[①] 放归降户及赐予的大量物资，大大增强了突厥的力量，促进了突厥生产力的发展。默啜自此兵众渐盛。

同年，武则天令魏王武承嗣之子武延秀至突厥纳默啜女为妃，默啜大为不满，表示其女将嫁于李氏之子，而非武氏儿，并以拥立李氏为天子之名，率众十余万，袭击清夷军（今河北怀来）。寻即进犯妫、檀等州，武则天令司属卿武重规为天兵中道大总管，右武威卫将军沙吒忠义为天兵西道前军总管，幽州都督张仁亶为天兵东道总管，率军三十万击之。但突厥避开了唐军主力，圣历元年（698 年）八月，默啜出自恒岳道，进犯蔚

① 《旧唐书》卷一九四《突厥传》，北京，中华书局，1975；（宋）司马光：《资治通鉴》卷二〇六武则天神功元年三月条，北京，中华书局，1956。

州，攻陷飞狐（今涞源）。不久又陷定州，杀死刺史孙彦高及吏民数千人，焚烧庐舍，掳掠男女，无少长皆杀之。武则天大怒，宣布能斩默啜者，封王，并改默啜之名为斩啜。九月，突厥围赵州，长史唐波若降敌，刺史高叡被杀。默啜又继续南下进攻相州，一直推进到河北南部，河北骚动，京师洛阳也受到直接威胁。

为了振奋士气，断绝突厥之口实，武则天乃立庐陵王李显为太子，并担任河北道行军大元帅，以狄仁杰为副元帅，以讨突厥。时太子在长安，狄仁杰知元帅事，负责实际军务。大军未发而默啜闻讯，尽抄掠赵、定等州男女万余人，从五回道（今易县西）而去，所过残杀，不可胜纪。[①] 沙吒忠义及后军总管李多祚等皆握有重兵，与突厥相望，而不敢战。狄仁杰总兵十万追之，不及而还。

当时河北积年丰熟，人畜被野，突厥默啜此番进攻，深入至河北腹地，虏赵、定、恒、易等州财帛亿万，对河北造成了很大破坏。经此战乱，河北人心浮动，特别是被突厥胁迫者，在突厥退兵后，惧诛，往往亡匿。为稳定人心，同年十月，武则天改以狄仁杰为河北道安抚大使。狄仁杰下车伊始，抚慰百姓，得突厥所驱掠者，悉遣还本贯，并散粮粟以赈济贫乏，严禁部属士卒侵扰百姓，犯者必斩。河北遂安。[②]

唐代时河北当地也流传着一些关于突厥入侵的传说。张鷟（约660—740年）《朝野佥载》卷五记载，唐武则天大足年间（701年）默啜南侵，连克定州、赵州，准备继续南犯。但行至赵州的大石桥（即赵州桥），他的马突然跪地不敢向前，簌簌发抖。只见一条青龙盘卧在桥上，圆瞪双眼、不停地甩动龙尾，似乎马上就要扑过来吃掉他们。默啜见状吓得滚下马来扭头就跑，突厥兵也跟着向北逃去。张鷟为河北深州人，此书保留了许多关于唐代河北的珍贵史料。从史书来看，大足年间，默啜并无南犯，进攻定州、赵州之事。很可能是张鷟将圣历元年（698年）之事，误植于大足年间。

之后，默啜虽然屡请和亲，但仍不断地进犯边境。西起安西、北庭、

---

① 《旧唐书》卷一九四《突厥传》；《资治通鉴》卷二〇六圣历元年九月条。《旧唐书·突厥传》言抄掠赵、定等州男女八九万人，而《资治通鉴》言万余人。《新唐书》卷二一五《突厥传》言默啜取赵、定所掠男女八九万悉坑之，与诸书均不同。今从《资治通鉴》。关于五回道，《水经注》记载代郡广昌县东南有大岭，世谓之广昌岭。岭高四十余里，二十里中委折五回，方得达其上岭，故岭有五回之名。时属易州易县界，至开元二十三年，分易县置五回县于五回山下。

② （宋）司马光：《资治通鉴》卷二〇六圣历元年九月条，北京，中华书局，1956。

凉州、朔方，中部并州，东部幽蓟一带都是他们常常南下的路线。针对突厥的进攻，唐加强了河北的防御，逐渐改变了唐初以来河北边防薄弱的局面。唐垂拱二年（686 年），于妫州置清夷军，管兵一万人，马三百匹。此为防御突厥在河北置军之始。圣历二年（699 年）十二月，武则天于河北置武骑团以备突厥，每一百五十户，出兵十五人，马一匹。长安二年（702 年），突厥进犯盐、夏二州。三月，突厥破石岭，遂围并州。以雍州长史薛季昶摄右台大夫，充山东防御军大使，沧、瀛、幽、易、恒、定、妫、檀、平等州诸军皆受薛季昶节度。四月，以幽州刺史张仁愿专知幽、平、妫、檀诸州防御，仍与薛季昶相知，以拒突厥。①

唐玄宗即位后，继续加强北边防务。为了防御突厥，先天元年（712 年）八月于鄚州（今河北任丘）北置渤海军，恒（治今河北正定）、定州境置恒阳军，妫、蔚州境置怀柔军，屯兵五万。② 开元十四年（726 年）于定、恒、莫、易、沧五州置军以备突厥。定州置北平军，管兵六千人。恒州置恒阳军，管兵三千五百人。莫州置唐兴军，管兵六千人。易州置高阳军，管兵六千人。沧州置横海军，管兵六千人，各以本州刺史领军使。③ 这些军中有些是新置，有的则是废而复置，如恒阳军。

突厥默啜在位时，征服了契丹及奚，中国北方各族几乎又都处于突厥的控制之下。其地东西万余里，控弦四十万，自颉利之后最为强盛。史称："自则天世为中国患，朝廷旰食，倾天下之力不能克。"④ 默啜自恃兵威，不恤民力，虐用其众。晚年昏虐残暴，所辖诸部常常叛乱，开元四年（716 年）在北击突厥属部拔曳固（或作拔野古）时被杀。默啜死后，毗伽可汗继立，尽有默啜之众，遣使向唐求和，请尚公主，又恢复了与唐和好政策。但随着默啜的被杀，突厥也一蹶不振，再也无力对唐发动大规模进攻。

突厥对北方契丹、奚诸族极力搜刮，课以重税，致使诸部与突厥矛盾日深。天宝元年（742 年），拔悉密、回纥和葛逻禄三部举兵，杀突厥可汗，漠北分裂。唐玄宗天宝四载（745 年），回纥击杀突厥白眉可汗，突厥余众降奔唐朝，东突厥汗国从此在历史舞台上消失。

---

① （宋）司马光：《资治通鉴》卷二〇七长安二年三月条。《新唐书》卷二一五《突厥传》则言以瀛州都督张仁亶统诸州及清夷、障塞军之兵，与薛季昶掎角。

② （宋）司马光：《资治通鉴》卷二一〇先天元年八月条，北京，中华书局，1956。

③ （宋）司马光：《资治通鉴》卷二一三开元十四年四月，北京，中华书局，1956。

④ （宋）司马光：《资治通鉴》卷二一一开元四年十二月条，北京，中华书局，1956。

四、河北突厥的经济及社会风尚

突厥是一个游牧民族，随水草迁徙，以畜牧、射猎为务，被发左衽，穹庐毡帐，无文字，刻木为契，仍处于较低的社会发展阶段，在生活方式和经济生活上与其他北方游牧民族并无大的差别。在兴起之前，突厥世为柔然锻工，已经熟练掌握了冶铁和炼铁的工艺。铁主要用于制造刀、剑等武器以及斧、凿、铠甲等。突厥骑兵之所以纵横驰骋，无敌于天下，是与其精良的武器和铠甲分不开的。由于战争中掳掠了大量汉人，特别是随着南迁进入汉地，在汉文化的影响下，突厥在经济生活上也开始发生了一些变化，农业逐渐发展起来，如武则天神功元年（697 年），在默啜的要求下，唐朝“乃悉驱六州降户数千帐以与默啜，并给谷种四万斛，杂彩五万段，农器三千事，铁四万斤”。① 可能农业主要由掳掠的汉人来从事，但也不排除有些突厥人已经开始了比较粗放的农业生产。

突厥汗国建立了比较完备的政治组织和机构，在可汗之下，有叶护、设、特勤、俟利发、吐屯发等官，凡二十八等，皆世袭为之。敬鬼神，信巫觋，大抵与匈奴同俗。② 巫在突厥社会生活中地位很高，甚至行军作战都有巫的参与。以狼为图腾，狼在突厥人的生活中占据独特地位。例如旗纛之上，有狼头的图案，称为狼头纛。侍卫之士，谓之附离，译为汉语即狼的意思。突厥如北方许多游牧民族一样，有敬日的习俗，牙帐向东开，以示太阳由此升起。除了太阳外，还崇奉天、地、山川、河流、星辰等自然神。后在汉地影响下，佛教传入，佛教开始在突厥中传播，毗伽可汗时欲筑城，并立寺观。③ 就是佛教在突厥中传播的反映。

突厥人死后，停尸帐中，子孙及诸亲属，在帐前宰杀羊马，陈列于尸前，祭之。他们骑着马绕帐七圈，一进帐门，以刀剺面，号啕大哭，血泪俱流，如此反复七次。将死者所乘马及曾使用之物，与尸体一起烧掉，将骨灰收起来，待时而葬。一般来说，春夏死者，草木黄落时再葬；秋冬死者，花叶荣茂时再葬。葬时，挖土坑而埋之，亲属设祭，仪式中也有骑马环绕、剺面等内容，和死者初死时类似。葬讫，于墓所堆立石头，竖立木杆作为标记。堆放石头之多少，依据平生所杀人数。杀一人，则立一石；杀二人，则立两块石头，以此类推。祭祀所用的羊、马头颅，悬挂于木杆

① （宋）司马光：《资治通鉴》卷二〇六则天后神功元年三月条，北京，中华书局，1956。
② 《隋书》卷八四《突厥传》，北京，中华书局，1982。
③ （宋）司马光：《资治通鉴》卷二一一开元四年十月条，北京，中华书局，1956。

之上。送葬的男女老少都穿著盛装。[1] 墓室中往往绘有壁画，图绘死者形仪及其生时所经战阵之状。贞观二年（628 年），太宗提到突厥“俗死则焚，今葬皆起墓”。[2] 似乎在中原内地的影响下，唐初突厥人已经改变原来的火葬而使用了土葬之法。

第二节　粟　特

粟特人，在中国史籍中又称为“昭武九姓”、“九姓胡”、“杂种胡”、“粟特胡”等，从人种上来说，属于操东部中古伊朗语的中亚古族。所谓“九姓”，指安、曹、石、米、何、火寻、戊地、史等诸国，他们始居祁连山北的昭武城，后为匈奴所破，被迫西迁。[3] 粟特人是一个著名的商业民族，陆上丝绸之路的贸易几乎被粟特人垄断。他们长期活跃在丝绸之路上，足迹遍及西亚、中亚、天山南北、河西走廊直至长安、洛阳和江南等地，在农耕文明和游牧文明之间、东方文明与西方文明之间搭起了一座桥梁。在北方民族所建立的许多政权中，都有粟特人活动的身影。隋唐时期，粟特人东迁达到了高潮。他们入华后，逐渐形成了许多民族聚落。主要集中在三个地区：新疆塔里木盆地周边地区、内蒙古河曲六胡州地区和河北地区。[4] 这些粟特人多以国为姓，即以康、史、何、曹、石、米、安等汉化姓氏出现。晚唐时，由于沙陀的崛起，成为北方的统治民族，中国内地的粟特人逐渐融入沙陀中。沙陀三部落，其中有两部的主体都是粟特人。例如，五代时后晋的建立者石敬瑭，史籍记载为沙陀，但从族源上看实际

图 4－1　鎏金鹿纹菱花纹银盘

（1984 年河北宽城出土，为唐代典型的粟特器皿。现藏于河北省博物馆）

① 《周书》卷五〇《突厥传》，北京，中华书局，1971。

② 《新唐书》卷二一五《突厥传上》，北京，中华书局，1975。

③ 《新唐书》卷二二一《西域传·康国传》。本云为突厥所破，陈寅恪云突厥应为匈奴之讹。今从之。

④ 陈海涛、刘惠琴：《来自文明十字路口的民族——唐代入华粟特人研究》，77 页，北京，商务印书馆，2006。

上是粟特人。

近些年来，粟特遗迹、文物在全国各地多有发现，特别是山西太原虞弘墓和陕西西安安伽墓、史君墓等的发掘，更是在学界掀起了一股粟特研究的热潮。河北是粟特人主要聚居地之一，粟特人开始进入河北是在北朝，隋唐时期开始大量迁入。唐前期主要分布在河北北部和东北部，安史之乱后，粟特人在河北蔓延开来，分布格局为之一变，中南部也开始出现大量粟特人。他们在政治舞台上十分活跃，能量巨大，魏博、成德镇的一些节度使和许多军将即出身粟特。

一、东魏北齐时期河北的粟特人

魏晋时期，粟特人即已进入中国北方地区。按照唐长孺先生的观点，晋人所称的“羯胡”就是“杂胡”，其中就有粟特人。① 北魏时，都城洛阳是包括粟特人在内的西北少数民族聚居之地。北魏解体后，东魏迁都于邺，邺城取代洛阳成为北方政治中心。这些粟特人也随之迁徙到邺。以东魏迁都为契机，粟特人开始大量迁入河北。当时以邺为中心的河北南部尤是粟特人比较集中之地。史书中提到的曹妙达、安未弱、安马驹、史丑多、胡小儿等人来自西域，鼻子高，眼窝深，具有典型的粟特人特征。他们能歌善舞，很受北齐后主高纬宠幸，乃至封王开府，煊赫一时。②

墓志中也能发现一些粟特人在河北活动的痕迹。邺城出土的《康哲墓志》称，康哲其先为敦煌郡人，由于东魏和北齐时在邺城做官，而定居于邺。其曾祖，由于墓志磨泐，名字难以识读，在北齐官至金紫光禄大夫。祖父君政，父积善，都为白身未仕。③ 康婆，本为康国王后裔。高祖康罗，在北魏孝文帝时举国内附，朝于洛阳，因而定居于此，故为洛阳人。祖父陁，任北齐相府常侍。④

总的来看，东魏北齐时粟特人虽然迁入了河北，但数量和规模仍是比较小的，大规模出现还是在隋唐时期。

---

① 唐长孺：《魏晋杂胡考》，见《魏晋南北朝史论丛》，北京，生活·读书·新知三联书店，1955。

② 《隋书》卷一四《音乐志》，北京，中华书局，1982；《北史》卷九二《恩幸传》，北京，中华书局，1974。

③ 周绍良、赵超主编：《唐代墓志汇编》，1052页，神龙016《大唐故处士康君墓志铭》，上海，上海古籍出版社，1992。

④ 吴钢主编：《全唐文补遗》第6辑《大唐故洛阳康大农（婆）墓铭》，240页，西安，三秦出版社，1999。

二、唐前期河北的粟特人及其分布

隋唐之际，东北亚的霸主是突厥，就是唐高祖李渊太原起兵时也不得不称臣于突厥，以壮声势。贞观四年（630 年），唐太宗利用突厥天灾，内外交困之机，出兵消灭了东突厥，颉利可汗也被擒。高宗武则天时期，东突厥又开始复兴，建立了后突厥汗国，其地东西万余里，势力远及中亚。由于突厥长期控制中亚粟特地区，大量的粟特人进入到突厥部落中。他们具有较高的地位，经营与中原的商业贸易，而且以部落的形式存在，有学者称之为“突厥化粟特人”。[①] 与突厥的兴衰相联系，粟特也向河北迁徙。陈寅恪先生在解释河北为何有大量的粟特人时，认为粟特人远自西北万里之外迁到河北，似有三因：“其远因为隋季之丧乱，其中因为东突厥之败亡，其近因或主因为东突厥之复兴。”从时间上看，唐前期粟特人入居河北主要是在武则天及唐玄宗开元时期。[②]

粟特人在北朝隋唐间到达河北，主要沿着两条路线：一是从灵州经并州、代州、蔚州而到达幽州，甚至远赴营州。二是从洛阳，经卫、相、魏、邢、恒、定，而到达幽州，由幽州东北行，而至营州。[③] 在这两条线路中，目的地都指向了幽州（治今北京）和营州（辽宁朝阳）。幽州和营州是唐前期河北道粟特人分布的两个主要中心。特别是营州地位尤为重要，有的学者称之为距离粟特本土最远的一个粟特聚落。[④] 安禄山、史思明、李怀仙等唐代著名粟特将领，都源自营州。[⑤] 安史之乱后，随着唐王朝东北防御收缩，营州在东北地区的战略地位削弱，其地位被平州所取代。营州粟特人在唐后期几乎不再见于记载。

唐前期，今河北境内粟特人主要分布于魏、邢、恒、定、易、平、瀛、沧等州，这些州都有数量不等的粟特移民或其后裔。其中，有些地方可能还有粟特人相对集中的聚落。

---

① ［日］森部丰：《唐后期至五代的粟特武人》，见荣新江主编：《粟特人在中国——历史、考古、语言的新探索》，227 页，北京，中华书局，2005。

② 陈寅恪：《唐代政治史述论稿》，44、45 页，上海，上海古籍出版社，1997。

③ 荣新江：《北朝隋唐粟特人之迁徙及其聚落》，见《中古中国与外来文明》，99 页，北京，生活·读书·新知三联书店，2001。

④ 荣新江：《北朝隋唐粟特人之迁徙及其聚落》，见《中古中国与外来文明》，106 页，北京，生活·读书·新知三联书店，2001。

⑤ 据两《唐书》本传，李怀仙为“柳城胡”，荣新江倾向于李怀仙为粟特人，见氏著《北朝隋唐粟特人之迁徙及其聚落》，见《中古中国与外来文明》，106 页，北京，生活·读书·新知三联书店，2001。

平州。平州（治今河北卢龙）属于唐北部边州，唐前期也有粟特人。例如康续，据其墓志云为河南人。曾祖康德，于北齐任凉州都督；祖康暹，于北齐任京畿府大都督；父康老，在唐任左屯卫翊卫。康续官至平州平夷戍主，以仪凤二年（677 年）十二月卒于平夷之官舍，享年 55 岁。以调露元年（679 年）十月归葬于洛阳城北。[①] 康续家族，自中亚迁入内地很早，至晚在北齐时已经入居凉州一带，后东迁邺城，到康续时，由于仕宦的原因，迁居平州，并卒于任上。

恒州。武周如意元年（692 年）立于恒州（治今河北正定）城内开元寺的三门楼石柱上，就集中记录了一组相互婚姻的安、曹、史、何、米、罗、石、康、毕的粟特人。表明他们是在相对集中的地方居住的。[②] 恒州获鹿县本愿寺一石经幢，幢上有僧人庆善等人造幢题名，其中提到“应天神龙皇帝”、“顺天翊圣皇后”等字样，应是刻立于唐中宗景龙年间（707—710 年）。在众多题名中除了绝大部分为汉姓外，也有史、安、石、毕、罗、翟等姓的粟特人。另外，该寺金刚经碑，立于开元七年（719 年），题名中也有石、毕等粟特姓。[③]

定州。张鷟《朝野佥载》卷三记载，定州富商何名远，“主官中三驿。每于驿边起店停商，专以袭胡为业，赀财巨万”。粟特人向以经商驰名，此富商何名远当为粟特人，被袭的胡商也应有不少粟特人。按，张鷟，此书主要记载了唐高宗、武后和中宗、睿宗时期的朝野见闻。何名远的材料无疑反映的是唐前期河北的史实。

前面提到的康婆墓志对此反映的更为清楚。康婆，博陵人，本康国王之后裔。高祖康罗，在北魏孝文帝时，朝于洛阳，并定居于此，故为洛阳人。祖康陁，在北齐任相府常侍；父康和，隋定州萨宝，又迁奉御。康婆本人唐贞观二十一年（647 年）死于洛阳之私第，享年 75 岁，迁葬于北邙山之南原。[④] 博陵郡，即定州。康婆祖上自中亚在北魏孝文帝时进入中

① 吴钢主编：《全唐文补遗》第 3 辑 448 页，《大唐故平□□□戍主康君（续）墓志铭》，西安，三秦出版社，1996。

② ［日］森部丰：《唐代河北地域におけるソグド系住民——开元寺三门楼石柱题名及び房山石经题记を中心に》，《史境》第 45 号，2002 年，23～27 页，转见荣新江：《安史之乱后粟特胡人的动向》，载《暨南史学》第 2 辑，111 页。据河北省正定县地方志编纂委员会编《正定县志》记载，三门楼早年倾圮，仅留断柱石八十余块，于 1980 年移隆兴寺内。

③ 沈涛：《常山贞石志》卷七，南京，江苏古籍出版社，1998；又见于陆增祥：《八琼室金石补正》卷四六，北京，文物出版社，1985。录文以《八琼室金石补正》为佳。

④ 吴钢主编：《全唐文补遗》第 6 辑 240 页，《大唐故洛阳康大农（婆）墓铭》，西安，三秦出版社，1999。

原，并定居于洛阳。但至晚其父康和时期已经迁居定州，并担任定州萨宝，成为当地粟特聚落的宗教首领。康婆云为博陵人即因此。

易州。康固，字义感，曾在西州（今新疆吐鲁番）任官，后官至易州遂城县令，开元八年（720年）十月卒于魏州馆陶县之别业。①

沧州、瀛州（治今河北河间）。有史待宾，河间鄚人，“粤自济北，迁于燕垂”。父史威，沧州长芦县丞。史待宾少好礼经，长闲吏道，解褐授眉州清神县丞，后任魏州魏县丞。开元十八年（730年）葬于洛阳县平阴乡邙山之原。②

除了河北中北部外，河北南部也是粟特人比较集中的地区。唐前期河北南部的粟特人多是经由在北魏、东魏北齐时经由洛阳、邺城等辗转北上的。他们在内地迭经数世，在迁入河北时往往汉化已深。《朝野佥载》卷五记载了这样一则故事：广平郡宋察先世为胡人，娶同郡游昌之女为妻，生一子，深目高鼻。宋察怀疑这个儿子不是自己亲生，打算弄死他。就在这时，恰巧家中一匹赤草马产下了一白驹，宋察顿然醒悟，其家先有白马，种绝已经二十五年了，今又复生。他的曾祖父就是胡人貌相，这个孩子长的如此，是返祖现象。遂养之。以至当时有“白马活胡儿”的说法。广平即唐之洺州（治今河北永年东南），宋察入中原已经三代，甚至潜意识里忘记了自己本为胡人，而自视为汉人了。

唐末魏博节度使何弘敬墓志，记载其六代祖令思，以中郎将统飞骑，破薛延陀于石堡城，后因与将军乔叔望、执失思力争功，受乔叔望所诬陷，于是不得已“并部曲八百人迁于魏相贝三州……繇是公家于魏”。③乔叔望、执失思力都是唐初贞观时人。似乎唐初贞观时期即有八百粟特人迁居于河北南部。但一些学者对此材料，持有怀疑，例如荣新江和森部丰都指出，此时何弘敬祖即已迁到河北是不可能的，也和何进滔“客寄于魏”④ 的说法矛盾，认为这是何氏后人为了要强调何氏在河北根基深远而编造出来的说法。⑤ 虽然这则材料真实性或可商榷，但唐前期粟特人在河

---

① 荣新江、张志清主编：《从撒马尔干到长安——粟特人在中国的文化遗迹》，141页，北京，北京图书馆出版社，2004。

② 吴钢主编：《全唐文补遗》第2辑481页，《唐故朝散大夫上柱国颍州汝阴县令史公（待宾）墓志铭》，西安，三秦出版社，1995。

③ 吴钢主编：《全唐文补遗》第5辑39页，《唐故魏博节度开府仪同三司检校太尉兼中书令魏州大都督府长史充魏博观察处置等使上柱国楚国公食邑三千户食实封一百户赠太师庐江何公（弘敬）墓志》，西安，三秦出版社，1998。

④ 《旧唐书》卷一八一《何进滔传》，北京，中华书局，1975。

⑤ 荣新江：《安史之乱后粟特胡人的动向》，载《暨南史学》第2辑，113页，2003。

北南部活动的记载仍不鲜见。

"夫人史氏，鄴人。祖诃，隋陈州刺史。夫人咸亨五年（674 年）正月卒于嘉善里，以其年二月葬于邙山之阳。"①

史行简，字居敬，魏州冠氏县凤栖乡大同里人。"博晓□籍，尤精草隶。弱冠举孝廉，解褐授文林郎，迁汴州尉氏县主簿。"显庆五年（660 年）四月卒于官第，春秋三十六，迁窆于河南县平乐乡北邙之山。② 上揭材料中的史待宾也曾任魏州魏县丞。

从这些墓志来看，这些粟特人在河北不少已经历经数世，娶妻生子，置宅买田，生息繁衍，河北成为他们的第二故乡。他们的姓名大多已经汉化，有的人还有了字号。③ 只有姓氏还保留有粟特人的一些痕迹。虽然是小聚集，但从大的范围来讲，是与其他民族，特别是汉族杂居的。他们一起参与佛教活动，并且与汉族通婚。例如，上揭恒州获鹿县本愿寺经幢题记中有经主李义□母石、单礼妻石等④。李、单都是中原汉姓。显然这些粟特人已经逐渐融入了当地社会中，而逐渐走向了汉化。一些人还于州县任职。例如，恒州获鹿县本愿寺石幢，在第三面尊胜经下题名有"前任恒州鹿泉县丞□安大□□□□□□□□州□吾县丞□安□□□"⑤。

隋和唐前期，天下一统，这些为人们在各地的迁徙往来创造了条件。正是在这个背景之下，粟特人由于仕宦、经商、就亲等原因在河北及全国各地间辗转流动，粟特人及其聚落的分布更为广泛。一些粟特人在河北某地长期定居了下来，例如，康远，武周长寿三年（694 年）卒于云阳，其子康固，官至易州遂城县令，开元八年（720 年）十月卒于魏州馆陶县之别业。⑥ 还有一些人后来由于各种原因又迁离了河北。前揭材料中的康哲、史行简和夫人史氏都是如此。康固和妻子在去世后在开元九年（721 年）都归葬于邙山平乐乡，并没有葬在河北。⑦

---

① 吴钢主编：《全唐文补遗》第 5 辑 171 页，《唐故夫人史氏墓志铭》，西安，三秦出版社，1998。

② 吴钢主编：《全唐文补遗》第 5 辑 124 页，《大唐故汴州尉氏县主簿史君（行简）墓志》，西安，三秦出版社，1998。

③ 例如，据《全唐文补遗》第 8 辑《大唐故正议大夫易州遂城县令上柱国康公墓志铭》云墓主康固，字义感。《唐代墓志汇编》神龙 016《大唐故处士康君墓志铭》则云康哲，字慧哲。

④ 沈涛：《常山贞石志》卷七，南京，江苏古籍出版社，1998。

⑤ 沈涛：《常山贞石记》卷七，南京，江苏古籍出版社，1998。

⑥ 荣新江、张志清主编：《从撒马尔干到长安——粟特人在中国的文化遗迹》，141 页，北京，北京图书馆出版社，2004。

⑦ 吴钢主编：《全唐文补遗》第 8 辑 359 页，《大唐故正议大夫易州遂城县令上柱国康公墓志铭》，西安，三秦出版社，2005。

三、唐后期河北粟特人的分布

安禄山，为营州杂胡，本姓康，实为粟特人。他极得唐玄宗之宠信，天宝元年（742 年），为平卢节度使，三年（744 年），又兼范阳节度使。天宝九年（750 年），赐爵东平郡王，唐将帅封王自此始。[①] 同年八月，兼有河北采访使。事实上，整个河北都在他的控制之下。河北地区存在的大量粟特人为他所裹胁利用。在所纠合的股肱将帅中，至少史思明、安守忠、何千年为粟特人

天宝十四载（755 年）十一月，安禄山以所部兵及同罗、奚、契丹、室韦凡十五万众，号称二十万，反于范阳。在安禄山死后，其部将粟特人史思明又起兵反唐。这就是著名的“安史之乱”。安史叛军中有相当多的粟特人。

安史之乱中，叛军南下，“自燕以下十七州，皆东北蕃降胡散诸处幽州、营州界内，以州名羁縻之，无所役属。安禄山之乱，一切驱之为寇，遂扰中原。至德之后，入据河朔，其部落之名无存者”[②]。原来集中于幽营地区的粟特人在安史之乱后分散到了河北各地，河北粟特人不仅数量激增，而且分布格局为之一变。另外一个变化就是粟特人政治势力的增强，地位的崛升。唐后期全国其他地区粟特人多依附于回鹘，《新唐书·回鹘传》载：“始回纥至中国，常参以九姓胡，往往留京师，至千人，居赀殖产甚厚。”而河北由于陷于割据状态，当地的粟特人基本走上了一个独立发展的道路。在河北藩镇统治下，许多原本在关内、河东等地的粟特人纷纷迁到河北，在这里建立新的家园，有些得到新的发展，甚至升至节度使，例如魏博镇的史宪诚、何进滔等，对当时的政局和地方政治产生了重要的影响。“这和唐朝直辖地区的粟特人纷纷改变自己姓氏、郡望的情形，形成了鲜明的对照。”[③]

安史之乱后，河北地区形成了魏博、成德、幽州为代表的河北三镇，形成了藩镇割据的局面。以下我们对诸镇的粟特人的分布试加探讨。

（一）幽州镇

幽州镇，治于幽州（今北京），长期辖有幽、蓟、涿、檀、妫、营、平、瀛、莫九州之地。其中在今河北境内的有涿、檀、妫、平、瀛、莫

① （宋）司马光：《资治通鉴》卷二一六天宝九载五月条，北京，中华书局，1956。
② 《旧唐书》卷三九《地理志二》，北京，中华书局，1975。
③ 荣新江：《安史之乱后粟特胡人的动向》，载《暨南史学》第 2 辑，115 页，2003。

等州。

荣新江和森部丰对幽州镇粟特人已经有所研究。森部丰利用房山石经题记统计幽州镇中粟特系武人二十三人，包括史、曹、石、安、翟等姓，但以史姓为多。[①] 但由于房山石经主要反映的是以涿州为中心的情况，其他诸州的粟特人仍待考察。

从各种迹象来看，粟特人分布于诸州。《李卫公集》卷二《幽州纪圣功碑铭》提到幽州节度使张仲武命裨将石公绪等告谕两部。此石公绪即为粟特人。康默记，本名照。少为蓟州衙校，唐末阿保机攻蓟州，将其俘获，爱其材，隶于麾下。[②]

唐后期幽州镇与安史之乱前粟特人分布的最大一个变化是，营州粟特人的衰落以及瀛州粟特聚落的兴起。瀛州位于幽州镇南部，唐代宗大历年间（766—780年）从魏博镇所夺，为幽州巡属大州。[③] 唐后期瀛州乐寿县有粟特人，且形成了一个聚落。据宋人王瓘《北道刊误志》记载："瀛州乐寿县亦有祆神庙，唐长庆三年置，本号天神。"这说明当地信奉祆教的粟特民众不断增加，以至有创立祆神庙的必要。

（二）成德镇

成德镇治于恒州（后改名镇州，今河北正定），辖境前后变化甚大，比较固定的辖有恒、冀、深、赵四州之地。成德镇由安史叛将李宝臣建立，从第一任节度使李宝臣到最后一任王镕，一百六十年的历史中，相继由李宝臣李氏家族（奚族）、王武俊王氏家族（契丹族）和王廷凑王氏家族（回纥族）三个少数民族家族所统治。浓重的少数民族色彩，也是成德镇不同于其他二镇的一个重要特点。这或许能解释为什么在成德镇中分布有如此之多的粟特人，而且粟特人在当地的政治生活中具有举足轻重的能量。

唐永泰二年（766年）立于恒州的《成德节度使李宝臣碑》碑阴题名中，有孔目官安都滔、节度押衙左厢步军都使同节度副使康日知、节度押衙康如珍、左厢□□□将安忠实、右厢马军□何□、左厢步军十将何山泉、衙前将康日琮、曹敏之、史招福等，很可能都是当地的粟特将领。其中的康日知，后为赵州刺史，在"建中之乱"中降唐，官至深赵都团练

---

① 《粟特系突厥的东迁与河北三镇的动静》，日本《关西大学东西学术研究所纪要》，第41辑（2008年4月1日）及《唐代河北地域におけるソグド系住民——开元寺三门楼石柱题名及び房山石经题记を中心に》，《史境》第45号，2002年，28～32页。

② 《辽史》卷七四《康默记传》，北京，中华书局，1974。

③ （宋）司马光：《资治通鉴》卷二三四贞元八年十一月条，北京，中华书局，1956。

使和晋慈等州节度使。

在河北藩镇的粟特人有的是在安史之乱前即已定居河朔，有的为随安史叛军南下而进入的，特别是成德、魏博诸镇的许多粟特武人大多是在这一时期进入的。例如石神福，金谷郡人，父何罗烛，试云麾将军蔚州衙前大总管。石神福，“生于雄武，长在蔚州，□岁从师，弱冠好武……遇安史作乱，漂泊至恒阳”。后迁授大将，为征马事，兼令勾当右厢草马使事。元和八年（813 年）正月死，享年55 岁，二月葬于石邑县东北。[①] 其墓志在石家庄桥东区休门村出土，现保存于石家庄市文物保管所。

还比如曹闰国，据《曹闰国墓志》记载，墓主曹闰国，含州河曲人，即出自六胡州的粟特胡人。[②] “公行旅边蓟，幼闲戎律，于天宝载，遇禄山作孽，思明袭祸，公陷从其中，厄于锋刃，拔擢高用，为（伪）署公云麾将军、守左金吾卫大将军，俛仰随代。”安史乱平，曹闰国降唐，“公归顺本朝，不削官品，改授公试光禄卿，发留河北成德节下，效其忠尅，守镇恒岳”。大历十年（775 年）春，魏博节度使田承嗣叛乱，“倾覆河朔”，曹闰国为成德马军都虞候，参与平叛。其年六月阵亡于冀方城，享年47 岁，八月葬于灵寿城西南灵化川界。[③] 墓志中对墓主多有回护讳饰之词，但我们也不难看到他曾参与了安史叛军，追随叛军南下，在安史之乱结束后，任职于成德，而没有再返回幽蓟地区。

石神福和曹闰国的例子是当时十余万幽蓟将士命运的一个缩影。“幽州之人，自安、史之反，从而南者无一人得还，今其遗人痛入骨髓。”[④] 也就是说，除了阵亡者外，幸存者大部分就地归属于魏博和成德等镇。

有的则是安史之乱后迁居河北的。孙继民先生收藏有一方唐墓志拓片，墓主安元晖，家本陇西古州人，“因官河朔”，官至镇国大将军、左金吾卫大将军、殿中监，元和十二年（817 年）七月卒于恒府郭下县西恒安坊私第。[⑤] 从安元晖享年七十推算，其生于公元 748 年，即天宝七载。安史之乱结束时，他才 16 岁，由于他是由于仕宦原因迁居河北的，则他

---

① 周绍良、赵超主编：《唐代墓志汇编》，1991 页，元和 061《大唐故成德军节度下左金吾卫大将军试殿中监石府君墓志铭》，上海，上海古籍出版社，1992。

② 高宗调露元年（679 年），单于都护府突厥首领阿史德温傅、奉职二部落相率反叛，唐廷在灵州南境设置鲁、丽、含、塞、依、契六胡州，专门安置还留在这里的粟特人。

③ 周绍良、赵超主编：《唐代墓志汇编》，1787 ~ 1788 页，大历 043《唐故试光禄卿曹府君墓志并序》，上海，上海古籍出版社，1992。

④ （宋）司马光：《资治通鉴》卷二二七德宗建中三年二月条，北京，中华书局，1956。

⑤ 参见孙继民主编：《河北新发现石刻题记与隋唐史研究·附录》，298 页，石家庄，河北人民出版社，2007。

迁入河北必在安史之乱结束后。

安史之乱后，成德镇境内亦存在粟特人聚落。宋人陈思《宝刻丛编》卷六《唐鹿泉胡神祠文》云："唐来复撰，并书，宝历二年四月立，在获鹿。"此"胡神"，为粟特人传统信仰的祆教之神。

（三）魏博镇

魏博镇，治魏州（今河北大名东北），长期辖有魏、博、相、卫、贝、澶等州，主要包括今河北南部、河南北部和山东西部一带。河北南部自东魏北齐以来就是粟特人比较集中的地区。安史之乱中，大量的粟特军人由幽蓟南下，并定居于当地，也是魏博镇粟特人的一大来源。大历中，魏博节度使田承嗣企图兼并磁、相等州，"讽其大将割耳剺面，请承嗣为帅"[①]。"割耳剺面"长期流行于北胡和西胡各族之间。[②] 粟特人中也盛行此俗。

唐开成五年（840 年）所立，现藏河北省大名县石刻馆的《何进滔德政碑》，其碑侧题记中有散兵马使兼将何惠幹、何□弁、何国宁、何忠谊，殿中侍御史何重荣，兼监察御史石今修，节度押衙何□□、何重洁、何重迺，检校太子宾客何义升，十将何重俨、安庭建、米惟□、曹孝□、安□，厢虞候兼将石□、安君。[③] 这些何姓、米姓、曹姓、安姓诸将都为粟特人。

值得注意的是，魏博节度使史宪诚、何进滔等人都属于粟特人。[④] 粟特人在魏博之所以能跃居地方最高统治者，说明他们的统治基础是相当深厚的。有的学者就认为，魏博镇军队内部可能存在一个粟特人集团。[⑤]

（四）义武镇

义武镇，又称易定镇，治定州，领易、定二州。原为成德巡属，唐德宗建中三年（782 年）五月独立设镇，军号义武，故又称义武镇。设镇之始一度还曾辖有沧州，不久沧州独立设镇。它虽然也为河朔型藩镇，但割

---

① 《旧唐书》卷一四一《田承嗣传》，北京，中华书局，1975。

② 蔡鸿生：《唐代九姓胡与突厥文化》，24 页，北京，中华书局，2001。

③ 孙继民：《唐何进滔德政碑侧部分题名释录》，见《唐史论丛》第 9 辑，西安，三秦出版社，2007。

④ 《新唐书》卷二一〇《史宪诚传》云，"本先奚也，内徙灵武建康人"。但森部丰和荣新江都认为史宪诚为粟特人后裔。参见荣氏：《北朝隋唐粟特人之迁徙及其聚落》，见《中古中国与外来文明》，90 页，北京，三联书店，2001；[日] 森部丰：《唐后期至五代的粟特武人》，见《粟特人在中国——历史、考古、语言的新探索》，229 页，北京，中华书局，2005。

⑤ 森部丰：《略论唐代灵州和河北藩镇》，见《汉唐长安与黄土高原》，258 ~ 265 页，西安，陕西师范大学出版社，1998。

据性较以上三镇弱得多。

安史之乱前，定州即有粟特人。除了定州外，唐后期易州也分布有粟特人。

石默啜，字默啜，“得封氏于娲皇之时，振芳猷于晋赵之代”，官至易州高阳军马军都知兵马使。元和十二年（817 年）春卒于本镇易县南坊之别业，享年 73。夫人康氏，子曰少琳、少清。同年八月窆于易州西北燕山之阳。①

曹弘立，字弘立。曾祖曹治，易州□将；祖曹玉，□州衙前兵马使、银青光禄大夫、检校太子宾客。亡父曹长，易州衙前将、试太仆卿。曹弘立以开成中旅于边塞，而访友人，后迁授□州押衙兼靖边将，以咸通五年（864 年）四月一日，卒于赵州元氏县□劳坊之私第。② 曹弘立自曾祖以来一直在易州军中任职，直至曹弘立开成年间才离开易州。

（五）横海镇

沧州，原属义武镇，兴元元年（784 年）沧州刺史程日华脱离义武，请自为一军，唐德宗即授以沧州刺史、横海军副大使、知节度事。贞元二年（786 年）四月正式以程日华为节度使，沧州始别为节镇。横海镇辖境前后变化甚大，一般言之领沧、景、德三州。治沧州，或称沧景镇、横海镇。太和五年（831 年）正月，赐军号义昌，故又称义昌镇。

《唐义昌军节度□□岌康氏祔葬墓志铭并序》载：“府公讳元芝。皇祖讳岌。世本青齐，贯居千乘，因是家于沧海，别业浮阳。烈考讳公灞，职任散十将，主持重务。”元芝大中七年（853 年）七月十九日卒于玄都坊之私第，同年十月与其妻康氏窆于沧州青池东南七里丰润乡。③ 元芝虽然姓氏磨泐，族别不详，但其妻康氏却是地道的粟特人。

还比如，何载，祖父何遇，唐任博州录事参军；父何仙云，“性好典坟”。何载“读书甚解，作判弥工。年才强仕，献策于横海郡节度使程公”，解褐奏授景州参军。“一行景城县尉，又行乐陵县尉，又行乐陵县丞，摄乐陵县令”，因公事解，又充节度要籍权知市事。以元和四年

① 周绍良、赵超主编：《唐代墓志汇编》，2024 页，元和 106《唐义武军节度易州高阳军故马军都知兵马使银青光禄大夫兼监察御史乐陵郡石府君墓志铭》，上海，上海古籍出版社，1992。

② 周绍良、赵超主编：《唐代墓志汇编》，2450 页，咸通 092《唐故□州押衙靖边将中大夫检校太子詹事□□郡曹公武威石氏夫人合祔墓》，上海，上海古籍出版社，1992。

③ 《重修天津府志》卷三八《金石》，光绪二十五年刊本。

(809 年）卒于私第，享年六十七，葬于临津县崇孝乡张司马村之原。①

安史之乱前，安禄山为范阳节度使时，河北虽然已经开始有地域主义的萌芽，但总的来看，河北仍是唐朝廷完全控制的地区。在这种背景下，河北境内的粟特人，迁入和迁出还是比较自由的。安史之乱后，唐丧失了对西域的控制权，粟特人很难再经河西走廊进入内地。同时阿拉伯人已经控制了中亚地区，开始了中亚伊斯兰化的进程。因此，唐与粟特本土的直接交往已经隔绝，史籍所载粟特人的最后一次朝贡是在唐代宗大历七年（772 年）十二月康国、米国、石国入贡。安史之乱后进入河北藩镇的粟特人很少有从原昭武九姓地迁入的，而多是从中原内地辗转迁入的。

安史之乱后，由于河朔地区陷入割据，在割据藩镇统治下，河北藩镇与中央和顺地藩镇之间的人员流动受到一定的限制，特别是在战争等特殊环境下。因此，河北境内的粟特人以在三镇间的流动最为常见。

上揭墓志中的曹弘立，自曾祖以来于易州担任军职，但是曹弘立时，“以开成中旅于边塞而访友人，时故□州刺史武公一见喜倍于□，欢宴连晨，为□□□公以畴昔之旧，然□□□授公□兵马使。……□逾二期，迁任授□州押衙兼靖边将、中大夫、检校太子詹事”。咸通五年（864 年）四月一日，卒于赵州元氏县□劳坊之私第，享年五十九。② 根据上下文，“□州”当为赵州。也就是说，曹弘立开成年间从义武镇属下的易州，辗转到成德镇的赵州任职，并卒于此。

河北藩镇虽然具有割据性质，但本质上仍是唐王朝一级地方行政单位，不宜将其割据绝对化，它们具有游离性与依附性并存的双重特点。仍奉唐王朝之正朔，奉行唐王朝的政治、经济制度，辖区内的士人也把参加科举作为进身之正途。③ 在某些时期内，河北藩镇内的粟特人与中央和其他顺地藩镇间流动也是存在的。例如，李元谅，本姓安，其先安息王之胄，后家于凉州，代为著姓。其父塞多，官至易州遂城府折冲，赠幽州大都督。李元谅本人也“少居幽蓟，历职塞垣，否倾泰授，方归京邑。以才干见推，列在环卫”。后任潼关镇国军防御副使。④

① 周绍良、赵超主编：《唐代墓志汇编》，1974 页，元和 035《唐故庐江郡承奉郎行乐陵县丞摄乐陵县令赏绯鱼袋何公墓志铭》，上海，上海古籍出版社，1992。又见于吴钢主编：《全唐文补遗》第 3 辑，153 页，西安，三秦出版社，1996。

② 周绍良、赵超主编：《唐代墓志汇编》，2450 页，咸通 092《唐故□州押衙靖边将中大夫检校太子詹事□□郡曹公武威石氏夫人合祔墓》，上海，上海古籍出版社，1992。

③ 张国刚：《唐代藩镇研究》，长沙，湖南教育出版社，1987。

④ 周绍良、赵超主编：《唐代墓志汇编续集》，754 页，贞元 030《大唐故尚书左仆射赠司空李公墓志铭》，上海，上海古籍出版社，2001。

荣新江指出安史乱后，唐朝出现排斥蕃人的情绪，大量粟特人迁居河北，加重了河北的胡化倾向，也增加了河北藩镇的力量。[①] 荣先生也许过多强调了河北藩镇与中央之间的对立。实际上，河北境内的粟特人迁出河北也是一个不容忽视的现象。迁出和迁入的并存与互动，才是河北粟特人流动的实态。例如，史宪诚，出身于粟特人，[②] 三世为魏博将。史宪诚本人在魏博官至节度使。他的家族迁入河北的时间，森部丰认为在安史之乱前后，荣新江认为在安史之乱后。从其子史孝章神道碑，结合史籍来看，森部丰的意见较为稳妥。这个史氏家族在史孝章时迁出了河北。还比如，张公夫人史氏，其祖父史明涉，官至易州刺史、义武军马步都虞候；父史论，率义武军入觐，迁右金吾大将军，绢戎有能，转泾原节度使。其丈夫张公为易定节度押衙知军，"顷岁公宦未芳，郁抑私怀，孑身京洛"[③]。何遂，字德之，其先庐江人。祖父皇溢，衡州衡山县尉。亡父皇份，翰林待诏、潞州司兵参军。何遂官至檀州司马，以咸通八年（867 年）三月卒于长安延政里之第。以其年四月窆于京兆府万年县浐川乡郑村之原。[④] 何遂以任官遂居于河北，但后来又离开河北，入居京师，并葬于京师万年县。还比如康日知，原为成德李宝臣手下大将，官至赵州刺史，建中三年（782 年）以赵州降唐，拔城赴阙，拜晋慈隰等州节度使。其子康志达，贞元末游于幽蓟，官拜幽州卢龙军节度衙前兵马使。"今年本军选能，荐于朝。朝以军临戎虏，藉旧将，拜检校光禄卿，还使授天子之命之日，已遇疾，未及朝谢而终。"长庆元年（821 年）五月卒于长安永乐里官舍，以其年其月葬于长安县龙首乡兴台里先代茔之东北。[⑤] 史从庆祖父，在天宝末年追随安禄山叛军，"从戎幽蓟"，后阵亡。但到了其父史汶时，任东都盐铁留后，便也离开了河北。[⑥]

---

① 荣新江：《北朝隋唐粟特人之迁徙及其聚落》，见《中古中国与外来文明》，110 ~ 111 页，北京，生活·读书·新知三联书店，2001。

② 《新唐书》卷二一〇《史宪诚传》云：史宪诚"其先奚也，内徙灵武，为建康人"。而森部丰、荣新江等人已证其为粟特人。今从之。

③ 周绍良、赵超主编：《唐代墓志汇编》，2255 页，大中 005《易定节度押衙充知军兼监察御史上柱国张公故夫人墓志铭》，上海，上海古籍出版社，1992。

④ 吴钢主编：《全唐文补遗》第 3 辑，260 页，《唐故朝议郎守檀州司马何公（遂）墓志铭》，西安，三秦出版社，1996。

⑤ 《隋唐五代墓志汇编》（陕西卷）第 4 册，85 页，天津，天津古籍出版社，1991。又见于吴钢主编：《全唐文补遗》第 5 辑，431 页，西安，三秦出版社，1998。

⑥ 吴钢主编：《全唐文补遗》第 4 辑，497 页，《唐故淮西行营粮料使勾检官试太常寺太祝（下阙）》，西安，三秦出版社，1997。

四、粟特人与唐后期河北藩镇

唐后期粟特人积极参与到河北藩镇体制的建设中，一些人担任重要军职，有的还官至节度使，在河北政治舞台上扮演了举足轻重的角色。其中以在魏博镇表现最为抢眼。史宪诚、何弘敬、何进滔等节度使都出身于粟特人。河北的粟特人与其他地区的粟特人不同，不在于经济上的富足，而在于政治上的贵重。

史宪诚，祖上原为灵武建康人，后迁至河北，三世为魏博大将。祖父史道德，官至开府仪同三司、试太常卿、上柱国、怀泽郡王。父史周洛，为魏博军校，在节度使田季安帐下任兵马大使、银青光禄大夫、检校太子宾客、兼御史中丞、柱国、北海郡王。史宪诚始以材勇，随父历魏博军中右职，兼监察御史。唐宪宗元和年间（806—820 年），魏博节度使田弘正讨伐缁青李师道，令史宪诚以先锋四千人济河，累下其城栅。复以大军齐进，乘势逐北，魏之全师迫于郓州城下。以功超授御史中丞。唐长庆二年（822 年），河朔再叛，节度使田布被逼自杀，史宪诚时为中军都知兵马使，乘乱以河朔旧事摇动人心，诸军遂拥而归魏，共立为帅。时幽州朱克融、成德王廷凑并据兵为乱，史宪诚喜得旄节，虽外顺朝旨，而暗中与朱克融、王廷凑为辅车之势。时宣武镇李齐擅自继立，史宪诚与之暗中勾结，并为之奏请节钺，还于黎阳聚集战船，做出一副将要渡河以声援李齐的架势。及见朝廷使者韦文恪，举止骄倨，言辞悖慢，旋闻李齐为帐下所杀，他立刻又变为另一种嘴脸，对韦文恪连连表白："宪诚蕃人，犹狗也。唯能识主，虽被棒打，终不忍离。"① 其狡谲如此。朝廷每为优容，寻加左仆射。唐敬宗即位，进秩司空。唐文宗大和二年（828 年），沧景节度使李全略卒，其子李同捷擅为留后，表邀符节，唐廷举兵伐之。先是，史宪诚与李全略联姻，及李同捷叛乱，史宪诚潜以粮饷资之。朝廷屡次遣使申谕史宪诚，为了进一步笼络他，又加其平章事。大和三年（829 年），横海乱定，史宪诚心不自安，乃遣其子史孝章入觐，又上表朝廷，请求分割魏博巡属相、卫二州，另置节镇，并请朝廷任命节度使。唐廷准其奏，改任史宪诚为河中节度使。但魏博上下认为史宪诚出卖了本镇利益，人心思乱，未及出城，史宪诚便为乱军所害。史宪诚前后统治魏博共

① 《旧唐书》卷一八一《史宪诚传》，北京，中华书局，1975。

七年。[1] 其子史孝章。

史孝章，自幼聪悟好学。元和中，李愬为魏博节度使，取大将子弟列于军籍。史孝章公开表示愿任文职，李愬奇之，令摄府参军。及史宪诚领节钺，改士曹参军、兼监察御史，赐绯。史孝章以父在镇桀骜不驯，多违朝旨，多次泣涕极谏，备陈逆顺之理，唐朝廷闻而嘉之，授检校太子左谕德、兼侍御史，充节度副使。累迁至散骑常侍、兼御史大夫，赐紫。沧景李同捷叛乱，史孝章领本道兵助唐军平叛，以功加工部尚书。寻请赴阙，唐文宗慰劳甚厚。后史宪诚亦恳乞朝觐。文宗知史宪诚之入觐，发自史孝章之谋，遂加礼部尚书，并分魏博所属相、卫、澶三州别为一镇，使史孝章领之。但史孝章尚未及镇，其父史宪诚便为乱军所害，自然他也不能至镇了，只好返回京师。文宗以史孝章有忠节，起复为右金吾卫将军。后授鄜坊、义成、邠宁节度使，凡历三镇，虽无异绩，而谨身畏法，得以善终。开成三年（838 年）十月卒，赠右仆射。

何进滔，原为灵武人，曾祖何孝物、祖父何俊均为灵州军校，父何默，任夏州衙前兵马使。何进滔少客寄于魏，委质军门，事节度使田弘正。元和中，田弘正率魏博军进攻成德王承宗，夜间以兵抵镇州，兵临城下。王承宗使健将头戴铁面具，只露出两只眼睛，引精骑千余，企图趁魏博军立足未稳，驰袭魏博军营。何进滔率猛士奋击逐之，几乎擒获敌将，镇人大惧。何进滔又从讨缁青李师道，以功迁衙内都知兵马使兼侍御史。大和三年（829 年），节度使史宪诚被杀，军中传呼曰："得何公事之，军安矣！"何进滔下令道："公等既迫我，当听吾令。"众人唯唯连声。何进滔下令处死为首的乱军九十余人，胁从者一律释放。恩威并济，军中乃安。诏拜留后，俄进授节度使。"居魏十余年，民安之。"[2] 累迁检校司徒、同中书门下平章事。开成五年（840 年）卒，赠太傅，谥曰定。唐廷为他立有德政碑，翰林学士承旨兼侍书柳公权撰并书。开成五年立。碑通高 12. 34 米，宽 3. 04 米，厚 1. 08 米，重 140. 3 吨，为中国现存第一大古碑。宋徽宗政和年间（1111—1117 年），大名尹梁建言磨去碑文，改刻五礼碑文。[3]

---

① 2003 年出土于河南洛阳的《唐史孝章墓志铭》（藏于洛阳师范学院河洛石刻艺术馆）。墓主史孝章为史宪诚之子，墓志云其家族"子孙繁衍，散食他邑，流人夷落。……蕃中人呼阿史那氏，即其苗蔓也"。史氏家族使用了突厥贵族的阿史那氏作为自己的姓氏，反映了浓厚的突厥背景，为突厥化粟特人。

② 《新唐书》卷二一〇《何进滔传》，北京，中华书局，1975。

③ 《大名县志》卷二一《金石》。而吕颐浩《燕魏杂记》云于宋徽宗宣和年间被毁。

何进滔死后，其子何重顺袭位，后赐名弘敬。唐武宗讨伐泽潞刘稹，以何弘敬为东面招讨使。但何弘敬认为魏博与泽潞递为唇齿，担心在泽潞被朝廷消灭后，下一个被讨伐对象就轮到魏博了。故迁延顾望，以种种理由推脱，反正就是不愿进兵。唐武宗不好直接督促，采取了一种很委婉的方式。由于何弘敬是一个孝子，诏书中极力赞扬何弘敬事母至孝，指出在军日久，老母日夜悬心饮食无宁，故宜亟战，争取早日还军。但何弘敬仍是按兵不动，朝廷也无可奈何。忠武节度使王宰逾乾河攻泽州，武宗担心刘稹调发山东之兵接应，命何弘敬犄角塞其道，何弘敬仍不奉诏。后成德节度使王元逵克邢州攻上党，王宰统陈许兵欲假道魏博取磁州。在此压力下，何弘敬才决意出兵，攻拔平恩，诏拜检校尚书左仆射。泽潞平，加同中书门下平章事。唐懿宗初，兼中书令，封楚国公。咸通七年（866 年）卒，赠太师。

图 4－2　何进滔德政碑

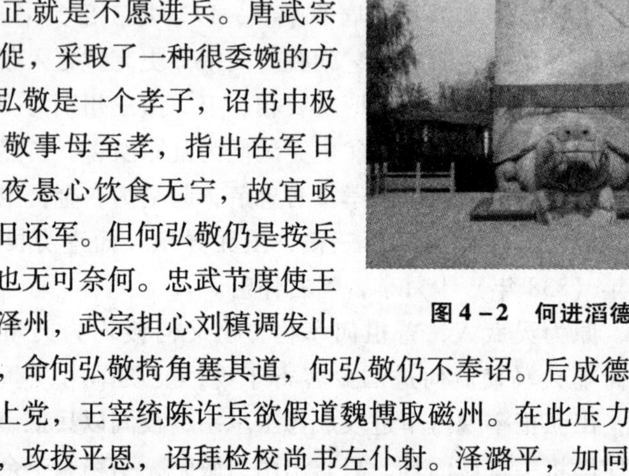

图 4－3　何弘敬墓志盖

（该墓志 1973 年出土于邯郸大名县万堤农场古墓群一号墓，现存于邯郸丛台公园碑林内。边长 1.95 米，厚 0.53 米，为中国现存最大唐代墓志铭。雕刻之精美，文字之多，也为唐代墓志所罕见）

其子何全皞袭位，次年正拜节度使。以助平庞勋之乱，迁检校司空、同中书门下平章事。何全皞虽年少，但残忍好杀，属下即使稍有罪过，也绝不容贷，因此人人危惧。咸通十一年（870 年）军中相传，何全皞要晙减粮帛，部众遂叛，何全皞单骑逃遁，众人遂推大将韩君雄以总军事，而杀何全皞。诏赠太保。何氏统治魏博，凡传三世，共四十二年。

前面提到罗弘信，从其姓氏来看，也有粟特人的嫌疑。从罗弘信，经罗绍威、罗周翰，凡传三世，共二十四年。

史氏、何氏、罗氏这三个粟特家族统治魏博达七十三年，几乎占整个魏博镇存在时间的二分之一。粟特人在魏博镇的影响可见一斑。

以这些有限的几个人来推知粟特人的整体情况，恐有以偏概全之嫌。以下我们以《新唐书》、《旧唐书》、《全唐文》、《唐代墓志汇编》（以下简称《汇编》）、《唐代墓志汇编续集》（以下简称《续集》）、《全唐文补遗》（1—9）为依据，将其中河北藩镇统治下的粟特人的情况列表如下。

河北范藩镇统治下的粟特人情况一览表

姓名	卒年	夫人或丈夫姓氏	父祖子孙官职	本人官职	葬地	材料出处
史宪诚	大和三年	李氏	三世为魏博将	魏博节度使	洛阳北邙山	《新唐书》卷二一〇；《全唐文》卷六〇九《史孝章神道碑》
史孝章	开成三年	琅琊王氏、博陵崔氏	父史宪诚为魏博节度使	魏博节度副使、相卫节度使、邠宁、鄜坊等节度使	洛阳	《全唐文》卷六〇九
何进滔	开成五年	康氏	祖俊，赠左散骑常侍；父默，赠太保；世为本军校	魏博节度使	魏州贵乡县义居乡司徒村三城里	《续集》咸通032《何弘敬墓志》；《新唐书》卷二一〇
何弘敬	咸通七年	武威安氏	父何进滔为魏博节度使	魏博节度使	魏州贵乡县义居乡司徒村三城里	《续集》咸通032《何弘敬墓志》；《新唐书》卷二一〇

续表

姓名	卒年	夫人或丈夫姓氏	父祖子孙官职	本人官职	葬地	材料出处
何全皞	咸通十一年	不详	父何弘敬为节度使	魏博节度使		《新唐书》卷二一〇
何公	大历九年	不详	不详	赵州刺史	赵州某地	《八琼室金石补正》卷六三《赵州刺史何公碑阴记》
李元谅	贞元九年	阿史那氏	祖延，左武卫翊府中郎将；父塞多，易州遂城府折冲	华州刺史、潼关镇国军防御使、陇右节度使	华阴县潼乡原	《续集》贞元030《大唐故尚书左仆射赠司空李公墓志铭》
曹秀	大中元年去世	清河张氏	父曹荣，幽州先锋赴团使、游奕马军将；其子曹君晟，任堂前亲事将	不仕	昌平县东太尉乡白浮之原	《续集》大中008《曹府君夫人清河郡张氏合祔墓志铭》
曹惟政	大中七年去世	南阳张氏	曾祖曹景，试殿中侍御、银青光禄大夫；祖曹珍，不仕	不仕		《补遗》第4辑《唐故曹府君（惟政）及夫人南阳张氏合祔墓志铭》
曹朝宪	大和元年去世	太原陶氏	父曹岸，不仕，子未成年	卢龙征马使、游击将军	蓟城东南八里会川乡从善村东北原	《续集》大和004《曹朝宪故夫人太原陶氏墓志铭》
罗亮	乾宁四年	安定梁氏	曾祖罗延新，晓习武经，名立当代；父罗秀，勇谋超辈，效节从军；其子罗元实，历授高阳军押衙兼衙前使	不仕	开化坊之私第	《续集》乾宁006《大唐故易州上谷郡故罗府君墓志铭》
史光	贞元八年	乐安孙氏	曾祖史澄，吏部常选；祖史谨，不仕	不仕	良乡县	《续集》元和009《史府君墓志铭》

续表

姓名	卒年	夫人或丈夫姓氏	父祖子孙官职	本人官职	葬地	材料出处
米文辩	大中二年	扶风马氏	祖父米梓，河东中军将。父米珍宝，魏博马军都知兵马使兼将。有子四人：长存遇，试左金吾卫兵曹参军、节度要籍、兼词令官；季存实，幼曰存贤	魏博节度故步军左厢都知兵马使兼节度押衙	贵乡县通济乡窦村之原	《补遗》第9辑《米文辩墓志铭》
何遂	咸通八年	朱氏	祖父皇溢，衡州衡山县尉；父皇份，翰林待诏、潞州司兵参军	檀州司马	京兆府万年县浐川乡郑村之原	《补遗》第3辑《唐故朝议郎守檀州司马何公（遂）墓志铭》
何氏	安史之乱后	不详	其夫不仕，嗣子庭晖，冠军大将军；从子从俨，朝散大夫、试□禄寺丞；爱子从芬，忠武将军、行左威卫翊府中郎将		易州某地	《汇编》永泰007
何氏	大历元年	王氏	不详，其丈夫王府君为兵部常选		易州城东南五里	《汇编》大历001
史氏	会昌七年	张氏	曾祖史权，代州都督；祖父史明涉，易州刺史，马步都虞候；父史论，义武大将。其丈夫张锋任易定节度押衙充知军		唐城之原	《汇编》大中005和大中026
康氏	建中元年	姚氏	父康宾，大宁郡屈产府折冲。丈夫姚子昂，易州安义折冲、棣州司马		幽州城东南一里燕台乡之原	《汇编》建中005《唐故棣州司马姚府君墓志铭》
康氏	建中三年	安氏	父石，左金吾卫大将军、长州刺史；其侄为康日知；其丈夫安元光为河州别驾		死于赵州，葬于长安县西北十二里平原	《补遗》第6辑

续表

姓名	卒年	夫人或丈夫姓氏	父祖子孙官职	本人官职	葬地	材料出处
石氏	元和十二年	李氏	不仕		平山县洞仙乡东北三里平原	《汇编》元和108《陇西李君夫人石氏墓志铭》
曹闰国	大历十年	石氏、刘氏、韩氏	不详	成德马军都虞候	灵寿城西南灵化川界	《汇编》大历043《曹闰国墓志》
康阿义屈达干	永泰元年	交河石氏	其先世为北蕃十二姓之贵种；曾祖颉利，部落都督；祖染，可汗驸马都知兵马使兵颉利发墨啜可汗卫衙官知部落都督	夏州都督	万年县之长乐原	《全唐文》卷三四二颜真卿《康公神道碑铭》
石默啜	元和十二年	康氏	不仕	易州高阳军故马军都知兵马使	易州西北燕山之阳	《汇编》元和106《石府君墓志铭》
□元芝	大中七年	康氏		义昌军节度□□	沧州青池东南七里丰润乡	《唐义昌军节度□□岌康氏祔葬墓志铭并序》
何载	元和四年	任氏	祖何遇，博州录事参军；父何仙，不仕	乐陵县丞摄乐陵县令	临津县崇孝乡张司马村之原	《汇编》元和035《何公墓志铭》
康志达	长庆元年	元氏	曾祖康延庆，左威卫大将军，徙居为京兆长安人。父康日知	幽州卢龙军节度衙前兵马使	长安县龙首乡兴台里先代茔之东北	《续集》长庆002《大唐故康府君墓志铭》
曹弘立	咸通五年	石氏、高氏	曾祖曹治，易州□将；祖曹玉，□州衙前兵马使、银青光禄大夫、检校太子宾客；父曹长，易州衙前将	赵州押衙	赵州某地	《汇编》咸通092《曹公武威石氏夫人合祔墓》

续表

姓名	卒年	夫人或丈夫姓氏	父祖子孙官职	本人官职	葬地	材料出处
石神福	元和八年	不详	曾祖□用，试鸿胪少卿；祖臣思，左翊府中郎将；父何罗烛，试云麾将军、蔚州衙前大总管	迁授大将，为征马事，兼勾当右厢草马使事	石邑县东北	《唐代墓志汇编》元和061《石府君墓志铭》

河北的粟特人是一个庞大的群体，涵及上至节度使，下至普通平民等各个阶层。上表共列安史之乱后，曾于河北任职或生活过的粟特人共28人，他们分布地域包括幽州、魏博、成德、义武、横海诸镇，涵盖所有的河北藩镇。其中女性6人，男性22人。在22人中4人为白身，而曾于河北藩镇任职的达18人，占总数的近82%。就是这4个白身，其中3人祖上也担任过官职，另1人虽然不是出生于官僚之家，但也是吏部常选，非一般寒素布衣可比。这说明唐后期河北粟特人仕宦是比较成功的，已经融入了河北藩镇的社会，并参与了河北藩镇体制，而位居当地社会的中上层。以下我们对上述18个粟特人的仕宦情况试加考察。

（一）所任基本为武职

森部丰指出，安史之乱期间以及其后的河朔三镇时期都有为数众多的粟特武人存在过。① 如果根据上表加以分析，我们对此会印象更为深刻。在以上18人中只有何遂所任檀州司马和何载所任乐陵县丞、摄乐陵县令为文职，其他均为武职。在一些唐代河北碑刻题记中，我们也能得出相同的结论。建于永泰二年（766年）的《李宝臣纪功碑》碑阴②，著录文职僚佐22人，只有孔目官安都滔1人为粟特人。武职僚佐56人，其中有7人由于碑文年久磨泐，而姓氏不详，即使这样可以确知为粟特人的仍有8人，比例高达16.3%。再以立于大历九年（774年）的《赵州刺史何公碑阴记》③ 为例，碑阴收录赵州文职僚佐60人，其中有5人姓氏磨泐，但从存留的55人姓氏来看，无一人为粟特人。著录武职僚佐25人，其中有2人姓氏磨泐，从现存的23人来看，粟特人有4人，比例也高达17.4%。这充分说明，在河北藩镇中，粟特人所任基本上为武职。

---

① ［日］森部丰：《唐后期至五代的粟特武人》，见荣新江主编：《粟特人在中国——历史、考古、语言的新探索》，229页，北京，中华书局，2005。

② （清）沈涛：《常山贞石志》卷一〇，南京，江苏古籍出版社，1998。

③ （清）陆增祥：《八琼室金石补正》卷六三，北京，文物出版社，1985。

众所周知，粟特人是中古时代控制陆上丝绸之路的一个商业民族，向来以善于经商牟利而著称。从北朝至隋唐，陆上丝绸之路的贸易几乎被粟特人所垄断。史书称：其“生子必以蜜食口中，以胶置手内，欲其成长口尝甘言，持钱如胶之粘物。习善商贾，争分铢之利。男子二十，即送之他国。来过中夏，利之所在，无所不至”①。

唐前期，迁居河北的粟特人许多保留了在商业方面的特长，在商业领域比较活跃。例如《太平广记》卷二八《郗鉴》记载，魏郡市邸有贩卖珍稀药材的胡商。安禄山，为营州杂胡，通六蕃语，曾为互市牙郎。他担任范阳节度使后，纠集了众多的杂胡（即粟特人）于诸道兴贩，每岁输异方珍货计百万数。② 但在内迁过程中，特别是在突厥化聚落中的粟特人，习染蕃俗，生活方式也由善商贾向善骑射转化了。③ 有唐一代，入华粟特人在唐代所任官职基本上都是武职，不但以归附、使节、质子途径入仕者均授以武职，而且以门荫方式入仕者也多授以武职。④ 这种情况在唐后期河北藩镇表现更为突出，几乎见不到粟特人兴贩贸易的记载了。

粟特人虽然是商业民族，但武质甚浓，善于征战，正如陈寅恪先生指出：“凡康安石等中亚月氏种人，皆以勇健善战著闻者也。”⑤ 唐后期，河北社会弥漫着浓厚的重武轻文的社会氛围。粟特人作为外来民族，缺乏当地汉族士大夫的儒家文化修养，他们在文化方面是根本无法与汉族士大夫竞争的，如果他们想在当地立足，只有强化武质一途。而且从担任官职来看，所任文职多为卑微下僚或冗散之官。檀州，本安乐郡，天宝元年（742 年）更名。唐制，州司马，上州从五品下；中州六品上；下州，从六品下。檀州其等级不详，即使为上州，其司马也不过为从五品下。而且唐后期，本为诸州上佐的司马趋以冗散，根本没有什么实权，甚至中下等州皆不再设置，或者成为诸使僚佐或武职的寄禄官。⑥ 诸县县丞更是八九品的下级官吏。因此，在河北藩镇中粟特人多担任武职，而且仕途前景比担任文职要好得多。

在这里，史孝章的仕途经历也许可以帮我们更好的理解这一点。元和

① （宋）王溥：《唐会要》卷九九《康国》，北京，中华书局，1955。

② （唐）姚汝能：《安禄山事迹》卷上，北京，中华书局，2006。

③ 蔡鸿生：《唐代九姓胡与突厥文化》，15 页，北京，中华书局，2001。

④ 陈海涛、刘惠琴：《来自文明十字路口的民族——唐代入华粟特人研究》，266 页，北京，商务印书馆，2006。

⑤ 陈寅恪：《唐代政治史述论稿》上篇，29 页，上海，上海古籍出版社，1997。

⑥ 严耕望：《唐史研究丛稿》，106～107 页、113～114 页，香港，新亚研究所，1967。

中，李愬为魏帅，取大将子弟列于军籍。史孝章公开表示愿担任文职，“（李）愬奇之，令摄府参军”。[1] 史孝章在本可以以武职晋身的情况下，却自愿担任文职，这在一般人看来是匪夷所思的，故节度使李愬感到奇怪，但还是满足了他的愿望，使其摄府参军。但其父史宪诚改变了他的人生轨迹。史宪诚后来官至魏博节度使，史孝章也借此机缘官至节度副使、相卫节度使等。试想如果史孝章没有身为节度使的父亲，按照正常的发展道路，他也许无缘高位，甚至可能在史书中根本留不下痕迹。

总之，唐后期的河北粟特人与其他地区的粟特人群体表现出很大的不同。例如，居住在洛阳的粟特人主要是北朝时期以来进入洛阳的粟特人后裔以及隋唐时期入华粟特人构成的。此时居洛粟特人大多没有显赫的官职，其中以商人数量最大。[2]

（二）诸镇间势力发展不平衡

在上表28人中，除曹惟政家族所居镇别不详外，其余27人中，魏博镇有6人，成德镇有6人，义武镇6人，横海镇2人，幽州镇7人，除了横海镇较少外，其他诸镇人数基本平衡。但他们在诸镇中势力发展是很不平衡的。

前面我们已经提到，安史之乱前，虽然河北中南部已经存在粟特人，但当时重心在北部特别是幽州和营州地区。安史之乱中，随着叛军的南下，大量的粟特人也随着播迁到了河北中南部，粟特人在河北的分布格局也为之一变，虽然诸镇都有粟特人的分布，但其重心转移到了魏博、成德等镇。也就是说，在魏博和成德粟特人势力最强。

幽州镇中瀛州乐寿县以祆祠为中心，存在一个较大的粟特聚落。从涿州房山石经题记来看，也有许多粟特人的提名。但这些粟特人在幽州镇的势力并不是很显赫，这与安史之乱前，在安禄山主政时期，粟特人势力显赫一时有很大不同。不仅节度使无一人是粟特人，就是刺史也很少有粟特人。上揭表中，幽州镇7个粟特人中，担任过官职的只有3人，而且其中康志达是从易州迁入的，后来他又入朝京师，并葬于京师长安。何遂的祖父、父亲均非河北官员，他所任也不过为一个区区檀州司马。曹朝宪，祖上无官，他所任卢龙征马使、游击将军。其中卢龙征马使为使职，为实际职任，游击将军为武散官，从五品，所任官位也不高。可见诸人或为游宦，或为本地土著，但在河北根本没有根基。

---

① 《旧唐书》卷一八一《史宪诚附史孝章传》，北京，中华书局，1975。

② 毛阳光：《粟特人与唐代洛阳地方社会》，中国唐史学会第十届年会第二次会议暨唐史国际学术研讨会论文，第3页。

与此形成对比的是成德、魏博和义武。这些粟特人多身居高位，特别是魏博镇最为突出，两个节度使家族何氏、史氏都是出身于粟特人。何进滔家族统治魏博历经三世，凡四十二年。除了这两个家族外，罗弘信，史称魏州贵乡人。罗为胡姓，也有为粟特人的嫌疑。①

(三) 在诸镇间流动

唐后期，随着地域主义的兴起，出现了官员任职当地化的倾向。但同时在辟署制度下以及为了追求更好的仕宦前途，官员任职也具有一定的流动性，就是河北藩镇也不例外。前面我们在唐后期河北粟特人的分布中已经有所涉及，兹不赘述。

五、唐代河北粟特人的社会生活

唐朝建立后，为加强控制，把正式州县中的胡人聚落改为乡里，如西州的胡人聚落设为崇化乡安乐里，敦煌则以粟特聚落建立从化乡。在河北地区，粟特人聚落，同样被完全纳入了州县系统，被编入了户籍，只不过是一个相对集中的居住区，而非是一个独立的存在。另外，这些粟特聚落，并非单纯由粟特人组成，而只是以粟特人为主，或粟特人占支配地位，还包括汉人或其他少数民族。正是在这样的居住环境下，粟特人不能不受到内地汉文化的影响。唐后期粟特人除了姓氏还能捕捉到其出身的一点痕迹外，胡名基本消失，名字也已经基本汉化了。

(一) 婚姻状况

唐前期河北粟特人在很长一段时间仍保持着本民族内部的通婚，以及与自己地缘联系密切的其他胡族保持着婚姻关系。与汉族通婚虽然有，但只是个别现象。如意元年（692 年）立于恒州城内开元寺三门楼石柱上，题刻有“何吡拨（妻曹）息忽硉（妻康）硉息名远（妻赵）”的题名②。何吡拨父子属于胡姓间通婚，到了何吡拨之孙何名远这一代就开始与汉族通婚了。唐后期，随着时间的推移和民族间的融合，粟特人通婚圈不可避免地逐渐扩大。上揭表 22 个粟特男性中，有 3 人婚姻情况不详，与粟特人同族通婚的有 7 人，占总数 19 人的 36.8%。这反映在河北藩镇统治下，粟特人之间的通婚仍占有一定的比重。由于粟特人各阶层地位的不同，在通婚上也略有不同。就是在统治阶层也表现不尽一致。军将等职业

① 《北梦琐言》卷五言“毕、白、曹、罗为蕃姓也”。故陈寅恪先生推断罗弘信有本出胡族之嫌疑。参见陈寅恪：《唐代政治史述论稿》，38 页，上海，上海古籍出版社，1997。

② （清）陆增祥：《八琼室金石补正》卷四二，北京，文物出版社，1985。

军人集团文化程度较低，许多人目不识丁，是保持本民族风俗习惯最多的一个阶层。上表所列以粟特人为妻的 7 人中无一例外都是出身于军将。一些家族甚至几代都娶本族人，例如何进滔夫人康氏，其子何弘敬夫人安氏，都为粟特人。

上表中 22 个男性粟特人中，所娶妻子确切可知为非粟特人的达 13 人。就是以粟特人为妻的，后妻或同时所娶几个妻子（妾）有的也为其他族人。例如曹弘立夫人石氏先亡，后娶夫人高氏。曹闰国有三位夫人石氏、刘氏、韩氏。曹秀本人娶安定梁氏，有子 5 人，所娶分别为卢氏、李氏、耿氏、李氏、田氏，均为汉族大姓。① 不仅男性粟特人与汉族女子通婚，就是汉族男子也常常娶粟特女子为妻。上揭表中的 6 位粟特女性，除了一何氏丈夫姓氏族别不详外，其他 5 人，有 4 人丈夫为汉族。这表明安史之乱后，在河北藩镇统治下，随着汉化的加深，粟特人与汉族通婚逐渐成为主要的婚姻方式，反映了民族融合的进一步加深。

河北地区是世家大族集中的地区，唐代最著名的门阀士族崔、卢、李、郑有三个集中在河北。除了当地的门阀贵胄外，还有陇西李氏、太原王氏等外来士族。唐代时虽然门阀制度已经衰落，但门阀观念仍深入人心。在此观念影响之下，身处其中的粟特人也不能免俗。随着入华粟特人汉化的加深，受到当时推崇地望观念的影响，粟特人也开始伪造家世。宋人邓名世《古今姓氏书辩证》引《元和姓纂》称何氏，“望出庐江、丹阳、东海、齐郡”。粟特人中的何姓往往自称庐江为其族望。如何进滔、何弘敬父子，据《旧唐书·何进滔传》记载，“何进滔，灵武人也”。很明确地说明这一何氏家族为来自西方的六胡州粟特人。而《何弘敬墓志》则称其为庐江人。② 康姓多冒姓为会稽人。例如康日知，据《新唐书》卷一四八《康日知传》可知，康日知为灵州人，其祖父康植开元时曾手缚康待宾，助唐平定六胡州之乱，应是随突厥降户而入居六胡州者，而以会稽入封赠，康日知就被封为会稽郡王。在唐朝，粟特安姓往往称自己是安息王子安世高的后人。上面所提到的曹弘立自称“族望谯郡人也。其先汉相之裔，□□大魏之后”，试图和曹操拉上关系。在婚姻方面的一个表现就是粟特人追求与汉族门阀通婚。上揭材料中的石氏，其丈夫为陇西李

① 周绍良、赵超主编：《唐代墓志汇编续集》，1163 页，乾宁 006《大唐故易州上谷郡故罗府君墓志铭》，上海，上海古籍出版社，2001。

② 陈光唐：《河北大名县发现何弘敬墓志》，载《考古》，1984（8）。

氏。[1] 史孝章夫人为琅邪王氏、博陵崔氏。曹秀夫人为著名的清河张氏。

由于粟特人迁入河北不是一蹴而就的，自魏晋以来至唐末一直在进行，不同阶段迁入的粟特人汉化程度是不同的，其婚姻状况也势必呈现出不同的形态。这是在分析河北粟特人婚姻特点是应该提起注意的。总的来看，河北粟特人的婚姻汉化是大的趋势，使原来比较封闭的内部婚姻圈逐渐被打破。

在河北藩镇，粟特人的婚姻中，一种重要婚姻形式是政治婚姻。三镇节度使唇齿相依，往往以婚姻为加强彼此之间关系的纽带。例如，魏博节度使史宪诚与横海节度使李全略为亲家。[2] 节度使为了笼络手下军将，也常常采取联姻的方式。这种政治婚姻使婚姻蒙上了一层现实功利的色彩。

（二）宗教信仰

粟特人信仰祆教。祆教，又名琐罗亚斯德教，是流行于古波斯及中亚等地的宗教，中国史籍称之为火祆教、拜火教。它在古代波斯被奉为国教，主要教义为“二元论”，认为世界存在着善灵和恶灵的对立，人选择善灵，就会产生正义力量，选择恶灵只能具有邪恶的力量。在这点上与摩尼教的光明、黑暗二元论颇多相似之处。由于祆教崇拜火，认为火是神圣之物，故俗称拜火教。

入华后的粟特人长期以来仍保持着祆教的信仰。大凡有粟特人聚落之处，都有祆庙。北魏孝明帝神龟二年（519 年），胡太后幸嵩山，曾宣布“废诸淫祀，而胡天神不在其列”，[3]“胡天神”就是祆教的神祇。可见北魏后期，胡天神已经被列入祀典，受到北魏朝廷的承认。但当时祆教基本上在粟特人中传播，汉地民众信仰祆教的并不多，甚至一度统治者还禁止民众信仰祆教。但从北齐后期以来，由于粟特人在邺的聚集，祆教在以邺城为中心的河北南部已有一定的发展，出现了许多祆神庙。这是与当时封建统治者的提倡分不开的，北齐后主高纬就是一个虔诚的信徒。据《隋书》卷七《礼仪二》记载：

> 后主末年，祭非其鬼，至于躬自鼓舞，以事胡天。邺中遂多淫祀，兹风至今不绝。后周欲招来西域，又有拜胡天制，皇帝亲焉。其

---

① 周绍良、赵超主编：《唐代墓志汇编》，2026 页，元和 108《陇西李君夫人石氏墓志铭》，上海，上海古籍出版社，1992。

② 《新唐书》卷二一〇《史宪诚传》，北京，中华书局，1975。

③ 《魏书》卷一三《宣武灵皇后胡氏传》，北京，中华书局，1974。

仪并从夷俗，淫僻不可纪也。

由于《隋书》成于唐初，从“兹风至今不绝”来看，直至唐初邺地祆教信仰仍很盛。唐代的安禄山为了发动叛乱，一方面通过粟特商人积累发动叛乱的资金，也很重视用宗教信仰祆教将粟特人团结在自己的周围。史称安禄山：

> 每商至，则禄山胡服坐重床，烧香列珍宝，令百胡侍左右，群胡罗拜于下，邀福于天。禄山盛陈牲牢，诸巫击鼓、歌舞，至暮而散。遂令群胡于诸道潜市罗帛，及造绯紫袍、金银鱼袋、腰带等百万计，将为叛逆之资，已八九年矣。①

文中详细记载了安禄山主持的祆教仪式，此时他的身份不再是身兼三镇、气吞一方的唐王朝节度使，而是身着民族服装的祭司，在香烟缭绕中，盛陈牲牢，诸巫击鼓，载歌载舞，带领诸人祭拜胡天。

唐后期，河北瀛州和恒州的获鹿虽然仍存在祆神庙，当地一些粟特人仍保持着原来的宗教信仰，但大部分民众则皈依了佛教，这从房山石经题记中表现得十分明显。从考古发掘来看，河北境内的粟特人的墓葬与内地汉族几无二致，迄今没有发现像山西太原虞弘墓、陕西西安安伽墓和史君墓那样具有鲜明粟特色彩的墓葬。

自西汉后，经董仲舒改造后的儒学便成为官方意识形态。虽然在不同历史阶段，统治者或崇佛或崇道，但儒学作为统治思想的地位从来没有改变过。河北许多粟特人在汉文化熏染下，逐渐服膺和接受了儒学，迈出了由夷到华决定性的一步。据河北大名出土的魏博粟特军将米文辩墓志记载，其第三子米存宝和幼子米存贤，“皆学习礼经，以期乡秀”。② 还比如，史待宾，字待宾，河间鄚人，“少好礼经，长闲吏道”。③ 当然，他们接受汉文化也有一个过程，在总体上趋向汉化的同时，在某些方面仍保留了粟特人的遗俗。

（三）音乐舞蹈

北朝隋唐时期，由于民族融合大发展，各族之间和中西之间，文化交

---

① （唐）姚汝能：《安禄山事迹》卷上，北京，中华书局，2006。

② 孙继民等：《新出唐米文辩墓志铭试释》，载《文物》，2004（2），89页。

③ 吴钢主编：《全唐文补遗》第2辑，481页，《唐故朝散大夫上柱国颍州汝阴县令史公墓志铭》，西安，三秦出版社，1995。

流十分频繁，少数民族和域外文化的大量输入也为中原汉地本土文化艺术的发展注入了新鲜的血液。粟特人是一个能歌善舞、极具音乐舞蹈天赋的民族，由于他们的大量迁入，河北出现了许多具有异域特色的艺术形式。史称北齐在邺城一带：

> 杂乐有西凉鼙舞、清乐、龟兹等。然吹笛、弹琵琶、五弦及歌舞之伎，自文襄以来，皆所爱好。至河清以后，传习尤盛。后主唯赏胡戎乐，耽爱无已。于是繁手淫声，争新哀怨。故曹妙达、安未弱、安马驹之徒，至有封王开府者，遂服簪缨而为伶人之事。后主亦自能度曲，亲执乐器，悦玩无倦，倚弦而歌。①

但以粟特的胡旋舞和胡腾舞最为有名。胡旋舞是唐代最盛行的舞蹈之一。舞者立于毯上，旋转如风为其主要特征。据《新唐书·西域传》和《册府元龟》记载，康国于唐玄宗开元七年（719 年）及开元十五年（727 年）两次贡方物及侏儒、胡旋女子。一般认为此舞由中亚撒马尔罕一带传来，后盛行于内地。白居易《胡旋女》诗云："胡旋女，出康居，徒劳东来万余里。中原自有胡旋者，斗妙争能尔不如。天宝季年时欲变，臣妾人人学圜转。"胡腾舞以腾踏跳跃为主要特征，一般认为系从石国（今中亚塔什干一带）传来。舞者多系胡人，舞蹈以急促多变的腾踏舞步为主，间有高难度的跃起、空转等技巧，动作激烈，矫健奔放。胡旋舞和胡腾舞在当时无论是宫廷还是民间都十分流行，上至帝王华胄和文武百官，下至平民百姓，都十分喜爱，在庆典、宴饮时往往表演此舞。

图 4－4　唐代胡旋舞图

胡旋舞和胡腾舞在河北也很流行。官僚士大夫宴享时往往观看此舞，甚至不少当地的少数民族官员本身也擅长此舞。例如，唐玄宗时期长期担任河北节度使的安禄山，母为突厥，父是胡，具有粟特人血统，即是胡旋舞的高手。白居易《胡旋女》诗中云："中有太真外禄山，二人最道能胡

① 《隋书》卷一四《音乐志中》，北京，中华书局，1982。

旋。”太真即杨贵妃，能歌善舞。白居易认为当时杨贵妃和安禄山是表演胡旋舞最有名者。安禄山，史称其极其肥胖，腹垂过膝，重达三百余斤，行动不便，但当唐玄宗使其表演胡旋舞时，旋疾如风，令人瞠目结舌。

邯郸人刘言史，工于诗，所作诗典雅恢赡，曾拜谒成德节度使王武俊。王武俊好词艺，特加敬异。在幕期间刘言史得以在王武俊宅中观看胡腾舞。其所作《王中丞宅夜观舞胡腾》一诗云：

> 石国胡儿人见少，蹲舞尊前急如鸟。
> 织成蕃帽虚顶尖，细氎胡衫双袖小。
> 手中抛下蒲萄盏，西顾忽思乡路远。
> 跳身转毂宝带鸣，弄脚缤纷锦靴软。
> 四座无言皆瞪目，横笛琵琶遍头促。
> 乱腾新毯雪朱毛，傍拂轻花下红烛。
> 酒阑舞罢丝管绝，木槿花西见残月。

王中丞，即王武俊，由于其兼御史中丞故称。从诗中描述可以看出，胡腾舞由横笛、琵琶进行伴奏，表演者胡儿身着胡衣胡帽，腾挪跳跃，急如飞鸟，气氛十分热烈。表演中还有葡萄杯等道具，在跳跃中将葡萄杯高高抛起，再腾空接住，身上所配环饰叮当作响，令人如醉如痴。

1954 年，石家庄市振头村曾发掘唐后期一座古墓，墓主孙岩卒于元和七年（812 年）。墓中出土了一件贴花人物瓷壶，通高 16 厘米，通体呈豆青色，流和两系下面，各饰一贴花人物，胡人装束，形象各异，或起舞，或吹笛，或拍板奏乐，构图奇巧，人物造型生动，线条流畅，衣着华丽。[①] 振头，在唐为石邑县所在地，时属恒州，唐后期为成德镇辖区。从画面来看，跳舞胡俑所跳即为胡腾舞。

综上所述，唐代河北存在着大量的粟特人。唐前期河北境内的粟特人主要集中在幽、营等州。从来源上看，他们除了从西域、灵州等西来外，还有一部分是经由洛阳、邺城等地从南部辗转迁入的。安史之乱中，在叛军南下过程中，原集中于幽、营等州的粟特人大量南迁，分散于河北各地，大大增强了粟特人在河北的力量。除了迁入外，河北粟特人的迁出也是一个不容忽视的现象。迁入和迁出的动态流动才是唐后期河北藩镇统治

① 石家庄市文物保管所：《石家庄市振头村发现唐代贴花人物瓷壶》，载《考古》，1984 (3)，283 页。

下粟特人的实态。与唐前期相比，河北粟特人分布范围进一步扩大。河北东部诸州，例如沧州等地也出现了粟特人，瀛州等形成了新的粟特人聚落。此前不见诸记载的易州，也成了粟特人比较集中的地区。他们已经基本融入了当地社会，参与了藩镇体制的建设并成为一支不可忽视的力量。在魏博镇，史宪诚、何进滔、罗弘信这些粟特家族甚至官至节度使，成为当地最高统治者。他们的经商传统在河北基本上被抛弃，多担任武职。虽然各镇均有大量粟特人，但粟特人在各镇间势力发展是很不平衡的。他们虽然仍一定程度上保持了内部通婚的惯例，但总体来看一步步趋于汉化。

图4－5　石家庄振头出土的贴花人物瓷壶

第三节　奚　族

奚族，是我国北方的一支古老的少数民族，其语言今人认为属阿尔泰语系原始蒙古语族。在北魏时就已经出现在历史舞台上，称为库莫奚①。它源出东胡，为鲜卑东部宇文部之别种，“初为慕容元真所破，遗落者窜匿松漠之间”②。“松漠之间”，即今内蒙古自治区东南部西拉木伦河、老哈河一带。其后逐渐向东发展，东北接契丹，西为突厥，南邻白狼河，北毗于霫。北朝时，库莫奚多次越过长城，南下到今河北中部地区。至隋始去“库真（即库莫——引者注）”，只称为奚。③ 唐代时奚族十分活跃，与契丹合称“两蕃”。唐前期，奚部落联盟酋长正式以奚王相称，同时接受唐饶乐都督府都督的封号，对唐叛附不常。后逐渐融合于契丹、汉和蒙古等族中，在中国历史上存在了千年之久。

---

① 《新唐书》卷二一九《奚传》云为库真奚。《魏书》、《隋书》、《北齐书》、《北史》等均作库莫奚。今从之。

② 《魏书》卷一〇〇《库莫奚传》，北京，中华书局，1974。

③ 《新唐书》卷二一九《奚传》，北京，中华书局，1975。

一、唐前期奚的内附及在河北的羁縻府州

隋时奚臣属于突厥，分为五部：一曰辱纥王，二曰莫贺弗，三曰契箇，四曰木昆，五曰室得。[①] 每部设俟斤一人为其帅。其中有阿会氏，在五部中最为强盛，诸部皆归之，形成了以阿会氏为主导的部落联盟。自突厥向隋称藩之后，奚亦遣使入朝，大业时，岁遣使贡方物。

唐武德中，奚人助割据河北北部的高开道两次进犯幽州，但均被幽州长史王诜击败。太宗贞观三年（629 年），始来朝。次年，唐灭东突厥，是年八月，奚、霫、室韦等十余部皆内附。[②] 贞观二十二年（648 年），奚首领可度者率部内属，唐以其地置饶乐都督府（治今内蒙古宁城境内），拜可度者使持节六州诸军事、饶乐都督，赐姓李氏。饶乐都督府，从性质上讲为唐之羁縻府州，受设置于营州（治今辽宁朝阳）的东夷校尉（后改为营州都督府）监领。可度者，显庆中卒，不久即因后人反叛，唐廷即废饶乐都督府。开元四年（716 年），奚族首领李大酺率部归顺，唐玄宗才复置饶乐都督府，以李大酺为饶乐郡王、饶乐都督府都督。除饶乐都督府外，据《旧唐书》卷三九《地理志》，河北道为安置奚族所置羁縻州有二：

其一，崇州。武德五年（622 年）置，以处奚可汗部落，隶营州都督。[③] 旧领县一，户一百四十，口五百五十四。天宝年间户二百，口七百一十六。贞观二年（628 年），置北黎州，寄治营州东北废杨师镇。八年（634 年），改为崇州，治昌黎县。契丹陷营州，徙治于潞县之古潞城，降为县。

其二，鲜州。武德五年（622 年）置，隶营州都督，万岁通天元年（696 年），迁于青州安置。神龙初，改隶幽州。天宝间领县一，户一百七，口三百六十七。辖县一：宾从县，初治营州界，自青州还，寄治潞县之古潞城。

而《新唐书》卷四三《地理志》记载："奚州九，府一。""九州"，除鲜州、崇州外，尚有：

顺化州。辖怀远一县。据《旧唐书·德宗纪》，建中二年（781 年）省。

---

① 《隋书》卷八四《北狄·奚传》，北京，中华书局，1982。

② （宋）司马光：《资治通鉴》卷一九三贞观四年八月条，北京，中华书局，1956。

③ 《旧唐书》卷三九《地理志》和《新唐书》卷三九《地理志》并云崇、鲜二州，武德五年析饶乐都督府置。而饶乐都督府置于开元二十二年，远在武德五年之后。故《旧唐书》和《新唐书》记载有误。

归义州归德郡。《新唐书·地理志》云："总章中以新罗户置，侨治良乡之广阳城。县一：归义。后废。开元中，信安王祎降契丹李诗部落五千帐，以其众复置。"按：燕州，天宝元年（742年）更名归德郡，此云以归义州为归德郡，误。另，既云奚州，而总章中先用来安置新罗户，开元中又安置契丹降户，很使人费解。归义州是本为奚州，后性质改变，改为新罗、契丹州，抑或三族共居一州，仍以奚人为主？暂且存疑。

"一府"，即奉诚都督府。奉诚都督府，即饶乐都督府，开元二十三年（735年）更名。贞观二十二年（648年），唐置饶乐都督府，并以奚五部各置州，各部首领为刺史，隶属于饶乐都督府。领州五：

弱水州，以阿会部置；

祁黎州，以处和部置；

洛瓌州，以奥失部置；

太鲁州，以度稽部置；

渴野州，以元俟析部置。

二、唐玄宗时期奚与唐王朝在河北的冲突

唐高宗、武则天时期，突厥开始复兴。与此同时，吐蕃向河西陇右大举进犯，同唐争夺对西域的控制权。在此背景之下，奚与契丹、突厥相表里，亦屡屡犯边。唐高宗显庆间，可度者死，奚遂叛。唐出军讨伐，斩其王匹帝。特别是万岁通天元年（696年），奚参与了契丹李尽忠、孙万荣为首的反唐叛乱，兵锋一度深入定、冀、瀛等河北中南部诸州，河北为之震动。直至神功元年（697年），唐才平息了这场叛乱。

唐景云元年（710年）十二月，奚、霫犯塞，掠渔阳（治今天津蓟县）、雍奴（治今天津武清西北），出卢龙塞而去。幽州都督薛讷追击之，不克。唐玄宗先天元年（712年）十一月，奚、契丹二万骑又犯渔阳，幽州都督宋璟闭城不出，奚和契丹大掠而去。

突厥可汗默啜晚年昏虐，诸部离散。开元四年（716年），默啜在北击拔曳固时被杀。随着后突厥汗国的衰落，奚又脱离突厥转附于唐。开元四年（716年）奚首领李大酺率所部来降，唐复置饶乐都督府，封李大酺为饶乐郡王，拜左金吾员外大将军、饶乐都督。① 次年，李大酺入朝，玄

① 《旧唐书》卷一九九《奚传》作"李大辅"。开元三年来降，以其地为饶乐州，封饶乐州都督。而《新唐书》卷二一九《契丹传》言为开元四年李大酺入朝。《新唐书》卷二一九《奚传》言开元二年李大酺降。

宗以宗室女固安公主妻之。开元十八年（730年）契丹可突于（或曰可突干）叛乱，杀其王邵固，胁迫奚众共降突厥。奚王鲁苏不能制，奔榆关（或作渝关，今河北山海关）投唐。玄宗诏幽州长史、知范阳节度事赵含章发清夷军（今河北怀来东南）讨破之，斩首二百级。“自是奚众稍稍归降”。[①] 开元二十年（732年），以信安王祎持节河北道行军副元帅，与赵含章出塞击奚和契丹，大破之。奚族首领李诗锁高等以其部落五千帐来降，诏以其地为归义州（治所在归义县，今北京房山区东北），李诗为归义王兼特进、左羽林军大将军同正，仍充归义州都督，移其部落于幽州界安置。[②] 1993年，在房山县（今北京房山区）出土了李诗墓志铭志盖。同时出土的还有其妻故贝国太夫人清河张氏墓志铭[③]。此可以与史籍进行印证，也是奚人在河北地区活动的实物见证。

河北地区尤其是燕山以南诸州，扼守燕山和太行山北支的长城一线，处于中原农耕文化与草原游牧文化的结合部，战略地位十分重要，“河朔一隅，地方千里，外捍夷狄，内辅成周”[④]。河北地区在唐初，不仅府兵较少设置，而且军镇出现也较晚，这与唐王朝定都于长安（今陕西西安），为了保障首都安全，致力于开拓西方，而在东北维持现状的战略方针有很大关系。陈寅恪先生指出：“李唐承袭宇文泰‘关中本位政策’，全国重心本在西北一隅，而吐蕃盛强延及二百年之久。故当唐代中国极盛之时，已不能不于东北方面采维持现状之消极政略，而竭全国之武力财力积极进取，以开拓西方边境，统治中央亚细亚，藉保关陇之安全为国策也。”[⑤]

由于突厥、奚和契丹的威胁日增，自唐高宗、武则天之后，唐王朝开始加强河北防御力量。营州都督治柳城（今辽宁朝阳），本以之镇抚奚、契丹。万岁通天元年（696年），李尽忠、孙万荣叛乱，营州被奚和契丹攻陷，是后寄治幽州东渔阳城。随着奚和契丹内附，开元五年（717年），唐又令宋庆礼复城营州。唐王朝加强河北防御的最大一个战略部署是设立幽州节度使。开元二年（714年），置幽州节度、经略、镇守大使，领幽、

① 《旧唐书》卷一九九《奚传》，北京，中华书局，1975。

② 《新唐书》卷二一九《奚传》，北京，中华书局，1975；《旧唐书》卷一九九《奚传》，北京，中华书局，1975。

③ 参见王策：《〈唐归义王李府君夫人清河张氏墓志〉考》，载《北京文物与考古》，2004（6）。

④ （宋）李昉：《文苑英华》卷四六一《李涵河北宣慰制》，北京，中华书局，1982。

⑤ 陈寅恪：《唐代政治史述论稿》，130页，上海，上海古籍出版社，1997。

易、平、檀、妫、燕六州。[①] 开元二十年（732年），以幽州节度使兼河北采访处置使，增领卫、相、洛（洺）、贝、冀、魏、深、赵、恒、定、邢、德、博、棣、营、鄚十六州及安东都护府。

开元七年（719年），唐设平卢节度使，以张敬忠为节度使，不久即以幽州节度使兼平卢节度使。天宝元年（742年），平卢又独立设镇，以安禄山为节度使，同时以裴宽为范阳（幽州）节度使。起始平卢节度使兼任押两蕃使，后转而由范阳节度使所兼。范阳节度使（即幽州节度使），临制奚和契丹，"故事，以范阳节度使为押奚、契丹使"。[②] 幽州节度使的设置主要就是为了防御奚和契丹。开元二十四年（736年），时任平卢讨击使的安禄山在讨伐奚和契丹时，由于恃勇轻进，为奚和契丹所败。在即将被节度使张守珪斩首之际，安禄山临刑大呼："大夫不欲灭奚、契丹邪，奈何杀禄山?"[③] 即以奚和契丹为说辞，果然打动了张守珪，免于被杀。

安禄山作为一个营州杂胡，能平步青云，身兼范阳、平卢、河东三镇节度使，其发迹史是与对奚和契丹的征伐紧密联系在一起的。史称，安禄山"欲以边功市宠，数侵掠奚、契丹"。[④] 他还"屡诱奚、契丹，假意设宴，饮以莨菪（莨菪子，生于海边川谷，有毒。以之酿酒，毒性尤甚）酒，醉而坑之，动数千人，函其酋长之首级以献，前后数四"。天宝九载（750年）十月，"献奚俘八千人，上（玄宗）命考课之日书上上考"。[⑤] 天宝十三载（754年）四月，安禄山奏击奚破之，虏其王李日越。[⑥] 次年，再破奚五千骑和契丹数部，除了杀戮外，还掠获生口、驼马、牛羊、甲杖一百三十二万。[⑦]

自开元二十一年（733年）张守珪为幽州节度使后，唐王朝逐渐扭转

① 司马光：《资治通鉴》卷二一一开元二年十二月条，北京，中华书局，1956。关于幽州节度使的成立时间，史书记载舛异，史界争论亦颇多，归纳起来有三种说法：景云元年（710年）、先天二年（713年）、开元二年（714年）。

② 《新唐书》卷二一九《契丹传》。按，在幽州节度使设立之前，一度由安东都护兼押两蕃。见《新唐书》卷二一九《契丹传》。而周绍良、赵超主编的《唐代墓志汇编续集》天宝073《李永定墓志》则径云安东都护薛泰为两蕃使。后又由平卢节度使（军使）押奚、契丹两蕃，这之后才转归范阳节度使。例如，据《资治通鉴》卷二一四开元二十九年（741年）八月，以安禄山为营州都督，充平卢军使，两蕃、勃海、黑水四府经略使。

③ （宋）司马光：《资治通鉴》卷二一四开元二十四年四月条，北京，中华书局，1956。

④ （宋）司马光：《资治通鉴》卷二一五天宝四载九月条，北京，中华书局，1956。

⑤ （宋）司马光：《资治通鉴》卷二一六天宝九载十月条，北京，中华书局，1956。

⑥ （宋）司马光：《资治通鉴》卷二一七天宝十三载四月条，北京，中华书局，1956。

⑦ （宋）王钦若：《册府元龟》卷四六四《将帅部·献捷》，北京，中华书局，1960。

了河北战场上对奚和契丹两蕃屡战失利的颓势。安禄山继任节度后，在大规模对奚和契丹用兵的基础上，由以前的被动防御，转变为主动进攻，并取得了很大战果，一定程度上维护了河北边境的稳定，保障了河北人民生命财产安全。但由于统治者贪图战功、穷兵黩武，又开始走向对奚等少数民族压迫和军事征服的消极一面。

从奚和契丹的一方面来看，奚与契丹都是游牧民族，逐水草而居，以冷陉山（一说即今内蒙古巴林右旗西北高原上的坝后；一说即今内蒙古扎鲁特旗南的奎屯山）为界，唇齿相依，历来关系十分密切。从7世纪后，在共同对抗唐的基础上，联合协作成为奚和契丹关系的主流。两国常递为表里，号曰“两蕃”。为了争夺牧地、水源、牲畜和人口，奚和契丹也经常发生战争。《隋书》卷八四《奚传》即云奚“每与契丹相攻击”。特别是在大部分时间里，契丹比较强盛，处于强势主导地位，奚则是附庸仆从。地位的相对失衡，更加剧了两者之间的矛盾。唐利用奚和契丹之间的矛盾，常常拉拢联合奚以打击契丹。奚和契丹之间的战争，构成了唐前期河北地区，在唐和奚战争之外的另外一种形式。《旧唐书》卷一九九下《奚传》云：奚“好与契丹战争”。同书《契丹传》亦言：契丹，“本臣突厥，好与奚斗，不利则遁保青山及鲜卑山”。

万岁通天元年（696年），契丹李尽忠、孙万荣叛乱中，奚开始参与了叛乱。由于突厥默啜偷袭契丹后方新城，使契丹处于唐和突厥两面夹击的窘境。在此情况下，奚人阵前倒戈，反戈一击，唐军神兵道总管杨玄基击其前，奚军击其后，契丹大败。“万荣委军走，残队复合，与奚搏，奚四面攻，乃大溃。”① 开元六年（718年），契丹李失活病死，娑固继立。可突于为静析军副使，骁勇得众心，娑固欲除去之。开元八年（720年），计划泄露，可突于反攻娑固，娑固逃奔营州。奚王李大酺助唐讨之，兵败被杀。② 开元二十一年（733年），可突于犯边，幽州节度使薛楚玉遣幽州道副总管郭英杰率万骑及降奚击契丹，屯于榆关之外，战于都山（亦名乌都山，今河北青龙满族自治县西北都山）下。可突于引突厥兵来合战。最后由于奚人首鼠两端，为保存实力，临战溃逃，导致郭英杰战死，唐军全军覆没。③ 天宝十载（751年）八月，安禄山发幽州、平卢、河东

---

① 《新唐书》卷二一九《契丹传》，北京，中华书局，1975。

② 《旧唐书》卷一九九下《奚传》云：“开元八年，大辅（即李大酺）率兵救契丹，战死”。误

③ 《新唐书》卷二一九《契丹传》，北京，中华书局，1975。

三道兵十余万，以奚骑二千为向导，大战潢水南，大败，死者数千。①

唐开元末至天宝初，契丹经过唐长期打击，加之频繁内乱，特别是在开元二十二年（734 年）衙官李过折斩可突于及屈列归唐，唐以李过折袭任松漠都督府都督后，契丹日衰。同年，可突于余党涅礼又杀李过折，屠其家。在频繁的内争中，契丹力量大损，与奚的力量对比也开始发生了变化，甚至开始臣属于奚。史称："自此契丹中衰，大贺氏附庸于奚王，以通于唐，朝贡岁至。"②

需要指出的是，尽管安史之乱前，奚与唐王朝屡有冲突战争，但朝贡、贸易等从未断绝，和平交往仍是关系的主流。即使是在冲突最烈的唐玄宗之世，奚族凡朝贡八次。③ 主要贡物有麝香、豹尾等，唐回赠以缎、绫、绢、帛等。

另外，从唐初即有大量奚人内迁，为了控制这些内附奚人，唐王朝在幽、营等州设置了鲜州、崇州、顺化州、归义州等羁縻府州。④ 大率而言，羁縻府州可以分为两种：一种就边外各国、部族的居住地而设，称之为外蕃；一种设置于边外各族迁入内地后的侨居地，称之为内蕃。⑤ 对奚而言，外蕃指在奚族本土所置饶乐都督府，内蕃指奚内附后所置鲜州、崇州、顺化州、归义州等州。在探讨奚族时，要将这两部分奚人区别开来。唐前期，与唐发生关系的主要是外蕃。安史之乱中，加入叛军，随叛军南下进入河北的则主要是内蕃。

三、安史之乱中奚族在河北的活动

天宝十四载（755 年）十一月，安禄山反于范阳。安史叛军中，包括多种少数民族。其中就有奚人。主要是所谓的"降奚"，开元天宝时期，安禄山征伐两蕃，常常利用降奚为前导。有的则直接征自幽营等地的羁縻府州。唐肃宗至德二载（757 年）正月，安史叛将尹子奇，"以归（当为'妫'——引者注）、檀及同罗、奚兵十三万趣睢阳"。⑥ 在十三万兵士

① 《新唐书》卷二一九《契丹传》。《资治通鉴》卷二一六天宝十载八月条，则言三道兵六万。

② 《辽史》卷六三《世表》，北京，中华书局，1974。

③ 《新唐书》卷二一九《奚传》，北京，中华书局，1975。

④ 《新唐书》卷四三《地理志七下》，北京，中华书局，1975。按，《地理志》云"奚州九，府一"，除了上面提到的四州外，其他五州为因奚原五部所置。

⑤ 谭其骧：《长水萃编》，148 页，石家庄，河北教育出版社，2000。

⑥ （宋）司马光：《资治通鉴》卷二一九至德二载正月条，北京，中华书局，1956。《新唐书·张巡传》亦载："尹子奇将同罗、突厥、奚劲兵与朝宗合，凡十余万，攻睢阳"。

中，奚人当不在少数。在攻打长安时，“通儒等裒兵十万阵长安中，贼皆奚”。[①] 有学者推算安史叛军中，奚族士兵约有十万。[②] 虽然数字不一定准确，但奚人数量庞大，是叛军主要力量之一，应是没有问题的。特别是安禄山养同罗、奚、契丹降者八千余人，谓之“曳落河”。曳落河者，“胡言壮士也”。[③] 在安禄山最精锐的“曳落河”中，即包括奚人。奚人作为游牧民族，长于骑射，向以勇悍著称，正如杜甫诗中所云：“黄头奚儿日向西，数骑弯弓敢驰突。”[④] 以至有的学者认为，安禄山从事征战的主力是奚和契丹。[⑤]

安史叛军中，最著名的奚人将领是李宝臣和张孝忠。李宝臣，字为辅，本范阳内属奚，善骑射。范阳将张锁高畜为假子，故冒其姓，名忠志。始为卢龙府果毅，为安禄山手下射生。从安禄山入朝，唐玄宗留为射生子弟，出入禁中，深得玄宗宠信。安禄山反，李宝臣遁归，更为安禄山假子。安禄山使其率骁骑十八人，劫太原尹杨光翙，挟之以出，后面河东追兵万余人竟然不敢逼近。土门，为河东进入河北的战略要地，安禄山使李宝臣驻土门，以扼井陉。至德二载（757 年），安禄山为其子安庆绪所杀，李宝臣又事安庆绪为恒州刺史。乾元元年至二年（758—759 年），唐九节度之师围安庆绪于相州，李宝臣归命于朝，肃宗仍任以恒州刺史，封密云郡公。史思明南下救援安庆绪，李宝臣复叛，响应史思明，勒兵三万固守，与屯于恒州的叛将辛万宝互为掎角。上元二年（761 年）三月，史思明被其子史朝义杀死，李宝臣不肯臣事史朝义，使裨将王武俊杀辛万宝，以恒、赵、深、定、易五州降唐。雍王李适（即以后的唐德宗）东讨，李宝臣献土门，纳王师，并助攻莫州。史朝义平，擢礼部尚书，封赵国公，名其军曰成德，即拜节度使。成德镇自此肇始。

张孝忠，原名张阿劳，曾祖靖、祖逊，为奚族乙失活部落酋帅。父谧，开元中以众归国，授鸿胪卿同正，后以张孝忠贵，赠户部尚书。张孝忠以骁勇闻于燕赵，与王武俊齐名。[⑥] 天宝末，以善射授内供奉，安禄山奏为偏将。安史之乱爆发后，叛军继陷河洛，张孝忠皆为前锋。史朝义败，转入李宝臣帐下。后叛李惟岳降唐，官至义武节度使。

---

① 《新唐书》卷二二五《安禄山传》，北京，中华书局，1975。

② 孟广耀：《安史之乱中的奚族》，载《社会科学战线》，1985（3），214 页。

③ （宋）司马光：《资治通鉴》卷二一六天宝十载二月条，北京，中华书局，1956。

④ （清）曹寅等辑：《全唐诗》卷二一六，杜甫《悲青坂》，北京，中华书局，1983。

⑤ 黄永年：《六至九世纪中国政治史》，332 页，上海，上海书店，2004。

⑥ 《旧唐书》卷一四一《张孝忠传》，北京，中华书局，1975。

范阳节度使的设置主要是为了防御奚和契丹的入侵。但由于安史之乱的爆发，安禄山率领主力和精锐南下，其后方幽州一线的防御力量变得十分薄弱。于是奚和契丹趁机南下。天宝十五载（756 年）五月，奚、契丹数出北山口（即古北口，今北京密云东北），至于范阳，俘劫牛马子女，止城下累日，城中只有羸兵数千，留守主将向润客等无可奈何，幽州形势一度岌岌可危。①

平卢本为安禄山发迹之地，曾任平卢兵马使和平卢节度使。他发动叛乱后，以平卢节度副使吕知诲担任留守。时平卢内部分为勤王和叛乱两派，双方斗争十分激烈。勤王派刘客奴（后改名刘正臣）、王玄志等人杀死吕知诲，唐廷遂任命刘客奴为平卢节度使。至德元年（756 年）六月，唐朔方节度使郭子仪等引兵北上，入井陉，挺进河北。亲唐的平卢节度使刘正臣与奚王阿笃孤联合袭击范阳，以与北上的唐军南北配合。起初平卢军进展很顺利，连下渝关、北平、渔阳，但不久潼关失守，唐玄宗西幸，战局急转直下。后肃宗于灵武即位，使中使召朔方、河东兵马于行在，郭子仪、李光弼奉命回军。在此局势下，刘正臣亦不得不回师北归。至后城南，奚王阿笃孤倒戈，攻击刘正臣，平卢兵马使李忠臣（即董秦）与之合战，至温泉山，破之，擒奚大首领阿布离。② 温泉山，地望不详。按，平州石城县有温泉栅（今河北滦县西北棒子镇东北）为戍守要地。《旧唐书》卷一二一《仆固怀恩传》云，唐广德二年（764 年），史朝义兵败，欲北入奚、契丹，"至平州石城县温泉栅，穷蹙，走入长林自缢"。《资治通鉴》卷二二二代宗广德元年正月条胡注云，温泉栅在平州界石城县东北。温泉栅盖即温泉山而置，或相距不远。刘正臣之后，王玄志、侯希逸先后继任平卢节度使。平卢在叛军进攻下，处境十分艰难，"救援既绝，又为奚所侵"。③ 上元二年（761 年）十二月，节度使侯希逸悉举其军二万余人，浮海退往青州，至此平卢沦陷。

从上面可以看出，在安史之乱爆发后，内附的奚族随叛军南下进入河北，而作为外蕃的奚族利用唐与叛军鏖战之际，或助唐讨伐叛军，或助叛军击唐，游离于两者之间。在看似矛盾的背后，其目的则是一致的，即在乱局中以图扩展势力，并掠夺财物、人口等。毋庸置疑，安史之乱期间唐军和叛军是斗争的主角，但奚族作为第三方的介入，进一步加剧了河北斗

① （唐）姚汝能：《安禄山事迹》卷下，北京，中华书局，2006。

② 《新唐书》卷二二四《李忠臣传》，北京，中华书局，1975；《旧唐书》卷一四五《李忠臣传》，北京，中华书局，1975。

③ （宋）司马光：《资治通鉴》卷二二二上元二年十二月条，北京，中华书局，1956。

争态势的复杂化。

四、奚族与唐后期河北藩镇

安史之乱结束后，河北地区陷入割据，形成了幽州、魏博、成德为代表的河北三镇。河北三镇特别是成德镇和幽州镇与奚族有很大关系。

（一）奚族与成德镇

1. 李宝臣家族

首先，成德镇就是奚人李宝臣建立的。李宝臣，史书称其，“本奚族，不知何氏，至宝臣为张锁高养子，冒姓张氏，后赐姓李氏”。李宝臣曾祖素，左骁卫大将军。祖父越，左金吾卫大将军。父佶，左武卫大将军。[①] 其曾祖、祖、父事迹不详，其官职当是李宝臣显达之后的追赠。河北正定隆兴寺内保存有一块李宝臣残碑，残缺磨泐颇甚，残存不过十五行。从各种迹象来看，此残碑当是李宝臣的神道碑。碑文记载，李宝臣“世居柳城”，即营州，其中也提到了其曾祖素的名字。[②]《新唐书·宰相世系表》的记载是否采自此碑，不敢断言，但李宝臣祖上素、越、佶这些汉名颇使人生疑，疑出自伪托。

李宝臣为成德节度使，拥有恒、定、易、赵、深、冀六州之地，马五千，步卒五万，史称其“财用丰衍，益招来亡命，雄冠山东。与薛嵩、田承嗣、李正己、梁崇义相姻嫁，急热为表里”[③]。唐代宗大历三年（768年），魏博田承嗣吞并相、卫诸州，唐代宗纠合诸镇讨伐，李宝臣攻取洺、瀛等州。后为田承嗣所间，李宝臣转而进攻友军幽州节度使朱滔，从而成德、幽州结怨。俄进封陇西郡王，又拜同中书门下平章事。唐德宗即位，拜司空。

李宝臣主政恒州（治今河北正定）期间，也不无德政。据现存正定，刻于永泰二年（766 年）的《李宝臣纪功碑》记载，至德三年（758 年）滹沱河泛滥，水溢至城，李宝臣发动民众修堤疏导。上元元年（760 年）夏大旱，百谷如焚。李宝臣主动减膳食，发动民众抗旱。当时黄河以北普遭饥荒，而恒州却获丰年。以至在他统治下，出现了“士驯业，农力穑，

---

① 《新唐书》卷七五下《宰相世系表五下》，北京，中华书局，1975。

② 冯金忠、陈瑞青：《唐成德军节度使李宝臣残碑考释》，载《中国历史文物》，2009（4）。

③ 《新唐书》卷二一一《李宝臣传》，北京，中华书局，1975。

工就务，商通货，四者各正”① 的繁荣兴旺景象。

由于时势所迫，李宝臣虽然降服唐王朝，但仍时有不臣之心，史称李宝臣，“既贮异志，引妖人作谶兆”。② 晚年猜忌多疑，他担心去世后，其子李惟岳暗弱，难以驾驭功臣宿将，遂杀大将辛忠义、卢俶、许崇俊、张南容、张彭老等二十余人，并籍没他们的赀产，导致上下愁怨。他还崇信术士，妄图长生不死，为丹书、灵芝、朱草，斋于别室，无所不用其极。建中二年（781 年）春，服道士丹药中毒而死，遗表请以其子李惟岳领军，诏赠太傅。

李惟岳，为李宝臣嫡子，少为行军司马、恒州刺史。李宝臣死后，军中推为留后，求袭父位。唐德宗为革除河北藩镇世袭之弊，断然拒绝，并发兵讨伐。其部将王武俊杀李惟岳降唐。李宝臣另有子惟诚、惟简。李惟诚为李惟岳异母兄，史称其“尚儒术，谦裕，宝臣爱之，使决军事，以惟岳正嫡，固让不肯当。其妹妻李纳，故宝臣请惟诚复故姓，而仕诸郓，为纳营田副使，四为州刺史”③。据《新唐书》卷七五《宰相世系表》云李惟诚所任为淄青镇之濮州刺史。李惟简，在李惟岳叛乱之时，奉其母郑氏奔京师，后官至凤翔节度使，检校户部尚书、武安郡王。李宝臣家族在成德凡传二世，二十年。到李惟简、李惟诚时已经离开了河北。

2. 王武俊家族

李宝臣家族被消灭后，代之而立的王武俊家族也可能为奚人。王武俊，原名没诺干，字元英。父路俱，开元中，与饶乐都督李诗等五千帐内附，入居蓟。两《唐书》均记载王武俊为契丹怒皆部人。《资治通鉴》沿袭两《唐书》的说法，亦云为契丹人。但孟广耀先生指出，仅奚有怒皆部，王武俊系奚王李诗麾下，开元中降唐，显然是奚人。两《唐书》均误。④

王武俊初为李宝臣部将，宝应初劝李宝臣降唐。大历十年（775 年），唐代宗纠集诸道讨伐魏博。因李宝臣为朝廷所派的宦官所辱，王武俊怂恿李宝臣与田承嗣、李正己等联合反唐。建中二年（781 年）春，李宝臣

① 此碑文见（清）董诰主编：《全唐文》卷四四〇，王佑：《成德军节度使开府仪同三司检校尚书右仆射兼御史大夫恒州刺史充管内度支营田使清河郡王李公纪功载政颂》，北京，中华书局，1983。

② 《新唐书》卷二百一一《李宝臣传》，北京，中华书局，1975。

③ 《新唐书》卷二一一《李宝臣传》，北京，中华书局，1975。

④ 孟广耀：《唐代奚族驻牧范围变迁考论》，载《内蒙古师范大学学报》，1983（1），119 页注。

卒，其子李惟岳自为留后。唐德宗下诏讨伐。王武俊在受李惟岳猜忌以及叛军节节失利的情况下，与其子王士真内外联合，诛杀了李惟岳，因功拜恒州刺史、恒冀都团练使。但王武俊心不止此，因对唐廷分割成德，将深、赵二州界与同列康日知大为不满，遂转与朱滔、田悦、李纳等三镇联合叛唐，自称赵王。兴元初，唐德宗下诏罪己，王武俊去王号归唐，拜成德节度使。正当形势开始出现转机之时，唐军平叛主将、朔方节度使李怀光又反，朱滔引回纥兵将与朱泚合势攻唐，淮西节度使李希烈称帝，攻陷大梁，形势又急转直下，唐廷命悬一线。王武俊与泽潞李抱真等合兵大破朱滔，以功加检校太尉、中书令。贞元十七年（801 年）六月，王武俊卒，其长子王士真继立。顺宗即位，王士真进位检校司空。元和初（806 年），就加中书门下平章事。元和四年（809 年）三月卒，享年 51 岁，赠司徒，谥曰景襄。史称王士真，“佐父立功，备历艰苦，得位之后，恬然守善，虽自补属吏，赋不上供，然岁贡货财，名为进奉者，亦数十万，比幽、魏二镇，最为承顺”。①

王士真死后，军中推其子承宗为留后。唐宪宗欲革除河朔故事，“久不报，伺其变”②，故意迟迟不任命王承宗嗣任节度，等待成德军中发生内乱。王承宗无奈之下，表示愿割让德、棣二州献于朝廷。唐宪宗至此才以王承宗检校工部尚书嗣领节度，而任命德州刺史薛昌朝为保信军节度使，统德、棣二州。薛昌朝，原相卫节度使薛嵩之子，与王承宗为姻亲，唐宪宗因欲离其亲将，故命之。果然，王承宗闻讯勃然大怒，诏命未至，他派人驰骑劫持薛昌朝而归，囚之。唐宪宗下诏复任命棣州刺史田涣为二州团练守捉使，遣中人传诏令归还薛昌朝。王承宗拒不奉诏，唐宪宗一怒之下诏削王承宗官爵，遣权宦吐突承璀率左、右神策及河中、河阳、浙西、宣歙诸镇之兵以讨之。由于诸道军彼此观望，故持久无功，加之粮运不继，王承宗又上表谢罪，唐宪宗只好仍以德、棣二州归还成德，并罢诸道兵。淮西吴元济叛乱时，王承宗与淄青节度使李师道相勾结，暗通吴元济。还派人火烧河阴漕院、刺杀宰相武元衡、断建陵门戟、燔烧献陵寝宫，唐宪宗忍无可忍，于元和十一年（816 年），再度下诏削夺王承宗官爵，令河东、义武、卢龙、横海、魏博、昭义六节度兵进讨，大抵数十万，环地数千里，以分其势。然唐军营屯离置，号令不一，故互相观望。次年吴元济平，王承宗忧惧之下使牙将石泛奉二子至魏博，通过魏博节度

① 《旧唐书》卷一四二《王士真传》，北京，中华书局，1975。

② 《新唐书》卷二一一《王承宗传》，北京，中华书局，1975。

使田弘正求入侍，且请归德、棣二州，入租赋，待天子署吏。及是乃诏复王承宗官爵，以华州刺史郑权为横海节度使，统德、棣、沧、景等州。复王承宗实封户三百，以所部饥荒，赐帛万匹。及淄青李师道平，王承宗奉法益谨，上表请求成德辖区诸州录事参军、判司、县主簿、县令等都由朝廷任命。元和十五年（820年）死，赠侍中。军中推其弟承元为留后。王承元不敢擅任，诏徙为义成军节度使。

王承宗继立后，“不能叶诸父，皆奔京师”。[1] 王士则被唐廷任命为神策大将军，甚至占籍京兆府，王氏家族开始分裂。特别是王承宗去世后，继立的王承元迫于内外交困，上表归顺中央，举家迁离河北。至此王武俊家族退出了河北历史舞台。

河北三镇的节度使父死子继或兄终弟及，这在成德镇表现最为典型。成德镇从第一任节度使李宝臣到最后一任王镕，一百六十年的历史中，由李宝臣李氏家族、王武俊王氏家族和王廷凑王氏家族三个家族所统治。其中，王武俊家族历经王武俊、王士真、王承宗、王承元三代四世，近四十年。如果加上李宝臣家族，奚人统治成德达六十余年，其时间占整个成德镇存在的37.5%。奚人对成德镇的巨大影响可见一斑。

（二）奚族与义武镇

义武镇建立者张孝忠也是奚人。安史之乱中，史朝义败，张孝忠入李宝臣帐下，历飞狐、高阳二军使，甚得李宝臣信任，以妻妹谷氏嫁之，并悉以易州诸镇兵马令其统制。张孝忠前后居城镇十余年，甚著威惠。大历中，田承嗣进犯冀州，李宝臣令张孝忠以精骑数千出上谷，屯贝丘以御之。田承嗣见张孝忠军容整严，叹息道：“阿劳在焉，冀未可图也。”即焚营而去。[2] 及李宝臣与幽州朱滔战于瓦桥（今河北雄县南），常虑朱滔来攻，又任命张孝忠为易州刺史，选精骑七千，以捍幽州。后擢太子宾客，封符阳郡王。

李宝臣晚年猜忌诸将，杀大将军李献诚等后，又召张孝忠，张孝忠自知前去凶多吉少，故以种种借口推辞不往。李宝臣复使张孝忠之弟孝节召之。张孝忠说：“诸将无端受戮，我担心有生命之忧，故不敢往。”张孝节见状哭诉道：“您不应召，李宝臣一定会杀死我的。”张孝忠安慰他：“假如我和你一起回去，我们两个都会没命的。你放心好了，我在外面拥有重兵，李宝臣必不敢杀你。”李宝臣担心张孝忠作乱，投鼠忌器，果然

① 《新唐书》卷二一一《王承宗传》，北京，中华书局，1975。
② 《新唐书》卷一四八《张孝忠传》，北京，中华书局，1975。

不敢杀张孝节。

建中二年（781 年），李宝臣死后，其子李惟岳擅为留后，唐廷诏朱滔以幽州兵讨之。朱滔忌张孝忠善战，担心出师后张孝忠偷袭自己的后方，便遣人劝张孝忠以易州归国。张孝忠遂降唐，唐德宗嘉之，擢张孝忠为检校工部尚书、成德军节度使，令与朱滔并力攻讨李惟岳。二军大败李惟岳于束鹿（今河北辛集），朱滔欲乘胜袭恒州，而张孝忠竟私自引军西北，屯于义丰。诸将不知何故，纷纷请战，张孝忠说："本求破贼，贼已破矣，而恒州多宿将，迫之则死斗，缓之则改图。且滔言大而识浅，可以虑始，难与守成。故吾坚壁于此，以待贼之灭耳。"[①] 朱滔见状亦屯于束鹿，不敢进。月余，王武俊果斩李惟岳首级来献。不久，定州刺史杨政义以州降于张孝忠，张孝忠遂有易、定二州。平定李惟岳之乱后，唐德宗不欲以一人奄有成德，乃将成德一分为三。其中于定州置义武军，以张孝忠检校兵部尚书，为义武军节度、易定沧等州观察等使。

建中"四镇之乱"中，朱滔遣人劝张孝忠同反，被严词拒绝。朱滔复啖以金帛，张孝忠皆不受。易、定介于幽州和成德二镇间，张孝忠乃浚沟垒，修器械，感厉将士，乘城固守。朱滔悉兵攻之，唐德宗下诏李晟、窦文场率师救援，朱滔乃解围而去。德宗出幸奉天（今陕西乾县），张孝忠遣大将杨荣国以锐卒六百，佐李晟赴难勤王，收复京师。兴元初，进拜同中书门下平章事。贞元二年（786 年），河北大蝗，百姓饿死的尸体堆积如山。张孝忠率先垂范，不食荤腥，每天只吃一些豆子，人服其俭，当时号为贤将。第二年，迁检校司空。唐朝廷为示优宠，下诏以义章公主下嫁张孝忠之子茂宗。张孝忠遣妻入朝，执亲迎之礼，唐德宗嘉之，赏赉甚厚。贞元五年（789 年），因与成德发生边界纠纷，张孝忠以兵袭蔚州，驱掠人畜。唐德宗下诏责之，张孝忠奉诏还镇。有司弹劾张孝忠以擅兴之罪，遂削司空，贬为检校尚书左仆射。次年复还其官。贞元七年（791 年）三月张孝忠卒，谥曰贞武。子茂昭继立。

张茂昭，本名昇云，唐德宗时赐名茂昭。少沈毅，颇通书传，累擢检校工部尚书。张孝忠卒，唐德宗以邕王谅为义武军节度大使，以张茂昭为留后，封延德郡王。贞元九年（793 年）二月，正拜节度使。张茂昭曾入朝，向唐德宗从容言河朔之事，德宗竦然听之，连连感叹："恨见卿晚！"召宴麟德殿，赐良马、甲第、器币优具，诏其子克礼尚晋康郡主。唐德宗方倚张茂昭经置北方，但后因崩殂而事未果。故张茂昭每入临，想起德宗

① 《新唐书》卷一四八《张孝忠传》，北京，中华书局，1975。

之宠遇，总是哀不自胜。唐顺宗立，进同中书门下平章事，复遣之镇，赐女乐二人，张茂昭上表固辞不受。但顺宗以为张茂昭不过是谦让，便直接派使者将女乐送到了他的府邸门口。张茂昭对朝廷使者表白道："天子女乐，非臣下所宜见。昔汾阳（指郭子仪——引者注）、咸宁（指浑瑊——引者注）、西平（指李晟——引者注）、北平（指马燧——引者注）皆有大功，故当是赐。今下臣述职以朝，奈何滥赏？后日有立功之臣，陛下何以加之？"① 顺宗复赐安仁里第，亦让而不受。唐宪宗元和二年（807年），张茂昭又请入朝，五奏乃听。又上奏请留于京师，朝廷不许，加兼太子太保。元和四年（809年），张茂昭奉诏讨伐成德王承宗，披坚执锐，自为前锋。令其子克让、从子克俭与诸军分左右翼包抄叛军，大败之。会有诏班师，加检校太尉、兼太子太傅。次年，恳辞义武军节度使，举族还长安。"自安、史之乱，两河藩帅多阻命自固，父死子代；唯茂昭表请举族还朝，邻藩累遣游客间说，茂昭志意坚决，拜表求代者数四。"② 张茂昭以易、定二州之簿书、管钥、符印交付后任者任迪简，遣其妻季氏、子克让、克恭等先就路，将行，诫之曰："吾使尔曹侍亲出易者，庶后之子孙不为风俗所染，则吾无恨矣。"③ 元和六年（811年）二月卒。朝廷辍朝五日，册赠太师，谥号献武。张茂昭不仅举族迁离河北，还上表请迁祖考之坟墓于京兆。

虽然张茂昭家族这一支离开了河北，但其他旁支仍留在了河北，任职于当地，并以上谷（即易州，治今河北易县）作为郡望。据张祐明墓志载，墓主张祐明的伯父即为张孝忠。其父庭光，为易州刺史达十年。张祐明本人也长期于易州任职，历任节度要籍、同十将、易州都押衙等。开成五年（840年），卒于慈善坊之私第。有子守行、守礼。以会昌三年（843年）九月葬于先茔西北。④ 另外，张锋墓志云，其先上谷人。远祖为张孝忠，曾祖庭光。以此来看，张锋当为张祐明的孙辈。张锋以大中二年（848年）五月卒于定州宁国坊，享年四十一。有子二人：长曰刘十，次曰刘十一。有弟二人：长曰铢，任义武军节度衙前虞候，次曰锡。以大中

① 《旧唐书》卷一四一《张茂昭传》，北京，中华书局，1975。
② 《旧唐书》卷一四一《张茂昭传》，北京，中华书局，1975。
③ 《旧唐书》卷一四一《张茂昭传》，北京，中华书局，1975。
④ 吴钢主编：《全唐文补遗》第7辑，415页，《唐易州押衙张祐明墓志》，西安，三秦出版社，2000。

三年二月，合祔于唐县唐城乡东张村古原。[①]

魏博镇的史宪诚，《旧唐书》和《新唐书》本传都云，本先奚人，后内徙灵武建康。但森部丰和荣新江都认为史宪诚为粟特人后裔。[②] 其说甚是，兹不赘述。

总之，唐前期的内附奚人随着安史叛军南下，播迁到河北各地，其中的奚人李宝臣建立了成德镇，手下王武俊、张孝忠也都为奚人，奚人势力在成德得到了蓬勃发展。随着张孝忠从成德分离，另建立义武镇，奚人又随之分布到易、定等州。这些内附奚人在进入河北之后，原有的部落组织被打破，改变了"逐水草畜牧，居毡庐"[③] 的原有生活方式。他们普遍走向了定居、农耕的生产生活方式，与包括汉族在内的各族杂居通婚。例如，李宝臣之弟李宝正，为魏博田承嗣之婿。其子李惟岳之妹妻李纳。就是李宝臣本人也娶汉族大姓郑氏、谷氏、王氏等为妻[④]，张孝忠之子茂和娶朱滔之女。随着时间的推移，在河北强大的汉文化影响下，这些奚人的命运只有一个，就是一步步与汉族融合，连姓名也都改从了汉名汉姓。李宝臣之子李惟诚，史称其"尚儒术，谦裕"。[⑤] 张孝忠之子张茂昭"好儒书"[⑥]，如此等等，都是对奚人与汉族民族融合的真切反映。

（三）奚族与幽州镇

河北藩镇与奚族的关系，另外一个表现是唐后期幽州镇对奚族入侵的抵御。"卢龙诸州，自唐中世以来自为一域，外而捍御两蕃，内而连兵河朔，其力常有余。"[⑦] 这里所说的奚人是仍居于原地的奚族，也就是所谓的外蕃。

---

① 周绍良、赵超主编：《唐代墓志汇编》，2270页，大中026《唐故上谷郡张府君墓志铭》，上海，上海古籍出版社，1992。又见于吴钢主编：《全唐文补遗》第4辑，183页，《张锋墓志》，西安，三秦出版社，1997。

② 参见荣新江：《北朝隋唐粟特人之迁徙及其聚落》，见《中古中国与外来文明》，90页，北京，生活·读书·新知三联书店，2001；又见氏著《安史之乱后的粟特人的动向》，载《暨南史学》第2辑，112页；森部丰：《唐后期至五代的粟特武人》，见荣新江主编：《粟特人在中国——历史、考古、语言的新探索》，229页，北京，中华书局，2005。

③ 《新唐书》卷二一九《奚传》，北京，中华书局，1975。

④ 郑氏、谷氏，见《旧唐书》和《新唐书》。王氏的情况见周绍良、赵超主编：《唐代墓志汇编续集》，大历022《唐瑯琊郡王夫人墓志》，上海，上海古籍出版社，2001。

⑤ 《新唐书》卷二一一《李宝臣传》，北京，中华书局，1975。

⑥ 《旧唐书》卷一四一《张孝忠传》，北京，中华书局，1975。

⑦ （宋）司马光：《资治通鉴》卷二六九均王贞明三年七月条，北京，中华书局，1956。

河北藩镇的产生以至消灭，和奚、契丹始终有着紧密的联系。[①] 在河北藩镇中，幽州镇位于最北边，与奚族毗邻，防御奚族的任务主要是由幽州镇来承担的。与唐前期奚叛服不常相比，唐后期北疆相对安静。这既由于奚族本身实力削弱，也与唐廷特别是幽州镇对奚的政策转变有很大关系。

经过安史之乱，唐王朝由盛转衰，边境防御力量大为削弱，由唐前期的主动进攻，转为被动防御。对于河北地区而言，史称："自至德后，藩镇擅地务自安，鄣戍斥候益谨，不生事于边，奚、契丹亦鲜入寇，岁选酋豪数十入长安朝会，每引见，赐与有秩，其下率数百皆驻馆幽州。"[②] 奚族在安史之乱后，仍与唐王朝保持着密切的关系，朝贡仍比较频繁。奚王及其各级酋长不断接受唐的封爵、赐姓和赏赉。至德、大历间，奚凡朝献十二次。德宗时，两朝献。元和元年（806 年），奚王饶乐府都督、归诚王梅落入朝，拜检校司空、归诚郡王。宪宗之世，奚凡四朝献。[③] 鉴于奚使往来频仍，人数众多，唐王朝为节省支出，元和十一年（816 年）专门对使团的人数加以限制，规定奚使团行至幽州时，选其酋渠三五十人赴阙，其余成员留在幽州。

虽然安史之乱后，奚与唐王朝之间的关系以和平友好为主流，但也不时爆发一些冲突，特别是"贞元、元和之后，奚、契丹渐盛"。[④] 随着奚族力量的增强，奚又开始犯边。唐德宗贞元四年（788 年）七月，奚甚至西进到振武（治今内蒙古和林格尔西北）一带，大掠人畜而去。河北地区与奚毗邻，更经常遭其侵轶。正如李商隐所云，"幽朔巨都，全燕重地，荐臻奚寇，扰乱边人"。[⑤] 贞元中，奚"掠檀、蓟北鄙"。[⑥] 贞元十一年（795 年）四月，幽州节度使刘济北讨奚，至青都山（今河北宽城与青龙两县间的马都山）下，大破奚王啜剌等六万余众。[⑦] 元和三年（808 年），以奚族首领索氏为左威卫将军、檀蓟两州游弈兵马使。四年，以没

① 黄永年：《唐代河北藩镇与奚契丹》，见《中国古代史论丛》第 2 辑，福州，福建人民出版社，1982 年。又见氏著《六至九世纪中国政治史》，289～313 页，上海，上海书店，2004。

② 《新唐书》卷二一九《契丹传》，北京，中华书局，1975。

③ 《新唐书》卷二一九《奚传》，北京，中华书局，1975，《旧唐书》卷一九九《奚传》，北京，中华书局，1975。

④ （宋）司马光：《资治通鉴》卷二五三广明元年七月条胡注，北京，中华书局，1956。

⑤ （清）董诰：《全唐文》卷七七二李商隐《为荥阳公贺幽州破奚寇表》，北京，中华书局，1983。

⑥ 《新唐书》卷二一二《刘济传》，北京，中华书局，1975。

⑦ 《旧唐书》卷一四三《刘济传》，北京，中华书局，1975；《新唐书》卷二一二《刘济传》，北京，中华书局，1975。

辱孤为右领军卫将军员外同正、平州游弈兵马使，皆赐李姓。然奚人阴结回鹘、室韦兵犯西城、振武。[①] 大和四年（830 年），奚复犯边，幽州节度使李载义破之，执奚大将二百余人，缚其帅茹羯献于朝廷。唐文宗对茹羯不仅未杀，反而赐以冠带，授右骁卫将军。[②] 唐武宗会昌年间（841—846 年），奚人不断南下，掠夺幽州地区。大中元年（847 年），北部诸山奚悉叛，幽州节度使张仲武擒酋渠，烧帐落二十万，羊牛七万，辎贮五百乘，献于京师。

（四）唐末五代的西奚

安史之乱后，奚役属于回鹘，回鹘在奚地设监护使。唐文宗开成五年（840 年），回鹘汗国瓦解，奚族才摆脱了回鹘的统治。唐末，契丹崛起，光启年间（885—887 年），契丹大败奚王吐勒斯，奚人元气大伤。9—10 世纪之交，契丹首领阿保机对奚族交替采用战争和诱降手段，后梁开平五年（911 年），终于征服了奚族，奚族五部先后纳入了契丹的统治。

唐代奚族驻牧范围的变迁，表现为不断的南下和西进。从整个唐代来看，南下是主要的。当南下由于幽州节度使屏翰防御，一再受挫时，又不得不转而西进。唐玄宗天宝元年至二年（742—743 年），奚便曾西进到桑干河畔。唐晚期，奚开始全线性向西发展。他们或沿滦河河谷，跨阴山，或直接越千里松林，来到滦河中上游。[③]

唐末，奚人居于阴凉川，地当营州之西、幽州之西南。有人马二万骑，分为五部。后徙居琵琶川，在幽州东北数百里。阿保机时期，征服了包括大部分奚在内的周邻各族。奚人臣属于契丹，虽然形式上仍保留了奚王，但受契丹严密监视，并承担了沉重的赋税、徭役和军役义务。契丹将大量奚人丁壮编入军队，为契丹作战，“常为契丹守界上”[④]。由于不堪忍受契丹的苛虐统治，奚王去诸以别部西徙妫州（治今河北怀来东南），依北山而居，归附于幽州节度使刘守光。北山即今大马群山。自此奚人分为两支：去诸所率迁徙到妫州北山这一支，称为西奚；仍居于琵琶川的奚

① 《旧唐书》卷一九九《奚传》，北京，中华书局，1975。而《新唐书》卷二一九《奚传》似系于元和元年。

② 《册府元龟》卷九八七《外臣部·征讨》，北京，中华书局，1960；《旧唐书》卷一八〇《李载义传》，北京，中华书局，1975。

③ 孟广耀：《唐代奚族驻牧范围变迁考论》，载《内蒙古师范大学学报》，1983（1）。

④ 《新五代史》卷七四《四夷附录·奚》，北京，中华书局，1974。

人，称为东奚。[1] 西奚依北山射猎，常采北山麝香、人参贿赂刘守光以自托，族众发展至数千帐。妫州，唐贞观八年（634 年）改北燕州置，治所在怀戎县（今河北涿鹿西南），武则天长安初年（701 年），移治今怀来县东南。辖境相当于今河北张家口市及怀来、赤城、崇礼、张北、怀安、涿鹿等县地。天宝元年（742 年），改名为妫川郡，乾元元年（758 年）复旧。

西奚的逃亡，当然令契丹无法容忍。唐哀帝天祐三年（906 年），阿保机讨伐幽州节度使刘仁恭，“还，袭山北奚，破之”[2]。辽太祖五年（911 年），阿保机又“亲征西部奚。奚阻险，叛服不常，数招谕弗听。是役所向辄下”。[3] 西奚虽然进行了顽强的抵抗，但由于实力悬殊，根本无力阻挡强大的契丹兵锋，契丹军队很快占领了这一地区，又分兵讨东部奚，亦平之。于是“尽有奚、霫之地。东际海，南暨白檀，西逾松漠，北抵湟水，凡五部，咸入版籍”[4]。并刻石纪功于滦河之畔。辽太祖神册元年（916 年）改妫州为可汗州。据《辽史·太宗纪三》记载，辽太宗十二年（937 年）春正月，“遣国舅安端发奚西部民各还本土”。在契丹强大压力下，西奚被迫离开妫州，返回东北故土。此后，这一支奚人尚见诸史籍。《新五代史·奚传》载：“后（耶律）德光灭晋，拽剌常以兵从。其后不复见于中国。”按，耶律德光灭后晋在开运三年（946 年）十二月。此后，西奚完全退出了历史舞台。西奚在妫州经过了去诸、扫刺、拽剌祖孙凡三代，近四十年。

20 世纪 80 年代末，在北京延庆县县城西 22 公里的张山营镇东门营村北的峡谷中，发现了一百余个人工开凿的山洞居室，当地人称为洞沟石穴群（即古崖居）。该崖分为前、中、后三部分，全部开凿在沙砾岩壁上，洞口毗邻，错落有致。前后沟共计 117 个洞。这些洞穴有单间、有两套间，也有三套间，有的上下相通，有的左右相连，还有的一洞多门，四通八达。洞内凿有石灯台、石灶台、食槽、石炕等，排烟道、气孔、户枢、门框等痕迹都清晰可辨。有学者考证为唐末五代时西奚所开凿。[5]

---

① 《新五代史》卷七四《四夷附录·奚》，北京，中华书局，1974；《新唐书》卷二一九《奚传》，北京，中华书局，1974。

② 《辽史》卷一《太祖纪上》，北京，中华书局，1974。

③ 《辽史》卷一《太祖纪上》，北京，中华书局，1974。

④ 《辽史》卷一《太祖纪上》，北京，中华书局，1974。

⑤ 陈瞀：《西奚与古崖居》，载《中央民族大学学报》，1998（3），48 页。

图 4－6　北京延庆古崖居

五、辽金时期的河北奚族[①]

奚族长期保持着部落分立，不相统一的状态，史称“奚有十三部、二十八落、一百一帐、三百六十二族”。[②] 虽然部族强悍，但由于诸部林立，势力分散，未能像契丹那样形成一个统治核心并建立国家，故长期为契丹（辽）分而制之，受统于契丹。宋人叶隆礼《契丹国志》云：“由古北口至中京北，皆奚境。”辽将奚族分成两个部分，采取不同的统治形式。其中奚迭剌部等七部，隶南府，由辽朝廷直接统治。这些部众受契丹影响较大，不同程度地契丹化。另一为奚王府所辖诸部，分布于辽中京（今内蒙古宁城境内）附近，仍保留了原有部落组织，置有奚王。《辽史·营卫志》载：“契丹故俗，分地而居，合族而处。有族而部者，五院、六院之类是也；有部而族者，奚王、室韦之类是也。”在奚王之外，还设置了宰相、常衮等官职，均由奚人担任。

这种情况在辽金嬗代之际发生了改变，奚族终于建立了自己的国家，虽然在历史上只是昙花一现。奚国的建立者为回离保。回离保，一名翰（或作幹），字挼懒，奚王忒邻之后。自幼善骑射，矫捷而勇，颇知文史，与其兄鳖里剌齐名。大安中（1085—1095 年），车驾幸中京，补护卫，稍迁铁鹞军详稳。天庆间（1115 年左右），徙北女直详稳，兼知咸州路兵马

① 为了完整叙述奚族的发展史，特将辽金时期河北奚族的活动放在本节中叙述。

② 《金史》卷六七《奚王回离保传》，北京，中华书局，1975。

事，改东京统军。既而诸蕃入寇，悉破之，迁奚六部大王，兼总知东路兵马事。

辽末，金大举攻辽，势如破竹，保大二年（1122 年），攻占中京（今内蒙古宁城），辽天祚帝仓皇外逃，回离保率吏民于燕京（今北京）拥立秦晋国王耶律淳为帝。耶律淳以回离保知北院枢密事，兼诸军都统。不久，耶律淳病死，其妻萧妃权摄国事。是年，金兵由居庸关而入，回离保与耶律大石保护萧妃逃出古北口（今北京密云一带），至松亭关，二人因去向意见分歧分道扬镳。耶律大石和萧妃率众西依天祚帝，而回离保则率领奚、汉、渤海部众北上，返回奚王府，至箭笴山，遂留不行。箭笴山，即今河北青龙祖山，地处辽西走廊西南，沟深林密，地势险要，易守难攻，长期以来便是奚族聚居之地。《辽史》卷一一六《国语解》记载：箭笴山，“胡损奚所居”。在当地民众的拥戴下，回离保于保大三年（1123 年）正月，在箭笴山建立大奚国，改元天复，“设奚、汉、渤海三枢密院，改东、西节度使为二王，分司建官”①。籍渤海、奚、汉丁壮为军。奚国为奚族历史上第一个正式政权。回离保脱辽，建立奚国，标志着长期分散、受役属的奚族历史进入了一个新的阶段。其辖域范围，大致是今冀东、辽西和承德一些地区。现今青龙祖山上的铁瓦乌龙殿遗址，据专家考证就是奚国皇宫遗址。三个大殿的地基及其附近景物依然可见：大殿台阶用的石条排列整齐，三个大殿的基石都留有峁穴，各式各样的砖瓦石块散落一旁。第二大殿东侧的杵臼，重达六七十斤，仍然保持完好；散落一旁的古方砖呈青灰色。第三大殿西侧原有一赑屃驮的石碑（现被人撬到山下），碑石为墨绿色绵石，上面刻有动物图案，其中正面

图 4－7　奚大王记结亲事碑拓片

① 《辽史》卷一一四《奚回离保传》，北京，中华书局，1974。

刻有龙身，背面中下部有“奚皇回离保立碑”字样。[1]

图4－8　青龙满族自治县铁瓦乌龙殿遗址

图4－9　铁瓦乌龙殿遗址出土的龙形图案石碑

奚国虽为辽亡国之孑遗，但面对金国泰山压顶般的攻势，仍呈现出一些新气象，积极整军备战，不满足于困守一隅消极自保，而是主动出击，谋求发展。辽保大三年（1123年）六月，奚兵出卢龙岭，攻破景州，杀守臣刘滋、通判杨伯荣。又击败常胜军张令徽、刘舜仁军马于石门镇，攻陷蓟州，守臣高公辅弃城走，一度对燕京构成了巨大威胁。七月，奚军为

① 耿建扩、傅春秘：《奚国皇宫今何在——河北青龙发现铁瓦乌龙殿遗址始末》，载《光明日报》，2007年11月16日。

郭药师军所败，随之发生军乱，回离保被杀。奚国存在仅仅八个月就被金所灭，奚人先后归附金朝。

六、河北奚族的社会生活风尚

奚族作为一个游牧民族，其地出产良马，“马逾前蹄坚善走，其登山逐兽，下上如飞”。[①] 他们居无定所，逐水草畜牧，出行或骑马或乘车。居有毡帐，兼用车为营。[②] 奚族善制马具车辆，所造奚车闻名于世。李商隐《为荥阳公贺破幽州奚寇表》中提到，幽州节度使张仲武奏破奚人部落，俘获物中，就有奚车五百乘。奚人在游牧中，往往以车为栏，人居其间。奚车大都用牛或骆驼挽之，除广泛应用于牧业生产，战时也用于运载辎重。奚车制造是奚族重要的手工业，也传到了契丹和中原内地。甚至契丹之车皆资于奚。《旧唐书》卷四五《舆服志》记载：“奚车，契丹塞外用之，开元、天宝中渐至京城。”《新五代史》和《辽史》也记载契丹主乘奚车到中原作战。例如，晋出帝开运二年（945 年）耶律德光率军南侵，围镇州，分兵攻下鼓城等九县。南掠邢、洛、磁，至于安阳河。北归途中与晋将杜重威战于阳城（今河北安国东南）卫村。耶律德光坐奚车中，呼其众曰：“晋军尽在此矣！可生擒之，然后平定天下。”[③] 后辽军大败，耶律德光乘奚车退十余里，晋军追赶甚急，耶律德光仓皇中获一橐驼，乘之乃归。这里耶律德光所乘的奚车是用骆驼驾挽的。北宋吴奎使辽，曾亲见奚车，有“奚车一牛驾，朝马二人骑”[④] 的诗句。沈括使辽途中亦见到奚车，对此有详细的描写：

> 奚人业伐山，陆种，斲车；契丹之车皆资于奚。其辎车之制如中国，后广前杀而无般，材俭易败，不能任重而利于行山。长毂广轮，轮之牙其厚不能四寸，而軨之材不能五寸。其乘车驾之以驼，上施幰，惟富者加毡幰文绣之饰。[⑤]

奚车前宽后窄，车毂较长，车轮略大，车轴则较短，车牙厚不过四寸，车軨不过五寸（以北宋尺寸计量）。奚车上面架有木棚，用毡帛覆

---

① 《新五代史》卷七四《四夷附录三》，北京，中华书局，1974。
② 《新唐书》卷二一九《北狄 · 奚传》，北京，中华书局，1974。
③ 《新五代史》卷七二《四夷附录一 · 契丹》，北京，中华书局，1974。
④ （清）厉鹗：《宋诗纪事》卷一一，上海，上海古籍出版社，1983。
⑤ （宋）司马光：《资治通鉴》卷二八四齐王开运二年二月条胡注，北京，中华书局，1956。

盖。有的还绣有花纹和图案。由于车轮高、车厢小，适合于草原地区，一般载重量并不大。“不能任重而利于行山”，沈括的概括是很准确的。这大概是奚车不同于其他车辆最大特点。近年来发掘的辽墓壁画中有一辆奚车，为我们认识奚车提供了直观具体的材料。

奚地毗邻幽蓟，与中原汉人毗邻，深受中原文化影响，汉化程度较高。随着奚族与汉、渤海等农耕民族的频繁接触，自唐末起农业也逐渐发展起来。史称其“颇知耕种，岁借边民荒地种穄，秋熟则来获，窖之山下，人莫知其处。爨以平底瓦鼎，煮穄为粥，以寒水解之而饮。”[①]《新唐书·北狄传》亦云：“稼多穄，已获，窖山下。”“穄”，即穄子，也叫糜子，形状跟黍子相似，但没有黏性。当时奚人已经掌握了窖藏技术，但粮食加工还处于较低的水平。到了辽代，奚族农业更为发展，宋代使辽使者苏颂《牛山道中》诗中写道：“农人耕凿遍奚疆，部落连山复枕冈。种粟一收饶地力，开门东向杂边方。田畴高下如棋布，牛马纵横似谷量。”[②]

在农业发展的基础上，居住方式也开始发生变化，由流动走向定居，出现了“草屋”、“板屋”。宋元祐四年（1089年）苏辙《出山》一诗，描写古北口附近的奚人时曰：“奚人自作草屋住。”[③] 宋人王曾亦记载道：“自过古北口，居人草庵板屋。”[④] 奚境多森林，因此多住板屋，房上无瓦，或墁土，或用桦树皮，就地取材。在建筑的朝向上，汉族通行以面南背北为轴线的安排，特别是北方，出于取暖需要，更是如此。契丹等民族崇拜太阳，有“朝日”的习尚。《新五代史》卷七三《四夷附录》云：“契丹好鬼而贵日，每月朔旦，东向而拜日，其大会聚、视国事，皆以东向为尊，四楼门屋皆东向。”宫殿、毡帐、民居皆东向。奚族与契丹关系密切，也有朝日的习俗，建筑也东向。前揭诗句中“开门东向杂边方”即是明证。

第四节　回　纥（鹘）

回纥是铁勒的一支，唐以前称袁纥，亦曰乌护、乌纥、韦纥等。很久以来，回纥过着以游牧为主、逐水草而居的生活。公元5世纪，他们驻牧

---

① 《新五代史》卷七四《四夷附录三》，北京，中华书局，1974。
② 《苏魏公文集》卷一三《牛山道中》，景印文渊阁四库全书本。
③ （宋）苏辙：《栾城集》卷一六《出山》，景印文渊阁四库全书本。
④ 《辽史》卷三九《地理志三》，北京，中华书局，1974。

于鹿浑海（今鄂尔浑河）西北，隋代已移牧于独乐河（今土拉河）、仙娥河（今色楞格河）一带。初，臣属于突厥，隋大业年间，突厥处罗可汗攻胁铁勒诸部，裒责财货，并坑杀铁勒酋长数百人。铁勒中的韦纥、仆固、同罗、拔野古部等不堪忍受，遂脱离突厥羁绊，自为俟斤，始称回纥。唐代以前，回纥诸部尚无君长，部落分散，处于氏族社会逐步瓦解的阶段。

唐初时健俟斤①时，众始推为君长。其子菩萨材勇有谋，回纥开始强大起来。此时突厥汗国已衰微，回纥趁机联合薛延陀攻打突厥，大破突厥十万之众，威震北方，遂建牙于独乐水畔。当时薛延陀在唐朝支持下已经建立了强大的汗国，回纥也被其羁属。唐太宗贞观三年（629 年），回纥遣使赴唐，贡献方物，开始和唐朝正式往来。随着薛延陀势力在漠北的扩张，回纥与其矛盾日益尖锐起来，贞观十九年（645 年），回纥与诸部攻杀薛延陀多弥可汗，并有其地，遂南逾贺兰山，与唐以黄河为界。此后，回纥改属于唐。贞观二十一年（647 年），唐太宗在回纥驻牧地区设置瀚海都督府，以回纥首领吐迷度为都督、怀化大将军，隶属于燕然都护府（后改为瀚海都护府），实现了对回纥较为有效的管辖。吐迷度虽然名义上奉唐王朝的正朔，但在其国内仍自号可汗，自署官吏，与突厥之时无异。典兵者曰设，子弟曰特勤，大臣曰叶护、曰屈律啜、曰阿波、曰俟利发、曰吐屯、曰俟斤等。又模仿汉制有宰相、都督、将军、司马之号。

唐高宗、武则天时期，后突厥汗国复兴，回纥又役属于后突厥汗国。开元二十九年（741 年），后突厥汗国发生内乱，回纥君长骨力裴罗联合葛逻禄等趁机攻击突厥，先后击杀突厥乌苏可汗、拔悉密颉跌利施可汗及白眉可汗，后突厥汗国灭亡。唐玄宗先封骨力裴罗为奉义王，天宝三载（744 年），进而册封其为骨啜禄毗伽阙怀仁可汗，回纥汗国正式建立，建牙于乌德鞬山和昆河之间（今蒙古国哈拉和林北）。其地东及室韦，西抵金山，南跨大漠，尽有突厥故地。回纥本包括九部落，在击败拔悉密、葛逻禄两部后，又将此两部纳入，统称十一部落。

安史之乱中，回纥曾三次出兵助唐平叛，几次与唐和亲，长期进行绢马贸易，虽然与唐之间也有一些摩擦和冲突，但总体上看，长期维持着良好的关系。这种长期友好的关系在中国历史上也是少有的。唐德宗贞元间，回纥改称为回鹘。② 开成五年（840 年），回鹘为黠戛斯所灭。

回纥开始进入河北是在唐玄宗时期，但大规模进入则是在安史之乱

---

① 《新唐书》卷二一七《回鹘传》。而《旧唐书》卷一九五《回纥传》言为“特健俟斤”。

② 《新唐书》卷二一七《回鹘传》。而《旧唐书》卷一九五《回纥传》言为元和四年。

后。借帮助唐军平叛之机，回纥人大批涌入河北。唐文宗开成年间，随着回纥汗国的解体，又有一批回纥人涌入河北。这些回纥人在河北历史上扮演了重要的角色，成德镇和幽州镇都有回纥家族的统治。特别是成德镇中，王廷凑的回纥家族统治成德镇近百年。

一、安史之乱中回纥助唐平定河北

安史之乱爆发后，唐欲借少数民族兵以张军势，请兵于回纥。唐肃宗至德二载（757 年）九月，回纥怀仁可汗派太子叶护、将军帝德等率精兵四千余人至凤翔。肃宗之子广平王俶（即以后的代宗）与叶护约为兄弟。当叛军主力在宛洛作战，安史老巢范阳空虚的时候，葛逻支率领回纥轻骑直捣范阳。留守范阳的史思明猝不及防，不得已，渡黄河，略北海（今山东潍坊一带），并欲将江淮的叛军骁将尹子奇调回，保卫范阳。回纥突袭范阳，牵制了叛军的南下，有力地配合了唐军正面战场的斗争。

在回纥的帮助下，唐军先复长安，后复洛阳。在十月收复洛阳后，安庆绪退守相州，史思明以兵精势大，不甘居于安庆绪之下，为其所用，率军降唐，唐任命其为归义王、范阳节度使。当时安庆绪支党离析，河北之地，“虽相州未下，河北率为唐有矣”。[①] 叛军所能控制的只有七郡六十余城。

唐乾元元年（758 年），肃宗将幼女宁国公主嫁给回纥葛勒可汗。此前，唐王朝虽然也数次与周边少数民族和亲，但所谓的公主都是宗室之女，以亲生女儿下嫁的，此为第一次。在和亲后，此年八月，回纥使王子葛勒骨啜特勤、宰相帝德等率骑三千助讨安庆绪，肃宗因命朔方大将仆固怀恩领之。乾元元年（758 年）九月，朔方节度使郭子仪等九节度使渡河，围安庆绪于相州。回纥骨啜特勤、帝德等也参与了此次战役，与叛军战于相州城下。由于唐肃宗猜忌诸将，担心诸将拥兵自重，便以郭子仪和李光弼地位相侔，难相统属为由，故意不设元帅，只以大宦官鱼朝恩为观军容使，担任监军，导致近六十万唐军群龙无首。诸军彼此观望，难以协调，相州久攻不下。安庆绪在数败之后，求援于史思明，史思明率军南下驰援相州。最后唐军大败，一溃千里。骨啜、帝德等奔还京师，肃宗不仅没有怪罪，反而厚赐安慰，骨啜、帝德才还行营。虽然回纥军队骁勇善战，数次扭转了战局，为叛军所畏，但由于参战部队不过四千余人，从而限制了其作用的发挥。

---

① （宋）司马光：《资治通鉴》卷二二〇至德二载十一月条，北京，中华书局，1956。

宝应元年（762年），唐代宗即位，以史朝义未灭，又遣中人刘清潭往结好回纥，且发其兵。诏以雍王李适为天下兵马元帅，以朔方节度使仆固怀恩领诸军节度行营以副之，率军东会回纥，以收复洛阳。仆固怀恩之女曾嫁于回纥，为登里可汗可敦（回纥可汗的正妻），又曾统领回纥援唐之军，与回纥关系密切。在收复洛阳后，以仆固怀恩为河北道副元帅，统率诸军直捣河北叛军老巢。安史叛将张忠志、薛嵩纷纷降唐。史朝义逃至贝州，与其大将薛忠义等两节度合兵。仆固玚追之至临清。史朝义自衡水引兵三万还攻，仆固玚设伏击走之。恰好回纥又至，唐军士气大振，遂逐之。大战于下博东南，叛军大败，积尸拥流而下，史朝义奔莫州。史称："及诸节度收河北州县，仆固玚与回纥之众追蹑二千余里，至平州石城县，枭朝义首而归，河北悉平。"[①] 至此，绵延达八年之久的安史之乱终于平定。

在平定河北叛军，再造唐室的过程中，回纥军队发挥了重要作用。回纥的参战，给叛军造成了极大的心理震慑。但回纥军队平叛过程中，恃勤王平乱之功，求取无厌，肆意凭陵，往往纵兵掳掠，军纪很差，给中原之地人民生命财产造成了巨大的损失，"比昔诸戎，于国之功最大，为民之害亦深"。[②] 唐廷为了使回纥为其所用，不敢得罪回纥，姑息不暇，多听之任之。因此，既要看到回纥军队在河北平叛中的巨大作用，其消极作用也不可忽视。即使六十余年后，仍使唐君臣心有余悸。唐穆宗长庆初，河朔复叛，宰相裴度率军讨伐幽州、成德二镇，回鹘可汗主动遣使表示拟派遣大将李义节率精兵三千，助唐平叛。但唐朝廷中大臣以宝应初回纥收复两京，恃功骄恣难制，咸以为不可。故尽管回纥军已出动，行至丰州北界，唐廷还是厚加赏赐，好言抚慰，使他们又返回去了。[③]

二、回纥介入河北藩镇与唐廷的冲突

安史之乱后，河北陷入割据。诸镇间由于唇齿相依，利益与共，在对抗中央，维护"河朔故事"上具有共同利益，但彼此之间又矛盾重重，每每寻机，迭相吞并。幽州镇地处河北最北端，与回纥临近，在对抗中央和邻藩时常常借助回纥力量。回纥可汗曾以女儿下嫁奚王，唐代宗大历末年，奚发生内乱，奚王被杀，回纥公主路经平卢（今河北北部）欲逃归

① 《旧唐书》卷一九五《回纥传》，北京，中华书局，1975。
② 《旧唐书》卷一九五《回纥传》，北京，中华书局，1975。
③ 《新唐书》卷二一七下《回鹘传下》，北京，中华书局，1975。

回纥。幽州节度使朱滔闻讯以锦绣张道，卑辞厚礼，请求以公主为妻。回纥公主大喜过望，欣然相允。朱滔遣使修婿礼于回纥，回纥报以名马珍宝。[①] 很明显，朱滔贵为一镇节度使，之所以愿意屈身娶一个丧夫的回纥公主，并非贪其美貌，而主要就是为了加强与回纥之间的关系。说到底，是一种赤裸裸的政治联姻。朱滔的努力也得到了回报，得到了回纥的大力援助。建中年间，朱滔纠集成德、魏博等镇叛乱，共同对抗唐廷。唐德宗建中三年（782 年）十一月，朱滔与成德节度使王武俊、魏博节度使田悦、淄青节度使李纳仿效战国时之故事称王，共推朱滔为盟主。唐廷遣朔方节度使李怀光讨之。面对唐廷的军事围攻，朱滔等人遣使纳四把金钥匙于回纥，表示“四国愿听命于可汗，谨上金钥，启闭出纳，唯所命”[②]，并乞师。回纥以两千骑助之。由于回纥与朱滔间的亲密关系，这两千回纥精骑主要随朱滔征战。河北其他诸镇也纷纷向回纥示好借兵。王武俊为了断绝李怀光的粮道，请求回纥出兵相助。这时恰好泾原之乱爆发，唐德宗仓皇出逃，急调李怀光所在的朔方军回师勤王。由于李怀光平叛主力的撤离河北，朱滔、王武俊诸镇的窘境得以解除，王武俊所借的回纥军队也开始撤回。行至幽州，朱滔啖以金帛，邀请其一起南进，渡河而南，直取洛阳。在利诱之下，这支回纥军队又加入了朱滔叛军。

由于成德、魏博等镇担心为朱滔所并，归命于中央，反唐联盟破裂。兴元元年（784 年），朱滔悉发幽蓟之军，并回纥精骑，拥众五万，企图包围魏博所属的贝州，进而南下，攻取洛阳，以与占据长安的朱泚相呼应。其中回纥骑兵是三千人。但行至成德镇境内时，遭到了成德王武俊的顽强阻击。王武俊使步兵决战，而自以骑兵抵挡回纥骑兵。初勒兵避其锋芒，回纥骑兵如狂风般冲过，未及返回，王武俊自后击之，回纥骑兵被拦腰截断，大败，遂先奔溃。朱滔军也随之败北。

在朱滔军败逃回幽州后，所借的回纥骑兵很可能大部也离开河北，回归了回纥本部。唐后期在河北造成影响的回纥人不是这些匆匆的过客，主要还是那些内附者。

三、唐后期河北藩镇中的回纥家族

由于长于骑射，内附的许多回纥人投身于河北藩镇军中，一些人还跻身高位，甚至官至节度使，形成了一些职业军人家族。在河北藩镇中，最

① 《新唐书》卷二一二《朱滔传》，北京，中华书局，1975。

② 《新唐书》卷二一二《朱滔传》，北京，中华书局，1975。

著名的回纥家族为成德镇的王廷凑家族和幽州镇的李可举家族。

（一）成德镇王廷凑家族

在成德镇中，前后为三个少数家族所统治，其中王廷凑家族出身回纥。从王廷凑到末帅王镕五世六主，共一百余年。在成德一百五十余年的统治中，此回纥家族统治时间最长，几乎占了三分之二。

王廷凑，或称王庭凑，本回纥阿布思之族。唐代回纥有九部（后又称十一部），阿布思为其中一部之首领。开元初，为突厥默啜所败，人畜多死，阿布思率万余帐来降，唐赐姓名李献忠，封奉信王，迁朔方节度副使。天宝十一载（752 年），安禄山讨伐契丹，诏阿布思率兵会之。安禄山素忌阿布思之才，欲趁机袭取之，故表请相助。阿布思洞悉安禄山的阴谋，担心为其所害，叛入漠北。后为回纥所破，奔葛逻禄，安禄山诱其部落降之，"自是禄山精兵无敌于天下"①。以此来看，阿布思部在天宝末年为安禄山所招纳，此为大规模进入河北之始，隶属安东都护府。安东都护府本为唐高宗总章元年（668 年）十二月，为平定高丽后所置，置于平壤。后内迁，开元二年（714 年）移于平州，天宝二年（743 年），移于辽西故城。

王廷凑家族在成德镇的历史可以追溯到其曾祖五哥之。五哥之事李宝臣父子，骁果善斗，王武俊爱之，养为假子，故冒姓王，以军功累授左武卫将军同正，赠越州都督。祖，末怛活，赠左散骑常侍；父，昇朝，赠礼部尚书。皆以王廷凑显贵后加赠典。自五哥之，王氏三代世为成德骑将，累迁右职。②

史书记载，王廷凑始生于恒山西南三十里石邑别墅，生有"骈胁"异相。③ 肋骨紧密连接为一，本是一种生理上的畸形，但在古代却认为是一种大富大贵之相。春秋时期五霸之一的晋文公重耳相传也是骈胁。王廷凑自幼沉鸷寡言，喜读《鬼谷子》等兵家诸书，在王承宗为成德节度使时已官至都知兵马使。长庆初，河北三镇归命中央，唐廷调任原魏博节度

---

① （唐）姚汝能：《安禄山事迹》卷上注文、《新唐书》卷二二五《安禄山传》。而《通典》卷一九八《边防·突厥中》、《旧唐书》卷一九四《突厥传》和《资治通鉴》将阿布思为默啜所破系于开元三年。

② 《旧唐书》卷一四二《王廷凑传》，北京，中华书局，1975。《王元逵墓志》关于王氏世系与《旧唐书》同。而《旧五代史》卷五四《王镕传》，"五哥之"作"没诺干"，与诸书均不同。

③ （宋）李昉：《太平广记》卷二二三《骆山人》，引《唐年补录》，北京，中华书局，1961。

使田弘正为成德节度使。由于田弘正在成德素无根基，加之辇运当地财物于魏博的做法，激起了成德镇上下将士的很大反感，人情汹汹。王廷凑遂以朝廷所赐劳军费不能按时发放为借口，煽动军乱，杀死了田弘正，自称留后，又杀大将王位以下三千余人。唐廷发诸镇兵讨伐无功，不得不授王廷凑以节度使。后与幽州朱克融、魏博史宪诚相勾结，共拒朝命。大和元年（827 年），复助沧州李同捷抗命朝廷，与朝廷所遣昭义等军交战。及李同捷失败，王廷凑忧惧而降，唐文宗赦之，复其官爵，仍为成德节度使。大和八年（834 年）死，赠太尉。

王廷凑入主成德，开启了这个回纥家族在成德镇的长期统治。他杀死朝廷所任命的节度使田弘正，并引发了幽州、魏博叛乱的连锁反应，使宪宗长期征伐才取得的河北归命的成果又付诸流水，自此河北又陷入割据。史称："镇冀自惟岳以来，拒天子命，然重邻好，畏法，稍屈则祈自新。至廷凑资凶悖，肆毒甘乱，不臣不仁，虽夷狄不若也。"①

唐文宗大和八年（834 年），王廷凑死后，由于其长子早逝，次子王元逵继任，一改其父做派，对唐廷较为恭顺，唐以绛王悟之女寿安公主妻之。会昌中，唐武宗讨伐泽潞刘稹叛乱，王元逵为北面招讨使，拔宣务壁，破援军尧山，攻邢州而降之，累迁检校司徒、同中书门下平章事。泽潞乱平，因功加兼太子太师，封太原郡公，食实封二百户，进兼太傅。唐宣宗大中八年（854 年）死，年仅 43 岁，诏赠太师，谥曰忠。② 两《唐书》本传及《新唐书·宰相世系表》都只言王元逵有子绍鼎、绍懿。但据《王元逵墓志》除此二子外，还有一子绍烈，为赵州刺史。

王绍鼎为王元逵长子，在王元逵去世后，继任为节度使，累擢检校尚书左仆射。王绍鼎为一个典型的纨绔子弟，骄奢淫湎，横征暴敛。为了取乐，他别出心裁地想出一个方法，在高楼上用弹弓弹射路人。看到路人被击中后痛苦的样子，他哈哈大笑。军将不堪忍受其暴虐统治，欲发动兵乱驱逐他。值其病死，才得以幸免，诏赠司空。③《旧唐书》本传记载王绍鼎有三子：景胤、景崇、景崿。《新唐书·宰相世系表》则云有三子：景

---

① 《新唐书》卷二一一《王廷凑传》，北京，中华书局，1975。

② 《新唐书》卷二一一《王元逵传》。《旧唐书》卷一四二《王元逵传》言王元逵大中十一年二月卒。《资治通鉴》卷二四九大中九年正月条云成德军奏节度使王元逵薨，军中立其子节度副使绍鼎。据此则其死当在大中九年正月之前。据《王元逵墓志》云大中八年十二月卒。故《旧唐书》本传误。

③ 《新唐书》卷二一一《王绍鼎传》，北京，中华书局，1975。而《旧唐书》卷一四二《王绍鼎传》则云累赠司徒、太尉，又赠太傅。

胤、景崇、景蕚。“景蕚”盖即《旧唐书》之“景崿”。而《唐阙史》卷下《卢相国指挥镇州事》记载成德节度使王景崇上表，其略曰：“臣弟冀州刺史检校工部尚书景儒，自委郡符，亟闻美政，诚惭内举，堪委外藩。请回臣官荣，授景儒一镇。”以此来看，王绍鼎尚有一子景儒，而两《唐书》漏载。

王绍鼎去世后，由于诸子皆幼，不能视事，乃改以王绍鼎之弟绍懿为留后，旋即正拜节度使，累封太原县伯，加检校司空。王绍懿为政简易，唐懿宗咸通七年（866 年）死，诏赠司徒。王绍鼎之子王景崇继任节度使。咸通九年（868 年），庞勋起义爆发，王景崇遣兵参与讨伐起义军，因功为检校尚书右仆射。后又进同中书门下平章事、检校太尉兼中书令，封赵国公。咸通中，金、水、土、火四星聚于毕、昴二宿，太史奏：“毕、昴，赵、魏之分，其下将有王者。”唐懿宗乃诏令王景崇被衮冕摄朝三日，遣臣下备仪注、军府称臣以厌之。① 唐僖宗乾符五年（878 年），封常山王。黄巢起义爆发，僖宗逃亡成都，黄巢派使者到成德招降，王景崇立斩使者，并驰檄诸道，纠集义武节度使王处存连师西入关，随时打听行在下落，贡输相踵。每次与人谈及宗庙园陵之难，总是泪流不止。中和三年（883 年）死，年仅三十七岁，诏赠太傅，谥曰忠穆。其子王镕，继任时才十岁。他先附于幽州李匡威对抗河东李克用，以图自全。在与燕关系破裂后，又转而依附李克用。当时朱全忠和李克用势力最为强大，王镕依违于两镇之间。天祐十八年（921 年），为其大将王德明所杀，王氏被灭族，其中包括其长子昭祚。只有幼子昭诲被人所救，假扮僧人，隐姓埋名，逃至湖南。后唐长兴二年（931 年）八月，以昭诲为朝议大夫、司农少卿，赐紫金鱼袋，以继王氏宗嗣。② 但随着王镕被杀，这个回纥家族在河北的统治已经宣告结束。

唐建中之乱后，成德镇长期辖有恒、冀、深、赵四州。其中恒州刺史例为成德节度使所兼。巡属冀、深、赵诸州也多由其兄弟子侄充任。成德镇的统治显示出浓重的家族统治特征，故有的学者名之曰“家镇”模式。③ 例如，王元逵去世后，长子绍鼎继为节度使，次子绍烈为赵州刺

① 《旧五代史》卷二九《庄宗纪三》，北京，中华书局，1976。
② 《旧五代史》卷四二《明宗纪八》，北京，中华书局，1976。
③ 姜密：《成德镇的割据特点》，载《河北师范大学学报》，2000（3），105 页。

史，绍懿为深州刺史。[1] 王景崇为节度使时，其弟王景儒为冀州刺史，[2] 王景胤为深州刺史。

今以《新唐书》卷七五《宰相世系表五》为主，参以两《唐书》本传和《王元逵墓志》等碑刻材料，将王廷凑家族世系表示如下：

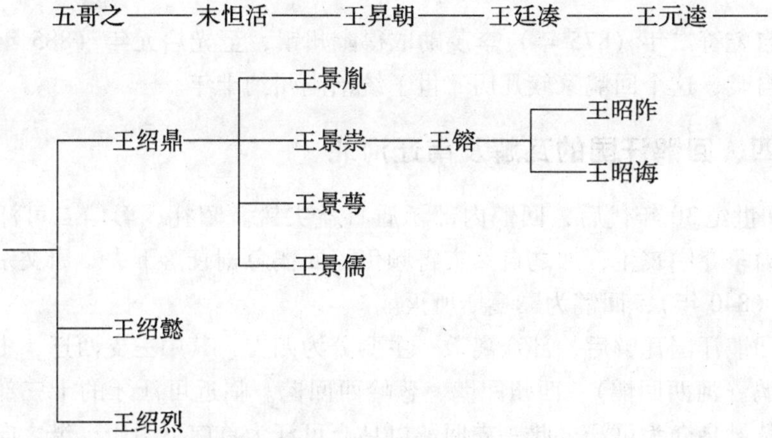

（二）幽州镇李茂勋家族

李茂勋，本回鹘阿布思之后裔。回鹘汗国灭亡后，余众南迁进入幽州境内，幽州节度使张仲武大破回鹘，李茂勋与本部侯王皆降。李茂勋骁勇善骑射，深得张仲武赏识，任以兵马之任，累有边功，因得以赐姓及名。当时幽州镇有一名将陈贡言，为纳降军使，在军中威望甚高。李茂勋袭杀之，伪称陈贡言谋反，于是举兵，乾符二年（875 年），驱逐节度使张公素，自立为节度使。不久，因病以尚书右仆射致仕，推其子李可举代之。

时河东节度使李克用势力崛起，并与易定王处存联合，有窥伺东边诸镇之意。李可举联合吐浑都督赫连铎、成德王镕与之相抗，并约定攻取易、定二州后，三方共分之。李可举遣军司马韩玄绍击沙陀于药儿岭，斩首七千级，杀其将朱耶尽忠等，俘获牛马、铠仗数万。又战于雄武军（今河北宣化境内），杀获万人。赫连铎又破沙陀于蔚州，因功唐廷任命赫连铎为云州刺史，李可举迁检校侍中。李可举遣骁将李全忠率众六万围易州，同时王镕以兵攻无极。王处存向李克用求援。李克用亲自率军救援，镇人大惧，退保新城，李克用急攻之，王镕引去，追破之九门。由于

① 周绍良、赵超主编：《唐代墓志汇编》大中 096《成德节度使王元逵墓志》，上海，上海古籍出版社，1992。

② 《唐阙史》卷下《卢相国指挥镇州事》。

失去成德军的策应，易州久攻不下。最后幽州将刘仁恭采取地道战术，终于攻破城池。在攻占易州后，李全忠骄傲轻敌，在王处存的反击下，易州得而复失，尽失刍粮铠仗。李全忠担心因兵败获罪，于是收集余众反戈攻击幽州。幽州兵力空虚，节度使李可举自知不敌，率其族众登楼，自焚而死。

自乾符二年（875 年）李茂勋取得幽州镇，至光启元年（885 年）李可举自焚，这个回鹘家族凡历二世，统治幽州约十年。

四、回鹘汗国的瓦解及南迁河北

9 世纪 30 年代后，回鹘内部矛盾日益尖锐。昭礼、彰信二可汗先后在权力争夺中丧生，加之自然灾害频仍，回鹘急剧衰落下去。唐文宗开成五年（840 年），回鹘为黠戛斯所灭。

回鹘汗国瓦解后，部众离散，主要分为四支，其中三支西迁，史称甘州回鹘（河西回鹘）、西州回鹘、葱岭西回鹘。临近可汗牙的十三部回鹘拥立特勒乌介为可汗，此一支回鹘以乌介可汗为首南下附唐，继之向东北发展。与河北地区发生关系的也是此支回鹘。

回鹘特勤那颉啜与乌介可汗不睦，在宰相赤心被乌介所杀后，他收编了赤心所属七千帐，东南进入幽州雄武军西北界，逼近渔阳。幽州节度使张仲武遣弟张仲至率兵三万，大破那颉啜之众，全收七千帐，杀戮俘虏老少近九万人，所获马、牛、橐驼、旗纛不可胜计。那颉啜中箭，仓皇潜逃，乌介获而杀之。① 乌介可汗遣使者向唐求助，希望借唐之力复国，以还故廷，并借天德城作为立足之地。但为唐廷拒绝。乌介可汗恼羞成怒，此时他手下诸部犹有十万之众，遂进略大同川，转战攻云州。唐廷发诸镇兵屯太原以北，加强防御，以河东节度使刘沔为回鹘南面招抚使，幽州节度使张仲武为东面招抚使。又诏银州刺史何清朝、蔚州刺史契苾通，率蕃、浑兵出振武，与刘沔、张仲武合兵，合击回鹘。乌介可汗兵败，投奔黑车子部。但大部分部众不愿远行，往往诣幽州降。乌介可汗逃奔黑车子后，不久被杀。其下又拥立其弟遏捻特勒为可汗，犹有残部五千，仰食于奚王硕舍朗。唐宣宗大中元年（847 年）春，张仲武大破奚众，奚人卵翼下的回鹘残部无所取给，日有耗散。至二年春，唯存名王贵臣五百人已下，转依室韦，其势力更是一蹶不振。

随着回鹘的灭亡，原先役属于回鹘的奚、契丹诸部也摆脱了回鹘的统

① 《旧唐书》卷一九五《回纥传》，北京，中华书局，1975。

治。在此之前，回鹘派遣使者驻于奚和契丹进行监护，一方面督责贡赋，一方面充当间谍，侦查唐王朝的情报。张仲武命裨将石公绪等谕意奚和契丹，杀死回鹘八百人。[①] 回鹘汗国瓦解的另一个后果便是大量的回鹘人由此进入了河北地区。会昌二年冬、三年春，回鹘特勤庞俱遮、阿敦宁二部，回鹘公主密羯可敦一部，外相诸洛固阿跌一部及牙帐大将曹磨你等七部，共三万余人，相次降于幽州。[②] 前面提到的李茂勋家族即是此时进入了河北地区。

对于降附幽州的回鹘部众，唐廷采取了离散诸部，分而制之的措施，将他们散配于诸道。但回鹘人不愿被肢解，在滹沱河沿线发动了叛乱，唐廷诏刘沔进行镇压，坑杀了三千人，才得以平息叛乱。[③]

由于幽州节度使张仲武反击回鹘取得巨大的胜利，解除了回鹘余部对河北地区的威胁。为了纪念这个胜利，张仲武表请立勒石以传后世。唐武宗让宰相李德裕为文，建碑于幽州。这就是著名的《幽州纪圣功碑铭》。

此碑竖立于具体何地，史籍记载并不明确。《新唐书》卷二一二《张仲武传》云："仲武表请立石以纪圣功，帝诏德裕为铭，揭碑卢龙，以告后世。"由于幽州节度使例兼卢龙节度使，故史籍中卢龙常作为幽州镇之代称。[④] "揭碑卢龙"只是说明此碑建于幽州镇境内，而具体地望不详。《旧唐书》卷一八〇《张仲武传》云："仲武由是威加北狄，表请于蓟北立《纪圣功铭》。"此提到了"蓟北"，幽州镇有蓟州，为其巡属。另外，幽州治于蓟县。此"蓟北"是指蓟州之北，还是蓟县之北，只从上下文难以确知。但联系到张仲武破回鹘于渔阳。"渔阳"指渔阳郡，即蓟州，治于渔阳县（今天津蓟县）。开元十八年（730 年）析幽州置，天宝中改称渔阳郡，乾元元年（758 年）复称蓟州。辖境相当于今天津蓟县及河北三河、玉田、丰润、遵化等县地。按照一般常理，立碑应建立于战场所在地，或在其左近。依此推断，此碑立于蓟州之北似乎可能性更大一些。[⑤] 虽然此碑，今已不存，但其碑文却被保存下来，成为研究回鹘在河北活动的珍贵资料。

---

① （清）董诰：《全唐文》卷七一一，李德裕《幽州纪圣功碑铭并序》，北京，中华书局，1983。

② 《旧唐书》卷一九五《回纥传》，北京，中华书局，1975。

③ 《新唐书》卷二一七《回鹘下》，北京，中华书局，1975。

④ 参见冯金忠：《幽州镇组织体制探微》，载《中国史研究》，2001（2）。

⑤ （光绪）《畿辅通志》卷一三八《金石略》载有《纪圣功铭》，系于顺天府大兴县、宛平县下。误。

唐末五代河北境内的回纥人，除了前面提到的两个主要来源外，还有从河东地区迁徙而来的。例如，何建，其先回鹘人也，代居云、朔间。祖庆，父怀福，俱事李克用为小校。后晋时，何建曾任贝州节度使，① 因仕宦原因而至河北。

五、河北回纥的社会文化及风俗

回纥原为地处漠北的游牧民族，逐水草而居。在文化上，深受突厥的影响，例如突厥人有拜狼头纛的习俗，在回纥人中也很盛行。丁零人所用的毡车，回纥人普遍使用。回纥上层盛行殉葬，唐肃宗将其幼女宁国公主下嫁回纥葛勒可汗。后葛勒可汗死，国人欲使宁国公主殉葬。宁国公主拼命不从，但仍不得不按照回纥的风俗以手指抓面，剺面而哭。从文献记载和考古发掘可知回纥人使用突厥语、突厥文。迄今发现的三通回纥可汗碑（即《磨延啜碑》、《牟羽可汗碑》、《九姓回鹘可汗碑》），碑铭就有突厥文。另外，回纥人与粟特人关系较近，因此也受到粟特文化的影响，在回纥可汗碑铭中还有粟特文。

入居河北的回纥人在其始，仍保留了部落组织，后在中原农耕文化的影响下，部落逐渐解体，其部众成为唐王朝控制下的编户。② 其生活方式、婚葬、宗教等方面都发生了很大的改变。

王廷凑在曾祖五哥之、祖父末怛活时期，初入河北，从姓名来看，还保持着少数民族的色彩。但到父辈昇朝时，已经是完全汉地名字了。王廷凑这一代更为明显，王廷凑喜读《鬼谷子》等兵家诸书。其子王元逵，其墓志中称："至若四部古书，千虑机尽，伸帙如旧习，举意是新规。"其汉文化修养已经比较高了。在婚姻方面，河北的回纥人婚姻对象已经不限于同族，开始同汉地民众通婚。例如，王元逵即娶唐绛王悟之女寿安公主，王镕的夫人为陇西李氏。③ 王镕之子昭祚娶朱温之女。

（一）葬丧习俗

入居河朔三镇的少数族人，已不再采用本民族的丧葬习惯，同汉人一

① 《旧五代史》卷九四《何建传》，北京，中华书局，1976。而路振《九国志》作何重建。

② 《八琼室金石补正》卷七九《中书令王镕墓志》在介绍王镕诸子之后，提到"部落都知兵马使"一职。由于前后碑文磨泐，难以确知是否断句有误。众所周知，河北藩镇军中有众多的少数民族，其中的部落，并非专指回鹘。此并不能作为唐末五代成德镇回鹘仍存在部落组织的证据。

③ （清）陆增祥：《八琼室金石补正》卷七九《中书令王镕墓志》，北京，文物出版社，1985。

样建置固定的家族墓地，夫妻合葬，建立碑铭，如成德节度使王元逵与鲁国长公主，于唐宣宗大中九年（855 年）八月合葬于“镇府寿阳岗”。[①] 鲁国长公主李氏祔葬墓志，1979 年 5 月于王元逵墓出土。“镇府寿阳岗”在今河北正定曹村乡木庄村。根据王元逵墓志云，王元逵葬于镇府寿阳岗，是“从先限，礼也”。以此来看，其父王廷凑也当葬于此。依父而葬，在注重孝道的儒家看来是符合礼制的。

日本僧人圆仁在唐后期巡礼五台山时，行经河北。其所著《入唐求法巡礼行记》卷二记载，圆仁于唐文宗开成五年（840 年）四月二十一日，从镇州（治今河北正定）向正北行二十里，到使庄杨家宿。“此庄即镇州前节度使王大（当作“太”——引者注，下同。）尉之庄。大尉墓堂安在于中。王节度使家人守墓。见在有一军将，姓刘，勾当，墓堂精妙。南行一里，建碑堂。筑立高垣，不交开看。”[②] 使庄，位于今河北正定木庄（原名墓庄）。[③] 王大尉即王元逵。墓上建有地面建筑享堂，四周筑有高墙，并派有军将和守陵人负责保护巡视。这个家族的最后一位节度使王镕在被杀后，也被葬于此。“初，（王）镕之遇害，不获其尸，及庄宗攻下镇州，镕之旧人于所焚府第灰间方得镕之残骸。庄宗命幕客致祭，葬于王氏故茔。”[④] 王镕墓志云：“赵国夫人合葬于真定县新市乡廉颇里寿阳岗，祔于（后渤）”，明确提到了王镕及其妻子赵国夫人合葬于寿阳岗，祔于祖茔。寿阳岗为回纥家族王氏的家族墓，即祖茔所在地。由于守陵人的繁衍，发展成为一个村子，俗称墓庄。明代时讹传为牧庄，当时仍保留了三座墓冢。但由于年代久远，即使是当地人也已经不清楚墓地的主人是谁了，而误以为是战国时廉颇、李牧、蔺相如墓。[⑤]

图 4－10　王元逵墓志盖拓本花纹

① 刘友恒：《唐成德军节度使王元逵墓清理简报》，载《考古与文物》，1983（1）。

② ［日］圆仁著，白化文等校注：《入唐求法巡礼行记校注》卷二，262 页，石家庄，花山文艺出版社，1992。

③ 梁勇主编：《石家庄通史》（古代卷），395 页，石家庄，河北人民出版社，2010。

④ 《旧五代史》卷五四《王镕传》，北京，中华书局，1976。

⑤ （明）周应中修，梁勇校注：《真定县志校注》卷七《坟墓》，太原，山西人民出版社，1992。

王元逵墓志盖为盝顶式，中部阴刻篆文“唐故太原王太师墓志”。四周线刻姿态各异的骏马，构成一幅“八骏图”。四侧刻海石榴和牡丹花图案，线条流畅自然。志文四侧面各以单线刻壶门，其内所刻狮子，双目圆睁，雄壮威武，间以回折花枝。墓志形制、图案、纹饰从总体上反映了中原文化的特点，但图案中狮子、骏马等动物，又保留了少数民族的一些特点。

（二）宗教信仰

回纥在唐后期时开始信奉摩尼教，并以之为国教。“其法日晏食，饮水茹荤，屏湩酪”。[①] 唐宪宗元和二年（807 年）正月，回纥请于河南府、太原府置摩尼寺。[②] 摩尼教教主在回纥中地位甚高，回纥可汗常常与之协商国家大事。迁入河北地区的回纥人在内地环境影响下，多改从佛、道二教。

成德节度使王廷凑在微贱时曾被派遣至邺（今河北临漳），不幸染病，求医数日，都无一丝好转的迹象。在绝望之余，他至邺中五明道士处，卜问吉凶及前程。五明道士预言他日后将封茅列土。后王廷凑果然官至节度使。他遣人至邺将道士接来，置于使府，为其营建馆舍，号五明先生院，恭事甚谨。[③]

成德节度使王镕“专求长生之要，常聚缁黄，合炼仙丹，或讲说佛经，亲受符箓。西山多佛寺，又有王母观，镕增置馆宇，雕饰土木”。他宠信道士王若讷。王若讷“诱镕登山临水，访求仙迹，每一出，数月方归”[④]。《新唐书》亦云王镕，“又以房山有西王母祠，数游览，妄求长年事，逾月不还”。《太平寰宇记》卷六一《镇州·平山县》引《隋图经》云：岭上有王母祠，甚灵验，俗号王母山。东汉章帝元和三年幸赵，祠房山，即谓此也。唐昭宗时，河南巩洛道人黄贺“涉河游赵，家于常山，以卜筮为业”，不久就和王镕拉上了关系。成德军的将士出征前，每每请他占卜。[⑤]

清人沈涛《常山贞石志》卷一〇记载今正定封崇寺有一陀罗尼经幢，幢高四尺七寸五分，八面，每面广七寸。第一面上截题“大唐行唐县奉

① 《新唐书》卷二一七上《回鹘传上》，北京，中华书局，1975。

② 《旧唐书》卷一五上《宪宗纪》，北京，中华书局，1975。

③ （宋）李昉：《太平广记》卷二一七《五明道士》引《耳目记》，北京，中华书局，1961。

④ 《旧五代史》卷五四《王镕传》，北京，中华书局，1976。

⑤ （宋）李昉：《太平广记》卷二一七引《耳目记》，北京，中华书局，1961。

为国太夫人相公文武官僚敬造佛顶尊胜陀罗尼经幢”等字。下题名两列，每列九行。第二面石幢赞九行。余六面刻经文，每面九行，行字不等，并正书。唐僖宗光启二年（886 年）四月八日造，今在行唐县。是时成德节度使为王镕，所云国太夫人即王镕之母何氏。此经幢为王镕信奉佛教，修行功德的实物见证。

第五节　沙　陀

沙陀出于西突厥别部处月种，由于所居金娑山（今新疆维吾尔自治区博格达山）之南，蒲类海（今新疆巴里坤湖）之东，有大沙碛名沙陀，沙陀族即因此而得名。[①] 唐初，沙陀族已经在史籍中出现，当时仍处于部落联盟阶段。其兴起是在唐后期。唐懿宗咸通年间（860—874 年），沙陀首领朱邪赤心讨伐庞勋有功，唐赐名李国昌，并被任命为振武节度使。其子李克用因为率军讨伐黄巢起义军，收复长安功居第一，而被任命为河东节度使。唐末以后，以李克用为首的沙陀势力与宣武节度使朱温相抗衡。其子李存勖灭后梁建立了后唐。其后，后晋、后汉都是沙陀族建立的政权。十国中唯一一个在北方的割据政权北汉，也是沙陀族建立的。沙陀的族源主要以处月部为主，又包括处密和射脾二部。[②] 唐末五代时，由于沙陀部的兴起，粟特、回鹘、鞑靼、吐谷浑等族又融入了沙陀部，形成了以沙陀为主的共同体。大约自宋代以后，沙陀逐渐融入汉、契丹、党项等族中。

唐后期，唐廷在与河北割据藩镇斗争中，常常征募沙陀为其作战。在此背景下，大批沙陀部众涌入了河北，并对河北社会产生了重大影响。

一、唐后期沙陀进入河北及李克用争衡河北

（一）唐后期沙陀的辗转迁徙及进入河北

唐高宗永徽年间（650—655 年），唐在处月地置金满、沙陀二州，任用当地人为都督，以统沙陀。龙朔二年（662 年），回纥潜结同罗、仆骨进犯唐朝边塞，唐高宗令左武卫大将军郑仁泰为铁勒道行军大总管、左武卫将军薛仁贵为副，率军进讨。处月部首领沙陀金山奉命随从薛仁贵一道

① 《新唐书》卷二一八《沙陀传》，北京，中华书局，1975。

② 陈佳华等：《中国历代民族史·宋辽金时期民族史》，134 页，北京，社会科学文献出版社，2007。

出征，因功被任命为墨离军讨击使。长安二年（702 年），又升为金满州都督，累封张掖郡公。唐玄宗先天元年（712 年）曾遣使入贡。他死后由其子辅国继任。辅国在位时间不长，死后由其子骨咄支袭任。时值回纥内附，骨咄支受命兼任回纥副都护。天宝十四载（755 年），安史之乱爆发，骨咄支从唐军平叛，因功为特进、骁卫上将军。骨咄支死后，其子朱邪尽忠袭位，唐廷仍授之为金满州都督，累迁左金吾卫大将军、酒泉郡公。从沙陀金山至朱邪尽忠，沙陀处月部首领为唐屡建战功，与唐维持了良好的关系。职此之故，处月部得到了唐廷的支持与重用，金满州都督一职基本上由此部首领所垄断。在唐廷支持下，处月部在沙陀各部中逐渐居于主导地位，其部落首领也渐次成了沙陀各部首领。

安史之乱后，吐蕃尽陷河西陇右。唐德宗贞元六年（790 年），遣兵进攻北庭（治所在今新疆吉木萨尔北破城子）。沙陀居地毗邻北庭，向受回纥节制。由于回纥屡屡遣兵抄掠，朱邪尽忠苦其虐害，在吐蕃进攻北庭时，阴附吐蕃，导致回纥大败，北庭陷落。吐蕃为了控制沙陀部众，胁迫朱邪尽忠等举族七千人徙居甘州。唐宪宗元和三年（808 年），朱邪尽忠率部背吐蕃归唐。唐廷将其部众安置于盐州（治今陕西定边），置阴山都督府，以其子朱邪执宜为兵马使。次年，朔方节度使范希朝转任河东节度使，镇太原，因诏沙陀举军从之，“希朝乃料其劲骑千二百，号沙陀军，置军使，而处余众于定襄川”①。从此，朱邪执宜便建牙帐于神武川黄花堆（今山西山阴东北），更号“阴山北沙陀”。这样沙陀开始进入中原内地。

沙陀部骁勇善斗，很有战斗力，范希朝在任朔方节度使时，对于辖境内的沙陀部众，十分倚重，百般笼络，“为市牛羊，广畜牧，修养之”。②在转任河东时，又使其举军从之。另外，唐廷在讨伐藩镇叛乱时，也常常征用沙陀军队。唐宪宗元和年间（806—820 年），成德节度使王承宗叛乱，诏河东、河中、义武、振武等镇讨伐。朱邪执宜率沙陀骑兵七百为前锋趋镇州（治今河北正定），王承宗军数万埋伏于木刀沟（位今河北新乐东南），与朱邪执宜遭遇，箭如飞蝗，形势很是危急。虽然变起仓猝，但朱邪执宜毫无惧色，提军冲入阵中，横冲直撞，所向披靡，李光颜等诸军乘之，斩首万级，唐军取得大捷。因功，朱邪执宜升为蔚州刺史。

蔚州，唐属河东道，治今河北蔚县。辖三县，其中兴唐、飞狐两县属

① 《新唐书》卷二一八《沙陀传》，北京，中华书局，1975。
② 《新唐书》卷二一八《沙陀传》，北京，中华书局，1975。

今河北。朱邪执宜率沙陀军参与讨伐成德镇叛乱，并任蔚州刺史，为沙陀部众进入今河北之始。蔚州处于河东道和河北道的结合部，特别是邻接沙陀的聚集地云、朔二州。由于特殊的地理区位，成为沙陀进入河北最初的基地。直至五代，蔚州都是沙陀人在河北比较集中的地区。例如，康福，沙陀人，家于蔚州，世为本州军校。祖嗣，蕃汉都知兵马使，累赠太子太师。父康公政，历职至平塞军（今河北涿州西南）使，累赠太傅。[①] 后唐明宗时，蔚州刺史张彦超，也为沙陀人。

河东节度使王锷担心沙陀势众难制，请析其众于诸州。唐宪宗允其请，建十府以置之。“十府”诸书俱未明载，具体名称不详，从有关记述来看，估计仍在云、代以北。[②] 唐长庆元年（821 年），河北复叛，成德镇兵马使王廷凑阴结牙兵哗变，杀死节度使田弘正。唐廷纠集诸道讨伐王廷凑，悉发沙陀，与易定军互为犄角，大破叛军于深州（治今河北深县西南），给予叛军以沉重打击。唐文宗大和四年（830 年），河东节度使柳公绰以沙陀部众骁勇，素为“九姓”和“六州胡”所畏服，请以朱邪执宜为阴山府都督、代北行营招抚使，使居云、朔一带。当地有废栅十一座，朱邪执宜遣部落三千余人分别驻守，自是稳定下来，不复更迁。

朱邪执宜去世后，其子朱邪赤心袭其位。唐宣宗大中年间（847—859 年），唐廷以朱邪赤心为蔚州刺史、云州守捉使。后以平定庞勋起义之功，升为大同军节度使，赐姓名李国昌，后迁振武节度使。唐僖宗乾符五年（878 年），代北发生饥荒，漕运不继，大同防御使段文楚为缩减开支，克扣部下衣食费用，引发众怒。时李国昌之子李克用为沙陀副兵马使，驻扎蔚州，深为部众所敬服。在李克用怂恿和授意下，云州军将发动兵乱，杀段文楚，拥立李克用为留后，并表请节钺。唐廷下令诸道进讨，时值黄巢引兵谋渡江北上，唐廷自知难以兼顾，改以李国昌为大同防御使，试图利用父子关系，来瓦解李克用叛乱。但李国昌拒不受命，唐廷下诏河东节度使崔延昭、幽州节度使张公素合兵讨伐，但均遭失败。大同川吐谷浑赫连铎偷袭振武，李国昌率五百骑奔还云州，但云州也被赫连铎所取。李克用转侧于蔚、朔之间，手下所剩不过三千人，屯于神武川新城，为赫连铎所围。李国昌自蔚州来援，李克用才得以解围。乾符六年（879 年），唐廷又下诏令昭义、河东、幽州诸镇进攻李国昌父子，以昭义节度

① 《新五代史》卷四六《康福传》，北京，中华书局，1974；《旧五代史》卷九一《康福传》，北京，中华书局，1976。

② 陈佳华等：《中国历代民族史 · 宋辽金时期民族史》，139 页，北京，社会科学文献出版社，2007。

使李钧为北面招讨使，督泽潞、河东兵屯代州。幽州李可举会同赫连铎攻蔚州，李国昌以一队当之。李克用分兵抵遮虏城（今山西五寨境内）拒李钧，李钧军溃，回代州途中死于军乱。广明元年（880 年），唐廷又以李琢为蔚、朔招讨都统，率兵数万屯代州。李克用使傅文达调蔚、朔兵，朔州刺史高文集缚以送李琢。李琢进攻蔚州，沙陀三部落的另一首领，李克用的族叔父李友金降唐，蔚州失守。此举无异于釜底抽薪，无奈之下，李国昌与李克用率领族人逃入阴山鞑靼地区。至此，沙陀势力暂时退出了河北。

（二）唐末沙陀在河北的争衡

黄巢起义军攻占长安后，唐僖宗逃往成都。为了利用沙陀军镇压起义军，唐廷乃赦免李国昌父子，以李克用为代州刺史、忻代兵马留后，率本部军队讨伐起义军。但李克用勤王之路并不顺利。由于李克用长期与唐廷对抗，不少唐军将帅对他仍有戒心。先是李克用招募鞑靼万人，趋代州，挥师南下。但河东节度使郑从谠担心为李克用所袭，塞石岭关，李克用不能前进，只得还屯代州。中和二年（882 年），蔚州刺史苏祐会合赫连铎将攻代州，李克用却率五百骑趁蔚州空虚之际，袭取了蔚州。赫连铎与幽州李可举众七万攻蔚州，谯栅相属。李克用直捣唐营，攻入蔚州，火烧府库，又弃蔚州而去，屯军于雁门。李国昌也自鞑靼率兵归于代州。

由于对黄巢义军军事上的屡屡失利，唐廷又下诏李克用勤王。李克用大阅雁门，得忻、代、蔚、朔等地及鞑靼众三万、骑五千，鼓行而南。屡破义军，特别是在收复长安之战中，李克用功居第一，进同中书门下平章事、陇西郡公，李国昌为代北节度使。未几，以李克用领河东节度。李克用自此以河东为根据地，与朱温争霸中原，其中争夺的焦点便是河北。

时河北诸镇中，幽州和成德结成同盟，而易定节度使王处存与李克用亲善，世为婚姻。[①] 光启元年（885 年）三月，幽州李可举、镇州王镕[②]连兵进攻易定诸州。王处存求救于李克用，李克用自将兵救无极，大败成德军，成德军退保新城，李克用复进击，大破之，拔取新城。王处存也复取易州。河北曲阳北岳庙《李克用题名碑》对李克用救援易定之事亦有反映。该碑通高 150 厘米、宽 65 厘米，由于历经千载，碑下半部字迹剥

---

① （宋）司马光：《资治通鉴》卷二五五僖宗中和二年十月条，北京，中华书局，1956。

② 《新唐书》卷二一八《沙陀传》和《旧五代史》作王景崇；《旧唐书》作王镕，《资治通鉴》从之。按，王景崇以中和二年卒，其子王镕继立。以此而言，光启初寇定州者当为王镕，非王景崇也。

落，漫漶不清，今仅存上部53字。清光绪《曲阳县志》收录该碑文，使我们得以窥见该碑之全貌。今移录碑文如下：

> 河东节度使、检校太保、同中书门下平章事、陇西郡主（当为“王”——引者注）李克用，以幽镇侵扰中山，领藩（当为“蕃”——引者注）汉步骑五十万众亲来救援。与易定司空同申祈祷。翌日，过常山问罪。时中和五年二月廿一日，克用记。易定节度使、检校司空王处存看题。至三月十七日，以幽州请就和断，遂却班师，再谒睟容，兼申赛谢。便取飞狐路归河东。廿一日克用重记。①

题名碑写于中和五年（885年），该年三月大赦，改元光启。从碑文可知，是分两次书写，第一次是二月二十一日，第二次是三月十七日，两次时间相差一个月。

图4-11　李克用题名碑拓片

大顺初，李克用自攻赫连铎于云州，拔东郛，幽州李匡威以兵三万救之，唐廷下制削李克用官爵、属籍，任命宰相张濬为兵马招讨、制置、宣

① 《旧五代史》卷二五《武皇纪上》考异亦引用了该碑，但撮录其文，并非原貌和完璧。其文如下：“李克用以幽、镇侵扰中山，领蕃汉步骑五十万亲来救援，时中和五年二月二十一日也。至三月十七日，以幽州请就和断，遂却班师。”

慰使，王镕领河东东面，朱全忠领南面，李匡威领北面，并为行营招讨使。河北诸镇参与的这次征讨，损兵折将，最后只得恢复李克用的官爵，以求息兵。李克用悉兵攻赫连铎于云州。云州本为李克用父子的基地，在李克用转任河东后，为赫连铎所占据。赫连铎与幽州李匡威、成德王镕相表里，直接威胁李克用的后方。至此李克用复取云州，意义十分重大，不仅消除了肘腋之患，还可以全力争衡河北，进一步取得了战略上的优势。

大顺二年（891 年）十月，李克用欲兼并镇州，进攻王镕，大破镇兵于龙尾岗（今河北临城西北），斩获万计，攻下临城，又进攻元氏、柏乡。幽州节度使李匡威发兵来救，李克用大掠而还。景福元年（892 年）正月，幽、镇连兵十万攻尧山，李克用使李嗣勋迎战，大破幽、镇兵，斩首三万。李克用遂拔天长，略常山，渡滹沱河，燔其郛，徇地至赵，连取鼓、藁二城。三月，李克用复与易定王处存联合出兵进攻王镕，但为成德所败。乾宁元年（894 年），李克用次新城，赫连铎降，又下武州（治今河北宣化），攻新州（治今河北涿鹿），幽州节度使李匡筹引步骑七万救之，李克用迎战，斩首万级，徇城下，新州降。又取妫州，李匡筹弃幽州而走。明年，幽州降，李克用以刘仁恭为留后。至此，幽州镇臣属于李克用。加上此前已经归附的成德、易定、魏博，河北大部已为李克用所控制。

郓州（治今山东东平）节度使朱瑄为朱温所困，遣使求救于李克用，李克用借道于魏博以救之。李克用亲自率军救援，使大将李存信率兵三万与史俨等驻于莘，但由于李存信放纵士卒，侵魏刍牧，魏博节度使罗弘信一怒之下，转附朱温，并突袭李存信，李存信大败。李克用大怒，大掠相、魏而去。至此，魏博诸州脱离了李克用。继失去魏博后，对李克用的另一个打击便是幽州刘仁恭的叛离。刘仁恭本是幽州安塞军戍将，在李匡筹逐兄自立之后，投奔李克用。在攻取幽州后，李克用以刘仁恭为节度使。随着羽翼丰满，刘仁恭分离倾向日益严重，史称其“贰于克用，数召兵不应，克用以书让之，仁恭得书，抵于地，遂显绝。”[①] 乾宁四年（897 年）九月，李克用自率军屯蔚州讨伐刘仁恭，由于轻敌，反为刘仁恭所败，几乎被擒，大将多死。由于与李克用交恶，刘仁恭转而投靠朱温。

唐时昭义军治于潞州（治今山西长治），所辖五州，其中泽、潞二州在河东道，邢、磁、洺三州在太行山以东，称为“山东三州”，在河北

① 《新唐书》卷二一八《沙陀传》，北京，中华书局，1975。

道。中和二年（882 年），昭义节度使孟方立，以潞州地险人劲，屡篡主帅，欲渐弱之，乃迁治所于邢州，大将家及富室皆徙至河北，引起潞人不满。李克用趁机出兵，取得泽、潞二州。是后，李克用每岁出兵争邢、磁、洺三州，史称："三州之人半为俘馘，野无稼穑矣。"① 大顺元年（890 年）经过数年拉锯战，李克用终于占领邢、磁、洺三州。但光化元年（898 年），邢、磁、洺三州亦为朱温夺取。至此，李克用局促于河东一隅，土疆日蹙，在河北的势力范围几乎丧失殆尽。

李克用虽然骁勇无敌，手下沙陀部众皆北边劲兵，凶悍善战，但他性格急躁，自负才力，纵容手下士卒部将，强取豪夺，乃至白昼剽掠，军纪很差，对河北各地的破坏十分严重。加之对诸镇调发军队，征敛无度，比如在幽州，规定幽州的租税除供军外，悉输李克用的大本营晋阳（今山西太原）。这自然激起河北诸镇的不满乃至仇视，故他们先后脱离李克用而附汴。当时的形势是"九分天下，朱氏今有六七，赵、魏、中山在佗庑下"②。河北大部失去，严重削弱了李克用的力量，使其在与朱温争衡中处于严重劣势。

（三）李存勖复取河北

天祐四年（907 年）四月，朱温称帝，国号梁，史称后梁，改元开平。五月，加武顺节度使（即成德节度使）赵王王镕守太师，天雄节度使、邺王罗绍威守太傅，义武节度使王处直兼侍中，欲以加官晋爵的办法来笼络河北藩镇。但李克用仍袭用唐天祐年号，不承认后梁之正朔。次年正月，李克用郁郁而终，年仅 53 岁，其子李存勖继任晋王、河东节度使。

1. 生俘二刘，攻灭幽州

在刘仁恭和李克用关系破裂后，光化元年（898 年），刘仁恭夺取沧、景、德三州，据有了幽、沧二镇，实力大增。刘仁恭自恃兵势强盛，兴兵南下，欲吞灭河北。但为魏、汴联军所破，天祐三年（906 年）九月，朱温亲率大军，自白马津渡河，直趋沧州，刘仁恭为救沧州，发兵出战，屡战屡败，窘迫之下，只好觍颜向李克用求救。李克用没有远赴沧州，而是采取"围魏救赵"之策，派大将周德威、李嗣昭攻潞州，朱温闻潞州被围，即从沧州撤兵，沧州围解。

后梁开平元年（907 年）四月，刘守光囚禁其父刘仁恭，自称节度使，并于乾化元年（911 年）八月，自称大燕皇帝。称帝后，刘守光立即

① （宋）司马光：《资治通鉴》卷二五五中和三年八月，北京，中华书局，1956。
② 《旧五代史》卷二七《庄宗纪一》，北京，中华书局，1976。

将兵二万攻易、定二州，军至容城，王处直告急于晋。同年十二月，晋王李存勖遣蕃汉马步总管周德威将兵三万攻燕，以救易、定。翌年正月，周德威东出飞狐，与成德将王德明、义武将程岩会于易水，三镇合兵攻下岐沟关，进围涿州。此后连下顺州、安远军、檀州、卢台军等。刘守光情急之下不得已向契丹求救，并令大将元行钦率七千骑兵，牧马于山北，募山北兵以应契丹。李嗣源分兵收降燕之山后八军，李存勖以其弟李存矩为新州刺史，总领山后八军。李嗣源连克武州、儒州，至十月，燕之属境皆入于晋，刘守光困守于幽州城。十一月城破，刘守光及刘仁恭均被俘。至此李存勖吞并了幽州镇。幽州镇是河北三镇中第一个被李存勖消灭的藩镇，它的被消灭，解除了来自河北北面的强敌，免除了李存勖南进的后顾之忧。

2. 复取魏博，魏州称帝

后梁开平四年（910 年）五月，魏博节度使罗绍威病死，朱全忠以其子罗周翰为天雄留后，但罗周翰幼弱，根本不能控制局势，乾化二年（912 年），屯兵于魏州的杨师厚乘朱全忠被杀，后梁皇位嬗代之际，擅据魏自立，自称魏博节度使。梁帝朱友珪无力讨伐，只好加以承认。

贞明元年（915 年）三月，杨师厚在魏州病故，后梁君臣为了削弱魏博实力，防止其重演跋扈割据的局面，将魏博一分为二，以平卢节度使贺德伦为天雄节度使，领魏、贝、博三州；另置昭德军于相州，以宣徽使张筠为节度使，割澶、卫二州为其巡属。但此分割计划激起了魏博军乱，乱兵挟持贺德伦归附李存勖。李存勖入魏州，亲自兼领天雄军节度使。魏博降附，使李存勖与后梁夹河对峙，也隔断了河北藩镇与朱梁之间的联系。此后，李存勖即以魏州为基地，与后梁夹河而战。贞明二年（916 年）二月，梁、晋在元城县西激战，结果梁兵大败，梁将刘鄩所率七万步军被全部歼灭。李存勖乘胜连克卫州、惠州（即磁州）、洺州、邢州、相州、沧州，河北南部诸州皆为晋所有。后梁龙德三年（923 年）二月，李存勖在魏州置百官，设行台左右丞相。四月，筑坛于魏州牙城之南，即皇帝位，国号仍称唐，史称后唐，改元同光。升魏州为东京兴唐府，改元城县为兴唐县，贵乡为广晋县。又以镇州为真定府，建北都。

在攻取魏州后，次年三月，后晋发兵攻下磁州，四月又攻下洺州，六月攻邢州，后梁保义军节度使阎宝以邢州降，李存勖改保义军为安国军。邢、磁、洺三州，在梁、晋之间反复易手，经过长达三十余年的争夺，最终为李存勖所占领。

3. 迫降王镕，喋血成德

成德王镕虽然继任节度使时年仅十岁，但凭借王氏家族在当地根深蒂固的统治，在梁、晋的夹缝中，左右逢源，朝秦暮楚，居然维持了三十八年，堪称奇迹。王镕先是联合幽州共同抗晋，光化三年（900 年）后，依附朱温。开平四年（910 年）八月，王镕母亲何氏病故，后梁遣使吊唁，发现了晋王李存勖的使者，于是怀疑王镕与晋暗中通谋，遂萌彻底消灭王镕之心。同年十一月，燕王刘守光发兵屯涞水，欲侵定州。朱全忠遣杜廷隐监魏博兵三千分屯深、冀二州，名义上助赵守御，实际上欲趁势攻取深州。王镕求救于李存勖，此后又依附于晋。乾化四年（914 年）正月，李存勖攻下幽州斩刘仁恭、刘守光父子之后，王镕与王处直共推李存勖为尚书令。这样晋、赵、易定三镇组成反梁联盟，以李存勖为盟主，开府置行台仿唐初秦王李世民故事。

后梁龙德元年（921 年）二月，成德发生兵变，节度使王镕被杀，叛军拥立其养子王德明为节度使。王德明复姓名张文礼，尽灭王氏之族。张文礼告乱于李存勖，且奉牒劝进，并为自己邀求旌节。此时，李存勖正与后梁夹河而战，无暇北顾，当年四月，遣使任命张文礼为成德留后，以示安抚。但张文礼虽受晋命，但内心不安，同时求援于契丹，并向后梁称臣，但信使均为李存勖截获。成德大将符习将兵万人，跟从李存勖在德胜（今河南濮阳境内）前线作战，请求讨伐张文礼。八月，李存勖乃以符习为成德留后，并命天平节度使阎宝、相州刺史史建瑭率兵协助。自邢、洺而北，首先攻下赵州。此时张文礼病死，其子张处谨继立。晋军攻打镇州并不顺利，遭到顽强的阻击。战争旷日持久，前后历时一年八个月。成德军虽然野战不及晋军铁骑，但他们依托坚固的城防，使晋军付出了惨重的代价和巨大的牺牲，前后凡四易主帅，史建瑭、李嗣昭、李存进先后阵亡。最后镇州食尽力竭，晋军才得以破城。张处谨家人及其党羽均被擒获。李存勖在平定成德后，自兼成德节度使，至此幽、镇、易定三镇已经连成一片，均为李存勖所有。

不可否认，长期的战争使河北遭受到了严重的破坏，但战争的结果是李存勖统一了河北，其积极意义却是主要的。它结束了唐后期以来，河北一百多年藩镇割据的局面。李克用、李存勖等沙陀杰出人物在河北古代少数民族史上可谓厥功至伟。

二、后唐、后晋和后周时期的河北沙陀

后唐是五代时期第一个沙陀人建立的政权。其后，后晋、后汉均为沙

陀人所建，史称“沙陀三王朝”。沙陀族统治中原地区前后历五十七年。这三个少数民族政权主要控制北方地区，今河北为其控制的中心区。

（一）魏博兵变，李嗣源代立

魏博镇是河北三镇中力量最强的一个。魏博叛梁降晋，使李存勖获得了攻梁的基地，从而使晋梁力量对比发生了根本变化，胜利的天平开始向晋倾斜。魏博的银枪效节军是在灭梁战役中战功最多的亲军。李存勖由魏博而得天下，但又因魏博而失天下。

灭后梁后，李存勖自认为天下已定，志得意满，重用宦官和伶人，猜忌宿将，朝政迅速趋以败坏。魏博镇牙军在河北三镇中建立最早，历来骄横难制，常为乱阶，变易主帅如同儿戏，以至当时有“长安天子，魏府牙军”① 的说法。同光四年（926 年）二月，魏博指挥使杨仁晸率所部兵戍守瓦桥（今河北雄县城西南），逾年代归，至贝州（治今河北清河）。后唐庄宗李存勖以邺都（今河北临漳）空虚，恐兵至为变，敕留贝州，不准返回。屯留贝州的魏博戍兵，闻讯后心中长期积攒起来的对朝廷的怨恨，如熊熊的烈火被点燃了。他们一呼百应，以皇甫晖为首发动叛乱，拥立效节指挥使赵在礼为帅，焚掠贝州，并南趋临清、永济、馆陶，直逼邺都。入据魏州，赵在礼被推为魏博留后。庄宗遣李嗣源将兵赴邺都平乱。

李嗣源，沙陀人，本名邈佶烈，为李克用养子，历事李克用、李存勖，屡立战功，官至中书令、蕃汉马步军都总管、成德节度使。李存勖对李嗣源十分猜忌，但当时宿将重臣凋落殆尽，论威望和能力，无人能与李嗣源相比。他委李嗣源以戡乱之重任，只是在危急中不得已而为之，并非真正信任李嗣源。李嗣源对此当然也了然于胸。三月，李嗣源率军至邺都，尚未攻城，手下亲军从马直便发动了叛乱，杀都将，焚营舍，进逼中军。李嗣源也难以制止，被乱军裹胁入邺都，被赵在礼拥立为帅。李嗣源据有邺都后，自知仅靠现有兵力，远远不够，于是尽收河北之兵。其养子李从珂又从河东率所部兵至镇州，与之呼应，一时兵威大振。李嗣源在切实掌握了河北之兵后，即率军渡河西上，旋即入据大梁（今河南开封）。庄宗李存勖在退军回洛阳时，被流矢所中，不久死去。庄宗既死，李嗣源称帝，仍沿用唐之国号，是为明宗，改元天成。

这次魏博兵变，李嗣源开始时并未与谋，但在入邺都与赵在礼会面后，事实上承认了兵乱，并以此为契机，聚集河北兵马，夺取大梁，进而

① 《新唐书》卷二一〇《罗绍威传》，北京，中华书局，1975。

兵入洛阳，夺取了帝位。为了控制邺都，李嗣源派皇子李从荣出镇邺都。明宗即位后，下令革除庄宗时期的弊政，政治、经济状况逐步有所好转。史称其“在位年谷屡丰，兵革罕用，校于五代，粗为小康。”[①] 是五代乱世中一位较有作为的皇帝。

（二）石敬瑭建立后晋

石敬瑭，沙陀人。四世祖石璟，唐元和中随朱邪执宜款附唐朝，任阴山都督府裨校，后累官至朔州刺史。父臬捩鸡，善骑射，长期追随李克用、李存勖父子，声名与周德威相亚，历任平州（今河北卢龙）、洺州（今河北永年东南）刺史。石敬瑭为臬捩鸡次子，为人沉默寡言，喜兵法，深受李嗣源赏识，以女妻之。在魏博兵变，李嗣源夺取帝位的过程中，石敬瑭是一个关键人物。因此，李嗣源即位后，视石敬瑭为心腹，委以重任，任命为河东节度使，授以方面之任。长兴四年（933 年）十一月，后唐明宗李嗣源去世，其子宋王李从厚即位，即闵帝。闵帝应顺初，石敬瑭徙镇常山（今河北正定）。不久，明宗养子李从珂依靠兵变夺取了皇位，改元清泰，是为后唐末帝。石敬瑭又复任河东节度使。石敬瑭不甘人下，早就对皇位觊觎已久，末帝对石敬瑭的野心也有所察觉。清泰三年（936 年）五月，移任石敬瑭为天平节度使，并派军督促其赴任。石敬瑭遂起兵反叛。由于自知势孤力单，难以与后唐抗衡，遂遣使求救于契丹，承诺向契丹称臣。虽然他比契丹主耶律德光大十岁，竟然不知羞耻地请求以父礼事之，并约定事成后，割让卢龙一道及雁门以北诸州。耶律德光闻讯大喜，同年九月，亲率契丹五万骑兵，直趋晋阳。在晋阳城外，大破后唐兵。十一月，耶律德光册立石敬瑭为大晋皇帝，史称后晋。石敬瑭践行前约，割让幽、蓟、瀛、莫、涿、檀、顺、新、妫、儒、武、云、应、寰、朔、蔚十六州，此即著名的燕云十六州。十六州中，除云、应、寰、朔四州外，其余十二州均为河北之地（包括今京津地区）。自此，中原地区门户洞开，几乎无险可守，石敬瑭为一己之私，弃国家利益于不顾，人所不齿。

（三）刘知远建汉

后汉的建立者刘知远也是沙陀人，后晋天福五年（940 年）三月为邺都留守兼侍卫亲军马步军都指挥使。契丹灭后晋过程中，刘知远坐镇河东，按兵不动，保存实力。在契丹北撤后，刘知远趁机收复失地，建立后

---

① （宋）司马光：《资治通鉴》卷二七八后唐长兴四年十一月，北京，中华书局，1956。

汉。不久，刘知远死，其子承祐即位，史称隐帝。但是由于统治阶级内部矛盾加剧，特别是隐帝屠戮功臣宿将史弘肇、杨邠、王章等人，使得人人自危。枢密使郭威为图自保，于邺都起兵，率军南下，后汉灭亡，前后历两帝，存在仅及四年。在郭威称帝，建立后周不久，刘知远之弟河东节度使刘崇在晋阳（今山西太原）称帝，仍称汉，史称北汉。在十国中北汉是唯一一个位于北方的割据政权，也是一个沙陀族建立的政权。北汉辖区主要在今山西，但其中蔚州在今河北境内。

（四）后唐、后晋、后汉对河北控制的加强

在建立后唐前，李存勖虽然身兼幽州、魏博、成德三镇节度使，但其巡属诸州多用旧人，加之戎马倥偬，对河北的控制仍多属羁縻性质，河北诸镇仍保留着一定的独立性。但后唐、后晋、后汉三朝中，由于沙陀为统治民族，河北藩镇和巡属诸州刺史多任用沙陀人，对河北的控制进一步加强。当时河北藩镇主要有成德、定州、幽州、魏州、沧州、贝州、邢州等镇。现据朱玉龙编著的《五代十国方镇年表》，对出身沙陀的节度使情况，列表如下。

五代时期河北藩镇中沙陀节度使统计表

镇别	节度使总人数	沙陀节度使人数	所占比例（%）	沙陀节度使姓名
成德	25	8	32	李存勖、李继岌、李嗣源、李从厚、李从敏、石敬瑭、李重美、安重荣
定州	13	3	23	李从敏、李从温、安审约
幽州	8	7	87.5	周德威、李嗣昭、李存勖、李绍宏、李存审、李存贤、李绍斌
魏州	27	8	29.6	李存勖、李继岌、李从荣、石敬瑭、李从厚、李重美、刘知远、石重贵
沧州	19	8	42.1	李存审、李嗣源、李绍斌、安元信、安审通、李从敏、李金全、安叔千
贝州	10	2	20	何建、史匡威
邢州	23	10	43.5	李存审、李嗣源、李存纪、李存璋、米君立、李从温 康思立、安审琦、安叔千、安审晖
合计	125	46	36.8（平均）	

说明：1. 有些人数次担任某镇节度使，则按一人处理。权任、遥领及未正任的留后亦计算在内。2. 由于史书记载简略，许多人族别不详，且按汉人处理。

从上表可以看出，上述诸镇出身沙陀的节度使所占比例不同，少者20%，多者竟达87%强。平均下来，比例也达36.8%。五代时期，诸镇动乱频频，其中不少人是在兵乱中由部将军士所拥立或自立，并非朝命，考虑到这一因素，则沙陀人在河北政局中地位更为突出。

河北之地十分富庶，被视为“诸夏之冠冕”①，在唐中期之前一直是国家财源基地。唐后期由于陷入割据，财赋不供于中央，在此情况下，国家财赋的重心才转而主要依靠江南诸州。另外，河北战略地位十分重要，唐人杜牧对此有深刻的认识。他在《战论》一文中说：

> 河北视天下犹珠玑也，天下视河北犹四支也。珠玑苟无，岂不活身；四支苟去，吾不知其为人。何以言之？夫河北者，俗俭风浑，淫巧不生，朴毅坚强，果于战耕。名城坚垒，巘嶭相贯；高山大河，盘互交锁。加以土息健马，便于驰敌，是以出则胜，处则饶，不窥天下之产，自可封殖，亦犹大农之家，不待珠玑然后以为富也。天下无河北则不可，河北既虏，则精甲锐卒利刀良弓健马无有也。②

他在另一篇文章《罪言》中说：

> 生人常病兵，兵祖于山东，胤于天下，不得山东，兵不可死。……故其人沉鸷多材力，重许可，能辛苦……唯山东敦五种，本兵矢，他不能荡而自若也。复产健马，下者日驰二百里，所以兵常当天下。……由此言之，山东，王者不得，不可为王；霸者不得，不可为霸；猾贼得之，是以致天下不安。③

文中的“山东”，唐指函谷关以东，主要包括河北之地。五代时期，统治范围仅主要是黄河以北，河北对诸政权的重要性更显突出。李存勖、李嗣源均因河北而得天下，河北成为当时仅次于河东的根本之地。

三、河北沙陀的经济生活和社会习尚

（一）沙陀的经济生活

沙陀原居住在中国西北地区，主要从事游牧畜牧业。他们居穹庐，饮

---

① 王夫之：《读通鉴论》下册《穆宗一》，903页，北京，中华书局，1975。

② （唐）杜牧：《樊川文集》卷五《战论》，上海，上海古籍出版社，1984。

③ （唐）杜牧：《樊川文集》卷五《罪言》上海，上海古籍出版社，1984。

乳酪，衣皮革，逐水草而居。自徙居云、代及河北地区后，与内地各族人民，特别是汉族错处杂居，相互通婚，逐步走向定居或半定居生活。但沙陀部落组织在迁入内地后仍长期保存着，史籍中所记载的“沙陀三部落”、“沙陀诸部”就是其部落组织存在的明证。唐朝末年，李克用就担任过沙陀三部落军使。① 李克用死后，其子李存勖建立后唐时，军队中仍存在“蕃落劲骑”② 的组织。这些骑兵即从部落征集而来。正是由于部落组织的长期存在，虽然沙陀族有些人开始转向农业，但有许多仍从事畜牧。一些人由于在饲养牲畜方面有专长，而得以升至高位。前面提到的沙陀人康福，蔚州人，在后唐庄宗时担任马坊使，领财货，总辖马牧。曾牧小坊马数千匹于相州。③ 虽然，沙陀人的经济生活表现出二重性，但随着时间的推移，农耕生活日益占据主体，畜牧狩猎经济逐渐退居次要地位。

（二）沙陀的社会文化

由于生产、生活方式和居住环境的变化，河北沙陀族固有文化传统逐步削弱，主要表现在如下方面：

第一，开始采用汉姓。前面提到的李克用父亲朱邪赤心，被赐名李国昌。此后李克用家族包括其养子都以李为姓。除李姓外，有的沙陀还采用其他姓氏。例如张彦超，本沙陀部人，为李嗣源假子。④

第二，在汉地文化影响下，沙陀部众文化素养逐渐提高，即使是一些戎马倥偬的军将亦不例外。前揭曲阳北岳庙李克用题名碑，为李克用手书，书法遒劲，清朝学者、金石学家朱彝尊对其评价甚高。他在《唐北岳庙李克用题名碑跋》中云：“克用本武人，未尝以知书名，而碑文楷画端劲，词亦简质可诵，英雄之不可量如是夫。”⑤ 其子李存勖十三岁时即已熟读《春秋》，并手自缮写，略通其大义。他还洞晓音律，常自作词供伶人演唱。后唐明宗李嗣源虽然目不识丁，但也粗知儒家学说，一次，他召见次子从荣，询问军政之余所习何事？从荣回答道，闲暇时读书，与诸儒讲论经义。李嗣源立刻表示：“经有君臣父子之道，然须硕儒端士，乃可亲之。”⑥ 他很喜欢唐末诗人聂夷中的《伤田家》诗，经常吟诵。其子从荣、从厚文化修养更深。史匡翰，为后唐名将史建瑭之子，庄宗时任天

① 《旧五代史》卷二六《武皇纪下》，北京，中华书局，1976。
② 参见《旧五代史》卷二七《庄宗纪一》，北京，中华书局，1976。
③ 《旧五代史》卷九一《康福传》，北京，中华书局，1976。
④ 《旧五代史》卷一二九《张彦超传》，北京，中华书局，1976。
⑤ （清）朱彝尊：《曝书亭集》卷五〇《唐北岳庙李克用题名碑跋》，文渊阁四库全书本。
⑥ 《新五代史》卷一五《唐明宗家人·秦王从荣传》，北京，中华书局，1974。

雄军牢城都指挥使，明宗天成中，授天雄军步军都指挥使。他虽出身将门，却尤好《春秋左氏传》，每视政之暇，延请学者讲说，躬自执卷受业，时发难问，穷于隐奥，流辈或戏为“史三传”。①

第三，宗教信仰的变化。沙陀宗教信仰同于突厥，起始信仰萨满教。萨满教是一种原始宗教，认为万物有灵，崇拜天、地、日、月、山、川等一切自然神。另外，敬鬼神，信巫觋。北岳恒山，原属河北曲阳，直至清代时才改隶山西浑源县。在此之前，历代帝王和地方统治者都在曲阳之恒山祭祀北岳神，并修建了北岳庙。李克用在中和五年（885 年），为了救援易定王处直，曾两次亲至北岳庙参拜祭祀，“再谒睟容，兼申赛谢”②。《旧五代史·庄宗纪》记载，李存勖在建立后唐后的次年五月，为祈求神灵庇佑，曾驾幸龙门雷山“祭天神”，史书称“从北俗之旧事也”。后唐天成二年（927 年）六月，唐明宗在洛阳的白司马陂，“祭突厥神，从北俗之礼也”。这一年的十一月，他还在开封“祭蕃神于郊外”。③ 后晋天福七年（942 年），石敬瑭去世后，少帝遣右骁卫将军石德超等将石敬瑭御马二匹，往相州西山扑祭，“用北俗礼也”。④ 反映直至五代后期，沙陀旧俗仍行于上层，仍具有相当的影响力。

但在内地佛教和道教的影响下，沙陀人也开始接受了佛、道两教。后唐庄宗李存勖皇后刘氏，魏州成安人，笃信佛教。受刘皇后的熏染，李存勖也对佛教十分虔诚，凡宫中积藏，皆用以写佛经，馈赠僧尼。⑤ 一次，有胡僧自于阗来，李存勖即率皇后及诸子迎拜之，胡僧遨游五台山，他特地遣使安排供应接待，“所至倾动城邑”。⑥ 据载石敬瑭建立后晋后，将河阳曾居旧宅辟为开晋禅院，邢州旧宅辟为广法禅院。除奉佛外，道教也有一定的影响。

① 《旧五代史》卷八八《史匡翰传》，北京，中华书局，1976。

② 《李克用题名碑》，见（光绪）《曲阳县志》。

③ 《旧五代史》卷三八《明宗纪》，北京，中华书局，1976。

④ 《旧五代史》卷八一《少帝纪》，北京，中华书局，1976。

⑤ 《新五代史》卷一四《唐太祖家人·皇后刘氏传》，北京，中华书局，1974。

⑥ 《新五代史》卷一四《唐太祖家人·皇后刘氏传》，北京，中华书局，1974。

第六节 吐谷浑

吐谷浑是我国西北少数民族之一。吐谷浑原是人名，为居于辽东的鲜卑慕容部首领涉归的庶长子、慕容廆之庶兄。涉归死后，慕容廆继为单于，吐谷浑因与慕容廆不睦，率其部落西迁至阴山（今内蒙古阴山）。晋永嘉之乱（311 年）后，北方大乱，吐谷浑趁机从阴山南下，经河套，越陇山，止于枹罕（今甘肃临夏）西北的罕幵原。吐谷浑死后，其族又辗转迁徙至今甘肃南部、四川西北和青海等地区，并与当地的羌、氐等族相融合。其孙叶延为了尊祖，以祖父吐谷浑的名字作为姓氏、族名和国号。自此，吐谷浑既作为姓氏、族名，也作为政权名称出现于史籍中。直到隋代吐谷浑夸吕可汗死后，吐谷浑才复以慕容为姓。①

十六国时期，吐谷浑在慕璝在位时，国势强盛，大败西秦，原西秦的国土，几乎尽为吐谷浑所有，又俘虏赫连定，灭夏国，获得了原西秦和夏国的大批人口。一部分乞伏氏、赫连氏也成为以后吐谷浑族的组成部分。6 世纪中叶，夸吕时始自号可汗，治伏俟城（今青海共和县境内）。隋大业五年（609 年），隋灭吐谷浑，于其地置西海、河源、鄯善、且末四郡。隋末，天下大乱，吐谷浑又尽复其故地。唐贞观九年（635 年），唐太宗兵分两路，以李靖为帅，深入吐谷浑境，可汗伏允为部下所杀，唐立伏允之子诺曷钵为可汗。吐谷浑成为唐王朝保护下的属国。随着吐蕃的崛起，高宗龙朔三年（663 年），吐蕃大破吐谷浑，诺曷钵率残部奔凉州，吐蕃尽据吐谷浑地。吐谷浑灭亡后，一部分民众逃到唐朝境内，而绝大部分则为吐蕃所统治。迁到唐境内的一支，主要是原吐谷浑可汗诺曷钵残部。咸亨三年（672 年），唐迁其部于灵州（今宁夏灵武），置安乐州，以诺曷钵为刺史。另外，延州都督府下辖浑州，也是唐廷在仪凤年间（676—678 年）为安置归附的吐谷浑而设置的。② 安史之乱后，吐蕃占据灵州，在吐蕃的压力下，吐谷浑更东迁朔方、河东。迁居于河东者，大致分布在太原、潞州及代北一带。而居于朔方者，分布于丰州、天德军一带，还有的集中在盐、庆、夏、银诸州③，与沙陀、党项等族错处杂居。

① （唐）杜佑著，王文锦等点校：《通典》卷一九〇《边防典六·吐谷浑》，北京，中华书局，1988。

② 《新唐书》卷四三下《地理志七下》，北京，中华书局，1975。

③ 周伟洲：《吐谷浑史》，银川，宁夏人民出版社，1985。

唐末五代时，曾附属于沙陀李氏、石氏。天福初（936 年），燕云地区割属契丹，吐谷浑人便臣役于契丹，渐渐与汉族、契丹等民族相融合。留在青海的吐谷浑，有学者认为即今土族的先民。

作为族称，吐谷浑还有一个名称叫“阿柴虏”或“阿赀虏”、“赀虏”、“野虏”等。这是西北诸族对吐谷浑的贱称，泛指其部众而言，并非吐谷浑的专名。此外，中国史籍中有时简称吐谷浑为“浑”、“吐浑”或“退浑”等。

一、北朝时吐谷浑入居河北及在河北的早期活动

从史籍来看，至晚在北魏时，即有吐谷浑进入河北地区。太武帝太延五年（439 年），北魏灭北凉，有吐谷浑渠帅乙弗莫瓌（乙瓌）拥部落降北魏，北魏封其为定州刺史、西平公，并尚上谷公主。[①] 北魏分裂后，形成了东、西魏并峙的局面。此时吐谷浑是夸吕在位时期，在与东魏、西魏及以后的北齐、北周等政权的关系方面，吐谷浑采取了“远交近攻”的策略：对毗邻的西魏、北周因双方涉及领土、财物的争夺，故基本上处于敌对的状态，关系紧张，而与相距遥远的东魏、北齐保持了友好关系，双方遣使贸易，相互通婚。从东魏兴和二年（540 年），吐谷浑随柔然使者到东魏朝贡之后，一直到北齐天保四年（553 年），吐谷浑先后遣使达十次。东魏武定三年（545 年），夸吕曾将从妹嫁与东魏孝静帝为妻，他本人又向东魏请婚，东魏乃以济南王元匡孙女广乐公主妻之。东魏定都于邺（今河北临漳），河北为其统治的核心区。以此来看，此时已有一些吐谷浑入居河北。

1975 年，河北磁县文化馆清理发掘了位于磁县城南东陈村西北的北冢，此即北齐尧峻墓。墓主尧峻，史籍有载，为北魏相州刺史尧瑄之孙，员外散骑常侍尧荣之子。尧峻历任辅国将军、持节东郡太守、当郡都督、南岐州刺史、怀州刺史等，天统二年（566 年）六月卒。同墓出土的还有其妻吐谷浑静媚墓志。从墓志记载来看，静媚的高祖柴为吐谷浑国主。按，“柴”，即吐谷浑第九代主阿柴，在位时间是 417—426 年。其曾祖头，在北魏分裂后，为官于东魏，封汶山公。祖丰，为宁西将军、长安镇将、洛州刺史。静媚从其祖父开始定居洛阳，故墓志称其为“河南洛阳人也”。她卒于天统元年（565 年），享年四十七岁，先其夫尧峻一年而

① 《北史》卷一三《后妃传·文帝文皇后乙弗氏》，北京，中华书局，1974。

卒，天统三年（567 年）二月，与尧峻同穴而葬。[1] 磁县，东魏北齐时为邺都所在地。静媚这支吐谷浑王族投归北魏的时间，据学者考证是在 444 年。[2] 先定居于洛阳，后又由洛阳迁至邺都，为吐谷浑后裔在河北活动的实物见证。另外，尧峻系上党长子人，当为汉族，而所娶二妻均为少数民族，一为吐谷浑后裔，一为匈奴屠各族，反映出当时民族融合面之深广。

虽然北朝时，河北地区已经有吐谷浑的存在，他们已经与当地汉族通婚，但同时也应看到，由于吐谷浑和东魏、北齐之间隔着西魏、北周，道路悬隔，他们之间的关系也主要是为了联手对付西魏、北周，经济、文化上的联系从属于战略上的考虑，有很大的不稳定性，规模也不是很大。吐谷浑进入河北主要还是在唐末。

二、唐末五代的河北吐谷浑

唐末五代时期，河北的吐谷浑主要是赫连铎部和白义诚等部，他们原定居于云、朔诸州，在唐末群雄纷起的环境中，向东扩张势力，而开始进入河北，主要活动在河北北部，特别是蔚州、镇州。

（一）吐谷浑赫连铎部在河北的活动

赫连氏，本号铁弗，为匈奴与鲜卑之混血族。由于赫连氏所建夏国为吐谷浑慕珊璜所灭，故其种人没入吐谷浑成为吐谷浑族的一个组成部分。[3] 由此，赫连氏也成为吐谷浑族内大姓。赫连铎，其父开成年间（836—840 年）率部落三千帐归唐，被封为阴山府都督。其父死后，赫连铎继任为阴山府都督。[4] 唐懿宗咸通年间（860—873 年），跟从河东节度使康承勋，讨伐庞勋起义有功。乾符年间（874—879 年），沙陀李国昌、李克用父子扰乱代北，赫连铎奉命与幽州节度使李可举及吐谷浑各部落击败李氏父子。广明元年（880 年），因功被任命为云州刺史、大同军防御使。后来李克用为河东节度使，势力日炽，屡攻云州。赫连铎“屡引匡威（即李匡威——引者注）与河东争云、代，交兵积年”。[5] 唐昭宗大顺二年（891 年），李克用急攻云州，赫连铎食尽，被迫弃城逃遁。乾宁元年（894 年），再次受到李克用进攻，兵败被杀。其具体情况见上节，兹

① 磁县文化馆：《河北磁县东陈村北齐尧峻墓》，载《文物》，1984（4）。

② 周伟洲：《河北磁县出土的有关柔然、吐谷浑等族文物考释》，载《文物》，1985（5），54 页。

③ 姚薇元：《北朝胡姓考》（修订本），265 页，北京，中华书局，2007。

④《新唐书》卷二一二《李匡威传》，北京，中华书局，1975。

⑤《旧唐书》卷一八〇《李匡威传》，北京，中华书局，1975。

不赘述。赫连铎被杀后，余部散在蔚州界内，互为酋长，其氏不常。① 这些部众被幽州、河东等镇所吸纳，经常征调他们参与征战，成为诸镇精锐。后梁开平二年（908 年），幽州节度使刘仁恭为其子刘守光囚禁，守光之兄沧州节度使刘守文以重贿招“契丹、吐浑兵四万”②，与刘守光大战于鸡苏（今天津蓟县西），最后刘守文被擒杀。天祐十五年（918 年），晋已灭燕，削平了河北诸镇，准备集诸路大军进攻后梁。八月，李存勖大阅于魏州（治今河北大名东北）郊外，部阵严整，旌甲鲜明，师旅之盛，为近代之最，其中就有吐浑军队。③

（二）吐谷浑白氏家族在河北的活动

唐末五代活跃在河北的另一支吐谷浑势力是白义诚。白氏，出自西域，本龟兹族。由于吐谷浑势力在 5 世纪末 6 世纪初向西扩张，占据了西域鄯善（今新疆若羌）、且末之地。一些西域人包括龟兹人便融入了吐谷浑。龟兹白氏便成为吐谷浑大姓之一。

白义诚隶属于赫连铎，与赫连铎各有部族。④ 在赫连铎被唐任命为云州刺史、大同军防御使时，白义诚为蔚州刺史。唐乾宁元年（894 年），赫连铎为李克用所破，白义诚也被俘。史书称李克用“笞而释之”⑤，但此后不见于史籍。白义诚之后，有白承福。白承福可能即唐末白义诚的后代。⑥ 白承福部，是当时后唐境内人数较多，势力最大的一支吐谷浑部，由于入附时间较久，与中原王朝关系密切，被称为熟吐浑。

白承福，自后唐同光初，代为阴山府都督。他“依中山北石门为栅，庄宗赐其额为宁朔、奉化两府，以都督为节度使，仍赐承福姓李，名绍鲁”⑦。“中山北石门”，《资治通鉴》卷二八二后晋高祖天福五年胡注引宋白语作“北山北石门”。“中山”在今河北定州，其北即指蔚州之南，

---

①《新五代史》卷七四《四夷附录》，北京，中华书局，1974；（宋）王溥：《五代会要》卷二八《吐浑》，上海，上海古籍出版社，1978。

②《新五代史》卷三九《刘守光传》，北京，中华书局，1974。《资治通鉴》将此事系于后梁开平三年（909 年）。

③《旧五代史》卷二八《庄宗纪二》，北京，中华书局，1976。

④（宋）王钦若：《册府元龟》卷九六七《外臣部》，北京，中华书局，1960。

⑤《旧五代史》卷二六《武皇本纪下》，北京，中华书局，1976。

⑥ 周伟洲：《吐谷浑史》，190 页，银川，宁夏人民出版社，1985。陈佳华等：《中国历代民族史·宋辽金时期民族史》也采此说（290 页，北京，社会科学文献出版社，2007）。

⑦（宋）王溥：《五代会要》卷二八《吐浑》，上海，上海古籍出版社，1978。而《新五代史》卷五四《吐浑传》云“庄宗为置宁朔、奉化两府，以承福为都督”，未提为节度使。《旧五代史》卷三九《明宗纪》记载，后唐明宗天成三年二月，以吐浑宁朔、奉化两府都知兵马使李绍鲁为吐浑宁朔府都督。又与上面二书记载不同。

今太行山的北段，故宋白又云为“北山北石门”。唐初为了安抚统治少数民族，往往设置羁縻府州，以当地少数民族首领为都督、刺史等。宁朔、奉化两府的设置，也是为了羁縻和笼络吐谷浑上层而设置的，从本质上看，与唐初的羁縻府州并无二致。但唐后期，地方政治的一大变化便是藩镇局面的形成，节度使成为地方的最高军政长官。与这种政治形势相适应，宁朔、奉化二府的最高长官为节度使，使二府也具有了藩镇的性质。不仅有节度使之设，还置有留后。例如后唐末帝清泰三年（936 年），以白可久为宁朔、奉化留后。羁縻府州的藩镇化，反映了中央对地方控制的削弱，使吐谷浑首领获得了更大的自主权，减少了朝廷边将、官吏的侵渔，有利于吐谷浑部生活的安定和经济的发展。不久，又令移帐于代州（今山西代县东南）。后唐明宗天成三年（928 年）二月，诏以“吐浑宁朔、奉化两府都知兵马使、检校司徒李绍鲁，可授光禄大夫、检校太保、竭忠建策兴复功臣；吐浑宁朔府都督、检校工部尚书赫连公德，可金紫光禄大夫、检校右仆射，赐忠义正卫功臣”①。不仅加官晋爵，后唐朝廷还对白承福手下将校赐姓以示优宠。例如，宁朔、奉化二府留后白可久，赐名李可久，两府大夫白铁匮，赐名李铁匮。②

唐末五代，吐谷浑虽几经转徙，仍保持着原有的部落组织，以游牧为主。史称：“其畜牧就善水草，丁壮常数千人，羊马生息，入市中土，朝廷常存恤之。”③ 他们与后唐关系密切，经常用羊马等牲畜与后唐进行贸易。同时，他们还以朝贡的方式向后唐进献马匹和其他牲畜。见于记载的有：庄宗同光二年（924 年）二月，同光三年（925 年）二月、十月，四年（926 年）二月，明宗天成三年（928 年）二月，共五次。朝贡反映了吐谷浑对后唐政治上的臣属关系，同时又是一种特殊的贸易形式。吐谷浑向后唐进贡羊马、皮革等畜牧产品，而后唐多回赠以绢帛、茶叶等物资，在经济上形成了互补，对双方都是有利的。由于计价酬答，务从优厚，后唐朝廷回赠的财物价值往往大于进奉之物，故吐谷浑朝贡的积极性很高，以至形成了“蕃部羊马，不绝于路”的局面。④

后晋天福元年（936 年），石敬瑭以契丹有助立之功，割雁门以北及

---

① （宋）王钦若：《册府元龟》卷九七六《外臣部·褒异三》，北京，中华书局，1960。而《旧五代史》卷三九《明宗纪》记载，后唐明宗天成三年二月，以吐浑宁朔、奉化两府都知兵马使李绍鲁为吐浑宁朔府都督，误。

② （宋）王钦若：《册府元龟》卷九七六《外臣部·褒异三》，北京，中华书局，1960。

③ （宋）王溥：《五代会要》卷二八《吐浑》，上海，上海古籍出版社，1978。

④ （宋）王溥：《五代会要》卷二九《党项》，上海，上海古籍出版社，1978。

幽州之地，即幽云十六州之地于契丹。这些地区是吐谷浑部聚居之地，“由是吐浑部族皆隶于契丹”[1]，转为契丹所役属。契丹对吐谷浑诸部，百般诛求，搜刮无厌，使吐谷浑诸部不胜其苦，思归后晋。是时，成德节度使安重荣阴有异志，为扩充实力，遣人入契丹招吐谷浑入塞。天福五年（940 年），白承福等乃背契丹，率部落千余帐，从辽境的应州（治今山西应县），取飞狐道入五台山，至镇州（治今河北正定）归附安重荣。[2] 契丹主耶律德光大怒，遣使者诮责石敬瑭。石敬瑭在契丹压力下，于次年初，遣供奉官张澄率兵两千搜索并、镇、忻、代四州山谷中的吐谷浑，驱出之，勒令还其旧地。可是吐谷浑驱之复来，安重荣再次招纳。石敬瑭对投附的吐谷浑态度十分矛盾，一方面他不敢公开违抗契丹耶律德光的意旨，同时，他又思得吐谷浑为缓急之用。因此，“阳为逐吐谷浑，而阴抚纳之”[3]。天福六年（941 年）五月、九月，白承福两次遣其部下念庞里、赫连功德、白可久等一百一十八人向后晋朝贡。[4]

安重荣，朔州（今山西朔县）人，后唐明宗时为振武巡边指挥使。后唐清泰三年（936 年），石敬瑭叛唐，建立后晋，安重荣率巡边千余骑投奔，被石敬瑭委任为胜州刺史、北面招收指挥使。天福二年（937 年）正月，授成德节度使，移驻镇州（治今河北正定）。安重荣本一介武夫，起于军卒，在五代时期混乱的局势下因缘际会而骤至富贵，又亲眼目睹后唐、后晋诸帝均由地方藩镇节度使起家，故他的政治野心也一步步膨胀。他常对人说：“天子宁有种邪？兵强马壮者为之尔！”[5] 遂召集亡命，收市战马，又自恃手握雄兵，据重镇，遂有跋扈之志。他还对石敬瑭奴事契丹之举十分不满，认为是万世之耻，乃辱杀契丹使者，移檄诸道，宣称起兵讨伐契丹。大量吐谷浑的投附，进一步壮大了安重荣的力量，使石敬瑭深感威胁。他密令河东节度使刘知远遣亲将郭威游说白承福等脱离安重荣，归顺朝廷，并许以高官尊爵。十月，白承福率部归刘知远，刘知远将其安置在太原东山及岚、石二州之间，并表请以白承福为大同节度使，收其精骑为其所用。虽然白承福所领的吐谷浑诸部大部分离开了镇州，但仍有一

① （宋）王溥：《五代会要》卷二八《吐浑传》，上海，上海古籍出版社，1978。

② 《新五代史》卷五一《安重荣传》云，白承福、赫连功德等率本族三万余帐自应州来奔。《资治通鉴》卷二八二，“三万余帐”作“千余帐”。今从《资治通鉴》。

③ （宋）司马光：《资治通鉴》卷二八二天福六年九月胡注，北京，中华书局，1956。

④ （宋）王钦若：《册府元龟》卷九七二，北京，中华书局，1960；《旧五代史》卷七九《高祖纪》，北京，中华书局，1976。

⑤ 《新五代史》卷五一《安重荣传》，北京，中华书局，1974。

些留在了当地，并成为安重荣亲信武装。安重荣起兵后，被杜重威击败，史称安重荣“拥吐浑数百，匿于牙城，重威使人袭而得之，斩首以进”①。这数百吐浑，当是安重荣手下亲兵。

图4－12　安重荣残碑所存赑屃

（现存放于正定开元寺内。青石质，残长7.7米，残宽3.15米，高2.32米，重达100余吨。赑屃之大之重，实属国内罕见，堪称天下第一）

石敬瑭死后，其侄石重贵嗣位，史称晋出帝。他不甘于对契丹的屈辱地位，对契丹政策趋以强硬。为了笼络吐谷浑为其所用，数召白承福等入朝，厚加赏赐，每大宴会，皆命列坐于勋臣之次。晋与契丹关系破裂后，出帝召白承福入朝，待之甚厚。契丹挥师南下，与晋相距于河，白承福率吐谷浑部众从出帝抵御契丹。是岁酷热难当，吐谷浑部众多患疾疫而死，不得已乃遣白承福归太原，居于岚、石二州间，仍归河东节度使刘知远节制。由于白承福驭下无法，部众多犯军令，害怕刘知远降罪，同时部内又发生争夺牧马的纠纷，部众不安其居，谋划遁归故地。开运二年（945年）四月，白可久因牧马的机会，率本帐北遁，投降契丹。契丹授以云州观察使，复遣使潜诱白承福。白承福亦思叛去，事未果。刘知远知之，又垂涎于白承福之富赡，欲收其财货以赡军，乃上表出帝，请迁吐谷浑部众于内地。出帝乃迁白承福部众一千九百人，分置河阳（治今河南孟县）。刘知远暗中又派郭威诱白承福等入居太原城中，诬称白承福、白铁匮、赫连海龙等五族谋叛，以兵围而杀之，共杀死四百余口，羊马资财钜万计，都被籍没入公，改令吐谷浑另一首领王义宗统其余部。② 刘知远建

① 《旧五代史》卷九八《安重荣传》，北京，中华书局，1976。

② （宋）王溥：《五代会要》卷二八《吐浑》，上海，上海古籍出版社，1978；另参考《契丹国志》卷二和《资治通鉴》卷二八五后晋齐王开运三年。

立后汉后，以王义宗为检校太尉，后又任命为沁州刺史兼吐浑节度使。但有关王义宗的情况，尔后便不见于记载。后周和北汉境内也有吐谷浑部活动，但由于与河北没有关系，兹不赘述。

前举的白承福、白可久统率的是吐谷浑部落，虽然与中原王朝有臣属关系，接受中原王朝任命的官职，但也具有一定的独立性。除此之外，还有一些吐谷浑人以个人任职于中原王朝，并至显位。例如，白再荣，吐谷浑族人，少从军，累迁护圣左厢指挥使。晋末，契丹耶律德光南下灭晋，后北归，白再荣随从部帐至真定（今河北正定）。其年（947 年）闰七月，李筠、何福进起兵，驱逐契丹所任命的节度使麻答，收复镇州，据甲仗库，拥立白再荣为帅。刘知远于是以白再荣为镇州留后。白再荣为政贪虐，镇人呼为“白麻答”。未几，移授滑州节度使。[①]

（三）散见于史籍的吐谷浑在河北的活动

除了上面介绍的赫连氏和白氏两个吐谷浑家族外，还有其他一些散见于史籍。以下略作介绍。

李嗣恩，本姓骆，吐谷浑人，年十五善骑射，随侍李克用于振武，及李克用镇太原，补为铁林军小校，天祐十二年（915 年），李嗣恩从庄宗李存勖入魏，击刘鄩有功，转天雄军都指挥使。后因莘之战功，转代州刺史，充石岭关以北都知兵马使，后迁振武节度使。十五年（918 年），追赴行在，卒于太原。长子武八，与契丹战于新州（治今河北涿鹿），阵亡。[②]

李金全，其先出于吐谷浑，骁勇善骑射，少从李嗣源征伐，多有战功。及李嗣源即位，李金全连典大郡，曾为冀州刺史。天成中，授泾州节度使，长兴四年（933 年）夏，授沧州节度使，累官至检校太傅。久之，罢为右卫上将军。[③]

从以上可以看出，由于吐谷浑长于骑射，多担任军职，唐末五代吐谷浑人在河北的活动范围是较为广泛的，除了镇州、蔚州这两个较为集中的地区外，还有魏州、沧州、新州，等等。

---

① 《旧五代史》卷一〇六《白再荣传》，北京，中华书局，1976；另参考《旧五代史》卷一〇〇《汉高祖纪下》。

② 《旧五代史》卷五二《李嗣恩传》，北京，中华书局，1976；《新五代史》卷三六《义儿传·李嗣恩传》。

③ 《旧五代史》卷九七《李金全传》，北京，中华书局，1976；《旧五代史》卷四〇《明宗纪六》。

第七节　吐蕃、室韦等族

上面几节我们介绍的在河北境内活动的几个少数民族，他们族群规模较大，对当时河北乃至全国政局产生了较大影响。除此之外，在河北还有一些少数民族，虽然从记载来看人数不多，但由于产生了一些影响很大的人物和家族，因此我们对此也略加介绍。

一、吐蕃在河北的活动

吐蕃主要活动在青藏高原一带，唐初吐蕃赞普松赞干布统一了今西藏各部，建立了强大的奴隶制政权。松赞干布向唐请求和亲，唐太宗以文成公主入藏。文成公主和亲吐蕃是唐蕃友好关系建立的标志，是吐蕃历史上的一件大事，也是我国民族关系上的一件大事。高宗以后，唐和吐蕃为争夺西域和河西地区展开了长期的斗争。安史之乱爆发后，吐蕃趁唐边防诸军内调平叛之际，相继夺去了陇右道和关内道的西部地区，推进到邠州、泾州一线，甚至京师长安也在吐蕃铁骑威胁之下。8 世纪后期至 9 世纪初，吐蕃达到极盛，疆域西起葱岭，东至陇山、四川盆地西缘，北起天山山脉、居延海，南至喜马拉雅山南麓。9 世纪中叶，吐蕃发生内乱。

吐蕃主要活动在以青藏高原为中心的西部地区，唐后期向东虽然推进到今陕西、甘肃、宁夏，与河北相距悬远，但由于吐蕃内乱，一些吐蕃人在唐后期辗转进入了河北。

禄东赞是吐蕃赞普松赞干布时期的大论，执掌吐蕃军政数十年。松赞干布死后，继任的两代赞普皆年幼，朝中大权一直掌握在禄东赞及其家族手中。吐蕃置大论、小论以理国事，相当于中原王朝的宰相。“吐蕃国法不呼本姓，但王族则曰论，官族则曰尚。”① 严格来说，禄东赞家族为官族，应以“尚”为姓，但因其家族几代为吐蕃大论，故其后裔以论为姓。禄东赞死后，其子论钦陵居中秉政，其他诸子也手握重兵分据方面。由于位高震主，地逼则势疑，不可避免地引起了赞普器弩悉弄的猜忌。当论钦陵与唐安西大都护郭元振作战时，郭元振派使离间赞普器弩悉弄与论钦陵的关系。其时器弩悉弄已经长大成人，不甘于傀儡地位，于圣历二年

---

① （宋）司马光：《资治通鉴》卷二四六会昌二年十二月条考异引《补国史》，北京，中华书局，1956。

(699 年) 杀死论钦陵亲党二千余人，论钦陵也兵败自杀。同年四月，其弟赞婆率所部千余人降唐，唐以赞婆为特进、归德王。论钦陵之子论弓仁，也以所统吐谷浑七千帐来降，拜左玉钤卫将军、酒泉郡公、朔方副大使。[1] 论弓仁及其子惟明、惟贞在唐皆官至显位，为天子所倚信。直至唐末犹有曰论安者为河东镇将。[2]

论博言，字知远，为论钦陵之裔孙。唐左卫大将军、宕州都督、临洮王论布支之曾孙；渭北节度使、交川王论惟明之侄孙；英武军使、颍州刺史、榆溪王论惟贞之孙；宁州防御使守宁州刺史兼御史中丞论修之子。论博言，自幼“时艺逸伦，识略冠萃”，唐文宗太和初（827 年），由关中抵达河北，由于其为名门之胄，幽州节度使、太保李载义一见欣然，署任幽州节度散兵马使，奏银青光禄大夫，检校太子宾客、兼监察御史。历任衙前兵马使、卢龙节度押衙、幽州节度押衙、摄檀州刺史。咸通六年（865 年）十一月，死于蓟城南郭析津坊，享年六十一岁。[3]

论博言，作为吐蕃人，祖父辈在唐廷均官位显赫。至他这一代，入唐已经三代，由于入唐日久，深受内地汉文化的影响。他在唐后期至河北藩镇觅求政治出路，死于此，并葬于此。夫人为防御军使、检校太府卿兼御史中丞，中山刘骝长女。中山刘氏为河北大姓。其子从礼，也于河北任职，任幽州节度牙门将。论博言死后葬于“幽都之西三十里新安原”，与先于他去世的夫人刘氏合葬，也是采用中原葬俗。河北成为他的第二故乡。

二、室韦在河北的活动

室韦为东胡的后裔，见于汉文文献始于 5 世纪的北魏时期，时称“失韦”。主要活动在嫩江、绰尔河、额尔古纳河、黑龙江流域。隋代正式称为室韦，主要分为五部：南室韦、北室韦、钵室韦、深末怛室韦和大室韦。

乌洛侯为室韦的一部[4]，始见于《魏书》，称乌洛侯在地豆于之北，

① （宋）司马光：《资治通鉴》卷二〇六则天后圣历二年二月，北京，中华书局，1956；《新唐书》卷一一〇《论弓仁传》。

② 《新唐书》卷六一五《郑余庆附从谠传》，北京，中华书局，1975。

③ 吴钢主编：《全唐文补遗》第 7 辑，141 页，《有唐幽州卢龙节度左都押衙银青光禄大夫检校国子祭酒摄檀州刺史充威武军使兼御史中丞上柱国晋昌论公墓志铭并序》，西安，三秦出版社，2000。

④ 张久和：《关于乌洛侯的几个问题》，载《黑龙江民族丛刊》，1998（2）。

去代都（今山西大同）四千五百余里。北魏太武帝太平真君四年（443年）三月，乌洛侯国遣使朝贡。[①] 唐时称为乌洛浑、乌洛护或乌罗护，其国在京师东北六千三百里，东与靺鞨，西与突厥，南与契丹，北与乌桓相邻，风俗大抵与靺鞨相同。唐太宗贞观六年（632年），遣使朝贡献貂皮。[②] 唐代在河北地区活动的乌洛侯族著名的有乌氏家族。

唐代乌氏，可追溯至唐初的乌察，官拜左武卫大将军。史称其张掖人。开元时有平卢节度使（或曰军使）、幽州节度副使乌知义。[③] 后来的安禄山、史思明等俱出其麾下。其子乌承恩，[④] 开元中，与族弟乌承玼皆为平卢先锋，"沈勇而决"，号"辕门二龙"。[⑤] 乌承恩，天宝初为北平军（在定州）使，后官至冀州刺史。至德元载（756年），史思明围信都（今河北冀州），投降叛军。乌承玼在安史之乱爆发后，一直追随史思明，他与乌承恩一起劝说史思明降唐。后史思明复叛，乌承恩与乌承玼兄弟二人，谋杀史思明降唐，但不幸为史思明觉察，全族被诛，只有乌承玼侥幸得脱。河东节度使李光弼以闻，诏拜冠军将军、守右威卫将军检校殿中监，封昌化郡王、石岭军使。贞元十一年（795年）二月去世。长子乌重胤，次子乌重元。[⑥]

乌重胤，初为潞州（治今山西长治）牙将，元和中以擒昭义节度使卢从史之功，拜河阳节度使。讨伐淮西吴元济，他与李光颜犄角相应，大小百余战，以功加检校尚书右仆射，转司空。元和十三年（818年），代郑权为横海（治今河北沧州）节度使。既至镇，上言曰："臣以河朔能拒朝命者，其大略可见。盖刺史失其职，反使镇将领兵事。若刺史各得职分，又有镇兵，则节将虽有禄山、思明之奸，岂能据一州为叛哉？所以河朔六十年能拒朝命者，祗以夺刺史、县令之职，自作威福故也。臣所管德、棣、景三州，已举公牒，各还刺史职事讫，应在州兵，并令刺史收管。又景州本是弓高县，请却废为县，归化县本是草市，请废县依旧属德

① 《魏书》卷一〇〇《乌洛侯传》；《魏书》卷四《世祖太武帝纪》，北京，中华书局，1974。

② 《新唐书》卷一九九下《北狄传》，北京，中华书局，1975。

③ （清）董诰：《全唐文》卷二八五张九龄《敕平卢使乌知义书》及卷三五二樊衡《为幽州长史薛楚玉破契丹露布》，北京，中华书局，1983。

④ （宋）司马光：《资治通鉴》卷二二〇乾元元年六月条。而据《新唐书》卷七五下《宰相世系表》，乌承恩、乌承玼为左武卫中郎将乌蒙之子，今从《资治通鉴》。

⑤ 《新唐书》卷一三六《乌承玼传》，北京，中华书局，1975。

⑥ （清）董诰：《全唐文》卷五六一韩愈《乌氏庙碑铭》，北京，中华书局，1983。

州。”[①] 诏并从之。

众所周知，唐后期藩镇，特别是河北藩镇之所以跋扈难制，屡屡抗命于朝廷，就在于藩镇控制巡属诸州，以亲信及兄弟子侄担任镇将，剥夺了刺史的统兵权。乌重胤看到了这一症结所在，建议恢复刺史职权，以刺史统领州兵。并在横海镇（治今河北沧县旧州镇）首行此制。此举为唐后期重要的政治军事改革，乌重胤是倡始者和践行者，从横海镇在全国（河北三镇除外）迅速得以推广。它削弱了藩镇的政治军事实力，加强了中央集权，史称“由是法制修立，各归名分。”[②]

长庆初，河朔再叛，王廷凑杀成德节度使田弘正。唐廷集诸道军讨伐，以乌重胤屯军深州，授以方面之任。但乌重胤以朝廷制置失宜，叛军势盛，未可轻进，观望累月。唐穆宗急于诛叛，遂以杜叔良代之，以乌重胤检校司徒，兼兴元尹，充山南西道节度使。召至京师，复以本官为天平军节度、郓曹濮等州观察等使。唐文宗太和初，横海节度使李同捷叛乱，唐廷复以乌重胤兼沧景节度使，进行讨伐。希望借助其威名，不劳师而底定。但制出旬日，乌重胤即去世了，诏赠太尉。乌重胤出自行间，官至节度使，赤心奉上，又能与部下同甘苦，深得部下爱戴，当时名士，咸愿依之，时称名将。

乌氏家族的世系，以《新唐书·宰相世系表》为基础，参以其他诸书，表示如下：

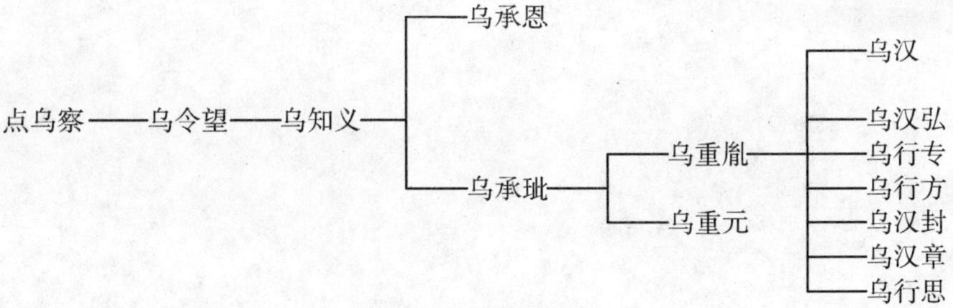

乌氏家族至少从乌知义开始已迁居河北，中经乌承恩、乌承玼，至乌重胤，凡历三代，逐渐达于顶峰。乌重胤之后其子孙均迁离河北，遂与河北脱离了关系。

综上所述，隋唐五代时期，河北少数民族主要有突厥、奚、契丹、回

---

① 《旧唐书》卷一六一《乌重胤传》，北京，中华书局，1975。

② 《旧唐书》卷一六一《乌重胤传》，北京，中华书局，1975。

纥、粟特、沙陀等，河北是当时全国受少数民族影响最剧烈的地区。这一时期，河北少数民族发展可以分为两个阶段，前后阶段具有不同的特点。隋和唐前期，河北境内突厥、奚、契丹等少数民族主要集中在幽州、平州等北部边州，唐廷为安置他们，建立了许多羁縻府州，这时诸内附少数民族仍然保持原来的生产、生活方式。转变的契机是安史之乱。安史叛军的主力即是奚、契丹等族部众，家属随叛军南下，相当部分定居于河北各地，河北少数民族遂在地域上向河北中南部扩展。唐后期，河北陷入割据，河北诸藩镇下至军将士卒，上至节度使，许多都出身于少数民族，并形成了一些职业军人家族，势力盘根错节，在政治上十分活跃。这些少数民族出身的职业军人家族，文化修养较低，他们取代了魏晋南北朝以来的崔、卢、李等传统世家大族，成为在地方上举足轻重的力量。但在内地文化影响下，他们逐渐转入定居、农耕，生产生活方式、社会习尚、心理等方面发生了一些变化，对后世河北社会带来了深远的影响。

第五章　辽宋金时期河北少数民族

自五代十国以后，历史又进入一个大分裂、大混乱之后的大统一的辽宋金时期。这一时期民族融合的特点是汉族建立的宋朝先后与契丹建立的辽朝和女真建立的金朝对峙，并在纷争、冲突中，逐步走向统一。这一特征在河北境内表现尤为突出，契丹辽国占据河北北部和中部部分地区，与北宋政权以白沟河为界形成对峙局面，致使河北分属于两个不同民族建立的政权之下。契丹在政治、经济、思想、文化、风俗等方面与北宋政权存在明显的差异，导致河北境内出现“二元”统治格局，随着女真崛起灭辽和北宋，这种“二元”格局被女真族统治所替代。辽、金时期，作为统治阶级的契丹族和女真族曾大量向黄河以北地区移民，尤其女真族移民的数量巨大，改变民族分布格局，从而促进了一次新的民族大融合，为元的空前统一奠定了基础。

第一节　契　丹

契丹族4世纪出现在中国历史舞台上。他们自称是炎帝的子孙。“炎帝之裔曰葛乌菟者，世雄朔陲，后为冒顿可汗所袭，保鲜卑山以居，号鲜卑氏。既而慕容燕破之，析其部曰宇文，曰库莫奚，曰契丹”①。由此可知，契丹族属东胡族系。契丹族早期的活动地域为：“契丹国，在库莫奚东，异种同类，俱窜于松漠之间”②，这里所说的松漠是指现在的老哈河和西拉木伦河流域的松林、草原、沙漠地带，即大兴安岭以南、燕山以北的广大地区。契丹族称始见于《魏书》，《魏书·契丹传》称：“登国中，

① 《辽史》卷六三《世表》，北京，中华书局，1974。

② 《魏书》卷一〇〇《契丹传》，北京，中华书局，1974。

国军大破之，遂逃迸，与库莫奚分背"，即在北魏时期。其含义众说纷坛，通行说法为"镔铁"之意①。另外说法有："切断"说、"刀剑"说、"奇首之领地"说、"酋名"说、"寒冷"说、"大中"说、"草原、沙漠或与森林相关的意义"说。包括"镔铁"说在内的上述诸说，均未能令人信服。而来源于其先人鲜卑宇文部首领名字对音的"酋名"说②，较为可信，不仅因为宇文部首领中有悉独官、乞得龟、逸豆归等名，省去语尾，悉独、乞得、逸豆，音近契丹；而且还由于东北各地自古是多部族、部落的地区，各部族、部落盛衰无常，迁徙不定，名称往往随部长的名称屡易。

契丹族的来源有两说：一说源于东胡或鲜卑宇文部，《魏书》、《通典》、《新五代史》、《契丹国志》、《辽史》等所载属之；一说源于匈奴，有《旧五代史》、《册府元龟》、《宋会要》、路振《九国志》等所记。又派生出另两说：一说"是匈奴和鲜卑融合的产物"；一说"起源于鲜卑系的别部而不是鲜卑的直接后裔"。契丹出自东胡或鲜卑宇文部的说法较为准确，因为鲜卑出自东胡，《后汉书》等有明确记载；契丹来源于鲜卑或鲜卑宇文部，出自当时人和稍后唐人之笔；契丹为"匈奴之种"，则是数百年后宋人的说法。当然，鲜卑族的成分很庞杂，其中确实有不少来自匈奴的"余种"，宇文部更是如此。公元89—105年（东汉和帝永元年间），匈奴被汉将耿夔击破，北单于逃走后，鲜卑进据匈奴故地，"有十余万落"未逃走的匈奴人加入了鲜卑。然十余万落匈奴人并未继续以匈奴为号，而"皆自号鲜卑"了。此后，在与原东胡种的鲜卑人长期错居杂处中，由于相互通婚等影响，差别越来越不明显，当然不能把又经历了数百年后的契丹人看作是"匈奴之种"，何况民族不是血缘集团，它在形成过程中虽有一个主源，但仍是多源多流的。张正明指出："契丹有一个传说，认为始祖发迹在木叶山；还有一个迷信观念，认为死后灵魂要回到黑山去。木叶山和黑山都在鲜卑故地，这可以帮助说明契丹确实源出鲜卑，并非匈奴遗种。"③

《契丹国志》中引用传说认为契丹人为白马青牛的仙人之后，始祖为奇首可汗。契丹早期历史都以神话传说为主。一种说法契丹源于东胡后裔鲜卑的柔然部。柔然部战败于鲜卑拓跋氏的北魏。其中北柔然退到外兴安

---

① ［日］白鸟库吉著，方壮猷译：《东胡民族考》，上海，商务印书馆，1934。

② 参见冯家昇：《契丹名号考释》，载《燕京学报》，第13期。

③ 张正明：《契丹史略》，2页，北京，中华书局，1979。

岭一带，成为蒙古人的祖先室韦。而南柔然避居今内蒙古的西拉木伦河以南、老哈河以北地区，以聚族分部的组织形式过着游牧和渔猎的氏族社会生活。《辽史》记载契丹始祖是在马盂山乘白马沿土河东去的。而史学界关于马盂山之位置多有争议，随着20世纪50年代辽景宗与萧太后之长女大长公主墓在平泉县蒙合乌苏乡八王沟村的发现，辽南院枢密副使窦景庸墓、萧福延、萧延宁妻墓也相继在附近发现，当地学者认为马盂山就在河北承德平泉县。土河流域也是契丹族重要活动区域。而土河即为发源于平泉县的老哈河。今平泉县境内老哈河流长达75公里，流域面积达914.2平方公里。这里土壤肥沃，林茂粮丰。据中国水系流域面积统计资料所载，辽河西源老哈河发源于河北、内蒙古交界的七老图山光秃岭，亦即今平泉县柳溪乡光秃山、辽代马盂山。

一、魏晋南北朝时期契丹的初步发展

北魏时，契丹族居于潢水（今内蒙古西拉木伦河）之南，黄龙（今辽宁朝阳）之北。登国三年（388年），北魏太祖道武帝拓跋珪东巡、北征，游牧于松漠间的原宇文部众迎战于弱落水南，此后部众遂分为库莫奚和契丹两部分，各自走上了独立发展的道路。库莫奚居近魏边的老哈河一带，契丹则游牧于其北的西拉木伦河流域。至6世纪中叶，契丹逐渐形成八个部落。宋人叶隆礼《契丹国志》称："于各部内选雄勇有谋略者，立之为主。"可见八部落之间已经形成较为松散的军事联盟，并通过选举产生部落首领。此时的契丹族，过着"逐寒暑，随水草畜牧"[①] 的游牧生活，常以名马、貂皮贡献北魏，并进行贸易。北魏时，也有部分契丹人内迁，《隋书·契丹传》称："当后魏时，为高丽所侵，部落万余口求内附，止于白貔河"[②]。北魏末年，突厥渐强，降铁勒，破柔然，减轻了契丹人来自西邻的压力，给他们提供了发展的机会，于是他们开始与柔然抗衡。

北齐初年，契丹乘柔然新败势衰之际，出兵袭击，杀其首领铁伐。同时西抗突厥，南扰齐边，介入了北方强族间的角逐。天保三年（552年）正月，乘北国封冻、不宜施战之机，亲率齐军讨伐库莫奚。代郡（今山西大同一线）之战，大获全胜，仅牲畜即得十余万头。天保四年（553年）九月，契丹犯塞，文宣帝高洋亲自巡察"冀、定、幽、安，仍北讨

① 《北史》卷九四《契丹传》，北京，中华书局，1974。
② 《隋书》卷八四《契丹传》，北京，中华书局，1982。

契丹”[①]。十月，北齐军队兵分两路征讨契丹，高洋自己走西路，率“百保鲜卑”从平州（今河北迁安东）出发，直插卢龙塞（今河北遵化至山海关长城）北上，司徒潘乐带五千精锐骑兵走东路，从青山（今辽宁义县大黑山）穿插北上。另外，安德郡公韩轨率四千精骑插入契丹左翼，准备切断契丹人的后路。高洋的行军速度非常快，十月八日从平州出发，十二日抵达白狼城，十三日抵达昌黎，十四日抵达阳师水。达到阳师水后，为了鼓舞将士们快速行军，高洋在冰天雪地中脱掉上衣，纵马急驰，数万鲜卑马队浩浩荡荡地跟进。在行军时，高洋与将士们同甘共苦，“亲逾山岭，为士卒先”。在高洋的激励下，北齐将士齐心协力击破契丹，“虏获十万余口、杂畜数十万头”[②]。同时东路军潘乐又于青山大破契丹别部。这些被俘虏的契丹人，“皆分置诸州”。[③] 由于河北是北齐统治的核心地区，因此这次被安置契丹人的“诸州”中，应当包括河北境内的州县。天保四年（553 年）北齐对契丹的军事胜利，使契丹损失惨重。次年，契丹开始向北齐朝贡。

高洋在北讨时，常防南梁觊觎；南伐时，担心北胡偷袭。所以从天保二年（551 年）开始修筑黄栌岭至社干戍段长城二百余公里。天保六年（555 年）又修东起幽州夏口（今居庸关），西至恒州（今山西左云）的长城四百五十余公里。天保七年（556 年）又将几段长城连接起来，完成从西河总秦戍直通渤海的万里长城。北齐在北方修筑长城的主要目的就是要防止契丹南下。

在北周灭北齐的过程中，营州刺史高宝宁曾率领契丹、靺鞨万余骑赴援邺城，“至北平，知子晃已发蓟，又闻邺都不守，便归营。周帝遣使招慰，不受敕书。范阳王绍义在突厥中，上表劝进，范阳署保宁为丞相。及卢昌期据范阳城起兵，保宁引绍义集夷夏兵数万骑来救之。至潞河，知周将宇文神举已屠范阳，还据黄龙，竟不臣周”[④]。高宝宁不仕北周，拥契丹兵退守黄龙，成为北周乃至隋朝的一大心患。

二、隋唐五代时期契丹的兴起

（一）隋朝时契丹的内附

北周时期，没有妥善解决盘踞黄龙的高宝宁问题，高宝宁在辽西一带

① 《北齐书》卷四《文宣纪》，北京，中华书局，1971。
② 《北齐书》卷四《文宣纪》，北京，中华书局，1971。
③ 《北齐书》卷四《文宣帝纪》，北京，中华书局，1971。
④ 《北齐书》卷四一《高宝宁传》，北京，中华书局，1971。

给北周带来巨大的军事威胁。建德六年（577 年）十二月，高宝宁据营州反，同时还和突厥联兵，侵占北周边境。“会营州刺史高宝宁作乱，沙钵略与之合军，攻陷临渝镇。上敕缘边修保鄣，峻长城，以备之”①。北周只能通过修建北部边境防御工事的手段，防范高宝宁契丹军队以及突厥军队的联合进攻。这说明，北周在对契丹和突厥的战争中处于守势。

隋朝开皇二年（582 年）五月，“高宝宁寇平州，突厥入长城”②。平州在今天河北迁安，这说明契丹势力已经扩展到河北北部，并有向长城以南发展的趋势。开皇三年（583）年四月，隋文帝下诏，宣布大举讨伐突厥。同时东北方面，由幽州总管阴寿率步骑数万，出卢龙塞（今河北迁安喜峰口附近）猛攻高宝宁。高宝宁向突厥求救不成，只好弃城而逃，遁入碛北。四月二十日，黄龙城被攻破，营州一带悉平，阴寿留开府成道昂镇守，自率大军班师。“寿班师，留开府成道昂镇之。高宝宁遣其子僧伽率轻骑掠城下而去。寻引契丹、靺鞨之众来攻，道昂苦战连日乃退。寿患之，于是重购宝宁，又遣人阴间其所亲任者赵世模、王威等。月余，世模率其众降，宝宁复走契丹，为其麾下赵修罗所杀，北边遂安”③。

隋开皇四年（584 年），契丹首领莫贺弗遣使请降，拜大将军。次年契丹多弥遣使贡方物。“部落渐众，遂北徒逐水草，当辽西正北二百里，依托纥臣水而居。东西亘五百里，南北三百里，分为十部。兵多者三千，少者千余，逐寒暑，随水草畜牧”④。隋朝平定高宝宁之后，斩断了契丹与突厥的联系，开皇三年，李崇除幽州总管，“突厥犯塞，崇辄破之。奚、霫、契丹等慑其威略，争来内附”⑤。隋朝对北方契丹采取安抚政策，担任营州总管的韦冲，“容貌都雅，宽厚得众心。怀抚靺鞨、契丹，皆能致其死力。奚、霫畏惧，朝贡相续”⑥。此后，契丹多次向隋朝朝贡。开皇末，其别部四千余家背突厥来降。时隋廷方与突厥和好，重失远人之心，悉令给粮遣还，敕突厥抚纳之。⑦ 大业元年（605 年），契丹扰营州，隋联合突厥启民可汗击之。经过这次战争，契丹损失惨重，元气大伤。大业九年（613 年），李景镇守辽东，“后为高开道所围，独守孤城，外无声

① 《北史》卷九九《突厥传》，北京，中华书局，1974。
② 《北史》卷一一《隋本纪上》，北京，中华书局，1974。
③ 《隋书》卷三九《阴寿传》，北京，中华书局，1982。
④ 《隋书》卷八四《契丹传》，北京，中华书局，1982。
⑤ 《隋书》卷三七《李穆附李崇传》，北京，中华书局，1982。
⑥ 《隋书》卷四七《韦世康附韦冲传》，北京，中华书局，1982。
⑦ 《隋书》卷八四《契丹传》，北京，中华书局，1982。

援，岁余，士卒患脚肿而死者十将六七，景抚循之，一无离叛。辽东军资多在其所，粟帛山积，既逢离乱，景无所私焉。及帝崩于江都，辽西太守邓暠率兵救之，遂归柳城。后将还幽州，在道遇贼，见害。契丹、靺鞨素感其恩，闻之莫不流涕，幽、燕人士于今伤惜之"①。

（二）唐初契丹的内附及河北境内的羁縻府州

唐初，契丹族兴起，其活动范围"东与高丽邻，西与奚国接，南至营州，北至室韦"，"地方二千里"②。唐高祖武德二年（619 年），内稽部落投唐，唐廷置威州以处之。后来，威州侨治营州城中，复又南徙，寄治幽州良乡县。两年后，别部酋帅孙敖曹求内附，"诏令于营州城旁安置"③。同时唐高祖武德年间，已在幽、营二州境内设以奚部落所置饶乐都督府及鲜、崇二州，以契丹部落所置咸、玄二州，以靺鞨部落所置燕、慎二州。太宗贞观二年（628 年），酋长摩会率部内属，致使颉利可汗恐惧不安。自是契丹彻底挣脱了突厥的控制，其松漠、乙失革、曲据等部落相继附唐。唐廷以其地置松漠都督府（今内蒙古巴林右旗南），以其首领窟哥为都督，封无极县男，赐姓李氏。又置羁縻州十，各以其部落首领为刺史。贞观二十二年（648 年），奚、契丹大酋豪并率部内属。唐以契丹部落为松漠都督府，领州十，大酋自领一州，别率所部分置九州；旋又以别部置归诚州，不隶松漠府。授其酋长以都督、刺史及将军称号。封五等爵，赐姓李，皆隶属于营州都督府。

万岁通天元年（696 年）五月，由于唐营州都督赵文翙骄沓，数侵侮其下，尽忠等皆怨。契丹大贺氏首领、松漠都督李尽忠和归诚州刺史孙万荣联合反唐，攻陷营州，杀死赵文翙。"尽忠自号无上可汗，以万荣为将，纵兵四略，所向辄下，不重浃，众数万"④，号称十万，攻崇州（治今河北昌黎）执龙山军讨击副使许钦寂。而《旧唐书》卷一九九《契丹传》讲到李尽忠、孙万荣"前锋略地，所向皆下，旬日兵至数万，进逼檀州"此与《新唐书》不同。

武后大怒，诏左鹰扬将军曹仁师、右金吾卫大将军张玄遇、右武威大将军李多祚、司农少卿麻仁节等二十八将击之；以梁王武三思为榆关道安抚大使，纳言姚琦为之副，以备契丹。更号万荣曰万斩，尽忠曰尽灭。八

---

① 《隋书》卷六五《李景传》，北京，中华书局，1982。
② 《旧唐书》卷一九九下《北狄・契丹传》，北京，中华书局，1975。
③ 《旧唐书》卷一九九下《北狄・契丹传》，北京，中华书局，1975。
④ 《新唐书》卷二一九《契丹传》，北京，中华书局，1975。

月，诸将战于平州西硖石黄獐谷（今河北卢龙附近），契丹先遣老弱迎降，又故意遗失老牛瘦马于道旁，以迷惑唐军。唐军果然中计，曹仁师等三军立功心切，弃步卒，将骑军先进，契丹设伏击之，唐军大败，张玄遇、麻仁节皆为契丹所擒。史称“将卒死者填山谷，鲜有脱者”。①李尽忠、孙万荣又进攻平州，不克。九月，武则天下诏，天下系囚及庶士家奴骁勇者，官偿其直，悉发以击契丹。山东近边诸州置武骑团兵，以右武卫大将军建安王武攸宜为清边道大总管，击契丹；孙万荣衔枚夜袭檀州，清边道副总管张九节募死士数百薄战，孙万荣大败逃入山谷。万岁通天元年（696年）十月，李尽忠病死，孙万荣代领其众。突厥默啜趁李尽忠新死之际，袭击松漠，虏李尽忠、孙万荣妻子而去。孙万荣收合余众，军势复振。使别将骆务整、何阿小入冀州，杀刺史陆宝积，掠数千人，又攻瀛州，河北震动。面对契丹的南进，武则天下诏起用彭泽令狄仁杰为魏州刺史。前刺史独孤思庄畏契丹猝至，悉驱百姓入城，缮脩守备。狄仁杰至，悉遣还农，曰：“贼犹在远，何烦如是！万一贼来，吾自当之。”② 百姓大悦。

神功元年（697年），唐再遣夏官尚书、清边道总管王孝杰、羽林卫将军苏宏晖等将兵十七万讨契丹，与孙万荣战于东硖石谷（今河北迁安东北）。王孝杰率精兵为前锋，与契丹相遇力战，契丹佯退，将唐军引至悬崖边，回军进攻，唐军失利，苏宏晖先遁，王孝杰坠崖而死，唐兵大败，将士死亡殆尽。③ 王孝杰为唐初名将，长寿元年（692年）为武威军总管，十月大破吐蕃，收复了龟兹、于阗、疏勒、碎叶安西四镇，唐于是复置安西都护府。王孝杰因功封同凤阁鸾台三品，屡次出征吐蕃和突厥。武攸宜军渔阳，闻王孝杰败没，军中震恐，不敢进。契丹乘胜进攻幽州。攸宜遣将讨捕，不能克。神功元年（697年）四月，武则天又命右金吾卫大将军河内郡王武懿宗为神兵道大总管，右肃政台御史大夫娄师德为清边道大总管，右武威大将军沙吒忠义为清边中道前军总管，兵凡二十万，击契丹。敕京官出马一匹供军，酬以五品。④ 武懿宗军至赵州，闻契丹将骆务整数千骑将至冀州，武懿宗惧，欲南遁。或曰：“虏无辎重，以抄掠为

---

①（宋）司马光：《资治通鉴》卷二〇五则天后万岁通天元年八月，北京，中华书局，1956。

②（宋）司马光：《资治通鉴》卷二〇五则天后万岁通天元年十月，北京，中华书局，1956。

③《旧唐书》卷一九九《契丹传》言王孝杰率兵为七万，《朝野佥载》言四十万。而《资治通鉴》卷二〇六也云为十七万，今从之。

④ 司马光：《资治通鉴》卷二〇六神功元年四月，北京，中华书局，1956。

资，若按兵拒守，势必离散，从而击之，可有大功。”① 武懿宗不从，退据相州，委弃军资器仗甚众。契丹遂屠赵州。孙万荣于柳城西北四百里依险筑城，留其老弱妇女，所获器仗资财，使妹夫乙冤羽守之，默啜发兵取契丹新城，时孙万荣方与唐兵相持，军中闻之，顿时上下一片恐慌。奚人叛孙万荣，神兵道总管杨玄基击其前，奚兵击其后，获其将何阿小。万荣军大溃，兵败被杀。契丹兵败不能自立，依附突厥。

唐代对于内属的契丹族实行羁縻政策，“即其部落”列置的羁縻州县，多无城邑之设，所以不少蕃州寄治于边州所在。还有一些内徙部落，其州府则侨治于内地州县，是为侨治羁縻州，或称侨治蕃州。而这种侨治蕃州，最为集中的地区，莫过于幽州。这是由于在武周万岁通天中（696年），契丹酋长、松漠府都督李尽忠造反，原隶边州营州都督和安东都护的诸民族部落和蕃州纷纷南迁幽州乃至河南徐（今江苏徐州）、宋（今河南商丘）、淄（今山东淄博）、青（今山东青州）等州。神龙元年（705年），内徙河南的东北诸蕃部落虽经历了北还的过程，但其最后的落脚点，始终未逾幽州北境。至武则天时期，唐廷在东北和河北北部一共设置了近二十个羁縻州和一个都督府，统领契丹部众。其中在东北地区设置松漠都督府统辖峭落州、无逢州、羽陵州、白连州、徒何州、万丹州、疋黎州、赤山州、归诚州九个契丹羁縻州；幽州都督府设置玄州、威州、昌州、师州、代州、归顺州归化郡、沃州、信州、青山州等羁縻州②。

玄州　隋开皇初置，处契丹李去闾部落。万岁通天二年（697年），移于徐、宋州安置。神龙元年（705年），复旧。后隶幽州。

威州　始称辽州，唐武德二年（619年）以契丹内稽部落置，原治在燕支城。贞观元年（627年）改称威州，隶属于幽州大都督，领威化县。武则天万岁通天元年（696年），契丹李尽忠反，占据营州，威州及所领威化县于是南迁，徙治于幽州良乡县石堡窟。

昌州　贞观二年（628年）置，领契丹松漠部落，隶营州都督。万岁通天二年（697年），迁于青州安置。神龙初还，隶幽州。

师州　唐太宗贞观三年（629年）以契丹、室韦部落置，隶营州都督。后因李尽忠反而迁于青州，中宗神龙北还，寄治于幽州良乡县东闾城（今北京房山区境内），隶幽州都督。领师阳县。

带州　贞观十年（636年）以乙失革部落置。侨治昌平之清水店。领

① （宋）司马光：《资治通鉴》卷二〇六神功元年四月，北京，中华书局，1956。
② 《新唐书》卷四三下《地理志七下》，北京，中华书局，1975。

孤竹县。

归顺州归化郡　本弹汗州，贞观二十二年（648 年）以内属契丹别帅析纥便部置。开元四年更名。领怀柔县。

沃州　载初中，析昌州置，处契丹松漠部落，隶营州。州陷契丹，乃迁于幽州，隶幽州都督。

信州　万岁通天元年（696 年）置，处契丹失活部落，隶营州都督。二年，迁于青州安置。神龙初还，隶幽州都督。

青山州　景云元年（710 年）析玄州置。侨治范阳之水门村。领青山县。

唐朝的契丹人内侨置羁縻州，自太宗时期以后，就有了比较具体的发展与变化。如武则天垂拱年间（685—688 年），析分威州（即辽州）部落设立归诚州；载初年间，析分昌州部落设立沃州；万岁通天元年（696 年），又析分带州部落设立信州。这些新增加的羁縻州，仍属营州都督府管辖，不仅维持了原有部落的管理程序，也将原有部落一分为二，客观上达到分化效果。因此，到 7 世纪末，契丹入内侨置羁縻州已经发展为八个，数量上已接近本土部落羁縻州的总数，成为与本土部落势力相当的另一部落群体；它们不仅在唐朝控制和管理契丹本土部落及周围地区时发挥了特殊作用，而且到盛唐时其总数起码已发展到十个以上，因为睿宗时增置青山州，玄宗时又将纥便部弹汗州转化为入内侨置羁縻州即归化郡归顺州。唐代在幽州都督府的各类番户至少在两万户以上，占当地总人口的三分之一左右。尽管我们无法统计在这些胡人中契丹人口的具体数字，但从设置的羁縻州和侨置州县中，幽州境内有十一个契丹羁縻州、六个侨置县，而突厥羁縻州只有两个，靺鞨有三个，据此我们大致推测，唐朝前期在幽州境内的契丹族至少在一万户以上。唐朝前期曾对契丹部落首领实行招抚，如唐朝著名将领李光弼之父李楷洛“久视中，以骁骑岁入于辽西，临太原，南震燕赵……有命招谕，合以信誓，际于天人，话言感寤，抚剑叹息。是岁，以控弦之士七百骑，垂橐入塞，解甲来朝。以其本枝，复赐李氏，授玉钤卫将军、左奉宸、内供奉”①。李楷洛“世居其北，遂食坚昆之地，实主崆峒之人。大为王公，小为侯伯。其精薄日月，其动破山川。厥后东迁，复为鲜卑之右”②。李楷洛本人在则天朝至玄宗朝，先后

① （清）董诰：《全唐文》卷四二二杨炎《唐赠范阳大都督忠烈公李公神道碑铭》，北京，中华书局，1983。

② （宋）李昉：《文苑英华》卷九〇八《云麾将军李府君神道碑》，北京，中华书局，1982。

为朝廷征服“两蕃”和镇守幽、营二州。又据《新唐书》记载，李光弼“营州柳城人。父楷洛，本契丹酋长，武后时入朝，累官左羽林大将军，封蓟国公”①。这说明李楷洛为代表的一系，已经脱离本部，成为帮助唐朝管理幽州境内契丹人口的政治代表。

（三）唐朝中期契丹对河北的侵扰与范阳节度使的设置

唐玄宗时，突厥逐渐衰落，契丹联盟长失活再度附唐。唐朝仍加号松漠都督，又号静析军副大使。大约从突厥统治时期，联盟中统领兵马的军事首长的地位益加显要，唐朝加号为静析军副大使。唐玄宗开元二年(714年)，“薛讷及奚、契丹战于滦河，败绩”②。直到开元四年（716年）八月，奚、契丹降。开元八年（720年）正月，“契丹寇边，王晙检校幽州都督、节度河北诸军大使，黄门侍郎韦抗为朔方道行军大总管，以伐之”③。开元十八年（730年），松漠都督李邵固遣牙官静析军副使可突干入贡。“同平章事李元紘不礼焉。左丞相张说谓人曰：‘奚、契丹必叛。可突干狡而很，专其国政久矣，人心附之。今失其心，必不来矣。’已酉，可突干弑邵固，帅其国人并胁奚众叛降突厥。”④ 由于唐王朝官员存在着蔑视少数民族的错误观念，使之对契丹首领傲慢无理，从而导致东北边疆地区爆发民族暴乱。此年六月，“命单于大都护、忠王浚为河北道行军元帅，御史大夫李朝隐、京兆尹裴伷先为副，率十八总管以讨契丹及奚等，事竟不行”⑤。四年后，“幽州长史张守珪发兵讨契丹，斩其王屈烈及其大臣可突干于阵，传首东都，余叛奚皆散走山谷。立其酋长李过折为契丹王”⑥。唐朝才平定契丹、奚的叛乱，重新恢复羁縻府州。

玄宗时期，契丹“归化”人口的大量存在，与唐廷的极力招纳和煽惑政策密切相关。这些由契丹“归化人”构成的归附人口，都被集中安置幽州境内。开元二十年（732年），又将战争所俘奚族五千帐设置为归义州，侨治幽州良乡县。其实，所谓奚族五千帐，据两《唐书》记载，也含有大量的契丹人口。开元二十二年（734年），唐朝联合契丹大贺氏联盟以外的乙室活部的部长郁捷，斩可突干。唐封郁捷为松漠都督。二十三年（735年），郁捷又被部落贵族涅里杀死。涅里击败突厥，背唐自立，

① 《新唐书》卷一三六《李光弼传》，北京，中华书局，1975。
② 《新唐书》卷五《玄宗纪》，北京，中华书局，1975。
③ 《新唐书》卷五《玄宗纪》，北京，中华书局，1975。
④ （宋）司马光：《资治通鉴》卷二一三玄宗开元十八年五月，北京，中华书局，1956。
⑤ 《旧唐书》卷八《玄宗纪上》，北京，中华书局，1975。
⑥ 《旧唐书》卷八《玄宗纪上》，北京，中华书局，1975。

重建起契丹部落联盟。涅里重建的部落联盟，自遥辇氏贵族中推选联盟长，号称可汗。涅里任军事首长，称夷离堇。新建的联盟，以乙室活部为基础，划分为乙室、迭剌两部。战乱中流散的其他部落和氏族，被收集编组成六部，以符合八部的传统。遥辇氏联盟其实是乙室、迭剌两个兄弟部落与其他流散部落氏族的结集。联盟夷离堇，由迭剌部中选任。

开元二十九年（741 年）七月，唐廷以幽州节度副使安禄山为营州刺史，充平户军节度副使，押两番、渤海、黑水四府经略使。所谓两番即指契丹和奚。天宝四载（745 年），回纥可汗推翻突厥，建立回纥汗国。契丹人彻底摆脱了突厥势力的控制，三月，阻午可汗降唐，唐赐姓名李怀秀（又作李怀节），拜松漠都督，封崇顺王，又以宗室外甥女独孤氏封静乐公主嫁李怀秀，北部边境稍安。但安禄山借开边启衅邀功市宠，不断侵掠契丹和奚，激化了唐与契丹、奚之间的矛盾。安禄山“欲以边功市宠，数侵掠奚、契丹。奚、契丹各杀公主以叛，禄山讨破之”①。当契丹、奚稍稍归附唐朝时，安禄山又“屡诱奚、契丹，为设会，饮以莨菪酒，醉而坑之，动数千人，函其酋长之首以献，前后数四”②。继而安禄山将兵六万以讨契丹，为契丹所败，“死者数千，自是禄山与相侵掠未尝解，至其反乃已”③。九月，李怀秀等与奚首领杀公主叛唐，依附于回纥。

唐玄宗时期，河北地区的形势发生巨大变化。为了对付奚、契丹，唐王朝不断增加河北道的兵力和物资供给并改革制度，逐渐使范阳节度使成为集河北道军事、财赋、民政等权力于一身的最高长官，使范阳节度使能最大限度地调动资源来抗击两番。在长期与两蕃斗争的过程中，锻炼了一支能征惯战的军队。以安禄山、史思明为代表的安史叛军将领，本身就是在长期与两蕃斗争的过程中崛起的。唐初承隋制实行府兵制，府兵盛时有 40 万～68 万人。高宗、武后之时府兵制渐坏。开元时，宰相张说乃请以募士充之。由是府兵变为彍骑。天宝以后，彍骑之法又稍废，宿卫者皆市人，不能受甲。能战之兵，皆聚于边镇，成外重内轻之势。天宝元年（742 年），镇边的十节度（九节度、一经略）的总兵力为 49.43 万，其中范阳 9.14 万、平卢 3.75 万、河东 5.5 万，合计 18.39 万，占十节度总兵力的 37%；总马匹数为 8 万，其中范阳 0.66 万、平卢 0.55 万、河东 1.48 万，合计 2.65 万，占十节度总马匹数的 33%，这使范阳节度使成为

① （宋）司马光：《资治通鉴》卷二一五玄宗天宝四载九月条，北京，中华书局，1956。
② （宋）司马光：《资治通鉴》卷二一六玄宗天宝九载十月条，北京，中华书局，1956。
③ 《新唐书》卷二一九《契丹传》，北京，中华书局，1975。

唐王朝最具实力的军事长官。[1] 天宝六载（747 年）六月，安禄山出任范阳节度使，临制奚、契丹的范阳兵力为诸镇之冠。平卢从范阳分出，名为镇抚室韦、靺鞨，实际和范阳一起行动，安禄山所统的范阳、平卢后来加上河东成为东北三师，成为当时最强大的军事集团。

经过七年的经略，安禄山在范阳蓄养生力，逐渐坐大。天宝十四载(755 年）十一月九日，身兼范阳、平卢、河东三节度使的安禄山趁唐朝内部空虚腐败，联合同罗、奚、契丹、室韦、突厥等民族组成共十五万，号称二十万，以“忧国之危”、奉密诏讨伐杨国忠为借口在范阳起兵。在安禄山的军队中，有大量的契丹将士，大致可分为普通官健、曳落河和将领三类。据《旧唐书·地理志》记载：“自燕以下十七州，皆东北蕃降胡散诸处幽州、营州界内，以州名羁縻之，无所役属。安禄山之乱，一切驱之为寇，遂扰中原。至德之后，入据河朔，其部落之名无存者。”[2] 羁縻在河北道的奚、契丹族内蕃甚多，因此在乱前，安禄山的军队就应有来自契丹的普通官健。安史之乱爆发时，幽营地区扫地为兵，又有不少契丹人成为普通官健。当然官健之中，也有不少是比年与“两蕃”相攻的俘虏和降人。安禄山还“养同罗、降奚、契丹曳落河八千人为假子，教家奴善弓矢者数百”[3]，以推恩信，厚其所给，皆感恩竭诚，一以当百。安禄山起兵反时，“以同罗、契丹、室韦曳落河，兼范阳、平卢、河东、幽、蓟之众，号为父子军，马步相兼十万，鼓行而西”[4]。《新唐书·回鹘传下》称：“安禄山反，劫其兵用之，号‘曳落河’者也。曳落河，犹言健儿云。”这说明曳落河是安禄山叛军中最为精锐的部队。此外，安禄山手下也有不少契丹出身的将领，如孙孝哲等。

（四）五代时期契丹建国与取得燕云十六州

唐末国势衰微，契丹族日益强盛，自迭剌部夷离堇、辽的建立者耶律阿保机的八世祖始祖耶律雅里拥立遥辇氏阻午可汗以后，掌握了遥辇氏部落联盟的大权，迭剌部也成为遥辇氏后八部中最强大的部落。其子孙不仅相继担任本部夷离堇，也一直掌握着遥辇氏部落联盟的大权。天复元年(901 年)，遥辇氏最后一任可汗痕德堇可汗开始当政时，耶律阿保机也担任迭剌部夷离堇。他在此之前已经屡立战功，当年又连破室韦、奚诸部，

---

① （宋）王钦若：《册府元龟》卷九七六《外臣部·褒异第三》，北京，中华书局，1960。
② 《旧唐书》卷三九《地理志二·河北道》，北京，中华书局，1975。
③ 《新唐书》卷二二五上《逆臣上·安禄山传》，北京，中华书局，1975。
④ （唐）姚汝能：《安禄山事迹》，北京，中华书局，2006。

随后又被任为总理军政事务的大迭烈府（部）夷离堇。次年攻掠河东、代北，第三年讨伐女真，又劫掠河东、蓟北，契丹日益强大，阿保机也升任为最高官职于越，总知军国事，成为遥辇氏痕德堇可汗手下的实际掌权者。此后阿保机又击败唐刘仁恭军，大破室韦，声威大震。天祐二年（905年），他与唐河东节度使、割据河东并与朱全忠争夺天下的晋王李克用结盟。次年，积极进行篡位的梁王朱全忠，也派使臣与阿保机互聘，阿保机的声望日益高涨，超越了遥辇氏的痕德堇可汗。阿保机在南征北战中俘掠了大量汉族及其他少数民族人民为奴隶，罪犯家属也常被降为奴隶，契丹的奴隶社会得到进一步发展。反映在政治制度上，部落里的许多官职早已逐渐成为某些家族的世职，接着阿保机破坏了八部酋长三年受代一次的规定而拒绝受代。天祐三年（906年）十二月，依靠强大的军事力量及日益增高的声望，八部酋长会议罢免了“不任事”的遥辇氏痕德堇可汗，推选实际掌权的耶律阿保机为新可汗。天祐四年（907年）正月十三日，正式举行即位仪式，从而开始了耶律氏契丹时期。同年四月，朱温灭唐建立后梁王朝。

朱温在篡唐建后梁前，已遣入浮海奉书币、衣带、珍玩出使契丹，称帝之际也遣使往告。后梁与契丹，虽中间有宿敌晋相阻隔，但双方使者往来仍十分频繁。后梁时期，契丹都有使者至后梁。后梁也不断地派遣高级官员为使，随契丹使者北去，密商联合灭晋的事宜。后梁太祖朱温死后，契丹遣使至梁不见于记载。贞明三年（917年）四月，后梁遣右千牛卫大将军刘璩使于契丹；六年（920年）九月以供奉官郎公远为契丹欢好使。可见，尽管笼络契丹未成，后梁统治者却始终未放弃对契丹的争取。

尽管李克用对于契丹的背盟耿耿于怀，临死时曾嘱其儿子、继位为晋王的李存勖，要他继承父志，报仇雪恨。但是，晋既无力消灭契丹，又要倾全力于对后梁的战争，因此，即使不能争取到契丹的援助，至少也要争取契丹保持中立，以免自己处于腹背受敌的狼狈境地。后唐庄宗死，明宗李嗣源继立。明宗为了与契丹搞好关系，遣供奉官姚坤出使契丹。由于契丹方面提出割让黄河以北镇、定、幽三州作为停战修好的条件，不能为后唐方面接受。因此，后唐继续加强边防，“时契丹数犯塞，朝廷多屯兵于幽、易间，大将往来”①。

明宗天成三年（928年）四月，镇守易、定两州的王都反叛。后唐命将征讨，契丹发兵五千援救王都。后唐军队与王都、契丹联军战于曲阳

① （宋）司马光：《资治通鉴》卷二七六天成三年四月，北京，中华书局，1956。

（今河北曲阳）城南，“大破之，僵尸蔽野；契丹死者过半，余众北走”[①]。契丹军在退逃中又受到卢龙节度使赵德钧的邀击，“北走者殆无孑遗”。契丹不甘心于失败，“复遣其酋长惕隐将七千骑救定州，王晏球逆战于唐河北，大破之；甲子，追至易州。时久雨水涨，契丹为唐所俘斩及溺死者，不可胜数”[②]。契丹北走，道路泥泞，人马饥疲，入幽州境。八月，壬戌，赵德钧遣牙将武从谏将精骑邀击之，分兵扼险要，生擒惕隐等数百人。契丹余众散投村落，村民以白梃击之，其得脱归国者不过数十人。自是契丹沮气，不敢轻犯塞。

契丹“自是数寇云州及振武”[③]，并且“寇抄卢龙诸州皆遍，幽州城门之外，虏骑充斥。每自涿州运粮入幽州，虏多伏兵于阎沟，掠取之。”[④]赵德钧被任命为幽州节度使后，加强了防备：在阎沟建城而戍之，为良乡县，“粮道稍通”；又在幽州以东五十里筑潞县而戍之，“近州之民始得稼穑”；又于幽州东北一百余里筑三河县通蓟州运路，“边人赖之”[⑤]。由于“幽州有备，契丹寇掠不得其志。契丹主西徙横帐，居捺剌泊，出寇云、朔之间。”[⑥]鉴于契丹的频频扰边，长兴三年十一月，后唐以石敬瑭为北京（太原）留守、河东节度使，兼大同、振武、彰国、威塞等军蕃汉马步总管，进一步增强了防御力量。清泰二年（935年），后唐又命振武节度使杨光远徙镇中山，兼北面行营都虞候，御契丹于云、应之间。

天显十一年（936年）七月，后唐河东节度使石敬瑭遣使降契丹并请出兵以抗后唐。八月，耶律德光率军南下。九月，自雁门（今山西代县）抵太原（今山西太原西南）。契丹在大败后唐军之后，于同年十一月十二日，册立石敬瑭为晋帝，并定为“父子之邦”。从此，石敬瑭称比他小十岁的耶律德光为父皇帝，耶律德光也要石敬瑭自称为儿皇帝。后晋除岁贡帛三十万匹外，还将幽（今北京）、蓟（今天津蓟县）、瀛（今河北河间）、莫（今任丘北）、涿（今属河北）、檀（今北京密云）、顺（今顺义）、新（今河北涿鹿）、妫（今怀来东南）、儒（今北京延庆）、武（今山西神池）、云（今山西大同）、应（今应县）、寰（今朔州东北）、朔（今属山西）、蔚（今河北蔚县西南）十六州割给契丹，是为幽蓟十六州，

① （宋）司马光：《资治通鉴》卷二七六天成三年四月，北京，中华书局，1956。
② （宋）司马光：《资治通鉴》卷二七六天成三年七月，北京，中华书局，1956。
③ （宋）司马光：《资治通鉴》卷二七六长兴三年（932年）五月，北京，中华书局，1956。
④ （宋）司马光：《资治通鉴》卷二七六长兴三年五月，北京，中华书局，1956。
⑤ （宋）司马光：《资治通鉴》卷二七八长兴元年八月，北京，中华书局，1956。
⑥ （宋）司马光：《资治通鉴》卷二七八长兴元年八月，北京，中华书局，1956。

宋代及以后习称燕云十六州。由于太行山北支和内长城的分割，其幽、蓟、瀛、莫、涿、檀、顺州位于东南部分，多为平原，称“山前七州”；而新、妫、儒、武、蔚、云、应、寰、朔州则处在西北，多属山地，被称为“山后九州”。

燕云十六州具有重要的战略地位，北宋叶隆礼《契丹国志》卷三称：“幽、燕诸州，盖天造地设以分蕃、汉之限，诚一夫当关，万夫莫前也”。这段话足以说明其地理位置的重要。燕云十六州的东部在今河北北部地区，处于广阔而平坦的华北平原的北端，囊括雄伟而险峻的燕山山脉；其西部在今山西北部地区，该地多山，地形复杂。由此观之，燕云十六州这一狭长地区形势异常险要，在古代战争武器不甚发达的情况下，确系一道军事天险，谁占据它，谁即掌握军事上的主动权。后晋将燕云十六州割给契丹，致使后晋北部边界无险可守，而契丹却获得了北负山险，南窥平野的战略优势。契丹铁骑可随时进入“赵魏之北，燕蓟之南，千里之间，地平如砥”[①] 的华北大平原，“肆其穷黩”[②]。所以契丹占有燕云十六州之后，后晋的河东方面，只有云州、朔州以南的雁门关还算有险可守，其他尽失。另外，河北方面，燕山山脉向来是中原国家保卫农业区、抵御游牧民族骑兵进入中原的屏障，而如今却处于契丹内地，为其国土一部。地处燕山之麓的幽州，物产丰富，人烟稠密，是汉族文化的北方中心，是中原文化输入北方的中转站，民族融合的大熔炉，其与东北、北方的少数民族居住区相接壤，是南北交汇的咽喉地带。就军事方面而言，“居庸障其背，河济襟其前，山海扼其左，紫荆控其右，碓山高峙，流河如带”[③]，乃为天然军事重镇。幽州遂成契丹随时出兵南下打探、研析军情，集合、休整部队和囤积、补给军需的军事据点。

后汉是五代史上最短命的朝代，但后汉依然很注重对契丹的防御。据史记载，后汉建立之初，原归降契丹的义武节度使孙方简遣使向后汉请降。后汉高祖刘知远“复其旧官，以扞契丹”。还任命孙方简之弟孙行友为易州刺史、孙方遇为泰州刺史，孙氏兄弟镇守后汉北疆，对于防御契丹的入寇贡献很大，“每契丹入寇，兄弟奔命，契丹颇畏之”[④]。但是，由于后汉初建，国内即发生河中李守贞之叛、凤翔王景崇之叛、永兴赵思绾之叛，史称“三叛连衡”。后汉倾全力于平叛，使河北防御力量显得不足，

① 《旧五代史》卷八九《桑维翰传》，北京，中华书局，1976。
② （宋）叶隆礼：《契丹国志》卷三《太宗嗣圣皇帝下》，上海，上海古籍出版社，1985。
③ 《畿辅通志》卷一五《形胜疆域》。
④ （宋）司马光：《资治通鉴》卷二八八乾祐元年三月，北京，中华书局，1956。

为契丹入寇创造了条件。乾祐二年（949 年）十月，契丹入寇，杀掠吏民，“数州之地，大被其苦，藩郡守将，闭关自固”，这是后汉时契丹寇边最严重的一次。后汉隐帝遣枢密使郭威督师抵御契丹，任命他为邺都留守、天雄节度使、枢密使如故，并诏河北，“兵甲钱谷，但见郭威文书立皆禀应”①。契丹闻汉兵渡过黄河，乃引去。郭威军至邺都，即分军趋镇、定各州，加强了对契丹入犯的防御。郭威曾请示勒兵入契丹境挑战，后汉朝廷不愿意寻衅，没有允准。此后，郭威即忠实地执行了朝廷的防御政策，“戒边将谨守疆场，严守备，无得出侵掠，契丹入寇，则坚壁清野以待之”②。后汉还任命侍卫步军都指挥使、宁江节度使王殷将兵屯澶州以备契丹。边防的巩固，加上契丹主兀欲“荒于酒色，轻慢诸酋长，由是国人不附，诸部数叛，兴兵诛讨，故数年之间，不暇南寇”③。故终后汉之世，契丹的寇掠并不严重。

后周初建，力图与契丹搞好关系，以为国内的政治改革及经济建设创造良好的社会环境。广顺元年（951 年）二月，契丹主遣其臣枭骨支与朱宪偕来贺郭威即位。后周太祖郭威也遣尚书左丞田敏出使契丹，约定岁输钱十万缗，以求和平共处。但后周试图与契丹建立和睦关系的愿望未能实现，原因是北汉也在积极投靠契丹。北汉主向契丹表示：“欲循晋室（指后晋——引者注）故事，求援北朝”④，以叔父事契丹主。由于北汉与契丹毗邻，有唇齿相依之关系，又可成为契丹入犯掳掠的急先锋，因此，契丹积极扶持北汉与后周为敌。和好不成，便加紧防御。郭威“以邺都镇抚河北，控制契丹，欲以腹心处之。乙亥，以宁江节度使、侍卫亲军都指挥使王殷为邺都留守、天雄节度使、同平章事，领军如故，仍以侍卫司从赴镇”⑤，将自己原来肩负的御边重任交付大将王殷。

广顺元年十月，契丹将萧禹厥将奚、契丹兵五万会北汉兵攻晋州；二年（952 年）九月，契丹将高谟翰以苇筏渡胡卢河，至冀州；三年（953 年）正月，契丹攻定州、镇州。契丹的多次入侵，都被后周守军击退，或知后周有备而自引兵还。广顺三年（953 年）十二月，后周太祖郭威死，世宗柴荣继立。契丹与北汉以为机会难逢，联兵入侵。结果高平一战，契丹与北汉联军大败。之后，周世宗更加强了对契丹的防御。周世宗

① （宋）司马光：《资治通鉴》卷二八九乾祐三年四月，北京，中华书局，1956。
② （宋）司马光：《资治通鉴》卷二八九乾祐三年五月，北京，中华书局，1956。
③ （宋）司马光：《资治通鉴》卷二八七高祖天福十二年六月，北京，中华书局，1956。
④ （宋）司马光：《资治通鉴》卷二九〇广顺元年正月，北京，中华书局，1956。
⑤ （宋）司马光：《资治通鉴》卷二九〇广顺元年正月，北京，中华书局，1956。

南征，夺取了南唐江北之地，疆域扩大了，加之改革的成功，使后周经济发展，国内安定，国力增强，军队士气高昂。后周由防御转入进攻，对契丹发动战争，夺回后晋时割让给契丹的燕云十六州之地的时机已经成熟。于是，显德六年（959 年）四月，周世宗发起了对契丹的出击战争，契丹守将纷纷迎降。至五月，“关南平，凡得州三，县十七，户一万八千三百六十。是役也，王师数万，不亡一矢，边界城邑皆望风而下”[①]。可惜周世宗突然病倒，出击战争只好中止。

（五）辽在燕、云地区分州建官

契丹族最初归附北魏，但未正式设地方建置，至唐时开始“分州建官”[②]。以后，随政治经济发展，建辽国，逐渐强大，“总京五，州、军、城百五十有六，县二百有九，部族五十有二，属国六十。东至于海，西至于金山，暨于流沙，北至胪朐河，南至白沟，幅员万里”[③]。涉及今河北地域的有辽南京道、西京道、中京道。

自辽太宗耶律德光于天显十一年（936 年）十一月，从后晋手中接管了幽、蓟、瀛、莫、涿、檀、顺、新、妫、儒、武、云、应、寰、朔、蔚十六州。辽会同元年（938 年），遂将幽州城升为南京（今北京），又称燕京，辽统和二十五年（1007 年），建中京大定府（今内蒙古宁城），辽重熙十三年（1044 年），又建西京大同府（今山西大同）。具体区划情况如下：

1. 南京析津府

府治析津县（今北京城西南）辖六州、二十九县。其中，有四州、二十县涉及今河北。本府直领十一县，其中有三县在今河北：安次县（今廊坊）、永清县、香河县。

涿州　唐涿州，后晋时割与辽属南京析津府。领四县：范阳县（州治所在今涿州）、新城县（今高碑店）、归义县（今容城）、固安县。

易州　唐易州，后晋时辽占有，属南京析津府，领三县：易县、涞水县、容城县。

蓟州　唐蓟州，后晋时割与辽，属南京析津府。领三县，其中有二县在今河北：三河县（今三河）、玉田县。

景州　辽以遵化县置州，属南京析津府。领一县：遵化县（州治所

① 《旧五代史》卷一一九《世宗纪》，北京，中华书局，1976。

② 《辽史》卷三七《地理志一》，北京，中华书局，1974。

③ 《辽史》卷三七《地理志一》，北京，中华书局，1974。

在）。

平州　唐平州，后唐时辽占有。直领三县：卢龙县（州治所在）、安喜县（今迁安）、望都县（今卢龙县南）。

滦州　唐平州之地，辽置州，属南京道平州。直领三县：义丰县（州治所在，今滦县），马城县（今滦南）、石城县（今唐山东北）。

营州　唐营州，辽沿置，属南京道平州。直领一县：广宁县（州治所在，今昌黎）。

西京大同府　府治大同县（今山西大同），辖二州九县，其中有一州、三县在今河北。本府直领怀安县。

弘州　辽置，属大同府。领二县：永宁县（州治所在，今阳原西城镇）、顺圣县（今阳原东城镇）。

奉圣州　唐新州，后晋时割与辽，置节度使。直辖四县：永兴县（州治所在，今涿鹿县涿鹿镇）、矾山县（今涿鹿县矾山镇）、龙门县（今赤城县龙关镇）、望云县（今赤城县赤城镇）。

归化州　唐武州，后晋时割与辽，属奉圣州。直领一县：文德县（州治所在，今张家口宣化区）。

可汗州　唐妫州，后晋时割与辽，属奉圣州。直领一县：怀来县（州治所在）。

蔚州　唐蔚州，后晋时割与辽，置节度使。领五县，其中有三县在今河北：灵仙县（州治所在，今蔚县蔚州镇）、定安县（今蔚县西合营一带）、飞狐县（今涞源）。

2. 中京大定府

府治内蒙古自治区宁城，辖十州、九县。其中有四州、五县在今河北。

泽州　辽置。领二县：神山县（州治所在，今平泉）、滦河县（今迁西滦阳乡）。

北安州　辽置。领一县：兴化县（州治所在，今承德滦河镇西南）。

迁州　辽置。领一县：迁民县（州治所在，今秦皇岛山海关区）。

润州　辽置。领一县：海阳县（州治所在，今抚宁海阳镇）。

以上府州县所辖地区大体在今河北省大清河、海河一线以北及河北长城内外广大地方。

辽朝行政区有所谓南、北面之分，北面所辖为部族属地，主要指游牧民族地区，南面为汉人居住区，仿中原王朝之制。地方建置分道、府、州、县。道为一级政区，府州为二级政区，县为三级政区。以五京为中心分置五道，通称五京道，设总管府掌军政，转运使司掌财政，州分节度州、刺史州两类，分设节度使司、刺史。有些州不属于府，而是州置属州，还有的州领县。而有的州不领县。县设县令，为最高长官。

新中国成立以后，考古工作者发现了数座辽朝京府州县古城遗址，可以与文献相印证。如1979年在今河北承德地区隆化县城北下洼子村发掘的“土城子”就是北安州故址。《辽史·地理志三》载：“北安州……本汉女祁县地，属上谷郡。晋为冯跋所据。唐为奚王府西省地。圣宗以汉户置北安州，属中京。”据考察，古城址坐落在伊逊河左岸开阔的平原上，面积41万平方米，是至今发现的最大规模的，也是出土辽代遗物最多的一座古城遗址。发掘有辽布纹瓦、捺纹砖、辽白程、三彩器片、各种铁器以及宋币。这座辽城又经过金、元两朝修复，至明朝初年“罢山后诸州县”，这里才成了蒙古游牧地，古城遂废，只留下荒基零础，残垣断壁。[①] 此外，在平原县城南25里，还发现辽泽州神山县故址，城为方形，周长3500米，出土有辽鸡腿瓶、白瓷、三彩器等物。《辽史·地理志一》载，泽州“神山县西南有神山，故名之”。辽故城遗址的发掘为研究辽朝的政治、经济、文化都提供了重要的资料。

三、辽宋之间的和战

北宋建立以后，图谋燕云，拱卫中原。为实现统一，宋太祖赵匡胤在实施先南后北进军方略过程中，曾寻机分兵攻取北汉，试图铲除辽附庸，以便收复燕云，但每次进攻均遭辽援军阻挠而未果。乾德二年（964年），宋攻北汉辽州（治辽山，今山西左权），辽遣耶律挞烈率军六万往援，是宋辽之间首次大规模作战。宋太宗赵光义继位后，南方统一大局已定，遂于太平兴国四年（979年）亲率大军攻北汉。先败辽援军，继破太原灭亡北汉，为进取燕云创造了条件。自此开始了长达二十余年的宋辽战争。

（一）辽宋幽州之战

太平兴国四年（979年），太宗出兵攻灭北汉。于是他决定挟战胜之余威，取燕云之故地。太平兴国四年六月十三日，宋军十余万人自镇州向北推进。十九日，经过六天的时间，宋太宗进驻契丹统治下的金台顿。接着，宋军前锋于二十日攻占岐沟关，契丹东易州刺史刘禹投降并在涿州湖翟河一带同辽军作了规模较大的战斗，前锋傅潜与契丹战，生擒五百余

① 河北省文物研究所、承德地区文管所、隆化县文物馆：《隆化县皇姑屯辽北安州及其附近遗址调查报告》，载《文物春秋》，1991（2）。

人。李继隆“领先锋，破契丹数千众。及围范阳，又与守文为先锋，大破其众于湖翟河南”[①]。攻占涿州两天以后，二十三日宋太宗进驻幽州城南之宝光寺。这时，自石岭关退回之耶律沙一军和来援幽州的耶律奚底军集结幽州西北一带。宋如果进攻幽州，必须扫清幽州外围之辽军，因而宋开始了对耶律奚底军攻击，丁卯双方战于沙河，辽军战败，退屯清河北。耶律斜轸抓住宋军屡胜轻敌的弱点，“取奚底等青帜军于得胜口以诱敌，敌果争赴”，而耶律斜轸率军“出其后，奋击败之”[②]。这样，耶律沙、耶律奚底诸部辽军，虽然受到宋军的不小压力，但一直在幽州西北、北部苦撑待援，有力地支持了幽州的防御。

宋太宗误以为耶律斜轸只能据守险要以自保，便派一部进行监视，自率主力日夜攻城，命宋军围城三匝，穴地而进。辽朝守臣韩德让日夜登城指挥，力保城池不失。宋军围攻半月，疲惫劳顿，粮草因运输线过长也开始紧缺。在此危急情况下，权知南京留守事韩德让同辽援军、权南京马步军都指使耶律学古和知三司事刘弘等“日夜登城”，“随宜备御”，“安人心，捍城池”[③]，固守待援，为这次战役的胜利奠定基础。二十五日，宋军四面攻城未克，二十六日，宋太宗转打援兵斜轸军，将其击退，三十日，宋军再攻城仍未克，士气锐减。同日，辽景宗耶律贤急令援北汉，回师途中之耶律沙军前救，并发耶律休哥率精骑增援，双方主力部队形成对峙，迎来决战。

七月六日，宋太宗又至幽州城西北隅督将士攻城，这时耶律沙部辽军已自沙河清河一线进至幽州城西北十余里之外，宋太宗不得不率军迎战，双方遂于高梁河展开激战，耶律沙力战不支而败退。然而当时的宋军连续近二十日不停地猛攻幽州城，士卒早已疲殆，故而虽然战胜，从中午到傍晚只追了十余里。令赵光义始料未及的是，耶律休哥率军出其不意间道而来，人人手持火炬直冲，宋军不知其多寡，未等接战心里已经发憷，故不敢接战，欲据高梁河为抵御之计。耶律休哥先收容耶律沙败军，使之回去再战，与宋军相持，然后与耶律斜轸各自统帅精锐骑兵，从耶律沙的左右翼挺进，乘夜夹攻宋军，实行两翼包围钳击之势。战斗激烈非常，耶律休哥身先士卒，身被三创犹力战。城中耶律学古闻援军已至，也开门列阵，四面鸣鼓，城中居民大呼，响声震天动地。耶律休哥继续率部猛攻，这时

---

① 《宋史》卷二五七《李处耘附子继隆传》，北京，中华书局，1977。
② 《辽史》卷八三《斜律斜轸传》，北京，中华书局，1974。
③ 《辽史》卷九《景宗纪下》，北京，中华书局，1974。

宋军才发觉已被包围，又无法抵抗辽军的猛攻，只能纷纷后退。耶律沙从后面追击，而休哥与斜轸两军也对宋军实行超越追击。宋军大败，死者万余人，连夜南退，争道奔走，溃不成军，赵光义与诸将走散，诸将也找不到各自的部下军士。赵光义的近臣见形势危急，慌忙之中找了一辆驴车请赵光义乘坐，急速南逃。耶律休哥时已受重伤，昏死过去，不能骑马，左右用轻车载着他，代他发号施令，继续追击。一直追到涿州城下，“击宋余军，所杀甚众，获兵仗、器甲、符印、粮馈、货币不可胜计”①。

太平兴国四年（979年）九月，辽景宗为报幽州之役，遣兵攻宋。统帅是辽景宗的亲信、一个契丹化了的汉人燕王韩匡嗣（即韩德让之父），南府宰相耶律沙为监军，惕隐耶律休哥、南院大王耶律斜轸和权奚王耶律抹只率所部南征。此前，宋太宗退至定州后，对北部边防重新作了部署：崔翰、孟元韶等留屯定州，李汉琼屯镇州，崔彦进等屯关南，得以便宜行事。辽军南侵之后，宋镇州都钤辖刘廷翰首先率军阻御，先阵于徐河。崔彦进提关南（高阳关）兵，潜师出黑庐堤北，缘长城口蹑辽军后路。李汉琼、崔翰等亦领兵赶到，集结于满城，兵力达八万人，与辽军会战。

九月初三，辽景宗耶律贤果命燕王韩匡嗣为都统，南府宰相耶律沙为监军，率兵数万自南京（今北京）分两路南下，企图进攻镇州。东路由韩匡嗣、惕隐耶律休哥、南院大王耶律斜轸等率领，沿平原开进；西路由南京统军使耶律善补率领，沿山后南趋。三十日，辽军进抵满城西集结。时刘廷翰已率部列阵于徐河（今河北满城北），崔彦进率所部自关南北上黑芦堤（今河北容城西南）北转向西进，沿长城口（今河北徐水西北）潜师辽军侧后，对辽军形成夹击之势。未几，李汉琼、崔翰亦领兵抵徐河，下令按太宗所授阵图布八阵。右龙武将军赵延进登高瞭望，见辽军势盛，冒违诏改阵之罪，力主集中兵力对敌。监军李继隆附议，崔翰乃示形应变，改八阵为二阵，前后相副。及辽军列阵，宋遣使赴辽营诈降。耶律休哥识破宋军企图，劝韩匡嗣严阵以待，不可轻信。韩匡嗣不听，放松戒备，果遭宋军突袭。辽军仓促应战，指挥失措，大败。韩匡嗣引兵向西溃逃，又遭崔彦进伏击，死伤甚众，残部逃往遂城（今河北徐水西北）西。宋军乘胜追击，又斩杀辽兵万余，获战马千余匹。耶律休哥整兵而战，宋乃罢兵。辽西路军闻韩匡嗣败奔，亦收兵而还。“三战，大破之，敌众崩溃，悉走西山，投坑谷中，死者不可胜计。追奔至遂城，斩首万余级，获

① 《辽史》卷九《景宗纪下》，北京，中华书局，1974。

马千余匹，生擒酋长三人，俘老幼三万口及兵器、车帐、羊畜甚众”①。

满城战役后，辽景宗怒斥韩匡嗣指挥失利的罪过道：“尔违众谋，深入敌境，尔罪一也；号令不肃，行伍不整，尔罪二也；弃我师旅，挺身鼠窜，尔罪三也；侦候失机，守御弗备，尔罪四也；捐弃旗鼓，损威辱国，尔罪五也。”因之“促令诛之”。经过皇后外戚的解说，才“杖而免之”②。

太平兴国五年（980年）三月，辽大军攻雁门（今山西代县）。宋将杨业偕潘美南北夹击，再败辽军。是年冬，辽景宗亲率大军进攻瓦桥关（今河北雄县）获胜。宋遂以南易水为障，设防御辽。七年（982年）四月至五月，辽军三路出兵，攻满城、雁门、府州（今陕西府谷），皆被宋军击败。后辽景宗病卒，圣宗耶律隆绪继位，因用兵高丽、女真，无暇南顾；宋则致力于休兵养马，广积军储，以图再举。

（二）宋太宗雍熙北伐

雍熙三年（986年），宋太宗纳知雄州贺令图建议，以辽帝年幼、承天太后萧绰摄政、内部不稳为可乘之机，决心分兵三路出击：东路以曹彬为主帅，率主力军十万人出雄州（今河北雄县）；中路以田重进率军出飞狐（今河北涞源）；西路令潘美、杨业等率军出雁门。企图三路齐发，以东路牵制辽军主力，待中、西路夺取山后诸州后，转兵东向，三路合围幽州。宋太宗分兵三路的作战意图，在他对曹彬的话中表白的很清楚：“但令诸将先趋云、应，卿以十余万众，声言取幽州，且持重缓行，毋得贪利以要敌。敌闻之，必萃劲兵于幽州，兵既聚，则不暇为援于山后矣!”③因此，他的作战要点是，以曹彬的主力吸引住辽国兵力，使其集结于幽州，无暇西顾，使潘美、杨业的西路军顺利攻占代北诸州。完成这一步作战方案，而第二步则是：“朕昨者兴师选将，止令曹彬等顿于雄、霸，裹粮坐甲，以张军声。俟一两月间，山后平定，潘美、田重进等会兵以进，直抵幽州，共力驱攘，俾契丹之党，远遁沙漠，然后控扼险固，恢复旧疆”④。在攻占代北诸州、山后平定之后，潘美和田重进的西、中两路军与东路汇合，共同进攻幽州。

---

①（宋）李焘：《续资治通鉴长编》卷二〇太平兴国四年十月，上海，上海古籍出版社，1986。

②《辽史》卷七四《韩知古附子匡嗣传》，北京，中华书局，1974。

③（宋）李焘：《续资治通鉴长编》卷二七雍熙三年夏四月，上海，上海古籍出版社，1986。

④（宋）李焘：《续资治通鉴长编》卷二七雍熙三年五月，上海，上海古籍出版社，1986。

但宋军的战略部署是一厢情愿的，辽国针对宋军的战略意图，进行了针对性布控。自是年三月耶律休哥奏报宋军三路进攻代北燕山要地的军情之后，辽国统帅却作了如下的军事部署：（一）分遣使者征诸部兵，增援耶律休哥以击之，复遣东京留守耶律抹只以大军继进；接着又下诏急调回征高丽的辽军兵马以为应援，用来加强南京（今北京）辽军的力量。（二）派兵守平州之海岸，以防备宋自水上进攻，以策幽州东路之安全。（三）以枢密使耶律斜轸为山西兵马都统，以北院宣徽使蒲领为南征都统，以副耶律休哥，即是以耶律休哥、耶律斜轸全面抗击宋军。（四）萧太后、辽圣宗于三月间即驻兵驼罗口，发号施令，调遣诸军；随着以后战局的发展，萧太后亲赴固安前线指挥军队。

战争开始，在辽军应援不及的情况下，宋西路军取得了迅速的进展。潘美率领的西路军连克寰（治寰清，今山西朔县东北马邑）、朔及应（治金城，今山西应县）、云（治云中，今山西大同）诸州；中路军克飞狐、灵丘（今属山西）、蔚州（治灵仙，今河北蔚县）；东路军夺占固安（今河北固安），进据涿州。面对宋军大举进攻，辽萧太后亲临幽州，偕圣宗指挥抗击。采取集中兵力先败东路宋军主力，再及其他各路的方略，乘曹彬孤军冒进、又缺粮草之机，袭扰疲惫，迫其退军，并追至岐沟关（今河北涿州西南），将其击溃。据《辽史》记载："月余，复至。休哥以轻兵薄之，伺彼蓐食，击其离伍单出者，且战且却。由是南军自救不暇，结方阵，堑地两边而行。军渴乏井，漉淖而饮，凡四日始达于涿。闻太后军至，彬等冒雨而遁。太后益以锐卒，追及之。彼力穷，环粮车自卫，休哥围之。至夜，彬、信以数骑亡去，余众悉溃。追至易州东，闻宋师尚有数万，濒沙河而爨，促兵往击之。宋师望尘奔窜，堕岸相蹂死者过半，沙河为之不流。"① 继而遣都统耶律斜轸率军十万，对中、西路宋军相继反击，收复蔚州、飞狐、寰州、朔州等地，俘杨业。宋军放弃云、应，撤回代州，对辽的战略进攻就此失败。

（三）契丹南侵与"澶渊之盟"的签订

岐沟关之战后，宋丧师数万，国力穷沮，被迫在战略上采取守势。辽则乘其势衰，即行反攻。是年冬，萧太后令南京留守耶律休哥为前锋，率部攻望都（今属河北），自率主力攻瀛州（治今河北河间）。耶律休哥计胜宋知雄州贺令图部，率军至瀛州与主力会合。宋瀛州兵马都部署刘廷让

① 《辽史》卷八三《耶律休哥传》，北京，中华书局，1974。

率数万骑迎击辽军，在城北君子馆之战中被辽军包围，“刘廷让与敌战君子馆，先约继隆以精卒后殿，缓急为援。既而敌围廷让数重，继隆引麾下兵退保乐寿，廷让力不敌，全军陷没，裁以单骑遁免”①。先锋将知雄州贺令图、高阴关部署杨重进俱陷于敌而死。辽军乘胜攻掠祁（治今河北安国县祁州镇）、深（治静安，今河北深县南）等州后撤回。

此后，辽军利用骑兵优势，不断深入宋境袭扰。端拱元年（988 年），辽圣宗率军攻破狼山寨（今河北易县西南）、长城口（今河北徐水西北），数月间连下满城、新乐（今河北新乐东长寿东北）、祁州等地，唯于唐河（今河北定州北）被宋定州守将李继隆、袁继忠率军击败。二年（989 年）七月，辽谍知宋军护送辎重赴威虏军（今河北徐水西），耶律休哥率数万骑前往截击。宋将尹继伦率数千骑夜巡时发现辽军，蹑踪尾随辽军，乘其早膳突袭，耶律休哥受伤先逃，辽军惊溃，死亡甚众。至道元年（995 年），辽以招讨使韩德威率数万骑两次攻麟州（今陕西神木西北），均被宋将折御卿率部击败。三年（997 年）三月，宋太宗病卒。宋真宗赵恒袭位，颇有议和之意。辽却乘真宗新理国事，屡屡兴兵攻宋。

宋真宗咸平二年（999 年）十二月，辽大举进攻，“破狼山诸寨，悉锐攻威虏，两昼夜不胜，遂引兵，略宁边军，入祁、赵，大纵抄劫，游骑出邢、洺间，百姓惊扰，携挈老幼争入城郭，镇、定路不通者逾月”②。在这一紧迫形势的面前，身为镇定高阳关行营都部署的傅潜，拥有步骑八万大军，“畏儒无方略，闭门自守，将校请战者，则丑言骂之”③。但在朝廷使者屡屡催促和将士力请下，不得已，分派骑兵八千、步兵二千，让范廷召率领至高阳关迎战。翌年（1000 年）正月甲申，范廷召迎战之际，向高阳关部署康保裔求援。范廷召却潜师以遁，康保裔部在第二天拂晓被敌骑围之数重。康保裔的左右劝他易甲而逃，康保裔“大呼决战，凡数十合，兵尽矢穷，士卒以劲弩击敌，杀伤甚众，所蹙踏尘深二尺，而救兵不至，保裔没焉”④。辽军自德、棣济河，掠淄、齐而去。

咸平四年（1001 年）冬，辽军攻长城口，被宋军击败，丧师二万人。五年（1002 年），攻静戎军（今河北徐水）及保州，获胜而返。六年（1003 年），攻望都，俘宋副都部署王继忠，歼其所部。景德元年（1004

① 《宋史》卷二五七《李处耘附子继隆传》，北京，中华书局，1977。

② （宋）李焘：《续资治通鉴长编》卷四五咸平二年十二月，上海，上海古籍出版社，1986。

③ 《宋史》卷二七九《傅潜传》，北京，中华书局，1977。

④ （宋）李焘：《续资治通鉴长编》卷四六咸平三年三月，上海，上海古籍出版社，1986。

年）秋，萧太后与圣宗大举攻宋。闰九月，辽军会集固安，攻顺安军（今河北高阳东）、威虏军、北平寨（今河北顺平县东北）、保州，均未克。后转攻定州，被阻于唐河。遂移师东向瀛州，并利用降将王继忠致书宋真宗，试探议和。十月，辽集兵攻瀛州，十余日不克，伤亡惨重。十一月，转兵攻天雄军（今河北大名东北）不克，南下破德清军（今河南清丰西北），威逼澶州（今河南濮阳），袭取通利军（今河南浚县东北）。澶州为宋都开封的北大门，辽军逼近，引起了宋廷的恐慌。以参知政事王钦若为代表的投降派主张迁都金陵，签枢密院事陈尧叟主张迁往成都。寇准力排众议，促使真宗亲征，渡河御澶州北门楼，"远近望见御盖，踊跃欢呼，声闻数十里。契丹相视惊愕，不能成列"①。相持十余日，辽军元帅萧挞览出阵督战，被宋兵射死。萧太后深知正面宋军实力强盛，背后退路已断，获胜希望渺茫，于是密通书使，请盟乞和。杨延昭坚决反对议和，上书真宗："契丹顿澶渊，去北境千里，人马俱乏，虽众易败，凡有剽掠，率在马上。愿饬诸军，扼其要路，众可歼焉，即幽、易数州可袭而取"②。寇准虽赞成杨延昭的决断，但是，宋真宗在王钦若的怂恿下，答应了与辽军议和，双方签订了历史上有名的"澶渊之盟"。宋辽战争遂告结束。

"澶渊之盟"的内容有四项：其一，辽宋为兄弟之国，辽圣宗年幼，称宋真宗为兄，后世仍以世以齿论。其二，以白沟河为国界，双方撤兵。（辽归还宋遂城及涿、瀛、莫三州）。此后凡有越界盗贼逃犯，彼此不得停匿。两朝沿边城池，一切如常，不得创筑城隍。其三，宋朝每年向辽提供"助军旅之费"银十万两，绢二十万匹。至雄州交割。其四，双方于边境设置榷场，开展互市贸易。

澶渊之盟是真宗在有利的军事形势下屈辱求和的结果。对宋而言，这是丧权辱国的和约，不仅燕云十六州的失地未能收回，而且要输金纳绢以求辽国不再南侵，此后辽更是不断需索，使北宋国威扫地。辽国却是在不利的军事情势下占了大便宜，得到了战场上得不到的东西。不过，澶渊之盟以后，宋辽双方大致保持了百余年之和平，这对两国之间的贸易关系、民间交往和各民族之间的融合是非常有利的。

（四）辽宋在河北的榷场贸易

在南北对峙的五代十国时期，契丹与中原的联系更为密切，不仅王朝之间使臣不绝，而且已经建立了互市贸易关系。据《册府元龟》载：后

① 《宋史》卷二八一《寇准传》，北京，中华书局，1977。

② 《宋史》卷二七二《杨业附子延昭传》，北京，中华书局，1977。

唐“明宗天成二年八月，新州奏：得契丹书，乞置互市。……（清泰）二年，北面总管言，契丹遣人欲为互市……从之。是年，云州言：总管报，于州西北野固口与契丹互市，从之。十二月，云州沙彦珣奏十年前与契丹互市则例”①。这说明在宋以前契丹已和中原建立了密切的经济联系。

契丹在宋太祖时期，虽听沿边互市，而未有专门机构。宋太宗太平兴国二年（977 年）三月，“始令镇、易、雄、霸、沧州各置榷务，命常参官与内侍同掌，辇香药、犀、象及茶，与相贸易”②。后因范阳用兵，宋辽互市中断。雍熙三年（986 年），禁河北商民与之贸易。时累年兴师，千里馈粮，居民疲乏，太宗亦颇有厌兵之意。端拱元年（988 年）下诏，许边疆互相市易。淳化二年（991 年），“令雄霸州、静戎军、代州雁门砦置榷署如旧制，所鬻物增苏木，寻复罢”③。从上述记载中可以明显地看出，早期的榷场废置无常，往往因为很小的边境冲突而中断正常贸易。

宋辽双方缔结“澶渊之盟”以后，基本上维持了力量上的均衡，这就为双方的和平交往和榷场贸易创造了有利条件。辽朝首先在涿州新城置榷场。景德二年（1005 年），宋真宗也“令雄霸州、安肃军置三榷场……又于广信军置场”④。这就是常见于史书的“河北四榷场”。同年宋辽经过协商又在振武军及保州并置榷场，而且恢复了在朔州南的榷场。除上面正式设立的榷场之外，短期设置的榷物还有定州军城寨榷场、飞狐菱牙榷场、火山军榷场、欠良津（九梁津）榷场等。这些短期的榷场，多为“私间相贸鬻”而设置，在民间贸易中占极为重要的地位。

“澶渊之盟”后，宋辽双方正式设置的榷场大都长期保存下来，其中宋朝的“河北四榷场”，“终仁宗、英宗之世，契丹固守盟好，互市不绝”⑤，其实，宋神宗继位后，文献上依然有“河北四榷场”的明文记载，只是到了宋徽宗宣和年间（119—1125 年）才见到宋朝大臣们关于“榷场之法坏矣”的呼吁。而辽朝自设新城等榷场以来，“上下为便，至天祚之乱，赋敛既重，交易法坏”⑥，特别是在宣和二年（1120 年）宋金海上盟约订立之后，宋辽关系恶化，加上内部的政治腐败，经济崩溃，榷场贸易

---

① （宋）王钦若：《册府元龟》卷九九九《外臣部·互市》，北京，中华书局，1960。

② （宋）李焘：《续资治通鉴长编》卷一八太平兴国二年三月，上海，上海古籍出版社，1986。

③ 《宋史》卷一八六《食货志下八》，北京，中华书局，1977。

④ 《宋史》卷一八六《食货志下八》，北京，中华书局，1977。

⑤ 《宋史》卷一八六《食货志下八》，北京，中华书局，1977。

⑥ 《辽史》卷六〇《食货志下》，北京，中华书局，1974。

也就无法维持下去了。

榷场贸易的货物在“澶渊之盟”以前，从宋输出的有香药、犀角、象牙及茶，后来又增加苏木一项。“澶渊之盟”以后，“凡官鬻物如旧，而增缯帛、漆器、粳糯，所入者有银钱、布、羊马、橐驼，岁获四十余万”①。另外，还有九经书疏等项。散见于史书的输出品还有铜、锡、姜、矾和麻布等。其中，茶是宋朝贸易的主要输出品。大量茶叶的北运，极大地满足了辽朝各族人民的生活需要。铜、锡也是宋朝通过榷场输入辽的重要货物，熙宁二年（1069 年）宋朝决定在河北沿边榷场卖出铜锡，到熙宁七年（1074 年）铜、锡的销售情况是：“河北路有铜五十七万九千九百余斤，锡九千八百九十余斤，及市易务于榷场卖铜皆百万斤”②。这就大大促进了草原地区的广泛开发，加速了生产工具的改进和生产力的发展。从辽输出的货物主要是银钱、布、羊、马等项，其中羊马是辽输宋的主要牲畜，但由于军事上的原因，辽朝时常限制入宋的马匹。这样羊便成了各种货物中入宋最多的商品，“河北榷场博买契丹羊岁数万……公私费钱四十余万缗”③。而来自女真的北珠，通过榷场贸易时的最高成交额可达“缗钱三百万”。为了解决戍边将士生活的需要，宋辽双方都多次就近在各榷场大量买粮。双方瓷器的相互交流，在考古发掘中也取得了实物证据。榷场贸易的货物虽不太丰富，然而各项贸易额却一直很惊人，反映出宋辽榷场贸易的繁荣。

除榷场贸易外，民间交易难以禁绝，辽私盐的涌入，冲击着宋河北食盐专卖制度；而宋的印本书籍和文人诗赋也不断流入辽境。对宋的边界贸易是辽境外贸易的主要市场，它满足了辽对某些消费品的需求，宋在榷场贸易中每年也可有四十余万缗的收入，以致每年交纳辽朝的岁币多可以从榷场交易中收回。

（五）辽代河北地区经济的恢复与发展

河北中部、北部地区在燕云十六州中占有重要位置，如幽、蓟、瀛、莫、涿等州，不仅是重要的军事要塞，同时也是农业、手工业经济比较发达的地区。燕云地区由于长期经受战乱，人口流失严重，农业经济出现衰退。据《辽史》卷三四记载：“沿途民居、园囿、桑柘，必夷伐焚荡……

---

① 《宋史》卷一八六《食货志下八》，北京，中华书局，1977。

② （宋）李焘：《续资治通鉴长编》卷二五一熙宁七年三月，上海，上海古籍出版社，1986。

③ 《宋史》卷一九七《食货志下一》，北京，中华书局，1977。

又于本国州县，起汉人乡兵万人，随军专伐园林，填道路。御寨及诸营垒，唯用桑、柘、梨、栗。军通，纵火焚之。”① 契丹军队这种行军方式，对燕云地区的农业生产造成极大的破坏，严重影响了经济的正常发展。

燕云十六州入辽之后，辽太宗采取了一系列措施恢复燕云地区的农业生产。辽太宗下诏保护农田，使得燕云地区在会同四年（941 年）出现了“燕、蓟大熟”的丰收场面，燕云地区的农业经济出现好转的势头。辽世宗时期，经过了一段时间的休养生息，而且世宗本人“慕中华风俗，多用晋臣，而荒于酒色，轻慢诸酋长，由是国人不附，诸部数叛，兴兵诛讨，故数年之间，不暇南寇”②。使燕云地区的经济得到暂时喘息的机会。穆宗一朝也没有兴兵南伐，这一时期燕云地区社会相对稳定，为经济的复苏和发展提供了良好的机会。景宗末年，辽宋之间再次开战，燕云地区农业生产陷入萎缩，“山西诸州给军兴，民力凋敝，田谷多躏于边兵”③。

燕云地区农业经济的真正复苏是在辽圣宗时期。辽圣宗为恢复农业生产，统和四年（986 年）下诏：“军中无故不得驰马，及纵诸军残南境桑果”④。统和十四年（996 年）十一月甲戌，“诏诸军官毋非时畋猎妨农”⑤。这些措施一定程度上保护农业生产的顺利进行。同时，在灾荒之年积极组织救灾，恢复生产。辽圣宗即位之初“五稼不登，开帑而代民税。螟蝗为灾，罢徭役以恤饥贫”⑥。又如统和十二年（994 年），“漷阴镇水，漂溺三十余村，诏疏旧渠”⑦。辽圣宗还任命一大批有经验的汉族官员为各州长官，积极推行轻徭薄赋政策，例如室昉，“整析蠹弊，知无不言，务在息民薄赋，以故法度修明，朝无异议”⑧。为增加燕云地区的农业人口，辽圣宗还积极推行移民政策。统和七年（989 年），“徙吉避寨居民三百户于檀、顺、蓟三州，择沃壤，给牛、种谷”⑨。并“诏燕乐、密云二县荒地许民耕种，免赋役十年”⑩。辽圣宗还多次派遣官员“分阅诸路苗稼”，令诸道劝农桑。与此同时，在全国推行均税法，同时下诏给

① 《辽史》卷三四《兵卫志上》，北京，中华书局，1974。
② （宋）司马光：《资治通鉴》卷二八七天福十二年五月，北京，中华书局，1956。
③ 《辽史》卷五九《食货志上》，北京，中华书局，1974。
④ 《辽史》卷一二《圣宗纪三》，北京，中华书局，1974。
⑤ 《辽史》卷一三《世宗纪四》，北京，中华书局，1974。
⑥ 《辽史》卷五九《食货志上》，北京，中华书局，1974。
⑦ 《辽史》卷一三《圣宗纪四》，北京，中华书局，1974。
⑧ 《辽史》卷七九《室昉传》，北京，中华书局，1974。
⑨ 《辽史》卷五九《食货志上》，北京，中华书局，1974。
⑩ 《辽史》卷一二《圣宗纪三》，北京，中华书局，1974。

南京（今北京市）统军司贫户耕牛。十三年（995 年），“诏许昌平、怀柔等县诸人请业荒地”。十五年（997 年），又“募民耕滦州荒地，免其租赋十年”①。开泰元年（1012 年），辽圣宗又下诏：“朕惟百姓徭役烦重，则多给工价。年谷不登，发仓以贷。田园芜废者，则给牛、种以助之”。开泰九年（1020 年），燕地发生饥荒，“户部副使王嘉请造船，募习海漕者，移辽东粟饷燕，议者称道险不便而寝”②。

辽圣宗实行的一系列鼓励垦荒的措施，客观上激发了农民投入生产的积极性，促进了燕云地区农业的恢复和发展。经过这一时期的整治，燕云地区出现了少有的繁荣景象，如重熙年间（1032—1055 年），“析津之壤……兵戎冠天下之雄，与赋当域中之半”③。经济的繁荣只是暂时的，辽代后期尤其是辽道宗末，经济出现下滑。到了天祚帝时期（1101—1125 年），辽朝更是内外交困，造成物价飞涨。保大四年（1124 年），金军攻克燕京，“驱燕之大家东徙，以燕空城及涿、易、檀、顺、景、蓟州与宋以塞盟……燕民流离道路，不胜其苦”④。

辽朝在得到燕云十六州之后，燕云地区的手工业生产也得到一定的恢复和发展。十六州中的瀛、莫二州的煮盐也十分发达，“始得河间煮海之利，置榷盐院于香河县，于是燕、云迤北，暂食沧盐”⑤。据《辽史·食货志》记载：“太祖征幽、蓟，师还，次山麓，得银、铁矿，命置冶”⑥。这表明在辽太祖时期燕云地区的矿冶业也得到一定程度的发展。辽代燕云地区的丝织业中心是在南京（今北京市），辽代在南京地区设置了专门的“绣院”和“染院”，负责丝织品的刺绣和染色，据《契丹国志》记载，南京的丝织业“锦绣组绮，精绝天下”⑦。河北地区的定窑、邢窑和磁州窑的产品对辽代的制瓷业影响很大，制品的釉色以黑白二色为主旋律，施釉或均匀白净，或黑釉光亮。制瓷工艺以及造型、纹饰，既吸收了中原地区传统风格，又富有游牧民族特有的生活气息。

四、辽代在河北境内分封的诸王

爵位的封授在封建王朝中占有重要作用。其中封王作为爵位封授的最

---

① 《辽史》卷一三《圣宗纪四》，北京，中华书局，1974。
② 《辽史》卷五九《食货志上》，北京，中华书局，1974。
③ 陈述辑校：《全辽文》卷七之王纲《王泽墓志铭》，北京，中华书局，1982。
④ 《辽史》卷二九《天祚皇帝纪三》，北京，中华书局，1974。
⑤ 《辽史》卷六〇《食货志下》，北京，中华书局，1974。
⑥ 《辽史》卷六〇《食货志下》，北京，中华书局，1974。
⑦ （宋）叶隆礼：《契丹国志》卷二二《四京本末》，上海，上海古籍出版社，1985。

高形式，不仅代表了一系列受封高等级爵位的群体，也可以折射一个王朝的经济、军事、政治等很多方面。辽代大致在太宗时期就已经实行封爵制度，而到穆宗朝封爵制度已经相当完备。辽代在河北境内所封的诸王大致有燕王、赵王、魏王等。

燕王的驻地在今北京市，最早被封为燕王的是汉人赵延寿，后唐清泰二年（935 年），“以延寿为幽州节度使，封燕王。及改幽州为南京，迁留守，总山南事”①。天禄二年（948 年）冬十月壬午，“南京留守魏王赵延寿薨，以中台省右相牒蠟为南京留守，封燕王”②。太平三年（1023 年），萧孝穆“封燕王、南京留守、兵马都总管”③。萧孝穆是淳钦皇后弟阿古只五世孙。《辽史》卷九六《耶律仁先传》称：“耶律仁先，字紖邻，小字查剌，孟父房之后。父瑰引，南府宰相，封燕王。”乾亨元年（979 年）九月己卯，“燕王韩匡嗣为都统，南府宰相耶律沙为监军，惕隐休哥、南院大王斜轸、权奚王抹只等各率所部兵南伐。仍命大同军节度使善补领山西兵分道以进”④。这表明辽代对于燕王的封授，一直是汉人与契丹人并用。

魏王的驻地大致在今河北省南部的贝州。太宗会同七年（944 年），辽军攻占贝州，“授延寿魏、博等州节度使，封魏王，率所部屯南乐”⑤。大同二年（948 年）十月赵延寿去世，由于宋辽和议，辽军撤出河北南部。直至应历十九年（969 年）十一月乙巳，辽朝才封萧思温为魏王。萧思温之后，耶律斜轸为魏王。统和十六年九月癸卯，“北院枢密使魏王耶律斜轸薨，以韩德让兼知北院枢密使事”⑥。韩德让去世后没有子嗣，辽朝“以皇族魏王贴不子耶鲁为嗣”⑦。但耶鲁早卒，天祚皇帝又以皇子敖鲁斡继之。重熙十九年（1050 年）十二月庚戌，“韩国王萧惠徙封魏王，致仕”⑧。大康二年（1076 年）三月壬寅，“出北院枢密使魏王耶律乙辛为中京留守”⑨。据《辽史》卷一〇一《耶律阿息保传》称：“保大二年，金兵至中京，始出狱。寻为敌烈皮室详稳。是时，魏王淳僭号，屡遣人以

① 《辽史》卷七六《赵延寿传》，北京，中华书局，1974。
② 《辽史》卷五《世宗纪》，北京，中华书局，1974。
③ 《辽史》卷八七《萧孝穆传》，北京，中华书局，1974。
④ 《辽史》卷九《景宗纪下》，北京，中华书局，1974。
⑤ 《辽史》卷四《太宗纪下》，北京，中华书局，1974。
⑥ 《辽史》卷一四《圣宗纪五》，北京，中华书局，1974。
⑦ 《辽史》卷三一《营卫志上》，北京，中华书局，1974。
⑧ 《辽史》卷二〇《兴宗纪三》，北京，中华书局，1974。
⑨ 《辽史》卷二三《道宗纪三》，北京，中华书局，1974。

书来招。”对于这次魏王耶律淳僭号事件，《辽史·李处温传》有明确记载：“保大初，金人陷中京，诸将莫能支。天祚惧，奔夹山，兵势日迫。处温与族弟处能、子奭，外假怨军声援，结都统萧幹谋立魏国王淳，召番、汉官属诣魏王府劝进。魏王将出，奭乃持赭袍衣之，令百官拜舞称贺。魏王固辞不得，遂称天锡皇帝。”① 另外，尚有一些不知封授年代的魏王。如《辽史》卷三〇《天祚皇帝纪四》称：“耶律淳者，世号为北辽。淳小字涅里，兴宗第四孙，南京留守、宋魏王和鲁斡之子。”《辽史》卷四〇《地理志四》称：“又有开泰寺，魏王耶律汉宁造。”《辽史》卷六六《皇族表》有“魏王合禄”。

赵王驻地不详，辽代最早封赵王的是耶律隐喜，其为穆宗之子，后因谋反被改封为宋王。应历初，封高勋为赵王，出为上京留守，寻移南京②。重熙十八年（1049 年）六月壬戌朔，“以韩国王萧惠为河南道行军都统，赵王萧孝友、汉王贴不副之”③。萧孝友之后，耶律乙辛为赵王，据《辽史》卷二二《道宗纪二》称：“时南院枢密使许王仁先、知北枢密院事赵王耶律乙辛、南府宰相萧唐古、北院宣徽使萧韩家奴、北院枢密副使萧惟信、敦睦宫使耶律良等率宿卫士卒数千人御之”。据《辽史》卷八九《杨皙传》称：“咸雍初，徙封齐，召赐同德功臣、尚书左仆射，兼中书令，拜枢密使，改封晋，给宰相、枢密使两厅傔从，封赵王”。咸雍八年六月甲戌，“封北府宰相杨绩为赵王，枢密副使耶律观参知政事兼知南院枢密使事”④。大康二年（1076 年）三月丁未，“册皇后萧氏，封其父祗候郎君鼈里剌为赵王，叔西北路招讨使余里也辽西郡王，兄汉人行宫都部署、驸马都尉霞抹柳城郡王，参知政事杨遵勖知南院枢密使事，北院枢密副使萧速撒知北院枢密使事，汉人行宫副部署刘诜参知政事”⑤。据《辽史·耶律阿思传》称：“道宗崩，受顾命，加于越……后以风疾失音，致仕，加尚父，封赵王。薨，年八十，追封齐国王。”⑥ 乾统九年（1109 年）八月，以赵王习泥烈为西京留守。保大元年（1121 年）冬十一月癸亥，以西京留守赵王习泥烈为惕隐。

应当指出的是，辽朝封爵制度在早期实行的是实封制，而在中后期是

① 《辽史》卷一〇二《李处温传》，北京，中华书局，1974。
② 《辽史》卷八五《高勋传》，北京，中华书局，1974。
③ 《辽史》卷二〇《兴宗纪三》，北京，中华书局，1974。
④ 《辽史》卷二三《道宗纪三》，北京，中华书局，1974。
⑤ 《辽史》卷二三《道宗纪三》，北京，中华书局，1974。
⑥ 《辽史》卷九七《耶律阿思传》，北京，中华书局，1974。

“虚封制”与实封制相结合。辽代河北诸王地位很高一般兼任枢密使或南京留守，是辽代统治河北的实权人物。一般情况下，诸王都开府设官，有王傅、丞等职官和为王府服务的杂役等。

五、辽代河北地区的户口

辽代河北地区诸州、县分属于南京道、西京道和中京道，其中南京道分属州县最多有七州二十一县；西京道辖五州十二县；中京道四州五县。现依据《辽史·地理志》对河北诸州户口数量继续统计如下：

1. 南京析津府

直属县有三个，分别是安次县、永清县和香河县。其中安次县（今廊坊），户一万二千；永清县，户五千；香河县，户七千。

南京析津府下属的涿州领范阳县、新城县、归义县和固安县四县。其中范阳县户一万；新城县户一万；归义县户四千；固安县户一万。

易州领易县、涞水、容城三县。其中易县户二万五千；涞水县户二万七千；容城县户五千。

蓟州领三河、玉田二县。其中三河县户三千；玉田县户三千。

景州领一县：遵化县户三千。

平州领三县：卢龙县、安喜县和望都县（今卢龙南）。其中卢龙县户七千；安喜县户五千；望都县户三千。

滦州领三县：义丰县、马城县（今滦南）和石城县（今唐山东北）。其中义丰县户四千；马城县户三千；石城县户三千。

营州领一县：广宁县（州治所在，今昌黎）户三千。

2. 西京大同府

府治大同县（今山西大同），辖二州九县，其中有一州、三县在今河北。本府直领怀安县户三千。

弘州领二县：永宁县（州治所在，今阳原西城镇）、顺圣县（今阳原东城镇）。其中永宁县户一万；顺圣县户三千。

奉圣州辖四县：永兴县（州治所在，今涿鹿县涿鹿镇）、矾山县（今涿鹿矾山镇）、龙门县（今赤城龙关镇）、望云县（今赤城县赤城镇）。其中永兴县户八千；矾山县户三千；龙门县户四千；望云县户一千。

归化州直领一县：文德县（州治所在，今张家口宣化区）户一万。

可汗州直领一县：怀来县（州治所在）户三千。

蔚州领三县：灵仙县（州治所在，今蔚县蔚州镇）、定安县（今蔚县西合营一带）、飞狐县（今涞源）。其中灵仙县户二万；定安县户一万；

飞狐县户五千。

3. 中京大定府

府治今内蒙古宁城，辖十州、九县。其中有四州、五县在今河北。

泽州领二县：神山县（州治所在，今平泉县）、滦河县（今迁西滦阳乡）。二县户口阙载。

北安州领一县：兴化县（州治所在，今承德滦河镇西南）户口阙载。

迁州领一县：迁民县（州治所在，今秦皇岛山海关区）户口阙载。

润州领一县：海阳县（州治所在，今抚宁海阳镇）户口阙载。

除了中京大定府户口数量阙载以外，南京析津府和西京大同府所辖河北州县的人口数目为19.08万户，约为95.4万人。如果加上中京大定府的人口，辽代河北地区人口数量大致在百万人以上。其中人口较为稠密的地区为河北中部的易州易县、涞水二县；涿州领范阳县、新城县、固安三县以及河北北部的蔚州灵仙县、定安县二县。辽代河北人口分布总体呈现中部地区多于北部地区的态势。虽然我们无法判断这一时期的河北人口中民族成分，但辽代河北地区是一个汉族、契丹族、奚族等多民族共同生活的家园，则是不争的事实。

六、辽代契丹在河北的分布

在契丹建国之前，已经开始陆续向中原地区迁徙。据《魏书》记载，由于战争和自然灾害等原因，从北朝开始，契丹族就陆续南下，被中原政权接纳安置，并融合于汉族之中。唐朝中叶以后有许多契丹人归附唐朝，叛将安禄山部下以及唐朝的官军中都有许多契丹族将士，如"安史之乱"后唐朝著名将领李光弼兄弟就是契丹族。唐朝灭亡前后，突厥、回鹘势力大大削弱，契丹势力日益壮大，逐渐控制了幽州至柳城的广大地区，契丹族已经在这里的居民中占有很大的比例。

后周广顺二年（952年）十月"契丹瀛、莫、幽州大水，流民入塞散居河北者数十万口，契丹州县亦不之禁。诏所在赈给存处之，中国民先为所掠，得归者什五六"①。在这些从瀛、莫、幽三州进入中原的人口中，除了原来被契丹掠走的汉族人口外，也有部分契丹族在内。契丹占有幽云十六州后向南部的迁徙。太宗升幽州为南京以后，这里成为辽朝重要的赋税来源和与中原历代政权对峙的军事前沿。于是就有了契丹族贵族、官员、平民和军队官兵向南京道、西京道境内的大规模迁移，其数量应该是

① （宋）司马光：《资治通鉴》卷二九一广顺二年十月，北京，中华书局，1956。

很大的。陈述先生在他的《契丹政治史稿》中罗列了相当于幽云十六州辖境的今内蒙古、河北、北京、天津、山西等省市区的许多地名，指出：“这些村庄命名的当时，主要住户可能是契丹人”①。这个推测具有一定的合理性。考古工作者在今河北、山西、北京等地发现的许多契丹族墓葬，也可以证明当时有许多契丹族人口迁入该地，而且在这里世代居住的历史事实。

辽国在境内设置大量的投下军州，涉及河北的有中京大定府的泽州（河北平泉县南）和北安州（河北承德市西）。因此在河北承德地区，聚集了大量契丹贵族，对境内的汉族和契丹等族进行统治。

1916 年秋，河北平泉县半截沟村杨家北沟西山被雨水冲刷出了古墓一座，当地群众据墓顶塌下处进行挖掘，出土有铁锅、铁锤、瓷器和各种石条、门板等物。1977 年，文物普查时发现了墓内所出的一块志石尚存于该村，于是对墓地现场进行了调查，出土了《耶律加乙里妃墓志铭》。志石长 92 厘米、宽 81.5 厘米。阴刻楷书，志文多已漫漶不清。志文提到志主“姓耶律氏加乙里妃”，由此可知，志主是一位女性。志主死于辽统和二十六年（1008 年），享年五十九岁。死后追赠岐国夫人。耶律加乙里妃出身契丹豪门，“父阿骨轸，遥辇常衮，世袭二王之后，□三公之先，怀卫社之长，□蕴斯时之大略，斯名不缀，厥德弥芳”。可知耶律加乙里妃的父亲阿骨轸在辽国享有较高地位。据郑绍宗先生研究，志文中的“阿骨轸”就是《辽史》中的耶律贤适。据《辽史》载：“耶律贤适，字阿古真，于越鲁不古之子。嗜学有大志，滑稽玩世，人莫之知……景宗立，以功加检校太保，寻遥授宁江军节度使，赐推忠协力功臣。时帝初践阼，多疑诸王或萌非望，阴以贤适为腹心，加特进同中书门下平章事。保宁二年秋，拜北院枢密使，兼侍中，赐保节功臣。三年，为西北路兵马都部署……乾亨初，疾笃，得请。明年，封西平郡王，薨，年五十三。”②

同时，在承德平泉还发现辽大长公主墓，该墓位于承德城东平泉县蒙和乌苏乡头道营子村八王沟。占地面积 52.5 平方米。为大型砖拱多室墓，分墓门、前室、甬道、左耳室、右耳室及主室等，原墓室耳室、前室、主室壁及主室券顶均为柏木构筑，前室有大型木俑。由于早期被盗，除石棺、墓志铭尚存外，其余皆无。大长公主为辽景宗长女，其母为萧太后，其弟为辽圣宗，其夫是北府宰相萧继远，均是辽代统治阶级中地位显赫人

① 陈述：《契丹政治史稿》，126 页，北京，人民出版社，1986。
② 《辽史》卷七九《耶律贤适传》，北京，中华书局，1974。

物。石棺由六块整石构成，外壁雕青龙、白虎、朱雀、玄武。棺盖上雕阴纹牡丹花边，中间雕一团凤。石棺及墓志铭现由平泉县博物馆收藏。墓内随葬品早已被洗劫一空，现仅存石棺和墓志。据墓志载："大长公主为辽景宗、萧皇后之长女。名为观音女"。她的丈夫为"北府宰相萧继远"。"辽圣宗为其弟，兴宗为其侄儿"。在景宗时期，大长公主被封为"齐国公主"。到了圣宗加封"晋国大长公主，赵魏国长公主"。到了兴宗重熙元年（1032年）特加"大"字，册封"秦晋国大长公主"。重熙十五年（1046年）冬十一月十七日薨于龙化州（即今内蒙古通辽奈曼旗八仙筒一带）。并于第二年十二月十五日葬于马盂山（即今平泉县柳溪乡光头山）脚下。享年76岁。①

1973年，在承德县八家公社发现契丹符牌。符牌上有契丹文字，是用汉字笔画的构件重新组合成的，释读为"敕宜速"②。1972年，在河北隆化还发现了辽代"契丹节度使印"和"金"字人形铜押印各一方③。这些都说明河北承德地区是契丹族重要的聚居区，这些居住在承德的契丹人开始和汉族通婚。新中国成立前平泉县出土的《王说墓志》称其有两位夫人，一位为茹氏，一位为石氏，王说的这两位夫人很可能就是契丹人。

除承德地区外，保定地区也有大量契丹人，辽代契丹作为统治民族，一般州一级长官由契丹贵族担任。《易州兴国寺太子诞圣邑碑》是易州为庆贺辽国太子生日而修建的石碑，碑文中的题衔有："都维那右监门卫大将军、知易州军州事、沿边巡检安抚屯田劝农等使耶律迁"④。在耶律迁所任的职官中有"沿边巡检安抚使"，一般而言，只有在辖区内有少数民族的情况才加此使职。内蒙古赤峰《耶律琮神道碑》，耶律琮曾任"涿州刺史、西南面招安巡检使、契丹、奚、渤海、汉儿兵马都部署"⑤。这说明在涿州境内存在大量的契丹、奚族士兵。据《续资治通鉴长编》称：梁济世"为雄州谍者，尝以诗书教契丹公卿子弟，先得其国书本以献"⑥。这说明在雄州（今河北雄县）的契丹贵族子弟已经开始接受汉族儒家文化的教育。

---

① 郑绍宗：《契丹秦晋国大长公主墓志铭》，载《考古》，1962（8）。
② 郑绍宗：《承德发现的契丹符牌》，载《文物》，1974（10）。
③ 李柏龄：《河北隆化县发现契丹节度使印》，载《考古》，1982（4）。
④ 向南编著：《辽代石刻文编》，487页，石家庄，河北教育出版社，1995。
⑤ 向南编著：《辽代石刻文编》，59页，石家庄，河北教育出版社，1995。
⑥ （宋）李焘：《续资治通鉴长编》卷二五九熙宁八年正月，上海，上海古籍出版社，1986。

由于张家口地区坝上草原水草丰美，因此契丹人移民张家口地区的时间较早。其中鸳鸯泊（今张北西北安固里淖），是契丹乙室部司徒的居地。据《辽史·营卫志》记载：“乙室部。其先曰撒里本，阻午可汗之世，与其兄益古分营而领之，曰乙室部。会同二年，更夷离堇为大王。隶南府，其大王及都监镇驻西南之境，司徒居鸳鸯泊，闸撒狘居车轴山。”①这里的鸳鸯泊即今张家口市张北县的安固里淖。辽初属契丹乙室部驻地。圣宗在此四时设有行帐，官署林立。《辽史·兵卫志》载：“其南伐点兵，多在幽州北千里鸳鸯泊。”辽末，都统耶律马哥屯兵于此。天祚皇帝仓皇从居庸关逃至鸳鸯泊避难。《金史·太祖纪》载：金兵获辽护卫习泥烈，言辽主在鸳鸯泊畋猎，可袭取之。天辅六年（1122年）三月，都统杲出青岭，宗翰出瓢岭，追辽主于鸳鸯泊，辽主奔西京。不及，获其货宝。都统耶律马哥奔命，达赖收其群牧。在河北张家口市宣化下八里发现的辽墓壁画中人物形象及服饰有汉人也有契丹人，反映出明显的契丹、汉族两种习俗并存交融的地方特色。而乙室部的另外一个聚集地“车轴山”则在今唐山市丰润区南10公里的车轴山。

除了河北北部地区有契丹人外，在河北中南部地区也曾生活着少量契丹人，太宗天显年间（926—938年）归辽的定州人（今河北定州）梁文规，其子梁廷嗣甚至得到了以大水泺之侧地四十里，契丹人凡七户皆赐之的封赏，能将契丹牧民赐与汉人为奴，其宠遇不可谓不高。统和五年（987年），辽圣宗“尝过藁城，见乙室奥隗部下妇人迪辇等黍过熟未获，遣人助刈”②。这说明契丹乙室部已经渗透到河北藁城一带，并且已经由游牧转向从事农业生产。

在辽朝与北宋对峙时期，与部分汉族人口越界投附辽朝的同时，居住在边界地区的契丹族官员、将士越界投附北宋的事情时有发生，也说明了居住在此的契丹族人当不在少数。契丹族人口进入幽云十六州，其中所占比例最大的当属辽军官兵。统和二十一年（北宋咸平六年，1003年），辽朝供奉官李信投降北宋，他向北宋报告说辽朝“国中所管幽州汉兵，谓之神武、控鹤、羽林、骁武等，约万八千余骑，其伪署将帅，契丹、九女奚、南北皮室当直舍利及八部落舍利、山后四镇诸军约十万八千余骑，内五千六百常卫戎主，余九万三千九百五十，即时入寇之兵也”③。如李信

① 《辽史》卷三三《营卫志下》，北京，中华书局，1974。
② 《辽史》卷五九《食货志上》，北京，中华书局，1974。
③ （宋）李焘：《续资治通鉴长编》卷五五咸平六年七月，上海，上海古籍出版社，1986。

所说，辽朝这些军队中的一部分是汉族将士，但作为针对北宋而部署的常备军队，在其中起着中坚骨干作用的还是契丹族将士。

在金灭辽的过程中，契丹贵族存在明显的分化，一些生活在河北地区的契丹贵族一部分投降金国。1942年，河北省兴隆县梓木林子村出土了《萧仲恭墓志》和志盖。该墓志为契丹文小字，墓志刻于金代天德二年(1150年)。字刻于汉文志盖背面，共70行，5100余字，是现存契丹小字石刻字数最多的一件。

据《金史》载，萧仲恭和天祚帝是金太宗天会三年（1125年）二月壬戌被俘于余睹谷。八月被押解至京师，丙午，天祚帝被降封为海滨王。萧仲恭应于此时降金。《越国王乌里衍（萧仲恭）墓志铭》说他，降金后"太宗时授右院宣徽，任职少府监两年"。《金史·萧仲恭传》亦称："太宗以仲恭忠于其主，特加礼待。"① 皇统八年（1148年）为行台尚书省左丞相，封淄王。同年拜尚书右丞相，封济王。同年复任中书令，监修国史。同年复任太傅领三省事，封郑王。天德元年（1149年）迁封曹王，仍领所知之事。同年封某王，同月再封鲁王，除燕京留守。天德二年(1150年）自鲁王迁封越国王。同年五月二日夜薨。有的契丹贵族则对金军采取抵抗措施，如金太宗天会九年（1131年)，契丹贵族耶律余睹"尽约云中、河东、河北、燕金郡守之契丹、汉儿，令杀女直之在官、在军者"②。由于事情败露，遭到朝廷镇压，这些契丹人或被杀或外逃，此后契丹人主要分布在今内蒙古阴山以南、河北、山东境内。正隆五年(1160年)，大名一带的契丹人发动起义，"大名府贼王九等据城叛，众至数万。契丹边六斤、王三辈皆以十数骑张旗帜，白昼公行，官军不敢谁何，所过州县开劫府库物置于市，令人攘取之，小人皆喜贼至，而良民不胜其害"③。契丹人的起义遭到了金政权的镇压，大定三年（1163年)，解散了所有曾参加起义的契丹猛安、谋克，将原管人口分散到女真的猛安、谋克中去。大定十七年（1177年）又彻底解散了其余的契丹猛安、谋克，契丹族原有的组织形式被打散，形成女真、契丹交相杂居的局面。金代在地方任官的契丹人中，移剌众家奴较为著名，移剌众家奴"积战功，累官河间路招抚使，遥授开州刺史，权元帅右都监，赐姓完颜氏。兴定四年，与张甫俱封。众家奴封河间公，以献、蠡、安、深州、河间、肃

---

① 《金史》卷八二《萧仲恭传》，北京，中华书局，1975。

② （宋）宇文懋昭撰，崔文印校证：《大金国志校注》卷七《太宗文烈皇帝五》，北京，中华书局，1986。

③ 《金史》卷一二九《李通传》，北京，中华书局，1975。

宁、安平、武强、饶阳、六家庄、郎山寨隶焉”[1]。

七、金元时期的河北契丹人

辽国灭亡以后，契丹族由统治民族沦为被统治民族。金朝统治下的契丹人多数仍旧生活在长城以北地区，他们大致分为两个部分：一部分没有南迁的契丹猛安谋克，主要分布在西京路和北京路境内；另一部分没有编为猛安谋克的那部分契丹人，主要分布在金朝北境和西北边境，他们仍保持着传统的游牧生活方式，当时被称为“乣人”或“乣户”。另外一部分契丹人则随着金军南下。金廷连年征战伐宋，扩大领土，大量兵力集中到燕云、黄河以北地区，即今山东、河北、河南、山西、陕西等地。这里不只限于女真人南下，包括契丹人的各族人民也随之南下，在这一地区屯田、征战。皇统五年（1145 年），“创屯田军，凡女真、契丹之人皆自本部徙居中州，与百姓杂处，计其户（口）授以官田，使其播种，春秋量给衣马。若遇出军，始给其钱米。凡屯田之所，自燕山之南，淮、陇之北，皆有之，多至六万人，皆筑垒于村落间”[2]。这里的“中州”泛指中原、黄河以北地区。这种南下屯田也可以说是移民，目的是加强对中原地区汉人的统治。张棣《金虏图经》载：“废伪齐豫后，虑中州怀二三之意，始置（屯）田军。屯田军非止女真，契丹、奚家亦有之。自本部族徙居中土，与百姓杂处。”分正说明金廷新征州县“怀二三之意”，置屯田军，以加强控制。大多数留居河北的契丹平民接受金朝的统治，赵子砥《燕云录》云：“河东、河北州、县领防守，每州汉人、契丹、奚家、渤海、金人多寡不同。大州不过留一千户，县、镇百户，多阙额数”。这里的“千户”是猛安，“百户”是谋克。

据日本学者三上次男推断，燕云地区在金天会年间（1123—1137年），大州一个猛安，县、镇一个谋克。也就是说中原地区这些被征服州县要加入包括契丹人在内的一定数量的猛安谋克，以便于统治。大定二十年（1180 年）十月，“诏徙遥落河、移马河两猛安于大名、东平等路安置”[3]。遥落河地点不详。《金史·绘石烈志宁传》中有移马岭，此岭当在临潢府管界内，与移马河地名有关。《金史·内族宗浩传》记述宗浩从临潢府伐挞粗时出现过移米河（移密河），在兴安岭西附近。大定二十一年

---

① 《金史》卷一一八《移剌众家奴传》，北京，中华书局，1975。

② （宋）宇文懋昭撰，崔文印校证：《大金国志校注》卷一二《熙宗孝成皇帝四》，北京，中华书局，1986。

③ 《金史》卷七《世宗纪中》，北京，中华书局，1975。

(1181 年)，金世宗诏书曰：“今者移马河猛安相错以居，甚符朕意，而遥落河猛安不如此，可再遣兵部尚书张那也按视其地以杂居之”①。三上次男认为，两猛安户与女真户杂居，两猛安名称与女真猛安名称不同，是奚、契丹户，就是大定初年契丹叛乱迁往各地的奚、契丹人的一部分②。总之这两个猛安是从临潢府或更北迁到大名（今河北大名）、东平（今山东东平）路的契丹或奚人猛安。这是契舟、奚人南下的例证。

此外，在其他地区也散居着一些契丹人，如永清县、安肃县（今河北徐水县）、大名、霸州等地都有契丹人③。北宋靖康元年（1126 年）正月二十七日，宋将李纲奏曰：“金人之兵张大其势，然得其实数不过六万人，又大半皆奚、契丹、渤海杂种，其精兵不过三万人”④。这是金兵围宋汴京（今河南开封）的描述，其中就有契丹人在内。天会四年（1126年），金军宗翰包围太原，范仲熊《北记》载：“十一月，尼堪（即粘罕、宗翰）陷怀州，杀霍安国。范仲熊贷命令往郑州养济，途中与燕人同行，因问：‘此中来者是几国人？共有多少兵马？’其番人答言：‘此中随国相（指粘罕——引者注）来者，有鞑靼家、有奚家、有黑水家、有小博啰家、有契丹家、有党项家、有黠戛斯家、有火石家、有回鹘家、有室韦家、有汉儿家，共不见得数目，其从河北随栋摩国主者兵马更多，为拘占数国路，大金正军不过十万，煞有生女真人唤做扫地军便是也’”⑤。这就是说，金初南下军队不只是女真军，而且是由多民族组成的军队，其中也包括契丹军。这些进入中原地区的契丹人，逐渐和当地汉民族相互融合。

在蒙古灭金的过程中，留居河北的契丹人认为为国复仇的时机到来，纷纷举兵抗金。当听说成吉思汗率兵南下时，始终不肯仕金的霸州（今河北霸州）人移剌捏儿认为“为国复仇，此其时也”，率亲党百余人主动投附成吉思汗⑥。同在霸州的契丹人石抹孛迭儿“仕金，为霸州平曲水寨管民官。太师、国王木华黎率师至霸州，孛迭儿迎降，木华黎察其智勇，

① 《金史》卷四四《兵志》，北京，中华书局，1975。

② ［日］三上次男著，金启琮译：《金代女真研究》，511 页，哈尔滨，黑龙江人民出版社，1984。

③ 吴松弟：《中国移民史》第四卷《辽宋金元时期》，140 页，福州，福建人民出版社，1997。

④ （宋）李纲：《梁谿集》卷一七二《靖康传信录中》，景印文渊阁四库全书本。

⑤ （宋）徐孟莘：《三朝北盟会编》卷九九靖康中帙 74 引范仲熊《北记》，上海，上海古籍出版社，1987。

⑥ 《元史》卷一四九《移剌捏儿传》，北京，中华书局，1976。

奇之，擢为千户”①。参加了蒙古军队灭金的一系列战斗，被升为龙虎卫上将军、霸州等路元帅。冀州人贾塔剌浑，“太祖用兵中原，募能用砲者籍为兵，授塔剌浑四路总押，佩金符以将之。及攻益都，下之，加龙虎卫上将军、行元帅左监军，便宜行事”②。耶律秃花，世居桓州，蒙古军入金边界时，成为蒙古军向导。后跟随太祖，同饮班术河水，从木华黎收山东、河北，有功，拜太傅、总领也可那颜，封濮国公。石抹明安，桓州人，成吉思汗七年（1212 年）成吉思汗命领蒙古军抚定云中（今山西大同）东西两路。复命明安及三合拔都，将兵由古北口徇景（今河北东光）、蓟（今天津蓟县）、檀（今北京密云）、顺诸州。成吉思汗十年（1215 年）取通州（今北京通县），拔中都（今北京），取富昌、丰宜二关，攻拔固安县。

一些投诚的契丹人在河北取得军功并在河北居官，如舒穆噜“行省太师统诸道兵破大名，侯遂隶帐下，拜馆陶招抚使，俄迁东平大名招抚使、元帅左监军留事、东平行台。严公以取磁州功，遂兼知州事”③。也有一些归顺蒙古大军的契丹人，参与了平金最后留居河北，如耶律忒末，“国兵至，金徙于汴，忒末及子天祐率众三万内附，授帅府监军，天祐招讨使，从元帅史天倪略赵州平棘、栾城、元氏、柏乡、赞皇、临城等县，籍其民五千余，置吏安辑焉。岁辛巳，太师木华黎统诸道兵马，承制加忒末洺州等路征行元帅，与天祐略邢、洺、磁、相、怀、孟，招花马刘元帅，有功。木华黎又承制授忒末真定路安抚使、洺州元帅，进兵临泽潞，降其民六千余户，以功迁河北西路安抚使，兼泽潞元帅府事。壬午，致仕，退居真定”④。还有一些金军中的契丹士兵，也乘机叛金，如金宣宗南迁开封走到大都城以南的涿州时，随行的契丹军队在斫答、比涉儿和札剌儿的率领下叛变，并和同样叛金的塔塔儿的军队联合作战⑤。当时参加蒙古军队作战的契丹士兵人数，史无明载。成吉思汗十年（1215 年），契丹人石抹阿辛率领北京（治今内蒙古宁城境）等路民一万二千户降蒙，所部军皆猛士，因身穿黑衣而被称为黑衣军。这支军队被蒙古派遣到各地驻扎，其中成吉思汗十四年（1219 年），其主力驻扎在真定（今河北正定）、固安一带。

① 《元史》卷一五一《石抹孛迭儿传》，北京，中华书局，1976。
② 《元史》卷一五一《贾塔剌浑传》，北京，中华书局，1976。
③ （元）胡祗遹：《紫山大全集》卷一六《舒穆噜某神道碑》，景印文渊阁四库全书本。
④ 《元史》卷一九三《耶律忒末传》，北京，中华书局，1976。
⑤ ［波斯］拉施特：《史集》第 1 卷第 2 分册，236 ~ 237 页，北京，商务印书馆，1992。

另外，元代燕京（今北京市）及其周边地区也有一定数量的契丹人，契丹人耶律楚材受到成吉思汗信任，被任命为“总裁都邑”，就是因为北京及其周边地区“契丹人居多”①。元代还有在地方上居官的契丹人，如耶律泽民曾任大名路征收课税所长官，其死后他的儿子耶律泰亨袭公爵，“中统改元，复长大名路课税所事”②。元代在北京周边地区生活着大量契丹人，并形成一些以契丹语命名的村寨，据学者调查河北省宝坻县有“耶律各庄”，至今村人多姓刘（辽金以来，耶律译刘），宝坻县还有达子庄、达子屯、哈剌庄；蓟县有黑家庄、科科庄、野王庄、律家庄；昌黎县有达子营、黑各庄；滦县有野里庄；山西省介休县有圪塔村、吉那村、要力村。③

八、契丹的文化与风俗

自辽代开始，大量的汉人移入了北方和东北地区，他们带去了先进的技术和生产方式，对这些地区的农业开发以及手工业生产的发展都起到了至关重要的作用。辽、宋之间，初期虽也发生过战争、民族关系比较紧张，但从澶渊之盟后，长期互派使节，并在边境互市。根据《宋史·食货志》记载，在通好以前，北宋只许辇运香药、犀象、苏木和草茶等赴边地贸易。澶渊结盟后，又增添了缯帛、漆器、粳糯和九经书疏；从榷场换回的辽朝商品，则有银钱、羊马和橐驼等品。散见于一般文献中的，输入品还有珠玉和银两，输出品还可见到铜锡、铜钱、姜和麻布等。当然这些商品还不能概括贸易的全部内容。根据《辽史》所记，就在辽太祖称帝的前一年，高丽就派遣使者进贡方物和宝剑。以后波斯、大食、日本、高丽等国与辽朝的往来日益频繁。正是由于大量汉人北迁，带去了先进的中原文化，加上辽与周边民族及西方诸国的经济文化的密切交往，契丹贵族使用的金银器、瓷器和玻璃器上才蕴涵着多种文化的影响。

（一）语言与文字

契丹语是东胡语的一个分支，属阿尔泰语系，与古蒙古语关系密切，应属蒙古语族。契丹建国前，并无文字。神册五年（920 年），在辽太祖耶律阿保机的倡导和支持下，耶律突吕不和耶律鲁不古以及一批汉族知识

① 《元史》卷一五三《刘敏传》，北京，中华书局，1976。

② （元）胡祗遹：《紫山大全集》卷一七《大名路征收课税所长官耶律公神道碑》，景印文渊阁四库全书本。

③ 陈述：《契丹政治史稿》，177 页，北京，人民出版社，1986。

分子开始创制契丹文字。他们仿照汉字隶书（实为楷书）的字形结构或直接借用一些笔画较少的汉字造成，这种文字被称为契丹大字。契丹大字较汉字简单，仅造三千余字即可表达契丹语。后来，辽太祖耶律阿保机之弟迭剌于辽天赞年间（922—926 年），在汉字反切知识的启发下，利用汉字形体与笔划制成音节字母——原字，以之相拼成字，谓之契丹小字。

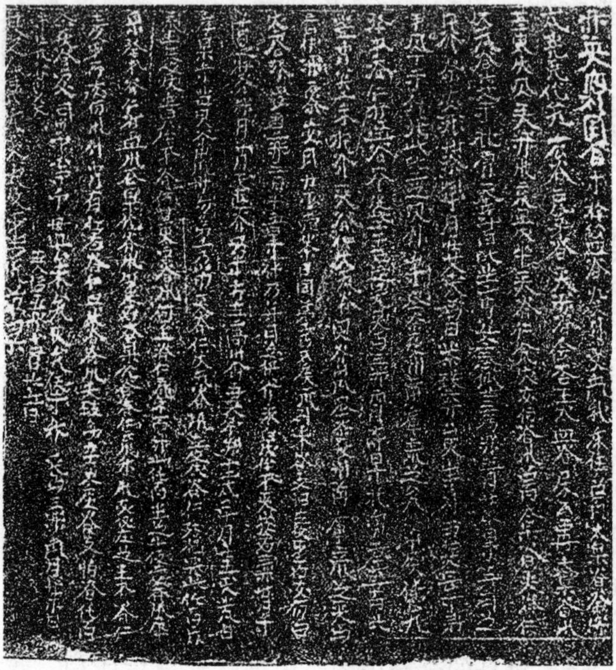

图 5－1　契丹大字《萧孝忠墓志》拓片

同小字相比，契丹大字较粗陋，不如小字组织精审。但契丹大字笔划少，便于书写。所以自创始之日起，其后虽有小字创制，大字并没有被取代，仍能与契丹小字并行。直到金章宗明昌二年（1191 年）“诏罢契丹字”①，金朝境内不再使用契丹文字，但在中亚河中地区的西辽则继续行用。明代时，已无人认识契丹文字。由于辽代书禁甚严和战乱等原因，除了宋人王易《燕北录》中摹写了五个契丹字的牌子外，没有任何契丹字的书籍留传下来。现在传世的契丹字资料都是 20 世纪陆续出土、发现的，主要是些碑刻、铜镜、印章、货币和墨书题字等。小字是一种拼音文字，利用汉字笔画形体创制出 300 多个原字，然后缀合拼写成词。原字分正楷、行

① 《金史》卷九《章宗纪一》，北京，中华书局，1975

草、篆书等字体，篆体字的拼写方式异于正楷和行草，采取鱼贯式而不是层叠式。行文的款式自上而下竖写，自右而左换行，敬辞抬头或空格。原字有一个书写形式，代表几种语音或一个语音采用几种书写形式的情况。因此，同一个词或词素表现在文字上可以有不同的拼写形式，甚至到现在为止还没有一个完整的语句被解读出来，是中国文字史上著名的难题。

（二）美术与音乐

辽的绘画艺术在中国绘画史上成就突出。它以描写边塞草原风光、游牧骑射生活为主题，在中国画坛中构成“北方草原画派”。作品粗犷、豪放，真实地体现了游牧民族逐水草而牧的马背生活，以及契丹族首领的四时捺钵活动场景和少数民族部族首领大型活动的场面。尤其在人物的描绘中，表现出契丹族及各少数民族的骁勇剽悍、刚健豪爽的民族性格，如世界名品《卓歇图》，表现了契丹族长和他的骑士们在猎后的休息场景，充分体现了契丹族的生活特点。

在民族的交往与融合中，辽代的音乐和舞蹈也得到了极大的发展，辽有祭祀祖先，神祇的傩舞、巫舞，还有民族节庆的大型踏歌舞，向中原学习的一般由六十六人表演的大型文舞，由六十八人同时表演的武舞。他们继承了唐十二和乐并由此发展融合而转为本民族的十二安乐。在辽祭天地祖先，朝会大典，册封仪式，迎接外宾国使，宴飨群臣，出行、打猎、军队行进作战，得胜凯旋等许多场合中，都使用乐、舞。据辽史载辽的雅乐乐工和舞伎人数多达三百八十余人。此外根据用途不同还有散乐、大乐、鼓吹乐，向汉族学习的鱼龙漫衍戏、百戏、角抵等，以及宫廷民间、君臣共享的射兔、射柳等大型祈祷娱乐活动。

图 5－2　张家口宣化辽墓出土壁画中的散乐图

1971 年至 1993 年间，河北宣化下八里村陆续发现了数座辽代壁画墓，壁画中普遍出现了场面较大且绘制精美的散乐图，对研究辽代乐舞文化和绘画艺术具有重要价值。宣化境内发现散乐壁画的墓葬有 1 号墓、4 号墓、5 号墓、6 号墓、7 号墓、9 号墓和 10 号墓。

1 号墓（张世卿墓，1116 年）伎乐图绘于前室东壁，其中共绘有十二人，皆头戴无脚幞头，身穿圆领窄袖袍。前有一舞蹈者，后有乐工两列：前列五人，吹筚篥者二，吹笙者一，击腰鼓者一，击大鼓者一；后列六人，击拍板者一，弹琵琶者一，吹横吹者二，击腰鼓者一，吹十二管排箫者一。

4 号墓（韩师训墓，1111 年）伎乐图亦绘在前室东避，画中共有九人，左一人头戴展脚幞头，身穿蓝色圆领大袖袍，双手伸平，面向右边的乐舞队伍，似为乐队的领班。其对面第一人为一舞者，头戴黑色朝天花脚幞头，身着绛色圆领窄袖长袍，袍服前裾撩起，伸腿、弯腰作舞蹈状。舞者之后的七位乐工皆头着黑色曲脚幞头，身穿窄袖长袍，其中二人击腰鼓，余者分别吹筚篥、横吹、芦笙，击拍板和大鼓。[1]

5 号墓（张世古墓，1117 年）前室东壁伎乐图共绘五个乐人，衣妆同前。分前后两列：前列三人，一吹横吹，一吹筚篥，一击腰鼓；后列二人，一击拍板，一击大鼓。

6 号墓（约 1093 年）伎乐图亦绘在前室西避，由七人乐队和一个舞者组成。乐人头戴不同式样的簪花幞头，身穿各色圆领窄袖开胯长袍，分别在演奏曲颈琵琶、横吹、芦笙、筚篥拍板、腰鼓和大鼓。前方一年轻女子高椎髻，上穿斜领绿色缦衫，下穿红白小团花蓝锦地宽腿裤，外罩白地红道开胯百褶裙，左手平伸，右手摆向头颈，作起舞状。

7 号墓（张文藻墓，1093 年）前室西壁伎乐图绘六个乐人和一个舞者。六乐人冠式和装束与 6 号墓乐人相同，分别奏芦笙、横吹、拍板、大鼓和腰鼓。乐队前方一舞蹈者，系一头戴簪花云脚朝天幞头、身穿圆领窄袖长袍的少年女子，舞姿潇洒优美。

9 号墓（约 1093 年）前室西壁的伎乐图，共绘有八个乐工和一个舞女。画面部分残毁，从人物服饰、乐器种类和舞女的姿态来看，与 6 号墓所绘基本类似。

10 号墓（张匡正墓，约 1093 年）所绘伎乐图亦有七个乐工和一个舞女。人物的装束、动态、乐器种类，乃至组合关系皆与 6 号墓近似，应大

① 张家口文管所：《河北宣化下八里辽金壁画墓》，载《文物春秋》，1990（10）。

体出自同一个粉本。

关于上述墓葬壁画伎乐表演的所属种类，考古发掘工作者称之为散乐。宿白先生在《关于河北四处古墓的札记》一文中，亦认为这种伎乐画面为散乐表演。也有学者认为是“大曲”。其中，散乐乐器有：觱篥、箫、笛、笙、琵琶、五弦、箜篌、筝、方响、杖鼓、第二鼓、第三鼓、腰鼓、大鼓、轻、拍板。与现存辽墓壁画伎乐图中所绘乐器相对照，除五弦、箜篌、筝、方响之类较为少见，其他各种乐器基本上均与记载相符。而河北曲阳五代王处直墓散乐图中所见乐器种类，则几乎与《辽史》所记完全一致。或许辽代民间散乐表演在用乐规模上有所简化。

（三）宗教与信仰

宗教方面，辽代盛行自然崇拜和祖先崇拜，保留着不少原始萨满教风俗，如“拜日仪”、“再生礼”、“祭山仪”、“射鬼箭”等。萨满教是他们原始的普遍信仰，终辽一代，契丹人一直保存着这种固有的原始信仰。他们以青牛、白马祭天地、日月、山川、祖先等。由于崇日，所以宫殿建筑都东向。与此同时，佛教也得到了较广泛的传播，从山西应县木塔佛像中发现的丹藏、佛经和佛画，河北丰润县天宝寺塔发现的佛经，内蒙古巴林右旗释迦佛舍利塔中发现的佛经，堪称佛教艺术瑰宝。

辽太祖、太宗时，佛教从渤海和燕云两个地区传入辽国的中心。辽太宗得燕云后，河北汉人僧尼也陆续来到上京。俗称大佛寺，坐落于天津蓟县城西的独乐寺始建于隋唐时期，辽统和二年（984 年）由蓟州人韩匡嗣主持重建，距今有一千多年的历史，是我国现存最古老的、最大的阁式木结构建筑之一。独乐寺占地面积为 16500 平方米，由山门、观音阁、韦驮亭、乾隆行宫等建筑构成了规模壮观的古代庙宇建筑群。山门内两尊高大的天王塑像守卫两旁，俗称哼哈二将，是辽代彩塑珍品。

辽圣宗以后，佛教更为发展。各地区建造佛寺甚多，并通过贵族信徒的施舍，占有大量的土地和民户。头下户被施给寺院后，将原来交纳给领主的赋税转交给寺院。同时仍向国家交租，称为寺院二税户。

辽代佛教以华严宗为最盛。佛教圣地五台山在辽朝境内，由西京管辖，是华严宗的教学中心。上京开龙寺僧也专攻华严。辽道宗并曾亲撰《华严经随品赞》十卷。密宗也在辽朝传播。五台山和南京都有究习密宗的高僧，并翻译密典多部。密宗的经咒也在契丹社会中流行。辽圣宗以后，对佛教典籍的刊校，作出两大业绩：一是石经的刊刻，一是雕印大藏经。隋代僧人静琬在涿州（今河北涿州）大房山，开凿石室，用石板刊刻佛经收藏。唐代建云居寺，继续刊刻石经。后经战乱中断，云居寺被毁。辽圣宗时重修云居寺，发现石室。辽圣宗命僧人可玄继续刊刻经板。经辽兴宗、道宗两朝，刻完《大般若经》、《大宝积经》等经石六百块。合原存《涅槃经》、《华严经》石共有两千七百三十块，合称《四大部经》。石经的刊刻也是对佛经的一次校勘整理。兴宗时开始校印佛经的总集《大藏经》。佛经以木版雕印，全用汉文，并经僧人详为校勘。完成五百九十七帙。辽道宗时继续收罗刊印。在此以前，开宝四年（971年）宋太宗曾在成都雕印大藏经，号称“宋藏”。辽代印本通称“契丹藏”。

辽代统治时期，河北北部佛寺林立，现在尚有多处佛教寺院遗迹。比较著名的有河北涞源县阁院寺，该寺位于河北省涞源县城西北隅，全称阁院禅林寺，俗称“西大寺”。寺内有天王殿、文殊殿、藏经阁、钟楼。主殿文殊殿又名大雄宝殿，单檐歇山顶，面阔、进深各3间，平面近方形，建于0.75米高的砖台上，内有辽代壁画，殿前有月台。永清辽代白塔龙泉寺，位于永清县大辛阁乡大辛阁村南约一里处，寺内存有辽代白石塔一座，为我国北方地区仅存的两座辽代石塔之一。塔高6米，最大宽度1.2米，汉白玉质料。白石塔由塔身和基座组成，塔身上段是十三层八角屋檐，檐椽、斗拱浮雕明显，每层角端皆有石孔，为系铃之用，塔身下部为八面石柱，正南一面浮雕龙门棂，门两侧为武士门神浮雕，正背面为坐式佛像，其他各面刻有碑文。塔座为须弥座式，束腰处雕花卉、团龙。

河北省高碑店市新城镇有一座千年古刹开善寺，俗称“大佛殿”，亦称“大佛寺”。据传始建于唐代，原建筑多已被毁，现仅存建于辽代的大殿和后代修缮的天王殿、金刚殿。大殿面阔5间，进深3间，通高约13.2米。殿内立柱用材粗壮，具有明显的侧脚和升起，各柱卷杀圆润，殿顶为出檐深远、弧度平缓的庑殿顶。为了扩大视野，大殿在建造过程中使用了辽金建筑中常见的减柱法。

易县开元寺是曾位于河北省易县城内的一座佛教寺院，创于唐玄宗开元年间（713—741年），毁于20世纪40年代。毁前，寺院规模包括东、中、西三路院落，各路轴线尽端的主体建筑分别为观音殿、毗卢殿和药师殿。20世纪30年代，中国营造学社和日本学者村田治郎先后对该寺进行了调查，他们依据建筑形制与碑刻中的重修记录将这三座主殿初断为辽晚期遗构。

霸州市“龙泉禅寺”坐落在霸州市信安镇中心，始建于后汉，辽世宗天禄年间（947—951年），寺内有古井两眼，出甘泉，可供十方之众，故得名“龙泉”。寺的正中为大雄宝殿，大殿建于高1米的砖砌台阶上，面宽3间，覆绿琉璃剪边四坡砌菱形绿琉璃的庑殿顶，殿内正中为释迦牟尼佛和迦叶、阿难两大弟子像，殿内两侧为十八罗汉像。

秦皇岛市水岩寺，位于昌黎县城北偏西的宝峰台上，又名“宝峰寺”。水岩寺为碣石山中的千年古刹，寺中的断碑残碣曾有“唐贞观元年重修”字样，其始建年代可追溯到唐朝以前的隋朝和南北朝时期。寺院殿前石栏之中，在辽朝保宁元年（969 年）曾立有两柱呈八角菱形的经幢，上镌唐开元灌顶国师不空奉诏译，由此可知在昌黎县城、建在碣石山麓之初，水岩寺就已成为距离县城最近的佛门重地。

唐山天宫寺旧址位于丰润区西南 1.5 公里。据载，天宫寺建于辽清宁元年（1055 年），系盐监张成购地而建，最初以“南塔院”称之。清宁八年（1062 年）张成之子又于寺西北角高台之上建塔。为密檐砖塔，通高 24 米，共 13 层，八角，实心，保存辽代建筑特色。造型优美，雕刻精细。辽寿昌三年（1097 年），道宗皇帝赐“极乐”匾额，故该寺始称“极乐院”。辽乾统五年（1105 年）改为“天宫寺”。金天会五年（1127 年）八月，朝廷又对天宫寺敕加“大”字，称为“大天宫寺”，以示旌表。天宫寺塔下的院落被称为“上寺”，也叫“塔院”。以天宫寺塔为中心，塔前建有悬神殿，内塑腾云驾雾的神仙；塔后建有三霄娘娘殿，殿内中间塑子孙娘娘千手千眼佛。1976 年遭地震破坏。1987 年重修时，从残塔部分 7 ~ 13 层发现有两个塔心室及塔内保存的一批珍贵文物，其中有木版刻经数卷，鎏金铜佛 5 件，文殊普贤石像及陶器、瓷器等。2006 年 10 月，在迁安市西夹河村出土了辽代经幢。经幢分为四段，大底盘为八棱形。和经幢一块出土的还有一块石碑，碑座为褐红色岩石，座呈梯形有一周莲花纹。云龙形白云石碑首，上面有篆书碑文：“皇帝皇后万岁。”两侧为云纹，碑身残破成三部分，侧面有隶书铭文：“安喜县，辽兴军节度使，赐腓鱼袋，传大教沙门从因。”碑文的正面记录了捐款建寺庙之事，落款为“清宁己亥岁仲春月十三日记。校勘僧洪诠”，证明辽代时在迁安也曾建有佛寺。

目前河北境内尚存有多座辽代佛塔，“涿州双塔”位于涿州古城区东北隅，两塔南北对峙。南塔称为“智度寺塔”，始建于辽太平十一年（1031 年）；北塔称为“云居寺塔”，始建于辽大安八年（1092 年）。双塔均为八角形仿木结构楼阁式舍利砖塔，两塔均为舍利塔。双塔相距约 300 米，平面均为八角形，都是仿木楼阁式砖塔。智度寺塔高 44 米，共 5 层；云居寺塔高 55.69 米，共 6 层。智度寺塔位于云居寺南侧，俗称南塔。塔内多处设迎风、采光口，回廊墙壁上有佛龛，现保存完整。涿州双塔是中国现存辽塔中保存较少的楼阁式砖塔，完全模仿木构楼阁，做工精细，在建筑史上有比较大的影响。

唐山滦县文峰塔，位于城南 1.5 公里处的研山。建于辽世宗耶律沅

(947—951 年）时期。塔基以绵石砌成，上为青砖结构。塔高 20 米，分 13 层，三角形，面南背北。正面有石刻楷书“文峰塔”，左面刻“冲霄汉”，右刻“凌云梯”。塔各节角挂铜铃。1976 年唐山大地震时被毁。

涞水县庆化寺花塔，位于河北省涞水县洛平村龙宫山，建筑年代不明，风格上为辽代特征明显。塔平面八角形砖砌，通高 13 米，围长 19.2 米。底部为须弥座、平座栏杆，之上塔身正面设拱券门，可入塔室，其余各面交错为拱券假门和直棱假窗。塔冠部分包括八层佛龛，每个佛龛上部雕有 3 个寿桃。第一层至第七层中每层 16 个佛龛，第八层缩为 8 个佛龛，共计 120 个龛。

张家口涿鹿镇水塔，位于涿鹿县张家河村四面环山的高地之上。塔平面八角形，仿木结构密檐实心砖塔，现高 7 层，约 15 米，塔基下部埋于土中，首层塔身四面设假门，余面设盲窗，檐下施五铺作双抄斗拱，制作精致。以上各层檐均施四铺作砖雕斗拱，各层椽飞亦如实做出，是重要的辽代建筑遗存。此外，张家口宣化县塔北村有辽代佛真舍利陀罗尼塔。张家口市蔚县南安寺塔位于蔚县城内南门西侧，始建于北魏，重修于辽金，塔高 28 米，为一座八角十三级实心密檐砖塔，具有典型的辽代风格。

河北保定易县荆轲塔，位于易县城西南一公里处的荆轲山村村南的荆轲山山顶上，塔高 26 米，须弥座八角十三层，砖木结构，白色。每层八隅各悬风铃。大辽乾统三年（1103 年）始在荆轲衣冠冢上建圣塔并寺院，之后历代各朝皆有重建修葺。宋乾道三年（1167 年），刺史刘楷复展故地，以舍利子 200 粒贮以金瓶银阁，葬于地宫，复建塔于上。当时易属金辖，并非大辽之地，但碑刻铭额为“大辽易州重修圣塔记”，刻石用南宋纪元。除此之外，易县尚有辽代镇灵塔和双塔庵双塔。

（四）习惯与风俗

契丹人的衣食住行、风俗习惯与汉人迥然不同。其服装通常为长袍左衽，圆领窄袖，裤脚放靴筒内。女人袍内著裙，亦穿长筒皮靴。腰外系蹀躞带，上挂金玉、水晶和琥珀等饰件，还有随时可用的火石、筷子、餐具刀等。契丹人发型怪异，无论男女皆髡发。男子在两鬓各留一绺头发，别处的头发全剃光。妇女仅剃沿前额边的头发。

契丹人住所为毡帐，皇帝的御帐称为捺钵。婚俗特点是娶亲不论辈分，近亲结婚、离婚和再嫁均不受限制。契丹贵族盛行厚葬，辽陈国公主驸马合葬墓是迄今为止发现的保存最完整、出土文物最丰富的契丹大贵族墓葬，出土的两套有金花银枕、鎏金银冠、金面具、银丝网络、金花银靴组成的殡葬服饰，完整的体现了贵族的殡葬习俗。

图5－3　契丹男子发式

在丧俗上，耶律阿保机建国之前，契丹“风俗与奚、靺鞨同”①，保留了许多古老风习，如人死以风葬，“父母死，以不哭为勇，载其尸深山，置大木上。后三岁往取其骨焚之，酹而呪曰：‘夏时向阳食，冬时向阴食，使我射猎，猪鹿多得’。”② 至辽太祖阿保机而多用汉人。又制婚嫁，置官号，风俗有所变化。人死已为土葬。但其原始风习仍时有所见，如辽太祖阿保机逝世，皇后述律氏“于义节寺断腕，置太祖陵，即寺建‘断腕楼’，树碑焉”③。辽的丧葬从建辽国以前的风葬，到阿保机以后土葬，到兴宗、道宗、天祚帝，愈益受汉族影响，礼制也愈益完备，至天祚帝时除保留杀黑羊、过神门之木等特殊礼俗外，其丧葬仪礼与汉制已很相似。

第二节　女　真

一、女真的族源及部落构成

女真（或女直），女真一词语源，一般认为是肃慎转音或同音异译。《满洲源流考》在解释肃慎转音为朱里真（女真）时云：“夫北音读肃为

① 《新五代史》卷七二《四夷附录·契丹传》，北京，中华书局，1974。
② 《新五代史》卷七二《四夷附录·契丹传》，北京，中华书局，1974。
③ 《辽史》卷三七《地理志》，北京，中华书局，1974。

须，须朱同韵，里真二字合呼之音近慎，盖即肃慎之转音”。女真的族源，主源是黑水靺鞨，与先秦时的肃慎，汉至晋的挹娄，北朝时的勿吉密切相关。北魏时期勿吉分为七个部落，分别是粟末部、伯咄部、安车骨部、拂涅部、室部、黑水部、白山部。自夫余衰弱以后，肃慎系各部即逐渐向东南迁徙，入居松花江流域。这一时期，生活在东北地区的勿吉各部与不断北迁的高句丽发生矛盾，在长期的战争中渐处于不利地位，最终降隋内附。唐朝初年，原来的七个部落只剩黑水部和粟末部，其余五个部落已经消失在历史的长河中。黑水靺鞨与唐王朝交往最早见于史书记载的时间是唐武德五年（622 年），黑水部大酋长（渠长）阿固郎到长安觐见唐高祖。在公元 622 年至 631 年之间，黑水部曾臣于突厥，太宗贞观四年（630 年）李靖率领十万大军灭掉了突厥。第二年，黑水部入唐朝贡。随着黑水靺鞨的日渐强大，也越来越得到唐朝的重视，唐在黑水靺鞨设置羁縻府州。唐贞观五年（631 年），黑水靺鞨再次入唐朝贡。此后，随着黑水靺鞨与唐的关系日益紧密，唐开始加强对黑水靺鞨的行政管理，先后在黑水靺鞨地区设置黑水州、勃力州、黑水军和黑水州都督府。唐廷与黑水靺鞨的关系日益紧密。但是唐与黑水靺鞨之间的关系不是一帆风顺，双方曾发生过战争。《新唐书·李多祚传》称：“李多祚，其先靺鞨酋长，号‘黄头都督’，后入中国……讨黑水靺鞨，诱其渠长，置酒高会，因醉斩之，击破其众”[①]。安史之乱以后，唐朝国力大为衰退，对边疆少数民族的控制力大为减弱，黑水靺鞨曾一度归属于渤海国。渤海国后期，国力不断衰落，内外交困，因此对黑水靺鞨诸部的管理也日趋松散。

黑水靺鞨在五代时被称女真，然据马端临的《文献通考》卷三二七《四裔考》记载：“唐贞观中，靺鞨来朝，太宗问其风俗，因言及女真之事，自是中国始闻其名”。《文献通考》同卷又载：“五代时始称女真。”女真在唐朝时可能已经存在。在辽代，松花江流域的女真族“有七十二部落”，地方数千里，人口超过十万户，散居山谷之间。这些女真人又被分为生女真与熟女真，这是由于辽朝将其分散而治所造成的。辽灭亡渤海后，看到女真强大，恐其难制，强迫迁徙女真部分散而居，《三朝北盟会编》卷三《政宣上帙三》载：“契丹安巴坚（即阿保机——引者注）乘唐衰乱，开国北方，并吞诸番三十有六，女真其一焉，安巴坚虑女真为患，乃诱其强宗大姓数千户移置辽阳之南，以分其势，使不能相通”。这些被编入契丹籍的女真人称为“合苏馆”，又作曷苏馆、合苏衮，是女真

① 《新唐书》卷一一〇《李多祚传》，北京，中华书局，1975。

语“藩篱”的意思。

另一部分留居粟末水（松花江北流段）之北、宁江州（今吉林扶余）之东，没有入辽籍的女真被称为生女真。生女真分为许多部落，其中生活在按出虎水（今黑龙江阿什河）之畔的生女真完颜部在11世纪末至12世纪初，不断强大，逐步统一生女真以及居住在松花江、牡丹江下游的女真其他各部，形成强大的完颜部军事联盟，有学者认为生女真即完颜部①。

生女真建国前主要分布在东北长白山一带，《三朝北盟会编》卷三《政宣上帙三》：“（女真）世居混同江之东，长白山鸭绿水之源”。《金史》卷一《世纪》也称：“生女直地有混同江、长白山，混同江亦号黑龙江，所谓‘白山黑水’是也。”这里的混同江，即松花江北流段，束沫水也是松花江。此时的生女真分布当在松花江北流段以东至长白山鸭绿江源头之间地带。但生女真的势力在建国前不断发展壮大，尤其是建立了完颜部军事联盟以后，更是不断征服其他女真部落因而在建国之前生女真的分布不局限于上述文献中所记载的区域。

女真建国前，主要有四个比较大的部落组成：完颜部、徒单部、乌（吾）古论部和蒲察部。完颜部是生女真主要部落之一，金代女真的主干部分，金宗室出于是部。女真族完颜部的历史，大概只能从10世纪初叶的函普说起，函普在后来被金政权追尊为始祖，他是完颜部最早有名字可记的部落酋长。自函普以后，一直要到第六代酋长乌古乃时才有确切的年代。乌古乃生于11世纪初，这时完颜部已定居在按出虎水（今阿什河）的附近各地。这个地区森林茂密，土地肥沃，完颜部在那里种植五谷，刳木为器，制造舟车，修盖屋宇，并且能够烧炭炼铁了。铁器的使用，使得完颜部的劳动生产率有了较大提高，有了获得和榨取剩余生产物的可能，这便为奴隶制的产生创造了条件，因而从乌古乃到正式称帝的阿骨打大约经过近一百年的时间，这一个世纪是完颜部由父系氏族向奴隶制社会过渡的时期。

二、女真的壮大与建国

大约在11世纪中叶，女真完颜部发展成为强大的部落，它联合白山部、耶悔部、统门部、耶懒部、土骨论部和辽朝称“五国部”的蒲聂（蒲奴里）、铁骊、越里笃、奥里米、剖阿里五部，组成部落联盟，完颜

① 张博泉：《东北地方史稿》，242页，长春，吉林大学出版社，1985。

部酋长乌古乃为联盟长，并接受辽朝加给的节度使称号。又设有“国相”管理联盟事务，由完颜部的雅达充任。乌古乃利用坚硬锐利的铁制武器铁犁，更利用辽朝的“生女真节度使”的称号，渐次役属了更多的部落，“以专征伐，嶷然自为一国”①。

辽道宗时，乌古乃死去，子劾里钵继任联盟长，以其弟颇剌淑为国相，免去了雅达的职任。雅达的儿子桓赧、散达等不满，起而反抗，部落贵族间展开激烈的战斗。颇剌淑被桓赧、散达军战败。劾里钵与族弟辞不失又击败桓赧军。桓赧、散达率部投降。以锻铁驰名的温都部长乌春，也曾与桓赧等联兵反抗，也被完颜部欢都战败。劾里钵与其弟盈歌又战胜活剌浑水的纥石烈部，巩固了部落联盟，这时的部落联盟已扩大到包括三十个部落了，而且内部的阶级分化日趋明显，一个奴隶制国家的雏形已开始形成。

辽天祚帝天庆三年（1113 年），完颜阿骨打继任联盟长，称“都勃极烈”。翌年六月，辽加封完颜阿骨打节度使称号。辽天祚帝后期，在辽的全境，已经普遍地卷起了汹涌澎湃的反辽斗争的狂澜，而最终推翻辽朝的，则是以完颜部为中心的生女真的武装反抗。

从天祚帝即位以后，契丹贵族对于生女真各部落的压榨勒索越来越重。生女真地区的土产，如人参、貂皮、名马、北珠、俊鹰、蜜蜡、麻布，等等，除依照定期定量向辽朝进贡而外，辽朝东北边境的官吏和奸商在朝廷的纵容下，还经常到榷场中用“低值”去强购，称为“打女真”，这早就在女真人民心里种下仇恨了。辽廷派往东北地区的地方长官，如东京留守和黄龙府（今吉林农安境）尹等，每每在到任之后，先逼迫女真各部落奉献礼物，并有各种名目的摊派。辽天祚帝经常派遣银牌天使到女真地方去，强迫女真人民冒着生命危险去捕捉海东青并采珠。银牌天使率领着大批随从，到处欺压女真人民，向他们敲诈勒索财物。更不能容忍的是迫使女真人献出部落的美女伴宿，既不问其出嫁与否，也不问其家门高低。契丹贵族对生女真诸部的这些行径，使得生女真的各部无不愤恨怨叛，都愿在阿骨打的领导下对辽进行武装反抗。

辽天庆四年（1114 年），女真首领完颜阿骨打传令诸部，会师涞流河（今黑龙江与吉林间拉林河）誓师起兵，展开反对辽朝民族压迫的斗争。1115 年阿骨打称帝，国号大金，金天辅四年（1120 年）与北宋订立海上盟约，议定夹攻辽朝。金允灭辽后将燕云十六州归宋，但在灭辽战争中，

① 《金史》卷五五《百官志序》，北京，中华书局，1975。

宋军大败，金军却连战皆捷。是年四月金兵攻占辽上京临潢府（今内蒙古巴林左旗南）。天辅五年金太祖命完颜杲、完颜昱、完颜宗翰与完颜宗幹等大兵进攻，次年攻下辽中京大定府（今内蒙古宁城西）、西京大同府。辽天祚帝仓皇出奔，逃入夹山（今内蒙古萨拉齐西北），同年年底金太祖亲率大兵攻下了辽南京析津府（今北京）。天辅七年（1123 年）八月金太祖自燕京北返途中病死。其弟谙版勃极烈完颜晟（吴乞买）即位，改年号天会，他就是金太宗。金太宗联合西夏，追击辽天祚帝。金天会三年（1125 年）辽天祚帝在逃往西夏的途中为金兵俘获，辽朝亡。

女真族在阿骨打率领下，从 1114 年誓师起兵反辽，所向披靡，只用 10 年时间就占领了辽朝原统治的全部州县，灭辽以后，女真族贵族为逞其奴隶主的掠夺之志，又把兵锋直指北宋王朝，金宋战争爆发在即，中国历史又将进入一个动荡不安的时期。

三、金代女真迁居河北

天辅六年（1122 年），金军开始灭辽攻宋战争，一些女真人开始进入中原地区，有的则留居于此。据《燕云录》记载，金初攻入中原之后在河北、河东各地留兵驻守，“每州汉人、契丹、奚家、渤海、金人，多寡不同，大州不过留一千户，县镇百户，多缺额数”。太宗天会四年（1126 年），宗望“罢常胜军，给还燕人田业，命将士分屯安肃、雄、霸、广信之境”①。这表明在天会四年时，一些女真将士已经开始分屯于中都路诸州了。到天会十年（1132 年），“时河、淮、陕西、山东，皆驻北军”②。虽然史籍没有明确这些屯驻中原的女真士兵的数量，但史籍却记载了一些女真贵族开始在河北等地居官的史实。如女真人裴满亨，曾“三迁同知大名府事”③。又如女真将领乌延吾里补，“曷懒路禅岭人也。徙大名路。天会中，从其父达吉补隶元帅右监军麾下。挞懒以事赴阙，以达吉补自随。吾里补领其父谋克，从大军攻沧州”④。

天会十一年（1133 年）秋，金朝“起女真国土人散居汉地”⑤，开始有组织地将本国女真人迁往中原地区，据史籍记载“尽起本国之土人，

① 《金史》卷七四《宗望传》，北京，中华书局，1975。
② 《宋史》卷四七五《叛臣上 · 刘豫传》，北京，中华书局，1977。
③ 《金史》卷九七《裴满亨传》，北京，中华书局，1975。
④ 《金史》卷八二《乌延吾里补传》，北京，中华书局，1975。
⑤ （宋）宇文懋昭：《大金国志校注》卷八《太宗文烈皇帝六》，北京，中华书局，1986。

棋布星列，散居四方。令下之日，比屋连村，屯结而起”[①]。《建炎以来系年要录》甚至说：“悉起女真土人散居汉地，惟金主及将相亲属卫兵之家得留。”[②] 当时河北地区已经完全被金军占领，这一时期留居河北的女真人不在少数。天会十五年冬，金朝废掉刘豫齐政权。伺候“虑中州怀二三之意”，“自本部族徙居中土，与百姓杂处”。这样，大量的女真人进入中原地区，而且“非止女真，契丹、奚家亦有之”[③]。同时对这些进入中原的女真等族实行计口屯田，当时军屯的范围十分广泛，“自燕山之南，淮、陇之北，皆有之，多至六万人，皆筑垒于村落间”[④]。随着战争的推进，金朝完全控制了黄河以北地区，通过移民和实行军屯等方式巩固在这一地区的统治，据史书记载“金人据有中原，诸州皆屯戍女真、契丹军”[⑤]。

为了进一步扩大对黄河流域的控制，贞元元年（1153 年），海陵王将都城从上京迁至燕京，并将女真人特别是上京路的女真人大批迁入中原。至于这一次迁徙，《金史·兵志》有详细的记载：“贞元迁都，遂徙上京路太祖、辽王宗幹、秦王宗翰之猛安，并为合扎猛安，及右谏议乌里补猛安，太师勗、宗正宗敏之族，处之中都。斡论、和尚、胡剌三国公，太保昂，詹事乌里野，辅国勃鲁骨，定远许烈，故杲国公勃迭八猛安处之山东。阿鲁之族处之北京。按达族属处之河间。正隆二年，命兵部尚书萧恭等，与旧军皆分隶诸总管府、节度使，授田牛使之耕食，以蕃卫京国”[⑥]。这一次迁徙到河北河间一带的是女真按达部。据三上次男研究，这次迁徙到华北地区的女真人，至少有十二个猛安[⑦]。如完颜勖“正隆元年，与宗室俱迁中都”[⑧]。又如《金史》卷八三《纳合椿年传》记载：“贞元初，起上京诸猛安于中都、山东等路安置，以劳赐玉带闲厩马”。金朝迁都北京后，使北京周边地区成为女真人聚集区。海陵王正隆元年二月，“遣刑部尚书纥石烈娄室等十一人，分行大兴府、山东、真定府，拘括系官或荒

① （宋）宇文懋昭撰，崔文印校证：《大金国志校注》卷八《太宗文烈皇帝六》，北京，中华书局，1986。

② （宋）李心传：《建炎以来系年要录》卷六八绍兴三年九月，北京，中华书局，1988。

③ （宋）宇文懋昭撰，崔文印校证：《大金国志校注》卷三六《屯田》，北京，中华书局，1986。

④ （宋）宇文懋昭撰，崔文印校证：《大金国志校注》卷一二《熙宗孝成皇帝四》，北京，中华书局，1986。

⑤ （宋）徐孟莘：《三朝北盟会编》卷一一九炎兴下帙 19 建炎二年十一月二十二日，上海，上海古籍出版社，1987。

⑥ 《金史》卷四四《兵志》，北京，中华书局，1975。

⑦ ［日］三上次男著，金启孮译：《金代女真研究》，178～183 页，哈尔滨，黑龙江人民出版社，1984。

⑧ 《金史》卷六六《始祖以下诸子·勖传》，北京，中华书局，1975。

闲牧地，及官民占射逃绝户地，戍兵占佃宫籍监、外路官本业外增置土田，及大兴府、平州路僧尼道士女冠等地，盖以授所迁之猛安谋克户，且令民请射，而官得其租也”①。这表明迁居河北地区的女真人已经开始农业生产，并向金政权缴纳租税。金朝对于内迁的女真人在政策上予以照顾，据《金史》卷七三《按荅海传》记载：“海陵时，自上京徙河间，土瘠，诏按荅海一族二十五家，从便迁居近地，乃徙平州。诏给平州官田三百顷，屋三百间，宗州官田一百顷。”按荅海一族由于在河间府得到的土地比较贫瘠，无法生存，被金朝安置在平州。《金史》中关于徙居河北的女真人较为著名的有乌古论三合，曷懒路爱也窟河人，后徙真定，曾任洺州防御使。大定十八年（1178年），世宗追录三合旧劳，授其子大兴河北西路爱也窟河世袭猛安阿里门河谋克。② 乌林荅与，本名合住，大名路纳邻必剌猛安人，“充奉职、奉御、尚食局直长，兼顿舍。除监察御史，累官武胜军节度使、北京按察转运使、太子詹事、武卫军都指挥使。贞祐二年，知东平府事，权宣抚副使”③。

这些迁居内地的女真人同时也是金朝兵员的重要来源之一，正隆四年金朝又“遣使籍诸路猛安部族、及州县渤海丁壮充军，仍括诸道民马。于是，遣使分往上京、速频路、胡里改路、曷懒路、蒲与路、泰州、咸平府、东京、婆速路、曷苏馆、临潢府、西南招讨司、西北招讨司、北京、河间府、真定府、益都府、东平府、大名府、西京路，凡年二十以上、五十以下者皆籍之，虽亲老丁多，求一子留侍，亦不听”④。女真人这一时期在中都路、河间府、真定府、东平府、大名府都有分布。经过这次大规模的迁徙，“今屯田之处，大名府、山东、河北、关西诸路皆有之”⑤，当时从燕京一直到汴京一带都有大批女真移民。当然，也有一些内迁的女真人面对海陵王的穷兵黩武，逃往关内。如正隆六年九月，“将士自军中亡归者相属于道。曷苏馆猛安福寿、东京谋克金住等始授甲于大名，即举部亡归，从者众至万余”⑥。金大定年间，由于金朝与南宋之间的关系得以缓和，大量被征用的女真士兵得以还乡，“富强丁多者摘留，贫难者阿里喜官给，富者就用其奴。其存留马步军于河北东西、大名府、速频、胡里

① 《金史》卷四七《食货志》，北京，中华书局，1975。
② 《金史》卷八二《乌古论三合传》，北京，中华书局，1975。
③ 《金史》卷一〇四《乌林荅与传》，北京，中华书局，1975。
④ 《金史》卷一二九《李通传》，北京，中华书局，1975。
⑤ （宋）宇文懋昭撰，崔文印校证：《大金国志》卷三六《屯田》，北京，中华书局，1986。
⑥ 《金史》卷五《海陵本纪》，北京，中华书局，1975。

改、会宁、咸平府、济州、东京、曷速馆等路军内，约量拣取。其西南、西北招讨司，临潢府、泰州、北京、婆速、曷懒、山东东西路，并行放还”[①]。金朝在宋、金边境地区曾集结了近三十万军队，经过这次调整，只在边境地区保留了六万驻军，其余大部分女真士兵被放还家乡。

大定后期，在原来移民基础之上，开始了新一轮移民工作。如大定十九年（1179年），“以按出虎等八猛安，自河南徙置大名、东平之境……顷之，摘徙山东猛安八谋克于河北东路，置之酬斡、青狗儿两猛安旧居之地，诏无牛耕者买牛给之”[②]。翌年十月，遥落河、移马河两个猛安也开始向大名、东平两府迁徙。据《金史·世宗纪》记载：“诏徙遥落河、移马河两猛安于大名、东平等路安置”。二十一年三月，诏遣大兴尹完颜迪古速迁河北东路两猛安。对于这次移民，金世宗的解释是：“朕始令移此，欲令与女直户相错，安置久则自相姻亲，不生异意，此长久之利也。今者移马河猛安相错以居，甚符朕意，而遥落河猛安不如此，可再遣兵部尚书张那也按视其地以杂居之”[③]。从这条材料可以看出，金世宗迁徙遥落河、移马河两猛安主要出于内迁女真不同猛安之间通婚，保持女真族血统和习俗。二十二年九月，“遣刑部尚书移剌慥于山东路猛安内摘八谋克民，徙于河北东路酬斡、青狗儿两猛安旧居之地，无牛者官给之。河间宗室未徙者令尽徙于平州，无力者官津发之，土薄者易以良田”[④]。这次将河间府女真迁往平州的事件在其他材料中也有所反映，如《金史》卷一二〇《蒲察鼎寿传》称：“改河间尹，号令必行，豪右屏迹。有宗室居河间，侵削居民，鼎寿奏徙其族于平州，郡内大治”。大定二十三年，金朝“遣刑部尚书移剌慥迁山东东路八谋克处之河间，其弃地以山东东路忒黑河猛安下蘸荅谋克，移里闵斡鲁浑猛安下翕浦谋克、什母温山谋克九村人户徙于刘僧、安和二谋克之旧地”[⑤]。这次朝廷有组织地回迁女真人的行为，主要目的是出于加强女真人在北方的人口比例，以充实上京及其周边地区。这也从一个侧面说明，海陵王及其以后的多次大规模迁徙女真人的行为，客观上造成关内女真人数量的下降。

据《大金国志》记载，金朝末年大名府、河北诸路共有一百三十多个猛安，占金朝猛安总数的六成以上。就人口数量而言，共约三十九万户

① 《金史》卷八七《仆散忠义传》，北京，中华书局，1975。
② 《金史》卷八九《移剌慥传》，北京，中华书局，1975。
③ 《金史》卷四四《兵志》，北京，中华书局，1975。
④ 《金史》卷四七《食货志》，北京，中华书局，1975。
⑤ 《金史》卷四四《兵志》，北京，中华书局，1975。

三百九十七万人，约占这一地区总人口的五分之一[①]。女真人迁居中原后，与汉族错居杂处，著籍汉地，金亡后成了汉族的成员。金朝中期以降，女真人改汉姓、着汉服的现象越来越普遍，世宗、章宗时期曾屡次下诏加以禁止。大定十三年（1173 年）五月，“禁女直人毋得译为汉姓”[②]。说明此时女真人改用汉姓的情况已经比较常见了。大定二十七年（1187 年）十二月，朝廷再次颁布如下禁令：“禁女直人不得改称汉姓，学南人衣装，犯者抵罪”[③]。此次禁令规定了严格的处罚措施，《金史》卷四三《舆服志下》云：“初，女直人不得改为汉姓及学南人装束，违者杖八十，编为永制”。这大概就是大定二十七年的禁令内容。章宗时也多次颁布过类似的禁令。明昌二年（1191 年）十一月，“制诸女直人不得以姓氏译为汉字”[④]；泰和七年（1207 年）九月，“敕女直人不得改为汉姓及学南人装束”[⑤]。尽管如此，却根本无法阻止这种社会风尚的蔓延。至金朝后期，几乎所有的女真姓氏都有相应的汉姓，据陈述先生统计，金代女真人译改的汉姓共计五十九个。

金朝末年，由于蒙古军队的猛烈进攻已经威胁到北京的安全。为了巩固京师防务，大批生活在东北地区的女真人开始大规模内迁。随着进入中原地区的女真数量不断增加，开始出现侨置军州。当时在河北境内的侨置军州有两个，一个是平州（治今河北卢龙），一个是兴州（治今河北承德西南）。据不完全统计，在今河北、北京和天津境内至少有三十三猛安、八谋克，是当时中原地区女真人最集中的地区[⑥]。其中扼守河北河南交通要道的大名府附近有十二个猛安，约 28.6 万人。作为河北东西两路治所所在的真定府（治今河北正定）和河间府（治今河北河间）也是女真人较为集中的地方。此外在定州、平州、沧州、冀州、邢州、雄州、保州、奉圣（治今河北涿鹿）、滦州、涿州等地的女真司吏人数居于前列，说明这些州的女真族移民是比较多的。同时，在深州（治今河北深县南）、洺州（治今河北永年东）、沃州（治今河北赵县）、安肃州（治今河北徐水）和霸州（治今河北霸州），也都有女真族移民。河北境内的女真族占

---

① 张博泉：《金史简编》，227 页，沈阳，辽宁人民出版社，1984。

② 《金史》卷七《世宗纪中》，北京，中华书局，1975。

③ 《金史》卷八《世宗纪下》，北京，中华书局，1975。

④ 《金史》卷九《章宗纪一》，北京，中华书局，1975。

⑤ 《金史》卷一二《章宗纪四》，北京，中华书局，1975。

⑥ 吴松弟：《中国移民史》第四卷《辽宋金元时期》，135 页，福州，福建人民出版社，1997。

当时移民中原地区女真人数的半数左右。南宋乾道年间，楼钥曾奉命出使金朝，当他路过河北定兴县固城时，发现当地“人物衣装，又非河北比，男子多露头，妇女多耆婆，把车人云只过白沟都是北人，人便别也”[①]。

随着战局的变化，蒙古军队逐渐战局上风。金朝为了缩短战线，进行有效抵抗，在金宣宗南迁后发生了河北军户迁往河南的事件。贞祐三年（1215 年）五月，“朝廷议徙河北军户家属于河南，留其军守卫郡县”。当时的户部尚书高汝砺认为：“此事果行，但便于豪强家耳，贫户岂能徙。且安土重迁，人之情也。今使尽赴河南，彼一旦去其田园，扶携老幼，驱驰道路，流离失所，岂不可怜。且所过百姓见军户尽迁，必将惊疑，谓国家分别彼此，其心安得不摇。况军人已去其家，而令护卫他人，以情度之，其不肯尽心必矣。民至愚而神者也，虽告以卫护之意，亦将不信，徒令交乱，俱不得安，此其利害所系至重。乞先令诸道元帅府、宣抚司、总管府熟论可否，如无可疑，然后施行”[②]。高汝砺的意见是十分中肯的，如果大规模地将河北军户家属迁往河南，必然造成河北地区女真人流离失所，同时也会造成河北地区军心不安，因此申请暂缓实行。太常卿石抹世勣认为：“荒闲之田及牧马地，其始耕垦，费力当倍，一岁断不能熟。若夺民素莳者与之，则民将失所，且启不和之端。况军户率无耕牛，虽或有之，而廪给未敢遽减。彼既南来，所捐田宅为人所有，一旦北归，能无争夺。切谓宜令军户分人归守本业，收其晚禾，至春复还为固守计”[③]。石抹世勣认为河南本来就是人口稠密地区，可以用来安置移民的闲置土地较少，如果大批女真移民涌入河南，势必造成争夺土地的混乱场面。在诸位大臣的劝说下，金朝暂停了迁徙行动。同年七月，蒙古军队再次入侵华北，河南岌岌可危。在这种情形下，金朝推翻前议，开始组织大规模迁徙河北军户。九月辛未，“置河北东路行总管府于原武、阳武、封丘、陈留、延津、通许、杞诸县，以治所徙单户”。九月乙酉，“置大名府行总管府于柘城县，以治所徙军户”[④]。这次从河北地区迁徙的女真军户有近百万人，据《金史·高汝砺传》称：“今河北军户徙河南者几百万口，人日给米一升，岁率三百六十万石，半给其直犹支粟三百万石。河南租地计二十四万顷，岁征粟才一百五十六万有奇，更乞于经费之外倍征以给，仍以系官闲田及牧马地可耕者畀之”。

① （宋）楼钥：《攻媿集》卷一一一《北行日录》，景印文渊阁四库全书本。
② 《金史》卷一〇七《高汝砺传》，北京，中华书局，1975。
③ 《金史》卷一一四《石抹世勣传》，北京，中华书局，1975。
④ 《金史》卷一四《宣宗纪上》，北京，中华书局，1975。

当然，这里的“河北”是一个大的地理概念，并非专指今天的河北省，而是包括河北省在内的山西、山东、北京、天津等省市。经过这次迁徙，河北境内的大部分女真人已经迁往河南地区。

这些从河北地区迁居河南的女真人生活状况并不好，由于朝廷没有足够的土地加以安置，出现了数以十万计的无业游民，思忠顺天军节度副使田琢上书说：“河北失业之民侨居河南、陕西，盖不可以数计。百司用度，三军调发，一人耕之，百人食之，其能赡乎？春种不广，收成失望，军民俱困，实系安危。臣闻古之名将，虽在征行，必须屯田，赵充国、诸葛亮是也。古之良吏，必课农桑以足民，黄霸、虞诩是也。方今旷土多，游民众，乞明敕有司，无蹈虚文，严升降之法，选能吏劝课，公私皆得耕垦。富者备牛出种，贫者佣力服勤。若又不足，则教之区种，期于尽辟而后已。官司圉牧，势家兼并，亦籍其数而授之农民，宽其负算，省其徭役，使尽力南亩，则蓄积岁增，家给人足，富国强兵之道也”①。

四、金朝时期河北境内的猛安谋克

金朝在其辖区内设置有十九个路级行政区，涉及河北地区的有中都路、河北东路、河北西路、大名路等。在海陵王迁都北京后，河北地区成为女真人最为集中的聚集区。现在能够确定金朝在河北境内设置的猛安，主要集中在河北东路、河北西路和大名路。

金朝在河北东路（河间路）设置的猛安有三个。

一个是算注海猛安。泰和元年（1201 年）八月戊子，“特改授司空襄河间府路算注海世袭猛安”②。关于完颜襄任河间府路算注海世袭猛安的史实在其本传中也有记载：“泰和元年春，承命驰祷于亳州太清宫及后土方岳。以其世封远，特改授河间府路算注海猛安”③。徒单公弼本名习烈，“河北东路算注海猛安人”④。徒单公弼曾任滨州刺史，再迁兵部侍郎，累除知大名府事。崇庆初，移知真定府，复充河北东西、大名路宣抚使。

一是洮委必剌猛安。元光二年（1223 年）己亥，“石盏合喜加金紫光禄大夫，升左监军，特授大名府海谷忽申猛安，完颜仲元加光禄大夫，升右监军，特授河北东路洮委必剌猛安，各赐金盘带有差”⑤。另据《金

① 《金史》卷一〇二《田琢传》，北京，中华书局，1975。
② 《金史》卷十一《章宗纪三》，北京，中华书局，1975。
③ 《金史》卷九四《内族襄传》，北京，中华书局，1975。
④ 《金史》卷一二〇《徒单公弼传》，北京，中华书局，1975。
⑤ 《金史》卷一六《宣宗纪下》，北京，中华书局，1975

史·完颜仲元传》称："迁元帅右监军，授河北东路洮委必剌猛安，赐金五十两、重币十五端、通犀带，优诏褒谕"。

一是胡剌温猛安。大定十六年（1176 年）十一月壬寅朔，"尚书省奏，河北东路胡剌温猛安所辖谋克孛术鲁舍厮，以谋克让其兄子蒲速列，上贤而从之"[①]。《金史》卷一二〇《乌古论粘没曷传》称："乌古论粘没曷，上京胡剌温屯人也，移屯河间。"河间路的胡剌温猛安可能与上京胡剌温有关。

河北西路（真定路）一共有四个猛安。

一是爱也窟河猛安。乌古论三合，曷懒路爱也窟河人，后徙真定。大定十八年（1178 年），"世宗追录三合旧劳，授其子大兴河北西路爱也窟河世袭猛安阿里门河谋克，阶武功将军"[②]。乌延胡里改，曷懒路星显水人也"后授爱也窟谋克，因家焉"[③]。

一是河北西路猛安。《金史》卷一〇一《乌古论庆寿传》称："乌古论庆寿，河北西路猛安人，由知把书画充奉御，除近侍局直长，再转本局使。"

一是山春猛安。《金史》卷一二二《纥石烈鹤寿传》称："纥石烈鹤寿，河北西路山春猛安人。"又《金史》卷一二八《纥石烈德传》称："纥石烈德，字广之，真定路山春猛安人。"

一是吾直克猛安。《金史》卷一二八《女奚烈守愚传》称："女奚烈守愚，字仲晦，本名胡里改门，真定府路吾直克猛安人也。"

大名路设置有四个猛安。

一是怕鲁欢猛安。《金史》卷一〇四《纳兰胡鲁剌传》称："纳兰胡鲁剌，大名路怕鲁欢猛安人"。

一是纳邻必剌猛安。《金史》卷一〇三《乌林荅与传》称："乌林荅与本名合住，大名路纳邻必剌猛安人。"又《金史》卷一二〇《乌林荅晖传》称："诏以晖第三子天锡世袭纳邻河猛安亲管谋克"。

一是海谷忽申猛安。元光二年（1223 年）二月己亥，"石盏合喜加金紫光禄大夫，升左监军，特授大名府海谷忽申猛安，完颜仲元加光禄大夫，升右监军，特授河北东路洮委必剌猛安，各赐金盘带有差"[④]。

一是大名府猛安或大名路猛安。大定二十三年（1183 年）八月乙巳，

---

① 《金史》卷七《世宗纪中》，北京，中华书局，1975。
② 《金史》卷八二《乌古论三合传》，北京，中华书局，1975。
③ 《金史》卷八二《乌延胡里改传》，北京，中华书局，1975。
④ 《金史》卷一六《宣宗纪下》，北京，中华书局，1975。

"大名府猛安人马和尚谋叛，伏诛"[①]。《金史》卷一二二《纳合蒲剌都传》称："纳合蒲剌都，大名路猛安人。"又《金史》卷一二二《乌林荅乞住传》称："乌林答乞住，大名路猛安人"。

通过上述分析我们知道，金代在河北境内设置的有确切记载的猛安有十一个，但这并不是全部，多数猛安名称因为史籍阙载不得而知。据《金史》记载，明昌四年（1193 年），"邢、洺、深、冀及河北西路十六谋克之地，野蚕成茧"[②]。这表明在金章宗时期在河北中南部就有十六个谋克，按照十猛安为一谋克计算，金朝河北境内的猛安数量应当在一百六十个以上。

五、元朝河北地区的女真人[③]

金末，南宋军队多次击败金军，蒙古军也大举南侵，金朝政权对中原地区的控制力因而大大削弱，山东、河北等地汉族百姓乘机纷纷组成义军，反抗金朝及女真人的统治。大批进入中原地区的女真人死于战乱，活动在山东、河北、河南等地的数十万红袄军，"仇拨地之酷，睚眦种人，期必杀而后已。若营垒，若散居，若侨寓、托宿，群不逞哄起而攻之；寻踪捕影，不遗余力，不三二日，屠戮净尽，无复噍类"[④]，造成大量女真人被害，其他幸存的女真人多与汉族融合。

元朝统治时期，元世祖忽必烈曾明确规定："女直（真）、契丹生西北，不通汉语者，同蒙古人"，"女直生长汉地，同汉人"[⑤]。从此留在中原的女真人，在主动和被动汉化这两方面的作用下，皆操汉语、汉文，其民族身份被蒙古元朝列入汉人八种之中而融合为汉人，仅数十年便"故家遗俗存复无几"[⑥]。《元史》中记载了当时多名女真人的事迹，这些女真人有的已经开始使用汉姓，单从姓名上已经很难区分他们到底是汉族还是女真族。

元代生活在河北地区著名的女真人是赵州人赵良弼，赵良弼（1216—1286 年）字辅之，本姓术要甲，音讹为赵家，因以赵为氏。初举

---

① 《金史》卷八《世宗纪下》，北京，中华书局，1975。

② 《金史》卷一〇《章宗纪二》，北京，中华书局，1975。

③ 为了较全面地反映河北女真人的历史，特将元朝女真人在河北的活动放在此节。

④ （金）元好问：《遗山集》卷二八《临淄县令完颜公神道碑》，景印文渊阁四库全书本。

⑤ 《元史》卷一三《世祖本纪十》，北京，中华书局，1976。

⑥ （元）许有壬：《至正集》卷五一《赠嘉议大夫济南路总管上轻车都尉追封博郡侯鄂通公神道碑》，景印文渊阁四库全书本。

进士，教授赵州。世祖时，任邢州安抚司幕长、陕西等路宣抚使、江淮安抚使、经略使、少中大夫秘书监等职。至元九年（1272 年），赵良弼奉旨出使日本，在日居住一年之久。回国后，三次劝谏世祖不要派兵攻打日本，并解释："臣居日本岁余，睹其民俗，狠勇嗜杀，不知有父子之亲、上下之礼。其地多山水，无耕桑之利，得其人不可役，得其地不加富。况舟师渡海，海风无期，祸害莫测。是谓以有用之民力，填无穷之巨壑也，臣谓勿击便"[1]。世祖采纳了他的主张，延期了对日本国的讨伐。另一位著名的河北地区女真人是孛术鲁翀，"其先隆安人，金泰和间，定女直姓氏，属望广平"。广平即今河北邯郸广平县。孛术鲁翀勤于学。隐居不仕，学行为州里所敬。大德末，因荐授襄阳县教谕。文宗时，以书信拜见王约，王约看后对他的才能非常赞赏，就让他署任郡学正。此后又把他推荐到中书省，提升他任翰林国史院编修官。泰定三年（1326 年），"擢燕南河北道廉访使，晋州达鲁花赤有罪就逮，而奉使宣抚以印帖征之，欲缓其事，翀发其奸，奉使因遁去"[2]。燕南河北道廉访司的治所在真定府（治今河北正定），这为我们提供了元代女真人在河北居官的实例。

从本章可以看到，辽宋金时期，河北地区的少数民族主要是契丹和女真，这两个民族先后在北方建立政权。契丹族在北方的兴起与唐王朝的衰落与解体密切相关。五代时期后晋割让"燕云十六州"与辽，辽以"燕云十六州"为桥头堡，虎视中原，与北宋形成对峙之势。北宋虽然力图恢复，但最终因实力有限，未能有所作为。"澶渊之盟"后，河北北部地区为契丹控制的事实已经确立。从现有的典籍记载和考古资料来看，契丹在河北地区的分布十分广泛，不仅北部的张家口、承德地区有契丹族聚集，河北中部的廊坊、保定地区亦有大量契丹族存在，呈现出以幽州为中心向外散射的态势。辽国控制"燕云十六州"之后，并未强制推行其游牧生活方式，而是实行极具特色的南、北面官制度，由南面官管理汉人州县，这种"一国两制"的管理模式，使汉族地区的农业生产得到保护和发展。女真族进入河北地区，与其灭辽和北宋的进程是一致的。与辽相比，金朝已经完全控制了河北全境，因此女真族在河北地区分布空间更为广阔，河北地区由北而南，均有女真族分布。金朝占据河北之后，为进一步控制黄河以北地区，实行"掺沙子"式的民族迁徙策略，曾先后三次

① 《元史》卷一五九《赵良弼传》，北京，中华书局，1976。
② 《元史》卷一八三《孛术鲁翀传》，北京，中华书局，1976。

大规模地迁徙女真族进入中原地区。随着内迁女真族数量的增加，金朝在中原地区推行“猛安谋克”制，这些被分别编在不同谋克里的女真人，虽然对于金朝组织兵员、保留女真人习俗十分有利，但无形中在民族间设定了藩篱，金末迁徙大量女真人入河南的史实证明，内迁的女真族并未完全地融入河北社会当中。

第六章 元明清时期河北少数民族

元明清时期是我国又一次民族大融合的时期。元明清均为大一统的国家，统一的国家对经济的繁荣、中华文明的传承与发展，具有重要意义。元明清时期均在北京建都，作为“腹里”和“京畿”的河北地区，迁入的民族有蒙古、回回、党项、哈剌鲁、畏兀儿、阿儿浑、康里、钦察、阿速、斡罗思、朝鲜等族。这一时期民族融合的特点是形成了新的民族，如回族在元代形成，并在明代大量迁入河北，使河北成为我国回族重要的聚居区。元朝是蒙古族建立的政权，清朝是满族建立的政权，这一时期蒙古族和满族也大量迁入河北，同时，作为满族包衣的朝鲜族也被安置在抚宁、青龙、宽城等地戍守，基本奠定了蒙古族、满族、回族、朝鲜族成为河北世居少数民族的格局。

第一节 蒙古族

关于蒙古族的族源问题，目前学术界并不统一，主要观点有东胡说、突厥说、鞑靼说、匈奴说、吐蕃说、蒙汉同源说、东胡突厥吐蕃混合说等。其中匈奴说曾一度是学术界的主流观点。日本史学家白鸟库吉著《匈奴民族考》，原名为《蒙古民族起源考》，提出蒙古族源于匈奴的见解。其根据是语言相通，习俗相同，军政制度相似。现在，多数的学者都认为蒙古族属东胡族系①。系统论述蒙古族出自东胡的是亦邻真先生，他认为形成蒙古民族的核心部落是原蒙古人—室韦—达怛（鞑靼）人；蒙古语是在室韦—达怛人语言的基础上经过突厥化过程而形成的；就地域而

① ［日］白鸟库吉著，何健民译：《匈奴民族考》，上海，中华书局，1939；后收录林幹编：《匈奴史论文选集》，184～216页，北京，中华书局，1983。

言，原蒙古人是从东胡后裔历史民族区向整个蒙古高原扩散，同突厥铁勒人和其他民族结合，固定在蒙古高原的；就人类学因素而言，蒙古族在形成过程中吸收各种外族人口，其中包括一部分非蒙古人种居民；在民族文化方面，畏吾儿体蒙古文成了民族文字，产生了独特的文学和艺术；就经济生活而言，游牧经济一直到晚近几乎是整个蒙古民族的主要生产专业。①

秦二世元年（公元前209年），东胡被匈奴冒顿单于所破，东胡诸部在匈奴人统治下达3世纪之久。公元1世纪末至2世纪初，匈奴为汉朝所破，东胡人的一支鲜卑人自潢水流域转徙其地，剩余的匈奴人也都自称为鲜卑，鲜卑自此强盛起来。公元4世纪中叶，居住在潢水、老哈河流域一带的鲜卑人的一支，自称为“契丹”；居住于兴安岭以西（今呼伦贝尔地区）的鲜卑人的一支则称为“室韦”。蒙古部就是室韦人的一支。室韦“东至黑水靺鞨，西至突厥，南接契丹，北至于海”②，生活在洮儿河以北，额尔古纳河流域和大兴安岭两侧的广大地区。室韦，北魏时已见于记载，《魏书》写作“失韦”，指出其“语与库莫奚、契丹、豆莫娄国同”。武定二年（544年）起，室韦不断遣使贡献方物。突厥兴起后，依附于突厥。唐代室韦人分成五大部，每部又包括若干小部，各部有部落首领，有的部落则出现了世袭的部落首领。据《旧唐书·室韦传》载，大兴安岭以北，望建河（今额尔古纳河）南有蒙兀室韦，这是蒙古人的先民蒙兀室韦最早见于记载。唐代，室韦各部归附唐朝，有的部落首领被唐任为都督、大都督等职。7世纪上半叶，突厥汗国势衰，室韦人开始小规模分散西迁，并被突厥人称为“鞑靼”。他们曾经与乌护（铁勒）人联合反抗突厥。回鹘汗国建立后，部分室韦—鞑靼人归附回鹘。开成五年（840年），回鹘汗国灭亡，回鹘人大量南下与西迁，大漠南北游牧部落势力衰弱，给室韦人提供了更为有利的发展条件。于是，室韦—鞑靼人再次大量西迁和南下，当辽朝建国之际，大漠南北基本上已经成为蒙古语族室韦诸部的游牧范围。

10世纪时，从今克鲁伦河到杭爱山地区，已到处是室韦—鞑靼人的部落。蒙古高原各部在《辽史》中被称为阻卜，也写作术不姑。这是契丹人对蒙古高原各部的总称。女真人沿袭了这个称谓，《金史》中也有记载。阻卜的范围包括室韦—达怛人部落，也包括一些突厥语族部落。10

① 亦邻真：《中国北方民族与蒙古族族源》，载《内蒙古大学学报》，1979（3、4）。

② 《旧唐书》卷一九九下《室韦传》，北京，中华书局，1975。

至12世纪，蒙古高原各部先后受辽、金王朝的统治。辽朝设立了阻卜国大王府及西北路招讨司等机构管辖阻卜等部。辽圣宗时，在阻卜之地建立了镇州（又称可敦城，今蒙古鄂尔浑河上游哈达桑东北古回鹘城）等城，以资镇戍。辽代设立乌古敌烈统军司管辖居住在今呼伦贝尔地区的乌古部和敌烈部。有辽一代，阻卜各部经常向辽王朝岁贡马、驼、鼠皮等物。岁贡的沉重，节度使的贪残，使各部不堪忍受，常常奋起反抗。大安八年（1092年），北阻卜部长磨古斯率众起义，长达八年，对辽的威胁甚大，寿昌六年（1100年）始被平服。频年派军远戍镇州等地，对百姓也是沉重的负担。因此，在辽道宗末年，辽政权被迫放弃对漠北地区的镇戍，而退守大兴安岭的西沿和戈壁以南之地。

金朝先后建立三个招讨司管辖阻卜等部。东北路招讨司路治设在泰州（今吉林白城东南），后来又迁移到金山。西北路招讨司设在燕子城（在今河北张北境），西南路招讨司设在丰州（今内蒙古呼和浩特东白塔村）。各属部首领接受金朝封号，每年纳贡，并为金朝守边。为了防止阻卜骑兵的骚扰，金朝在边境修筑界壕（边墙）。界壕从东北路的达里带石堡子（今内蒙古莫力达瓦北）延伸到西南路的天山（今大青山）。据近年考古调查，界壕壕深三至四米，宽达十几米，壕内侧筑有墙、堡，是一项巨大的工程。金朝为了加强对阻卜诸部的统治，同时采取羁縻政策，其中设立榷场和实行宴赐两项是主要的方式。榷场是与邻国的互市场所。金朝先后设立六处榷场与阻卜各部贸易。宴赐是对阻卜各部朝贡的报答形式，宴赐的对象是阻卜等部的首领。这些措施虽然有利于贸易往来，但并不能有效地控制阻卜各部。金朝后期国内政治腐败，民族矛盾尖锐，契丹、汉民起义不断，无力控制漠北，因此漠北出现了诸部各自为政，相互混战的局面。

12世纪时，蒙古部子孙繁衍，氏族支出，渐分布于今鄂嫩河、克鲁伦河、土拉河三河上源和肯特山以东一带，组成部落集团。其中较著名的有乞颜、札答兰、泰赤乌、弘吉剌、兀良合等部落。当时与他们同在蒙古高原上的有游牧在今贝加尔湖周围的塔塔儿部，住在贝加尔湖东岸色楞格河流域的蔑儿乞部，活动在贝加尔湖西区和叶尼塞河上源的斡亦剌部。这三部都使用蒙古语族语言。另外，还有三个信奉景教的突厥贵族统治的蒙古化的突厥部落，即占据回鹘汗庭故地周围的克烈部，其西的乃蛮部，和靠近阴山地区的汪古部。其中最强盛的、社会发展程度最高的部落集团，是漠北中部的克烈部和西部的乃蛮部。蒙古各部贵族为了抢夺草原、财产和奴隶，相互间展开了长期的、激烈的部落战争。

大约在金及南宋初期，在蒙古诸部战争中，蒙古乞颜氏贵族组成了贵族联盟。合不勒汗被乞颜氏贵族推举为第一位汗，“统辖了全部蒙古”①。合不勒汗及其继任者俺巴孩汗、忽图剌汗，都曾与西面的塔塔儿部、北面的蔑儿乞部以及金朝进行过多年的战争。忽图剌汗死后，蒙古部落联盟分裂为泰亦赤兀惕和乞颜两大部落。蒙古乞颜氏的孛儿只斤氏贵族首领也速该·把阿秃儿，被塔塔儿人用毒药害死，其子铁木真在克烈部首领王汗（罕）和札只剌惕部首领札木合的援助下，打败了前来袭击的蔑儿乞人，夺回了众多部众，力量逐渐壮大，统一蒙古高原各部落。南宋开禧二年（1206 年）春，铁木真在斡难河源，召开贵族官长大会，建立了蒙古汗国，被尊称为成吉思汗（意为强盛伟大的君主）。

成吉思汗立国后，势力益盛，实行千户制，建立护卫军。开始对外发动大规模征服战争。经二十余年与西夏的战争，屡创西夏军主力，迫西夏国王乞降。成吉思汗六年（1211 年），他亲率大军伐金，开始了为时二十四年的蒙金战争。宝庆三年（1227 年）七月在六盘山下清水县（今属甘肃）病逝。

铁木真去世后，绍定二年（1229 年）八月，蒙古在克鲁伦河举行库里尔台大会，成吉思汗第三子窝阔台继承了汗位。窝阔台继位后，大举侵金，蒙金战争进入实质性阶段。绍定四年（1231 年），蒙古军队三路齐发，中路窝阔台率兵攻陷河中府，左路斡陈那颜进兵济南，右路拖雷出凤翔，攻破宝鸡，直指汴京。次年正月，蒙古军队围攻汴京，金朝军民进行了汴京保卫战，打退蒙古军队的进攻。然而，金哀宗统治集团迫于蒙古军队的威胁，不敢坚持抵抗，逃往蔡州，汴京、中京（今河南洛阳）相继陷落。绍定六年（1233 年），蒙古与南宋达成联兵灭金的协定，塔察儿率领蒙古军，孟珙率领宋军，分道进攻蔡州。宋蒙军队协力围困蔡州，内防金兵突围，外阻金兵入援。蔡州被困三个月，内外交困，被宋蒙军队攻陷，金哀宗自杀，金朝灭亡。南宋端平二年（1235 年），蒙军兵分三路攻打南宋，未果。蒙哥即位后的第二年（1252 年），又部署灭宋，并发兵从临洮经四川西部，入云南迂回攻宋。元宪宗八年（1258 年），蒙哥亲统大军攻宋，由六盘山攻入四川，在合州钓鱼城（今重庆合川东北）遭宋守军阻击，负伤而死。蒙军被迫撤军。

忽必烈即位后，改变战略，大力发展水军，以襄樊为主攻方向，从中突破，直趋宋都临安（今浙江杭州），最后灭宋。至元八年（1271 年），

① 额尔登泰、乌云达赉校勘：《蒙古秘史》，第 52 节，呼和浩特，内蒙古人民出版社，1981。

忽必烈仿照中原传统，改“大蒙古”国号为“大元”，“盖取《易经》‘乾元’之义”，史称元朝。元朝结束了自唐灭亡以来长达三百七十年的又一次大分裂时期，使中国再次实现了大统一。为之后明清的长期统一奠定了基础。这时期各民族间的经济与文化交流得到更大发展。元朝的地域异常辽阔，基本上奠定了中国疆域的雏形。

蒙古军队在征讨的过程中，往往带家属同行，南宋使节徐霆在北方草原看到蒙古军队行军时：“头目、民户车载辎重及老少、畜产，尽室而行，数日不绝”[①]。另一位南宋使节孟珙也说：“其俗出师，不以贵贱，多带妻孥而行，自云用以管行李、衣服、钱物之类。其妇女专管张立毡帐，收卸鞍马、辎重、车驮等物事。”[②] 因此，随着蒙古军队的推进，大量蒙古人全家离开漠北草原，散布在包括中原地区在内的广阔地区。

元贞二年（1296 年），成宗下诏：“诸王、驸马及有分地功臣户，居上都、大都、隆兴者，与民均纳供需。”[③] 这里的“隆兴”即今河北张北县，这说明在张家口张北地区已经有大量蒙古族居住。这批蒙古人很可能是在至元元年随同阿里不哥迁入的。阿里不哥是拖雷的第七个儿子，蒙哥去世后，阿里不哥在哈拉和林被蒙古本土的贵族推举为大蒙古国大汗，后被元世祖击败，“至是，与诸王玉龙答失、阿速带、昔里给，其所谋臣不鲁花、忽察、秃满、阿里察、脱忽思等来归”[④]。这些归顺忽必烈的蒙古族可能被安置在隆兴一带。大德十一年（1307 年），元武宗海山在今张家口张北县修建中都。至大元年（1308 年）立中都留守司兼开宁路都总管府后，又设立了虎贲司、光禄司、银冶提举司及中都万亿库等官署，成为元朝三大都城之一。至大四年（1311 年），武宗逝，仁宗“罢城中都”后，仍做行宫使用，后任英宗、泰定帝、文宗、顺帝等多位皇帝曾到此巡幸、议政、做佛事。至正十八年（1358 年），红巾军烧毁中都宫阙，使其成为一片废墟。

元中都是元代重要的政治、经济和文化中心，在其存续的几十年里，有大量的蒙古贵胄、官员、士兵以及杂役在此地留居、驻守。同时，也有一部分蒙古人为了躲避灾荒进入中原地区。武宗至大元年（1308 年），大批漠北贫民南迁，朝廷以钞十万锭加以赈济，并安排这些贫民在大同、隆兴（今河北张北）屯田。由于隆兴府处在元大都与元上都之间，因此在

---

① （宋）彭大雅：《黑鞑事略》，景印文渊阁四库全书本。
② （宋）孟珙：《蒙鞑备录·妇女》，景印文渊阁四库全书本。
③ 《元史》卷一九《成宗纪二》，北京，中华书局，1976。
④ 《元史》卷五《世祖纪二》，北京，中华书局，1976。

此地建有行宫。到文宗至顺二年（1331年），隆兴路的蒙古民户和鹰坊户至少在11000户以上①。元人张德辉在北行日记中记载：自大都经宣德府（今河北宣化），出得胜口，过孛落驿，“自是以北诸驿皆蒙古部族所分主也，每驿各以主者之名名之。由岭而上，则东北行，始见毳幕毡车，逐水草畜牧而已，非复中原之风土也”②。可见当时北方蒙古族的分布相当广泛。

在河北张家口沽源县，有一座十分独特的建筑，民间传说是辽代圣宗之母萧太后的“梳妆楼”。1999年9月，河北省文物研究所对俗传的“梳妆楼”进行考古勘察，发现此处竟是一个长140米、宽74米的陵园。楼内是一座古墓，墓内并列三具棺木。三名死者为一男二女，男即为元世祖忽必烈的女婿阔里吉思，二女即阔里吉思的两个妻子，身份均是公主。死者服饰华丽、考究，具有元代蒙古族特色的质孙服和织金绵，并具有等级很高的龙纹鎏金银带装饰，还发现朱梵文咒语及其图案。同时还出土宝剑、古钱币、铜印等若干珍贵文物。

图6－1　河北省张家口沽源县梳妆楼遗址

位于大都以东的永平路（治今河北卢龙）是元朝后期蒙古族的一个重要聚居地。英宗至治二年（1322年）朝廷于此置营，收养被卖到各地的蒙古族子女共计三千户，并立宗仁侍卫亲军都指挥使司统之③。由于蒙古以及其他周边民族的移民较多，永平路“俗混华夷，人多刚鸷而尚才勇”④。同时在张家口涿鹿县也有蒙古人生活，《元史·成宗纪》称，札剌

① 《元史》卷三五《文宗纪》，北京，中华书局，1976。

② 张德辉：《张德辉纪行》，见王恽：《秋涧集》卷一〇〇，景印文渊阁四库全书本。

③ 《元史》卷八六《百官志二》，北京，中华书局，1976。

④ 赵万里辑校：《元一统志》卷一，北京，中华书局，1966。

儿忽都虎部蒙古户居住在奉圣州（治今河北涿鹿）者，“与民均供徭役”，可见此地也有一定数量的蒙古人，其承担的国家徭役已经和汉族相当。

图 6－2　河北隆化鸽子洞发现的元代文书

元世祖中统三年（1262 年）三月，枢密院于东安州（治今廊坊安次区）、永清县东部荒土以及本卫原占牧场地开屯立耕，分置左右屯田千户所，为军两千人。同年，又调本卫军两千人于永清、益津等处立屯。元世祖至元四年（1267 年），于武清、香河等县置立屯田。至元元年，以各屯地界向去百里，往来耕作不便，迁于河西务、荒庄、杨家口、青台、杨家白等处，屯军两千人。至元十五年（1278 年），各省军人入备侍卫，于霸州、保定、涿州荒闲土地立屯，屯军两千人。至元十五年（1278 年）置后卫屯田，先于永清县，后迁往昌平县太平庄。泰定三年（1326 年），复迁回永清县，屯军两千人。至元十八年（1281 年），置武卫屯田，发迤南军人三千名于涿州、霸州、保定、定兴屯田，分为六屯，屯军三千人。至大元年（1308 年），武宗命大都武清县及保定路新城县置立屯田，屯军三千人。由此可见，在今河北廊坊、保定地区，仅屯田的蒙古军人就在万人以上。

位于大都之南的河间路（治今河北河间）和真定路（治今河北正定）是蒙古军队重要的驻扎地。仁宗延祐七年（1320 年），朝廷曾赈济两路的蒙古军人①。此外，河间路下辖的清州和沧州还是元朝重要的军屯地区，

① 《元史》卷二七《英宗纪一》，北京，中华书局，1976。

至元二十二年（1285 年）在这里实行屯田的蒙古军人至少在三千人以上[①]。顺帝元统元年（1333 年），全国录取的二十四名蒙古族进士中就有两名来自真定路[②]。在石家庄市郊的毗卢寺元代壁画中，除汉族人外，尚有蒙古人形象存在，这反映了当时真定路的居民中汉族与蒙古族共同生活的真实场景。

在河北南部的大名府路及其周边地区也有一定数量的蒙古族。许有壬《至正集》所收《赠佥太常礼仪院事孟格图公神道碑铭》称："公讳孟格图，蒙古之准台氏。大父讳某，国初以材武鏖战，隶右手万户，驻广平，因家焉。父讳呼逊，骁勇善战，从讨李璮，身冒矢石，俘七人……以总管贵，赠中顺大夫、同佥枢密院事、上骑都尉，追封范阳郡伯。配钦察氏，生库克。楚叶氏生公及黑山，皆追封范阳郡君"[③]。孟格图曾因战功，授福州军千户，至大三年（1310 年）去世，四年二月葬于广平曲周县。同时，《至正集》还收录了孟格图之弟万嘉律长的神道碑，称："公蒙古准台民人，小字万嘉律长，因为名，国俗也。既华学友，字以国卿，其家广平"[④]。在《元统元年进士录》中还有大名籍蒙古族考中进士的记录，这说明大名府也有蒙古人生活。

元朝末年，政治腐败，在朱元璋领导的红巾军打击下，蒙古贵族逃亡漠北，元朝灭亡。在这一时期，也有大量已迁徙到河北地区的蒙古族，又随蒙古贵族迁回蒙古草原。明朝建立之后，北部边境一直存在巨大的军事压力。顺宁府即今河北张家口市的宣化县，宜兴府则在河北北部古北口外今滦平县地，都处于燕山山脉的北侧。明朝曾将这里居住的蒙古族士兵、民户迁往内地。洪武四年（1371 年）六月，徐达大军深入蒙古草原，大战告捷，于是又从北平山后地区（今河北宣化至辽宁辽阳）迁出 35800 户，供给 197200 人，"散居卫府，籍为军者给以粮，籍为民者给田以耕"[⑤]。明朝还将大量俘获的蒙古族士兵安置在内地，实行屯田。洪武六年（1373 年），燕山卫指挥朱杲奏："近领兵于山后宜兴、锦川等处搜获

---

① 《元史》卷一三《世祖纪十》，北京，中华书局，1976。

② 王颋点校：《元统元年进士录》，杭州，浙江古籍出版社，1992。

③ （元）许有壬：《至正集》卷五六《赠佥太常礼仪院事孟格图公神道碑铭》，景印文渊阁四库全书本。

④ （元）许有壬：《至正集》卷五七《故通议大夫江西等处榷茶都转运使万公神道碑》，景印文渊阁四库全书本。

⑤ 《明太祖实录》卷六六洪武四年六月戊申，台北，"中央研究院"历史语言研究所，1962。

故元溃散军民九百余户，请以……老弱隶北平为民”①。这次被搜获的蒙古军民至少在5000人以上。据保守估计，在当时明朝俘获的蒙古军民被安置在内地的大约有60万人，其中被安置在妫川、宜兴、云、兴四州的大约有4万人。这些蒙古军民，多迁往中原地区从事屯田，仅在北京周边的固安有37屯，约4851户；三河有26屯，约2831户；漷州9屯，约1155户；武清15屯，约2031户。②尽管我们无法确定这里屯田军户中，蒙古族的比重，但可以肯定的是这些蒙古军队的投降士兵，应当是蒙汉混杂的。同时，还有蒙古族被迁入永平府（治今河北卢龙）的记载。洪武六年（1373年），蒙古军队攻打瑞州，结果兵败，明朝廷迁辽东瑞州边民入永平府之滦州（治今河北滦县滦州镇）。洪武十年（1377年），朝廷又迁山后降民530户，2100人往北平、永平两府。③另外，在保定府、河间府、广平府和大名府也有大量的军屯和民屯，这些军屯和民屯中应有一定数量的蒙古族在内。据统计，山后移民被安置在永平府的有3万人，河间府10万人，保定府4万人。④

靖难之役中，蒙古族兀良哈部协同燕王作战，率军入关，据《明史》记载：“成祖从燕起靖难，患宁王蹑其后，自永平攻大宁，入之。谋胁宁王，因厚赂三卫说之来。成祖行，宁王饯诸郊，三卫从，一呼皆起，遂拥宁王西入关。成祖复选其三千人为奇兵，从战。天下既定，徙宁王南昌，徙行都司于保定，遂尽割大宁地畀三卫，以偿前劳”⑤。兀良哈三卫被安置在京畿以南的保定府。燕王朱棣在登上王位之后，开始对北部的蒙古兀良哈部三次用兵，但都没有取得实质效果，三卫蒙古族已经占领全宁卫故地，永乐以后，已经开始进入滦河流域游牧了。

明朝时期，对于生活在中原地区的蒙古族后裔实行同化政策，洪武五年（1372年），朝廷下令：“蒙古、色目人氏既居中国，许与中国人家结婚姻，不许本类自相嫁娶……夫本类嫁娶有禁者，恐其种类日滋也”⑥。这一规定大大促进了中原地区蒙古族与汉族及其他少数民族的融合过程，此后留居中原的蒙古族移民已经有相当一部分与汉族融合。而在河北北部承德市的平泉、围场、承德、隆化等县，为蒙古喀喇沁部的游牧地。清代

① 《明太祖实录》卷八〇洪武六年三月丁巳。
② 曹树基：《中国移民史》第5卷，220页，福州，福建人民出版社，1997。
③ 《明太祖实录》卷一一五洪武十年九月，台北，“中央研究院”历史语言研究所，1962。
④ 曹树基：《中国移民史》第5卷，242页，福州，福建人民出版社，1997。
⑤ 《明史》卷三二八《朵颜传》，北京，中华书局，1984。
⑥ 怀效锋点校：《大明律》卷六《蒙古色目人婚姻》，北京，法律出版社，1999。

分属喀喇沁中旗，喀喇沁右旗。这里的蒙古族世居此地，以游牧为生。现居此地的蒙古族人，多为其后裔。张家口地区的崇礼、赤城、张北、沽源、尚义、康保及承德地区的丰宁、围场、隆化县一部，历史上是察哈尔部蒙古游牧地。清代，分隶察哈尔蒙古正蓝、镶白、正白、镶黄四旗，现居此地的蒙古族人多为其后裔。上述两支部落属于元代以来在河北北部世居的蒙古族。清代又有一部分厄鲁特蒙古达什达瓦部迁入河北，居住在承德地区。厄鲁特蒙古达什达瓦部原居新疆伊犁河畔。清乾隆十年（1745年），厄鲁特蒙古准噶尔部贵族为争夺汗位展开混战，达什达瓦父子三人战死。二十年（1755年）九月，达什达瓦寡妻车臣莫尔根哈率部众离开战乱的伊犁，投归清王朝。到二十四年（1759年）五月，达什达瓦部2136人来到承德。清王朝将他们编入驻防八旗。并将五道梁、狮子园一带地方划为牧地。供他们游牧。二十七年（1762年），清廷在新疆伊犁设立"总统伊犁等处将军"。二十九年（1764年），达什达瓦部500名士兵及家属又重还新疆，其余部众仍留在承德。今承德市狮子沟镇、喇嘛庙村附近的蒙古族即其后裔。清康熙二十年（1681年）设置木兰围场。初由蒙古王公管领围场事务，设围场总管大臣，并拨派满、蒙八旗兵驻守围场。辛亥革命后，蒙古八旗兵丁及眷属定居下来，成为当地居民。

清乾隆年间（1736—1795年），蒙古族一个重要事件就是土尔扈特部的回归。土尔扈特部是我国蒙古族中一个古老的部落。早在明朝末年，土尔扈特人为了寻找新的生存环境，部族中的大部分人离开新疆塔尔巴哈台故土，越过哈萨克草原，渡过乌拉尔河，来到了当时尚未被沙皇俄国占领的伏尔加河下游、里海之滨。在这片人烟稀少的草原上，他们开拓家园，劳动生息，建立起游牧民族的封建政权土尔扈特汗国。土尔扈特部自迁至伏尔加河下游后，不断反抗沙皇俄国的侵略与奴役。18世纪初，土尔扈特人民仍不断掀起武装起义，反抗沙俄在伏尔加流域的统治。乾隆三十六年（1771年），土尔扈特部首领渥巴锡为摆脱沙俄压迫，维护民族独立，率领部众发动了武装起义，并冲破沙俄重重截击，历经千辛万苦，胜利返回祖国。清廷听到土尔扈特回到我国境内的消息后，乾隆皇帝极为关切和重视，亲自过问此事，派遣官员巴图济尔噶勒立即前往新疆督办土尔扈特来归事宜。

乾隆三十六年（1771年）九月，乾隆在热河木兰围场接见渥巴锡、策伯克多尔济、舍楞等13人。接见时，乾隆用蒙古语详细询问他们的历史以及他们身居异国和举义东返的情况，高度赞赏他们返归祖国的英勇行动。乾隆多次设宴万树园，大加庆贺，要他们随同围猎助兴，并仿建新疆伊犁庙和西藏布达拉宫等庙宇，举行盛大落成仪式欢迎他们。乾隆还亲自树碑铭文，把他们热爱祖国、不畏强暴、可歌可泣的悲壮义举，载入史册，题名为《土尔扈特全部归顺记》和《优恤土尔扈特部众记》，以资纪念。目前这两通石碑，仍保存在承德普陀寺中。

另外，清代前、中期，清王朝派往各地驻防、当差的八旗兵中有部分蒙古八旗官兵，主要分布于山海关、沧州、保定、遵化、雄县、玉田、三河、易县、张家口等地，以后逐渐在当地定居。

今邢台市新河县东董村、西董村脱姓蒙古族。自称元末丞相脱脱第三子后裔。今沙河市三王村清宣统三年（1911 年）所立石碑揭示了申氏家族之秘，碑原在申氏祖坟，后移村中。碑正面刻“申氏祖茔”，背面刻“故元潞王太始祖璟公墓志铭”。墓志铭中说：申氏始祖璟公“为元皇裔，实小子王之从堂季父，而元顺帝同胞叔也，初封晋王，改封潞王，子十八：文秀、文端、文正、文美、文信、文平、文智、文惠、文法、文亮、文俊、文雅、文临、文翰、文简、文瑞、文宪、文义……即俗传所谓十八公是也……顺帝北行抵和林，元裔杀戮殆尽，公藩潞乃携眷避兵屯留，而绛州，为存宗嗣计，故改曰姓申，折铜锅十八块”。墓志铭撰写者申瑞澄，永年申庄村人，清末湖北试用知县。

永年申庄、涉县神头申氏祖茔碑文和三王村碑文雷同，迁徙邢台、邯郸一带的申氏是元代皇族后裔。其先祖为元顺帝胞叔，名曰璟。洪武元年（1368 年），朱元璋兵起亳州。明兵北上，元顺帝逃离大都，北抵和林，蒙古后裔被明兵大肆杀戮。作为元朝遗老、皇亲国戚的璟公，为了避免战乱，改姓申。他把十八个儿子叫到跟前，将自家的一口大锅摔为十八片，让众子各执其一，他命四子文美留守绛县保护眷属，其他兄弟远走他乡，如日后相见，以锅片为证。这便是后来称作“铁锅申”、“锅片申”的来历。

据沙河上申庄《申氏家谱》、永年申庄《申氏族谱》、涉县神头《申氏家乘》、内邱柳林沟《申氏宗谱》和武安矿山村《申氏追远录》及申海群等人的调查了解，十八公中长子文秀迁沙河上申庄，不久一支迁三王村，因申氏始祖璟公排行三，而且为王，所以其后人将名取为三王村，以作纪念。后子孙又迁至申庄、西赵村、葛村等村；三子文正迁威县中章台，后有子孙迁北章台；四子文美迁永年申庄，后有子孙迁石碑口、陈庄等村，还有子孙迁至邢台县麦地湾及邢台市区申庄等村；六子文平迁至曲州；七子文智迁武安矿山村；九子文法迁威县东柏悦村；十六子文瑞迁内邱黄釜村。“釜”者锅也，黄釜乃皇釜之隐语也。后有子孙迁柳林沟、申庄、申家洞等村；十八子文义迁涉县段曲村，后有子孙迁神头、申庄、东达、后峧、马布等村。涉县神头申氏祖茔碑文说：十八子文义从山西潞城到洪洞，再由洪洞迁神头，文义未去屯留和绛，这同蒙古族小儿子守老窝的传统相吻合。笔者推断，逃往绛的元皇宝后裔申氏为安全东迁，也必然像迁往涉县的文义一样，先从绛到洪洞集中，然后伴随着汉人的移民浪潮而迁往邢台、邯郸一带。

永年申氏中名人辈出，据《永年县志》记载，六世申纶，字廷言。明弘治十八年（1505 年）进士。先任定襄、永康、平陆三县令，因廉洁清正，擢升太原府知府、潞州府知府。后升兵部、户部郎中，又调河南卫辉府知府、常州府知府，官至云南四川副使。八世申佐，明嘉靖三十五年（1556 年）进士。官至都察院都御史大同巡抚。致仕归乡后，居滏阳河畔筑钓台。申佳允，字孔嘉，崇祯四年（1631 年）进士。著有诗歌八卷《君子亭序》、《四书铎》、《诗经铎》、《四书镜》留传于世。其子申涵光与同乡张盖、郭挺，鸡泽殷岳，曲周张逢元，邯郸赵湛等被称为“广平六才子”，是黄河以北地区“河朔派”的诗派领袖人物。他平生著有文集四卷、《聪山集》八卷，其《荆园小语》、《荆园进语》被收录《四库全书》。申涵煜，康熙五年（1666 年）中举，因受其兄影响，意绝仕途，醉心于应酬唱和、著书立说，有《敏庵集》、《江航草》、《通鉴评语》等书传世。申涵盼，顺治十八年（1661 年）进士，授翰林院检讨，充国史院纂修。后来称病归家，致力于经史和收集整理地方文献，参与《广平府志》编纂，著有《忠裕堂文集》、《史籁》等书。清代以来还有近十人，一面为官从政，一面从事写作。世申颋、申居郇、申永钧、申德言等都有著作传世。从这些表现看，永年申氏已经和汉族没有区别了。

第二节　回　族

“回回”一词，原是“回纥”、“回鹘”音转，最早见于沈括《梦溪笔谈》卷五的“凯歌”词中。据沈括自己说，其词原是“市井鄙俚之语”。在蒙古国时期的官方文书或诏令中，“回回”一般是指信仰伊斯兰教的中亚各族人。元代时，“回回”的涵义已与“穆斯林”大致相当，主要是指来自中亚的各国人。

关于回回民族来源，向有不同说法：一认为主要来源于唐代回纥；一认为来源于汉族；一认为来源于突厥与东来的波斯、阿拉伯、阿富汗人的混合体；一认为来源于东迁的波斯、阿拉伯及13世纪时信仰伊斯兰教的中亚各国人。根据现有史料，回回民族的先世最早可以追溯至唐、宋时期到中国经商的波斯和阿拉伯商人。这些人久居中国，娶妻生子，落地生根，被称为“蕃客”、“土生蕃客”。

在元代，中亚西亚各族穆斯林的东迁，是与当时中国北方蒙古汗国的兴起以及由此而引起的重大政治军事和社会的变动密切联系在一起的。早在蒙古国建立之前，一批批中亚西亚各族穆斯林商人就已进入蒙古高原，用中亚纺织品、粮食换取蒙古人手中的貂皮等珍贵土产，有的人还效力于蒙古各部，成为拥有“答剌罕”称号的开国功臣。南宋末年，蒙古汗国兴起，成吉思汗及其子孙的三次西征，把葱岭（今帕米尔高原）以西，黑海以东的中亚、西亚广大地区纳入蒙元版图。西征中，每攻克一城一地都要俘掠工匠和妇孺，并征调青壮年充军。这样，随着每次战争的胜利，一批批中亚、西亚各地各部落和王国的工匠、平民、军士以及一些将领、贵族和学者等，都被安置到中国从事各种工作，这些被迫东迁的中亚西亚各族穆斯林人，人数多达几十万至二三百万。一批又一批被征调的穆斯林（元朝史书称回回，属于色目人），被编入“西域亲军”、“回回军”、“探马赤军”，参加统一中国的战争。他们战时从征，平时就地屯垦牧养，过着亦军亦民的生活，他们分驻各地，以西北陕、甘、宁居多，有的则迁征西南、江南、中原各地。他们定居以后根据他们每个人的特长和特点，有的充当职业军人，有的从事手工业、农业和商业活动，也有少数人入仕做官。忽必烈即位后，赛典赤·赡思丁、阿合马等回回政治家、理财家被重用；平李璮、阿里不哥，回回将领等在征南宋等战争中战功卓著。由于当时大批回回人进入中原，在宪宗蒙哥二年（1252年）括户时，又正式立“回回户”，标志着回回先民的“蕃客”地位发生了根本性转变，即由“客”变“户”，正式成为中华民族大家庭的一员。到世祖中统四年（1263年）时，仅中都路（今北京）的回回户就达2953户，且多系富商大贾势要之家。

从有关记载中可以看出，今甘肃北部、包括甘肃张掖一带及河北、河南、山东、陕西、云南等地，都是当年回回人从事屯垦的重要区域。《元史》载，“世祖之时，海宇混一，然后命宗王将兵镇边徼襟喉之地，而河洛、山东据天下腹心，则以蒙古、探马赤军列大府以屯之。”① 所谓“探马赤军”，其中也应包括回回人在内。而原居住于中国北方的回回商人，也在

① 《元史》卷九九《兵志二》，北京，中华书局，1976。

不断走向全国。许有壬云："我元始征西北诸国，而西域最先内附，故其国人柄用尤多，大贾擅水陆利，天下名城巨邑，必居其津要，专其膏腴"。[1]

回回人随着全国统一的实现而出现大分散、小聚居局面。例如河西地区，包括今宁夏、张掖、酒泉一带，回回人就很密集。因为这里在元代既是重要的镇戍、屯田区域，又是从西域进入中原地区的交通要道，故落籍的回回人便越来越多。忽必烈时虽曾下令签发过这一带的"回回军"，但终元一代并未见减少。元代著名政治家赛典赤·赡思丁长子纳速剌丁晚年任陕西行省平章政事，其子孙就有分别落籍宁夏和陕西的。云南昆明、大理一带，也是回回人分布较集中的重要区域。他们大都是蒙哥至忽必烈统治时移入的。及赛典赤·赡思丁供职云南后，又不断增多，后遂蔚为大族。此外，今河南、河北、山东等地，也有较集中的分布。

同时，由于蒙古人的西征，使中西交通大开，而元廷又在西域开辟了官道，设驿站，置守备，减少了行旅的困难和危险。从此，西亚、中亚商人利用东西水、陆交通的方便，沿着陆上丝绸之路和水上的香料之路大量进入中国，盛况空前。大部分城镇都有回族先民定居的史实，这些曾被西方传教士卢布鲁克及稍后的马可波罗所目睹，而先前随蒙古军东来的中亚各族穆斯林也随战争而散居各地。以驻军屯牧或以工匠、商人、官吏、学者等不同社会身份，散处在黄河上下，长城内外以及大江南北各地。元初，足迹几乎遍及中国并在扬州做官的意大利人马可波罗在其游记中曾多次提到中国各省都散布着回回人。元末来中国的摩洛哥旅行家伊本·白图泰在其游记中也写道："中国各城市，都有专供回回居住的地方，区内有供行聚礼用的清真大寺。"《明史·西域传》载："元时回回遍天下"。

13 世纪时移居中国的西域各族穆斯林——"回回"人，他们原来并不都是同一个民族。他们之中，既有波斯和阿拉伯人，也有阿儿浑、哈剌鲁等突厥语族诸人。除共同信仰伊斯兰教外，他们相互之间并没有多少共同之处，因此在中国最初只能算是一个穆斯林的集合体。这些来华的西域人与早年来华的"蕃客"一样，有的不带家眷，在各地定居后，与当地汉族、蒙古族、维吾尔族等居民通婚，他们的后代成为中国出生的穆斯林，渐渐地失去了母语（如阿拉伯语、波斯语、突厥语等）。他们之间的交流，一靠共同的信仰——伊斯兰教，这些人大都居住在清真寺周围，形成大分散小聚居的居住格局。二靠共同的交际语言——汉语。从母语到汉语的过渡，也许经历了几代人，中间可能出现过说话一半是母语，一半是

① （元）许有壬：《至正集》卷五三《西域使者哈扎哈津碑》，景印文渊阁四库全书本。

汉语的阶段。最后，大约到了元末明初，才基本完成了这种语言上的过渡。基于伊斯兰教信仰，他们的生活方式趋同，认同感加强，随之出现了另一个新的民族——回族。

元代河北也是回回人重要的聚集地。

位于大都城以西的荨麻林、弘州和宣德府是回回人居住较多的地区，荨麻林（今河北张家口西洗马林）居住着来自原花剌子模国撒麻耳干的三千户回回工匠，他们在此按照家乡的习俗修建起很多花园。弘州（治今河北阳原）是元初官营手工业比较集中的地方，这里的工匠多为被强迫迁来的各地移民，其中就有三百户西域的织金绮纹工。《马可波罗行记》曾记载："自天德府东行，见有城堡不少，居民崇拜摩诃末，然亦有偶像教徒及聂斯脱里派之基督教徒。以商工为业，制造金锦，其名曰纳石失、毛里新和纳克"。其中有一座城名叫申达城。纳石失和纳克均为波斯文织金锦名称，摩诃末即穆罕默德。据杨志玖先生研究，申达州就是宣德府（治今河北宣化）。①

位于大都城以东的永平（今河北卢龙）、滦县、丰润和玉田等地是回回军人重要的屯驻地之一。据《元史》卷三四记载：至顺元年（1330年）十二月"甲寅，西域军士居永平、滦州、丰闰、玉田者，人给钞三锭、布二匹、粮两月"②。这里虽然只说是西域军队，但元代的西域人主要是指波斯人。

河北中南部地区也是回回人的重要居住地之一。刻于至正八年（1348年）的中山府（今河北定州）《重修礼拜寺碑》碑文说："回回之人遍天下，而此地犹多"，显然中山府也是回回人重要的聚居地。同时在大名府也居住着一些回回人，《元史·纳速剌丁传》称："纳速剌丁，字士瞻，其父马合木，从征襄阳，以劳擢浚州达鲁花赤，因家大名"③。

真定府也是回回人重要的居住地之一。据《元史·瞻思传》称："其先大食国人。国既内附，大父鲁坤，乃东迁丰州。太宗时，以材授真定、济南等路监榷课税使，因家真定"④。瞻思（1278—1351年），元代学者。真定（今河北正定）人，原为阿拉伯人，字得之。初就业于王思廉。文宗天历三年（1330年），应奉翰林文字，未几辞官。顺帝（妥懽帖木儿）

① 杨志玖：《回回人的东来与分布》，载《回族研究》，1993（1）。
② 《元史》卷三四《文宗纪三》，北京，中华书局，1976。
③ 《元史》卷一九四《纳速剌丁传》，北京，中华书局，1976。
④ 《元史》卷一九〇《瞻思传》，北京，中华书局，1976。

至元年间，任陕西行台监察御史、浙西、浙东廉访司事。曾多次平反冤狱，颇著政绩。他对经学、史学及天文、地理、历算、水利等皆有所研究，著述甚丰。其著作有《老庄精诣》、《河防通议》、《西国图经》、《金哀宗记》等。现存有《河防通议》。同时在赵州也有回回人，据《伊滨集》卷一七《克呼穆腾字说》称："监深州郡克呼穆腾，西域人，世居什纳什勒国。唐初，西域主阿喇愈氏始用其国言撰字修书以教其人。以故能通者，皆命爵赐姓以褒宠之。克呼穆腾之先有能通其书与字者，故因其地而赐姓什纳什勒，国初天戈西指，其四世祖某以技艺得故徙中原，占籍赵之中山"①。

元世祖中统三年（1262 年），曾任用回回人阿合马领中书左右部，兼诸路都转运使，忽必烈"专以财赋之任委之"②。阿合马死后，这些西域人继续得到重用。卢世荣曾上书忽必烈，"天下能规运钱谷者，向日皆在阿合马之门，今籍录以为污滥，此岂可尽废？臣欲择其通才可用者，然惧有言臣用罪人"。世祖乃谕令："何必言此，可用者用之。"③ 结果，撒都丁、不鲁合散等西域回回人复升为河间、山东等路都转运盐使。撒都丁任河间路都转运盐使，为我们提供了回回人在沧州河间任职的证据。另据《威县志》和《定县志》记载，元朝末年，威州知州王伯大和镇守中山府的将领普颜帅唛儿，也都是回回人，并帮助当地兴建清真寺。

明代是河北回族大发展的重要时期，明初回族已经在河北沧州一带生活。据口碑材料，今沧州市泊头洼里王镇沙河涯村在明洪武初年就已经建有清真寺。孟村县志载，在元至正二十七年（1367 年），朱元璋麾下大将常遇春北上讨元，曾在该县太平村（今孟村王帽圈村）一带驻扎。常遇春是回族将领，其手下有不少回族士兵，战死阵亡的回族将士便安葬于今孟村尹庄村南，当地人称之为"回回墓"。明太祖洪武四年（1371 年）六月，"是月，徙山后（今宣化东南延至辽阳一带地方称山后——引者注）民三万五千户于内地，又徙沙漠遗民三万二千户屯田北平"④。其"山后"和"沙漠"当时均属回回人较多的地区，移民中自然占有一定的回族成分。如孟村县韩石桥村韩姓，便是由山后禹州先迁山东禹城后至沧州立庄的。其族谱中载："我太祖来直西陲，移镇东路，相传山后禹州人。"家谱中提到的"禹州"当作"蔚州"，即今张家口蔚县。靖难之役

① （元）王沂：《伊滨集》卷一七《克呼穆腾字说》，景印文渊阁四库全书本。
② 《元史》卷二〇五《阿合马传》，北京，中华书局，1976。
③ 《元史》卷二〇五《卢世荣传》，北京，中华书局，1976。
④ 《明史》卷二《太祖纪二》，北京，中华书局，1984。

后，河北人口急速减少，永乐元年（1403 年），朱棣以北平为北京，改称顺天府。次年，为填补战争给华北地区带来的空旷，开始下旨移民，在庞大的移民大军中，就有大量回族在内。查沧县、三河、涿县、宣化、大名等县（府）志和部分清真寺现存碑刻，都有明初回回人迁入的记载。这一时期迁入沧州地区的回民最多。沧州著名的张、王、李、刘、尹、戴、马、回八大姓，其中张、马姓是由南直隶上元县二郎岗迁居沧州的。据《张氏谱》记载："大明燕王，扫平北直，志不遗类，渤海人民为之一空。燕王即位，出旨迁民，以实空地。始祖奉君父之命，而来胥宇，辟田地，立家室，为子孙久远计。"① 牛进庄刘氏家谱载："吾宗始祖原籍南直隶上元号二郎岗，永乐二年迁徙于此。" 献县马氏家谱载："始祖马刚为回族将领，燕王扫北，率三子由南京水西门外二龙港随军到河间府，后长子马广庆到河间东南定居，立村为辛中营。"② 除二郎岗外，也有一部分从其他地区迁徙到沧州的，据孟村镇吴氏谱清道光九年（1829 年）载："原籍系安徽省徽州府歙县，前明永乐年间阁祖北迁"。除了上述八大姓回民外，又有丁、常、吴、金、杨、韩、肖等十余姓回回人家迁来。河北另一个回族居住较多的地方是京东大厂一带。明朝一些在朝为官的回回人家和回回大商人，也随之从江浙一带迁到北京，有些把家安置在北京东面的通县和大厂一带，形成较大的回族聚居区。③

图 6－3　河北沧州北大寺

① 孟村回族自治县概况编写组编：《孟村回族自治县概况》，9 页，石家庄，河北人民出版社，1983。

② 吴丕清：《沧州回族渊源及发展》，载《宁夏社会科学》，1994（5）。

③ 李和平：《河北的回回民族》，载《宁夏社会科学》，1987（1）。

早在明初，随燕王朱棣北迁的杨国忠，曾被朝廷委任京东三河县令之职。其家眷就居于今大厂回族自治县南寺头村。永乐十九年（1421 年）迁都北京，大批管理、商人、富豪等携带家眷北上，杨国忠即是随行回回官吏之一。据大厂镇海氏家谱记载，海氏家族的先人海南悉，就是在明嘉靖年间（1522—1566 年）由南方迁来的，因海氏在朝为官，随他迁来的人家较多，这里便形成了一个以海氏家族为主的村庄。其后又有部分回回人迁来，使这一地区形成了大厂、北坞、南寺头等十几个回族聚居村。在朱棣与建文帝长达四年的战争中，燕王朱棣麾下的回族将领何也思答儿就定居在大厂。何也思答儿曾随朱棣征战长江南北，先后参加大小战役近三十次，攻克城池二十余处，有史料记载：建文元年某月初五日，随驾奉天征讨，克怀来。八月，攻克雄县、莫州，攻围真定。九月，接应永平。十月，克大宁。十一月，郑村坝大战全胜。十二月，取广昌。建文三年正月，取蔚州，攻大同。建文三年三月，夹河大战全胜。闰三月，藁城大战全胜。建文四年正月，攻东阿、东平、汶上。四月，小河齐眉山灵壁大战全胜。五月，至泗州，本城归顺，渡淮。六月，渡江。七月，平定京师。八月，回还北京。为了表彰其战绩，建文二年、三年、永乐元年（1403 年），燕王朱棣（明成祖）曾三次升其官位，以示奖赏。建文二年九月升本所总旗；建文三年十二月升本所试百户，永乐元年（1403 年）七月十二日升本卫所正千户。永乐二年（1404 年）四月十五日，何也思答儿病故。永乐三年（1405 年）正月二十日，其嫡长子不花帖木儿敬准袭授武德将、金吾左卫右所世袭正千户。明朝万历年间，供职京师的回回人内翰侍御太监李仰泉来东务村（今大厂回族自治县北坞）捐置土地，捐修清真寺，并立石碑以志。

清朝时，大厂回回在朝为官者亦不乏其人。杨殿元生于嘉庆七年（1802 年），道光初取本县武学生员，十八年（1838 年）考取兵部差官，二十一年（1841 年）投效漕标，历保蓝翎四品顶戴都司衔，即补守备。杨凤鸣，光绪十三年（1887 年）破获敦亲王府盗案，补授右营永定汛把总。二十二年（1896 年），破获巨匪康小八，奉旨赏戴花翎四品顶戴，补授中营树村汛守备，升南营西珠市汛都司，历保三品顶戴即补游击缺，后赏换二品顶戴。杨炳荣，光绪二十一年（1895 年）奉旨赏换花翎四品顶戴，二十三年（1897 年）授中营香山汛守备，历保三品顶戴即补都司。杨开甲，光绪二十二年（1896 年），由武童投效督办东征处效力，旋投效新建陆军，因迭次擒获巨匪，历保副将衔，补用参将。[①] 除了沧州和大厂以外，宣化、山海关、保定、河间等处的回民也是这一时期迁入的。他们大部分是明军中的指挥官或士兵，奉命驻守各地，把守关卡，屯垦牧养，以后遂定居当地。

明末清初，由于西北、西南地区的连年战乱和自然灾害，使这些地方的回族无法生存，弃家出走，逃荒来到河北，有的甚至是整村迁徙，如张家口地区涿鹿县的小荆寺村，就是整村迁来的。有的回民则是随同皇帝北巡而留居河北的。康熙十六年（1677 年），康熙出喜峰口首次巡视塞外，并在喀喇河屯（今承德滦河镇）驻跸四天。随行的士兵中就有不少回族人，“当其初出口时，其护从之侍卫官佐、差役戍卒，我穆民份子实繁有徒”[②]。这是回族来承德的最早记录。承德市最早的清真寺即东清真寺（遗址在今南营子大街晨霞商场北侧），据该寺碑文记载：“康熙五十七年间，有教掌人等在热河鸠合同教，置买地基一段，东至李姓，西至官街，南至官房。四至分明，创修清真礼拜寺”。这充分说明在康熙后期，承德地区的回民已经完全定居，并修建清真寺作为礼拜场所。承德现有回族绝大部分是在清中后期迁居到承德并繁衍起来的，尤其以雍正、乾隆、嘉庆年间最为集中。承德市郊滦河镇和承德县六沟镇两大回族聚居区均于乾隆时期形成。承德市回族大姓吴氏家谱记载：“本族自太高祖来热河迄今已阅二百年之久，人口日见繁盛，现已达二百余人之多”。王家沟村是滦平县回族最多的村庄，该村马氏的祖上是乾隆年间从山东济南府推着小车迁居到王家沟的。隆化县的回族主要分布在县城和张三营镇，县城的张、金、杨等姓回族都是在雍正年间由山东迁来，张三营镇的回族在乾隆末年自山东曹州府等地迁来。承德市的孔氏家族据家谱记载，在嘉庆末期由北京迁居到承德市水泉沟，后因远离清真寺，生活不便，乃迁居到临近西清真寺的潘家沟。总之，回族迁居承德是从康熙四五十年间开始一直到清朝灭亡，从未间断。[③] 此外，这一时期移居河北的回回商人以及往返于京城与各地的骆驼商队，也是河北回族的来源之一。

① 杨宝军：《大厂回回的历史贡献》，载《回族研究》，1995（1）。

② 王焕宸：《热河省会穆民概况》，载《月华》，1932（3）。

③ 胡汝波、刘宗和：《承德回族起源初探》，载《承德师范专科学校学报》，1991（1）。

第三节　元代河北境内的色目人

元代的色目人是元朝对除蒙古以外的西北各族、西域以至欧洲各族人的概称。“色目”一词，唐代已流行，有“种类”、“诸色名目”等义。元人使用“色目人”这一名称，即指其种类繁多。关于色目人的种类，元人陶宗仪《南村辍耕录》中列举了三十一种，清人钱大昕《元史氏族表》则列为二十三种。陶、钱二人所列既有重出，也有错漏。这主要是因为当时进入中国的西域、欧洲人的民族成分较为繁杂，元人对这些民族的译名又不划一，所以造成史籍记载的混乱。常见于元人记载的色目人，主要有唐兀、乃蛮、汪古、回回、畏兀儿、康里、钦察、阿速、哈剌鲁、吐蕃等。元朝把治下人民划分为蒙古人、色目人、汉人、南人四等。色目人居于蒙古人之下，汉人、南人之上，处于四等人中的第二等。元朝对色目人在为官、刑罚、禁令、赋役等方面予以优待。

一、党项遗民

党项族是我国古代北方少数民族之一，属西羌族的一支，故有“党项羌”的称谓。据载，羌族发源于“赐支”或者“析支”，即今青海省东南部黄河一带。汉代时，羌族大量内迁至河陇及关中一带。此时的党项族过着不知稼穑、草木记岁的原始游牧部落生活。他们以部落为划分单位，以姓氏作为部落名称，逐渐形成了著名的党项八部，其中以拓跋氏最为强盛。此外还有黑党项、雪山党项等部落。另一说拓跋氏是鲜卑族的后裔，西夏开国君主李元昊就自称是鲜卑后代。

西夏在亡国后，一部分西夏遗民留居河西故地，另有一部分遗民则迁居内地。“而徙入内地的西夏人则构成了元代唐兀氏的主要部分”[①]。这部分迁入内地的西夏遗民，据学者们研究主要分布于现在的河北、内蒙古、山西、河南、山东、安徽、浙江、四川等地区，另外“湖广、云贵、福建等地区也都留下了西夏遗民唐兀人为官与活动的记载”[②]。在这些地区当中，河北是西夏人迁入比较集中之地。

---

① 白滨：《元代唐兀氏与西夏遗民》，见何广博主编：《〈述善集〉研究论集》，157 ~ 179 页，兰州，甘肃人民出版社，2001。

② 白滨：《元代唐兀氏与西夏遗民》，见何广博主编：《〈述善集〉研究论集》，157 ~ 179 页，兰州，甘肃人民出版社，2001。

蒙古军队攻打西夏时，曾遭到西夏的顽强抵抗。蒙古军队在占领西夏之后，对其辖区实行了有效的控制。西夏遗民曾积极投身到蒙古统一中国的进程当中，如“按扎儿，拓跋氏，尝扈从太祖南征。岁丙子，复从定诸部有功，命领蒙古军为前锋，时木华黎暨博尔术为左右万户长，各以其属为翊卫。太祖命木华黎为太师国王都行省承制行事，兵临燕、辽、营、青、齐、鲁、赵、韩、魏，皆下”①。拓跋氏为西夏姓氏，按扎儿作为西夏遗民通过为蒙古军队攻打金军的形式踏上了燕赵大地。

由于西夏遗民战功卓著，得到蒙古贵族的信任，被称为唐兀人或河西人，被列为色目人之一。据《蒙兀儿史记》卷一五四记载：“唐兀者，鲜卑八部之一，党项遗种也。自唐季拓跋思恭为夏绥银宥等州节度使，至孙元昊，遂据河西，建国号曰夏，与宋辽金相持二百余年。成吉思汗临殂，始平其地。蒙兀称其部众曰唐兀惕，仕宦次蒙兀一等。其俗以旧羌为番河西，陷没人为汉河西，然仕宦者，皆舍旧氏而称唐兀云”。“唐兀”或“唐兀惕”是对西夏党项族的统称。至元十八年（1281年），元廷在大都设置“唐兀卫”领河西兵三千，专门负责戍守京师和皇宫。

目前在《元史》中能够确定为“唐兀卫”的西夏遗民有两人：“来阿八赤，宁夏人。父术速忽里，归太祖，选居宿卫，继命掌膳事。……宪宗崩，阿八赤从父倍道归燕”②。“福寿，唐兀人。幼俊茂，知读书，尤善应对。既长，入备环卫，用年劳授长宁寺少卿，改引进使，升知侍仪使，进正使，出为饶州路达鲁花赤，擢淮西廉访副使，入为工部侍郎，佥太常礼仪院事，拜监察御史，改户部侍郎，升尚书，出为燕南廉访使，又五迁为同知枢密院事”③。考诸史籍，担任唐兀卫指挥使或副指挥使的有暗伯、高睿、阿束、仙仙、三哥儿、和实纳、额尔吉纳、亦怜真班等④。原来在居庸关南、北口驻守的隆镇卫，“至大四年，改千户所为万户府，分钦察、唐兀、贵赤、西域、左右阿速诸卫军三千人，并南、北口、太和岭旧隘汉军六百九十三人，屯驻东西四十三处，立十千户所，置隆镇上万户府以统之”⑤。在这次隆镇卫由千户所升为万户府的时候，曾分拨了一定数量的色目人部队，其中就有唐兀人在内。

元至正五年（1345年），在北京居庸关建造的云台门门洞石壁上刻有

① 《元史》卷一二二《按扎儿传》，北京，中华书局，1976。

② 《元史》卷一二九《来阿八赤传》，北京，中华书局，1976。

③ 《元史》卷一四四《福寿传》，北京，中华书局，1976。

④ 孟楠：《浅析元代西夏人组成的军队》，载《中央民族大学学报》，1991（6）。

⑤ 《元史》卷九九《兵志二》，北京，中华书局，1976。

六体文碑，其中西夏文陀罗尼经共有七十七行。唐兀人御史大夫纳麟曾参与奏请修造这一工程。[①] 纳麟是元世祖时期名臣高智耀之孙。石刻中西夏文的书写者为智妙弥逋也是寓居北京的党项人。[②] 居庸关曾六体碑刻中有西夏文存在，当与隆镇卫的这次升万户府增加唐兀军队有关。

伴随着蒙古军队统一全国，西夏遗民也开始从西北一隅，遍布大江南北。由于蒙元时期，河北是京畿腹里地区，因此西夏遗民的分布相当广泛。其中比较集中的地区是今邯郸大名和保定地区。

留居今邯郸大名唐兀人主要是昔里钤部及其后代。昔里钤部，姓李，“名讳益立山，或作疾利沙”[③]。在元人姚燧撰写的《资政大夫云南行中书省右丞赠秉忠执德威远功德开府仪同三司太师上柱国魏国公谥忠节李公神道碑》中称李公为色尔勒结，两人经历极其相似，其居住地均在肃州；在降蒙古之后均参加了征讨俄罗斯的战斗；其封地都在大名，为大名达鲁花赤；李公之子名阿噜，《元史·昔里钤部传》作“爱鲁”，参加征讨云南的战斗。因此，可以肯定的是昔里钤部、益立山、色尔勒结是同一个人。益立山是其西夏名字的汉语对音，因此也可对译成疾利沙。“钤部亦云甘卜，音相近而互用也”，为职官名称，“昔里”与“益立山”音相近，昔里钤部是名字与职官相结合的称呼；色尔勒结可能是“益立山”蒙古文对音后汉译而成。在未降蒙古之前，益立山已经是肃州钤部。“太祖时，西夏既臣服，大军西征，复怀贰心。帝闻之，旋师致讨。命钤部同忽都铁穆儿招谕沙州，州将伪降，以牛酒犒师，而设伏兵以待之。”[④] 先从蒙古军征西域，后与诸侯王巴图征俄罗斯。定宗即位，曰：“是大名，昔朕分封，卿往为监。”色尔勒结到达大名后，同断事官哈达署行台。后来宪宗以扎尔来湴行台录其旧劳，又俾同署，别锡虎符以监大名，“至岁己未凡为监十四年”，不久去世，元王恽所撰《大元故大名路宣差李公神道碑铭》称“葬公于大名县台头里之新阡，从卜食也”[⑤]。姚燧撰写的《李公神道碑》则称碑主李公去世后，“返葬肃州，祔其先茔。别封虚墓大名，求便岁祠”[⑥]。肃州，即今甘肃省酒泉市，那里是色尔勒结的故乡。

---

① 宿白：《居庸关过衢塔考辨》，载《文物》，1964（4）。

② 罗福成：《居庸关石刻》，《国立北平图书馆馆刊》第4卷第3号（西夏文专号），1932。

③ （正德）《大名府志》卷一〇《元礼仪院判昔李公墓志铭》。

④ 《元史》卷一二二《昔里钤部传》，北京，中华书局，1976。

⑤ （元）王恽：《秋涧集》卷五一《大元故大名路宣差李公神道碑铭》，景印文渊阁四库全书本。

⑥ 姚燧：《牧庵集》卷一九《资政大夫云南行中书省右丞赠秉忠执德威远功德开府仪同三司太师上柱国魏国公谥忠节李公神道碑》，景印文渊阁四库全书本。

色尔勒结虽未葬在大名，但大名作为他的封地，其在大名前后生活了十四年之久，因此死后在大名设置虚墓。益立山有子三人，“长曰阿噜，袭公世爵。至元四年，迁金齿等国安抚使，寻升授云南道宣慰使兼都元帅，今进拜中奉大夫参知政事、行云南等路中书省。次老哈，终大名路行军万户。次舒沁布，代兄前职。孙三人：长嘉珲，孝友英发乐问、学有蕴藉，至临政精覆，矫矫有祖风，今阶正议大夫，佩金虎符充大名路总管府达噜噶齐、兼新附军万户。曰特穆尔，敦武校尉、固镇铁官提举。曰万努簉，中朝侍从官”[①]。益立山长子爱鲁，中统元年袭其父爵，为大名路达鲁花赤。其后参加了元朝征云南、缅、交趾等战争，拜云南行省参知政事。至元二十五年（1288 年）去世，“传还其柩，葬大名”[②]。爱鲁长子教化任中书平章政事，请于朝，赠其祖昔里钤部太师，谥贞献。[③] 季子呼图克岱尔，尚幼，“中子则今江西行省平章，三女：长适同知台州路事巴约特，次适浙右右丞宣慰都元帅阿尔丹，幼女姆男。孙六：庶长，监中庆路，余未仕。女孙二人”[④]。

1990 年 3 月在河北大名县旧治乡陈庄村出土了《大元故资善大夫云南行尚书省右丞赠银青荣禄大夫平章政事毅敏李公墓志》。志主李爱鲁，出身唐兀昔里氏家族，“昔里”意为“小李”之意[⑤]。志文称：“曾王父府君西夏省官兼判枢密院事，显祖府君肃州钤部”。志文称李爱鲁去世后“葬之大名县台头里之先茔”。其实唐兀昔里氏家族祖茔在肃州。《李爱鲁神道碑》记载李益立山去世后“传护车，返葬肃州，祔其先茔”。但又“别封虚墓大名，以便岁祠”。这里之所以将大名县台头里称为先茔，是因为这里有李益立山的虚墓，其实李爱鲁才是唐兀昔里氏家族第一位真正葬在大名的先人。据《李爱鲁墓志》，至元五年（1268 年）李爱鲁随从云南王征金齿等国，其弟小钤部“代兄前职”袭位大名路达鲁花赤。至元十三年（1276 年）李爱鲁之子教化“袭爵，拜嘉议大夫、充大名路达鲁花赤”。至元十三年小钤部被罢免大名路达鲁花赤，原因在于其在任内胡作非为，受到御史姚天福的弹劾。至元十三年正月，“大名路达鲁花赤

① （元）王恽：《秋涧集》卷五一《大元故大名路宣差李公神道碑铭》，景印文渊阁四库全书本。

② （元）姚燧：《牧庵集》卷一九《资政大夫云南行中书省右丞赠秉忠执德威远功德开府仪同三司太师上柱国魏国公谥忠节李公神道碑》，景印文渊阁四库全书本。

③ 《元史》卷一二二《昔里钤部传附教化传》，北京，中华书局，1976。

④ （元）姚燧：《牧庵集》卷一九《资政大夫云南行中书省右丞赠秉忠执德威远功德开府仪同三司太师上柱国魏国公谥忠节李公神道碑》，景印文渊阁四库全书本。

⑤ 汤开建：《〈大元肃州路也可达鲁花赤世袭之碑〉补释》，载《中国史研究》，1983（4）。

小钤部坐奸赃伏诛，没其家”①。小钤部被处死后，教化袭爵充大名路达鲁花赤。墓志还为学界提供了关于唐兀昔里氏家族后裔的新史料。大名唐兀昔里氏家族自李益立山为第一代始，到李爱鲁、罗合、小钤部为第二代，教化、帖木儿、忽都答儿、万奴为第三代，第四代的资料缺乏，仅据《正德大名府志》卷十《元大名达鲁花赤昔李公墓志铭》知道万奴有子野速普化，据《牧庵集》卷一九《李爱鲁神道碑》知道爱鲁长孙曾任中庆路达鲁花赤，但名讳无考。今据墓志得知其第四代有爱鲁之孙三人，“曰阿丁、曰黑厮、曰元元”，其中阿丁即曾任中庆路达鲁花赤的爱鲁长孙。需要指出的是，阿丁、黑厮、元元可能为小名，其名称仍缺乏史料可考。②

在《元礼仪院判昔李公墓志铭》中详细记载了益立山家族的情况：“五世祖讳某，生三子，长子玉里止吉位，为夏国经略使……生子曰東南玉绀部，是为公之曾大祖”。東南玉绀部有子曰小李玉，其子乞答哈，李兰奚之父，始徙居大名，元宪宗九年（1259 年），乞答哈随宪宗伐宋。元世祖时期，转战大江南北，深入广东、广西，授怀孟卫辉等路新军万户。后历任沅州、安庆、江陵、陕州四路达鲁花赤，其子“太常公讳勃，小字孛兰奚，字天广，姓昔李氏，其先夏人”。孛兰奚“雅量高智，喜愠不见于色”，为人耿直，曾任江南行台监察御史，山北、辽东道肃政廉访使司事等职，后赋闲在家，临终前“遗言归葬大名祖茔”。这一支唐兀人应当是昔里氏的同族，也居住在大名。除大名外，邯郸地区的成安县也有西夏人后裔，《元统元年进士录》中有西夏人买住，为成安县人。成安县与大名相去不远，买住可能与大名的李氏党项有密切关系。

河北保定是西夏遗民的重要聚居区之一。1962 年 9 月，原河北省文化局文物工作队在保定城北韩庄发现两座建于明弘治十五年（1502 年）的西夏文石经幢。两幢第一面顶端皆横刻三个西夏文大字，自右而左读作“相胜幢”，依西夏文文法，应译为“胜相幢”。幢身八面皆刻楷书西夏文“尊胜陀罗尼经”。此经幢为纪念兴善寺内沙弥巴答那征以及比丘尼师圆寂而造。这两篇幢文所记西夏遗民，不仅有建幢者、寺院主持、西夏文书写者、亡僧名姓，而且还有助缘随喜的八十多个西夏人。凡此近百人中，有僧、有俗，有男、有女，有官、有民。他们都属于蕃姓之列，如嵬名、昔毕、平尚等。所记八十余人当是西夏番人居住在保定的一个集体，这些

① 《元史》卷九《世祖本纪六》，北京，中华书局，1976。
② 朱建路、刘佳：《元代唐兀人李爱鲁墓志考释》，载《民族研究》，2012（3）。

人应是这个集体中有名望的人物。他们居住的地方，据一号幢第八面的第一行字，字译为“保定府兴善寺众内居”，即“居住在保定府兴善寺众内”。这表明直到明朝中叶还有一批党项遗民在保定一带活动，而且从题记中的“荣禄大夫”、“都指挥”、“指挥”可以看出他们在当时仍有一定的社会势力。

明成祖迁都北京后，西藏藏传佛教教徒大量涌入，他们取道西南，经保定府进入北京。明代的西夏人和元代一样，仍依附藏传佛教，不过，这时他们已不再集结京师西北，而是转到京师西南大道上活动了。定州佛像腹内发现的明代西夏文残版佛经①，以及这次在保定发现两个西夏文石幢都可以说明，保定韩庄出土的西夏文经幢，证明迟至明代中叶，还有党项人的后裔在河北境内聚族而居，并且仍在继续使用他们本民族的语言文字。

在保定地区除发现西夏文经幢和刻经之外，还发现了著名的《河西老索神道碑》。1985年11月，保定市文物管理局主持进行了第三次全市文物普查，在保定市颉庄发现了元代摹刻苏天爵书丹的《河西老索神道碑》。

图6－4　河北保定发现的元代《河西老索神道碑》

《河西老索神道碑》记述了老索家族四代在元代的仕宦情况，反映了早期归服蒙古的西夏人及其后裔的一些情况。根据碑文，老索死后“葬于清苑县太静乡之先茔”，元代清苑县太静乡就在今天的保定市区，包括今天的韩庄和颉庄，两村相距只有七公里，当年这里应是一处党项人居住的村落。由神道碑发现地点，再结合西夏文石经幢的出土情况看，显然，元代保定的西夏遗民与明代保定的西夏遗民是一脉相承的。

碑文追述了老索的从军经历，提及的战事活动主要为蒙金的野狐岭之战、南京之战，成吉思汗第一次西征的铁门关之战，“西徇地至凉州诸郡”的蒙夏之战。其子忙古参加了蒙宋的合州钓鱼山之战。碑文里提到的几次战争，都与正史相符合。碑文还记载了老索曾经任顺天路达鲁花赤

① 《国立北平图书馆刊》第4卷第3号（《西夏文专号》）王静如所作《引论》，1932。

的史实。顺天路置于蒙古太宗十一年（1239 年），始辖清苑、满城、唐县、庆都、安肃州、雄州、容城、新城等二州六县，路治即在今保定市，至元十二年（1275 年），改为保定路，历时三十七年。老索逝于中统元年，也就是说，老索在 1239—1260 年之间任顺天路达鲁花赤①。

元代人郝经在给金朝遗民苟宗道所撰墓志铭中这样写道："岁壬辰，河南亡，君知不可为，乃散所保，各归乡里。兵锋方南，遂北首以辟之，居燕赵之间。宣使老索来莅顺天，知其材，欲引为参佐，力辞不就。"②金朝灭亡前夕，苟宗道放弃抵抗，于壬辰岁，即元太宗四年（1232 年）北迁燕赵以避战乱。老索莅临顺天，"欲引为参佐，力辞不就"。可见，老索初到保定，必在苟道宗避难燕赵之后。老索初到保定的时间，不出元太宗灭金之战后和元顺天路设置前，即 1234—1239 年这几年内③。老索似不是蒙古人名，但其子阿勾、忙古，其孙忽都不花，曾孙讷怀，都是典型的蒙古名。碑文没有记载老索家族得到像察罕那样由皇上赐的名字，可当时的西夏人"仕宦者皆舍旧氏用新氏"。可见，当时归附蒙古的各部在他们后代的姓氏上，有赐名的用赐名，没赐名的都主动改为蒙古名。这也反映了早期归附蒙古的西夏人，由于长期生活在蒙古人中间，有的进入了蒙古的政府机构中，许多人已经接受蒙古统治者的赐名、赐号。这些生活在京城附近河西人同时受到蒙汉两种文化的影响。④

除了老索家族之外，保定还有一些零星的西夏遗民，元刘岳申《申斋文集》记载：张讷"族出西夏，家居保定，扬名中外，历官省台"⑤。张讷在丁忧期间，回乡创办义学，对保定的教育事业曾作出一定的贡献。据《弘治保定郡志》记载，元代有一名叫黑厮的西夏人在保定霸州居住。

除保定和邯郸两个大的聚集区外，河北其他地区也有一定数量的党项人。元人王恽在《秋涧集》中记载："冀州管内，河西军户，间处乡村，不时骚扰。如强耕田、白采桑、欺凌农民等事，告发到官司，县不能追理。至元十七年，省院已曾差官究治，此其显然也。合行严切禁约，不致别有侵渔。"⑥ 冀州治今河北冀县。元代西夏遗民组成的部队分为三种，即质子军、宿卫军和镇戍军，文中提到的"河西军户"是由党项人组成

---

① 周圣国：《保定西夏人探源》，载《文物春秋》，1995（3）。
② （元）郝经：《陵川集》卷三五《河阳遁士苟（宗道）君墓铭》，景印文渊阁四库全书本。
③ 彭向前：《西夏遗民初到保定时间考》，载《保定学院学报》，2008（1）。
④ 梁松涛：《河西老索神道碑铭考释》，载《民族研究》，2007（2）。
⑤ （元）刘岳申：《申斋文集》卷六《瑞芝堂记》景印文渊阁四库全书本。
⑥ （元）王恽：《秋涧集》卷九〇《禁约侵扰百姓》，景印文渊阁四库全书本。

的镇守冀州的镇戍军。虽然河西军户对地方时常进行侵扰，但从“强耕田白采桑”等语可以看出，元代内迁的党项人已经放弃了原来的游牧生活，转而开始从事农业生产。

在石家庄鹿泉现存有《重修鹿泉神应庙碑》一通，碑高 190 厘米，宽 82 厘米，厚 24 厘米。碑阳 24 行文字，满行 36 字，碑阴文字分为上下两部分，上半部分 19 行，下半部分 23 行。此方碑刻在《光绪获鹿县志》和《常山贞石志》中均有记载，但《光绪获鹿县志》中只录有碑阳文字，且未做任何说明。[①]《常山贞石志》中则录有碑阳和碑阴上半部分之“求雨祭文”，而无下半部分之题记[②]。其中在碑阴文字下半部分的最后一个题款为“□书省委官□本县驿唐兀氏文舜卿”。这为石家庄地区存在西夏人后裔提供了新的线索。“唐兀氏”[③] 即为元代对西夏遗民的称呼。

目前所见史料当中，获鹿县有关元代西夏遗民的最早记载是在致和年间（1328 年）。光绪《获鹿县志》卷一〇《名宦列传·县令》条记载：“元致和唐兀君，镇原州人，初迁承务郎来监正定获鹿县，知民疾苦，叹曰：‘旱蝗之厄，天实为之，赋役之横，岂非长民者之责乎？’于是务德政以化强暴，贷逋赋以集流亡，节浮费以丰委积。方春勤耕，延见父老诸子弟，慰以孝弟力田，众为感动。见学斋颓蔽，力为增葺，尊礼师儒，聚徒讲授，文化翕然。遇岁旱祷之辙雨，邑人以为诚感。有遗爱碑存。”[④] 此“唐兀君”应为西夏遗民无疑，但其祖籍为镇原州，只是来获鹿任职，去职时间及是否有后人存留获鹿县，我们都不得而知。但鹿泉神应庙碑阴题记当中的“文舜卿”应为获鹿县人。西夏遗民迁入中原地区后，在与汉人的混居中，逐渐汉化，好多都将其西夏姓氏改为汉姓，例如安徽地区最负盛名的西夏遗民余阙一族，即将其西夏姓氏改为了汉姓“余”姓。又如，河南濮阳的西夏遗民则改姓为“杨”。此外，见于汤开建先生《元代西夏人物表》[⑤] 和保定明代西夏文石经幢所记的西夏遗民姓氏中，属于

---

① 《中国地方志集成·河北府县志辑》第 2 册，223 页，江苏古籍出版社、上海书店、巴蜀书社，2006。

② 《石刻史料新编》（第一辑）第 18 册，13598 ~ 13600 页，台北，新文丰出版公司，1982。

③ 关于“唐兀”一词的来源及确切含义，学者们持论不一，但其是对西夏遗民的称呼，则为各位学者的共识。详见白滨《元代唐兀氏与西夏遗民》，收于何广博主编：《〈述善集〉研究论集》，157 ~ 179 页，兰州，甘肃人民出版社，2001。

④ 《中国地方志集成·河北府县志辑》第 2 册，223 ~ 224 页，江苏古籍出版社、上海书店、巴蜀书社，2006。

⑤ 何广博主编：《〈述善集〉研究论集》，266 ~ 295 页，兰州，甘肃人民出版社，2001。

汉姓的有：李、祝、韩、高、刘、师、常、王、孟、倪、张、杨、吴、周、黄、鲁、史、何、夏、罗、梁、叶等。但此方碑刻当中提到的“文”姓却为首见。①

二、元代其他西域色目人

元代东迁西域屯田者种类众多，其来源主要是签发而来的西域各类军士、工匠、驱口和招募而来的西域各类民众。他们分别为被蒙古人征服的回回、哈剌鲁、畏兀儿、阿儿浑、康里、钦察、阿速、斡罗思等部族。在腹里（直属中书省的河北、山东、山西及内蒙古大部地区）所辖军民屯田中，西域诸族人户投入颇多，“世祖之时，海宇混一，然后命宗王将兵镇边徼襟喉之地，而河洛、山东据天下腹心，则以蒙古、探马赤军列大府以屯之”②。而上都路和大都路一线是西域诸卫屯田最集中的地区。

（一）哈剌鲁

哈剌鲁，在元代文献中，又译作合儿鲁、罕禄鲁、匣剌鲁、哈利鲁、柯耳鲁等。波斯史家拉施特在他的名著《史集》中说，哈剌鲁人和畏兀儿人一样，是从突厥人中分出来的。他还说，哈剌鲁是“有雪者、雪人”的意思。突厥人始祖乌古思南征北战，统治了广大的地区。他的嫡系就成为突厥人，依附于他的一些亲属的后代，就成为畏兀儿、钦察、康里、哈剌鲁人。在一次出征返回老营时，有几个家族被大雪所阻落后了，乌古思很不高兴，便给他们起名哈剌鲁。后来的哈剌鲁诸部就起源于这些人。③这个传说是否可信已难以考定，但可以断言的是，哈剌鲁人与畏兀儿人一样，无论从语言上、体质上都与突厥人有着密切的关系。唐代史籍中的葛逻禄，就是元代哈剌鲁的祖先。《新唐书》称葛逻禄“本突厥诸族”，可见中外史籍关于哈剌鲁人起源的说法是一致的。蒙古西征前，驻牧于巴尔喀什湖东海押立和阿力麻里地区，臣属于西辽，由其君主阿儿思兰汗及西辽委派的监护官共同统治。成吉思汗六年（1211年），遣忽必烈进军西辽，阿儿思兰汗杀西辽监护官，降附蒙古。后阿儿思兰汗回海押立，而随从他前往蒙古觐见的一部分军队则被留下，在塔不台率领下东迁，参加对金战争。13世纪中期以后，哈剌鲁人聚居的海押立和阿力麻里成为察合

① 孙继民、宋坤：《元代西夏遗民踪迹的新发现——元〈重修鹿泉神应庙碑〉考释》，载《宁夏社会科学》，2011（2）。

② 《元史》卷九九《兵志三》，北京，中华书局，1976。

③ ［波斯］拉施特：《史集》第一卷第一分册，136～137页，北京，商务印书馆，1983。

台汗国的一部分，哈剌鲁人在此过程中逐渐被中亚其他民族所同化，部分人则东迁至中原。元世祖至元二十四年（1287年），招集哈剌鲁军人万户府，屯田于襄阳、南阳等地。

在元朝的大都生活着一批哈剌鲁，主要是在朝廷内任职的官员。在大都西北的居庸关驻扎着大量哈剌鲁士兵。哈剌鲁人塔不台“从太祖攻居庸关有功，遂以所统哈剌鲁军世守居庸之北口”①。这支哈剌鲁军的建制是千户所，以后逐渐改为中央侍卫亲军的一个组成部分，后升为哈剌鲁万户府。《元史》卷一三二《沙全传》称：“沙全，哈剌鲁氏……（至元）二十二年，召见，迁隆兴万户府达鲁花赤，得请，复旧名曰杪儿赤。”

在大名路也有大量的哈剌鲁人生活。元朝平定江南以后，蒙古军队撤回北方，组成两大军团，一为山东河北蒙古军都万户府，一为河南淮北蒙古军都万户府。其中山东河北蒙古军都万户府的一部分军队，屯驻在大名路开州濮阳县。元代名儒伯颜就是居住在大名路开州濮阳县的哈剌鲁人。同时在真定路也有哈剌鲁人。元统元年（1333年）进士中，蒙古色目榜第二甲第三名大吉心，“贯山东军户，见居真定路，哈儿鲁氏”②。“山东军户”是指山东河北蒙古军都万户府隶属的军人，这说明在真定路也有哈剌鲁军人屯居。

这些内迁的哈剌鲁人在生产方式上放弃了原来的游牧方式，已经开始以经营农业为主。在文化上也开始学习儒家文化，元代中期以后涌现一批儒学水平较高的学者。元朝中期以后，哈剌鲁人在婚姻上出现了与汉族通婚的现象。元朝灭亡之后，一部分信仰伊斯兰教的哈剌鲁人成为回族的组成部分，更多的则融入汉族之中。③

（二）康里

康里，元人又译为康礼、航里、抗里、夯力、杭斤。古代高车人的后裔，属突厥人的一支，游牧于乌拉尔河以东、咸海以北地区。6世纪中，突厥兴起于阿尔泰山后，康里人分隶于东、西突厥。波斯史家拉施特因而在《史集》中称其与哈剌鲁一样，属突厥人的一支。8—11世纪，康里人被葛逻禄人所统治，游牧于乌拉尔河以东至咸海东北地区，南部则与中亚河中为邻。12世纪时，个别部落曾臣属于西辽和金朝。波斯史家志费尼在《世界征服者史》中讲：菊儿汗（西辽国主）在八剌撒浑（八拉沙

① （元）黄溍：《金华黄先生文集》卷四三《太傅文安忠宪王家传》，文渊阁四库全书本。

② 萧启庆：《〈元统之年进士录〉校注》，载《食货月刊》复刊第13卷第1、2册。

③ 陈高华：《元代的哈剌鲁人》，载《西北民族研究》，1988（1）。

衮）建都后不久，便“使康里人服从他的统治”[1]。成吉思汗十八年（1223 年），蒙古军征斡罗思回军，进入康里境，败其主霍脱思罕。成吉思汗分封诸子时，康里地属长子术赤分地，康里人被掠到中原者甚多，大多从军，分属于蒙古各部中。元代康里宿卫之士主要服务于枢密院辖领的钦察卫、康里卫、贵赤卫和镇守海口屯储亲军都指挥使司，这是元朝侍卫亲军中重要的力量。《经世大典·叙录》曾就此指出：“诸国人之勇悍者，聚为亲军宿卫，而以其人名曰钦察卫、康里卫、阿速卫、唐兀卫。”[2] 元初，康里军士多隶属于钦察亲军卫和贵赤卫，后主要归属广武康里侍卫亲军都指挥使司和镇守海口屯储亲军都指挥使司统辖。广武康里卫，设立于武宗至大元年（1308 年），以中书平章政事、康里人阿沙不花为都指挥使。至大四年（1311 年），仁宗即位，谕令“汰广武康里卫军，非其种者还之元（原）籍，凡隶诸王阿只吉、火郎撒及迤南探马赤者，令枢密院遣人即其处参定为籍”[3]。虽然广武康里卫仅存了四年即被罢除，但显然康里军士作为元朝重要的军事力量依然存在。《元史·兵志》就明确记载，武宗至大三年（1310 年），“定康礼军籍，凡康礼氏之非者，皆别而黜之，验其实，始得入籍”[4]。朝廷“定康礼军籍”时，康里脱脱“收聚康礼，创立军卫，滥及各投下并州郡百姓诸色驱奴人等，多至数万”[5]。这说明在朝廷将康里人定为军籍之前，他们中许多人的身份为蒙古诸王属下的驱奴。

除了驻军外，还有大量康里人以军屯的形式在中原定居。元代康里人的屯田活动主要在枢密院统辖下进行。《元史》载，枢密院所辖左、中、右、前、后五卫及西域各卫，除“掌宿卫扈从”外，均“兼营屯田”。而其屯田范围，大多集中在腹里地区，即“分侍卫亲军为列卫，布诸畿内”[6]。元代的“腹里”，指中书省直辖地区，辖境含今山东、山西、河北三省，内蒙古大部分地区及大都、上都京畿地区。大都、上都作为元朝的重要国都，是当时的政治中心，也是探马赤军和怯薛军集中驻防的地区，因而可以肯定京畿一带是康里军士所在的康里卫、贵赤卫等西域诸卫镇戍、屯驻的主要地区。除康里军士外，居于京畿地区的应当还有任职于两

① ［波斯］志费尼：《世界征服者史》上册，418 页，呼和浩特，内蒙古人民出版社，1980。

② 苏天爵：《国朝文类》卷四一《经世大典·叙录》，景印文渊阁四库全书本。

③ 《元史》卷二三《武宗纪二》，北京，中华书局，1976。

④ 《元史》卷九九《兵志二》，北京，中华书局，1976。

⑤ 陈高华等点校：《元典章》卷一《圣政·重民籍》，天津，天津古籍出版社，2011。

⑥ （元）虞集：《道园学古录》卷二三《武卫新建先圣庙学碑》，景印文渊阁四库全书本。

都的康里官员及蒙古诸王属下的康里驱口。隆镇卫是枢密院直属京城侍卫军组织，由钦察、阿速、哈剌鲁、唐兀、贵赤等军组成，“掌屯军徼巡盗贼下居庸关南、北口”及太和岭等地，屯驻东西四十三处，下辖北口、南口、白羊口、碑楼口、古北口、迁民镇、黄花镇、芦儿岭、太和岭、紫荆关和隆镇十一千户所及镇抚所。康里军士既有充于钦察、贵赤军者，乃上述屯驻地中应有其一席防地。元代永平、滦州及直沽海口等地，也是康里人重要的屯防地。至顺元年（1330年），元廷有“西域军士居永平、滦州、丰闰、玉田者，人给钞三锭、布二匹、粮两月”① 的诏令。而此前至大二年（1309年）四月，朝廷还曾“摘汉军五千，给田十万顷，于直沽沿海口屯种，又益以康里军二千，立镇守海口屯储亲军都指挥使司”②。这些在河北进行屯田的康里人，还得到元廷给予的官牛资助。

当然，康里人作为色目人，在政治上有一定的优势地位，在中央及地方各部门居官的康居人不在少数。其中元代著名康里人政治家不忽木，其先祖世为中亚康里部大人，其父燕真从元世祖征伐有功。不忽木自幼于东宫太子真金处受学，曾师事赞善王恂，后又从国子监祭酒、理学家许衡及姚燧等学。受到忽必烈的器重，至元十五年（1278年），“出为燕南河北道提刑按察副使。帝遣通事脱虎脱护送西僧往作佛事，还过真定，箠驿吏几死，诉之按察使，不敢问。不忽木受其状，以僧下狱”③。元代燕南河北道提刑按察使司的驻地在真定，这说明康里人不忽木曾在河北居官。同时，康里人不忽木娶的是涿郡新城人王寿之女，因为王寿与不忽木之间的翁婿关系，至元二十八年（1291年），王寿“罢尚书省归中书，复任吏部郎中。以婿康里不忽木柄用当道，即自免去”④。可见，元代时康里人已经开始和汉族通婚。

（三）钦察

钦察，又译钦叉、可弗叉、克鼻稍、乞卜察兀惕。钦察人是由突厥乌古思人及部分东胡—蒙古系后裔构成。王族为玉里伯牙吾氏，同蒙古、康里及女真诸部中的伯牙吾氏是同一个氏族，花剌子模算端摩诃末的母亲秃尔干就是康里伯牙吾氏族人。据屠寄与伯希和二人的观点，玉里伯牙吾氏本为原居热河中部（赤峰地区宁城）的蒙古种，迨移居西北，雄长其地

① 《元史》卷三四《文宗纪》，北京，中华书局，1976。
② 《元史》卷二三《武宗纪二》，北京，中华书局，1976。
③ 《元史》卷一三〇《不忽木传》，北京，中华书局，1976。
④ 《元史》卷一七六《王寿传》，北京，中华书局，1976。

之后，始以钦察之名于世。《元史·土土哈传》中记载："其先本武平北折连川按答罕山部族，自曲出徙居西北玉里伯里山，因以为氏，号其国曰钦察。其地去中国三万余里。"

13世纪时钦察人游牧于里海以北的伏尔加河和乌拉尔河流域一带，下分若干各自独立的小部，王族居玉里伯里山，称玉里伯牙兀氏。元太宗九年（1237年），蒙古第二次西征，伏尔加河钦察斡勒不儿里克部落首领八赤蛮拒绝投降，被蒙古人腰斩杀死，钦察联盟解体，大部分国土并入金帐汗国，钦察人成为哈萨克人，钦察政权永久消失。一部分钦察人被蒙古俘虏为奴，西征后则被裹挟东来，分散在漠北、漠南及辽东的蒙古各部中。元世祖时，因其首领土土哈有战功，钦察人隶诸王为奴者释免为军，至元二十三年（1286年），元廷建立钦察卫亲军都指挥使司，主要以清州（今河北青县）为其屯垦点。至元二十年（1283年），土土哈率所部钦察军在霸州文安县（今河北文安）屯田[①]，二十四年（1287年）又在清州（治今河北青县）等处屯田。这年五月壬寅，朝廷下诏："范文虎将卫军五百镇滦平，以钦察亲军都指挥使也速带儿、右卫佥事王通副之。"[②] 这说明在河北滦平县也有钦察军士驻扎镇守。至治二年（1322年），元廷"以钦察卫士多，为千户所者凡三十五，故分置左右二卫，至是又析为龙翊卫。二年，立都督府，以统左、右钦察、龙翊三卫，哈剌鲁东路蒙古二万户府，东路蒙古元帅府，而以燕铁木儿兼统之，寻升为大都督府"[③]。至治二年，元廷将钦察卫亲军都指挥使司分为左、右两部和龙翊侍卫，统领三卫的燕铁木儿就是钦察人。

除了上述三卫外，还有部分钦察军士隶属于东路蒙古军万户府和东路蒙古军元帅府之下。东路蒙古军万户府，初立于至元二十六年（1289年），以钦察人伯帖木儿为万户，"统钦察、乃蛮、捏古思、那亦勤等四千余户"。成宗即位，"俾仍其官，车驾幸上京，征其兵千人从，岁以为常云"[④]。天历二年（1329年）以后，钦察士兵屯田的规模继续扩大，在清州屯田的钦察军人达到1942人[⑤]。元代马政发达，牧场遍布长城内外，其中在河北境内的牧场有永平（今河北卢龙）、固安州（今河北固安）、涿州（今河北涿州），在这些牧场中有大量的钦察人进行放牧。

① （元）虞集：《道园学古录》卷二三《句容郡王世绩碑》，景印文渊阁四库全书本。
② 《元史》卷一四《世祖纪十一》，北京，中华书局，1976。
③ 《元史》卷一三八《燕铁木儿传》，北京，中华书局，1976。
④ 《元史》卷一三一《伯帖木儿传》，北京，中华书局，1976。
⑤ 《元史》卷一〇〇《兵志三》，北京，中华书局，1976。

（四）阿速

阿速，蒙古语意为“守卫”，史籍亦称阿思、阿宿、阿速惕、阿速特、阿兰，系古代奄蔡人的后裔。奄蔡为古代中亚游牧民族，又作阖苏，东汉三国时期也称阿兰聊或阿兰。古希腊、罗马文献中称之为Aorsoi、Alanorsi，所谓奄蔡、阿兰，即其音译。奄蔡首次见于《史记·大宛列传》。西汉时期，该民族在康居（咸海）西北、里海北部草原游牧，东汉时期隶属康居。后因为北匈奴西迁，奄蔡也随之逐渐西迁，其中一部分去了欧洲，在伏尔加河与顿河之间地区定居，另一部分则留在高加索以北地区。公元4世纪中期，北匈奴人越过顿河，吞并了奄蔡。5世纪中期，匈奴王阿提拉率领奄蔡人西征，一直到达了法兰西中部的奥尔良，后来成为加泰罗尼亚人族源之一。

持波斯语的阿速人，原信奉东正教，属波斯斯基泰—萨尔马提亚人，原居高加索以北，顿河下游的库班和捷别克，后移居到捷尔宾特伏尔加河口，与拜占庭（今土耳其）、谷儿只（今格鲁吉亚）、斡罗思（今俄罗斯）关系密切。成吉思汗十六年（1221年），成吉思汗西征，大将速不台等率军自高加索逾太和岭北上，大败阿速等部联军。元太宗十一年（1239年），太宗窝阔台率师征服了阿速部落。元宪宗三年（1253年），宪宗蒙哥汗派人搜括阿速人户东迁中原，大多从军，组成阿速军。由于他们卷发碧眼，也称“碧眼回回”或“绿睛回回”，在当时是色目诸族之一。

阿速人素以剽悍著称，善于骑射，移居中原后这些阿速人大多数从军，在元代都城大都的禁卫亲军中就有3万人。至元九年（1272年），“初立阿速拔都达鲁花赤，后召集阿速正军三千余名，复选阿速揭只揭了温怯薛丹军七百人，扈从车驾，掌宿卫城禁，兼营潮河、苏沽两川屯田，并供给军储”①。元廷将他们组成阿速拔都军进攻南宋，成了南征军队的重要力量。武宗至大二年（1309年）成立阿速右卫和阿速左卫，此外还有武威阿速卫亲军都指挥司。守卫大都西北居庸关南北两口的隆镇卫主要是由钦察人和阿速人组成，这支部队的人数大约有3693人②。至顺二年（1331年），元朝命辽阳行省给新戍边的阿速人和斡罗思军人以牛具和粮食，这些人可能长期居住于此。

此外，在上都宜兴州（今河北滦平境）也有世居于此的阿速移民。

---

① 《元史》卷九九《兵志二》，北京，中华书局，1976。

② 《元史》卷八六《百官志》，北京，中华书局，1976。

《元史·拔都儿传》称：“拔都儿，阿速氏，世居上都宜兴。宪宗在潜邸，与兄兀作儿不罕及马塔儿沙帅众来归。马塔儿沙从宪宗征麦各思城，为前锋将，身中二矢，奋战拔其城。又从征蜀，至钓鱼山，殁于军。”其子别吉连袭位，“至大四年，河东、陕西、巩昌、延安、燕南、河北、辽阳、河南、山东诸翼卫探马赤争草地讼者二百余起，命往究之，悉正其罪，积官怀远大将军。致和元年（1328年），从丞相燕铁木儿擒倒剌沙党乌伯都剌等，领诸卫军守居庸关及诸要害地”[①]。很多阿速将领在元朝统一战争中立有军功，因此这些将领在元朝禁卫军中担任要职。别吉连能够领诸卫军守居庸关及诸要害之地，可见元朝对阿速军团的倚重。阿速人杭忽思原为阿速国主，后归顺元廷，其子斡罗思，“由宿卫仕至隆镇卫都指挥使”[②]。由于阿速人英勇善战，由阿速人组成的禁卫亲军是拱卫大都的重要军事力量。致和元年（1328年）八月，阿速卫指挥使脱脱木儿率其军自上都来归，即命守古北口，以加强大都北面军事防御力量。同年九月，朝廷下令：“征左右两阿速卫军老幼赴京师，不行者斩，籍其家。”[③] 这些阿速军团从元上都被紧急征调到元大都戍守，而且是老幼皆行，自此在大都周边地区戍守的阿速将士的数量明显增加。

（五）畏兀儿

宋代称高昌回鹘，元代称畏兀儿。汉文文献中，还有畏吾儿、伟兀、伟吾而、卫吾、委兀、外五、瑰古、乌鹆、畏午儿等不同译法，这里主要指据有以合剌火州（又称高昌）和别失八里为中心的地区，其君主称亦都护，乃借自突厥拔悉密人的称号，即“神圣陛下”之意。西辽称雄中亚，这部分畏兀儿被迫臣服。西辽派出的少监驻合剌火州进行监治，“骄恣用权，奢淫自奉”。亦都护巴而术·阿而忒·的斤决定依靠蒙古反抗西辽，于是杀少监，归降成吉思汗。畏兀儿人由于战乱等原因大批迁到甘肃、陕西等地。其中大都是畏兀儿人重要的聚居区，至元十二年（1275年），又有大批工匠迁来，“别失八里田地人匠，经值兵事散漫居止，迁移京师，置局织造御用领袖纳失失等段匹”[④]。同时在大都的宛平，曾生活着一个畏兀儿家族，畏兀儿名臣廉希宪死后“葬于宛平之西原”[⑤]，野

① 《元史》卷一三二《拔都儿传》，北京，中华书局，1976。
② 《元史》卷一三二《杭忽思传》，北京，中华书局，1976。
③ 《元史》卷三二《文宗纪一》，北京，中华书局，1976。
④ 《永乐大典》卷一九七八一《局字门》，中华书局影印本。
⑤ 苏天爵：《国朝文类》卷六一五《平章政事廉文正王神道碑》，四部丛刊本。

先死后“葬宛平县香山乡七园里”[①]。

元代河北地区畏兀儿人主要集中在正定和保定一带。真定路的畏兀儿人主要有两个家族，一支是八剌术的后裔，八剌术的父亲阔华八撒术曾参加了成吉思汗的西征，“导其主亦都护迎降”。但阔华八撒术并未在蒙古政权中担任官职。到八剌术时，“始徙真定，仕至帅府镇抚。富而乐施，或贷不偿，则火其券，人称为长者”。[②] 从“或贷不偿”四个字可以看出，八剌术在正定曾从事放贷活动。八剌术的儿子阇里赤，性纯正，知读书。其孙脱烈海牙，《元史》有传，历任监察御史、吏部尚书、荆湖北道宣慰使，死后赠通奉大夫、河南江北等处行中书省参知政事、护军，追封恒山郡公。[③]

另外一支是小云石脱忽怜的后裔。小云石脱忽怜归降蒙古以后曾从征回回，后来追随睿宗于潜邸，而“真定，睿宗分地，以为本路断事官”。他的儿子八丹事世祖为宝儿赤，鹰房万户，“后以鹰房万户从裕宗北征，至镇海你里温，赐银椅及钞一万五千贯，命归守真定”[④]。小云石脱忽怜之孙为哈珊，《元史》作阿散，其神道碑有如下记载：“公讳哈珊，畏兀人，世王高昌，在唐为回鹘。禄山之灭，史存功焉。后以神异禅今高昌王之远祖，而身相之。口世其官，簪绂云仍未艾。逮高昌归我太祖皇帝，公之大父讳写云赤笃忽璘以本国兀鲁爱兀赤官实从来”[⑤]。至元二十四年(1287 年)，升任真定路总管府达鲁花赤断事官，兼任内诸军奥鲁劝农事。在真定任上，哈珊率众治理了滹沱河水患，疏浚了滹沱河分洪渠运粮河(即冶河)，使百姓安居乐业。哈珊为荣禄大夫、甘肃等处中书省平章政事等，在任上尽职尽责，忠于朝廷，平定叛乱，巩固了国防。

小云石脱忽怜之四世孙为亦辇真，其神道碑有如下记载：“公讳亦辇真，伟吾而人，上世为其国之君长。国中有两树，合而生瘿，剖其瘿，得五瘿儿，四儿死，而第五儿独存，以为神异而敬事之，因妻以女而让以国，约为世婚而秉其国政，其国主即今高昌王之所自出也。公五世祖之官为的斤必里杰忽提，译言智福大相也。四世祖小云失脱忽怜之官为吾鲁阿

① 苏天爵：《滋溪文稿》卷一五《元故奉议大夫国子司业赠翰林直学士追封范阳郡侯卫吾公神道碑铭》，适园丛书本。

② 《元史》卷一三七《脱烈海牙传》，北京，中华书局，1976。

③ 《元史》卷一三七《脱烈海牙传》，北京，中华书局，1976。

④ 《元史》卷一三四《小云石脱忽怜附子八丹传》，北京，中华书局，1976。

⑤ 沈涛：《常山贞石志》卷二一《哈珊神道碑》，南京，江苏古籍出版社，1998。

乌只，译言大臣也。父子俱从其国主来归于我”[①]。亦辇真曾任监察御史、辽阳等处行中书省左丞相等职。留居保定的畏兀儿人主要是岳璘帖穆尔及其后裔。岳璘帖穆尔是畏兀儿国相暾欲谷的后裔，元太祖时期，“以中原多盗，选充大断事官。从斡真出镇顺天等路，布德化，宽征徭，盗遁奸革，州郡清宁。寻复监河南等处军民。年六十七，卒于保定”[②]。其子合剌普华，“父时以断事官建牙保定，合剌普华往白其志。父奇之，俾习畏兀书及经史，记诵精敏，出于天性。李璮畔，其母携季子脱烈普华避地登、莱间，音问隔绝，号泣彻昼夜。继从从叔父撒吉思平贼山东，卒奉其母以归”[③]。易州定兴人王结的祖父王逖勤“以质子军从太祖西征，娶阿鲁浑氏，自西域徙戍秦陇，又徙中山，家焉”[④]。阿鲁浑是畏兀儿姓氏，这种由从征西域而娶畏兀儿族女子为妻的经历，虽然不具有普遍性，但颇具传奇色彩。

元代在河北地区的畏兀儿人的职业大致可以分为四类：第一类是驻防的军将，元睿宗曾在居庸关设立南、北口屯军，各设千户所。至大四年（1311 年）改为万户所，屯驻东西四十三处，设立十千户所。皇庆元年（1312 年）升隆准万户府为隆镇卫亲军都指挥使司。隆镇卫中就有大量畏兀儿将士在内，阿剌瓦而思为回鹘八瓦耳氏，归顺成吉思汗后，“从帝亲征，既破瀚海军，又攻轮台、高昌、于阗、寻斯干等，靡战不克，没于军”[⑤]，其孙子不别曾任隆镇卫都指挥。第二类是工匠，移居中原的畏兀儿人中有许多能工巧匠，这些有特别技能的人多被分配到元朝官营作坊中。刘敏在任燕京路安抚使时，兼燕京路征收税课、漕运、盐场、僧道、司天等事，朝廷“给以西域工匠千余户，及山东、山西兵士，立两军戍燕”[⑥]。第三类是商人，畏兀儿人以善于经商著称于世，入居中原后，很多畏兀儿人从事商业以及放贷等活动。王磐出任真定、顺德等路宣慰使时，“郡有西域大贾，称贷取息，有不时偿者，辄置狱于家，拘系榜掠。其人且恃势干官府，直来坐厅事，指麾自若。磐大怒，叱左右捽下，箠之数十。时府治寓城上，即挤诸城下，几死，郡人称快”[⑦]。权真定五路万

① （元）黄溍：《金华黄先生文集》卷二四《亦辇真公神道碑》，景印文渊阁四库全书本。
② 《元史》卷一二四《岳璘帖穆尔传》，北京，中华书局，1976。
③ 《元史》卷一九三《合剌普华传》，北京，中华书局，1976。
④ 《元史》卷一七八《王结传》，北京，中华书局，1976。
⑤ 《元史》卷一二三《阿剌瓦而思传》，北京，中华书局，1976。
⑥ 《元史》卷一五三《刘敏传》，北京，中华书局，1976。
⑦ 《元史》卷一六〇《王磐传》，北京，中华书局，1976。

户，假赵州庆源军节度副使王玉在任上时也遇到这样的问题："有民负西域贾人银，倍其母，不能偿，玉出银五千两代偿之。又出家奴二百余口为良民"①。大名路军马管民次官王珍在入见太宗窝阔台时说："大名困于赋调，贷借西域贾人银八十铤，及逋粮五万斛，若复征之，民无生者矣。"②由于元朝赋税过重，导致农民无法负担，只得借贷缴纳朝廷赋调，这就为畏兀儿商人放高利贷提供了温床，各地从事放贷的畏兀儿商人不在少数。第四类是在河北居官的畏兀儿人。真定是当时燕南河北道廉访使司的治所，按照元代的规定，"凡各道廉访司官用蒙古二人，畏兀、河西、回回、汉人各一人"③。这说明在燕南河北道廉访使司至少有一名畏兀儿官员。在河北居官的畏兀儿人比较著名的是布鲁海牙，他十八岁就开始随亦都护巴而术·阿而忒·的斤至蒙古，充宿卫。成吉思汗十四年（1219年），随成吉思汗西征。太宗初，任真定路达鲁花赤。元太宗三年（1231年），拜燕南诸路廉访使，遂以廉为胜。又任断事官。中统元年（1260年），为真定路宣抚使，迁顺德路宣慰使。④

（六）乃蛮

乃蛮，又译乃马、乃满、迺蛮、奈曼、奈蛮、耐满、粘拔恩、粘八曷等。乃蛮操突厥语族语言，是蒙古高原西部势力最强大的游牧部落。初居谦河地区（今叶尼塞河上游），后始逐步南迁，散布于阿尔泰山一带。东邻克烈，西至也儿的石河（今额尔齐斯河），北抵吉利吉思，南界畏兀儿。语言属突厥语族。信奉景教。部落也有很多分支，经济、文化较诸蒙古部落发达。在蒙古人兴起以前已建立起国家机构，并拥有精良、庞大的军队，经常同克烈部发生战争。金泰和三年（1203年），成吉思汗灭克烈部，造成对乃蛮的直接威胁。次年春，太阳汗进兵杭海山（今杭爱山），纠集被成吉思汗战败的各部残军，讨伐蒙古，成吉思汗起兵迎敌，大战于纳忽山崖，乃蛮军大败，太阳汗负重伤而死。成吉思汗追击至按台山（今阿尔泰山）前，征服了太阳汗的乃蛮部众。乃蛮灭亡以后，人民被分配给蒙古诸王和那颜为奴，部分人逃往中原。在蒙古灭金的过程中，乃蛮人抄思"执锐以从，与金兵战，所向无前"，曾在三峰山战役中立有战功，率西京等处军人镇守随州。后来，抄思"奉旨调军，得西京、大名、

① 《元史》卷一五一《王玉传》，北京，中华书局，1976。
② 《元史》卷一五二《王珍传》，北京，中华书局，1976。
③ 《元史》卷三二《文宗纪一》，北京，中华书局，1976。
④ 《元史》卷一二五《布鲁海牙传》，北京，中华书局，1976。

滨、棣、怀、孟、真定、河间、邢、洺、磁、威、新、卫、保等府州四千六十余人，统之。后移镇颖，以疾归大名”①。元朝建立以后，乃蛮人在政治上受到优待，《元史·选举志》称：“（元贞）六年，以随路见任并各投下创差达鲁花赤内，多女直、契丹、汉人，除回回、畏吾儿、乃蛮、唐兀同蒙古例许叙用，其余拟合革罢，曾历仕者，于管民官内叙用”②。由此可见，乃蛮人在元代的社会地位比女直、契丹和汉人要高，因此在各路居官的乃蛮人应当不少。如乃蛮人囊加歹的儿子教化为山东河北蒙古军副都万户，其孙子脱坚为山东河北军大都督，世袭有位。③

（七）阿儿浑

阿儿浑人是陶宗仪的《南村辍耕录》中所说色目人三十一种的第十三种。又叫阿鲁浑、阿鲁虎、合剌温、阿剌浑，是回族的组成部分。13世纪前分布在塔拉斯至八剌沙衮之间。更准确是今吉尔吉斯斯坦的楚河流域。他们是匈奴后裔，据《元史·薛塔剌海传》称：“薛塔剌海，燕人也，刚勇有志。岁甲戌，太祖引兵至北口，塔剌海帅所部三百余人来归，帝命佩金符，为砲水手元帅，屡有功，进金紫光禄大夫，佩虎符，为砲水手军民诸色人匠都元帅，便宜行事。从征回回、河西、钦察、畏吾儿、康里、乃蛮、阿鲁虎、忽缠、帖里麻，赛兰诸国，俱以礮立功”④。史料中的“阿鲁虎”即“阿儿浑”，据此可以推知，阿儿浑被蒙古征服的时间应当是在成吉思汗第一次西征之时。《元史·哈散纳传》称：“哈散纳，怯烈亦氏。太祖时从征王罕有功……后管领阿儿浑军，从太祖征西域，下薛迷则干、不花剌等城。至太宗时，乃命领阿儿浑军，并回回人匠三千户驻于荨麻林。”⑤ 由于阿儿浑人早就接受伊斯兰教，因此在元代已经被视作回回，这些迁到荨麻林的“回回人匠”中大部分是阿儿浑人。元朝建立之后，曾组建有阿儿浑军，《元史·顺帝纪》称：至元六年五月“辛未，降钞万锭，给守卫宫阙内外门禁唐兀，左、右阿速，贵赤，阿儿浑，钦察等卫军”⑥。阿儿浑军主要负责两都戍卫。

---

① 《元史》卷一二一《抄思传》，北京，中华书局，1976。
② 《元史》卷八二《选举志一》，北京，中华书局，1976。
③ 《元史》卷一三一《囊加歹传》，北京，中华书局，1976。
④ 《元史》卷一五一《薛塔剌海传》，北京，中华书局，1976。
⑤ 《元史》卷一二二《哈散纳传》，北京，中华书局，1976。
⑥ 《元史》卷四〇《顺帝纪三》，北京，中华书局，1976。

第四节 朝鲜族

朝鲜族是东北亚主要民族之一，长期以来生活在朝鲜半岛。明洪武二十五年（1392 年），高丽军事都统领李成桂，推翻了亲元的高丽政权，开始倾向于明王朝。之后，两国之间形成了友好的政治、军事、经济关系。据《朝鲜王朝实录》有关记载，后金曾要求朝鲜王朝出兵，协助进攻明王朝。朝鲜国皇帝明确表示，不屈从于后金。明万历年间，女真人大规模进攻朝鲜，裹挟大量朝鲜移民进入中国东北地区。这一时期的移民，基本以士兵为主，其中还夹杂着大批工匠。因为当时女真人生产方式落后，缺少能工巧匠，来生产盔甲、武器、攻城器等军事必需品。因此，朝鲜工匠成为女真掠夺的重要对象。这些朝鲜移民，形成了不同的两股潮流。以士兵为主的朝鲜移民，在“入关”之后，成建制的挥师关外八旗统领区，主要分布在中国东北地区的辽宁、吉林两省。以工匠为主的朝鲜移民，在“入关”之后，被强迫留置于关内，从事生产，再未南下。至于后金裹挟的大部分朝鲜农民，则被留在了今我国东北境内的各处山地、平原、谷地之间，从事农业生产。

朝鲜族人大规模移民中国，是在明末清初。清顺治元年（1644 年），清朝军队在明朝将领吴三桂的带引下大举进入山海关内，攻占了当时明王朝的京师（今北京）。其中大量成建制的朝鲜族士兵进入中原地区，散布在河北北部。目前，河北地区的朝鲜族主要分布在唐山市开平区，秦皇岛市抚宁县、青龙满族自治县以及承德市宽城满族自治县。青龙满族自治县现有朝鲜族聚居和杂居村八个，其中塔沟的朝鲜族，在当地居住已经有三百多年的历史。河北青龙朝鲜族的祖先是“国初来归”的战争移民，后被编入满洲镶白旗的包衣，1644 年随清军进关，居住在京畿地方，后又被派到青龙。居于唐山市郊冶里村的朝鲜族是清军入关前被编入满洲八旗，入关后落居河北的朝鲜族后裔。

在清朝的八旗兵中，就有一定数量的朝鲜士兵，据《清史稿》记载：“内务府三旗，各设佐领三人，旗鼓佐领四人，正黄旗设朝鲜佐领一人，每二丁设马甲一，每佐领各设领催六、护军十五，以领侍卫内大臣率之。内务府官兵守护行宫者，分东西北三路，设千总等官，兵额不等。热河行宫亦如之”①。这表明在内务府所管的三旗中，正黄旗中设置有朝鲜佐领一人。正黄旗中的朝鲜士兵不仅戍卫京师，同时负责护卫承德避暑山庄。承德宽城的朝鲜族一部分可能是护卫避暑山庄的正黄旗朝鲜族士兵后裔。

第五节 满 族

满族的名称是在明朝末年才出现的。但满族发展的历史却很久远。其先人可以追溯到历史上活动在白山黑水之间的肃慎人、挹娄人、勿吉人、靺鞨人和女真人。明初到明中叶，东北广大地区的女真人分为建州、海西、东海（野人）三部。明代在东北地区设置奴儿干都司管辖生活在此地的女真人。建州女真主要居住于明朝抚顺关（今辽宁抚顺东）以东，鸭绿江以北及长白山南麓地区；东海女真主要散居于长白山北麓、乌苏里江滨海及黑龙江中下游地区；海西女真则主要居于松花江及其上游的辉发河、乌拉河以及东辽河流域。女真各部地相交错，各自雄长、不相归一，长期处于分裂割据状态。加之明朝采取分而治之，相互牵制的分化政策，更加剧了女真族各部的混战。万历十一年（1583 年）五月，建州女真首领努尔哈赤，以祖、父遗甲十三副起兵，讨伐尼堪外兰，开始了长达三十六年之久的统一战争。在统一过程中，努尔哈赤将女真人原有的狩猎生产组织形式“牛录”加以增定完善，创建了军政合一的社会组织“八旗”。明万历四十四年（1616 年），努尔哈赤称帝，沿用“金”为国号，史称后金。关于后金建国前及后金时期的社会性质，目前史学界各家说法颇有差异，讨论正在深入发展。天命十一年（1626 年）努尔哈赤死，其第八子皇太极继大汗位，于天聪九年（1635 年）改“诸申”（女真另一译写形式）为“满洲”，从此满洲代替女真为族名，而其余女真各部亦各以赫哲（赫真）、鄂伦春、鄂温克等族名通行，女真一名在清代逐渐消失。皇太极于天聪十年（1636 年）改国名为清，为中国历史上最后一个封建王朝。

满族进入直隶（河北），因驻防、圈地、守陵、护围，分布在全省各地。

（一）驻防与戍守

河北地区是京畿重地，顺治七年（1650 年）派八旗兵驻防京师附近

① 赵尔巽等：《清史稿》卷一三〇《兵志一》，北京，中华书局，1977。

的顺义、昌平、三河、漷县、良乡、固安、采育（今北京市大兴南）、东安等处，每处满洲章京二、蒙古章京一，每处牛录并四名。[①] 从驻防之初的情况看，清代初年各地所驻扎满族将士人数并不多，有的地方仅数人而已。以后，各县的驻军人数不断增加，达到大约每县五十名甲兵的规模。

清代前期、中期河北八旗驻防人数表[②]

地　名	驻防时间	驻防甲兵人数
三河县	顺治六年	50
霸州	康熙十二年	50
玉田县	康熙十二年	50
雄县	康熙十二年	50
山海关	顺治初年	700
张家口	康熙三十二年	1020
古北口	顺治三年	200
热河	雍正元年	1760
固安县	顺治七年	50
永平府	康熙三十四年	100
保定府	顺治六年	
沧州	顺治五年	311
喜峰口	顺治二年	100
独石口	顺治初年	100
冷口	康熙九年	38
围场		800

在乾隆时期修订的《八旗通志》中天津府、保定府和山海关三地的驻兵情况不详。按照营房间数进行推断，天津府驻兵营房有四千间，驻防兵丁约两千人。保定府有营房三百三十九间，驻防兵丁约一百六十人。乾隆时期京畿驻兵总人数在一万人左右，其中半数以上为满洲八旗，这一时期在河北地区分布的满族士兵在五千人以上，如果加上家属，则总人数在两万人左右。除此之外，在京畿其他地区还分布着二十个较小的驻兵点，有的在县城，有的则在地理位置比较重要的关隘。虽然清朝在这里驻扎的满族士兵不是很多，却形成了满族人口的聚居点，对满族人口的分布，具

① 《清世祖实录》卷四七顺治七年。

② 参见曹树基：《中国移民史》第六卷，39页，福州，福建人民出版社，1997。

有一定的意义。

雍正元年（1723 年）开始设热河直隶厅，二年（1724 年）将热河之一千名鸟枪兵撤回京城，另补派亲兵八百名，永远驻防热河。初设总管一员，总理一切事务；副总管二员，佐领十六员，每佐领下设骁骑校一员，兵五十名，共计满洲兵六百名，蒙古兵二百名。乾隆三年（1738 年），又由京城拨派兵一千二百名，凑为两千。内有鸟枪兵五百名。裁去总管，改设副都统，统辖八旗。按旗佐设协领二员，佐领四员，防御二十员，骁骑校四员，分理旗佐事务。兵一千二百名。又添官马五百匹，作为鸟枪兵骑用。乾隆六年（1741 年），帝初次出口行围，驻跸山庄，下令热河二千兵丁俱射箭靶，中者照例赏赐。两千兵内，中三、四、五箭者共七百余名，共得赏银三千余两。乾隆初年，令由热河兵中拨出一千名派往绥远城。再由京拨补一千名，仍归两千之数。乾隆二十九年（1764 年），下令由热河两千名兵内，拨派一千名迁往伊犁驻防，又由京拨补一千名。据道光七年（1827 年）统计，承德府（治今承德市区）有四千二百多户，二万五千多人，其中旗人两千多户，人口一万多人。由此可见，热河八旗驻防兵两千名，为先后三次自京城拨派而来。至道光十年（1830 年），热河都统下现额满洲八旗协领四员，佐领十六员，每佐领下防御一员，骁骑校一员，兵一百十名，共兵一千七百六十名；蒙古八旗协领一员，每二旗佐领一员，防御、骁骑校各一员，兵一百十名，共兵四百四十名。计满洲、蒙古驻防官兵六十员，兵两千二百名。此种名额一直延续到清代末期。①

热河境内满、蒙八旗驻防地共四处。热河（今承德市区）满、蒙八旗驻防。雍正元年（1723 年）设置热河厅，三年（1725 年）设副都统一人，后为都统，协领由原二人增至四人，防御、佐领、骁骑校各十二人，共一千四百名。第一次驻防兵是在雍正元年六月“请派京城兵八百名，于热河驻四百名”②。乾隆二年（1737 年）“总理事务大臣等奏：热河地方甚为紧要……驻防热河所系满洲兵较少，理就添设，查京城闲散人丁重万三千八百名，请将一千二百名拔往热河”③，其中拔往热河（今承德市区）一千名。乾隆二十九年（1764 年）拔派热河驻防八旗官兵一千名移防伊犁，再由京城补拔一千名。热河（今承德）共有满蒙八旗官兵一千四百名。其中蒙古八旗官兵二百五十四人。根据《八旗通志》载：八旗

① 布尼阿林：《热河八旗驻防简述》，载《承德师专学报》，1988（1）。

② 《清世宗实录》卷八雍正元年六月。

③ 《清高宗实录》卷四乾隆二年。

驻防均有固定方位。即：镶黄、正黄在北方，正白、镶白在东方，正红、镶红在西方，正蓝、镶蓝在南方。因热河山峦起伏，广阔平原少，八旗驻地只按大体方位布置。热河满洲八旗的驻防分布：正白旗营房在避暑山庄的东南方迎水坝、小南门一带。镶黄旗营房在市郊区北部的狮子沟镇，镶白旗营房在南营子大街的居仁里，正蓝旗营房在五条胡同下口荆巴铺附近，正红旗营房在市区西郊的下营房一带，正黄旗营房在市区北部的殊香寺地方。镶蓝、镶红二旗则在二十公里外的市郊区滦河镇内。热河蒙古正黄、镶蓝、正红、镶红旗驻防是在市区北郊的普宁寺附近。喀喇河屯满八旗驻防。喀喇河屯厅是乾隆七年（1742 年）设立的。乾隆四十三年（1778 年）撤厅改为滦平县。雍正元年（1723 年）六月，派京城满八旗官兵两百名驻防喀喇河屯（今承德滦河镇）。乾隆二年（1737 年）又拔二百名满八旗官兵驻防喀喇河屯。编为镶红旗、镶蓝旗。设满洲协领一人，佐领、防御、骁骑校各四人。喀喇河屯八旗驻防建有噶喇大衙署一所，十二间，为乾隆四十九年（1784 年）扩建，征用民人李汉臣等人土地十四亩五分。佐领衙署四所，各七间，骁骑校衙署四所，并建有公所房三间，教场在尚渡河沙滩，南北长七十二丈，东西宽一百二十丈。桦榆沟蒙八旗驻防。清初桦榆沟归喀喇河屯管辖。雍正元年（1723 年）六月，拔京城蒙古八旗兵二百名驻防桦榆沟（今承德滦平陈栅子乡）设协领一员，佐领、防御、骁骑校各二人。编入蒙古镶黄、正白、镶白、正蓝四旗。[①] 除此之外，木兰围场也是八旗驻兵的重要据点。

雍正时期，古北口的八旗驻兵也开始增加。古北口初设总兵，雍正元年（1723 年）提升为直隶提督，常驻古北口。直隶提督主要是负责以古北口为中心的京北一带的防务和后勤供应，提督下辖本标中、左、右、前四营官兵，并兼辖河屯、三屯、三永三协，八沟、古北口城守三营。中营设中军参将一员，驻古北口，兼辖古北口城守营。下有中军守备一员，千总二员，把总四员，外委六员，额外外委八员，兵八百二十九名。左营、右营游击各一员，中军守备各一员，千总各两员，把总各四员，外委各六员，额外外委各七员，兵各八百一十名。左、右营共同驻扎潮河城。潮河城位于密云东北，距离县治约一百公里。前营设游击一员，中军守备一员，千总一员，把总三员，兵四百六十名，前营官兵驻扎在位于密云东北 30 公里的石匣城，前营游击还兼辖密云城守、顺义、石塘路三营。总体上看，雍正时期在古北口驻扎的八旗兵丁在两千人以上。而这些驻扎在古

① 特克寒：《热河驻防八旗史略》，载《满族研究》，2005（1）。

北口的士兵，多要借道丰宁，清朝曾数次成建制地派遣清兵驻多处设置守备营于沿途，于是兵铺密布集镇以及重要关卡。因八旗兵驻扎，安顿八旗子女，营地简称村庄而得名的就有南辛营、后营坊、上黄旗、塔黄旗、镶黄旗、红旗营、老营盘等，这些地名一直沿用至今。乾隆十六年（1751年）五月，礼部铸造6827号铜印“察哈尔镶黄旗第七牛录之图记”，一直得以保存至今。南辛营满族乡满堂村陈姓，先祖做过九门提督，因镇压于六、于七、杨三饕有功，命来丰宁看守“西围”，持放地大照落户，占有汤河、燕子窝、头道坎、马栅子、白庙子、黄玉梁和连河山场等西围的部分土地，兄弟四股各得地七顷二十亩。①

顺治元年（1644年），易州城内设游击衙门，派驻守城的营兵，其眷属陆续前来定居。大部分满族居民住在县城附近的石赛、中亢各庄、北市等村庄。

（二）“圈地”与“皇庄”

清军入关后，满族人口大量涌入北京及其附近地区，为了犒赏王公贵族，解决八旗生计问题，安置满族闲散人口，争取最大的战利品，多尔衮颁布“圈地令”进行圈地。顺治元年（1644年）九月，清廷谕户部云：“我朝建都燕京，期于久远，凡近京各州县民人无主荒田，及明国皇亲驸马公侯伯太监等，死于寇乱者，无主田地甚多，尔部可概行清查。若本主尚存或本主已死，而子弟存者，量口给予。其余田地，尽行分给东来诸王、勋臣、兵丁人等。此非利其地土，良以东来诸王、勋臣、兵丁人等，无处安置，故不得不如此区画。然此等地土，若满汉杂处，必争夺不止，可令各府州县乡村，满汉分居，各理疆界，以杜异日争端。今年从东先来诸王、各官兵丁，及见在京各部院衙门官员，俱著先拨给田园，其后到者，再酌量照前与之。至各府州县无主荒田及征收缺额者，著该地方官查明造册送部，其地留给东来兵丁，其钱粮应征与否，亦著酌议。”② 顺治二年（1645年）正月，户部以圈拨地土事奏闻，得旨：“凡圈丈地方，须令满汉分处，至于故明赏赉勋戚庄地，及民间无主荒田，悉令输官，酌行分拨。”③ 顺治初规定圈地范围，只限于近京州县无主荒地和明朝皇室勋戚所遗庄园。但在执行中，许多有主土地被圈占，造成一部分汉民流离失所。雍正元年（1723年）七月，李维钧上书言：“顺天、保定、河间、永

---

① 金桂章等：《丰宁县满族渊源及人口变迁》，载《河北文史资料》第29辑，72页。

② 《清世祖实录》卷一二顺治元年九月。

③ 《清世祖实录》卷一三顺治二年正月。

平、宣化五州，地多旗圈，丁银留为民累，请自雍正二年始，拨入通省地粮内，按地输丁。”①

这表明这一时期，河北的土地大片为满族圈占。直至康熙八年（1669年）春又圈占民田，京畿一带汉民被迫迁徙，多至失业，非委身于沟壑，则走险于绿林。康熙帝为抚慰民心，安定天下，于同年六月十七日手谕户部：“以后圈占民间房地永行停止。其今年所圈者，悉令退还民间。……至于旗人，无地亦难资生，应否将古北口等口外空闲之地，拨给耕种。著议政王、贝勒大臣确议具奏”。户部接旨后，迅速派人到古北口、冷口等口外地区勘察。于康熙九年二月上表奏称：“今以古北口外地拨与镶黄旗、正黄旗，罗文峪口外地拨给正白旗，冷口外地拨与镶白旗、正蓝旗，张家口外地拨给镶红旗、镶蓝旗。”康熙帝准奏。于是镶白旗、正蓝旗十二名立有战功者先后出义院口至冷口之间的各关占地。凡一日内绕一周的土地均归其所有，此称为“跑马占圈”。这些立有战功者圈占了青龙河以东的官场、碾子沟、土胡同、娄子石、小岭西、张杖子、新庄子等地。

八旗宗室设在畿辅及山海关外、张家口外、冷口外的田庄达一千三百三十五所之多，设在青龙境内的大约有一百所。居住在娄子店、官场、庄窠的正蓝旗董氏家族，清道光十六年（1836年）禾月谷旦重所修《家谱》记载：“世祖（讳）一道，生子三人，本籍铁岭人氏，随驾征讨，不畏锋镝，舍死忘生……皇上念我祖辈有功，恩赏功勋地三百余顷，坐落口外。祖世祯、世杰、世英三人随征入关，直赴京都……进取西安，抚定河南，克扬州府……对敌一百五十阵，降文武官四百四十四员，降马步兵三十一万七千七百。……吴三桂背叛，余二祖率领文瑞、文陞……父子十六人随主南征。一路降服平定浙江、金华、福建等处，扫灭吴三桂。余祖得功牌十数面，既定，奉旨计功行赏。余祖不愿居官，執知恩赏行圈地……余祖遂占滦州法宝庄、肖家庄、喜家桥，昌黎县境内于家坨、围场，共地五圈。又占刘家口、徐流口、河流口、青山口、桃林口五口之外”。正蓝旗董氏圈占了青龙县南部大部地方。

出冷口的正白旗共有十六大姓：张、王、李、肖、佟、宋、满、高、刘、杨、谢、马、金、于、崔、邵。这十六大姓圈占了青龙县西部的大面积山场土地。据肖营子满族乡娄子店村李氏祖茔乾隆三十六年（1771年）立的墓碑载：“因世界宁静，群臣奏知皇上，各家亲王俸禄太大，莫如口外占荒，自耕自食。乃出冷口跑马占圈，各占山场土地，更分边界：东至

① （光绪）《永平府志》卷首，北京，中国审计出版社，2001。

青龙河，西至擦岭，南至冷口上，北至虎头石……此吾祖先出口之由来也”。

因奖励军功而出冷口的正蓝旗有李、冯、于、翟等姓，他们分布在青龙县北部和中部等地区①。李氏家族二世祖李明诚是清乾隆年间六品文官，其夫妻身穿官服的巨幅画像，至今仍保存完好。碾子沟腰庄张氏《家谱》记载：“始祖……系辽阳河工堡人，我清奋起，以从龙功屯田永平府滦州。……康熙年间沿边圈地，分临榆县义院口外土胡同屯田住蓝旗界，先世即正蓝旗人。”娄丈子乡镶白旗关氏《家谱》记载：因先祖有功，于康熙九年跑马占圈来青龙。后来族中出了一个正五品文官，新中国成立前李氏一直是当地最显赫的家族。

除上述来口外青龙圈地的正蓝旗庄头和功臣外，另一部分出口圈地的就是属清内务府上三旗中的汉军正白旗包衣。他们隶属于清内务府都虞司管辖，多数为鹰户。这些汉军正白旗包衣的祖先，在明朝时，有的奉旨开边，有的经商，也有的因战争被俘，陆续到了关外，在今辽宁省铁岭附近定居下来，后编入汉军八旗，也“从龙入关”。开始驻扎在北京、滦州一带。顺治时，被调往口外开垦，当时出关的有四大姓、十三户，通称三肖四邵五马一支杨。不久又被调移到马兰庄（遵化西）。康熙八年至九年(1669—1670 年)，“再次调到口外屯垦”，跑马占圈。

这次出关的正白旗十六大姓，具体分拨的边界是，“东至青龙河，南至冷口上，西至擦岭，北至虎头石”，遍布青龙河以西的广大地区②。据青龙县碾子沟乡歪顶沟腰庄张氏家谱记载：“始祖……系辽阳河工堡人，我清奋起，以从龙功屯田永平府滦州。……康熙年间沿边圈地”。

今丰宁县境的满族也有大量因“圈地”而留居的。四岔口满族乡的王姓祖先是二品侍郎，李姓祖先是京营菜市汛把总，其家族皆是圈地而来丰宁落户的。王营村金姓满族是顺治年间来丰宁占地，祖辈有五人居官，有护驾军官和参领。满堂村潘姓始祖潘起凤，又名哈密大什，是镶黄旗黑亚吐牛录的兵丁，顺治三年（1646 年）退役来丰宁丰田。白塔乡满族何、轲等姓都是追随多尔衮入关，编入镶黄旗黑亚吐牛录或白亚吐牛录当兵，清朝定都北京以后，来丰宁圈占达袋沟一条川耕种。③

除了跑马圈地外，清廷曾把冷口外的部分土地以王租、祭田等名目赏

① 刘玉宗、金鑫：《青龙县满族来源初考》，载《民族研究》，1987（4）。
② 杨贺春：《青龙县满族源流初考》，载《满族研究》，1987（3）。
③ 金桂章等：《丰宁县满族渊源及人口变迁》，载《河北文史资料》第 29 辑，72 页。

赐给皇亲，以减轻朝廷的负担。青龙县大石岭乡王姓家族，其先祖封为么道侯，属正蓝旗，是清太宗皇太极的额驸。其妻固伦公主死后，顺治皇帝便将冷口外的部分土地赏给么道侯作为固伦公主的祭田。当时未派人出关。直至康熙九年，镶白旗、正蓝旗来这里圈占土地后，么道侯的后裔才派族人率领庄丁出关占地，建立皇庄，由族人担任"皇粮庄头"，一直传袭到民国年间（1912—1949 年）。在其后代保存的《家谱》、《皇粮庄头执照》中记载："自国初顺治年间，蒙世祖章皇帝恩赏公主祭田。地方坐落在永平府迁安县之冷口外草碾等地方"。青龙县境内的肖营子、青龙镇、大石岭、隔河头、官场一带的田庄多为王庄。据伪《热河省各县旗情况》载："康熙八年，皇帝允许其部下十二名立过战功的出关到该地（指青龙）定居"，他们"各率领部下一百五十名到该地跑写占圈。凡一日内绕行一周的土地均归其所有，作为对他们旧功的酬谢"。这些官兵的圈地，主要分布在今青龙河以东的官场、碾子沟、土胡同、楼子石、小岭西、张杖子、新庄子等地。清初，肃亲王豪格与和硕亲王硕塞在丰宁都占有免赋庄田，牧牛河流域的鹰手旗、翠花地、潮河与天河流域的杨木旗都属于皇庄。汤牛沟、官木山、木匠营、西两间房、料坡道等地为向内务府交差的直接领地，这些官地皇庄的领催、马甲、养育兵和差人、匠人也都落户入籍。

顺治三年至康熙年间，清廷为安置入关皇室、贵胄及八旗子弟，清查京畿各州且有无主荒田和明朝后亲、公侯的土地，设置皇粮庄头。满族分别居住在东、西、南、北四韩村和东邵、大方、涞山、东庄、黄山、西北奇、固村等村。韩村满族钟氏于顺治元年从盛京（今沈阳）里岗屯迁居而来，至今已 15 代。西北奇马姓原为满族那拉氏，定居后改汉姓。南韩村鞠氏，东邵吴氏，固村王、张、于、赵四姓居民都是顺治年间（1644—1661 年）迁入满族后代。

（三）守陵与护围

康熙二年（1663 年）开始在河北遵化修建东陵。共建有皇陵五座——顺治帝的孝陵、康熙帝的景陵、乾隆帝的裕陵、咸丰帝的定陵、同治帝的惠陵以及东（慈安）、西（慈禧）太后等后陵四座、妃园五座、公主陵一座，计埋葬 14 个皇后和 136 个妃嫔。雍正八年（1730 年），在易州城西 30 里的泰宁山下始建皇陵，清西陵是清代自雍正时起四位皇帝的陵寝之地，共有 14 座陵墓，包括雍正的泰陵、嘉庆的昌陵、道光的慕陵和光绪的崇陵。此外还有 3 座后陵以及若干座公主、妃子园寝。清廷在易县修建西陵之始，便于北京、沈阳、热河、东陵调拨军政官吏驻西陵、梁格庄一带监造营房，长期担任陵区守护，在陵区内建成五道河、太平峪、晓新村、龙里华、龙泉庄、凤凰台、华北村、太和庄、下岭、北百泉、张格庄等14个满民营。清朝皇帝为祭祀和保护好东陵，派来守陵的守护大臣是王公贵族，保护陵园的是皇家最亲信的满洲八旗兵；管理陵园和祭祀的是为皇家服务的内务府；还有掌管祭祀礼仪，生产祭祀物品的礼部和守护陵寝风水的汉军——绿营。并为他们的居住建造了大量营房，即东陵三镇、九营、八圈。守陵的分工非常细致，东陵分为内务府（后勤部）、工部（陵区维修）、礼部（制作祭祀的器皿和供品）、八旗（全部为满族卫兵）、绿营（负责防火防盗，可有汉兵）。王爷陵也按照这样分工，大同小异。当时在隆福寺当差的人很多，守卫部队分东、西、南、北4个营，还有内营、外营2个“衙门”。现在这些满族守陵人的后代，主要集中在遵化的东陵乡、马兰峪乡、西下营乡和汤泉乡。

图6－5　河北易县清西陵

康熙十六年（1677年），康熙皇帝首次北巡塞外，看中了这块“万里山河通远檄，九边形胜抱神京”的地方。二十年（1681年），康熙第二次北巡，以“喀喇沁、敖汉、翁牛特诸旗敬献牧场”的名义划定了一万四千多平方公里的围猎场，清代的皇家猎苑就此而建立，也成为世界上第一个，也是迄今为止规模最大的皇家猎苑。木兰围场自设置之始就有大量的满、蒙八旗兵丁驻防。康熙四十五年（1706年），设置围场总管大臣一员，秩四品，乾隆十八年（1753年）改为三品；此年又设左右翼长各一员，秩四品；章京八名（也为佐领）围场总管衙门设在围外的唐三营（今属隆化）。派驻一百七十名满蒙八旗官兵按八旗方位设八个营房，每营房辖五个卡伦，共四十个卡伦，驻守围场四周护围，并在围场的四周川口地带植柳设栅。雍正十二年（1734 年）增护围兵九十名。乾隆十四年（1749 年）至乾隆十八年（1753 年）两次共增加满蒙八旗兵六百八十九名。嘉庆十八年（1813 年）五月增卡伦二十二处，兵一百五十名，建兵房四百六十六间。道光年间（1821—1850 年）增加兵丁六百名。此时，木兰围场驻防满蒙八旗官兵共一千六百三十九名，其中蒙古八旗官兵五百八十五人。营房处还建有马棚，乾隆三十一年（1766 年）有军马五百二十四匹。眷属随同共同驻防。

除了以上形式来河北留居外，尚有大量满族人因灾荒逃难到河北，并在此定居。同时，清朝关东大量迫于生计或无法生存的满族，被清廷安置在河北。

综上所述，元明清时期，是河北民族融合的重要时期，蒙古族、回族、满族、朝鲜族几乎都在这一时期大量进入河北，奠定了今天的分布格局，发展成为了河北世居少数民族。但在这一时期，这四个少数民族的历史命运是不同的，蒙古族建立的元朝和满族建立的清朝是中国历史上的大一统王朝。这两个王朝均以北京为首都，河北地区成为畿辅地区。当时，蒙古族、满族以北京为中心，遍布河北全境。同时，蒙古族、满族在河北地区留下的历史遗存极为丰富，承德避暑山庄、保定易县清西陵、唐山遵化清东陵，都是举世瞩目的世界文化遗产。而回族、朝鲜族迁居河北，处于从属地位。回族在元朝多以工匠、商人身份进入河北，明朝“靖难之役”后，明成祖朱棣将都城由南京迁往北京，大批回回将领、官员随即迁徙到河北地区，使河北成为回族的重要聚集区。朝鲜族则是作为清朝入关时的“包衣”，被分派到河北驻防的。当然，在元朝还有大量来自西域的“色目人”，这些“色目人”，有的从军，有的从商，有的务农，都在河北历史文化长卷中留下了浓墨重彩的一笔。

大事记

约四千年前

黄帝、炎帝与来自东夷的蚩尤部落在河北北部汇聚。黄帝先在阪泉（今河北怀来）打败了炎帝，又与西进的蚩尤战于涿鹿之野，擒杀蚩尤。蚩尤所在的九黎等部族融入了炎黄部族。黄帝又北逐荤粥，合符釜山，以合符釜山为标志，成就了以黄帝为首的众多部落的大联合，初步奠定了中华民族大一统的人文基础。

约公元前 22 世纪中叶

传说共工与颛顼争为帝，共工失败，怒而触不周之山，造成天柱折，地维绝，天倾西北，地不满东南。另一种说法是，共工与尧争帝位，失败，尧流共工于幽陵，以变北狄。

公元前 13 世纪中期

商王武丁讨伐土方。

约公元前 11 世纪

商末鬼方已经进入今河北南部地区。西周初，孤竹国君之子伯夷、叔齐耻食周粟，逃隐于首阳山，采薇而食，最后饿死首阳山。

燕宣侯五年（公元前 706 年）

山戎越燕伐齐。

燕桓公元年（公元前 697 年）

山戎进攻燕国，攻破燕都（在今北京房山琉璃河），迫使燕桓公迁都临易（今河北容城或易县）。

燕庄公二十七年（即周惠王十三年，公元前 664 年）

山戎又伐燕，攻破燕城、蓟城，燕求援于当时的霸主齐桓公。齐桓公救燕，北伐山戎，大破山戎于桑干河，至于孤竹而还。

鲁庄公三十二年（公元前 662 年）

狄人攻邢国，齐桓公率齐、曹、宋三国军队救邢。

燕庄公三十一年（公元前660年）

齐桓公大举征伐孤竹、离指（即令支），孤竹国灭亡。

鲁釐公元年（公元前659年）

狄人攻邢（今河北邢台），邢国城破，邢人溃围南奔，迁都于夷仪（今山东聊城西南）。

晋景公六年（公元前594年）

晋景公兵分两路伐赤狄，东路军由荀林父率领，沿太行山东侧北上，进击河北之赤狄。

鲁昭公十二年（公元前530年）

六月，晋帅荀吴伪称与齐国军队相会，并借道鲜虞，突袭肥国，攻入国都昔阳（今河北藁城西南），俘获肥国国君绵皋而归，肥国灭亡。

晋昭公三年（公元前529年）

晋昭公以荀吴为将，进攻鲜虞，攻占中人城（今河北唐县境）。

鲁昭公十五年（公元前527年）

荀吴率晋军进攻鼓国，鼓国降。

鲁昭公二十三年（公元前519年）

鼓君鸢鞮率鼓叛晋，附于鲜虞。

鲁昭公二十四年（公元前518年）

荀吴灭鼓。

鲁定公三年（公元前507年）

鲜虞利用晋与齐、宋、卫等国在召陵会盟伐楚之际，举兵大举攻晋，大败晋军于平中（今山西大同东），俘虏了晋大夫观虎。

鲁定公四年（公元前506年）

中山之名，始见于史乘。

鲁定公十三年（公元前497年）至鲁哀公五年（公元前490年）

晋国内乱，中山支持范氏和中行氏，对抗知、韩、魏、赵诸卿。

晋出公十七年（公元前458年）

赵襄子北登夏屋（今山西代县草垛山），请代王入见，杀代王，灭代。

晋出公十八年（公元前457年）

赵襄子派新稚穆子伐中山，直插中山腹地，占领左人（今河北唐县境）、中人（今河北唐县境），中山国受到了致命的打击。自此之后，直至周威烈王十二年（公元前414年）中山武公初立，鲜虞中山国不再见诸史籍记载。

赵献侯十年（公元前 414 年）

中山武公初立，都于顾（今河北定州），武公是中山国第一位有文献记载的国君。经过几十年沉寂后，中山国又开始复兴。

魏文侯四十年（公元前 406 年）

魏国乐羊灭中山，先后封太子击、少子挚为中山君，使李克治之。

赵敬侯六年（公元前 381 年）或稍前

中山桓公复国，迁都灵寿。

赵肃侯十八年（公元前 332 年）

齐、魏联合伐赵，中山成公也趁机出兵，并决槐水围鄗邑（今河北柏乡固城店镇固城店村鄗城遗址）。

赵武灵王二年（公元前 324 年）

中山与韩、赵、魏、燕结盟，共同称王，史称“五国相王”，以与秦、齐、楚等抗争。

燕王哙六年（公元前 315 年）

燕王哙禅位于相同子之，引发燕国内乱，齐宣王趁机伐燕，占领了燕都。中山王譽也利用这个机会，派相邦司马赒率军北略燕国，占领燕国领土方圆数百里，列城数十，并攻克燕下都（今河北易县）。中山国的北部边境推进到了今河北易水两岸。

赵武灵王二十一年（公元前 305 年）

赵武灵王兵分三路，向中山国发动了大规模进攻，攻占中山国三分之一以上的领土，中山被迫求和。

赵惠文王三年（公元前 296 年）

赵攻破中山国都灵寿，中山灭亡，迁其君于肤施（今陕西榆林市东南）。

燕昭王三十年至三十二年间（公元前 282—前 280 年）

燕将秦开大破东胡，迫使东胡退却千余里，燕于东胡地置上谷（治今河北怀来）、渔阳（治今北京密云）、右北平（今河北承德）、辽西（治今河北卢龙）四郡。在破东胡后，燕国开始修筑北长城，以御东胡。北长城西起造阳（今河北怀来），东达襄平（今辽宁辽阳北），长千余里。

秦二世元年（公元前 209 年）

冒顿杀父自立为匈奴单于，大破东胡，取代东胡，控制了今河北北部。

汉高祖十二年（公元前 195 年）

四月，汉高祖去世，燕王卢绾投降匈奴，匈奴以之为东胡卢王。燕国所统今河北境内的上谷、渔阳、右北平、辽西诸郡，均为匈奴不战而得，匈奴的势力迅速推进到长城以南。

汉景帝中元三年（公元前147年）

春，匈奴王二人率其部来降，十一月庚子，先封于军为安陵侯，十二月丁丑，悉封徐卢等六人为列侯。其中，陆强，遒侯，封地在今河北涞水；徐卢，容城携侯，封地在今河北容城；仆黚，易侯，封地在今河北易县；范代，范阳靖侯，封地在今河北定兴；邯郸，翕侯，封地在今河北，具体地望不详；赐，桓侯，在今河北肃宁。

汉武帝元朔二年（公元前127年）

匈奴取得西汉之造阳（今河北怀来）。

汉武帝元狩二年（公元前121年）

乌桓附汉，汉徙之于渔阳、上谷、右北平、辽东、辽西等五郡塞外，并于上谷的宁城（治今河北万全县万全镇）置护乌桓校尉，秩二千石，拥节监领乌桓诸部，同时又兼领鲜卑事务。

汉光武帝建武二十五年（公元49年）

辽西乌桓大人郝旦等900余人降汉，东汉朝廷封其首领为侯、王、君长者81人，并许乌桓内迁，安置于上谷、渔阳、右北平、辽西、辽东属国、广阳、代郡、雁门、太原、朔方等缘边各地。

汉献帝建安五年（200年）

官渡之战中，阎柔归顺曹操，获封护乌桓校尉。

汉献帝建安十二年（207年）

曹操北征乌桓，临阵斩蹋顿，乌桓万余落悉徙居中原，精壮者被曹操编入骑军，三郡乌丸由此为天下名骑。

汉献帝建安二十一年（216年）

七月，匈奴呼厨泉单于来朝，魏王曹操留之于邺（今河北临漳），岁给单于绵、绢、钱、谷如列侯，而遣右贤王去卑回平阳监其国。曹操又将南匈奴分为左、右、南、北、中五部，少者千余落，多者数万落。每部置帅，后改为都尉，以汉人司马监临。在上谷宁城（治今河北万全县万全镇）重置乌桓校尉府以领护之。

曹魏黄初元年（220年）

鲜卑轲比能、步度根遣使献马，曹魏封轲比能为附义王，步度根为王。

魏明帝青龙元年（233年）

轲比能统一漠南。

西晋惠帝太安元年（302 年）

鲜卑慕容部与宇文部又发生摩擦。宇文部单于宇文莫圭恃其部众强盛，遣其弟宇文屈云进攻慕容廆，宇文屈云派副帅素廷攻掠诸郡。

西晋惠帝永兴元年（304 年）

匈奴刘渊自称汉王。

八月，晋将王浚遣乌桓帅羯朱进攻成都王司马颖于邺城，司马颖与惠帝逃往洛阳。

西晋惠帝光熙元年（306 年）

并州饥，并州将领田甄、乌丸薄盛等以及吏民万余人出井陉，就谷于冀州。

西晋怀帝永嘉元年（307 年）

十二月，并州人田兰、薄盛等斩汲桑于乐陵。

西晋怀帝永嘉三年（309 年）

四月，刘渊命安东大将军石勒率兵攻巨鹿、常山。

晋怀帝永嘉六年（312 年）

汉赵镇东大将军石勒攻占襄国，王浚派兵前往讨伐。疾陆眷和段匹磾、段文鸯、从弟段末柸等率领部众五万助攻。

晋愍帝建兴元年（313 年）

四月，王浚命部将枣嵩督诸军屯易水县（今河北雄县西北），召鲜卑段疾陆眷部准备共同进攻汉镇东大将军石勒。

晋愍帝建兴二年（314 年）

石勒攻陷幽州，执王浚。

晋愍帝建兴三年（315 年）

拓跋猗卢受晋封为代王，置官属，食代、常山二郡。

晋愍帝建兴四年（316 年）

中山丁零以翟鼠为首，掀起了反抗后赵统治的武装斗争。

迁徙平原郡一带乌桓三万于襄国。并州刺史刘琨为石勒所逼奔蓟。

东晋元帝建武元年（317 年）

段匹磾封刘琨为大都督，率段部鲜卑的军队讨伐石勒。

刘汉光初元年（318 年）

石勒攻靳准，徙羌、羯降者十多万落于冀州。

东晋元帝太兴四年（321 年）

段匹磾降于石勒。

东晋太宁三年（325 年）

三月，幽州刺史段末杯去世，其弟段牙继立。

后赵建平元年（330 年）

中山丁零翟斌，投归石赵，石勒封翟斌为“句町王”。

后赵建平四年（333 年）

七月，石勒病死，太子弘继位。

后赵延熙元年（334 年）

十一月，石虎废石弘，自称居摄赵天王。同年迁都邺城。

后赵建武元年（335 年）

迁鲜卑索头郁鞠部众三万余于冀、青等六州。

东晋成帝咸康二年（336 年）

六月，占据辽西的鲜卑首领段辽派中军将军李咏袭击慕容皝。

东晋成帝咸康四年（338 年）

慕容皝与后赵石虎订盟，东西夹攻段氏。

东晋成帝咸康五年（339 年）

九月，后赵征东将军李农与征北大将军张举统兵三万攻前燕凡城（今河北平泉南）。

东晋成帝咸康六年（340 年）

后赵迁徙辽西、北平、渔阳等地万户于兖、豫、雍、洛四州。

九月，后赵天王石虎征兵造船，在边城乐安（今河北昌黎西南）积草屯粮，准备攻前燕。

东晋成帝咸康七年（341 年）

正月，慕容皝使唐国内史阳裕等筑城于柳城之北、龙山之西，命名为龙城（今辽宁朝阳）。

后赵建武十四年（348 年）

石虎杀太子石宣，谪东宫卫士十余万人戍凉州。

后赵建武十五年（349 年）

石虎病死，后赵内乱。

前燕慕容儁二年（350 年）

二月，前燕兵分三路攻后赵。

石虎养孙汉人冉闵（即石闵）乘政局混乱，杀石鉴，灭后赵。慕容儁乘机兵分三路南攻，亲率中军出兵卢龙，攻下了蓟城，并迁都至蓟。

段龛乘石氏内乱，率部落南徙，先至陈留，后南迁广固，自称齐王。

东晋穆帝永和七年（351 年）

冉闵建立冉魏政权，大杀“胡”人。

苻健自称大秦天王，国号大秦，史称前秦。

东晋穆帝永和八年（352 年）

慕容儁遣慕容恪击段氏，遂降前燕。

慕容儁徙部分军中兵民家属于蓟。

东晋永和九年（353 年）

常山李犊聚众数千人叛燕，慕容儁派遣慕容恪讨伐李犊，等到李犊投降，慕容恪顺便东击鲁口的吕护。

前燕元玺三年（354 年）

前秦刘宁率户三千至蓟归燕。

前燕元玺四年（355 年）

十一月，慕容儁任命太原王慕容恪为大都督、抚军将军，尚书令阳鹜为副将，率军进攻广固。

东晋穆帝升平元年（357 年）

燕主慕容儁派遣慕容垂、中军将军虔帅步骑八万攻敕勒于塞北，大破之。

十一月，慕容儁自蓟城迁都于邺。

东晋穆帝升平二年（358 年）

东晋泰山太守诸葛攸进攻东郡，被慕容恪等击败，慕容恪更乘机掠夺河南之地。

东晋穆帝升平三年（359 年）

东晋诸葛攸再攻前燕，在东阿被慕容评等人击败。

前燕建熙二年（361 年）

前燕河内太守吕护倒戈反覆投降东晋，前燕与东晋在中原展开激战。

东晋废帝太和四年（369 年）

东晋大将桓温北伐，前燕一度陷入危机。

前秦王猛统兵伐前燕，攻拔洛阳。同年，攻破邺城，前燕灭亡。

东晋孝武帝太元元年（376 年）

前秦苻坚攻代，什翼犍战死，代灭。

东晋孝武帝太元五年（380 年）

苻坚迁关中氐族十五万户，散驻关外各州镇。

东晋孝武帝太元八年（383 年）

苻坚率大军南下攻晋，淝水一战，大败而还。

东晋孝武帝太元九年（384年）

春，慕容垂自称燕王。

东晋孝武帝太元十一年（386年）

慕容垂自立为皇帝，定都中山（今河北定州），史称后燕。

鲜卑拓跋珪恢复代政权，后改国号为魏，史称北魏。

后燕建兴二年（387年）

慕容垂徙乌桓八千余落于中山（今河北定州）。

北魏道武帝登国三年（388年）

北魏太祖道武帝拓跋珪东巡、北征，游牧于松漠间的原宇文部众迎战于弱落水南，此后部众遂分为库莫奚和契丹两部分，各自走上了独立发展的道路。

北魏道武帝登国六年（391年）

拓跋珪发兵征讨柔然，匹侯跋降。

北魏道武帝登国七年（392年）

慕容垂攻占滑台（今河南滑县），尽取丁零族翟钊所统治七郡三万余户。

北魏道武帝登国九年（394年）

慕容垂取长子和晋阳，杀慕容永，灭西燕。

七月，苻登与姚苌之子姚程佳作战，兵败被杀，前秦灭亡。

北魏道武帝登国十年（395年）

后燕攻北魏，拓跋珪在参合陂大败后燕军，夺取中山（今河北定州）、邺（今河北临漳西南）等地。

北魏道武帝皇始元年（396年）

拓跋珪率领了步骑四十余万大举攻燕，攻占晋阳。

北魏道武帝皇始二年（397年）

七月，乌丸张骧率五千余人出城求食，进攻常山之灵寿，杀害吏民。

十月，北魏攻下中山，后燕公卿将吏及士卒降者二万余人。

北魏道武帝天兴元年（398年）

三月，慕容垂留慕容德守中山，亲自引兵密发，越过险峻的山路，直抵平城。

北魏迁徙山东六州的“高丽杂夷”充实平城（今山西大同）。

九月，乌丸张骧子超收拾亡命聚党二千余家，据渤海南皮，自号征东大将军乌丸王。

拓跋珪占据燕南赵北地区，后燕慕容德率四万户自邺南徙滑台。

北魏迁都平城（今山西大同），拓跋珪称帝。

北魏道武帝天兴五年（402 年）

柔然社仑统一漠北。

北魏道武帝天赐四年（407 年）

慕容熙为冯跋和高云等所杀，后燕亡。

北燕正始三年（409 年）

高云为宠臣离班、桃仁所杀，乱事平定后，众人推冯跋为主。

北魏明元帝永兴五年（413 年）

北魏大将奚斤等破越勤倍泥部落，徙两万余家而归，后将新降人置于大宁川（今河北省宣化一带），给农器，计口受田。

北魏明元帝神瑞元年（414 年）

闰十月定州丁零鲜于台阳、翟乔等二千余家叛入西山，劫掠郡县。州军讨之，失利。诏镇南将军、寿光侯叔孙建击之。

东晋安帝义熙十二年（416 年）

司州白涧山丁零翟猛鹊起兵反魏，失败后逃到林虑山，魏军追杀猛鹊于林虑山。

北燕太平二十二年（430 年）

冯跋病亡，谥文成。

北魏太武帝延和元年（432 年）

五月，北魏太武帝拓跋焘于平城（今山西大同东北）南郊整训兵马，准备进攻北燕。

九月，徙营丘、成周、辽东、乐浪、带方、玄菟六郡三万家于幽州。

北燕太兴六年（436 年）

北燕为北魏所灭。

北魏太武帝太延五年（439 年）

吴提乘太武帝西征北凉之际，进袭平城，前锋至七介山（今山西平鲁西北）。

北魏太武帝太平真君五年（444 年）

六月，北部民杀立义将军、衡阳公莫孤，率五千余落北走。追击于漠南，杀其渠帅，余徙冀、定、相三州为营户。

北魏太武帝太平真君六年（445 年）

十一月，南略淮泗以北，徙青、徐之民以实河北。

北魏太武帝太平真君八年（447 年）

三月，北魏徙定州丁零三千家于京师。

北魏献文帝皇兴四年（470年）

拓跋弘又率军北伐，杀柔然兵众五万，收降万余，缴战马、兵器不计其数。

北魏孝文帝太和十七年（493年）

北魏迁都洛阳。

北魏孝明帝正光元年（520年）

高车副伏罗部酋长阿伏至罗再次与柔然交战，结果丑奴兵败，被其母与大臣谋杀，立其弟阿那瓌为主。

北魏孝明帝孝昌元年（525年）

柔玄镇杜洛周聚众反对北魏统治的起义。

北魏孝明帝武泰元年（528年）

二月，葛荣偷袭杜洛周，并其众。

三月，鲜于修礼义军克魏沧州，擒刺史薛庆之。

北魏孝庄帝永安三年（530年）

九月，北魏孝庄帝元子攸诱杀太原王尔朱荣，尔朱氏四处起兵，围攻魏都洛阳。

北魏节闵帝普泰元年（531年）

二月，颍川王尔朱兆派监军孙白鹞前往冀州。

北魏孝武帝永熙三年（534年）

北魏分裂为东、西两魏。

东魏孝静帝元象元年（538年）

五月，柔然开始在北部边疆对北齐发起猛烈进攻，阿那瓌掠幽州范阳，南至易水。

东魏孝静帝元象二年（539年）

八月，阿那瓌遣莫何去折豆浑十升等朝贡，再次为其子求婚。东魏以常山王元骘的妹妹乐安公主许之，改封为兰陵郡长公主。

东魏孝静帝武定三年（545年）

东魏派遣慕容俨前往柔然迎娶柔然公主。

北齐文宣帝天保三年（552年）

二月，突厥在怀荒镇（今河北张北）大败柔然。阿那瓌兵败自杀，其子菴罗辰及弟登注俟利率余部投奔北齐。

北齐文宣帝天保四年（553年）

九月，契丹犯塞，文宣帝高洋亲自巡查冀、定、幽、安，仍北讨契丹。

北齐文宣帝天保五年（554年）

菴罗辰背叛北齐，拥兵逃回漠北。这年四月，柔然寇肆州（今山西忻州）。

北齐文宣帝天保六年（555年）

柔然再为突厥所破，其首领率部众千余家逃奔西魏。

北周武帝建德六年（577年）

十二月，高宝宁据营州反，同时还和突厥联兵，侵扰北周边境。

隋文帝开皇二年（582年）

五月，高宝宁寇平州，突厥入长城。

隋文帝开皇四年（584年）

契丹首领莫贺弗遣使请降，拜大将军。

隋炀帝大业元年（605年）

契丹扰营州，隋联合突厥启民可汗击之。

唐高祖武德二年（619年）

内稽部落投唐，唐廷置威州以处之。

唐高祖武德五年（622年）

突厥颉利可汗分兵三路，大举攻唐，东路由幽州南下，其意图在于欲经井陉，西进河东。八月入侵廉州（治今河北藁城），九月唐定州总管双士洛、骠骑将军魏道仁败突厥军队于恒山之阳，斩首数百级。

唐高祖武德八年（625年）

六月，突厥侵定州。七月，侵相州。

唐太宗贞观二十二年（648年）

奚、契丹大酋豪并率部内属。唐以契丹部落为松漠都督府，领州十，大酋自领一州，别率所部分置九州。

唐高宗调露元年（679年）

十月，单于都护府管内突厥首领阿史德温傅、奉职二部落始相率反叛，立泥孰匐为可汗，二十四州并叛应之。突厥数十万南进，大败唐军，兵锋直指定州。

唐高宗弘道元年（683年）

二月，突厥攻定州，刺史霍王元轨击却之，复犯妫州、蔚州，丰州都督崔智辩击之，反为突厥所杀。垂拱三年（687年），骨咄禄及元珍又攻昌平，诏左鹰扬卫大将军黑齿常之击却之。

武则天万岁通天元年（696年）

契丹大贺氏首领、松漠都督李尽忠、归诚州刺史孙万荣反叛，攻陷营州，杀死赵文翙。默啜请击契丹以自效。武则天授默啜为左卫大将军、归国公。默啜引兵攻讨契丹，会李尽忠死，默啜袭击松漠部落，契丹部众大溃，尽获孙万荣家口。诏册默啜颉跌利施大单于、立功报国可汗。

武则天神功元年（697年）

唐再遣夏官尚书、清边道总管王孝杰、羽林卫将军苏宏晖等将兵十七万讨契丹，与孙万荣战于东硖石谷（今河北迁安东北）。

武则天圣历元年（698年）

八月，默啜出自恒岳道，兵锋直抵蔚州，陷飞狐县（今涞源县）。俄陷定州，杀刺史孙彦高及吏民数千人。

九月，突厥围赵州，长史唐波若应之，刺史高叡被杀，又进攻相州，一直推进到河北南部，河北为之骚动。武则天立庐陵王李显为太子，并担任河北道行军大元帅，以狄仁杰为河北道行军副元帅，以讨突厥。时太子在长安，狄仁杰知元帅事。军未发而默啜闻之，尽抄掠赵、定等州男女万余人，从五回道（今易县西）而去。

唐玄宗开元二年（714年）

幽州节度使薛讷与奚、契丹战于滦河，败绩。

唐玄宗开元十八年（730年）

契丹可突于叛乱，杀其王邵固，胁迫奚众共降突厥。奚王鲁苏不能制，奔榆关（或作渝关，今河北山海关）投唐。

唐玄宗开元二十年（732年）

唐以信安王祎持节河北道行军副元帅，与赵含章出塞击奚和契丹，大破之。奚族首领李诗锁高等以其部落五千帐来降，诏以其地为归义州（治所在归义县，今北京房山区东北），李诗为归义王兼特进、左羽林军大将军同正，仍充归义州都督，移其部落于幽州界安置。

唐玄宗开元二十二年（734年）

唐朝联合契丹大贺氏联盟以外的乙室活部的酋长郁捷，斩可突于。

唐玄宗天宝元年（742年）

安禄山为平卢节度使。

唐玄宗天宝三载（744年）

安禄山又兼范阳节度使。

唐玄宗天宝九载（750年）

安禄山赐爵东平郡王，唐将帅封王自此始。八月，又兼河北采访使，整个河北都在他的控制之下。

唐玄宗天宝十四载（755 年）

十一月，安禄山发所部兵及同罗、奚、契丹、室韦凡十五万众，号称二十万，反于范阳。安史之乱爆发。

唐肃宗至德二载（757 年）

安禄山为其子安庆绪所杀，奚人李宝臣又事安庆绪为恒州刺史。

唐肃宗乾元元年（758）

九月，唐命朔方节度使郭子仪等九节度将大军二十余万讨安庆绪。回纥骨啜、帝德等也参与了此次战役，与叛军战于相州城下。

唐肃宗乾元二年（759 年）

李宝臣归命于朝，肃宗即授故官，封密云郡公。

唐肃宗上元二年（761 年）

三月，史思明被其子史朝义杀死，李宝臣不肯事史朝义，使裨将王武俊杀辛万宝，以恒、赵、深、定、易五州降唐。雍王（即以后的德宗）东讨，李宝臣开土门纳唐军，助攻莫州。史朝义平，擢礼部尚书，封赵国公，名其军曰成德，即拜节度使。

唐代宗广德二年（764 年）

史朝义兵败，欲北入奚、契丹，至平州石城县温泉栅，自缢而死。

唐代宗永泰二年（766 年）

《李宝臣纪功碑》立。

唐德宗建中二年（781 年）

春，李宝臣死，遗表请以其子李惟岳领军，诏赠太傅。其子李惟岳自为留后。德宗下诏讨伐。四镇（成德、魏博、幽州、淄青）之乱爆发。张孝忠以易州归国。唐乃于定州置义武军，以张孝忠检校兵部尚书，为义武军节度、易定沧等州观察等使。

唐德宗建中三年（782 年）

李惟岳被麾下大将王武俊刺杀。

唐德宗建中四年（783 年）

五月，唐神策行营招讨使李晟讨逆，率军攻取涿、莫二州，欲绝幽、魏朱滔与田悦、王武俊往来之路，并与张孝忠合围朱滔所属易州刺史郑景洛于清苑，月余未下。

唐德宗兴元元年（784 年）

正月，德宗下诏罪己，宣布除朱泚外，赦免李希烈、田悦、王武俊、李纳、朱滔之罪。田悦、王武俊、李纳削去王号归顺朝廷。

唐德宗贞元十一年（795年）

四月，幽州节度使刘济北讨奚，至青都山（今河北宽城与青龙两县间的马都山）下，大破奚王啜刺等六万余众。

唐宪宗元和五年（810年）

张茂昭恳辞义武军节度使，举族还长安。

唐宪宗元和十一年（816年）

成德节度使王承宗勾结淮西吴元济，宪宗发六道兵，以十万兵力进行讨伐，两年无功，宪宗被迫罢兵。

唐宪宗元和十三年（818年）

淮西平定，王承宗迫于形势，献地求和。

唐穆宗长庆元年（821年）

成德军乱，杀死节度使田弘正，王廷凑自称留后。唐廷发诸镇兵讨伐无功，不得已授王廷凑以节度使。回纥王氏家族在成德镇的统治自此肇始。

唐文宗大和四年（830年）

奚复犯边，幽州节度使李载义破之，执奚大将二百余人。

唐文宗太和八年（834年）

成德节度使王廷凑死，诏赠太尉。其子王元逵继任节度使。

唐文宗开成五年（840年）

回鹘为黠戛斯所灭，部众离散，主要分为四支，其中三支西迁，史称甘州回鹘（河西回鹘）、西州回鹘、葱岭西回鹘。临近可汗牙的十三部回鹘拥立特勒乌介为可汗，此一支回鹘以乌介可汗为首南下附唐，继之向东北发展，与河北地区发生关系的也是此支回鹘。

唐武宗会昌二年至三年（842—843年）

回鹘特勒庞俱庶、阿敦宁二部，回鹘公主密羯可敦一部，外相诸洛固阿跌一部及牙帐大将曹磨你等七部，共三万余人，相次降于幽州。张仲武表请立勒石以传后世。武宗让宰相李德裕为文，建碑于幽州。这就是著名的《幽州纪圣功碑铭》。

唐宣宗大中元年（847年）

北部诸山奚悉叛，幽州节度使张仲武擒酋渠，烧帐落二十万。

唐僖宗乾符二年（875年）

回鹘人李茂勋驱逐节度使张公素，自立为幽州节度使。不久，因病致仕，推其子李可举代之。

唐僖宗光启元年（885年）

自乾符二年（875年）李茂勋取得幽州镇，至光启元年（885年）李可举自焚，这个回鹘家族凡历二世，统治幽州约十年。

辽太祖五年（911年）

阿保机亲征西部奚，尽有奚、霫之地，并刻石纪功于滦河畔。

后梁太祖乾化二年（912年）

十一月，李存勖攻破幽州，俘刘守光及刘仁恭均父子，吞并了幽州镇。

后梁贞明二年（916年）

耶律阿保机即位，以部族名契丹为国号，建元神册。

辽太祖神册三年（918年）

契丹修建都城，称为皇都。

后梁末帝龙德元年（921年）

成德节度使王镕为其大将王德明所杀，王氏被灭族。随着王镕的被杀，这个回纥家族在河北的统治宣告结束。

后梁末帝龙德三年（923年）

二月，李存勖在魏州置百官，设行台左右丞相。四月，筑坛于魏州牙城之南，即皇帝位，国号唐，史称后唐，改元同光。升魏州为东京兴唐府，改元城县为兴唐县，贵乡为广晋县。又以镇州为真定府，建北都。

后唐庄宗同光四年（926年）

二月，魏博军乱，赵在礼被推为魏博留后，庄宗遣李嗣源将兵赴邺都平乱。三月，李嗣源率军至邺都，为乱军所推，率军渡河西上，旋即入据大梁。庄宗既死，李嗣源称帝，是为明宗，改元天成。

后唐末帝清泰三年（936年）

五月，移任石敬瑭为天平节度使，并派军督促其赴任。石敬瑭遂起兵反叛。

十一月，耶律德光册立石敬瑭为大晋皇帝，史称后晋。石敬瑭割让幽、蓟、瀛、莫、涿、檀、顺、新、妫、儒、武、云、应、寰、朔、蔚十六州，此即著名的燕云十六州。十六州中，除云、应、寰、朔四州外，其余十二州均为河北之地（包括今京津地区）。

辽太宗十二年（937年）

春正月，在契丹强大压力下，西奚被迫离开妫州，返回东北故土。

后周广顺二年（952年）

十月，契丹瀛、莫、幽州大水，流民入塞散居河北者数十万口。

宋太宗端拱元年（988年）

辽圣宗率军攻破狼山寨（今河北易县西南）、长城口（今河北徐水西北），数月间连下满城、新乐（今河北新乐东长寿东北）、祁州等地。

宋太宗至道元年（995年）

辽以招讨使韩德威率数万骑两次攻麟州（今陕西神木西北），均被宋将折御卿率部击败。

宋真宗咸平二年（999年）

辽圣宗率军攻保州（今河北保定）、威虏军不克，转兵进袭宁边军（今河北蠡县）、祁州、赵州（今河北赵县）等地。

宋真宗咸平五年（1002年）

辽攻静戎军（今河北徐水）及保州，获胜而返。

宋真宗景德元年（1004年）

秋，萧太后与圣宗大举攻宋。闰九月，辽军会集固安，攻顺安军（今河北高阳东）、威虏军、北平寨（今河北顺平东北）、保州，均未克。

辽宋签订“澶渊之盟”。

辽天祚帝天庆四年（1114年）

女真首领完颜阿骨打传令诸部，会师涞流河（今黑龙江与吉林间拉林河）誓师起兵。

辽天祚帝天庆五年（1115年）

正月，阿骨打依仿汉族制度，称皇帝，立年号收国。

金太祖收国元年（1115年）

九月，阿骨打率军攻下黄龙府。

金太祖天辅四年（1120年）

辽与北宋订立海上盟约，议定夹攻辽朝。

金太祖天辅七年（1123年）

辽于营州广宁（今河北昌黎）设汉地枢密院，后迁平州，再迁燕京。

辽天阼帝保大三年（1123年）

正月，回离保在箭笴山（即青龙祖山）建立大奚国，改元天复。七月，奚兵为郭药师军所败，随之发生军乱，回离保被杀。奚国存在仅仅八个月就被金灭亡。

辽天祚帝保大五年（1125年）

金国俘虏了逃亡中的天祚帝，辽国灭亡。

金海陵王贞元元年（1153年）

海陵王将都城从上京迁至燕京，并将女真人特别是上京路的女真人大批迁入中原。

金世宗大定十三年（1173年）

五月，金朝“禁女直人毋得译为汉姓”。

金世宗大定二十年（1180年）

十月，金诏徙遥落河、移马河两猛安于大名、东平等路安置。

金章宗泰和六年（1206年）

成吉思汗建立蒙古汗国。

金章宗泰和七年（1207年）

九月，金朝下敕女直人不得改为汉姓及学南人装束。

成吉思汗十年（1215年）

契丹人石抹阿辛率领北京（治今内蒙古宁城境）等路民一万二千户降蒙。

成吉思汗十六年（1221年）

太师木华黎命霸州等路元帅孛迭儿率“黑军”镇守固安水寨。

金哀宗天兴二年（1234年）

蒙宋军队联合攻金，金哀宗自杀，金朝灭亡。

元世祖中统三年（1262年）

三月，枢密院于东安州（治今廊坊安次区）、永清县东部荒土以及本卫原占牧场地开屯立耕。

元世祖至元八年（1271年）

忽必烈仿照中原传统，改“大蒙古”国号为“大元”。

元世祖至元二十三年（1286）

元廷建立钦察卫亲军都指挥使司，后又分出左、右两部和龙栩侍卫等，主要以清州（今河北青县）为其屯垦点。

元成宗元贞二年（1296年）

成宗下诏诸王、驸马及有分地功臣户居上都、大都、隆兴者，与民均纳供需。

元成宗大德十一年（1307年）

六月，元武宗即位伊始，便下令建行宫于旺兀察都之地，立宫阙为中都。

元武宗至大二年（1309年）

成立阿速右卫和阿速左卫，此外还有武威阿速卫亲军都指挥司。

元武宗至大三年（1310年）

发康里军屯田永平，官给之牛。

明太祖洪武四年（1371年）

六月，徙山后民三万五千户于内地，又徙沙漠遗民三万二千户屯田北平。

清太祖天命元年（1616年）

努尔哈赤称大帝，沿用“金”为国号，史称后金。

清太宗天聪十年（1636年）

皇太极改国名为清。

清康熙二年（1663年）

开始在河北遵化修建皇陵，即东陵。

清康熙二十年（1681年）

清廷于热河设置木兰围场。

清雍正元年（1723年）

设热河直隶厅。

清雍正八年（1730年）

在易州城西泰宁山下始建皇陵，即西陵。

清乾隆三十六年（1771年）

九月，乾隆在热河木兰围场接见东归的蒙古土尔扈特部首领渥巴锡、策伯克多尔济、舍楞等十三人。

参考文献

一、古籍资料类

[1] 班固．汉书．北京：中华书局，1962.

[2]（清）曹寅等辑．全唐诗．北京：中华书局，1983.

[3]（晋）常璩撰，刘琳校注．华阳国志校注．成都：巴蜀书社，1985.

[4] 陈寿．三国志．北京：中华书局，1982.

[5] 陈述辑校．全辽文．北京：中华书局，1982.

[6]（宋）陈思．宝刻丛编．北京：中华书局，1985.

[7]（清）董诰等编．全唐文．北京：中华书局，1983.

[8] 范晔．后汉书．北京：中华书局，1965.

[9]（汉）东方朔．神异经．丛书集成初编本，北京：中华书局，1991.

[10]（宋）邓名世撰，王力平点校．古今姓氏书辩证．南昌：江西人民出版社，2006.

[11]（唐）封演撰，赵贞信校注．封氏闻见记校注．北京：中华书局，2010.

[12] 房玄龄．晋书．北京：中华书局，1974.

[13]（晋）干宝．搜神记．北京：中华书局，1985.

[14]（清）顾祖禹．读史方舆纪要．北京：中华书局，2007.

[15]（春秋）管子著，黎翔凤校注．管子校注．北京：中华书局，2004.

[16]（清·光绪）畿辅通志，续修四库全书．上海：上海古籍出版社，2002.

[17]（汉）何休注．春秋公羊传注疏．北京：北京大学出版社，2000.

[18]（汉）贾谊著，阎振益校注．新书校注．北京：中华书局，2000.

[19]（唐）孔颖达等注．尚书．北京：中华书局，1998.

[20]（宋）乐史．太平寰宇记．北京：中华书局，2008.

［21］李百药．北齐书．北京：中华书局，1971.
［22］李延寿．南史．北京：中华书局，1975.
［23］李延寿．北史．北京：中华书局，1974.
［24］（唐）李吉甫．元和郡县图志．北京：中华书局，1983.
［25］（唐）李泰等著，贺次君辑校．括地志辑校．北京：中华书局，1980.
［26］（宋）李焘．续资治通鉴长编．上海：上海古籍出版社，1986.
［27］（宋）李昉等．太平御览．北京：中华书局，1960.
［28］（宋）李昉等．太平广记．北京：中华书局，1961.
［29］（唐）李林甫等撰，陈仲夫点校．唐六典．北京：中华书局，2008.
［30］（北魏）郦道元著，陈桥驿点校．水经注．上海：上海古籍出版社，1990.
［31］（宋）林宝．元和姓纂．北京：中华书局，1992.
［32］令狐德棻．周书．北京：中华书局，1971.
［33］（汉）刘向编，何建章注释．战国策注释．北京：中华书局，1990.
［34］（汉）刘向撰，向宗鲁校证．说苑校证．北京：中华书局，1987.
［35］刘昫．旧唐书．北京：中华书局，1975.
［36］刘毓庆、李蹊译注．诗经．北京：中华书局，2001.
［37］（清）陆增祥．八琼室金石补正．北京：文物出版社，1985.
［38］（宋）罗泌．路史．北京：北京图书馆出版社，2003.
［39］罗新，叶炜著．新出魏晋南北朝墓志疏证．北京：中华书局，2005.
［40］（战国）吕不韦著，陈奇猷校释．吕氏春秋校释．上海：学林出版社，1984.
［41］（元）马端临．文献通考．北京：中华书局，1986.
［42］孟繁峰，刘超英主编．隋唐五代墓志汇编（河北卷）．天津：天津古籍出版社，1991.
［43］欧阳修，宋祁．新唐书．北京：中华书局，1975.
［44］欧阳修．新五代史．北京：中华书局，1974.
［45］（唐）欧阳询．艺文类聚．上海：上海古籍出版社，1982.
［46］丁如明等校点．唐五代笔记小说大观．上海：上海古籍出版社，2000.
［47］沈约．宋书．北京：中华书局，1974.
［48］（清）沈涛．常山贞石志//历代碑志丛书．南京：江苏古籍出

版社，1998.
［49］（宋）沈括著，胡道静校注．梦溪笔谈校注．上海：上海古籍出版社，1987.
［50］石永士，王素芳，裴淑兰编著．河北金石辑录．石家庄：河北人民出版社，1993.
［51］司马迁．史记．北京：中华书局，1982.
［52］司马光．资治通鉴．北京：中华书局，1956.
［53］（清）纳新．河朔访古记．上海：上海古籍出版社，2003.
［54］宋濂．元史．北京：中华书局，1976.
［55］（汉）宋衷注，（清）秦嘉谟等辑．世本八种．北京：中华书局，2008.
［56］（清）汤球．十六国春秋辑补．北京：中华书局，1985.
［57］（清）屠寄．蒙兀儿史记．北京：中国书店，1984.
［58］脱脱．辽史．北京：中华书局，1974.
［59］脱脱．金史．北京：中华书局，1975.
［60］脱脱．宋史．北京：中华书局，1977.
［61］（宋）王溥．唐会要．北京：中华书局，1955.
［62］（宋）王溥．五代会要．上海：上海古籍出版社，1978.
［63］（清）王昶．金石萃编．北京：中国书店，1985.
［64］（宋）王钦若．册府元龟．北京：中华书局，1960.
［65］（清）王先谦撰，吕苏生补释．鲜虞中山国事表·疆域图说补释．上海：上海古籍出版社，1993.
［66］向南编．辽代石刻文编．石家庄：河北教育出版社，1995.
［67］萧子显．南齐书．北京：中华书局，1972.
［68］（宋）徐孟莘．三朝北盟会编．上海：上海古籍出版社，1987.
［69］薛居正．旧五代史．北京：中华书局，1976.
［70］杨伯峻编著．春秋左传注．北京：中华书局，1983.
［71］魏收．魏书．北京：中华书局，1974.
［72］魏徵．隋书．北京：中华书局，1973.
［73］（梁）萧统．文选．北京：中华书局，1997.
［74］阎凤梧主编．全辽金文．太原：山西古籍出版社，1999.
［75］（清）严可均．全上古三代秦汉三国六朝文．石家庄：河北教育出版社，1997.
［76］（北齐）颜之推撰，王利器集解．颜氏家训集解．上海：上海

古籍出版社，1982.
[77] 姚思廉．梁书．北京：中华书局，1973.
[78] 姚思廉．陈书．北京：中华书局，1972.
[79]（宋）叶隆礼撰，贾敬颜、林荣贵校点．契丹国志．上海：上海古籍出版社，1985.
[80]（宋）宇文懋昭撰，崔文印校证．大金国志校注．北京：中华书局，1986.
[81] 袁珂校注．山海经校注．上海：上海古籍出版社，1980.
[82]（金）佚名编，金少英校补．大金吊伐录校补．北京：中华书局，2001.
[83] 佚名．逸周书．上海：商务印书馆，1937.
[84] 吴钢主编．全唐文补遗（1—8 辑）．西安：三秦出版社，1994—2005.
[85] 吴廷燮撰．唐方镇年表．北京：中华书局，2003.
[86] 张廷玉．明史．北京：中华书局，1984.
[87]（唐）张鷟．朝野佥载．北京：中华书局，1990.
[88] 赵尔巽．清史稿．北京：中华书局，1977.
[89] 赵超．汉魏南北朝墓志汇编．天津：天津古籍出版社，2008.
[90] 中国文物研究所，河北省文物研究所编．新中国出土墓志（河北卷）．北京：文物出版社，2004.
[91] 中国文物研究所，北京石刻艺术博物馆编．新中国出土墓志（北京卷）．北京：文物出版社，2003.
[92] 周绍良，赵超主编．唐代墓志汇编．上海：上海古籍出版社，1992.
[93] 周绍良，赵超主编．唐代墓志汇编续集．上海：上海古籍出版社，2001.
[94] 周振甫译注．周易译注．北京：中华书局，2011.
[95] 朱玉龙编著．五代十国方镇年表．北京：中华书局，1997.
[96]（春秋）左丘明．国语．上海：上海古籍出版社，2008.

二、今人论著

[1] 白寿彝主编．中国回回民族史．北京：中华书局，2003.
[2] 白翠琴．中国历代民族史·魏晋南北朝民族史．北京：社会科学文献出版社，2007.

[3] 白翠琴．魏晋南北朝民族史．成都：四川民族出版社，1996.

[4] 陈寅恪．唐代政治史述论稿．上海：上海古籍出版社，1997.

[5] 陈寅恪．隋唐制度渊源略论稿．北京：中华书局，1977.

[6] 陈述．契丹社会经济史稿．北京：生活·读书·新知三联书店，1963.

[7] 陈述．契丹政治史稿．北京：人民出版社，1986.

[8] 陈连开．中华民族研究初探．北京：知识出版社，1990.

[9] 陈佳华，蔡家艺，莫俊卿等．中国历代民族史·宋辽金时期民族史．北京：社会科学文献出版社，2007.

[10] 陈海涛，刘惠琴．来自文明十字路口的民族——唐代入华粟特人研究．北京：商务印书馆，2006.

[11] 陈炳应．西夏文物研究．银川：宁夏人民出版社，1985.

[12] 蔡鸿生．唐代九姓胡与突厥文化．北京：中华书局，2001.

[13] 费孝通主编．中华民族多元一体格局（修订本）．北京：中央民族大学出版社，1999.

[14] 冯继钦，黄凤岐，孟广耀等．契丹族文化史．哈尔滨：黑龙江人民出版社，1994.

[15] 傅朗云，杨暘．东北民族史略．长春：吉林人民出版社，1983.

[16] 傅乐焕．辽史丛考．北京：中华书局，1984.

[17] 葛剑雄主编．中国移民史．福州：福建人民出版社，1997.

[18] 景爱．中国长城史．上海：上海人民出版社，2006.

[19] 何艳杰．中山国社会生活研究．北京：中国社会科学出版社，2009.

[20] 黄烈．中国古代民族史研究．北京：人民出版社，1987.

[21] 黄凤岐．契丹史研究．赤峰：内蒙古科学技术出版社，1999.

[22] 董万仑．东北民族史纲．哈尔滨：黑龙江人民出版社，1986.

[23] 杜荣泉．河北通史（隋唐五代卷）．石家庄：河北人民出版社，2000.

[24] 段连勤．北狄族与中山国．桂林：广西师范大学出版社，2007.

[25] 段连勤．丁零、高车与铁勒．桂林：广西师范大学出版社，2007.

[26] 河北省文物研究所编．河北考古重要发现（1949～2009）．北京：科学出版社，2009.

[27] 河北省文物研究所编．礜墓——战国中山国国王之墓．北京：

文物出版社，1995.
[28] 河北省文物研究所编．宣化辽墓．北京：文物出版社，2001.
[29] 河北省文物研究所．宣化辽墓壁画．北京：文物出版社，2001.
[30] 韩儒林主编．元朝史．北京：人民出版社，1986.
[31] 江应樑主编．中国民族史．北京：民族出版社，1990.
[32] 李鸿宾．唐朝中央集权与民族关系——以北方区域为线索．北京：民族出版社，2003.
[33] 李鸿宾．隋唐对河北地区的经营与双方的互动．北京：中央民族大学出版社，2008.
[34] 李斌城．隋唐五代社会生活史．北京：中国社会科学出版社，1998.
[35] 林幹．中国古代北方民族史新论（修订本）．呼和浩特：内蒙古人民出版社，2007.
[36] 林幹．匈奴史（修订本）．呼和浩特：内蒙古人民出版社，2007.
[37] 林幹．突厥与回纥史（修订本）．呼和浩特：内蒙古人民出版社，2007.
[38] 林幹．东胡史（修订本）．呼和浩特：内蒙古人民出版社，2007.
[39] 林幹．中国古代北方民族通史．厦门：鹭江出版社，2003.
[40] 罗新．中古北族名号研究．北京：北京大学出版社，2009.
[41] 吕苏生．河北通史（秦汉卷）．石家庄：河北人民出版社，2000.
[42] 马长寿．乌桓与鲜卑．上海：上海人民出版社，1962.
[43] 马长寿．氐与羌．上海：上海人民出版社，1984.
[44] 马长寿．北狄与匈奴．北京：生活·读书·新知三联书店，1962.
[45] 马长寿．突厥人和突厥汗国．上海：上海人民出版社，1957.
[46] 马长寿．碑铭所见前秦至隋初的关中部族．桂林：广西师范大学出版社，2006.
[47] 马大正主编．中国边疆经略史．郑州：中州古籍出版社，2000.
[48] 马大正主编．中国东北边疆研究．北京：中国社会科学出版社，2003.
[49] 马驰．唐代蕃将．西安：三秦出版社，1990.

[50] 内蒙古社科院历史所编．蒙古族通史．北京：民族出版社，1991.

[51] 乔幼梅．宋辽夏金经济史研究．济南：齐鲁书社，1995.

[52] 邱树森主编．元代中国少数民族新格局研究．海口：南方出版社，2003.

[53] 荣新江．中古中国与外来文明．北京：生活·读书·新知三联书店，2001.

[54] 荣新江主编．粟特人在中国——历史、考古、语言的新探索．北京：中华书局，2005.

[55] 荣新江，张志清主编．从撒马尔干到长安——粟特人在中国的文化遗迹．北京：北京图书馆出版社，2004.

[56] 史金波．西夏文化．长春：吉林教育出版社，1986.

[57] 沈长云．先秦史．北京：人民出版社，2006.

[58] 舒焚．辽史稿．武汉：湖北人民出版社，1984.

[59] [日] 三上次男．金代女真研究．金启琮，译．哈尔滨：黑龙江人民出版社，1984.

[60] 宋德金．金代的社会生活．西安：陕西人民出版社，1988.

[61] 孙继民主编．河北新发现石刻题记与隋唐史研究．石家庄：河北人民出版社，2006.

[62] 孙进己．契丹民族史．桂林：广西师范大学出版社，2010.

[63] 孙进己．女真史．长春：吉林文史出版社，2009.

[64] 孙功达．氐族研究．兰州：甘肃人民出版社，2005.

[65] 佟柱臣．中国边疆民族物质文化史．成都：巴蜀书社，1991.

[66] 田继周．中国历代民族史·先秦民族史．北京：社会科学文献出版社，2007.

[67] 田继周．中国历代民族史·秦汉民族史．北京：社会科学文献出版社，2007.

[68] 田继周．少数民族与中华文化．上海：上海人民出版社，1996.

[69] 唐长孺．魏晋南北朝史论丛．北京：生活·读书·新知三联书店，1955.

[70] 谭其骧．长水集．北京：人民出版社，1987.

[71] 罗贤佑．元代民族史．成都：四川民族出版社，1996.

[72] 卢勋．中国历代民族史·隋唐民族史．北京：社会科学文献出版社，2007.

[73] 卢勋．中华民族凝聚力的形成与发展．北京：民族出版社，2000.

[74] 王永强主编．中国少数民族文化史图典．南宁：广西教育出版社，1999.

[75] [日] 外山军治．金朝史研究．李东源，译．哈尔滨：黑龙江朝鲜民族出版社，1988.

[76] 翁独健主编．中国民族关系史纲要．北京：中国社会科学出版社，2001.

[77] 吴玉贵．突厥汗国与隋唐关系史研究．北京：中国社会科学出版社，2007.

[78] 吴天墀．西夏史稿（增订本）．成都：四川人民出版社，1982.

[79] 吴丕清编著．沧州回族．北京：中央民族大学出版社，1999.

[80] 王锺翰主编．中国民族史（增订本）．北京：中国社会科学出版社，2006.

[81] 王锺翰主编．中国民族史概要．太原：山西教育出版社，2004.

[82] 王曾瑜．金朝军制．石家庄：河北大学出版社，1996.

[83] 王可宾．女真国俗．长春：吉林大学出版社，1988.

[84] 夏自正，孙继民．河北通史（先秦卷）．石家庄：河北人民出版社，2000.

[85] 徐万邦，祁庆富．中国少数民族文化通论．北京：中央民族大学出版社，1996.

[86] 姚薇元．北朝胡姓考（修订本）．北京：中华书局，2007.

[87] 杨圣敏主编．中国民族志．北京：中央民族大学出版社，2003.

[88] 杨建新，马曼丽主编．西北民族关系史．北京：民族出版社，1990.

[89] 杨若薇．契丹王朝政治军事制度研究．北京：中国社会科学出版社，1991.

[90] 杨绍猷，莫俊卿．明代民族史．成都：四川民族出版社，1996.

[91] 杨学琛．清代民族史．成都：四川民族出版社，1996.

[92]（清）耶喜巴勒登．苏鲁格译注．蒙古政教史．北京：民族出版社，1988.

[93] 固始噶居巴·洛桑泽培．蒙古佛教史．天津：天津古籍出版社，1990.

[94] 于宝林．契丹古代史论稿．合肥：黄山书社，1998.

［95］余梓东．清代民族政策研究．沈阳：辽宁人民出版社，2003.
［96］郁贤皓．唐刺史考全编．合肥：安徽大学出版社，2000.
［97］张国刚．唐代藩镇研究．长沙：湖南教育出版社，1987.
［98］张碧波，等．中国古代北方民族文化史．哈尔滨：黑龙江人民出版社，1993.
［99］张国庆，朴忠国．辽代契丹习俗史．沈阳：辽宁民族出版社，1997.
［100］张正明．契丹史略．北京：中华书局，1979.
［101］张博泉．金史简编．沈阳：辽宁人民出版社，1984.
［102］张佳声．满族文化史．沈阳：辽宁民族出版社，1999.
［103］章群．唐代蕃将研究及其续编．台北：联经出版事业公司，1990.
［104］赵向群．五凉史探（增补本）．兰州：甘肃人民出版社，2005.
［105］周伟洲．吐谷浑史．银川：宁夏人民出版社，1985.
［106］周伟洲．中国中世西北民族关系研究．西安：西北大学出版社，1992.
［107］周伟洲．汉赵国史．桂林：广西师范大学出版社，2006.
［108］周伟洲．敕勒与柔然．上海：上海人民出版社，1983.
［109］朱国忱，魏国忠．渤海史稿．哈尔滨：黑龙江文物出版编辑室，1984.
［110］朱大渭，等．魏晋南北朝社会生活史．北京：中国社会科学出版社，2005.
［111］朱瑞熙，等．宋辽西夏金社会生活史．北京：中国社会科学出版社，1998.
［112］中国社会科学院考古研究所编．新中国的考古发现和研究．北京：文物出版社，1984.

后 记

《河北古代少数民族史》是河北省民族宗教事务厅原厅长鞠志强先生主编的《河北少数民族史》丛书的一个分册。承担这个项目，对于我们多少有些偶然。如果借用佛家的话来说，也许我们与它有些缘分。2010年底，鞠厅长找到我们，希望我们承担此书的写作任务。说实在的，当时心里颇有些踌躇。我们研究方向分别是隋唐和宋元，在断代为史，研究越来越趋于细化的今天，承担这样一部从远古至1840年的通贯性专史，难度可想而知，再加上我们对民族史领域向无多少研究。但鞠厅长盛情相邀，特别是在聆听了鞠厅长的构想后，我们深切感到这套《河北少数民族史》丛书是填补空白之作，具有巨大的学术价值，能厕身其中，我们理应感到荣幸。由此，我们踏入了民族史这个陌生的领域，开始了近三年的书海跋涉。

写作的过程对我们来说也是一个重新学习的过程。首先也是最为关键的就是搜集资料。众所周知，传统典籍是以汉族为中心书写的，其中少数民族的资料少且零散，具体到某一区域来说更甚。在披沙拣金的过程中，既有“众里寻他千百度”而劳碌无得的焦虑和怅然，也有蓦然回首，发现“那人却在灯火阑珊处”的欣喜。在阅读中，我们仿佛在历史长河中进行了一次次穿越，与古人进行着跨时空对话，享受着草枯鹰疾、角弓齐鸣的塞外风情；目睹着长城内外，狼烟四起、兄弟阋于墙的刀光剑影；领略着人头攒动、胡汉熙攘的互市繁华。一次次为兄弟民族美轮美奂、璀璨绝世的文化所震撼；一次次为他们的不幸和苦难，抛洒几滴清泪。

除了埋头书卷外，鞠厅长还组织我们去平山、定州、临漳等地进行了实地考察，组织专家进行座谈讨论，逐渐地河北古代各个少数民族的轮廓在我们头脑中一点点清晰起来。几易寒暑，花开花落，2012年4月终于完成了初稿，交由中央民族大学李桂芝教授审阅。李教授认真阅读后，对书稿总体上予以肯定，也提出了一些很具体的意见。我们按照李教授的意见，进行了半年多的仔细修改，2012 年底完成了修改稿。河北师范大学秦进才教授和河北历史文化研究发展促进会顾问白玉民同志审读了修改稿，提出了很多修改意见。

“文章千古事，得失寸心知”。书稿写完了，即将付梓，这虽然不是我们的第一本书，但心中仍有一股难以名状的激动，可谓五味杂陈。其中既有几年劳碌辛苦，终于有所回报的兴奋；也有即将面世，接受学界评判的惶恐；更有对在写作过程中，给予我们大力支持的各位老师、领导的由衷感激。

首先感谢鞠志强厅长的信任，他的提携和信赖我们时刻感铭于心。

感谢李桂芝教授和秦进才教授，他们的肯定和褒扬使初入民族史门墙的我们增添了信心；他们细致入微的指摘和建议，也使我们避免了一些不该犯的错误。

感谢民族出版社的大力支持。

本书写作中大致分工如下：冯金忠承担前言和第一章、第二章、第四章；陈瑞青承担第三章、第五章和第六章；最后由冯金忠负责统稿。

是为记。

冯金忠

2013 年 3 月